思想觀念的帶動者

文化現象的觀察者

本土經驗的整理者

生命故事的關懷者

Psychotherapy

探訪幽微的心靈，如同潛越曲折逶迤的河流
面對無法預期的彎道或風景，時而煙波浩渺，時而萬壑爭流
留下無數廓清、洗滌或抉擇的痕跡
只為尋獲真實自我的洞天福地

KLEIN

克萊恩全集

1

Psychotherapy 28

愛、罪疚與修復

Love, Guilt and Reparation and Other Works 1921-1945

梅蘭妮・克萊恩

Melanie Klein

林玉華 王浩威 策劃

呂煦宗・李淑珺・陳維峰・甄家明・龔卓軍—譯 譯

林玉華 審閱・導讀

財團法人｜華人心理治療研究發展基金會｜共同出版

目次

【中文版導讀】精神分析的薪火傳遞者——克萊恩

克萊恩向被許多學者公推為精神分析史上繼佛洛伊德之後，對於精神分析理論之開拓最具啟發性、最具創意的思想家之一，亦是兒童精神分析之先驅。然而克萊恩在專業上的執著，包括她大膽假設、論說當時精神分析尚未觸及的兒童精神病理、致力於區辨心智世界的真實與幻想，以及她對於揭開心智世界真理的執著和對於嚴謹分析技巧之堅持，皆使她在開拓精神分析理論之路上備感孤單。

克萊恩於1914年閱讀佛洛伊德的《論夢》（*Über den Traum*），隨即被佛洛伊德的睿智及其所論及的潛意識心智深深吸引，因而皈依並獻身於精神分析（Grosskurth, 1986）。1919年在匈牙利精神分析學會她以〈一名兒童的發展〉（Der Familienromain in Statu Nascendi, 1921）之論文，展開了精神分析的探索之旅。她曾接受過來自匈牙利的桑朵・費倫齊（Sandor Ferenczi，1873-1933），以及來自柏林的卡爾・亞伯拉罕（Karl Abraham，1877-1925）的個人分析。費倫齊和亞伯拉罕對於克萊恩的賞識及鼓勵，以及克萊恩對於亞伯拉罕所提出的口腔施虐及肛門施虐之論點的感動，使克萊恩勇於深入潛意識幻想（unconscious phantasy）的最底層，解讀人性中最殘酷的面向。

1925年6月克萊恩接受鍾斯（Ernest Jones）、艾莉絲・史崔齊（Alix Strachey）和黎偉業（Joan Riviere）之邀請至倫敦所做的系列演說在倫敦引起熱烈回響，然而這趟快樂之旅卻引發了精神分析學界的騷動，挑戰與排擠接踵而至。維也納的分析師們質疑克萊恩的發現改變了佛洛伊德所傳遞的精神分析，而克萊恩的支持者則認為克萊恩的論點僅僅延展了佛洛伊德所開創的理論。佛洛伊德辭世之後，兩岸的爭論日益白熱化，終於在1941年引發了長達四年的「論戰」（King & Steiner, 1991）。來自維也納的分析師和克萊恩的支持者在大戰的砲火聲中挑燈夜戰，爭辯關於嬰兒期的性幻想、潛意識幻想的本質與功能、原慾發展理論與退化的定義、本能衝突論、死之本能的內涵、超我的形成、早期自我的功能與早期超我、以及焦慮和罪疚感的來源等議題。根據鍾斯的理解，爭議的重點在於維也納的分析師認為克萊恩太強調早期的潛意識幻想和「精神現實」（psychic reality）對於幼兒心智發展的重要性，他們認為克萊恩高估了「早期的幻想生活」（early phantasy life），而忽略「外在現實」（external reality）。論戰在當時英國精神分析學會會長佩恩（Sylvia Payne）的協調下，和平落幕。1952年黎偉業在慶祝克萊恩七十歲的新書引言中，引用佛洛伊德的話：「我已經開啟了一些思路，而且丟出了許多建議……未來有一些東西將由它衍生而出」，以此強調克萊恩在理論上的延展並未違背佛洛伊德的期待。

論戰中所揭櫫的許多論點都可在本書中（集結1921-1945年的論文）見到蛛絲馬跡，例如性啟蒙對於兒童智性發展的影響；伊底帕斯衝突的早期階段；嚴厲的超我；早期超我的形成與罪疚感和口腔及肛門施虐期的關係，象徵能力與自我發展的關係以及強調嚴謹的兒童分析技巧之必要等。相對於佛洛伊德所提出的心理發展階段，克萊恩在本書中首度提出「修復本能」（reparation instinct）以及憂鬱心理位置（depressive position）的觀點，強調心理發展的連續性以及孩童在不同心理位置的擺盪。

論及伊底帕斯衝突的早期階段時，克萊恩引用了費倫齊和亞伯拉罕的論點，但是進一步指出前性器期的本能衝動與罪疚感、伊底帕斯衝突以及超我之間的關係：「我認為與前性器期固著結合的罪疚感，是來自伊底帕斯的衝突……是一內攝了伊底帕斯愛戀客體的結果。也就是說，罪疚感是超我塑成過程中的產品。」（本書232頁）關於伊底帕斯的衝突，克萊恩承認她與佛洛伊德的理論有所差異，佛洛伊德認為女孩發現自己沒有陰莖，而轉向父親，克萊恩則認為乳房的匱乏是使小女孩轉向父親的主要原因。（240頁）

在伊底帕斯衝突的早期階段之思路下，克萊恩闡述了早期嚴厲超我的樣貌。由對於幼小兒童的分析，克萊恩發現超我的形成從兒童以口腔內攝其客體時就已經開始，由於嬰孩自我（infantile ego）之壓制較為強烈，因此在口腔及肛門施虐方興未艾時所形成的超我，強化了施虐的嚴厲度。她如此寫道：「罪惡感的抑制效應在很小的時候就已十分顯著……從幼兒的分析中可看出，只要伊底帕斯情結一出現，他們隨即展開修通的動作，超我的發展便由此開始……但對屈居弱勢的嬰孩自我之壓制卻遠較成人強烈許多。」（165頁）克萊恩進一步推論，嚴厲的超我所引發的焦慮是精神病的基礎：「最嚴厲與最具壓迫性的焦慮乃從早期自我發展階段中內攝的超我而來，此一早生的超我，是引發精神病的基本因素。」（259頁）

克萊恩1930年的論文強調象徵的形成對於自我發展的重要性，她指出孩童對於性知識的好奇，以及過度的攻擊與焦慮阻礙了孩童象徵能力的發展。根據克萊恩的說法，孩童幻想母親體內有父親的陰莖、無數的嬰兒和糞便。此時的口腔施虐幻想，使她想占有、盜走並摧毀母親體內的東西，但是又怕被聯合起來的父母親報復或處罰。以口腔施虐方式內化客體的結果，使小孩也內化了這個歷程所引發的焦慮，過度的焦慮使小孩以封閉思考做為防衛，而使小孩失去象徵能力。

憂鬱心理位置的提出是克萊恩對於精神分析的重大貢獻之一。溫尼考特曾說克萊恩提出憂鬱心理位置的概念對精神分析的貢獻，可以媲美佛洛伊德所提出的伊底帕斯情結。（Winnicott, 1962:176）在修復本能的前提之下，幼童發現令他受挫以及他想傷害的客體也是他所愛的客體，由於對於修復能力的不信任，使幼童無法確定他擁有一個好的內在客體，而處在憂鬱心理位置中。

1927的論文係針對安娜・佛洛伊德在1926年的文章中針對克萊恩的兒童分析技巧之批判所提出的反駁。克萊恩認為安娜・佛洛伊德混淆了內在與外在現實，且不敢碰觸兒童深處的潛意識幻想。克萊恩強調教育與分析不能混淆，並且堅信只有透過毫不修飾的深入分析，「才能觸及孩子們最深層的潛抑經驗與固著行為」（170頁），而詮釋兒童最深的潛意識幻想是降低焦慮並抒緩病症的最佳預後。克萊恩的好友艾莉斯・史崔齊有次寫信給她的先生說，要不是克萊恩堅持將精神分析與教育分開，兒童精神分析這專業可能永遠沒有誕生的一天。

克萊恩向來被認為是一位極度敬業的分析師（Segal, 1992），傳記作者葛羅庫斯（Grosskurth）也說她是「一位有使命感的女人」。她對於潛意識幻想的深入探索，多少是其理論被排擠的主要原因之一。葛羅庫斯如此寫道：「她對潛意識這觀念著迷……並將之推到一個佛洛伊德所不敢碰觸的深度。」（1986, p. 3）克萊恩建基在佛洛伊德的理論上並進一步推展的發現，使精神分析技巧在一世紀後，有了突破及新穎的面貌，她對於精神分析理論與技巧發展的原創思路，或直接或間接影響了全世界精神分析的發展趨勢。

參考資料

Grosskurth, P. (1986). *Melanie Klein: Her World and her Work.* New York: Aflred A. Knopf.

King, P. and Steiner, R. (1991). *The Freud-Klein Controversies* 1941-1945. London: Routledge.

Klein, M. (1921). The Development of a Child. In *The Writings of Melanie Klein, Vol. 1. Love, Guilt and Reparation and Other Works 1921-1945.* London: Hogarth Press.

Segal, H. (1964). *Introduction to the Work of Melanie Klein.* London: Karnac Books and the Institute of Psycho-analysis.

Segal, H. (1979). *Klein.* New York: The Viking Press.

Segal, J. (1992). *Melanie Klein.* London: Sage Publication.〔陳逸詳譯，民九十年，生命潛能出版社。〕

Winnicott, D. W. (1962), A personal view of the Kleinian contribution. In *The Maturational Process and the Facilitating Environment.* London: Hogarth Press (1972).

林玉華

輔仁大學醫學院臨床心理學系副教授

2009年12月

中文版編譯事項說明

1.《愛、罪疚與修復》最早由英國霍加斯出版社（The Hogarth Press）於1975年出版。中文版翻譯依據的是，1988年增添了漢娜・西格爾（Hanna Segal）所寫的新版導論的版次。
2. 本書於內頁外側附上原文書之頁碼，以求更具實用及參考價值。
3. 關於註釋的編排，原書是在每頁的下方以1. 2. 3.……依序編排。本書註釋也編排於每頁的下方，為顯現原來的順序，則在註釋前面加上原文頁數，例如「10-1」，即原文第10頁下方的註1。對於書中所出現，中文讀者可能不熟悉之人事物，譯者另有中譯註的補充，編號方式為頁數後加英文字母，如「10-a」。希望這樣的做法，能更方便讀者對照和參考。
4. 文中出現的「*S.E.*」為「*Standard Edition*」的縮寫，其後的阿拉伯數字為卷號。
5. 中文版於附錄完整收錄原文書所附之〈英文索引〉，另擇重要專有名詞，編譯而成〈中文索引〉。
6. 我們也參考*Melanie Klein: Her World and Her Work*（Phyllis Grosskurth, Harvard University Press, 1987）及《母性精神分析》（2001，珍妮特・榭爾絲〔Janet Sayers〕，心靈工坊），彙整而成〈克萊恩生平年表〉，收錄於本書附錄中。
7. 本書之新版導論、序、導論由龔卓軍老師翻譯。第一、二十、二十一章由李淑珺小姐翻譯。第二、三、四、十二、十三、十

七、十八、十九章由呂煦宗醫師翻譯。第五、十一、十四、十五、十六章附錄一由甄家明先生翻譯。第六、七、八、九、十章由陳維峰先生翻譯。

8. 本書第十九章所載濟慈詩作，中文翻譯係採用楊牧先生之版本。（《一首詩的完成》，〈外國文學〉，93-95頁。洪範，1989。）

新版引言

1914年，三十二歲的梅蘭妮・克萊恩在布達佩斯首度邂逅了 vii
精神分析。她讀了佛洛伊德討論夢的小冊子《論夢》，這成了她畢生志趣——精神分析——的起點。就在同一時期，費倫齊也展開了對克萊恩的分析，她之所以踏出這一步，似乎部分是為了治療方面的理由，但也可以說精神分析打從一開始就攫獲了她的想像。它不僅滿足了她巨大的知識好奇心，也滿足了她一直以來對於人的興趣：她希望為了人工作、與人一起工作（原本她計畫要攻讀醫學）。1919年，她於匈牙利精神分析學會宣讀她的第一篇論文。如此充滿創造性的表現開端，不僅持續到1960年她去世為止，她的作品也造成精神分析理論與實務上的重大變革。

她的論文被收集在《克萊恩全集》（*The Writing of Melanie Klein*）第一卷和第四卷。她另外還寫了《兒童精神分析》（*The Psycho-analysis of Children*）與《兒童分析的故事》（*Narrative of a Child Analysis*）兩本書[vii-a]，也就是其著作集的第二、三卷。

在《愛、罪疚與修復》中，包含了她從1921年到1945年的論文，呈現她從一開始在作品和思想方面的發展，如何導向她形成主要理論概念的論述，也就是所謂的憂鬱心理位置（1935-1940）。

梅蘭妮・克萊恩的精神分析工作始於兒童。她是兒童分析的

---

vii-a　中譯註：這兩本書的中文版目前已由心靈工坊出版。

開路先鋒，發展出分析兒童的方法，甚至可運用於非常年幼的小孩，卻不曾偏離精神分析技法的基本原則。由於兒童的自然表達形式是遊戲，她提供他們一些小玩具，把兒童的遊戲看成是他們
viii 內在生活的象徵表達，可以和成人的自由聯想相比擬。她詮釋兒童的遊戲和行為，以及他們的口語溝通。相較於當時其他的工作者，她一開始就採取了嚴謹的精神分析態度，避免精神分析的過程有任何涉及教育及其他方面的干擾。而且，她的出發點就是想要詮釋兒童所呈現的一切，不論他們的感受是正向還是負向的。在當時，一般人認為兒童不可能像成人一樣對精神分析師發展出移情，因為兒童還依附著他們的原初客體，也就是他們的父母。克萊恩卻發現兒童確實會形成移情，有正向也有負向的移情。她也發現，如果精神分析的場景與態度維持得很好，兒童的移情與成人的移情並沒有兩樣。她堅決主張並證實移情的基礎在於兒童將內在世界及其內在意像（imagos）投射到分析師身上，而不是將他們對於雙親的感受直接轉移給分析師。克萊恩論點的特色，讓我們充分相信它具有佛洛伊德精神分析方法的效度，也讓我們相信，每一個兒童就像成人一樣，不論有多少的阻抗和防衛，都擁有對於真理的渴望和瞭解。而兒童對她簡單、直接的方法確實也反應良好。

時至今日，我們很難瞭解在當時對兒童採取這樣的做法，究竟有多麼勇敢和充滿革命氣息。她的作品引發了各方的震驚，掀起一波又一波的論戰。在〈早期分析〉（Early Analysis, 1923）、〈早期分析的心理學原則〉（The Psychological Principles of Early Analysis, 1926）、〈兒童分析論文集〉（Symposium on Child-Analysis, 1927）這些論文當中，她描述了相關的技術和理由，以及

她的某些發現。這些論文同時也處理了當時各種論戰的主要論點。她的種種結論所依據的主要精神分析素材，也都包含在她當時所寫的《兒童精神分析》中。

新工具和新技法導引出新發現。佛洛伊德的兒童發展學說，
除了對小漢斯的分析是透過督導小漢斯的父親完成之外，主要的 ix
依據還是來自於他對成人的分析。克萊恩的作品證實了佛洛伊德對嬰兒性慾、攻擊慾、超我的角色以及伊底帕斯情結的發現。但由於她直接與兒童一起工作，而促成了許多新發現，並且從某些細節方面補足了佛洛伊德只是大致勾勒出來的前性器期（pre-genital stages）。這些發現，最終導致她的觀點與佛洛伊德的觀點有所歧異。從一投入工作開始，她就被兒童豐富的幻想生活和內在世界所震撼，這個世界裡包含了非常好和非常駭人的形象；她也看到了兒童被壞形象的存在所引發的焦慮，以及被精神病式的焦慮所困。這樣的內在世界，可以說是某些先前歷史的後果。一個小孩早在兩歲半的時候就已經有了錯綜複雜的歷史，這會顯示在移情當中。佛洛伊德發現，小孩的動力仍在成人身上運作，而克萊恩在兒童和成人身上發現嬰孩。所以她的結論是，小嬰孩從一開始就同時在真實與幻想中形成了強烈的客體關係。她並不認為嬰兒是被動的，只受環境所左右，只能夠回應環境的影響。她認為嬰兒充滿了慾望與幻想，與外在的真實經常處於互動當中。由於嬰兒的幻想充斥於早期關係中，這些關係於是被內化而形成人格的基礎。她認為佛洛伊德所描述的超我和伊底帕斯情結，乃是早期發展的最後成果，也就是比先前更為原初的種種結構所衍生而出的後期階段。

依據克萊恩的描述，兒童的關係首先指向了部分客體，主要

是母親的乳房，然後開始分裂為一個非常好而充滿了愛的乳房，以及一個非常壞而充滿了恨的乳房。這種關係漸漸延展到母親的整個身體。對於兒童在關於母親身體的幻想中形成的這種強烈關係，克萊恩將之描述為一種具有好奇與愛恨交織心理特質的關
x 係。兒童將母親的身體幻想為富饒的源頭，同時充斥著愛與恨和強烈的好奇。[x-1]她認為兒童想要探索母親的身體，乃是追求知識的本能（epistemophilic instinct）。但由於這些追求知識的衝動連結著原慾和攻擊願望，它們所引發的焦慮便可能導向相關的抑制。

克萊恩認為焦慮同時是發展的推動者和潛在的抑制者。對於母親身體的求知衝動所引發的焦慮，會讓兒童將這種焦慮移轉到外在世界，並賦予象徵意義。但如果這種焦慮太過強烈，也可能反過來導向抑制狀態。在此領域中一篇極具指標性的論文，便是出自克萊恩之作——〈象徵形成在自我發展中的重要性〉（The Importance of Symbol-Formation in the Development of the Ego, 1930）。這是精神分析對自閉症兒童處遇的第一篇報告，在這篇報告中，她描述了一種對於象徵作用近乎完全遏止的狀態，隨著這種狀態的運作，也就剝奪了對世界的任何興趣。克萊恩在這個領域的著作，對於認知、理智的發展和抑制提出了嶄新的觀點。

梅蘭妮・克萊恩起初試著嚴謹地以佛洛伊德的用語來表達她的發現，但是與佛氏觀點上的某些差異，也幾乎從發軔之處就顯露無遺。她觀察到伊底帕斯情結和超我的存在要比佛洛伊德所曾認定的更早，同時，她也不斷強調伊底帕斯情結極度受到早期發展的制約。另一方面，她對女性性慾的觀點也不同於佛洛伊德。她發現小女孩和小男孩都覺察到女性的性器官及其潛力。而她認

x-1 在她後期的作品中，她更強調母親作為一個完整的人，而非強調一個完整的身體此看法。

為佛洛伊德所描述的性蕾期（phallic stage），主要是一種防衛結
構。克萊恩對在兒童身上攻擊慾所扮演之角色的強調，要遠遠超
過當時所認定的程度。譬如，她在第一篇會議論文〈學校在兒童
原慾發展中的角色〉（The Rôle of the School in the Libidinal
Development of the Child, 1923）中，認為象徵作用及其抑制基本 xi
上是原慾的作用，然而在處理分析材料的時候，她卻描述了她對
攻擊慾的高度關切。在1930年的論文當中，攻擊慾的角色及隨之
而來的焦慮成為她關注的重心。她對於攻擊慾的觀點，與佛洛伊
德在1920年之後的作品中的觀點相映成趣，呼應了佛氏對死之本
能和原慾與毀滅力量間之基本矛盾的看法。這種愛與恨之間的基
本矛盾，在克萊恩的作品當中顯得愈來愈重要。

克萊恩對於幻想生活的無所不在及重要地位的發現，導致她拓展了佛洛伊德的潛意識幻想概念。由於幻想是透過象徵的方式表現出來，所以潛意識幻想與象徵作用之間的糾結密不可分。她對於象徵作用的看法與佛洛伊德和恩斯特·鍾斯的看法有所不同。在克萊恩1930年發表的論文當中，如其標題所示，她認為象徵並非像佛洛伊德所認定是被給定的，象徵乃是透過焦慮的刺激在動態中形成，因此，象徵有可能變成畸零形態或是受抑制。

愈來愈顯而易見的是，克萊恩的發現無法完全以佛洛伊德的學說來涵蓋，它需要某些嶄新的核心概念。在〈論躁鬱狀態的心理成因〉（A Contribution to the Psychogenesis of Manic-Depressive States, 1935）以及〈哀悼及其與躁鬱狀態的關係〉（Mourning and its Relation to Manic-Depressive States, 1940）兩篇論文裡，克萊恩引入了全新的概念，也就是憂鬱心理位置。

克萊恩在她的臨床工作中一貫以焦慮為其線索。她認為兒童

同時受到兩種焦慮的牽制，一種是被害焦慮（persecutory anxieties），源自於壞的內在形象的存在，另外一種焦慮則源自於罪疚感和害怕失落。但一直要到1935年，她才開始清楚地區分這兩種焦慮——被害焦慮和憂鬱焦慮。她也一直強調生命的第一年對於後來發展的重要性。她最後得到的結論是，被害焦慮和憂鬱焦慮這
xii 兩種基本的焦慮，在發展上都源自於生命第一年的兩個階段。嬰兒在第一個階段為被害焦慮所宰制，這個階段也就是後來妄想症固著下來的階段（就像亞伯拉罕所論述的）。在發展上第二個關鍵階段，發生在嬰兒認出母親是一個完整的人之時。此時嬰兒與母親的關係不再只是早期階段的部分身體關係，而是與整個人發生關係，因而嬰兒也會發現壞的形象與好的形象發生在同一個人身上，也就是母親。這會讓嬰兒覺察到自己對這樣一個形象的愛恨交織情感。隨著如此的覺察、明瞭，嬰兒馬上會對攻擊這位所愛的人產生罪疚感，以及害怕在毀滅性的攻擊之下將會失去她。在幻想當中，嬰兒感覺到所愛與所恨的母親將被摧毀、將要失落，這帶來了罪疚、苦惱與失落感。這些感受漸漸會取代早期的被害感（persecution），引發出愛與修復的傾向。

克萊恩寧願說這是不同的位置，而非階段使然，因為位置這個詞指涉到整個組織（organization）的作用、自我的狀態、客體關係的性質，以及幻想與防衛。在憂鬱心理位置當中所發生的改變具有非常微妙的意涵，它為生命帶來了一種新的面貌與姿態。它標誌了對於精神現實覺察的肇端，並且也明確區分開精神病與非精神病的作用狀態。克萊恩晚期的著作對這些相關的意涵投注了相當的心力。著手引入心理位置這個概念，也標誌了克萊恩發展的第二個階段，她開始引用一種嶄新的後設心理學架構。

梅蘭妮・克萊恩的作品肇始於兒童，也開啟了別開生面的遠景。由於精神官能症與精神病都源自於兒童時期，對於兒童時期的所有發現當然也就與成人的心理學認識密不可分。克萊恩也愈來愈傾向在她的著作中引用成人病患的素材。她對於原始心智的發現，以及對於宰制著這些原始心智的精神病焦慮、防衛機制的發現，打開了一條理解嚴重心理疾病的嶄新道路。心理位置此概 xiii
念以及隨之而來的修復衝動，也提供了我們認識正常的心理發展、昇華與創造性的創新觀點。

漢娜・西格爾於倫敦，1987

序

梅蘭妮・克萊恩的作品已經發行超過大約四十年，某些已成 xv
書付梓，某些以共同寫作的形式成書，也有一些論文首度以論文集的形式問世。當然，她的思想歷程就像任何經年累月的創造工作，必然經歷持續的開展、補充與釐清。因此，對學生來說，面對如此卷帙浩繁的文獻，要瞭解梅蘭妮・克萊恩最成熟的思想以及她如何得出相關的想法，並非易事。為了這一點，重新編排出版她的全部作品，主要目標便是指出每部作品當中基本論題的位置所在，並透過註解來闡明同樣的主題與她早期和晚期的思想有何關聯。這些註解放在每一卷的卷尾，但第四卷《兒童分析的故事》除外，梅蘭妮・克萊恩自己在這一卷中已經做了註解。

雖然新版全集的主要目標是如此，一旦決定要完成此事，當然也促成了進行某種程度改善的機會：《兒童精神分析》原來以德文寫成，它的翻譯做了大幅的修訂；所有對於佛洛伊德作品較早版本的參照，也修訂為參照《標準版》（*Standard Edition*），而且所有參考書目也都盡可能修改成最新的版本。此外，第一卷、第二卷和第三卷亦做了新的索引，讓它們彼此間可以協調一致、相互參照。

完成這些目標所需要的工作人手，來自許多不同的團體。

艾略特・賈克（Elliott Jacques）教授負責與出版商的初步協調談判，國際精神分析圖書館（International Psycho-Analytical Library）的編輯瑪殊・汗（Masud Khan）先生適時提供了慷慨協助，賈克教授也為第四卷《兒童分析的故事》寫了一篇序。

註解的工作由艾德娜・歐蕭尼西（Edna O'Shaughnessy）女士、貝蒂・喬瑟芙（Betty Joseph）和我合力所完成。艾德娜諮詢了漢娜・西格爾博士，而我本人只是分擔責任，並未實際參與工作。另一方面，漢斯・托納（Hans Thorner）在他的子媳普魯登斯・托納（Prudence M. Thorner）女士的協助下，加上史蒂芬・史密斯（Stephen Smith）博士剛開始的參與，完成了修訂《兒童精
xvi 神分析》譯本的工作。同時，托納也依次把每一章改譯的草稿交給原譯者史崔齊（Strachey）女士過目。一篇不曾以英語出現的論文〈青春期的抑制與困難〉（Inhibitions and Difficulties at Puberty）由克勞德・魏德勒斯（Claude Wedeles）博士譯為英語。安・哈董遜（Ann Hutchinson）小姐負責艱鉅的任務：統一所有參照書目註腳，芭芭拉・弗禮安（Babara Forryan）女士則完成了所有索引的準備、重寫與修訂工作。

最後，我要在這裡向這些朋友與伸出援手的人表達我的感激，有了他們的支持和奉獻努力，才有《克萊恩全集》的發行出版。我也代表贊助這項工作的梅蘭妮・克萊恩基金會（Melanie Klein Trust）的信託人，感謝英國精神分析學院（The Institute of Psycho-Analysis）與霍加斯出版公司的合作，業已出版許多梅蘭妮・克萊恩的作品，爾今再添四卷本的《克萊恩全集》。

R. E. 馬尼－基爾（R. E. Money-Kyrle）

引言

梅蘭妮・克萊恩於1882年生於維也納，[xvii-1]娘家姓萊茲 xvii
（Reizes），她排行第四，是家中的老么。克萊恩的父母原為猶太裔，但在宗教上已不再嚴格遵守猶太教規，他們似乎也包容不可知論。證據顯示克萊恩從父母雙方都得到了許多傳承，當然，孩子們的成長環境也因此具有高度的知識性。更重要的是，依據梅蘭妮・克萊恩自己的回憶，她的家庭非常和樂融洽，充滿了關愛維繫。然而，其中也不乏悲傷痛苦的時刻——她最親愛的姊姊與尊敬的長兄相繼去世。這樣的悲劇在許多年之後再次發生——她已成年的兒子因為山難意外死亡。

談到梅蘭妮・克萊恩職業生涯的開端，約在十四歲左右，她感受到一股強烈想研讀醫學的慾望，經過哥哥的幫助，她很快就學會了拉丁文與希臘文，進入高級中學。只不過，由於她十七歲便訂了婚，醫學生涯的前景就此打住。她在四年之後結了婚，也就是1903年，並按部就班地變成了三個孩子的母親。

一直到第一次世界大戰，克萊恩才能夠藉由一種新的方式重回她中斷的生涯。那時，她偶然間讀到佛洛伊德的一本書，感覺

xvii-1 更長篇的傳記報告，參見羅森菲爾德（H. Rosenfeld）的《社會科學國際百科全書》（*International Encyclopedia of the Social Sciences*），約翰・林頓（John A. Lindon）的〈梅蘭妮・克萊恩的理論與技術：其生平與著作〉（Melanie Klein's Theory and Technique: Her Life and Work），收錄於彼得・佐凡奇尼（Peter L. Giovacchini）所編的《精神分析治療的策略與技術》（*Tactics and Techniques in Psychoanalytic Therapy*, New York: Science House; London: Hogarth Press, 1972）。

到裡面有些是她過去懵懵懂懂間一直在尋找的東西。然後她到了布達佩斯，讓費倫齊開始為她進行分析。費倫齊鼓勵她專門對兒童進行分析，於是，她在大戰結束前就已經在布達佩斯開始了這項工作。當時，除了佛洛伊德的「小漢斯」以及胡賀慕斯博士（Hug-Hellmuth）的初步工作之外，兒童的精神分析是一片未知的領域，後來，安娜・佛洛伊德（Anna Freud）也迅速地從不同的角度進入這片領域。到了戰後的1921年，在亞伯拉罕醫師的邀請之下，梅蘭妮・克萊恩前往柏林，繼續她對兒童的分析工作，並且很快地將重要而嶄新的概念引入了精神分析中。亞伯拉罕非常支持、鼓勵她的創新，同時他也在1924年初到1925年過逝之前，為
xviii 克萊恩做了進一步的分析。克萊恩在柏林的時候，她先生在瑞典，他們本來就不是那麼幸福的婚姻也在當時畫上句點。1926年她應恩斯特・鍾斯邀請前往倫敦，鍾斯相當支持她，她也就停留於倫敦，漸漸在她的實務工作中開始增加成年病患的比例，特別是為了訓練而分析的案例，一直到她1960年去世為止。值得注意的是，就像佛洛伊德自己和許多人一樣，她也進行了自我分析，因此她出版的作品自然便包括了兩方面的分析觀察結果：一方面是她的病患，另一方面是她自己，兩方面交互核對。

克萊恩的臨床工作的確引發了不少的爭議，她從一開始就認定兒童精神分析必須與分析成人的進行方法一模一樣，只不過對於字詞聯想分析的部分，必須要以遊戲分析來補充。她認為移情是可能的，並且可以藉此觀察到超我的出現，雖然這只是尚未發展完全的超我。她也相信精神分析師不應該施加任何道德或教育上的壓力。換句話說，她對小孩和大人都同樣採用佛洛伊德式的移情分析，如果她在後來引入任何的改變，可以說都只是要讓移

情分析更加純粹，於是她的角色變得愈來愈限制於詮釋工作。她在技術上最別開生面之處，在於從一開始就非常傾心於以任何她可以看得到的潛意識幻想為基礎，來進行潛意識焦慮的詮釋，雖然這樣做的時候，剛開始好像會讓焦慮不減反增。

就是這樣的技巧，帶動並讓她能夠記錄到許多到當時為止前所未見的精神（psyche）模式，於是，除了源自佛洛伊德的部分之外，她對於心智（mind）的理論以及其中可能出現的差錯，就這樣經歷了一連串的發展。我們沒有必要在這裡做畫蛇添足的總結，因為，梅蘭妮・克萊恩的作品——特別是我們若能夠配合著註解一起閱讀的話——會為它們自己說話。不過，有一點值得在此強調：梅蘭妮・克萊恩在引入偏執－類分裂心理位置（paranoid-schizoid positions）以及憂鬱心理位置這些概念的時候，也同時釐清了兩種非常不同的道德類型的差別，這兩種道德類型先天傾向於在人類身上連續發展。兒童最早期的超我，包含其自己投射在自己身上的毀滅慾，就是一種偏執－類分裂心理位置的建構。就如同佛洛伊德所發現的，它的運作就如同一個原始內在的神祇，帶有一種以眼還眼、以牙還牙的原始道德。這並不是一個和諧狀態的自我，精神分析的主要目標就是把它變弱。但是大約在四個月左右，憂鬱心理位置的出現，引發了自我道德另一個較和諧的可能。它的基礎不再是偏執錯覺的特定形式，而是基於早期偏執
－類分裂心理位置中，因自我內、外在愛的客體所受的幻想與真 xix
實傷害，而產生的憂鬱罪疚感。只要這些受損的愛的客體被哀悼，它們就會被感受為內在的活物，變成內在導師，在自我與內在殘存的壞客體和真實的外在敵人鬥爭之時，幫助自我、支持自我。當然，梅蘭妮・克萊恩並沒有使用任何的道德壓力來為她的

病人塑造這種道德性，但無可否認的，就她所能夠揭露古老道德（archaic morality）背後的錯覺，以及對抗被害和憂鬱罪疚感的各種躁動防衛（manic defence）形式背後的錯覺而言，第二種型態的道德的確會趨向自行一步一步地於其中取得優勢。克萊恩認為，這種改變是朝向整合與成熟的改變指標。

雖然梅蘭妮・克萊恩最後發展出來的學說，似乎至少能夠解釋常態與非常態心理生活的主要因素，特別是偏執－類分裂心理位置和憂鬱心理位置之間的差別，但若把她的學說視為一種封閉的學說，則純屬誤解。她甚至到了生命末期都還在添補，而且，沒有人知道究竟還需要什麼樣的修正或補充。就像物理學，對心理學來說也一樣，終極的真理或許具有無限的複雜性，要接近它，只能透過一系列無止盡的近似值。

R. E. 馬尼－基爾

第一章　兒童的發展（1921）

一、性啟蒙及權威感減弱對兒童智力發展的影響

兒童應該接受性啟蒙的觀點愈來愈受重視。學校多方引介的 1
兒童性啟蒙教學，目的在保護兒童到青春期時不至愈來愈暴露於「無知」危險當中，也因這樣的想法，使兒童性啟蒙的教學贏得許多共鳴與支持。但是從精神分析所得的知識指出，我們應至少給予這個脆弱階段的孩子適當的教養（乃至於「啟蒙」），如此才能使兒童免於需要任何特殊的啟蒙，因為教養方式中最完整、自然的啟蒙，是與兒童的發展速度一致。根據精神分析經驗所得無可辯駁的結論，兒童應盡可能免於經歷過度強烈的潛抑，以避免病態或不利的人格發展。因此，精神分析除了睿智地試圖以資訊對抗實際和清晰可見的危險之外，也企圖避免同樣實際存在，但或許不清晰可見（因沒有被辨識出來），卻更為普遍、深刻，因此也更迫切需要觀察的危險。幾乎在所有個案裡，精神分析所獲得的結論都指出，成年後的疾病，甚至所有正常心理狀態中或多或少都有的病態元素或抑制，其源頭都是童年性慾的潛抑，也因此清楚顯示了我們應該遵循的道路。為了讓孩子免於不必要的潛抑，我們首先應該從心裡除去籠罩在性特質（sexuality）上，神祕、虛假和危險的厚重面紗，這面紗是基於情感與一致性的基礎而編織出來的虛偽文明。我們應配合孩子渴望性知識的程度，給予充分的性資訊，並徹底剝除性特質的神祕感及其危險。這將能確保孩

2 子不會像我們過去那樣將一部分的願望、想法與感覺潛抑了，而無法潛抑的部分，則造成羞愧與焦慮。更重要的是，在避免這樣的潛抑及避免孩子承受不必要的痛苦時，我們也建立了身體健康、心理平衡與良好人格發展的基礎。而且我們能夠預期，徹底坦承地面對性特質不只為個人及人性演化帶來珍貴無價的結果，它還能帶來另一項同等重要的結果——對於智能發展的決定性影響。

這項由精神分析的經驗與學說所獲得的結論，清楚且無可反駁地經由我剛好得以深入參與的一個兒童的發展證實。

先前歷史

我們討論的這個男孩，福利斯（Fritz），他是我親戚的兒子，住得離我很近，這讓我有機會得以不受拘束地經常與他在一起。此外，由於他母親一向遵循我的建議，使我得以對這個孩子的教養方式發揮深遠的影響。現在這孩子五歲了，身體健康強壯，心智發展正常但較為緩慢。他兩歲才開始說話，三歲半才能以連續的句子表達想法。即使到這時候，我們也沒聽他說過一些語言天分高的孩子在很小年紀就可能講出的、引人注意的話。不過，他不論在外表或行為上，都讓人覺得是個伶俐聰明的孩子。他很慢才能掌握某些概念，到四歲多才學會區別顏色，將近四歲半才熟悉昨天、今天和明天的觀念。在實際的事物上，他明顯落後同齡的孩子。雖然他經常跟大人一起去購物，但他的發問顯示他似乎很難理解，為什麼一個人擁有很多同樣東西時，不能送給你一個當禮物。而他也很難瞭解為什麼拿東西要付錢，而且還要根據東西的價值付不同的價錢。

但他在記憶方面十分傑出，不僅記性很好，而且記得相對而

言很久遠的事情細節。一旦他瞭解某個概念或事實後，就能完全
掌握。大致而言，他很少問問題。一直到大約四歲半時，他才開
始出現較快速的心智發展和較強烈的發問衝動。在這時期，他也
明顯表現出全能感（omnipotence，即佛洛伊德所稱的「萬能想法
的信念」)。任何人提到任何事——任何技能或手工——福利斯都認 3
定他可以做得很好，即使事實證明完全相反。在某些情況下，當
別人告訴他，爸爸媽媽也有不知道答案的事，他的信心也不會動
搖，他仍相信自己和身邊的人是無所不能的。當他無法再為自己
辯護時，或是有證據證明不可能時，他也會堅持說：「如果有人
做一次給我看，我就能做得很好！」所以即使面對很多反證，他
仍堅信自己會煮飯、閱讀、寫字，還能說流利的法語。

詢問誕生問題的階段

在福利斯四歲又九個月大時，關於誕生的問題開始出現，他發問的需求明顯增加。

我要在此強調，這個小傢伙提出的疑問（他大多會問母親或我），都會得到完全真實的回答，在必要時，也提供適合他理解程度的科學依據，但是會盡量簡短。回答之後，我們不會主動提起這個問題，也不會對他提出新的主題，除非他重覆提問，或主動提出新問題。

在他提出「我出生以前在哪裡？」的問題之後，[3-1]同樣的疑問又轉變成「人是怎麼做出來的？」並且是幾乎每天都以這個刻板形式重覆出現。同樣問題一再出現，並不是因為他缺乏足夠的智力，而是他顯然完全瞭解有關嬰兒在母體內成長的解釋（父親的角色此時還沒有被提及，因為他尚未直接問到這點）。

他的行為舉止——心不在焉、顯得困窘、才剛開始對話就想結
束、在自己開始一個話題後，又試圖停止——都顯示出他感受到某
4 種「痛苦」，以及他的難以接受（但他渴望真相的慾望又與此對
抗）。在一段短暫的時間裡，他不再對我跟他母親提問，轉而去問
他的保姆（她在不久之後離開）以及他哥哥。但他們提供的是送
子鳥送來嬰兒以及上帝造人的回答，這些回答只帶給他幾天的滿
足。當他再度回來問他母親：「人是怎麼製造出來的？」他似乎
終於比較能接受她的答案是真正的事實。[4-1]

對於「人是怎麼製造出來的？」的問題，他母親再度重覆過去多次告訴他的解釋。這一次他變得比較多話，他告訴母親，保姆說（他似乎也聽過其他人這麼說）是送子鳥送來嬰兒。「那只是故事。」他母親說。「L家的小孩跟我說，復活節的時候，不會有復活節兔子跑來，把東西藏在花園裡的，其實是保姆。」[4-2]「他們說得沒錯。」她回答。「根本沒有復活節兔子這種東西，對不對？那只是故事而已？」「當然。」「所以也沒有聖誕老公公？」

3-1 這個疑問之所以被引發，是因為哥哥或姊姊在幾次不同的時候剛好講到「那時候你還沒出生」。此外也因為他明顯對於「不是一直都在」這件事感到難過，因為在被告知當時或之後，他都會說所以他一直都在，並表現出滿意的樣子。但是引發這個問題的原因，顯然還不只這些。因為在短時間之後，這個問題就轉變成「人是怎麼做出來的？」在他四歲又三個月大時，另一個問題重覆出現了好一段時間：「爸爸要用來做什麼？」以及（較少出現的）：「媽媽要用來做什麼？」我們當時沒有辨認出問題的意義，因此便回答說爸爸是要用來愛小孩、照顧小孩的。但這答案顯然無法令他滿意，因此他經常重覆提出這個問題，直到最後逐漸放棄。

4-1 在此同時，他在掌握誕生問題之前的時期，經常會重覆討論一些其他概念，但這部分顯然也沒有獲得徹底的釐清。他曾經試圖捍衛一些想法，例如他曾經說L家的小孩（他的玩伴）擁有一隻復活節兔子，想藉此證明復活節兔子存在，也曾說他看過惡魔躲在草叢裡。說服他相信眼前看到的是一匹小馬，遠比說服他相信毫無依據的魔鬼是存在的，要容易許多。

4-2 顯然他此時是因為L家小孩提供的資訊，才相信沒有復活節兔子（儘管他們經常騙他）。或許也是因為這件事，才激發他更進一步追究他經常聽到，但還沒有吸收進去的「人是怎麼做出來的？」這個問題的答案。

「沒錯，沒有聖誕老公公。」「那是誰拿來聖誕樹，裝飾聖誕樹？」「爸爸媽媽。」「世界上也沒有天使，那也只是故事？」「對，世界上沒有天使，那也只是故事。」

這些知識顯然並不容易吸收，因為在這段對話結束時，他停一下後問道：「但是世界上有鐵匠吧？對不對？鐵匠是真的吧？不然誰來做箱子呢？」兩天後，他嘗試了更換父母的實驗，說他要L太太當他媽媽，要L家的小孩當他的兄弟姊妹，而且他維持這
樣的安排一整個下午。但他在當天晚上很懊悔地自己回家。[5-1]第 5
二天早上，他跟他母親親吻道早安後，問的第一個問題是：「媽媽，拜託你跟我說，你是怎麼到這個世界來的？」這顯示了他之前如此難吸收的領悟，跟他刻意更改父母，兩者之間有因果關係。

在此之後，他顯得更想瞭解這個主題，也不斷回頭探究。他問過狗是如何來到世界上。他還告訴過我，他剛「偷看一顆破掉的蛋的裡面」，但沒有看到裡面有雞。我解釋小雞跟小孩的差別，並說小孩會待在媽媽溫暖的身體裡面，直到夠強壯，能在外面的世界生存才會出來，他聽了十分高興。「那麼是誰在媽媽身體裡餵那個小孩呢？」他問。

第二天他又問我：「人是怎麼長大的？」我拿他認識的一個很小的小孩為例，並以他自己、他哥哥、他爸爸作為不同成長階段的例子，他說：「這些我都知道，但是人到底是怎麼長出來的？」

那天晚上，他因為不聽話而遭到責罵。他很難過，決心要補償。他說：「我明天都會聽話，還有接下來那天，跟接下來那天

5-1　他在發生這件事的兩年前，曾逃家過一次，但我們始終沒有找出他當時的動機。後來我們是在一家鐘錶行門口找到他，當時他正全神貫注地看著櫥窗裡的展示品。

……」然後他突然停下來，想了一會，問說：「媽媽，接下來那天會一直來多久？」當她問他確切的意思時，他再次說：「新的一天會一直來多久？」接著他又立刻問說：「媽媽，晚上是不是都算是前一天，但是早上很早的時候就是新的一天了？」[5-2]在他母親出去拿東西再回來時，他正哼著歌。她一走進房間，他就停止唱歌，仔細地看著她說：「如果你現在叫我不要唱歌，我就應該馬上停下來嗎？」她解釋說她絕對不會說這種話，因為他永遠可以做任何他想做的事，除非那件事因為某些理由無法被允許。她還舉幾個例子來說明，他聽了似乎很滿意。

關於上帝存在的對話

隔天下了雨。福利斯對此很不高興，因為他想去花園玩。於
6 是他問他母親：「上帝自己要讓雨下多久嗎？」她回答說雨不是上帝做的，而是從雲變的，並解釋其中的原理。第二天早上，他一見到她，又提出那個他已經放棄很久的問題：「人是怎麼做出來的？」他母親試著挖掘他到底不瞭解先前解釋中的哪個部分，他的回答是：「長大的部分。」當她再度解釋說那小小的頭跟手腳是如何長大時，他說：「但是媽媽，它們是怎麼長出來的？那個小小的頭跟小小的肚子，還有其他的東西，是從哪裡來的？」她回答說，它們本來就在那小小的蛋裡，只是很小很小而已，就像小小的花藏在花苞裡一樣。他於是不再追問。但過了一會後，他問說：「椅子是怎麼做的？」[6-1]此時他媽媽已經幫他穿好衣服。他接著突然問道：「不是上帝讓天空下雨的嗎？東妮（女傭）

5-2　過去他難以明白的時間概念，現在對他而言似乎比較清楚了。當他愈來愈喜歡提出這類問題後，有一天他說：「昨天是過去的樣子，今天是現在的樣子，明天是以後的樣子！」

說雨是上帝造的！」在她回答之後，他問說：「所以上帝造雨只是一個故事？」她回答表示肯定後，他繼續說：「但是真的有上帝嗎？」他母親有點閃避地回答說，她從來沒見過上帝。「所以你看不到祂，可是祂真的在天空裡。」「天空裡只有空氣跟雲。」「但是真的有上帝？」他再度問。這次她無法逃避，於是下了決定，說：「不，寶貝，上帝不是真的存在。」「但是，媽媽，如果一個真的大人說上帝是真的，而且住在天空裡，這件事不就是真的嗎？」她回答說，很多大人對事情的瞭解並不正確，也不會正確地說明。他此時已經吃完早餐，站在通往花園的門口，看著外面。他陷入沉思，然後突然說：「媽媽，我看到存在的東西，我看到的就是真的存在，對不對？我看到太陽跟花園——可是我看不到瑪麗阿姨的房子，但是那間房子也是真的存在，對不對？」她對他解釋說，為什麼他看不到瑪麗阿姨的房子，然後他問：「媽媽，那你也看不到她的房子嗎？」在她表示看不到後，他顯得很滿意。然而他立刻接著問：「媽媽，太陽是怎麼到上面的？」她有點猶豫沉思地說：「嗯，太陽像這個樣子已經很久很久了……」「對，但是它這樣子之前呢？它是怎麼到上面的？」

我必須在此解釋他母親為什麼在孩子提出上帝存在的問題
時，顯得有些猶豫不決。他的母親是無神論者。但是在教養較大 7
孩子的過程中，她並沒有實踐無神論信念。事實上，這些孩子的
教養方式是獨立於天主教會之外，也很少告訴他們有關上帝的

6-1　之後有一段時間裡，在討論他難以瞭解的成長細節時，他都會重覆這個問題：「椅子是怎麼做的？」這個問題跟答案，他已經非常熟悉，因此我們不會再回答，但是對他而言這個問題似乎會帶來一些幫助，供他拿來作為一種標準或比較基礎，以確認他新聽到的任何資訊是否真實。他也使用「真的」這個詞，作為同樣的用途，有這個詞代替以後，「椅子是怎麼做的？」的疑問就逐漸減少消失了。

事，但是她也從來沒有駁斥過他們的環境（例如學校）呈現給他們現成的上帝概念。所以即使鮮少提及上帝，但是對孩子而言，上帝仍是不言可喻地存在著，並在他們頭腦中的根本概念裡，占有一席之地。她先生本身抱持著泛神論的觀點，對於在孩子教育中引入上帝的概念是相當樂觀其成的，但他們夫妻間還沒有就這件事達成任何絕對的決定。那天她剛好沒有機會跟她先生討論這個情況，所以當這個最小的孩子當天晚上突然問他爸爸：「爸爸，真的有上帝嗎？」他就直接回答：「有啊。」於是福利斯反駁說：「但是媽媽說上帝不是真的存在。」他母親剛好就在這時進來，於是他立刻問她：「媽媽，你跟我說，爸爸說真的有上帝。上帝是不是真的存在？」她自然一下子措手不及，而回答說：「我從來沒看過上帝，也不相信上帝存在。」在這個當下，她丈夫及時伸出援手，說：「福利斯，你聽我說，沒有人看過上帝，但有些人相信上帝存在，有些人則不相信祂存在。我相信祂存在，但是你媽媽相信祂不存在。」本來一直很焦慮地來回看著他們兩人的福利斯，這時變得相當開心，解釋說：「我也覺得上帝不是真的。」但在隔了一段時間之後，他又覺得懷疑了，於是問：「媽媽，你跟我說，如果上帝真的存在，那祂住在天上嗎？」她回答說天上只有空氣跟雲，於是他相當開心又肯定地再說一遍：「我也覺得世界上沒有上帝。」然後他隨即又說：「但是電車是真的，還有火車也是，我去奶奶家的時候坐過一次，還有去找E的時候也坐過一次。」

關於神存在的問題，這個出乎意料而臨時說出的解答，或許有一項優點，那就是減少了父母親的過度權威，讓他們不再顯得如此全能全知，也讓這孩子確定他的爸媽對於一件重要事情會有不同意見，這是過去從來沒有發生過的。這樣削弱父母的權威或許會增加孩子的某些不安全感，但是我覺得這點很容易克服，因為足夠程度的權威仍舊存在，能給予他足夠的支持。而且無論如 8
何，我都沒有在他一般言行裡觀察到任何不安全感或對父母失去信任之類的影響。不過，大約兩星期後他所說的一句話，可能跟這件事有點關係。那次是他跟姊姊去散步，姊姊叫他去問別人當時幾點。「問男士還是女士？」他問。姊姊告訴他都無所謂，但是他若有所思地問說：「但是如果男士說現在是十二點，可是女士說是一點十五分呢？」

我覺得，在這段關於上帝存在與否的對話之後，接下來六個星期似乎是一個確切階段的結束與高潮。我發現他的智能發展在這個階段當中和之後受到很大的刺激，因此在強度、方向和發展類型上（相較於之前的狀況），都有很大的改變。因此我可以區分出，從他能開始流暢表達想法之後，有三個心智發展階段。第一個階段是在誕生問題出現之前。第二個階段的開始是這些誕生問題出現時，結束則是在神的概念的解決。接下來是剛開始的第三個階段。

第三階段

在第二階段非常明顯的發問需求，在第三階段並沒有降低，但是似乎是循著不同的路線發展。

福利斯現在還是經常會回到誕生的這個主題，但是發問方式顯示他已經將這項知識吸收融入到他的整體思考中。他對誕生和相關問題的興趣仍舊很強，但是已經不那麼熱烈，這一點從他較少發問、較常確認可以看得出來。例如他會說：「狗也是在媽媽肚子裡長大，這樣做出來的嗎？」又有一次：「鹿是怎麼長出來的？跟人一樣嗎？」在得到肯定的答案後，他又問：「那牠也是在媽媽肚子裡長大的？」

雖然「人是怎麼做出來的？」這個問題不再出現，但是他從
這個問題發展出跟一般的存在相關的詢問。他在這幾個星期內問
了非常多這類的問題，以下是其中一些：牙齒是怎麼長出來的？
眼睛怎麼會待在（眼窩）裡面？手上的紋路是怎麼做出來的？
樹、花、木頭等等，是怎麼長出來的？櫻桃的莖是不是一開始長
出來就有櫻桃？沒成熟的櫻桃會不會在胃裡面變熟？摘下來的花
能不能再種回去？沒成熟就撿起來的種子之後會不會成熟？泉水
是怎麼做出來的？河流是怎麼做出來的？船是怎麼到多瑙河裡去
9 的？灰塵是怎麼做的？此外他還會問各式各樣的物品、東西和材
料是怎麼製造的。

對糞便尿液的興趣

從他比較特定專門的問題（「人是怎麼動的？怎麼動他的腳？怎麼用手去摸東西？血是怎麼跑進他身體裡面的？各種東西是怎麼長出來的？為什麼一個人可以工作，可以做東西？」），以及他追問的方式，還有他不斷表達他想看東西是怎麼做的，想知道它們的內在構造（衣櫥、供水系統、水管、左輪槍……）等等，這些好奇的態度讓我覺得，他已經需要徹底探究他感興趣的東西，需要追根究柢。他之所以如此強烈又深入探究，或許部分原因是他潛意識中想知道父親在孩子誕生這件事扮演什麼角色。在一段時間內相當突出的另一類問題也顯示出這點。他過去從來沒提過的這些問題，基本上其實是在詢問兩性的差異。這時一再反覆出

現的問題是：他母親、我、他姊姊是否會一直都是女生？是否所有女人小時候都是女孩子？他是否從來都不曾是女孩子？[9-1]他爸爸小時候是否是男孩子？是否所有人、所有爸爸，一開始都很小？有一次，當誕生問題對他而言已經比較真實時，他問他父親，以前是不是也是在他自己媽媽的體內長大？他用的表達方式是「在媽媽的胃裡」。儘管這個錯誤已經糾正過來，但他偶爾還是會用這個說法。他過去都一直對糞便、尿液和其他相關事物表現出滿懷感情的興趣，這樣的興趣至今仍很活躍，他有時候也會公開表達對這類事物的喜愛。有一段時期，他幫他所喜歡的、自己的雞雞（陰莖）取了一個暱稱，喊它「皮帕奇」（pipatsch），但其他時候他大多只叫它「皮皮」（pipi）。[9-2]有一次，他把爸爸的手杖抓在自己的兩腿之間，說：「爸爸你看，我有一個好大的雞雞。」有一段時期，他經常提到他漂亮的「卡奇」（糞便，〔kakis〕），偶爾還會仔細欣賞糞便的形狀、顏色和分量。

有一次，他因為身體不舒服必須灌腸，這對他而言是不尋常 10
的處置，因此他極力抗拒。他也很抗拒吃藥，尤其是藥丸。當他發現他排出來的不是固體，而是液體時，顯得非常驚訝。他問說，是不是「卡奇」改成從前面出來？或者那是不是「雞雞」的水？當別人跟他解釋這跟平常的排便一樣，只是變成液體而已，他問說：「女生也是這樣嗎？你也是這樣嗎？」

還有一次，他把媽媽跟他解釋過的排便過程，跟那次灌腸連

9-1　在大約三歲的時候，他似乎對珠寶首飾特別有興趣，尤其是對他母親的首飾（這項興趣仍維持著），而且他會反覆地說：「等我變成女士，我就要一次戴三個胸針。」他也經常說：「等我變成媽媽……」

9-2　他三歲的時候，有一次看到他哥哥赤裸地在浴缸裡，便很開心地大叫說：「卡爾也有皮皮！」然後他對哥哥說：「請你幫我問藍妮，她是不是也有皮皮？」

結起來，詢問「卡奇」出來的那個洞是什麼樣子。在這麼做時，他告訴我，最近他曾經看過那個洞，或者想看那個洞。

他問別人是不是也會用衛生紙？然後……「媽媽，你也會做卡奇，對不對？」在她表示肯定之後，他說：「因為如果你不做卡奇，世界上沒有其他人會幫你做，對不對？」因為談到這件事，他又講到狗的卡奇的形狀跟顏色，還有其他動物的卡奇，並拿來跟自己的比較。他在幫忙剝豌豆時，說他是在給豌豆灌腸，因為他打開豆莢，把卡奇拿出來。

現實意識

在發問階段展開之後，福利斯的現實意識出現了很大的進展（如前所述，在誕生問題之前，他的現實意識發展得很差，跟其他同齡孩子比起來相對落後）。當時他還在跟潛抑的傾向奮戰，所以要分辨出各種概念是真實的或不真實，還相當困難，但他的區別也因此更加鮮明清晰。不過現在他已經表現出他需要深入檢視所有事物。從第二階段結束後，這點就開始浮現出來，尤其顯現在他努力詢問現實狀況，並對他熟知的事物、他練習過並一再觀察過的活動，以及他老早就知道的東西，都要求存在的證據。他藉此獲得自己的獨立判斷，並由此衍生他自己的推論。

明顯的疑問與確認

舉例來說，他在吃到一塊硬麵包時說：「這麵包好硬。」吃完以後，他說：「我也可以吃很硬的麵包。」他問我在廚房裡面，用來煮食物的東西叫什麼（他一下子忘了那個字）。我告訴他之後，他說：「它叫爐子，因為它是爐子。我叫福利斯，因為我

是福利斯。你叫阿姨，因為你是阿姨。」他在一次吃飯時，因為 11
沒有好好咀嚼而吞不下一口食物。之後繼續吃時，他說：「我吞不下去，因為我沒有嚼。」隨即又說：「人可以吃東西，是因為他會嚼。」早餐之後他說：「我把糖加在茶裡，所以它會到我的胃裡。」我說：「你確定嗎？」「確定，因為它沒有留在杯子裡，所以它跑進我的嘴巴裡了。」

以這種方式獲得的確信和事實變成他的基準，供他比對需要進一步推敲的現象和概念。雖然以他的智力而言，他還很難深入瞭解新概念，所以他會企圖用已經熟悉的事物來加以評估，並藉由比較來掌握概念，也因此他會更仔細檢視並吸收已經獲得的知識，然後形成新概念。

「真的」、「不是真的」，這些他已經很習慣使用的辭彙，現在獲得了跟以前使用時不同的另一層意義。在他肯定送子鳥與復活節兔子都只是故事，並決定小孩子從母親身體誕生的版本雖然比較不美，但比較真實可信之後，他就曾說：「可是，鐵匠是真的吧，不然誰來做箱子呢？」同樣地，在他可以不必被迫相信一個對他而言難以理解、難以置信、看不見，可是又全能全知的存在之後，他問說：「我看得到存在的東西，對不對？……你看得到的就是真的。我看到太陽跟花園。」所以，這些「真的」事物對他而言有了根本的意義，讓他能將所有看得見的、真實的事物，跟那些只會在希望與幻想中發生的事物（即使很美麗，但可惜並不真實，「不是真的」），區別開來。這種「現實原則」（reality-principle）[11-1]已經在他心裡建立起來。在與他父親和母親對話

11-1　佛洛伊德，〈論心智運作的兩項原則〉（Formulations on the Two Principles of Mental Functioning, *S.E.* **12**）。

後，他決定跟母親站在一邊，不相信上帝存在。他說：「電車是真的，火車也是，因為我坐過。」首先，他已經藉由具體實際的事物找到分辨的標準，以此分辨他因為現實感而拒絕的那些模糊和不可靠的事物。起初他只以可實際接觸的實物作為分辨的標準，但是當他說：「我看到太陽跟花園，可是我看不到瑪麗阿姨的房子，但是她的房子真的存在，不是嗎？」就表示他又跨出了一步，從只有眼見為憑的真實，邁向思考的真實。他以當時的智力發展為基礎，來確認事物是「真實」的（而且僅用這種方法），然後才加以採納利用。

12 他現實意識的發展與強大刺激，在第二階段時出現，到了第三階段仍持續不墜，但由於新獲得的事實數量龐大，現實意識的發展也確定轉變為主要是檢視早先獲得的資訊，並同時進行新的發展，也就是深入精細瞭解這些資訊，進而發展成知識。下面這類例子摘錄自他在這個時期隨口丟出的問題和話。在關於上帝的對話後不久，有一天媽媽叫醒他時，他告訴她，L家的一個女孩跟他說，她看過一個用瓷器做的、會走路的小孩子。當他母親問他這種資訊叫做什麼時，他笑起來，說：「這是故事。」當他媽媽隨即拿來他的早餐時，他說：「但是早餐是真的東西，對不對？晚餐也是真的東西？」當他因為櫻桃還沒熟，而被禁止吃櫻桃時，他問說：「現在不是夏天了嗎？夏天的櫻桃是熟的！」同樣那天，他哥哥告訴他，如果其他男孩子打他，他就應該打回去（他很溫和，缺乏攻擊性，所以他哥哥覺得有必要勸告他）。當天晚上，他問說：「媽媽，你跟我說，如果有狗咬我，那我可以咬回去嗎？」他哥哥倒了一杯水，並想讓玻璃杯站在稍微有點隆起的邊緣，結果水潑了出來，福利斯於是說：「大玻璃杯的邊邊站

不穩。」（他把所有標示區隔的邊緣，包括所有一般的邊界，都稱
做邊邊，例如膝蓋也是「邊邊」）他說：「媽媽，如果我想讓杯子
站在它的邊邊，我就是想讓水潑出來，對不對？」他最熱切，也
最常表達的願望之一，就是可以在天氣極熱時，在花園裡脫掉他
身上唯一穿的一件小短褲，全身光溜溜的。因為他母親實在想不
出什麼有說服力的理由禁止他這麼做，只好回答說很小的小孩子
才可以脫得精光，而且他的玩伴，L家的小孩子也不會脫得精光，
因為大家都不會這麼做。這時他懇求說：「拜託讓我脫光光，這
樣L家的小孩就會說我脫光了，所以他們就可以脫光，那我也可以
脫光了。」除此之外，他現在終於也可以表現出對金錢的瞭解和
興趣。[12-1]他重覆說每個人可以因為工作而拿到錢，或在店裡賣東
西而拿到錢，而爸爸因為工作拿到錢，但是也要付錢請別人幫他
做事。他也問他母親是否因在家裡工作（做家事）而拿到錢。當 13
他再度要求一樣當時無法得到的東西時，他會問：「現在還在打
仗嗎？」當別人解釋說現在物資還很短缺，而這些東西很貴，又
很難買到時，他便問：「這種東西很貴，是因為很少嗎？」後來
他又想知道哪些東西便宜、哪些東西昂貴。有一次他問道：「你
送別人禮物的時候，不會得到東西，對不對？」

界定權利：會、必須、可以、能夠

福利斯明顯表現出他需要知道他的權利與能力的明確界限。

12-1　這些領悟顯然已經消除他的抑制，容許他的情結更容易被意識感知到，也因此使他開始表現出對金錢有些瞭解和興趣。雖然他的嗜糞癖（coprophilia）在此之前一直相當坦率地表達出來，但或許現在發生的、普遍瓦解的潛抑，開始讓他感覺到肛門性慾（anal eroticism），而讓他有衝動將之昇華成對金錢的興趣。

他在詢問「新的一天會一直來多久？」的那個晚上開始顯現這個需求。當時他問他母親，如果她不准他唱歌，他是否就要停止唱歌。她向他保證會盡可能讓他做他喜歡的事，一開始他顯得很開心，但隨即為了確保自己能瞭解而努力舉出例子，想確定哪些事可能，哪些事不可能。幾天後，他從爸爸那裡得到一個玩具，爸爸還說，只要他乖，這個玩具就屬於他所有。他告訴我這件事，並問道：「沒有人可以拿走屬於我的東西，對不對？媽媽或爸爸都不行，對不對？」而當我表示同意時，他顯得很滿意。他在同一天問他母親：「媽媽，你不會隨便不准我做什麼，你一定都是有道理的。」（他使用跟母親近似的用語）他有一次對他姊姊說：「我可以做所有我能做的事，所有我會的，而且我可以做的事。」還有一次他對我說：「我想做什麼都可以，對不對？只是不能調皮。」他更進一步在吃飯時問道：「那我以後吃飯的時候都不能調皮了嗎？」當大人安慰他說，他以前吃飯的時候就經常很調皮了，他又問：「那我現在就不能再調皮了嗎？」[13-1]他經常在玩耍時或其他時間講他喜歡做什麼，例如：「我會做這件事，對吧？因為我想做。」因此他很明顯地在這幾個星期內掌握了「會、必須、可以、能夠」的概念。他有一隻機械公雞玩具，小籠子裡的公雞會在門打開時跳出來，而他說：「公雞會跳出來是因為牠必須跳出來。」當我們在討論貓有多靈巧，牠可以爬到屋頂上時，他補充說：「只有在牠想爬上去的時候。」他看到一隻鵝，問起
14 牠能不能跑。就在這時候，那隻鵝跑了起來。他於是問道：「牠

13-1 他一再懇求他姊姊做一件很調皮的事，只要一次就好，並答應會因為這樣而很愛她。他很高興知道爸爸或媽媽偶爾也會犯錯。在某次這樣的情況裡，他說：「當媽媽的也會弄丟東西，對不對？」

是因為我說了才開始跑嗎？」這個假設遭到否定後，他繼續說：「那是因為牠想跑嗎？」

全能感

我認為，他前幾個月裡表現得如此明顯的「全能感」之所以減少，跟他的現實意識的重大發展息息相關。他的現實意識在第二階段就已經開始發展，之後仍出現重大的進展。他之前和現在都在好幾種不同情境下顯示他知道自己能力的限制，也不再對周遭環境有那麼多要求。然而他的提問和發言仍一再顯示這只是量的減少而已，發展中的現實意識與根深柢固的全能感，兩者仍進行著拉鋸戰。也就是說，現實原則與享樂原則仍常互相對抗，導致妥協的結果，但結果經常偏向享樂原則。我在此引述一些提問和發言，以證明我為何得出這項結論。有一天，他解決了復活節兔子等等的問題之後，他問我，他父母是如何找來聖誕樹，以及這棵樹是有人做的，還是真正長在地上的。然後他問他父母能不能在聖誕節的時候，給他一整片裝飾過的聖誕樹森林？在同一天，他還拜託他媽媽給他某個地方（他夏天時要去的一個地方），這樣他就可以立刻去那裡了。[14-1] 某天早上很早的時候，有人告訴他外面很冷，所以他必須穿暖一點。後來他告訴他哥哥：「外面很冷，所以現在是冬天。現在是冬天，所以是聖誕節。今天是聖誕節前夕。我們會喝熱巧克力，還可以從樹上拿核桃來吃。」

願望

大致而言，他經常許願，並會全心全意且堅持不懈地希望願

14-1　這時候他也要求正在廚房裡忙的媽媽煮菠菜，讓菠菜變成馬鈴薯。

望成真，不論可能或不可能。許願時，他會流露出強烈的情緒和不耐煩，這在其他情況下很少出現，因為他是個安靜、不太有侵
15 略性的孩子。[14-2] 例如講到美國時，他就說過：「媽媽，拜託，我想去看美國，但是我不要等長大以後，我現在就要去看，馬上去。」他經常在表達願望時，附加上「不要等我長大以後，我現在就要，馬上」，因為他預期大人會用延遲實現的說法來安慰他。但現在，即使是在表達過去他的全能感如此明顯時，完全不受可能性影響的願望，也通常都會順應可能性與現實。

或許就像他在那段令他大為幻滅的對話的隔天一樣，他之所以要求得到一整片聖誕樹森林和某個地方，或許是企圖瞭解父母的全能性，在幻想破滅且大為受損後，是不是仍舊存在。但在另一方面，當他現在告訴我，他要從某地帶回哪些漂亮的東西給我時都會補充說「如果可以的話」，或「我能做到的話」。但是從前他在許願或承諾時（例如他長大時會給我什麼東西或做其他事情），似乎絲毫不受可能或不可能的影響。現在當我們在討論他不懂的技能或手工時（例如書籍裝訂），他會說他不會，並要求大人讓他去學。但是經常只要發生一點有利於他的小事，他的全能信念又會活躍起來。例如他弄懂了朋友家裡的一個小玩具機械之後，他就宣布說他可以跟工程師一樣操作機器了。又例如他在承認不懂某個東西之後，經常會補充說：「如果有人好好教我，我就會做了。」在這種時候，他經常會問他爸爸是不是也不懂。這明顯是表現出愛恨交織的態度。有時候爸媽也不懂某件事的答案

14-2 他的感情表現非常溫柔，尤其是對他母親，但對他周遭其他人也是。他有時候也可能表現得很激烈，但通常是感情洋溢，而非粗暴。雖然過去有一小段時間裡，他的積極發問確實帶有某種情緒成分。他大約一歲九個月大時，對他父親的愛表現得有些誇張。在那時候，他對父親的愛明顯超過對他母親。他離家一年的父親在此之前幾個月，才剛回來。

會讓他滿意，但有時候他又不喜歡這個答案，而會提出相反證
據，試圖加以修改。有一次他問傭人是不是什麼都知道，當時她
回答「是」，之後她雖然撤回這個說法，但有一段時間，他還是會
問她同樣的問題，並稱讚她擁有導致他這麼想的那些技能，希望
她堅持原來所宣稱的「無所不知」。當別人告訴他，父母也可能不
懂某件事，而他顯然不想相信這點時，他曾有一、兩次轉而說：
「東妮什麼都知道……」（同時他也相信她若不是什麼都懂，就是
懂得比他父母還少）。他有一次拜託我挖出街上的水管，因為他想
看水管裡面。我回答說我沒辦法挖出水管，之後也沒辦法裝回
去，但他試圖不理會我的拒絕，說：「但是如果世界上只有L家，16
跟他，還有他爸媽，那誰來做這些事呢？」他有一次告訴他媽
媽，他抓到了一隻蒼蠅，並補充說：「我已經學會抓蒼蠅了。」
她問他是怎麼學會的？「我試試看抓一隻蒼蠅，結果抓到了，所
以現在我知道怎麼抓了。」接著他立刻問她，她是否學會怎麼
「當一個媽媽」。我想我可以合理地認為他是在取笑她，即使他不
是很自覺。

這個孩子一方面把自己放在強有力的父親位子（並希望能占據一段時間），認同父親，但同時也希望能擺脫父親限制他自我的權力。這樣矛盾的態度，當然也部分導致了他在面對父母是否全能的問題時，產生搖擺不定的行為。

現實原則與享樂原則之間的拉扯

然而，我們可以合理地認為，由於現實意識增加顯然有助於降低他的全能感，而且福利斯必須在追根究柢的衝動壓迫下，經由痛苦的努力才能克服全能感，因此現實意識與全能感之間的衝

突，也是造成他矛盾態度的原因。當現實原則在衝突中占上風，顯示個人的全能感還是會受到侷限時，他就會同時出現平行的需求，試圖貶低父母的無所不能，以緩和這個痛苦的衝動。但是如果享樂原則獲勝，他就會堅持父母是完美的，以支持這個原則試圖捍衛的全能感。或許也是因為這樣，這個孩子才會只要一有可能，就會試圖挽救自己跟父母都是全能的信念。

當他被現實原則驅使，試圖痛苦地放棄自己不受限的全能感時，他同時可能開始需要界定自己與父母能力的界限。

我覺得，在這個個案裡，這孩子比較早出現，也發展得比較好的求知慾望，刺激了他較微弱的現實意識，也戰勝了他的潛抑傾向，而確保他能獲得對他而言如此新且重要的認知。這樣的認知，以及特別是隨之而來對權威的減損，將會更新並加強他的現實原則，讓他得以繼續在思考和認知上，獲得從他修正和克服全
17 能感覺後，就開始出現的進展。他基於本能衝動試圖縮減父母的完美性（顯然有助於建立他自己與父母能力的界限），因此導致全能感覺降低，並導致權威減損。所以，權威的減損跟全能感的減弱，兩者之間得以互動和彼此支持。

樂觀態度與攻擊傾向

他發展出強烈的樂觀態度，這當然跟他幾乎不太動搖的全能感有關。這樣的樂觀態度在之前已經相當容易發現，但此時在各種情況下都變得更加明顯。隨著他全能感的降低，他已經在順應現實上有了長足的進步，但他的樂觀態度經常比任何現實都要強大。這在他一次痛苦的幻滅中，看來特別明顯。我想這可能是他人生至今最嚴重的一次幻滅。當時，他的一些玩伴跟他的愉快關

係受到外來因素影響，結果這些先前一直對他表現出友愛與感情
的玩伴，大幅改變了對待他的行為。由於他們人數多，而且年紀
都比他大，因此他們在各方面展現力量，並嘲笑污辱他。他生性
溫和，一直努力要用友善懇求的方式，重新贏回這些朋友，有一
段時間，他似乎連對自己都不肯承認他們對他不好。例如，即使
他不得不承認事實，但卻絕對不願意承認他們騙他，而當他哥哥
再一次對他證明事實如此，並警告他不要相信他們時，他就哀求
說：「但是他們不一定每次都騙我啊。」然而，不頻繁、但偶爾
出現的抱怨，則顯示他已經決定承認他們對他的惡行。攻擊傾向
開始相當明顯地表現出來。他會講到要用他的玩具左輪槍射死他
們，或射他們的眼睛。有一次他被一個孩子打了之後，他說要把
他們都打死，並在遊戲中用這句話和其他類似的話，顯現他想致
人於死的願望。[17-1]然而，在此同時，他也沒有放棄贏回這些朋
友。每次他們又跟他玩時，他似乎就完全忘了之前的事，而顯得
很滿足，即使他偶爾說出的話顯示他很清楚關係已經改變了。由
於他先前跟其中一個小女孩感情特別好，因此他後來格外為他們
關係的變化而難過，但他以冷靜和極度的樂觀承受下來。有一次 18
他聽到關於死亡的事，並在主動詢問後，聽到大人解釋每個人老
了之後都必定會死，他對他母親說：「那我也會死，你也會，還
有L家的小孩子也會。然後我們全部都會回來，然後他們就會又都
變好了。可能會，或許會。」當他後來找到其他玩伴，另一些男
孩子時，他似乎終於對這件事釋懷了，並反覆宣稱，他再也不喜
歡L家的小孩了。

17-1　他在此之前很氣他哥哥時，也說過要射死他或打死他，但非常少見。最近他則經常詢問可以射死誰，並宣稱說：「誰想射我，我就可以射死他。」

關於上帝存在的問題與死亡

自從關於上帝不存在的那次對話之後，他只有少數幾次膚淺地提到這件事，而且大致上已經不再講到復活節兔子、聖誕老人、天使等等。但他確實又提過魔鬼。他問他姊姊，百科全書裡面有什麼。她告訴他，你不知道的事情都可以在裡面查到。於是他問：「那裡面有沒有關於魔鬼的事？」她回答說：「有，裡面說世界上沒有魔鬼。」他便沒有進一步的評論。他似乎對死亡只建立了一個理論，而這個理論最早是出現在他針對L家小孩說的話：「我們全部都會回來。」還有一次他說：「我希望我有翅膀，就可以飛。小鳥死了以後還有翅膀嗎？一個人不在的時候，就是死掉了，對嗎？」這一次他沒有等人回答，而是直接繼續講下一個話題。之後他曾有幾次幻想自己能飛，還有翅膀。但有一次，他姊姊告訴他，飛船可以替代人的翅膀，他聽了很不高興。當時他很沉迷「死亡」這個主題。他有一次問他父親，他什麼時候會死。他也告訴傭人說她有一天會死掉，但他試著安慰對方說，那要等她老了以後才會發生。此外，他也跟我說過，他死的時候，動作會變得很慢——像這樣（他的手指移動得很慢、幅度很小）——還說當我死的時候，我的動作也會變得這麼慢。還有一次，他問我人睡覺時是不是都不會動，然後說：「不是有些人會動，有些人不會嗎？」有一次他在書上看到查理大帝的畫像，並得知他很久以前就死了，他問：「如果我是查理大帝，那我是不是死了很久了？」他也問過，如果一個人很久都不吃東西，是不是會死掉，還有要多久不吃東西才會死。

教育與心理層面

我發現福利斯在新獲得的知識影響下，心智能力大增，而當
我將這些觀察拿來跟發展較差的個案比較時，有了嶄新的發現。 19
誠實面對孩子，坦誠回答他們所有問題，以及這些做法帶來的內在自由，會對兒童心智發展有深刻且正面的影響。這會讓兒童免於思考的潛抑，而潛抑傾向是思考的最大威脅。換句話說，這可以避免潛抑昇華所需的本能能量（instinctual energy），以及避免摧毀隨之而來的、跟被潛抑情結相關的觀念化聯想。費倫齊曾在他的文章〈伊底帕斯神話中享樂與現實原則的象徵表現〉（Symbolic Representation of the Pleasure and Reality Principles in the Oedipus Myth, 1912）中寫道：「這些因個人和種族的教養文化所產生的傾向，對意識帶來很大的痛苦，並伴隨著潛抑。隨著這樣的潛抑，許多其他與這些情結相關的觀念和傾向也無法跟其他思緒自由交流，或至少讓它們無法透過科學現實加以處理。」

在阻礙思緒自由交流產生的聯想，進而影響智能發展的重大傷害中，我們應該分辨其中不同的傷害類型，例如思考歷程的哪些層面受到影響，以及影響的程度。換句話說，也就是影響思考的深度跟廣度。在這個智能萌芽的階段，這種傷害會產生重大影響，因為它將會決定意識層面對各種想法是接受或抗拒，而且這種歷程會延續下去，成為終其一生的原型。這種傷害可能影響到「追根究柢」的深度，也可能影響到思考範圍的「廣度」，而且兩者受影響程度互不相關。[19-1]

19-1　奧圖・葛洛斯博士（Dr. Otto Gross）在他的《腦部次級功能》（*Die cerebrale Sekundärfunktion*）書中指出心智發展有兩種不良類型：一是基於「扁平化」（flattened）的意識，另一是出於「壓縮化」（compressed）的意識。他稱這種發展為「典型的次級功能結構性改變」（typical constitutional changes of secondary functioning）。

但不論是哪種影響，都不可能只導致思考的方向改變，或讓能量從一個思考方向退出，而造福另一方向。就像其他所有強大潛抑導致的心智發展形態一樣，遭到潛抑的能量事實上只是被「束縛」住。

如果兒童基於天生的好奇和衝動，企圖探詢未知事物以及先前僅止於臆測的事實與現象，卻受到反對阻礙，那麼較深刻的探索也會受到潛抑，因為兒童潛意識裡會害怕在這些深刻探索中遭
20 遇禁忌的、罪惡的事物。在此同時，廣泛探究所有較深問題的衝動，也被抑制了。兒童會因此厭惡追根究柢，而與生俱來無法抑制的發問樂趣，也只能在表面上發生，導向膚淺的好奇。或者，在另一方面，也可能造就出在日常生活和科學領域裡常見的有天生才能的人，雖然擁有豐富的想法，但在面對較深刻的執行問題時，就會不知所措。此外也有適應力良好、聰明務實、能瞭解膚淺表面現實的人，在面對智性議題時，卻無法看到必須在深層關聯中才能找到的事物，也無法分辨真實與權威。他會因為害怕必須承認權威迫使他相信的事，其實是虛假的，以及害怕必須冷靜堅持遭否認和忽視的事物確實存在，而避免深入探究自己的懷疑，並廣泛地逃避深度思考。我認為，在這些例子裡，心智發展可能是因為求知本能受損，而受到影響；而現實意識的發展，也因為思考深度受潛抑而受影響。

另一方面，如果潛抑傷害了求知衝動，讓個體逃避被隱藏否認的事物，那麼他難以抑制的、探究禁忌事物的樂趣（以及廣泛發問的樂趣、探究衝動的能量），就會遭到「束縛」，也就是他的思考廣度會受到影響，而可能導致缺乏興趣。如果兒童已經克服了跟他的探究衝動相關的某個抑制階段，而他的探究衝動仍舊活

躍或重新出現，那麼他此刻可能因為厭惡探究新問題，而將剩餘
自由的能量全部用於探究少數幾個問題的深度層面。如此一來他
便可能發展為「研究者」的類型，也就是受某一個問題吸引後，
在當中奉獻畢生精力，但不會在這個適合他的小範圍以外，發展
出任何特殊興趣。另一種學者則是能夠深入探究的調查者，他能
夠獲得真正的知識和發現重要的真相，但是對日常生活中或大或
小的現實狀況，則是完全不知所措，也就是完全不務實。這個解
釋並不是說，他因為沉溺於偉大的任務，所以覺得小事不值得他
關注。如佛洛伊德在研究「表意失誤」（parapraxis）時所說，注意
力被引開，只是枝微末節的原因。這點頂多只能使個人有這方面
傾向，但其重要性絲毫比不上根本的原因，也就是出現表意失誤
的心理機制。即使我們可以推定一位專注於重大思考的思想家會
對日常生活事務毫無興趣，但我們也會看到，當他因生活必要而 21
必須有基本興趣時，他也會不知所措，根本不知道如何務實地處
理。我認為，他之所以會發展成這樣的人，是因為他在發展過程
中，應該認識基本上有形且簡單的日常生活事物和概念時，受到
某種阻礙，以致無法獲得這項知識。當時他之所以會有這種狀
況，絕對不是因為他對生活中近在眼前的單純事物缺乏興趣，而
不加注意，反倒必然是由於潛抑所造成。我們或許可以假設，在
早先某個時候，他受到抑制，無法認識其他那些他臆測為真，但
卻遭否認駁斥的原始事物，因此日常生活中，呈現在他面前的基
本有形的事物，也被畫入潛抑和抑制的範圍。結果對他而言，或
在此之後，或克服抑制一段時期後，再回頭探究時，唯一對他開
啟的路便只是往深處去。這樣的童年心理歷程會形成原型，讓他
從此避免廣度與表面，其結果便是他從來不曾踏上或熟悉這條

路，而此後這條路對他而言就變得難以穿越了。即使在後來，他也無法像在早期就熟悉這條路的人，縱使毫無興趣，也能輕鬆自然地跨入。他跳過了這個被潛抑鎖住的階段。相反地，其他「完全務實」的人則只能到達這個階段，但通往其他更深層階段的通路，則受到潛抑。

我們常見到在言語中顯露傑出心智能力（大多是在潛伏期開始前），而有充分理由讓人預期有遠大未來的孩子，後來卻落後他人，最終雖然跟一般成人一樣聰明，但並沒有顯出超乎平均的智力。導致這樣心智發展上失敗的原因，或許多少包含了某些心智發展方向所受的傷害。事實上，這一點在許多孩子身上都可以獲得證實，他們一開始都極愛發問，問題非常多，不斷探究每件事的「怎麼樣」與「為什麼」，甚至讓周圍的人感到疲憊，但他們在一段時間後就會放棄發問，最後表現得興趣缺缺，或思考膚淺。不論是某一個或某些層面的思考，或整體的思考受到影響，而無法在各個方向上盡量延伸，都會對智力發展造成重大阻礙。身為兒童的他們會覺得這是註定且無法改變的。因此，駁斥與否認任何關於性或原始的事物，都會將其隔離而造成潛抑，進而傷害求
22 知衝動與現實意識。然而，在此同時，兒童的求知慾與現實意識又被另一個迫在眼前的危險威脅，這危險不是大人逃避回答，而是大人強迫給答案，硬將現成的想法加諸在他們身上。由於這些想法是強迫給予的，因此兒童不敢以自己的現實知識去反駁，更不敢企圖去推論或帶出結論，這就是永遠的傷害。

我們經常會強調思想家有「勇氣」去反對慣例與權威，才能成功實踐完全原創的研究。但如果不是兒童需要有相當特殊的毅力，才能違抗最高權威，自己去思索那些敏感棘手、部分被否認

又部分被禁止的主題，那麼這類行為就不會如此需要「勇氣」了。雖然我們常看到反抗禁止會激發與之抗衡的力量，但這並不適用於兒童的心理與智力發展。兒童在發展過程中若遭遇對抗，不表示他會毫無條件地臣服於對方的權威，但也不表示他不會依賴對方。真正的心智獨立是在兩個極端之間發展出來的。發展中的現實意識本來就必須對抗天生的潛抑傾向，辛苦地獲得個人的知識，就像人類獲得歷史上所有科學與文化知識時一樣。此外發展中的現實意識還必須對抗來自外在世界的阻礙。所以這些內在與外在的壓制，已經多到足以激發發展，而不會威脅到它的獨立性。其他任何在童年時必須克服的問題——不論是要對抗或臣服——任何其他的外來阻力，都是多餘的，甚至經常是有害的，因為它都可能成為阻礙或關卡。[22-1] 雖然我們也常在智能傑出者身上清楚辨識出抑制，但是兒童在剛開始發展智能時，不可能不受這些不利的、會帶來阻力的外來影響干擾。一個人心智中的認知有多少部分只是表面上屬於他，但事實上都是來自教條、理論和權威，而非他以自由意願達成的不受阻礙的思考！雖然成人基於經驗和洞察力，能找到方法來處理童年時期某些禁忌的、顯然難以回答的、註定被潛抑的問題，但是仍無法免除對其思考的阻礙， 23
也不會讓這些阻礙變得無足輕重。因為即使個人在成年後顯然能夠跨越阻礙他童年思考的這道障礙，但是他童年時處理心智侷限的方法，不論是反抗或恐懼，都一直會是他整體思考方向和方式

22-1　任何一種教養方式，即使是最為人所理解的，都必須有一定程度的堅定態度，也因此一定會引起一定程度的抗拒和服從。既然這是文化發展與教育中不可避免的，也是必要的一點，那麼每種文化與教育方式裡都會有不同程度的潛抑。然而，建立在精神分析知識上的教養會將潛抑的程度限制到最低，也會知道如何避免對心智有機體（mental organism）造成抑制和傷害。

的基礎，不受到後來知識的影響。

兒童最初及最重要的權威經驗，也就是他與父母的關係，將關鍵性地決定個人會永久臣服於權威原則，或是多少獲得心智的獨立或侷限。充分完整呈現給兒童龐大倫理道德觀念，會更強化支持這項經驗的影響，並形成妨礙他思考自由的許多障礙。然而，即使這些觀念呈現得有如絕對正確，一個智力天分較高、阻抗能力較未受損的孩子，還是多少能成功地與之對抗。雖然這些觀念以很權威的方式呈現並顯得牢不可破，但是有時因為大人在呈現觀念時，必須提出證據，以致觀察較仔細的孩子就會發現，大人認為如此自然、正確、良好、適當，而要求他做到的一切，自己並不一定會以同樣的方式看待。因此這些觀念一定都有可受攻擊的點，或至少是讓人能表示懷疑，加以攻擊的。但是在多少克服了基本的早期抑制之後，未經證實的超自然觀念又會為思考帶來新的威脅。世界上有一個看不見的、全知全能神的觀念，對兒童而言是很難以抵抗的，尤其是有兩件事明顯支持祂確實是有力量的。其一是與生俱來的對權威的需求。佛洛伊德在《達文西及其兒時的回憶》(*Leonardo da Vinci and a Memory of His Childhood, S.E.* **11**)書中就說到這點：「從生物學而言，宗教信仰可追溯到人類幼兒出生後長時間的無助與需要照顧。在之後，當他察覺自己在面對生命強大的力量時真的那麼孤獨無助、虛弱無力時，他對自己處境的感受就跟童年時一樣。因此他會企圖退化到喚回小時候保護他的力量，藉此否認自己的孤獨無助。」當每個兒童同樣經歷人類的發展時，便能藉由神的概念，滿足自己對權威的需求。但是如同我們在佛洛伊德的研究，以及費倫齊的〈現實意識的發展階段〉(Stages in the Development of the Sense of Reality,

1913）中所獲得的瞭解：與生俱來的全能感、「思考萬能的信念」，是如此深植於我們的內心，且永存於人類體內，因此當我們相信自身的全能感時，自然也樂於接受神的觀念。兒童的全能感會使他假設他的環境也是如此。因此相信世界上有一個擁有權威 24
和最完整全能的上帝，可以幫助建立兒童的全能感，防止它下降。因此上帝概念能與兒童的全能感妥協共處。在這方面，我們知道父母情結（parental complex）也扮演了很重要的角色。在兒童第一段重要的情感關係裡，這種全能感被強化或摧毀，會決定他發展成樂觀者或悲觀者，或說決定他發展成積極進取，還是過度懷疑而瞻前顧後。要確保兒童的心態發展結果不是毫無限制的烏托邦想像與幻想，而是適當的樂觀，就必須適時引導兒童思考，並加以糾正。佛洛伊德所稱的「宗教對思考的強力抑制」會妨礙兒童在恰當時機以思考來根本地糾正其全能感。宗教之所以能做到這點，是因為它以權威方式介紹萬能而無法超越的上帝，因而壓制了思考，同時干擾必須在生命早期發生並逐步漸進的、由思考引發的全能感的下降過程。現實原則的完整發展密切仰賴兒童鼓起勇氣，在現實與享樂原則之間加以妥協和解。如果這項和解成功，那麼願望和幻想會被認定屬於全能感部分，而全能感必須建立在妥協的思考基礎上，相對的，思考以及已確認的事實，則由現實原則主宰。[24-1]

然而，神的概念成為全能感強大且幾乎難以克服的盟友，因為兒童的心智無法藉由慣常的工具熟悉這個概念，又因為這概念具有壓倒性的權威，而難以抗拒，所以兒童甚至不敢試圖加以對

24-1　佛洛伊德在〈論心智運作的兩項原則〉（*S.E.* **12**）中所提出的獨特例子，可清晰闡述這一點。

抗或質疑。我們的心智或許能在後來克服這個阻礙，卻無法彌補已經造成的傷害。況且許多思想家和科學家始終無法跨越這道障礙，其工作便停滯結束於此。上帝的概念可能嚴重粉碎現實原則，使兒童不敢拒絕難以置信的、明顯不真實的事物，甚至大幅影響現實原則，使兒童難以辨認在智性思考上確實有形的、近在眼前的「明顯」事物，同時潛抑深層的思考歷程。因此，我們可以確定，要讓個人心智在所有方向上完全不受抑制地發展，就必
25 須讓兒童只根據個人的證實與演繹接受簡單與神奇的事物，只將真正知道的知識融入個人的心智認知，不受阻礙地達到知識與推論的第一階段。心智所受傷害的種類和程度可能有所不同，有的可能影響到心智整體，有的可能是或多或少影響其中某個面向。這些傷害絕對無法在之後以較開明的教養方式消除。因此即使在童年早期，心智可能就已經受到主要且根本的傷害，但之後上帝的概念再加諸於上所造成的抑制，仍舊相當重要。所以光是在教養孩子時，去除教條和教會的干涉，並不足夠，雖然這些對於思考的抑制效果是被普遍肯定的。在教育中引入上帝的概念，然後任由兒童在發展中設法面對，絕對不等同於給予孩子這方面的自由。因為在兒童的智力還沒有準備好面對權威，也無力加以對抗時，以權威方式引入上帝概念，必然會大幅影響他在這方面的態度，使他永遠無法擺脫這個概念而獲得自由，或至少必須付出極高的代價，花費極大的精力加以對抗。

二、早期分析

兒童對啓蒙的阻抗[25-1]

對成人精神官能症進行分析所得的結果，確實推論出對兒童進行分析的可能性與必要性，因為精神官能症的病因都會回溯到童年時期。而佛洛伊德已經藉由對小漢斯的分析[25-2]，[25-a]和其他的工作，示範了兒童精神分析的方法。之後的許多人，尤其是胡賀慕斯博士，都遵循並進一步探究了這項方法。

胡賀慕斯博士在上次大會[25-3]中，發表了非常有趣而有啟發性的論文，並提供了充分的資訊，說明她如何改學兒童精神分析的技巧，並針對兒童心智的需求加以修改。她的分析對象是人格發展出現病態或人格發展不良的兒童，她並表示她認為精神分析只適用於六歲以上的兒童。

但是我現在想提出，我們可以將在成人與兒童精神分析中的所學，運用於分析六歲以下兒童的心智，因為我們都很清楚，對於精神官能症的分析經常會追溯到很早的年紀，也就是六歲以前發生的事件、印象或發展，所帶來的創傷與傷害。這項資訊對疾病預防學的啟示是什麼？在精神分析看來極為重要的這個階段，
我們除了為預防之後的疾病外，還能為長遠的人格形成與智力發 26
展做些什麼？

我們根據知識所得的最重要結論是，要設法避免精神分析顯

25-1　1921年二月，發表於柏林精神分析學會（Berlin Pscyho-Analytic Society）的一篇論文。

25-2　〈對五歲男孩畏懼症的分析〉（Analysis of a Phobia in a Five-Year-Old Boy, *S.E.* **10**）。

25-a　中譯註：該論文已有中文版《小漢斯：畏懼症案例的分析》（心靈工坊，2006）。

25-3　於海牙舉辦的「第六屆國際精神分析學術大會」（Sixth International Psycho-Analytical Congress）

示會嚴重傷害兒童心智的那些因素。因此我們必須設下一些不能妥協的必要原則，例如小孩子從一出生，就不應該跟父母睡在同一間臥室；而且在強迫式的道德規範方面，我們對待這個正在發展的小生命，應該比對身邊的其他人更放鬆一些。我們應該容許他在較長的時間裡維持自然狀態而不受抑制，不要像過去教養方式那樣加以干擾，要讓他能意識到自己的各種本能衝動和從中獲得的樂趣，而不要立刻激起他抗拒這種純真本性的文化傾向。我們的目標是讓孩子有較慢的發展，讓他有空間意識到自己的本能，並因此有可能將本能予以昇華。在此同時，我們不應該拒絕他表達正在萌芽的性好奇，應該一步步地給予滿足，我甚至認為，我們應該在這方面毫不保留。我們會知道如何給予他足夠的感情，同時避免有害的溺愛。最重要的是，我們應該拒絕體罰和威脅，並藉著偶爾收束情感來確立教養所需要的服從。當然，根據我們的知識，還可以自然衍生出更多其他更細節的原則，但不需要在此一一詳述。此外，就本文範圍而言，是無法更仔細討論如何在一定的教養範圍內既能實踐這些要求，又不致於影響小孩發展成符合社會要求的文明人，也不會讓他難以與周遭不同想法的人互動。

現在我只想指出，這些教育上的要求在實務上是可行的（我自己曾有多次機會證實這點），而且會明顯帶來好的影響，以及許多較自由的發展面向。如果能讓這些要求成為普遍的教育原則，必定能帶來許多成果。不過我同時還要提出一點保留。一個未曾接受過分析的人，即使有足夠的領悟與意願去實踐這些要求，其內在可能也沒有能力達成這些要求。但為了簡化起見，我現在只討論較好的情況，也就是個人在意識和潛意識層面都能瞭解並領悟這些原則，而且能加以實踐，帶來良好結果的情況。現在我們回到最初的提問：在這些情況下，這些預防措施能夠防止精神官能症的出現，或防止不利於人格的發展嗎？我的觀察讓我相信， 27
即使在這種情況下，我們經常只能達成部分的預定目標，也只運用到我們所知的部分工具。因為我們從精神官能症的分析中得知，只有一部分來自潛抑的傷害可以追溯到錯誤的環境因素，或其他不利的外在條件。另一個非常重要的部分則來自兒童從最幼小時就存在的態度。兒童經常因為潛抑強烈的性好奇，而變得潛意識地抗拒所有與性有關的事物，唯有後來接受徹底的分析才能加以克服。對成人的分析，尤其是重建（reconstruction）的分析，不一定能找出這些問題，或是這種精神官能症的先天傾向會對精神官能症的發展產生多深遠的影響。在這方面，每個人受影響的程度各不相同，後果也難以判斷。不過我們至少可確定：對於有強烈精神官能症傾向的人而言，來自環境非常輕微的拒絕，通常就足以讓他明顯阻抗所有性的啟蒙，並導致過度潛抑，妨礙整體的心智發展。我們能確認從分析精神官能症中得到的認知，是因為兒童讓我們有機會在這些發展進行時從旁觀察。例如，儘管我們採取各種教育措施，希望毫無保留地滿足孩子的性好奇，但性好奇的需求經常無法自由地表達出來。這種負面態度可能以多種形態呈現，最極端的包括完全不願意知道；也有時候呈現的形態是孩子把興趣轉移到其他事物上，但這種興趣經常帶著明顯的強迫性質；有時候這種態度則是在接受部分啟蒙之後出現，兒童此時不再有像之前那樣活躍的興趣，反而強烈阻抗，拒絕接受進一步啟蒙，甚至完全不願意接受。

在本文一開始詳細描述的案例裡，上述的教育方式在實踐後有良好的結果，尤其是對這個孩子的智力發展。到目前為止，這孩子得到的啟蒙包括：獲知胎兒在母體內的發展，以及他感興趣的所有細節。父親在生產及性交中扮演的角色，並未直接問及。但即使在當時，我認為這些問題也已經在潛意識中影響這個男孩子。有些問題雖已盡可能地詳細回答，還是不斷重覆出現。以下是一些例子：「媽媽，你跟我說，那個小小的肚子跟小小的頭，
28 還有其他東西，是從哪裡來的？」「人怎麼會動？怎麼會做東西？怎麼會工作？」「皮膚是怎麼長在人身上的？」「它是怎麼跑到那裡去的？」這些問題跟其他幾個問題，在啟蒙階段以及緊接著發展明顯加速的兩、三個月裡，不斷反覆出現。我沒有在一開始就對這些問題的反覆出現賦予完整的意義，一方面是因為就整體而言，這孩子變得喜歡問問題，所以我沒有領悟到他問同樣問題的意義。另外，由於他探究事物的衝動，和他的智力都在明顯發展，我認為他本來就會要求進一步的啟發，應該堅持只配合他有意識提出的問題，給予逐步的啟發。

這個階段之後，有項改變逐漸出現。他經常提出上面這些問題以及其他變得刻板的問題，而明顯出於探究衝動的問題則開始減少，並會帶有臆測性質。在此同時，顯然膚淺、未經思考且毫無根據的問題開始出現。他會一再詢問不同的東西是什麼做的、怎麼做的。例如，「門是什麼做的？」「床是什麼做的？」「木頭是怎麼做的？」「玻璃是怎麼做的？」「椅子是怎麼做的？」還有些瑣碎的問題，例如：「這麼多土是怎麼跑到土下面的？」「石頭跟水是從哪裡來的？」大致而言，他毫無疑問地都能掌握這些問題的答案，所以這些問題一再出現與他的智力無關。他提出這些問題時不專注且心不在焉的態度，也顯示儘管他問得很熱切，但

他其實不在乎答案。不過他的問題數量也增加了。大家都知道小孩子常會問一些看似很沒有意義，又無法從旁人答覆中得到幫助的問題，讓周遭的人都很受不了。

在最近這段持續不到兩個月，重覆提出膚淺問題的階段後，又出現了改變。福利斯變得沉默寡言，也明顯表現出厭惡玩耍。他不曾花很多時間玩耍，或在玩耍中發揮像想力，但他一直很喜歡跟其他小孩玩動態的遊戲。他也經常用一個箱子、長椅或椅子當作不同的車輛，扮演馬車夫或司機，一連玩好幾個小時。此時遊戲和這類活動都消失了，他也不再喜歡有其他孩子陪伴，就算跟其他孩子接觸，也不知道該如何跟他們相處。他甚至開始對母親的陪伴感到厭煩，這是之前從來沒發生過的事。他也表現得不 29
喜歡聽她說故事，但是仍跟過去一樣對母親充滿感情，也渴望母親的感情。之前他問問題時常表現出來的心不在焉，現在更為頻繁。雖然只要是觀察敏銳的人都能看出這項變化，但他的情況仍不能稱為「生病」。他的睡眠和整體健康狀況都相當正常。雖然他不太說話，並且因缺少活動而變得比較調皮，但除此之外他仍舊友善活潑，且能以正常方式對待。另外，在最近這幾個月裡，他對食物的態度也變得差強人意，很挑剔，而且明顯討厭某些菜餚，不過，對他喜歡的食物則胃口很好。雖然如前所述，他對母親的陪伴感到厭煩，但他比以前更愛黏著母親。這項變化跟其他許多變化一樣，不是照顧者未注意到，就是雖然注意到，但也不認為有什麼重要。成人通常都很習慣注意到孩子有些暫時或永久的變化，但因為找不出任何理由，而習慣認為這些發展中的變化是完全正常的。這種做法在某種程度上也是合理的，因為幾乎所有孩子都會顯現一些精神官能症的特質，並只有在這些特質的嚴重程度或數量繼續增加時，才會構成疾病。我特別訝異的是他變得如此討厭聽故事，這與他之前的態度完全相反。

我將他在部分啟蒙之後被激發出的熱烈提問興致，以及後來變得有些膚淺而重覆的提問方式，跟他後來對問題的厭惡，甚至對於聽故事的厭惡加以比較，同時回憶起變得刻板的一些問題，而不禁相信這孩子強大的探究衝動，已經與他同樣強大的潛抑傾向發生衝突，並且後者顯然完全占了上風，使他抗拒他意識渴望的答案。因此，在他問了許多不同問題，以替代他潛抑的那些問題之後，在更進一步的發展中，他終於不得不完全逃避提問，也逃避聆聽，因為他害怕別人會在他沒有提問的情況下，提供他拒絕接受的答案。

我想在這裡回頭討論我在本文第一部分，對於潛抑路徑所做的一些評論。我在前面提到，眾所周知的是潛抑會對智力發展造成傷害，因為遭潛抑的本能力量會受到束縛，無法用以昇華。而
30 且情結受到潛抑時，思考的聯想也同時會淹沒在潛意識中。我由此推論潛抑可能會同時影響智力發展的廣度和深度。或許我觀察的這個案例的兩個階段，可以說明我之前的這項假設。如果發展途徑固著在兒童因為潛抑對性的好奇，而開始提出許多膚淺問題的階段，那麼對智力的傷害可能發生在深度上。兒童若固著在不問也不想聽的階段，則可能迴避興趣的表面和廣度，而只往深度發展。

在短暫離題之後，我想回頭談原先的主題。我愈來愈相信遭到潛抑的性好奇，是導致兒童心智改變的主要原因之一。這個信念在我前不久接受的一個暗示上獲得證實。在我對匈牙利精神分析學會（Hungarian Psycho-Analytical Society）發表演講後，安

東・佛朗德（Anton Freund）在跟我討論時，表示我的觀察和分類絕對符合精神分析原則，但我的詮釋並不然，因為我只考慮到意識層面，而忽略了潛意識層面。當時我的回答是，我認為，除非有令人信服的反駁理由，否則光處理意識層面的問題就已經足夠。但我現在瞭解他說得沒錯，事實證明，只處理意識層面問題，確實不夠。

我現在認為，我們其實應該給予小福利斯一些之前一直沒有對他透露的其他訊息。他當時常問的問題之一是，「植物是不是都是從種子生出來的？」這個問題成了絕佳的機會，剛好可以用來向他解釋人也是從種子生的，並藉此解釋受孕過程。但是他顯得心不在焉、漫不經心，用一個無關的問題打斷回答，也表現得完全不想知道細節的樣子。又有一次，他說他聽其他孩子說，母雞需要有公雞，才能下蛋。但他幾乎是一提這個主題，就立刻表現出不想繼續的樣子。他很明確地讓人知道他完全不理解，也不想理解這項相當新的資訊。而這樣進一步的啟蒙，似乎也無法影響前述的心智改變。

然而他母親靠著跟笑話相關的小故事，再度引起了他的注意和贊同。她在給他一顆糖果時說，糖果已經等了他很久，並編了一個相關的故事。故事內容是一個女人因為丈夫許願，鼻子上長出了香腸。他很喜歡這個故事，想要一聽再聽。之後他相當自發
地開始說起或長或短的故事。有些故事是他以前聽過的，但大多 31
數都是原創的，而且提供了豐富的分析素材。在此之前，這孩子對說故事的興趣一直遠低於玩耍的興趣。在第一次解釋後的那段時間，他確實表現出強烈的說故事傾向，並嘗試過幾次，不過整體而言，這仍是例外狀況。他說這些故事時，完全沒有模仿大人

表現，不像兒童通常會做的那樣，用上一些原始的技巧，反而是類似做夢，缺乏進一步的演繹闡釋。有時候他會先講前一晚的夢，然後接著講故事，但開始講故事後，故事的類型仍跟夢一樣。他會興致勃勃地說這些故事，但之後即使我詮釋得很謹慎，他仍不時會出現阻抗。這時他就會中斷故事，但不久又會興致盎然地接下去。以下是我對其中一些幻想的摘錄：

「兩隻母牛走在一起，然後一隻跳到另一隻背上，騎在上面。然後另一隻又跳到另一隻的角上，把牠的角緊緊抓住。然後一隻小牛也跳到母牛頭上，牢牢抓住韁繩。」（我問他母牛的名字，他回答了兩個女傭人的名字）「然後牠們繼續往前走，走到地獄去。老魔鬼在地獄裡面。魔鬼的眼睛很黑，所以他什麼都看不見，可是他知道有人來了。年輕魔鬼的眼睛也很黑。然後他們去了拇指仙子看到的那間城堡。然後他們跟和他們在一起的那個男人走進去，上去到一個房間，用紡紗（指紡錘）刺了自己。接下來他們就睡了一百年。然後他們醒過來，去見國王。國王很高興，問他們——問那些男人、女人，還有跟他們在一起的小孩——要不要留下來。」（我問他母牛去哪裡了，他說：「牠們都在，還有小牛也是。」）接下來他講到教堂的墓地跟死亡，然後說：「一個士兵把一個人射死後，他沒有被埋起來，因為開靈車的司機也是士兵，他不肯把他埋起來。」（我問：「他射了誰呢？例如？」他回答時最先提到的是他哥哥卡爾，但隨即有點警覺，而提了其他好幾個親戚或認識的人）[31-1] 還有一個夢是：「我的棍子跑到你的頭上，然後它拿了熨斗，用熨斗在上面壓。」在他跟他母親道早安，母

31-1　他在此不久之前曾說過：「我想看一個人死掉。不是看他死掉以後的樣子，是要看他正在死掉的時候，然後我也想看他已經死掉以後的樣子。」

親摸摸他的頭之後，他說：「我要爬到你身上。你是一座山，我
要爬到你身上。」過了一會之後，他說：「我比你會跑。我可以 32
跑到樓上，你不行。」又過了一段時間以後，他開始很熱中於問
一些問題，例如，「木頭是什麼做的？窗框是怎麼弄在一起的？
石頭是怎麼做的？」當別人回答他說，這些東西本來就是這個樣
子，他會很不滿足地回答說：「但是它們本來是什麼東西？」

跟這個情況同時出現的是，他開始會玩。他會很開心而長時間地玩耍，尤其是跟別人一起玩。他會跟哥哥或其他朋友玩他們想到的任何遊戲，也開始自己玩。他會玩吊死人的遊戲，宣稱他把哥哥姊姊的頭砍了下來，而且把他們砍下的頭的耳朵放在盒子裡，他還說：「你可以把這種頭的耳朵收起來，因為他們不會反過來打你。」他還自稱是「吊死人使者」。有一次，我發現他在玩下面這個遊戲。他拿西洋棋子當人，其中一個是士兵，另一個是國王。士兵對國王說「你這個骯髒的禽獸」，於是就被關進監獄，判處死刑。然後他被鞭打，但是他沒有感覺，因為他已經死了。接著國王用王冠把士兵基座上的洞挖大，士兵就活了過來。國王問他還會不會再這樣做，他說不會，所以他只被關起來。他最早玩的一個遊戲是：他拿起他的喇叭玩，然後說他是軍官，又是掌旗官跟號角手，全部都是，他還說：「如果爸爸也是號角手，但是不肯帶我去打仗，那我就會帶我自己的喇叭跟我的槍，自己去打仗。」他也會拿他的小玩偶來玩。玩偶中有兩隻狗，他總是稱其中一隻是帥哥，另一隻是髒鬼。有一次這兩隻狗是男士，那隻帥哥是他自己，髒鬼則是他爸爸。

福利斯的遊戲以及幻想都顯出他對父親的敵意，以及他已經清楚表露出的對母親的愛慕。在此同時，他也變得愛講話，活潑

開朗，可以跟其他孩子玩好幾個小時，後來並表現出對各方面知識和學習的強烈慾望，在非常短的時間和非常少的協助下，他學會了閱讀。他在這方面的積極渴望幾乎顯得早熟。他的發問已經不再有刻板的衝動特質。這項改變無疑是他的幻想解放後的結果。我偶爾審慎的詮釋只在某種程度內協助這件事發生。然而，在我重述一段我認為很重要的對話之前，我必須先指出一點：胃對這個孩子有種特殊的重要性。即使他獲知很多資訊並一再被糾正，他還是在不同情況下多次顯露出他仍堅持認為小孩子是在媽媽的胃裡成長。在其他方面，胃對他而言也有情感上的意義。他
33 在各種情況下，都會用「胃」這個字來頂嘴。例如，當別的孩子跟他說「去花園」時，他會回嘴說：「去你的胃裡。」傭人問他某件東西在哪裡時，他經常因回答「在你的胃裡」而挨罵。雖然不是很頻繁，但他有時候也會在用餐時間抱怨「我的胃好冷」，並宣稱是因為喝了冷水的關係。他也表現得很不喜歡某幾種冷盤菜餚。大約在這時，他表現出想看媽媽近乎裸體的好奇心。在看到之後，他會說：「我也想看你的胃，跟你胃裡的圖畫。」他母親問說：「你是指你以前待的那個地方？」他回答說：「對！我想看你的胃裡面，看裡面有沒有小孩子。」在此之後，他有一次說：「我很好奇，我想知道世界上所有事。」問他想知道什麼事時，他說：「我想知道你的雞雞跟你的『卡奇』洞是什麼樣子。我想（笑）在你坐馬桶的時候，偷看你的雞雞跟你的『卡奇』洞。」幾天後，他對他母親建議說，他們可以同時在馬桶上，在別人上面「做卡奇」。先是他媽媽、他的哥哥姊姊，然後最上面是他自己。這些零星出現的對話已經呈現出他的理論，可在以下這段對話裡看得更為清楚。他認為小孩子是用食物做的，就跟糞便

一樣。他曾經描述他的「卡奇」是不肯出來的調皮小孩。在這樣的聯想下，他立刻就同意我的理論，說他幻想中會在樓梯跑上跑下的小煤塊就是他的小孩。還有一次他對他的「卡奇」說話，說因為它出來得這麼慢又這麼硬，所以他要打它。

我想在此描述一段對話。那天他一早就坐在廁所裡，並解釋說便便已經在陽台上，已經跑到樓上，不肯進花園（他經常稱廁所是花園）。我問他：「它們是在胃裡面長大的小孩嗎？」我注意到這引起了他的興趣，便繼續說：「因為便便是食物做的，但是真正的小孩不是食物做的。」他說：「我知道，小孩子是牛奶做的。」「喔，不是，小孩子是用爸爸做的一個東西加上媽媽身體裡面的蛋做出來的。」（他此刻變得非常專注，並要求我解釋）我開始解釋那顆小小的蛋時，他插嘴說：「我知道。」我繼續說：「爸爸會用他的雞雞做出一種東西，看起來很像牛奶，但是叫做種子。他做這東西的時候很像在尿尿，但是又不太一樣。媽媽的雞雞跟爸爸的不一樣。」他插嘴：「那個我知道！」我繼續說：「媽媽的雞雞就像一個洞。如果爸爸把他的雞雞放到媽媽的雞雞裡，在裡面做出種子，那種子就會跑到裡面更深的地方。當種子 34
遇到媽媽身體裡面一顆小小的蛋時，這顆小小的蛋就會開始長大，變成一個小孩。」福利斯很有興趣地聽著，並說：「我好想看小孩子是怎麼在裡面做出來的。」我解釋說，這是不可能的，他得等到長大後才能看到，而且到時候他也是自己做。「但是到時候我想跟媽媽做。」「那不可以，媽媽是你爸爸的太太，所以不可以當你太太，不然爸爸就沒有太太了。」「但是我們兩個都可以跟她做。」我說：「不行，那不可以。每個男人都只有一個太太。等你長大，你媽媽就老了。到時候你會娶一個年輕漂亮的女孩子，她就會是你太太。」他眼眶含淚、嘴唇顫抖地說：「但是我們不能跟媽媽住在同一間房子裡嗎？」我說：「當然可以，而且你媽媽會永遠愛你，只是她不能當你太太。」他接著問了一些細節，包括小孩子在媽媽的身體裡怎麼吃東西？臍帶是什麼做的？臍帶怎麼不見？他顯得興趣盎然，而且不再出現阻抗。最後他說：「但是我真的很想看一次小孩子是怎麼進去跟出來的。」

這段對話除了在某個程度上解決了他的性理論之外，他也因此對於之前始終抗拒，現在才吸收進去的部分解釋第一次真的表現出興趣。他之後偶爾說出的一些話也顯示，他已經真正把這項資訊融入他的知識裡。在這次之後，他對胃部[34-1]的興趣也明顯降低。但儘管如此，我還是不想宣稱，對他而言胃部已經完全失去情感性的特質，或他已經完全放棄這個理論。關於兒童為何會在察覺不正確後，仍堅持一項幼兒性理論，我曾聽過費倫齊的一個觀點。他認為在某種程度上，幼兒性理論源自於將帶來愉悅感受的生理功能加以抽象化，因此只要這項生理功能持續帶來愉悅，這項理論就會在某種程度上持續存在。亞伯拉罕博士，在上次大會[34-2]發表的論文中表示，我們應該可以從兒童為何不接受不同性別父母扮演的角色，而找到性理論形成的源頭。侯海姆（Róheim）也指出，原始人類的性理論應該也來自同樣的源頭。就這個案例而言，他仍舊堅持部分的理論，可能是因為我只詮釋了豐富的分
35 析素材的一部分，而潛意識的肛門性慾仍十分活躍。無論如何，

34-1 「胃好冷」的症狀只有一部分消失，也就是他不再特別指出胃部，但他還是會說他「肚子好冷」，雖然並不頻繁。他對冷盤的抗拒也持續存在；前幾個月對各種冷盤菜餚顯現的厭惡大致上並沒有受到這次分析的影響，只是針對的標的不同。他的排便大致規律，但經常很慢而且困難。這次的分析對此也沒有產生持久的改變，只是偶爾會有些許不同。

34-2 「第六屆海牙精神分析大會」〈女性閹割情結之表現〉（Manifestations of the Female Castration Complex, 1920）

在解決了性理論後，他終於克服對真正的性過程知識的阻抗了。儘管他的理論還是有部分存在，[35-1]但他比較能接受實際上的性過程。在某個程度上，他在固著於潛意識的理論與現實真相之間，達成了妥協，而他自己的話就是最好的描述。九個月後，他陳述了他的另一個幻想。在他的幻想裡，子宮是一間裝潢完好的房子，尤其胃部更是設備齊全，甚至還有浴缸跟肥皂盒。他自己對這個幻想評論說：「我知道實際上不是真的這樣，但我把它看成這樣。」

福利斯解決了自己的性理論並承認實際過程之後，伊底帕斯情結幾乎完全浮現出來。以下是一個例子。他在那次對話三天之後說了一個夢中的幻想，我也為他詮釋了其中部分。他首先描述一個夢：「有一輛很大的汽車，看起來就像電車那樣。裡面也有座位，還有一輛小汽車跟著大汽車一起跑。他們的屋頂可以打開，在下雨的時候也可以關起來。然後這兩輛車往前跑，結果撞到一輛電車，把它撞倒。然後大汽車跑到電車上面，把小汽車拉在後面。那輛電車跟那兩輛汽車都靠得很緊。那輛電車還有一根連接桿。你知道我的意思嗎？那輛大汽車有一個很漂亮、很大的、銀色的、鐵的東西。小汽車有兩個像小鉤子的東西。小汽車在電車跟大汽車中間。然後他們開上一座很高的山，又很快衝下來。這兩輛汽車晚上也待在一起。如果有電車過來，它們就把它撞開。如果有人像這樣（張開一隻手臂），它們就會立刻後退。」（我解釋說大汽車是他的爸爸，電車是他的媽媽，而小汽車則是他自己。他把自己放在爸爸跟媽媽中間，因為他很希望可以把爸爸

35-1　他有一次在午餐時說：「這些餃子會直接沿著小路滑到管子裡。」還有一次他說：「果醬會直接到雞雞去。」（果醬是他討厭的食物之一）

趕走，單獨跟媽媽在一起，跟她做只有爸爸才被准許做的事）他猶豫了一下之後便表示同意，隨即繼續說：「大汽車跟小汽車後來就走開了。它們在它們家裡，從窗戶往外看，那個窗戶很大。
36 然後兩輛大汽車來了。一輛是爺爺，另一輛就是爸爸。奶奶不在，她……（他猶豫了一下，表情很嚴肅）……她死了。」（他看著我，但由於我顯得無動於衷，他便繼續講下去）「然後它們就一起開下山。一個司機用腳打開門；另一個司機用腳打開會轉的那個東西（門把）。一個司機吐了起來，是爺爺。」（他再度用質問的眼光看著我，但是看到我不為所動的樣子，又繼續下去）「另一個司機對他說：『你這個骯髒的傢伙，你欠揍嗎？我一拳就可以把你打倒。』」（我問另一個司機是誰）他說：「是我。然後我們的士兵把他們全都打倒。他們全部都是士兵。然後他們把汽車砸爛，又揍他，用煤塊把他的臉抹黑，把煤塞到他的嘴巴裡；（露出安慰人的樣子）你知道，他覺得煤是糖果，所以才吃進去。然後大家都是士兵，可是我是軍官。我穿著很漂亮的制服，而且（他抬頭挺胸）我站成這個樣子，所以他們都聽我的話。他們把他的槍拿走；他只能這樣走路（他彎下腰來）。」他口氣柔和地繼續說：「然後士兵給他一個勳章跟一把刺刀，因為他們已經拿走他的槍。我是軍官，媽媽是護士。」（在他的遊戲裡，護士永遠都是軍官的太太）「還有卡爾、藍妮跟安娜（他的哥哥姊姊）是我的小孩，我們有一間很漂亮的房子。從外面看起來就像是國王的房子。[36-1] 房子還沒有全部蓋好，沒有門，也沒有屋頂，但還是很漂亮。我們自己做缺少的東西。」（他現在可以輕易地接受我對很多

36-1 有一次他母親很親暱地對他說「我的寶貝娃娃」，而他回答說：「你可以叫藍妮或安娜寶貝娃娃，那比較適合女孩子，可是你要叫我『我親愛的小國王』。」

東西代表意義的詮釋，例如沒完成的房子等）「花園很漂亮。花園在屋頂上面。我要用梯子才能爬上去。不過我可以很容易地爬上去，可是我要幫忙卡爾、藍妮跟安娜。餐廳也很漂亮，裡面長了樹跟花。那很容易，你在裡面放一些土，那些東西就會長出來了。然後爺爺靜悄悄地進來花園，像這樣（他再度模仿那個怪異的步伐）。他手上拿著一把鏟子，想要埋一個東西。然後士兵對他開槍，結果（他再度顯得很嚴肅）他就死了。」他繼續說了很久，還描述了兩個瞎眼的國王，說其中一個是他爸爸，另一個是他母親的爸爸，然後他說：「國王的鞋子就跟美國一樣長，你可以跑到裡面去，裡面還是有很大的位子。用布包起來的小寶寶晚上也會放到裡面去睡覺。」在這次的幻想之後，他對遊戲的興趣變得愈來愈強烈而鞏固。他這時會單獨玩上好幾個小時，而且從
中獲得的樂趣跟描述這些幻想時一樣多。[37-1]他也會直接說：「我 37
把我跟你講的，演給你看。」或「我就不講了，直接演出來。」雖然潛意識幻想通常會經由扮演活動宣洩出來，但在這個例子裡，無疑地就跟其他類似例子一樣，幻想的抑制成了遊戲抑制的原因，而兩者也可以同時被消除。我觀察到，過去他經常從事的遊戲和活動現在都退居幕後了。我尤其指那無止盡的「司機、馬車夫」等遊戲，裡面通常包含了用長椅、椅子或箱子互相推擠，或坐在上面。他之前一直喜歡在每次聽到汽車經過時就跑到窗邊，而且只要錯過一次就很不高興。他過去可以連續好幾個小時站在窗戶旁、大門前，主要就為了看經過的車輛。他從事這些活動時熱烈而排他的態度，讓我認為這些活動具有強迫性質。[37-2]

37-1　在這段時間，有一次，他用床單做了一個他稱為「塔」的東西，他爬進去裡面並宣稱：「現在我是掃煙囪的人，我要把煙囪掃乾淨。」

到後期，當他表現出明顯的無聊時，他放棄了這些取代玩耍的活動。有一次，為了幫他找一項新活動，大人鼓勵他用新的方式做一輛車子，希望會讓他覺得有趣，但他回答：「沒有一件事好玩。」當他開始編造幻想時，也能同時開始玩耍，或更正確地說，是獲得了適當的玩耍的開端。這時，他有一部分的遊戲會藉助娃娃、動物、人、推車和積木來編造，其中還包括開車跟換房子。但是這只是他玩耍的一部分。他玩耍的方式開始變得非常多樣，並且伴隨著強力發展的幻想，這都是他之前從來不曾表現出來的。通常遊戲最後都會演變成士兵對抗印第安人、強盜，或是跟農民的打鬥，而他自己和他的軍隊永遠都代表士兵這一方。大人在戰爭結束時提到過，他父親在不當兵之後，交出了他的軍服和裝備。這孩子對此大受打擊，尤其是對他父親交出刺刀和步槍這點。之後他立刻在玩耍中安排佃農偷士兵的東西，結果士兵虐
38 待這些佃農，並殺了他們。在車子的幻想後第二天，他玩了以下這個遊戲，並跟我解釋說：「一個印第安人被士兵關起來。他承認自己對他們很頑皮。他們說：『我們知道你不只這麼頑皮。』他們對他吐口水，在他身上尿尿跟做『卡奇』，並把他關到一間小房間裡，在他身上做各種事。他尖叫起來，於是雞雞就直接塞進他的嘴裡。一個士兵走開，另一個人問他：『你要去哪裡？』他說：『去找馬糞丟到他身上。』這個頑皮的男人在一個鏟子上尿尿，然後把尿潑到他臉上。」我問說這個人到底做了什麼事，他回答說：「他很頑皮。他不讓我們進去小房間裡面做。」然後他更進一步透露說，小房間裡除了有關在裡面的那個頑皮男人以

37-2　他對車輛、門、鎖匠和鎖的強烈興趣仍維持著，只是失去了強迫性和排他性的特質，所以同樣地，在這個例子裡，分析並沒有影響到有益的潛抑，只是克服了強迫的力量。

外，還有兩個人在裡面做美勞。在這段時間，他還經常會對衛生
紙說話，然後在上廁所後，以嘲弄的樣子用衛生紙擦屁股。「親
愛的先生，請你好心吃下去。」在被詢問時，他回答說衛生紙是
吃卡奇的惡魔。還有一次，他說：「一個先生的領帶掉了，他一
直找。最後他終於找到了。」後來他再一次說到脖子跟腿都被砍
斷的魔鬼。他說，脖子要等到有腳以後才能走路，現在魔鬼只能
躺著，再也不能走在路上了，大家都以為他死了。還有一次，他
看著窗外；有人抓著他，是一個士兵，然後他把他推出窗外，他
就死了。我認為這幻想似乎是表示（對他而言不尋常的）他在幾
個星期前出現的恐懼。當時他正看著窗外，而傭人站在他後面，
把他抓住。他表現得很恐懼，直到那女孩把他放開才安靜下來。
在之後的一個幻想裡，他則投射出潛意識的攻擊願望，表現出他
的恐懼[38-1]——在一個遊戲裡，一個敵軍的軍官被殺死、虐待，然
後復活。在回答他是誰時，這男孩說：「我當然是爸爸。」這時
候所有人都變得對他很友善，並且說（福利斯的聲音在此時變得
很溫柔）：「對，你是爸爸，那麼請你過來這裡。」在另一次幻
想中，隊長同樣也經歷各種虐待，包括矇上眼睛和被污辱。但他
說在此之後，他就對隊長非常好，並補充說：「我只是把他對我
做的事，還給他而已，然後我就不對他生氣了。如果我沒有還給 39
他，我會對他很生氣。」他現在很喜歡拿麵團來玩，說他在衣櫃
間[39-1]裡烤麵團（他指的衣櫃間是一個小紙箱，裡面有一個凹洞。

38-1　尤其是在最近這段觀察期裡，他偶爾會在幻想跟玩耍中，顯示出害怕和擔心自己的攻擊性。他有時候會在玩跟印地安人或強盜打仗，玩得正興奮時，說不想再玩了，而在此同時他又極度努力想表現得勇敢。同樣在這時候，如果他撞到自己就會說：「沒關係，這是處罰我太頑皮。」

39-1　小時候他曾經有一段時間喜歡用沙土或泥土捏東西，但是這項興趣並沒有持續多久。

他用這個箱子玩遊戲）。有一次在玩的時候，他給我看兩個士兵跟一個護士，說那是他自己、他哥哥跟他母親。我問他哪一個士兵是他時，他說：「下面有刺的東西是我。」我問他下面會刺人的東西是什麼。他說：「雞雞。」「那會刺人嗎？」他說：「在玩的時候不會，但是真的時候——不是，我說錯了，在真的時候不會，可是在玩的時候會。」他透露了愈來愈多而廣泛的幻想，經常是關於魔鬼，也會有關於隊長、印地安人、強盜跟野生動物的幻想。在這些幻想和他伴隨的遊戲裡，他對這些對象的施虐衝動都清楚顯現出來，但另一方面，他也把與母親相關的願望表現出來。他經常描述他如何將魔鬼、敵軍軍官或國王的眼睛挖出來，或是把他們的舌頭割斷，他甚至擁有一把可以像水底動物一樣咬人的槍。他隨時都在變得更強壯、更有力量，任何方法都殺不死他，他也反覆說他的大砲大到可以頂到天空。

在這時期我覺得已經沒有必要再做進一步詮釋，因此只偶爾會讓他意識到某些單一事件，而且是僅止於給他暗示。此外，從他幻想和遊戲的整體趨勢，以及他偶爾冒出的談話中，我得到的印象是，他一部分的情結已經浮現到他的意識層面，或至少是潛意識層面，這樣也就足夠了。所以有一次他坐在馬桶上，說他要做麵包捲，他母親迎合他的說法，說：「那就趕快做你的麵包捲。」他便回答：「如果我做出麵團，你就會很高興了。」然後立刻補充說：「我說麵團，不是說卡奇。」他在上完時說：「我真是厲害，我做了好大一個人。如果有人給我麵團，我就可以做出一個人來。我只需要尖尖的東西來做眼睛跟扣子。」

從我開始偶爾給他一些詮釋，到這時候為止，大約過了兩個月。接著我的觀察中斷了大約兩個月。這段期間，他的焦慮（恐

懼）浮現出來。從他拒絕跟別的孩子玩他最近很愛的強盜跟印地
安人的遊戲，就預告了這點。除了在兩歲到三歲期間，他有過夜
驚（night-terrors）以外，他從不曾明顯地深感恐懼，或者至少我
們從沒有發現這方面的跡象。因此現在表現出的焦慮，可能是因 40
為分析進展而顯現出來的症狀，也有可能是因為他試圖更強烈潛
抑逐漸浮現到意識層面的東西。而這些恐懼之所以釋放出來，可
能是聽格林童話引起。他近來變得很愛聽，也很愛講格林童話。
[40-1]此外，他之所以顯露恐懼，或許也是因為他很習慣黏著母親，
而他母親有幾個星期身體不適，無法特別關心他，可能因此促使
原慾轉變成焦慮。恐懼大部分都在入睡前表現出來。相較於之
前，此時要花很多時間才能讓他入睡，有時候他還會在睡夢中突
然驚醒。他在其他方面的表現也退步了。他單獨玩耍和說故事的
時間大幅減少。他變得非常熱中於學習閱讀，甚至顯得過度熱
中，會想連續學好幾個小時，而且一天到晚都在練習。他也變得
比較調皮，比較不開心。

當我再度有機會——雖然只是偶爾——關心這個孩子時，他告訴我一個當時讓他很驚恐，而後來在白天也仍使他感到害怕的夢。不過跟先前情況完全相反，他是在對抗了強烈的阻抗之下，才勉強說出這個夢。在夢中，他本來在看繪本，繪本裡有些騎馬的人，然後書本打開，兩個男人從裡面跑出來。他跟他的哥哥姊姊黏著媽媽，想要逃走。他們來到一間房子的門口，有個女人對他們說：「你們不能躲在這裡。」但是他們還是躲了起來，因此那些男人找不到他們。儘管有強烈的阻抗，他還是說出這個夢，

40-1　在這段分析開始之前，他很不喜歡格林童話，但是在他出現好的轉變後，就變得非常偏好格林童話。

但當我開始詮釋夢境時，他的阻抗更加強烈。為了避免過度刺激他，我的詮釋很短而且不完整。在聯想概念方面，我只就那兩個男人有棍子、槍跟刺刀等，談了一點點。我解釋說這代表他想要但同時又害怕父親的大雞雞，他反駁說：「那些武器是硬的，可是雞雞是軟的。」我解釋說，當他做他想做的事時，雞雞也會變硬，他沒有太多阻抗就接受了這個詮釋。他接著更進一步描述說，他覺得有時候好像一個男人是塞在另一個男人裡面，所以只有一個男人。

無疑地，在此之前鮮少注意到的同性戀元素此時已經浮現出
41 來，這也顯現在他之後的夢境跟幻想中。他的另一個夢則跟恐懼感無關。在夢裡，所有的鏡子跟門之類的後面，都有伸出長長舌頭的狼。他把牠們全部射死。他不害怕，因為他比牠們強壯。之後的幻想也跟狼有關。有一次，他在入睡前又變得害怕，他說他很害怕牆上那個有燈光照進來的洞（為了暖氣設備設置的開口），因為它照在天花板上也像是一個洞，所以可能會有男人用梯子爬到屋頂上，從那個洞進來。他也講到魔鬼是不是坐在爐子上的洞裡。他回憶說，他在一本繪本裡看到這個畫面：一個女士在他的房間裡。突然間她看到魔鬼坐在爐子的洞裡，尾巴突出來。他的聯想顯示他害怕那個爬梯子上來的男人會踩在他身上，踩傷他的肚子，而最後他承認他擔心自己的雞雞。

此後不久，我聽到他現在已很少出現的「肚子冷」說法。在一段有關胃與肚子的對話中，他透露了下面這個幻想。「胃裡面有一個房間，裡面有桌子跟椅子。有個人坐到椅子上，把頭放到桌上，結果整間房子就倒了。天花板掉到地上，桌子也倒下來，整個房子都倒了。」我問：「這個人是誰？他是怎麼進去的？」

他回答說：「一根棍子從雞雞穿過去，進去肚子裡，然後他從這裡進去胃裡。」在這個例子裡，他對我的詮釋幾乎毫不抗拒。我告訴他說，他是想像自己取代媽媽的位子，而希望爸爸對他做他對媽媽做的事。但是他害怕（就像他想像媽媽也會害怕一樣）萬一棍子，也就是爸爸的雞雞，進到他的雞雞裡時，他會覺得痛，而他肚子裡面、胃裡面的所有東西就會被毀掉。還有一次，他說到他對某個格林童話故事的恐懼。故事是說有個巫婆給一個男人下毒的食物，但是他把食物給馬吃，馬就因此死了。這孩子說他很怕巫婆，即使別人說事實上根本沒有巫婆，也有可能是假的。有些皇后很漂亮，但也有皇后是巫婆。還有他很想知道毒藥是什麼樣子，是固體還是液體。[41-1] 我問他為什麼這麼怕媽媽會對他做什麼壞事，他是否對她做過什麼事，或曾經希望她怎麼樣。他於
是承認他在很生氣的時候，曾希望她跟爸爸會死掉，他也曾經在 42
心裡想過「骯髒的媽媽」。他也承認當她禁止他玩雞雞時，他相當生氣。在對話過程中，我也發現，他害怕有個士兵會給他毒藥，因為他把腳放到一台推車上，打算跳上去，而那時這個陌生士兵就在商店櫥窗前看著他。我詮釋說，這個士兵是他爸爸，要懲罰他頑皮地試圖跳到推車上——他的媽媽身上。於是他開始詢問關於性行為本身，這是他到目前為止從來沒問過的。男人怎麼把他的雞雞放進去？爸爸是不是想再做一個小孩？人要到多大才能做小孩？阿姨也可以對媽媽這樣做嗎？等等。阻抗再度減輕了。首先，在他開始陳述之前，他先開心地問說，他覺得「恐怖」的事，會不會在我解釋之後，又變成讓他覺得愉快的事，就像很多

41-1　他最近常問為什麼水是液體，以及更廣泛的，為什麼某些東西會是液體或固體等。而他最近之所以顯現出這方面的興趣，很可能就與此有關。在他表現出這項興趣時，或許焦慮已經相當活躍。

到目前為止的事一樣。他也說，即使他現在還是會想到，但已經不害怕我跟他解釋過的所有東西。

很可惜我無法獲得他更多的聯想概念，因此無法進一步釐清毒藥代表的意義。大致而言，藉由聯想而做的詮釋有時候會成功，通常是因為接續而來的概念、夢境與故事已經解釋並完成了之前所做的詮釋。這也解釋了為何我的詮釋有時候會很不完整。

在這個案例裡，我擁有大部分未受詮釋的豐富素材。這個孩子除了有一個主要的性理論之外，還顯現出其他不同的誕生理論和思考傾向，雖然這些理論顯然是並行存在的，但其中總有某一個理論會在某個時期較為明顯。我認為，上面幻想裡提到的女巫，只是他藉由隔離母親意像，而產生的一個人物（在當時經常出現）。我也可以從他近來對女性明顯表露的矛盾態度中看到這點。大體而言，他對女性與男性的態度都相當良好，但我偶爾會觀察到他對小女孩以及成年女性表現出不合理的反感。他為了讓他愛的母親保持這個理想形象，而從她身上分割出來的第二個女性意像，是一個有陽具的女人。對他而言，顯然他可以藉由這個女人通往他現在已明顯表現的同性戀慾望。就他而言，母牛也代
43 表有陽具的女人。他不喜歡母牛這種動物，卻非常喜歡馬。[42-1]就這點提出的一個例子是，他表示很厭惡母牛嘴邊的泡沫，說那是母牛想要對人吐口水，但相反地，他卻說馬想要親他。母牛對他而言代表有陽具的女性，這點非常明顯地表現在他的幻想，以及他的許多話裡。他曾經多次在排尿時將陰莖等同於母牛。例如他說過：「母牛弄出牛奶到馬桶裡。」或在打開褲子時說：「母牛

42-1　從我到目前為止獲得的素材看來，我還不甚清楚馬代表的意義。馬似乎有時候是男性，有時候又是女性的象徵。

從窗戶探出頭來。」巫婆交給他毒藥所代表的意義，可能也跟他那個進食受孕的理論有關。幾個月前，還沒有任何徵兆顯示出他對女人有這樣矛盾的態度。當時他聽到有人說某個女士很討厭時，還相當震驚地問：「會有人討厭女士嗎？」

他也透露了另一個跟焦慮情緒有關的夢，同樣顯示出很強烈的阻抗。他說他不可能說這個故事，因為這個故事太長了，他需要一整天才說得完。我回答說，那他只要告訴我一部分就好，他回答：「但是光是那個長度就很可怕了。」而他很快領悟到，這個夢主要跟一個巨人有關，那個「可怕的長度」是指巨人的雞雞。這個巨人以不同的樣子一再出現，包括變成一台飛機，被人帶到一棟建築裡。那棟建築看不到門，周圍也沒有地面，但是窗戶裡擠滿了人。巨人身上掛滿了人，朝他撲來。這個幻想跟父母親的身體有關，也表達了他對父親的渴望。但是他幻想自己經由肛門懷孕並生下父親（有時候則是母親）的誕生理論，也在這個夢裡出現。在這個夢的結尾，他變得可以單獨飛起來，並藉助已經從火車跑出來的其他人的幫忙，將巨人鎖在移動的火車裡，然後帶著鑰匙飛走。在我的協助下，他自己詮釋了大部分的夢境。他通常很喜歡自己詮釋，而且會問這個夢是不是在「裡面很深的地方」。他認為那裡儲存了他不知道的所有關於自己的事。他也會問是不是所有大人都會解釋他的夢等等。

他還提到另一個愉快的夢，但他不太記得夢的內容，只記得有一個軍官，戴著一個外套領子，而他也戴上類似的外套領子。他們一起從某個地方出來。四周很黑，所以他跌倒了。在我詮釋說這個夢同樣是關於他父親，以及他想要有跟父親一樣的雞雞，他忽然想到夢中不愉快的事是什麼了。那個軍官在夢中威脅他、

壓著不讓他起來等等。在他這次相當樂意做的自由聯想裡，我只
44 強調一個細節。我問他，他跟那個軍官是從哪裡一起出來？他想到的是一家商店的院子，他很喜歡那裡，因為會有小小的火車沿著狹窄的軌道，在商店裡跑進跑出——同樣地，這表示他希望跟爸爸同時對媽媽做爸爸所做的事，但他跌倒而失敗了，此時他便將自己對父親的攻擊性投射在父親身上。同樣地，我認為，當中顯現的是非常強大的肛門性慾和同性戀性慾（無庸置疑地出現在許多關於惡魔的幻想中。在幻想裡，惡魔都住在洞穴或怪異的房子裡）。

在重新開始觀察，主要針對焦慮夢境進行聯想分析大約六星期後，個案的焦慮就完全消失了。睡眠和入睡毫無問題，遊戲跟社交狀況也無可挑剔。他原本的焦慮還伴隨著對於街上兒童的輕微畏懼症。事實上，這項畏懼症的根源是街上的男孩子經常威脅他、欺負他。他很怕單獨過馬路，即使別人一再勸說也不肯嘗試。由於最近一次旅行的干擾，我無法分析這個畏懼症。但除此之外，我認為這個孩子的狀態很好。幾個月後，當我有機會再見到他時，這個印象更加強烈。在這段期間，他也以他告訴我的下列方式，克服了他的畏懼症。在我離開之後不久，他先是閉著眼睛跑過馬路，然後是轉頭不看地跑過馬路，最後終於能相當鎮定地穿越馬路。但在另一方面，他堅決地不願意接受分析，也厭惡說故事或聽童話。這或許是他試圖自我治療而導致的結果，因為他驕傲地對我保證說他現在什麼都不怕了！但這項我在半年後才能確定應該是永久的成果，只是他企圖自我治療的結果嗎？還是至少有一部分，是治療停止的後續效果之一？因為我們確實經常看到個案的一、兩項症狀會在分析結束後才消失。

除此之外，我可能不會對這個個案做出「治療完成」的結論。這種只偶爾伴隨詮釋的觀察討論並不能稱為治療，我寧可稱之為「具分析特質的教養方式」。基於同樣的理由，我不想斷定這個過程在我到目前為止描述的這個時間點就已經結束。我認為，他對分析有如強烈的阻抗，以及不願意聽童話故事，都顯示他未來的教養過程裡，可能還會不時需要採用分析方法。

從這裡可以談到我想從這個個案得出的結論。我認為，任何 45
兒童教養都需要分析的幫助，從疾病預防的觀點來看，分析可以提供非常有價值而無可限量的協助。雖然我只以該個案證明精神分析非常有助於教養就做此主張，但另一方面，在我觀察與接觸許多教養過程中沒有精神分析協助的孩子後，所獲得的成果也支持這項結論。我只在此援引我熟知的兩個兒童發展個案[45-1]為例。這兩個個案似乎很適合作為例子，因為這兩個個案都沒有出現精神官能症或異常發展，而被認定為正常。個案都有很好的天性，也受到合理和慈愛的教養。舉例來說，父母的教養原則之一是准許他們問任何問題，而且會樂意回答。在其他方面，他們的父母在給予孩子意見時，比一般父母更自然、更自由，同時也給予孩子慈愛但相當堅定的指引。然而只有一個孩子（而且是在很有限的範圍內）充分利用這樣的自由，來針對性啟蒙提出問題和獲取資訊。很久之後——在幾乎長大成人之後——這個男孩子說，他當時詢問出生問題時，所獲得的正確答案，對他而言其實是完全不夠的，這個問題一直在他心裡占據了很久。那些資訊雖然回應了他的提問，但可能因為沒有包含父親扮演的角色，而不完整。然而，值得注意的是，這個男孩子雖然心裡一直為此困擾，也從不

45-1　這兩個孩子是我很熟識的一個家庭裡的兄妹，因此我能夠清楚瞭解他們的發展細節。

曾懷疑父母會願意回答，但基於他自己都沒有意識到的理由，他從來不曾提出任何相關的疑問。這個男孩子在四歲後開始變得害怕跟他人有親密接觸——尤其是跟成人，此外也開始害怕甲蟲。這兩項畏懼症持續了幾天，最後逐漸在情感和習慣化的協助下，幾乎完全克服。但是對小動物的厭惡始終沒有消失。之後這個男孩子也從沒有表現出社交慾望，即使他對此已經不再有直接的厭惡。他在心理、生理和智能等其他方面都發展得很好，也相當健康。不過，我認為看似完全克服的畏懼症仍留下些許痕跡，包括明顯的不善社交、拘謹、內向等相關特質，而這些特質也成為他人格中永久存在的元素。第二個例子是一個女孩子。她在出生後頭幾年裡顯得天賦異稟，對知識異常渴望。然而，從五歲開始，
46 這個孩子探究事物的衝動大幅減弱，[46-1]逐漸變得膚淺，失去學習的興致，也沒有任何深度的興趣。即使她無疑地擁有很高的智能，但到目前為止（現在她已經滿十四歲），只顯露出中等智能。雖然受到讚許的好的教育原則，迄今已經為人類文化發展做出很大的貢獻，但一如過去和現在的教育家所知，每個人適合什麼樣的教養方式，至今仍是幾乎無解的。任何有機會觀察兒童的發展，或有機會深入瞭解成人人格特質的人，都知道有些很有天分的兒童會突然變得落後遲緩，而且找不出理由，方式也各不相同。有些在此之前都很乖巧聽話的孩子，會變得內向、難以管教，甚至非常叛逆而有攻擊性。之前開朗和善的孩子會變得內向孤僻。還有些孩子擁有過人的智力天賦，原本可能綻放出少見的花朵，卻在含苞待放時突然枯萎。聰穎過人的孩子可能在某些小事上失敗，從此氣餒沮喪，失去自信。當然，這類發展中的阻

46-1 這個孩子從來沒有要求性方面的啟蒙。

礙，也經常能夠圓滿地克服。但是，較小的阻礙雖通常能在父母的照顧下化解，卻常會在數年後浮現，成為難以克服的困難，甚至可能導致精神崩潰，要不至少是帶來許多痛苦。各種會影響發展的傷害和抑制實在不可計數，更不用說有些人後來還因此成為精神官能症患者。

即使我們肯定有必要在教養過程中引入精神分析，但是這不表示要全盤丟棄迄今仍受到肯定的、好的教育原則。精神分析必須是協助教育的幫手，使教育更完整，而不要去碰目前為止被認為是正確且普遍接受的教育基石。[46-2]真正好的教育學家一直都在
——潛意識中——努力朝向正確的方向前進，也一直努力要藉由愛 47
與理解，去碰觸兒童更深層的、有時難以理解，而且顯然應受譴責的衝動。如果說教育學家在這項工作上並不成功，或只成功了一部分，那麼該責怪的不是他們，而是他們使用的權宜之計。莉莉・布朗恩（Lily Braun）在她優美的《一個社會主義者的回憶錄》（*Memoiren einer Sozialistin*）書中，寫到她如何試圖以她自己即將分娩這件事為出發點，想啟蒙她的兩個繼子（大約十歲和十二歲的男孩子）瞭解與性有關的事，進而贏得他們的同理與信任。但她遭遇到直接的抵抗和拒絕，不得不放棄嘗試，因此非常難過無助。多少父母最大的希望就是要保有孩子的愛與信任，卻會突然

46-2　在我參與的這項教養經驗裡，小孩接受的教育表面上幾乎沒有任何改變。在本書所述的這段觀察結束後到現在，已經過了十八個月。現在小福利斯開始上學，並且對學校的所有要求適應良好。他在學校跟其他地方，都被認為是教養得很好的孩子，表現得落落大方，與人相處自然，行為舉止都很得宜。缺乏訓練的觀察者幾乎看不出來的唯一重要差異是，他對老師跟其他小孩的態度，有很根本的改變。因此，他同時可以與老師、同學有坦誠和善的關係，也能很輕易地做到在其他情況下即使藉助強大權威也難以達成的教育要求，因為精神分析已經協助這個孩子克服潛意識中的阻抗。所以有精神分析協助的教育顯然能幫助孩子完成一般的教育要求，但卻是基於完全不同的前提條件。

在不自知的情況下，必須承認自己從來不曾真的擁有孩子的愛或信任。

我們回來談前面詳細描述的這個例子。精神分析是在什麼基礎下，被引入這個孩子的教養中？這個男孩子本來有遊戲抑制的問題，同時也抑制聽故事或說故事的慾望。此外他也愈來愈沉默寡言，過度挑剔、心不在焉以及內向孤僻。雖然這孩子此時整體的心理狀態還不能說是生病，但我們仍有充分理由，以類比的方式假設可能的發展。這些對於玩耍和聽說故事的抑制、對小事的過度挑剔、心不在焉等等，在之後的階段都可能發展成精神官能症特質，而沉默寡言和內向孤僻也可能發展成人格特質。我必須在此附註以下這很重要的一點：這裡指出的特異之處，在他很小的時候就多少有一點了，只是沒有這麼明顯。直到它們更進一步發展，並加上其他特點時，才形成比較引人注意的現象，也才讓我認為有必要以精神分析介入。然而，在此之前及之後，他都有一種超乎尋常的若有所思的表情，這種表情在他說話比較流暢之後，跟他所說出的正常但絕對不算特別聰明的話，毫無關聯。他現在變得開朗愛說話，明顯需要同伴，而且不只是跟小孩，他也會跟大人同樣開心自由地交談。這些都跟他以前的性格形成強烈對比。

然而，我還從這個案例裡學到另一件事。我發現，及早以精神分析介入小孩的教養，在我們能接觸到孩子的意識時，就準備與他的潛意識建立關係，這做法不但有必要，而且會帶來很多好
48 處。這樣一來，也許在抑制或精神官能症特質一開始出現時，就能被輕易消除。正常的三歲孩子，或許甚至是經常顯現出活躍興趣的更小小孩，無疑地都已經有足夠的智力，能夠理解別人給予

的解釋。在這類事物上，較大的孩子因為已經有較強烈的、固著的阻抗，而有些情感上的阻礙。相較起來，倘若大人的教育還沒有發揮太大的有害影響，較小的孩子反倒會更接近自然的事物。而比起這個已經五歲的個案，我們對小小孩更可能做到以精神分析來協助教養。

整體採取這種教育方式，對個人或整體社會而言，會帶來多大的希望，或是會帶來多深遠的影響，其實都不需要擔憂。每當我們遭遇很小的小孩的潛意識時，也一定會同時面對他所有完整的情結。這些情結有多大部分是與生俱來，屬於人類基因的？又有多少是後天獲得？根據史迭凱（A. Stärcke）認為，閹割情結有後天的根源，因為嬰兒會發現，他認為屬於他所有的母親的乳房會不斷地消失。對糞便的厭惡也被認為是閹割情結的根源之一。以這個男孩的例子來說，儘管大人從來沒對他使用過威脅的言語，而他也相當直率無懼地表現出喜歡自慰的樂趣，但他仍有相當明顯的，部分源自於伊底帕斯情結的閹割情結。無論如何，關於這項情結和事實上各種情結的形成，其根源都太過深層，不是我們能追根究柢的。我認為，上述案例的抑制與精神官能症特質甚至應該可追溯到他開始說話以前。當然我們可以更早，且更容易克服這些抑制與特質，雖然無法完全阻斷造成這些問題之情結的活動。我們也絕對沒有理由擔憂早期分析會帶來太深遠的影響，擔憂這麼做可能會危及個人的文化發展，以及人類豐富的文化寶藏。不論我們追溯分析到多深，總是會遇到必須喊停的關卡。許多潛意識的與各種情結糾纏交錯的部分，仍會持續活躍於文化的發展中。早期分析能做的是保護個人免於嚴重的衝擊，以及協助個人克服抑制。這不但有助於個人健康，也有助於文化的

健康，因為克服抑制將有助於開啟很多發展的可能性。就我觀察的這個男孩而言，非常令人印象深刻的是，他在部分潛意識問題
49 獲得滿足後，普遍性的興趣便被激發出來。相反地，在他更進一步的潛意識問題出現並吸引他全部興趣後，他的探究衝動又再度衰退。

因此更詳盡地來說，願望和本能衝動的影響，只有在被意識到後才能削弱。不過，我可以根據我自己的觀察表示，這對幼兒而言，就跟對成人一樣，不會帶來任何危險。確實，我先從詮釋開始，然後逐漸增加分析介入之後，這個男孩子顯示出明顯的性格改變，也伴隨著出現一些「不方便」的特質。這個在此之前一向溫和、少有攻擊性的男孩子，變得很有攻擊性、愛爭執，而且不只是在幻想中，在現實中也是如此。同時伴隨而來的還有成人權威的下降，但這絕對不同於他無法肯定其他權威。他同時擁有健康的懷疑態度，也就是想要自己看到並瞭解別人要求他相信的事物，他也能夠肯定其他人的天賦或技藝，尤其是他深愛且尊敬的父親與他的哥哥卡爾。然而，由於其他原因，他在面對女性時，則覺得自己較為優越，要保護對方。權威的降低主要表現在他親近和善的態度，包括對父母的態度。他很在乎能夠有自己的意見、自己的願望，因此他也覺得很難聽話服從。然而他很受教，很容易學會較好的行為，而且還算聽話，並願意以服從來取悅他敬愛的母親，儘管這些對他而言經常是很難的。總而言之，儘管有這些「不方便」特質，他的教養並沒有出現特殊的困難。

他發展得很好的行為規矩的能力，並沒有絲毫的減損，事實上還受到激發而更強。他很容易也很樂意給予，會為他愛的人犧牲自己的利益。他很體貼他人，非常善良。我們從這裡看到的，

跟在成人精神分析中發現的一樣，精神分析不但不會對這些成功的人格特質有負面影響，甚至還會讓他們更為增強。因此我認為我可以推定，早期的分析也不會傷害到現有成功的潛抑、反向作用（reaction-formation）和昇華，相反地，還會開啟未來昇華的可能性。[49-1]

我在此還必須提出早期分析的另一個困難。由於精神分析將他的亂倫願望（incest-wishes）帶入意識層面，因此他對母親的熱情依戀雖然在日常生活中非常明顯流露，但他從不曾像熱情洋溢的小男孩該有的樣子，嘗試跨越已建立的界限。他與父親的關係 50
非常良好，儘管（或者因為）他意識到自己的攻擊願望。在這個例子裡，同樣地，意識到的情緒會比潛意識的情緒容易控制。在承認自己亂倫願望的同時，他已經開始嘗試擺脫這種熱情的控制，將其轉移到比較適合的客體上去。我認為，從前面引述的一段對話中，他痛苦地確認至少他可以跟母親住在一起，就可以推論出這點。其他經常重覆出現的話也顯示出部分脫離母親的歷程已經開始，或者顯示他至少已經開始嘗試。[50-1]

所以我們可以期望他會藉由適當的途徑，也就是選擇與母親意像相似的客體，完成脫離母親的歷程。

我似乎從沒聽過，早期分析會使一個孩子在接觸到不同想法的環境時產生問題。兒童可以敏銳察覺到極度溫和的拒絕，因此能清楚分辨在哪裡可以得到理解，哪裡不能。以這個男孩子而

49-1　在這個例子裡，只有它們的誇大和強迫特質被克服去除。

50-1　在這些記錄的時期結束後約一年，他有一次再度宣告自己對母親的感情，並表達他很難過不能娶他母親。她回答說：「等你長大以後，你會娶一個你很愛的、很漂亮的女孩子。」「好，」他顯然已獲安慰地說，「但是她要長得跟你一樣，臉跟你一樣，還要有一樣的頭髮，而且她要叫做華特．W太太，就跟你一樣！」（華特不只是他父親的名字，也是他受洗時的中間名。）

言，他在幾次輕微嘗試不成功之後，就完全放棄跟他母親與我之外的人透露這方面的事，但是他仍會對其他人透露其他的事。

另一件很可能造成不便的事，結果也證實很容易處理。這個孩子有股天生的衝動，會利用分析作為娛樂的工具。晚上，當他應該上床睡覺時，他會說他剛想到一個想法，必須立刻討論。或者他整天都會用這個說法試圖吸引別人的注意，或者在很不適當的時間找我們說他的幻想。簡而言之，他會嘗試各種方法，讓分析成為最重要的事。在這件事上，佛朗德博士給我一個很有幫助的建議。我特別為分析訂出一個確切的時間——即使偶爾必須改變。因此，雖然我跟這孩子在日常生活上親近且互相關聯，我們有很多時間能在一起，但這個規定仍是嚴格地執行。在幾次嘗試
51 破壞規定不成後，他就乖乖地順從了。同樣地，我嚴格反對他以其他任何方式，對他父母或我本身發洩分析中透露出來的攻擊性，並要求他維持一般標準的禮貌，他在這些事上也很快就順從了。雖然我們這裡所講的是一個五歲多的孩子，比較能講理，但是我確定對於比較小的孩子，還是可以找到一些工具和方法來避免這些缺點。至少有一個重點是，不會對較小的孩子進行這麼細節的對話，而是在遊戲或其他機會中偶爾給予詮釋，他們可能會比大孩子自然且容易接受這些詮釋。除此之外，到目前為止，一般社會習慣的教養方式都會教導小孩分辨幻想與現實、真實與虛假。因此區分願望和實際去做（後者也是願望的表達）是可以輕易融入到教育方式中。兒童大致而言都很容易學習，也都有足夠的文化天賦（culturally endowed），絕對可以輕易明白，雖然他們可以想像或希望任何事，但其中只有一部分可以真正實踐。

因此我認為對於這些事並不需要有過度的焦慮。任何教養方

式都可能會有困難，但至少由外而內的教養方式，會比那些在潛意識中由內呈現出來的教養方式，帶給孩子較小的負擔。如果一個人內心完全相信這個方法是正確的，那麼只要有一點經驗，這些外在的困難都能克服。我也認為一個因為接受早期分析而在心理上較為強韌的孩子，也比較能安然度過麻煩。

當然我們可以問，是否每個孩子都需要這樣的協助。世界上肯定有一些完全健康、發展良好的成人，也絕對有類似的孩子，絲毫沒有顯現出精神官能症特質，或是能夠不受傷害地克服這些特質。但是從精神分析的經驗來看，我們應該可以認定，適用以上陳述的成人與兒童相對而言較少。佛洛伊德在〈畏懼症案例的分析〉[51-1]中清楚表示，對小漢斯而言，清楚意識到自己的戀母情節，只會帶來好處，沒有任何壞處。佛洛伊德認為，跟其他孩子極端且常見的畏懼症相較起來，小漢斯的唯一不同之處只是它受到注意了。他表示這可能讓他「享受到其他孩子所沒有的好處，他不必再以潛抑情結的形式埋著心中的祕密；此情結在孩子往後的生命中總是具有某種程度的重要性，如果不是為繼發的精神官能症埋下伏筆，也必然會帶來某些性格上的變形」。[51-a]佛洛伊德甚至更進一步說：「『精神官能症患者』與『正常人』之間，並無清楚畫分的界限——不論在孩童或成人皆然。我們對『疾病』的概 52
念不過是以實用為出發點的一道加法習題，規則是人生的潛在因素與可能發生的事件必須在超過閾值之前全部加總，因此必然有一部分人持續從健康人的範疇越界來到精神官能症的族群中……」[52-a]等等。他在〈孩童期精神官能症案例的病史〉（From the

51-1　*S.E.* **10**.

51-a　中譯註：參見中文版《小漢斯：畏懼症案例的分析》，170頁。

52-a　中譯註：參見同上出處，172頁。

History of an Infantile Neurosis）[52-1]中寫道：「如果說幾乎沒有小孩逃得過暫時的沒有食慾或是恐懼動物這種失調狀況，將有人會反對。不過這種說法正是我期待的論點。我正準備要說，成人的精神官能症都建立在孩童期就有的精神官能症上面，只是當時不盡然都嚴重到像這樣引人注意而足以辨識。」[52-b]

因此，對大多數兒童而言，注意他們是否有剛萌芽的精神官能症特質將是明智之舉。然而，如果我們想掌握並移除這些特質，那麼及早進行分析性的觀察，並偶爾進行實際上的分析，就是絕對的必須了。如果一個兒童在產生並表達對自己和環境的興趣時，表現出性的好奇，並一步步地設法滿足；如果他在這方面看來毫無抑制的樣子，完全能吸收所接收的啟蒙；如果他也在遊戲和幻想中經歷感受自己部分的直覺衝動，尤其是不受抑制地經歷伊底帕斯情結；如果舉例來說，他喜歡聽格林童話故事，而且不會因此顯得焦慮，大致上顯得心理平衡，那麼在這些狀況下，或許早期的分析就沒有必要。不過即使是在這些少見的例子裡，早期分析還是可能帶來益處，因為即使是發展最良好的人也可能因許多抑制而受苦，而早期分析正可以幫助克服這些抑制。

我特別選出聽格林童話故事後會不會焦慮，來作為兒童心理是否健康的指標，因為在我認識的許多兒童裡，只有極少數人能夠這樣。現在坊間出現了很多這些故事的修改版本，或許部分原因就是希望避免這種焦慮。現代教育也偏好比較不恐怖的童話故事，比較不會碰觸到被潛抑的情結（不管是愉悅的或是痛苦的）。

52-1 *S.E.* **17**.

52-b 中譯註：參見中文版《狼人：孩童期精神官能症案例的病史》（心靈工坊，2006），128頁。

然而我認為，有了分析的協助，我們不但不需要迴避這些故事，更可以直接用它們作為診斷的標準以及便利的工具。在這些故事的幫助下，兒童由潛抑而產生的潛在恐懼反而更容易顯現出來，也因此更能藉由分析徹底處理。

以精神分析為原則的教養，在實務上該如何實行？根據分析 53
經驗而確切建立的基本要求是，家長、保姆和教師自己應該先接受分析，但這點恐怕在長久的未來都會是難以實現的願望。即使得以實現，即使我們或許能確定本文開頭提及的一些有益的訊息會獲得實踐，但仍不可能預期他們能進行早期的分析。因此我希望在此提出一個不得已的建議，或許可發揮暫時的效用，直到時機成熟，帶來更多可能性為止。我的建議是成立幼稚園，領導階層當中必須有女性分析師。當然這位女性分析師手下必須有幾位接受過她訓練的保姆，能觀察一整群兒童，辨識是否適合採取分析介入，並能立即加以實行。這個提議當然很可能基於許多原因而遭到反對，其中之一就是兒童會從很小開始，就在心理上與母親疏遠。但我認為兒童會因此獲得許多，而母親最終也會在其他方面贏回她可能在這方面失去的。

（1947年附註：本文中具體呈現的教育結論，必然與我當時的精神分析知識一致。由於我之後的論文完全沒有提及關於教育的建議，因此我的教育理念的發展，並不像我的精神分析結論的發展，那麼清楚地呈現在本書中。我必須特別提出，如果我現在要提出關於教育的建議，一定會大幅擴增並修正我在本文提出的觀點。）

第二章　青春期的抑制與困難（1922）

大家都知道孩子在進入青春期時，經常會出現心理上的困難 54
以及明顯的人格改變。在此我想探討男孩所遭遇到的一些問題，女孩的發展則需要分開來討論。

一般人可能認為，男孩缺乏處理其性成熟與隨之而來巨大的身體變化所需要的心智功能，這便足以解釋上述的困難。受到其性能力的巨大影響，男孩感覺自己受到不被允許也無法滿足的願望與渴望所宰制，顯然他必須承受沉重的心理負擔。但是這樣的說法，尚不足以充分瞭解在這個年紀常會遭遇到的各種深層困難與問題。

有些過去充滿信任和愉快特質的男孩，突然或逐漸變得神祕兮兮與叛逆，並且會反抗家庭與學校，無論寬容或嚴厲以待都無法影響他；有些男孩失去學習的企圖心與樂趣，以致成績低落而引起關注；其他男孩則被一種不健康的熱情所控制，有經驗的老師會注意到隱藏在這些行為背後的，是脆弱而受傷的自尊。青春期翻攪出許多強度不等的衝突，其中有許多衝突以前就存在，只是看似較輕微而未受注意；現在，這些衝突可能以最極端的樣貌呈現，例如自殺或某些犯罪行為。就像常發生的狀況，如果父母與老師未能持平對待這個階段裡的這些沉重呼喚，將會造成更多傷害。許多父母在孩子退縮時會去鞭策他們，卻無法在他們需要父母的信任時給予鼓勵；老師們經常因為急於考試的成功，而疏於探究孩子明顯的失敗，亦未能對它所意味的痛苦表示同情與瞭

解。無疑地，善解人意的成人最能幫助孩子們排解這些事情；不過，若高估了環境因素對於解決這些困難的影響，則是一大錯
55 誤，因為即使關愛善解的父母投入最大努力，也可能無法幫上忙，或是弄清楚孩子的無知到底是為了什麼而困擾。成熟而有洞察力的老師同樣可能因無法瞭解困難的背後是什麼而受挫。

於是，我們迫切需要探索在明顯的身體與心智活動之外的區域，這些區域是那些受苦的孩子或不能諒解的父母所不知道的；換句話說，我們需要藉由精神分析的幫助來探尋潛意識的起因——精神分析已經教導我們許多這方面的事情了。

佛洛伊德在治療成人精神官能症患者的過程中，發現了嬰兒期精神官能症（infantile neurosis）具有顯著的重要性。經過多年與成人的工作，他和學生們找到了具有說服力的證據：精神疾病的病因可以追溯到早期的兒童時期，在那個時期人格被決定了，病態的因子亦被種下，日後，當壓力過大，以致於不穩定的精神結構無法承受時，這些因子便導致了疾病的發生。因此本來看似健康的，或者頂多有點緊張的孩子們，可能會因為額外的一般壓力而遭受相當嚴重的崩潰。在這些案例中，介於「健康」與「疾病」，「正常」與「不正常」之間的界線是流動的，永遠無法清楚切割；佛洛伊德最重要的發現在於，這種流動性是一種廣泛的常態。他發現「正常」與「不正常」之間的差別是數量上的，而不是結構上的，這項來自經驗的發現也在我們的分析工作上不斷得到驗證。由於漫長的文化發展，我們從出生起就擁有潛抑本能、渴望及其想像的能力，也就是將它們從意識中排除到潛意識裡，在那裡它們被保存著，不只活著，實際上也在成長。當潛抑失敗時，它們便傾向導致各種疾病出現。潛抑的力量作用在最受到禁

制的本能刺激上，特別是性的本能。「性特質」必須以最廣泛的精神分析意義來理解，佛洛伊德的本能理論教導我們：性特質從生命一開始便活躍著，剛開始時是藉由滿足「部分本能」來追求愉悅，而不是像成人一般，為了生殖而服務。

嬰兒式的性渴望與幻想，會立即依附在最可觸及與有意義的
客體上，也就是父母，尤其是兩者中的異性。每一個正常的小男
孩都會對母親顯現出熱情的愛意，且在三到五歲之間，至少會有
一次宣示他想要娶她。之後很快地，他的姊妹將會取代媽媽而成
為他渴望的客體。[55-1]這種沒有人會當真的宣示，宣告了他非常真 56
實的熱情與渴望——雖然是潛意識的，卻對他的整體發展有極大的
重要性。這些渴望的亂倫性質激起了嚴峻的社會責難，因為一旦
它們被實現，將會導致文化的退行與崩解，於是這些渴望註定會
被潛抑，而在潛意識中形成了伊底帕斯情結，佛洛伊德稱此為精
神官能症的核心情結。神話學與詩[56-1]支持了將伊底帕斯帶向弒父
以及與母親亂倫一途的渴望之普同性，而對病患與健康者所做的
精神分析，亦顯示了它們存在於所有成年人的潛意識生活中。

在青春期中如風暴般席捲而來的本能，使男孩在其情結上的掙扎難上加難，而他有可能屈服。此時，逐漸浮現而活躍爭取注意的渴望以及幻想，與自我潛抑力量之間發生的戰鬥，過度地削弱了他的力量。自我的失敗將造成各種問題與抑制，包括疾病。比較好的情況是互相對抗的元素達到了某種平衡的狀態。這種對

55-1　梅塔．雪普（Meta Schoepp）在她的書《我的孩子與我》（*My Boy and I*〔Berlin: Concordia, Deutsche Verlaganstalt, 1910-'Mein Junge und Ich'〕）中提供了一個有關一名小男孩對媽媽的愛，以及對父親之嫉妒的絕佳例子。在蓋哲斯坦（Geirestam）的〈我的小兄弟之書〉（The Book of my Little Brother〔Berlin—Verlag Fischer, 'Das Buch vom Bruederchen'〕）中，也處理到類似的主題。

抗的結果將會永遠地決定男孩性生活的特質，於是也決定了他未來的發展。我們得要記得，在青春期必須完成的要務，是要將兒童不一致的「部分性本能」，組織整合為具有生殖的功能；同時，男孩必須於內在脫離與母親的亂倫連結，雖然這些連結仍然會繼續成為日後愛之模型的基礎，但如果他要發展成為一個健壯、有活力且獨立的男人，他就必須相當程度地在現實中脫離他對雙親的固著。

57 無庸置疑地，個體在青春期時必須面對由其非常複雜的心—性發展所設定的繁重任務，並會受苦於或多或少都會持續的抑制。有經驗的老師告訴我，許多原先惹麻煩的男孩，當他們安定下來，變成勤奮受教的好孩子時，他們的活力、好奇心與開放程度等方面顯然都變弱了。

那麼，對於男孩的困境，父母與老師能做什麼來幫助他呢？若能對造成其問題的緣由有些瞭解，將會對他們與小孩接觸的方式有比較好的影響；因為孩子的反抗性、缺少愛與可議的行為所

56-1 幾段來自於豐富的敘述性素材之節錄應該足夠了：

「如果任其發展，當這個小壞蛋同時擁有三十歲的力量與企圖心，以及幼兒的不理性時，他將會扭斷父親的脖子，並使其母親蒙羞。」（Diderot: Rameau's Nephew, transl. Goethe）。

「在他成長的心中，我強烈要求這一點：貞潔註定本能的願望——對抗父親、成為母親的愛侶——該被憎惡。」（Lessing, Graugir）。

艾克曼（Eckermann）認為（Conversations with Goethe, 1827），對一個女孩來說，只有她對兄弟的愛是純潔無性的。而歌德回答：「我相信姊妹之間的愛是更為純潔的，因為我們都知道，有數不清的例子顯示兄妹之間感官的誘惑是存在的，而當事人對這一點可能意識到，也可能並不知情。」

「我最最親愛的……我該如何稱呼妳？我需要一個字，能夠包含朋友、姊妹、鍾愛的、新娘與妻子等全部的意思。」（Letter to the Countess Auguste zu Stolberg, 26.1.1775）。

這些節錄是取自奧圖・蘭克（Otto Rank）的著作《小說與寓言中的亂倫動機》(*Das Inzestmotiv in Dichtung und Sage*, Leipzig and Vienna: Deutike, 1912)，他在其中詳盡地探討了伊底帕斯情結對於神話與詩的影響。

引起的痛苦與干擾，也都會變得可以理解而較能忍受。老師也可能認知到男孩與其父親的伊底帕斯對立移情，會朝向他們而來。我們在分析青春期的男孩時，可以見到老師是多麼常成為過多的愛與讚美，以及潛意識的恨與攻擊的接受者。恨與攻擊引起的罪疚感與自責，也會在男孩與老師的關係上起作用。

孩子情緒的困惑與曖昧不明，會導致他們排斥學校，拒絕所有的學習與知識，有時甚至達到折磨的地步。老師的和善與瞭解可能發揮舒緩的效果，師長對孩子堅定的信任，能夠加強他們搖擺不定的自尊，亦能緩和其罪疚感。最好的情況是父母與老師能夠保留或創造一種允許自由討論與性相關問題的氛圍——如果這是孩子所渴望的，更不用說應該避免對與性相關之事務，採取嚇唬或恫嚇性的警告，特別是對於青春期普遍存在的自慰，嚇唬或恫嚇所造成的傷害將難以估計，遠遠超過任何可能的好處。莉莉・布朗恩在其精采的著作《一個社會主義者的回憶錄》中，描述了她在懷孕期間如何和青春期繼子們建立友善的關係，以便能夠給他們一些性的啟蒙。她的努力因為受到責難與排斥而被迫放棄了，這可能是最天才型之性教育的命運。拒絕或冷淡待之可能是難以克服的。在早期所錯失啟蒙小孩的良機可能永遠不會再現，但是，如果可以開啟兒童的性啟蒙，許多困難可能會減輕，甚至移除。

一旦這些對策都用盡，父母與老師們可以運用的資源耗竭了，便需要找到更有效的協助方式，精神分析可以提供這些幫忙。藉由精神分析，我們能夠找到引起問題的緣由，並移除不良的後果。雖然經過數年之經驗累積，精神分析的技術仍然在成長中，但它能讓我們發現引起問題的導因，使它們能夠為當事人所 58

知，因而有助於調節意識與潛意識的要求。許多對兒童的成功分析使我相信，在專業而正確的操作下，精神分析並不會對兒童造成比成人更多的危險。一般所擔心精神分析減弱了兒童的自發性，並不為實務所支持；許多兒童在衝突波濤中失去的活力，在分析之後完全恢復了。即使是相當早期的分析，也不會將孩子變成沒有教養和不合群的人；相反地，事實上，當他們從抑制中解放之後，便能夠充分將其情緒與智能的資源運用在文化與社會的目標上，為其發展而服務。

第三章　學校在兒童原慾發展中的角色（1923）

1947年註：本章應與下一章〈早期分析〉連著閱讀，該章 59
處理了非常相近的題材，而且大部分是根據相同的素材。

在精神分析中廣為人知的事實[59-1]是，在對考試的恐懼中（例如有關考試的夢境），焦慮是從某些帶有性特質的事情上，被置換到理智的事情上。沙爵（Sadger）在其著作〈論考試焦慮與考試的夢〉（Über Prüfungsangst und Prüfungsträume, 1920）中談到，不論是在夢裡或是現實中，對考試的恐懼都等同於對閹割的恐懼。

在學校裡經歷的考試恐懼明顯與抑制相關。我發現抑制是不同形式與程度的厭惡學習，從明顯的不情願到看似「懶散」，連孩子或周遭的人都難以辨識這是一種對於學校的反感。

在兒童的生活中，學校意味著他所遭遇到的嶄新現實環境，而這個環境通常被認為是非常嚴格的；他適應這些要求的方式，通常也代表了他對於一般生活中各種任務的態度。

學校之所以扮演極為重要的角色，大致上是基於以下事實：對每個人來說，學校與學習最初都是由原慾所決定的，因為學校迫使孩子昇華其原慾本能的能量。畢竟，在學習各種科目上，生殖活動的昇華具有決定性的角色，於是學習也會相對地被閹割恐懼所抑制。

59-1　參照史塔克（W. Stekel），《神經焦慮的情境及其治療》（*Conditions of nervous anxiety and their treatment*, 1923）；佛洛伊德，《夢的解析》（*The Interpretation of Dreams, S.E.* **4-5**）。

在入學時，孩童離開了構成其固著及「情結形成」（complex-formation）基礎的環境，發現他面對著新的客體與活動，現在他
60 必須在這些事物上測試他的原慾活動性。然而，為了推展一個對他來說經常是無法克服的新任務，他必須多少放棄一些被動的女性態度，對他而言，這樣的態度迄今都是可被接受的。

我現在要詳細討論的例子，是對於上學、學校本身、老師以及學校活動之原慾重要性的分析。

十三歲的菲力司（Felix）大體上是不愛上學的。相當令人驚訝的是，儘管他的智能稟賦甚佳，卻明顯缺乏任何興趣。在分析中，他提到一個大約在十一歲時做的夢，當時學校校長剛去世不久。「**他在上學的途中遇到了鋼琴老師。校舍起火了，路樹的枝條被燒光，只剩下樹幹孤零零地矗立著。他和他的音樂老師一起走過燃燒中的建築物，毫髮無傷等等。**」一直到後來，當分析發現學校的意義如同母親，而老師與校長如同父親時，才能對這個夢做完全的詮釋。以下舉一、兩個來自分析中的例子：菲力司抱怨這些年來，他從來未能克服在學校被叫到時無法起立的困難。他聯想到女孩子站起來的樣子很不一樣，並示範男孩子起立的不同之處，在於雙手的一個動作暗示了生殖器的位置，而且清楚顯示了陰莖勃起的形狀；他想要在老師面前表現得像是女孩子一般，代表了他對父親的女性態度。與起身有關的抑制，經證實是受到閹割恐懼所左右的，這樣的恐懼影響了他後續對學校的整體態度。他曾經在學校產生這樣的意念：當站在學生前面的老師把背靠著桌子時，他會跌倒、摔到桌子後頭、弄壞桌子並傷到自己。這個意念顯示了老師如同父親、桌子如同母親的意義，[60-1]也導向了他對於交媾的施虐概念。

他提及在一次希臘文練習中，男孩們如何耳語並作弊，無視 61
於校長的在場。而他接下來的想法帶入了一個幻想：他是如何在班上獲得更好的地位。[61-1] 他幻想著怎麼趕上那些超越他的同學、移除並殺掉他們，並驚訝地發現，現在他們不再像以前那樣是他的同伴，而是敵人。然後，當他們被剷除之後，他拔得頭籌，可以接觸到校長；在教室裡除了校長以外，沒有人的位子比他更好，但是，一旦跟校長在一起，他就什麼都做不了。[61-2]

在不到七歲大的福利斯（Fritz）[61-3] 的案例中，他對學校的排斥延伸到他走路上學這件事，這種排斥在分析中顯露為焦慮。[61-4] 在分析的過程中，當愉悅取代了焦慮時，他聯想到以下的幻想：

60-1　講台與桌子、石板以及任何能在上面書寫之物，其具有的母性意義，以及筆架、石板筆與粉筆，和任何能書寫的物品的陰莖意涵，在許多分析中對我來說是如此明顯，也不斷地受到證實，因此我認為其意涵是典型的。這些物體的性象徵意義在其他個別的案例分析中也得到證實。於是，沙爵在他的文章〈論考試焦慮與考試的夢〉中，曾顯示了桌子、石板與粉筆在一個初期妄想型癡呆（paranoid dementia）個案中的性象徵涵義。鳩克（Jokl）在〈書寫痙攣的精神起因〉（Zur Psychogenese des Schreibkrampfes, 1922）也顯示了在一個書寫痙攣（writer's cramp）的案例中，筆架所代表的性象徵意涵。

61-1　在學校裡，孩子們的座位是按照功課的好壞來安排的。他的「成績單」——他認為媽媽應該要比較看重他在班上的位子，而不是這份成績單——對他來說就像對福利斯一樣（見下文），代表了性能力的強度、陰莖、一個孩子；在班上的位子對他來說，則代表了在媽媽內在的位子，也就是由她所提供的交媾機會。

61-2　這個校長在此被證實為同性戀的願望客體（wish-object），不過，形成同性戀的一個始終重要的動機變得很明顯了，也就是說，由於他不顧父親的存在而想要與母親交媾（在這種情況下，就是要得到班上的第一個位子）的願望受到潛抑，他的同性戀願望因而被強化了。同樣地，他想要站在講台上講話，強迫校長（或是父親）進入一個被動的聽眾角色，在這個願望的背後，想要母親的願望也是活躍的，因為對菲力司而言，講台和講桌都具有母性的意涵。

61-3　參見〈兒童的發展〉（The Development of a child）。

61-4　參見我的論文〈早期分析〉，在該論文中，我更詳細地分析了福利斯關於母親子宮、生殖與誕生的許多幻想，是如何隱藏了最強烈而又最被強制潛抑的願望，這個願望就是想要藉由交媾進入媽媽的子宮。費倫齊在其年會論文〈塔拉薩〉（Thalassa, 1938）中曾經提出以下的意見：在潛意識中，似乎只有藉由交媾才有可能回到母親體內；他也建構了一個假說，從物種發生進化的過程推論得到了這個可以被反覆驗證的幻想。

學童們爬窗子進入教室，來到女老師身旁，但是有一名男童太胖了，以致於無法由窗子進入，而必須在學校前的街道上學習與做功課。福利斯稱這個男童為「餃子」，描述他是非常好笑的一個人，例如當他跳躍時，他不知道自己有多胖、多好笑，而且他用這些誇張的滑稽動作，把他的父母和兄弟姊妹逗得狂笑不已，導致手足們笑到跌出窗外，而他父母則笑到一直蹦蹦跳跳、上上下下地撞到天花板，最後，他們撞上了天花板上的玻璃碗，造成裂縫但沒有弄破。好笑的跳躍「餃子」（也稱為「猛擊」
62〔Kasperle〕），被證實為陰莖[62-1]穿透母體的表徵。

不過，學校的女老師對他來說，也是帶著陰莖且會閹割他的母親；而他對自己喉嚨痛的聯想，是女老師曾前來並用韁繩勒住他的脖子，把他像馬一樣地拴住。

在分析九歲的葛莉特（Grete）時，她告訴我，她曾目睹且聽到一輛車子駛入校園，留下了深刻的印象；另外一次，她聯想到一輛載著甜食的車子，她一點都不想冒險去買，因為就在此時那位女老師走過來了。葛莉特描述這些甜食像是一種填塞物，極度地吸引她，但是她不會冒險去找尋它們。這些車子被證實是葛莉特在嬰兒期觀察到性交而留下的屏幕記憶（screen memories），而難以解釋的糖果填充物則是精液。

葛莉特在學校合唱團中唱第一聲部，有一位女老師非常靠近她的座位，可以直接看進她的嘴裡，此時葛莉特感覺到難以抗拒地想要擁抱並親吻老師。在此分析中，女孩的口吃被證實是對說話與唱歌的原慾貫注而決定的，而聲音的高低與舌頭的運動代表

62-1　參照鍾斯，〈象徵的理論〉（The Theory of Symbolism, 1916）。

了交媾。[62-2]

六歲的恩斯特（Ernst）即將要入學了，在分析中他扮演一個泥瓦匠，在隨後蓋房子的幻想[62-3]過程中，他停頓下來並談到他未來的職業；他想要成為一個「學徒」，然後去就讀技術學校。我說這不像是最終的職業，對此他生氣地回答說，他不想為自己找出想要做的職業，因為他媽媽可能不會贊同，甚至對他生氣。稍後當他繼續蓋房子的幻想時，他突然問道：「它真的是小學或是高中（技術學校）？」。

這些聯想顯示了對他而言，成為一個學徒意指學習交媾，而一種職業則意指實際進行交媾，[62-4]於是當他在蓋房子（如此緊密地與學校及「小」學有關）時，他只是一個泥瓦匠，仍需要建築師的指示和其他泥瓦匠的協助。

在另外一次的分析，他把我長椅上的一些靠枕一個疊一個地 63
堆高，然後坐在上面，扮演講壇上的神職人員，不過，他同時又是一個老師，旁邊圍坐著想像中的學生，他們必須從神職人員的姿態中學習或猜測到一些東西。在這表演過程中，他豎起兩手的食指，然後摩擦雙手（根據他的說法，這意指洗衣服以及摩擦取暖），以及跪坐在坐墊上，不斷上上下下地彈跳著；那些坐墊在他的遊戲中總是扮演了某種角色，而在分析中，坐墊顯示為（母親的）陰莖，神職人員的各種姿態則代表了交媾。那個對學生顯露該姿態而不做任何說明的神職人員，代表著好父親；他教導兒子有關交媾之事，或者甚至任憑他們旁觀交媾的過程。[63-1]

62-2　參照〈早期分析〉。

62-3　在此蓋房子代表的是交媾以及生小孩。

62-4　「職業」的這種潛意識意義是典型的，不斷在精神分析中被證實，而且明顯地促成了選擇職業的困難。

我現在要提供幾個分析的案例，來說明學校課業如何表示了交媾或自慰。小福利斯在上學前展現出享受學習以及對知識的渴望，並且自己學著閱讀。然而，很快地他卻厭惡起學校，並強烈排斥所有課業。他反覆幻想著關於在監獄中被要求做的「困難任務」，他說其中之一就是必須獨自在八天內蓋好一棟房子；[63-2]然而，他也稱學校的課業為「困難的任務」，有一次曾說有一項任務就像蓋房子那般困難。在他的一次幻想中，我也被關在監獄裡，被迫去從事困難的任務，也就是要在數天內蓋一棟房子，並且在幾個小時內寫好一本書。

菲力司在所有的學校課業上都經驗到最嚴重的抑制，他雖然受到良心的煎熬，卻仍放著回家作業沒做，一直到早晨。他雖痛苦懊悔未能及早把功課做完，卻仍舊拖到最後一刻，並在那期間看報紙。接著他一刻也不停地一會兒做這門功課，一會兒做那門功課，卻一樣也沒有完成。然後他去上學，在學校裡仍然重覆著這樣的過程，並且伴隨著不愉快的不安感。他對於一份學校習作的感覺是這樣的：「剛開始的時候感到非常恐懼，然後不知怎麼的就開始了，繼續進行著，之後就會有一種不好的感覺。」在這份學校習作之後，他告訴我，為了要盡快擺脫這種感覺，他開始振筆疾書，愈來愈快，然後變得愈來愈慢，最後無法完成它。儘管是這樣「快—更快—慢一點—與無法完成」，但是，他也描述因
64 為接受分析，而他開始企圖要自慰。[64-1]就在菲力司變得能夠自慰

63-1 這名小男孩曾和父母同房好幾年，而這個以及其他的幻想，可以追溯到他早期於嬰兒期中對交媾的觀察。

63-2 參見恩斯特與菲力司蓋房子的意義。

64-1 在菲力司三歲時，陰莖曾接受醫療處遇（不是手術），因此他後來在自慰時，都無法免除道德上的不安。當這種醫療處遇在他十歲時又重覆時，他完全放棄了自慰，卻受苦於對觸摸的焦慮。

的同時，他在課業方面也出現了改善，而我們能夠一再地藉由他在課業與學校活動上的表現來確定其自慰的態度。[64-2] 菲力司通常也會抄襲別人的功課，不過，當他成功地抄襲時，他在某個程度上確保了對抗爸爸的陣線，並貶低了自己成就的價值——因此也降低了罪疚感。

對福利斯來說，學校老師在他的一篇好作品上所批寫的「優等」，是需要付出昂貴代價的。當時發生了一件政治謀殺事件，而他對此顯現出夜間的焦慮（nocturnal anxiety），他說刺客可能突然攻擊他，就如同他們殺了政客一樣；他們想要搶奪政客的勳章，也會搶奪他的獎狀。勳章、獎狀與成績單對他而言代表了陰莖，亦即會閹割人的母親（如同他眼中學校老師的樣子）還給他的性能力。

對福利斯而言，當他書寫的時候，一行行的線條代表了道路，而字母則騎著摩托車——騎著筆——在路上跑，例如，i與e共乘一輛摩托車，車通常是由i所駕駛，而他們互相愛著對方，那種柔情在真實世界中是不大為人所知的。因為它們總是一起騎乘，以致變成如此相像而難以區別——他說的是小寫的拉丁字母，i與e的頭尾是一樣的，只有在中間的地方，i有小小的一筆，而e有個小洞。關於歌德字體的i與e，他解釋說它們也共乘一輛摩托車，而這輛車只有一點不同——e有個小箱子，而不是拉丁字e的洞。那些 i都很有技巧、特出而且聰明，有很多尖尖的武器，而且住在洞穴裡，裡頭有山岳、花園與港口；它們代表了陰莖以及它們的性交通道。另外一方面，l's則代表著愚蠢、笨拙、懶惰與骯髒，它

64-2　他反覆地省略了習作的結尾句子，或是在習作中忘記了某些事情；當這方面有改善時，他將整段功課壓縮到最可能的小範圍裡等等。

們住在地底的洞穴裡。在L村中，街道上堆積著泥土與紙張，在「發臭」的小房子裡，他們把從I地[64-a]買來的染料混在水中，當成酒來飲用和販賣。它們無法正常走路，也無法挖掘，因為它們把
65 鏟子拿反了等等。顯而易見地，那些l代表了糞便，還有許多幻想也和其他的字母有關。[65-1]

因此，福利斯總是只寫一個s，而不寫兩個，一直到某個幻想提供了解釋，並解決了這種抑制：一個s是他自己，另外一個是他父親，他們在一艘將要啟程的氣艇上；而因為筆是一艘船，因此習字簿便是一個湖泊。代表他自己的s上了那艘屬於另一個s的船，然後迅速地在湖上駛離了，這是他之所以沒有把兩個s寫在一起的原因。他經常使用普通的s，而不是長形的s，因為對他來說，排除了長形的s，就好像「要拿走一個人的鼻子一樣」。這種錯誤經證實是由對父親的閹割願望所決定的，而詮釋之後，這樣的錯誤理解就消失了。

開學後不久，原本帶著喜悅、盼望著上學的六歲兒童恩斯特，卻開始明顯表現出厭惡學習。他告訴我，他們正在學習的字母i給他帶來很大的困難；我也得知一個較大的男孩在黑板上對大家示範如何寫字母i，但因為做得不夠好而被老師打。另外一次，他抱怨「功課好難」，以及總是必須在書寫時，寫許多往上往下的筆畫；還有在算術課時，他畫了幾個小凳子，當老師看著他做這些動作時，他必須照著老師想要的方式來下筆。在這訊息之後，他顯露出明顯的攻擊性；他把坐墊從長沙發上扯了下來，並把它們丟到房間另外一頭，然後他翻開書讓我看「一個I箱子」。一個

64-a　中譯註：原文'I'-land，與「島」（island）同音。
65-1　參照〈早期分析〉。

箱子（在一間劇院）是「一個人獨自在裡頭的地方」——那個大I獨自在裡頭，周圍的小黑色字母讓他想到糞便。那個大的I是大的「陰莖」（popöchen），它想要單獨在媽媽身體裡，這是他還沒有的東西，因此他必須從爸爸那裡取得。接著他幻想著用刀子切下爸爸的陰莖，而爸爸也用鋸子把他的鋸下，不過，結果是他擁有爸爸的陰莖。然後他砍下他爸爸的頭，之後爸爸就無法對他做任何事了，因為他看不見了——但是在頭上的眼睛無論如何還是看見他了。接著他突然非常努力地試著要閱讀，並表現出樂在其中——阻抗被克服了。他重新擺放了那些坐墊，解釋說它們也曾做過「上與下」的事情，也就是從長沙發到房間另一頭與後面這趟旅程。為了要實現交媾，他已經從媽媽那裡取得了陰莖（坐墊）。

十七歲的麗莎（Lisa）在聯想中連結到她不喜歡字母i——它 66
是一個愚蠢、毛躁、總是笑個不停的男孩，在這世界上完全是多餘的；麗莎不了解自己為何對它那麼生氣。她讚美字母a是嚴肅而高貴的，這點讓她印象深刻，聯想到清晰的父親意像——他名字的字母開頭也是a，不過，她認為也許a有點太嚴肅高貴了，至少應該要有點像活蹦亂跳的i；a是被閹割的父親，但即便如此他仍不讓步，也就是那個陰莖i。

對福利斯來說，i上面的一點——就像一般的句點與冒號一樣——是陰莖的插入。[66-1]有一次他對我說應該重重地壓住句點，同時他提起與壓下他的骨盆，對冒號也重覆了這個動作。九歲大的葛莉特將字母u的弧線，聯想為她看到小男孩尿尿的弧線。她特別偏愛畫美麗的卷飾，經證實這對她而言是男性生殖器的一部分；麗莎則為了某種原因，在每一處都省略了花體字的裝飾。葛莉特

66-1　對小葛莉特來說，句點和逗點也是以類似的方式被定義著，參照〈早期分析〉。

非常贊許一個朋友，她能夠像大人那樣拿筆，她的第二指與第三指之間豎得筆直，而且也能夠倒過來寫u的弧線。

在恩斯特與福利斯身上，我能觀察到在讀與寫方面的抑制，而讀與寫是所有進階學校活動的基礎。從字母i開始，它那單純的「上與下」確實是所有書寫的基礎。[66-2]

在這些例子中，持筆者的性象徵是很明顯的，而且在福利斯的幻想中尤其清楚，對他而言，字母是騎在摩托車（筆尖）上的；我們可以觀察到持筆者之性象徵意義，如何融入書寫的動作中。同樣地，閱讀之原慾意義也是源自於對書與眼睛的象徵性貫注。當然，在這裡頭也有由各種本能之成分所支持的其他決定因子在運作著，如閱讀中的「窺視」，以及書寫中的暴露癖與攻擊施
67 虐傾向。持筆者之性象徵意義的根源可能是武器和手。相對地，閱讀是比較被動的活動，書寫則比較主動，在前性器期的各種固著，對於它們的抑制而言，也是重要的。

對福利斯來說，數字I是一位紳士，他住在一個炎熱的國度，因此他是裸身的——只有在下雨天才穿斗蓬；他騎車與開車的技術很好，擁有五把匕首，而且非常勇敢等等。很快地就明顯看到他對「皮皮將軍」（General Pipi〔陰莖〕）[67-1]的認同。對福利斯來說，數字一般是那些居住在非常熱的國家的人，他們相當於有色人種，而字母則是白種人。對恩斯特而言，I的「上與下」和i的

66-2 在一次柏林精神分析學會的會議中，羅爾先生（Herr Rohr）在精神分析的基礎上，詳加探討了中文文稿及其詮釋。在接下來的討論中，我指出較早的圖畫稿（也是構成我們文稿的基礎），仍然活躍在每一個孩子的幻想中，所以，我們目前文稿的每一筆畫、點等等都只是簡化的版本。這是藉由將較早期圖畫的痕跡濃縮（condensation）、置換（displacement），以及其他我們在夢境與精神官能症中所熟悉的機制而達成的結果；不過，個體在這些早期圖畫中的痕跡是可以被顯示出來的。

67-1 參照〈早期分析〉。

「上與下」是相同的。麗莎對我說，她「只是」對1往下的筆畫「隨便畫了一筆」；這個動作也是由他的閹割情結所決定的。因此，陰莖是由數字1所象徵代表的，而這點形成了算數和數學的基礎。我反覆觀察到：數字10的意義是由手指的數量所決定的，不過，手指在潛意識中等同於陰莖，因此，10的情感意涵是來自於這個源頭。這涉及了此幻想：重覆十次的交媾或陰莖抽插十次，對於生育一個小孩來說是必要的；數字5[67-2]所一再呈現的特殊意義也是類似的例子。亞伯拉罕（1923）曾指出數字3的象徵意義來自於伊底帕斯情結——主要是由父親、母親和小孩的關係所決定的，這比起常見將3視為男性生殖器更有意義。在此我只需引用一個例子。

麗莎認為數字3是不可靠的，因為「第三個人當然總是多餘的」，而且「兩個人可以互相比賽」——目標是一面旗子，但是第三個人沒事可做。麗莎對數學感興趣，但是在與數學有關的事情上卻非常抑制，她告訴我，實際上她完全瞭解的只有加法的觀念，她可以理解「當兩者是一樣的東西時，一個東西可以加上另外一個東西」，但是當它們不同時，怎麼能加在一起呢？這樣的想法是由其閹割情結所控制的，它與男女性器之間的不同有關；對她而言，「加法」的想法被證實為是受到雙親的交媾所決定的。 68
另一方面，她非常瞭解在乘法中用到不同的東西，結果也是不同的，「結果」是那個小孩。對她來說，她只能辨識男性的生殖器，卻把女性生殖器留給了姊妹們。

恩斯特帶了一盒色彩鮮豔的玻璃球到分析治療中，他把不同

67-2　我要指出的是：在羅馬字體中數字I、V與X是基本的，其餘從I到X的數字只是這些基本數字的衍生，而V與X也是由數字I的直筆畫所形成的。

顏色的玻璃球分開，開始用它們來做加法。[68-1] 他想知道1比2少了多少，並先試著用這些球來找答案，然後用他的手指。他豎起一隻手指給我看，旁邊第二隻手指則只有部分豎起；如果一隻手指被拿走的話，那麼當然就只有0了，「但是另一根手指是完全一樣的」(半舉的那根)，「仍然在那裡，還是可以拿走」，然後他再一次豎起他的指頭，讓我看2和1是3，說道：「那個1是我的陰莖，其他的是我從爹地和媽咪那裡為我自己拿來的陰莖。而媽咪已經又從她的孩子那裡拿到了兩根陰莖，我從她那裡把它們拿回來——那我就有五根了！」

在分析過程中，恩斯特在一張紙上畫了「雙線條」，並告訴我根據老師所說的，在雙線條之間可以寫得比較好，他認為這是因為如此一來他就有兩條線，他聯想到它們是他所擁有的兩根陰莖。接著他以垂直的筆畫將雙線條區隔成「雙盒子」，說道：「但是用小的雙盒子來做加法並不是很好，因為這些盒子變得比較小了，比較難把數字放進去裡頭。」為了讓我瞭解他的意思，他在小盒子裡寫了加法1＋1＝2給我看，他寫下1的第一個小盒子比其他的盒子大，隨即他說：「接下來有一個比較小的盒子。」「它是媽咪的陰莖，」他補充說，而且(指著第一個1)「那是爸爸的陰莖，而在它們中間的那個『加』(＋)是我。」他進一步解釋說＋的平行線條(他把這條線也寫得很小)跟他一點關係都沒有，他和他的陰莖是直的那一筆。加法對他來說也代表著雙親的交媾。

又有一次，恩斯特在治療開始的時候，問說他是不是應該算

68-1　這點清楚顯示了數學的肛門期基礎，與陰莖有關的閹割恐懼是跟隨在失去糞便的恐懼之後，後者事實上被認為是「原始的閹割」。參考佛洛伊德〈關於本能之轉化：以肛門性慾為例〉(On Transformations of Instinct as exemplified in Anal Erotism, *S.E.* **17**)。

「『10＋10』或『10－10』是多少」。（與數字1有關的閹割恐懼被置換到數字10）他藉由自己擁有「十根陰莖」（手指）任其支配這樣的想法來讓自己安心；與這個問題有關的，是他試圖在一張紙 69
上寫下盡可能最多的數字，讓我來解讀。他解釋說他用數個1與0交替寫成一行的數字（100010001000），這是一種「反進一球」（gegentorische〔gegen=對抗，tor=門〕）的算術，關於這點他的說明如下：有個村莊（之前他曾幻想過關於這座村莊）有非常多的門，因為所有的窗子與開口也都叫做門，在這裡也有許多鐵道。[69-1]隨後當他站在房間另一端時，他指給我看有一排逐漸減弱的圓圈，從對側牆壁延伸到他那裡，他稱這些圓圈為「門」；他之前寫在紙上的那一排1與0的數字，就是來自於這些門。然後他為我想出也可以設計兩個1來對付彼此，結果形成了一個數字，代表了印刷體的字母M。他又畫了另外一個小圓圈，解釋說「這裡有另外一道門」。與0交替出現的1代表了陰莖（「對抗門」），0則是陰道——有好幾個圓圈是因為身體也有好幾個開口（許多門）。

當恩斯特對我解釋這種「反進一球」算術的時候，他拿起了一個正好放在那裡的鑰匙圈，把一個髮夾穿進去，有點困難地讓我看髮夾「終於在裡面了」，然而在這樣做的時候，「鑰匙環必須分開來，也要被分離」，這點再次顯現出他對於交媾的施虐想法。他進一步解釋這個鑰匙環確實也像一個0，實際上只是一塊直的東西被扳彎了；就像他在其他方面一樣，明顯可見的是母親陰莖這個想法的影響，而確切地說，這個母親的陰莖是在陰道中那個他必須在交媾時加以撕裂或摧毀的陰莖。[69-2]一種特別的攻擊在分析

69-1　這和福利斯關於一個有鐵道穿越的村莊之幻想類似（參考〈早期分析〉）；對恩斯特來說，村莊也代表了母親，鐵道是陰莖，騎乘則意指交媾。

中顯現了，它和上述以及先前關於算術的幻想都有關聯。當恩斯特將坐墊從我的沙發上撕扯下來，並且用雙腳在坐墊及沙發上跳躍踩踏時，代表著上述的攻擊性開始了——如同在他的分析中時常可見的，這代表了對母親的閹割，以及隨後與其交媾，緊接著他開始畫畫。

福利斯在做除法時表現了顯著的抑制，無論怎麼解釋都證實無效，因為他其實相當瞭解它們，可是卻總是做錯。有一次他告訴我，他在做除法時，首先必須拿下需要的數字，於是他爬上
70 去，用手臂將它抓住並將它拉下來。對於我詢問那個數字對這樣的舉動說了什麼時，他相當肯定地答道：這麼做對那個數字來說不是一件愉快的事情——那就像是他的母親站在一顆十一公尺高的石頭上，有個人抓住她的手臂，他們將它撕扯出來並且分解了。不過不久之前，他幻想在馬戲團中的一個女人被鋸成數塊，然後卻又活了過來，現在他問我這是否可能。接著他聯想到（也和之前詳述過的一個幻想有關）事實上每個小孩都想要擁有母親的一部分，而母親必須被切成四塊；他相當清晰地描述了她如何尖叫，但是她的嘴裡被塞滿了紙，以致於叫不出來，還有她的表情如何等等。一個小孩拿了一把非常鋒利的刀，他描述她如何被切割，首先是橫切整個胸部，然後是整個腹部，再來是縱向切開，所以「皮皮」（陰莖）、臉和頭都從正中間被切開來，那個「鐮刀」[70-1]因而從她的頭部被取出來，然後頭部被再度斜切，而「皮皮」正好被橫切開來。在這過程中，他不斷地咬自己的手，並說他為

69-2　參照波姆（Boehm），〈同性戀心理學論文集：II同性戀的夢〉（Beiträge zur Psychologie der Homosexualität: II. ein Traum eines Homosexuellen, 1922）。

70-1　那個鐮刀（sense）是指陰莖。

了好玩也會咬他的妹妹，不過當然是為了愛。他繼續說每一個孩子都拿了一塊自己想要的媽媽的碎塊，他也同意被切割的母親碎塊隨後被吃掉了。在此顯示了他總是把除法中的餘數與商數混為一談，也一直將它寫在錯誤的地方，因為在他心中，它是他潛意識中處理的淌著血的肉塊；這些詮釋完全移除了福利斯關於除法的抑制。[70-2]

在麗莎聯想到學校時，她抱怨老師不講道理地讓這麼小的孩子們做如此大數值的數學。對她而言，要用一個稍小但仍相當大的數字去除一個相當大的數字，總是充滿了困難，當無法整除而有餘數時，更是格外困難。對此她聯想到一匹馬——一隻懸垂著殘缺的舌頭、剪短耳朵的恐怖動物，牠正想要跳越圍籬，這個想法引發了她極為暴烈的阻抗。更多的想法導向了兒時的記憶：她正在故鄉鎮上老街區的一家商店裡買東西，她幻想她在那裡買了一顆橘子和一支蠟燭。突然她想到稍早那種對於馬的厭惡與恐懼感，剎時間都被非常愉悅而安慰的感覺取代了。她發現橘子與蠟燭就如同男人一般，而可惡殘缺的馬則如同女人的器官；將一個大的數字被一個較小的數字所除，即為她必須要與母親用無效的 71
（無能的）方式來進行交媾。

除法在此也被證實是一種分割，實際上是在施虐食人階段結構下的交媾。

在數學的等式方面，我從麗莎身上發現到她永遠無法瞭解等式，除非是具有一個未知的數量。[71-1]她認為很清楚的是一百分錢

70-2　第二天上學時，讓他和他的老師都感到驚訝的是，他現在可以正確地做出所有的加法習題了。（這個孩子尚未注意到詮釋與移除抑制之間的關聯）

71-1　這些聯想和一個夢有關，她必須解決一道題目：2x=48，x是多少？

等於一馬克，那樣的話，一個未知數就很容易解題了。「兩個未知數」讓她聯想到兩個放在桌上裝滿水的玻璃杯，她拿了其中一杯並將它摔在地上——還有，在雲霧中的幾匹馬。那個「第二個未知數」被證實為多餘的第二根陰莖，也就是那根在她嬰兒期觀看父母親交媾時想要擺脫的陰莖。因為她希望擁有父親或母親，因此想要除掉二者之一。另外，對她來說，所謂的第二個未知數也意指了神祕的精液，而她知道一個未知數，也就是這個等式：糞便＝陰莖。[71-2]

因此演算與數學證明也是具有性器象徵的貫注，在扮演重要角色的各種本能活動中，我們觀察到藉由這個管道獲得昇華的肛門、施虐以及食人傾向，都由性器進行協調。不過，閹割焦慮對於這種昇華而言具有特殊的重要性。想要克服閹割焦慮的傾向——男性的聲明——似乎形成演算與數學從而發生的根源之一。這樣的焦慮也明顯成為抑制的來源，而焦慮程度則是其決定因子。

對於文法的原慾意義，我要參照幾個我在〈早期分析〉該文中所引用的例子。關於句子的分析方面，葛麗特提到她曾實際支解、切割一隻烤兔子。[71-3]她本來很喜歡吃的，直到隨後對它產生了厭惡的感覺；烤兔子代表了母親的乳房與性器。

在麗莎的分析中，我發現在研讀歷史時，一個人必須將自己移植到「以前的人們做了些什麼事」裡頭。對她而言，那就是研究父母二人之間以及親子之間的關係，在那方面，根據對交媾的
72 施虐概念，關於打仗、屠殺等等的嬰兒式幻想自然也扮演了重要

71-2　也可以參照沙爵的論文〈論考試焦慮和考試的夢〉中對於「未知」的詮釋。

71-3　在那篇論文中，我也實體化了下列事實，即口腔的、肛門的以及食人的傾向也在言語中獲得了昇華。

的角色。

我已經在〈早期分析〉那一章中，對於地理學科的原慾決定因子（libidinal determination）做了詳細的論述，我也呈現出，在和對母親子宮的興趣被潛抑的相關情況下——這是抑制定向感的基礎——對於自然科學的興趣也經常被抑制了。

例如，我在菲力司的案例中，發現他在繪畫方面強烈抑制的主要原因之一：他無法理解如何素描或是打底稿，也完全無法想像一棟房屋的地基是如何座落在地上的。繪畫對他而言是創造出被表徵的客體——無法繪畫即是性無能。我曾經在他處指出，一幅圖畫的意義如同一個小孩或是陰莖，在兒童的分析中，反覆可見的是在繪畫與攝影的背後，隱藏著更深層的潛意識活動：那是在潛意識裡被表徵客體的生殖與生產。在肛門期的組織結構中，它代表了糞便的昇華產物；在性器期則是小孩的生產，而且的確是藉由完全不適當的運動力道而獲得的產物。雖然兒童已經達到了更高階段的發展，他仍然顯得想在繪畫中找到一個「神奇的姿態」，[72-1]並藉由它來實現其想法的全能感。不過，繪畫也包含了破壞性的輕視傾向，[72-2]我在這裡引用一個例子：恩斯特用鼻煙盒（這個物件在他的遊戲中反覆被證實是母親的性器）的輪廓畫了[72-3]許多圈圈，讓它們重疊。最後他將圖畫加上陰影，在中間形成了一個橢圓，他又在橢圓裡面畫了一個相當小的圓圈；他藉由這個方法使「媽咪的陰莖小一點」（是橢圓而非圓圈），那麼他便會擁

72-1　參照費倫齊，〈現實感的發展階段〉（Stages in the Development of a Sense of Reality, 1913）。

72-2　在諷刺漫畫的核心裡不只具有揶揄，還有將被表徵客體做真正令人不快的變形。

72-3　如我先前曾表示的，這樣的畫畫與解決閹割恐懼所釋放的顯著攻擊性有關聯，而閹割恐懼深埋在他對數學的困難當中。

有更多。

菲力司常告訴我物理對他來說相當難以理解，他提到這樣的例子：他無法瞭解聲音如何能夠自行傳播，他能瞭解的只有像是釘子如何進入牆壁。有一次他提到一個密不透氣的空間，並說如果我的房間是一個密不透氣的空間，那麼當任何人進來時，有一些空氣必定也會隨著他們進來；這點再次被證實是由交媾的意念所決定的，而在這意念中，空氣代表了精液。

73 我努力想要顯示的是，在學校裡進行的基本活動是原慾流動的管道，而且這意味了各種本能在性器主導之下獲得了昇華。不過，這種原慾貫注被從最基本的讀、寫與數學的功課，帶到以這些活動為基礎的更廣泛努力與興趣中，所以日後抑制——工作抑制亦同——的基礎，尤其可見於經常明顯逐漸消退的、與最早期的功課有關的抑制。不過，對於這些最早期的功課抑制是建立在遊戲抑制之上的，所以最終我們可以見到所有日後對生命與發展如此重要的抑制，都是從最早期的遊戲抑制所衍生而來。在我寫的〈早期分析〉一文中，顯示原慾固著在最原初的昇華上——我認為這原初的昇華是言語以及在動作中感受到愉悅——提供了昇華能力的先決條件，從此時開始，不斷擴展的自我活動與興趣藉由獲得性的象徵意義，而達到了原慾的貫注，因而不斷在不同階段發生新的昇華。我在上文提及的論文中所描述的抑制機制，因著共通的性象徵意義，它容許了抑制從一種自我活動或傾向，進展到另外一個。由於移除最早期的抑制代表了可避免後續的抑制，所以我們必須以無比的重要性來看待學齡前兒童的抑制，即使它們尚未明顯可見。

在上文提到的論文中，我努力要顯示的是：閹割恐懼是這些早期以及所有後續抑制的共同基礎。閹割恐懼干擾了自我活動與興趣，因為在其他原慾決定因子之外，它們基本上總是具有一種性器象徵，也就是一種交媾的意義。

閹割情結對於形成精神官能症的廣泛重要性是眾所熟知的。在佛洛伊德的論文〈論自戀：一篇導論〉（On Narcissism: an Introduction）中，他確立了閹割情結在人格形成方面的意義，並且在他的論文〈孩童期精神官能症案例的病史〉（From the History of an Infantile Neurosis）[73-1]中一再提到這一點。

我們必須將所有影響學習以及後續發展遭受抑制的確立，歸 74
因於嬰兒期性特質最初綻放的時候，也就是在三到四歲之間的早期階段；此嬰兒性特質在伊底帕斯情結發生的時候，賦予閹割恐懼最大的動能。正是對活躍之男性成分（musculine components）的抑制，為學習的抑制提供了主要的基礎，不管是在男孩與女孩身上皆然。

女性成分（feminine component）對昇華的貢獻，可能總會被認為是「容受性」（receptivity）與「瞭解」，這些是所有活動的重要部分；不過，推動執行的部分——事實上構成了一切活動的特色——源自於男性性能力的昇華。對待父親的女性態度，與對父親陰莖及其成就的欣賞與確認有關，此女性態度藉由昇華而成為欣賞藝術與其他一般成就的基礎。在男孩與女孩的分析中，我反覆看

73-1　《標準版》**17**。亞歷山大（Alexander）在其論文〈性格形成中的閹割情結〉（The Castration Complex in the Formation of Character, 1923）中，顯示了在成人的分析中，閹割情結對於性格形成方面的影響。在一篇未發表的論文〈嬰兒期焦慮與其對人格發展的意義〉（Die infantile Angst und ihre Bedeutung für die Entwicklung der Persönlichkeit）——我在其中連結到亞歷山大的這篇著作——我試圖藉由兒童分析的素材來證明這一點，並且指出閹割恐懼在運動、遊戲與求學，以及整體人格的抑制方面具有深遠的意義。

到透過閹割情結而對這種女性態度的潛抑是何等的重要；女性態度是每一個活動的基本部分，對它的潛抑必定相當程度上促成了一切活動的抑制。在分析兩種性別的病人時，也有可能觀察到當一部分閹割情結浮上意識層面，而女性態度顯得更自由的時候，往往會開始萌生強烈的藝術興趣與其他興趣。例如，在菲力司的分析中，當閹割恐懼部分解決之後，他對父親的女性態度變得明顯了，而他在音樂的天分也開始顯現，表現在對指揮家與作曲家的欣賞與肯定。只有在活動有進展時，才發展出更嚴厲的批判能力，意指與他自己的能力做比較以及隨而努力模仿他人成就。

經常得到確認的觀察是，一般來說女孩子在學校表現得比男孩好；但是在另一方面，她們日後的成就卻不如男性，我在此扼要地指出我認為在這方面幾個重要的因素。

對日後發展更加重要的部分是，由於潛抑性活動而導致的一部分抑制，直接地影響到自我的活動與興趣；而抑制的另外一部分則是來自於對待老師的態度。

於是男孩子在對學校與學習的態度上加倍的沉重，所有源自於對母親之性願望的昇華，導致了他對老師更加意識到罪疚感，
75 課業——為學習所下的工夫——在潛意識中代表了交媾，使他害怕老師成為復仇者，於是潛意識中想努力滿足老師的願望，[75-1]被潛意識中對做這件事的恐懼所抵制了，這樣的恐懼導致了無法解決的衝突，並且決定了抑制的基本部分。當男孩的努力不再受到老師直接控制，而且能在生活中更自由地發揮自己時，這種衝突的強度便會減弱，不過，只有在閹割恐懼不再像對老師的態度那樣

75-1 在潛意識中，這個願望與想要超越父親、並替代他而與母親在一起的努力，或是與想要努力贏取父親——去贏得他，使他如同一個被動的愛之客體——的同性戀願望是相符合的。

影響到活動與興趣本身時，才有可能參與更廣泛的活動。因此我們可以見到表現非常不如人意的學生，卻能在日後達到卓越的成就，但是，就那些對自己的興趣受到抑制的人而言，在學校失敗的情況，將會持續成為他們日後成就的原型。

在女孩子來說，閹割情結所導致的抑制以及對所有活動的影響特別重要。與男老師的關係對男孩來說是非常沉重的，然而對女孩來說，只要她的能力沒有被抑制太多，和老師的關係卻相當有鼓勵作用。在女孩與女老師的關係中，源自於伊底帕斯情結的焦慮態度，一般來說不像男孩的狀態那麼強烈。女孩生命中的成就通常無法達到如男人一般，概略來說，是因為她擁有可以用來昇華的男性活動較少之故。

這些相異與相同的特質，以及其他運作因素之考量，都需要更詳盡的討論，不過我在此必須滿足於因簡短而稍嫌不足的要點，這確實讓我的報告顯得有點太簡略了。也由於這些限制要從本文所提出之素材衍生出一部分的理論與方法學的結論，是不可能的。我將只簡要觸及最重要的一點。

如同前述，我們認為學校的角色整體來說是被動的，而它確實也多少已經成功達成性發展試金石的任務。那麼，學校的積極角色是什麼呢？對於兒童之原慾及整體發展來說，它能達到某些不可或缺的事情嗎？比起不瞭解或甚至嚴酷的老師，一位善解且能夠考慮到孩子各種情結的老師，顯然將會減少更多的抑制，達到更多好的結果。嚴酷的老師從一開始對孩子來說，就表徵了會將他閹割的父親。另一方面，我在許多分析中發現，即使孩子在
學校是處於最佳狀態，仍會發生非常強烈的學習抑制；而老師不 76
夠慎重的言行卻不一定會帶來抑制。

我要將我對於老師在兒童發展上所扮演的角色做個簡短的摘要。老師能夠藉由帶著同理心的瞭解達成很好的成效，他因而能夠相當程度地減少附著在老師被視為「報復者」面向的那成分抑制；同時，有智慧而和善的老師，將能為男孩的同性戀成分以及女孩的男性成分提供一個客體，讓他們能夠用一種昇華的形式來運作其性器活動。如我之前提到的，我們可以在各種研習活動上辨識出這些昇華的形式；不過，因為教學法上的錯誤，或甚至於老師嚴酷的處置方式所導致的傷害，都是可以從這些跡象來加以推論的。

不過，在性器活動的潛抑影響到工作與興趣此一方面，老師的態度也許可以減弱（或增強）兒童內在的衝突，但是並不會影響到任何與其成就有關的基本部分。即使是一位好老師能夠抒解衝突的可能性也是很微小的，因為兒童的情結形成——尤其是與父親的關係——帶來了限制，並先行決定了他對學校與老師的態度。

不過，這些解釋了為什麼在與更強烈的抑制有關之處，即使是數年教學努力得到的結果，也和所投入的努力欠缺關聯性。然而在分析中，我們常會看到這些抑制在相當短的時間內被移除，並且被全然的學習樂趣所取代。因此最好是能夠反轉這個過程：首先，早期分析可以移除每個兒童多少都有的抑制，而學校的工作將從這個基礎上開始。當學校不再浪費力量來削弱兒童情結的攻擊時，對兒童發展而言，才有辦法獲得相當重要的豐碩成就。

第四章　早期分析（1923）

我們經常會在精神分析中發現，對才能的精神官能式的抑制 77
是受到潛抑所決定的，因為潛抑超越了與這些特定活動有關的原慾意念（libidinal ideas），也同時超越了這些活動本身。在嬰兒與兒童的分析過程中，我遇到的素材帶領我去研究特定的抑制，這些抑制只有在分析中才辨識得出來。在許多案例中，下列特質為典型的抑制：討厭遊戲與運動，或是在這些活動中顯得笨拙；在課程上得不到絲毫的樂趣或是只有很少的樂趣；對特定學科缺乏興趣，或是，一般來說，有不同程度的懶惰；比一般人更弱的能力或興趣，常是「抑制」導致的。在某些例子中，這些特徵實際上是抑制所致，卻尚未被辨識出來，而且，由於類似的抑制構成了人格的一部分，所以不能稱它們為精神官能症。當它們經由分析解決後，我們會發現——如同亞伯拉罕曾經在苦於運動功能被抑制的精神官能症案例所顯示的[77-1]——這些抑制的基礎是強烈的原初愉悅（primary pleasure）之性特質被抑制的結果。玩球或鐵環、溜冰、雪橇、跳舞、體操、游泳——事實上，各種運動比賽原來都有原慾的貫注，而且性器的象徵總是在其中占有一席之地。同樣地，這些也適用於通往學校的道路、與男女老師的關係，以及學習與教學本身。當然，我們也發現許多非常重要的活躍與被動、異性戀與同性戀的決定因子，是因人而異，且是由本能的不同成

77-1　亞伯拉罕，〈運動器官焦慮的一個體質性基礎〉（A Constitutional Basis of Locomotor Anxiety, 1914）。

分所肇始的。

與精神官能式的抑制相比，我們所稱的「正常」，是建基在本質上具有歡愉的能力，以及能具有性的象徵能力，而且重點應該要放在性象徵的能力上面。也就是這一點，藉由原慾貫注並以尚
78 未確定的程度強化了原本的傾向與原初愉悅，同時這一點也招致了對本身的潛抑，因為潛抑是指向與活動相關聯的性愉悅狀態，導致了對這項活動或傾向的抑制。

我認為大部分的這類抑制，不論能否辨識，要完成反轉此機制的方法是透過焦慮，尤其是透過「閹割恐懼」。只有解決這種焦慮後，才有可能在移除抑制上有所進展。我透過這些觀察獲得了一些對於焦慮與抑制之關係的洞察，將在此深入討論這一點。

對小福利斯的分析讓我們對這種內在焦慮與抑制的關係有了相當程度的瞭解。[78-1]在此分析中——第二部分走得比較深——我可以建構的真相是：焦慮（這焦慮原本是相當多的，但是在它達到某個特定的點之後，就逐漸消退了）如此跟隨在分析之後，總是一個徵兆，暗示了抑制將要被移除。每當焦慮被解決時，分析就往前跨了一大步；而與其他分析相比，更確認了我的看法，即完全成功地移除抑制是與焦慮所表現的清晰度成正比的，而且此焦慮是能夠解決的。[78-2]我所謂成功的移除，不單是指這些抑制應該被減少或移除，而是分析應該要能成功地重新安置那些活動的

78-1 比較〈兒童的發展〉。

78-2 在福利斯的案例中，它是以一種暴力的形式表現（我覺得這點是非常重要的），伴隨與其相符合的整體情感。在其他分析案例中，未必總是如此，例如，菲力司（十三歲，男孩）的分析——我也會在本文中反覆提及，他的焦慮通常以其原本的樣子被辨識，但是卻沒有以如此強烈的情感經歷過。亞歷山大醫師在他的論文〈在人格形成中的閹割情結〉（The Castration Complex in the Formation of Character, 1923）中指出，「經歷」這種情感的重要性，是精神分析在嬰兒期所欲努力的目標，稱之為「情感發洩」（abreaction）。

原初愉悅，這點在幼兒的分析中無疑是可能的，而且，年紀愈小就愈快發生。因為，在更小的兒童身上，需要穿越以便反轉抑制機制的路徑比較短，較不複雜。在福利斯的案例中，這個經由焦慮的移除過程有時會出現一些短暫的前驅症狀，[78-3]這些主要也是經由焦慮來解決的。移除這些抑制與症狀是經由焦慮而發生的這項事實，顯示了焦慮必然是它們的根源。

我們知道焦慮是原初情感之一，「我說過轉化到焦慮——更好 79
的說法是用焦慮的形式來釋放——是容易被潛抑之原慾最立即的變換（vicissitude）。」[79-1]於是自我以焦慮來反應的時候，重覆了在出生時成為所有焦慮之原型的情感，並且將焦慮當作「任何情感衝動用以或是能夠用以交換的通用貨幣」[79-2]，關於發現自我如何在不同的精神官能症中試圖保護自已來應付焦慮的發展，這一點帶領佛洛伊德獲致以下的結論：「用抽象的感覺來看，這樣的主張似乎是可以成立的，一般來說，症狀的形成只是為了要逃離無法避免的焦慮。」[79-3]因此，對兒童來說，焦慮總是先於症狀的形成，也是最原初的精神官能症表現，也可說是，為症狀鋪路；但是，這未必能指出為何早期階段的焦慮通常不會表現出來、或是被忽略的理由。

整體來說，恐怕沒有一個兒童能免於夜驚（pavor nocturnus）

78-3　比較費倫齊的論文〈分析中短暫的症狀形成〉（Transitory Symptom-formations during the Analysis, 1912a）。

79-1　佛洛伊德，《精神分析引論》（*Introductory Lectures on Psycho-Analysis, S.E.* **15-16**, p.410）

79-2　出處同上（p.404）。

79-3　在幾個分析中我已經能夠建構的事實是，兒童通常隱藏了相當多不為周遭的人們所知的焦慮，就好像他們在潛意識中知道它的意義；男孩們也面臨這樣的事實，那就是他們認為他們的焦慮是懦弱，並且是可恥的，但事實上，如果他們承認的話，這樣的譴責是一般的反應。這些大概是立即而完全地遺忘兒時焦慮的動機，我們可以確定的是，某些原初焦慮總是隱藏在兒童期的失憶之後，只有藉由真正深度穿透的分析才能重建。

之苦，我們可以合理地說，所有人或多或少都會存在著精神官能式的焦慮。「我們知道這個事實：潛抑的動機與目的除了迴避不愉悅之外，就沒別的了；由此可知，從屬於表徵之情緒部分的變換遠比意念的變換來得更為重要，在我們評估潛抑的過程，這個事實是有決定性的地位，如果潛抑無法成功防止不悅或焦慮感的發生，那麼我們可以說它是失敗的，即使它可能在與意念有關的部分達成其目的。」[79-4]如果潛抑是不成功的，結果就會是症狀的形成，「在精神官能症，企圖綁住焦慮發生的過程在作用著，這些過程也成功地用各種方式達到這個目的。」[79-5]

80 現在，是發生了什麼事以致於消失的情感並未導致症狀的形成（我是指在成功潛抑的案例中）？關於這些註定要被潛抑的情感，佛洛伊德說：「本能表徵的數量因素有三種可能的變換方式，正如我們在對精神分析的一些觀察進行粗略研究後所看到的：本能完全被壓抑以致於沒有留下任何痕跡，或者是顯示為一種情感——這情感無論如何是在質的面向被影響，或被改變為焦慮。」[80-1]

不過，蘊含的情感如何能在成功的潛抑中被壓抑呢？以下的假設似乎是合理的，即任何時候當潛抑發生時（不排除潛抑成功的案例），情感是以焦慮的形式來釋放的，第一階段有時候並不明顯，或是被忽略了。這個過程時常見於焦慮—歇斯底里中；同時，我們也假設在歇斯底里尚未真正發展時，焦慮仍是存在的。在這種情況下，焦慮真的會在潛意識中存在一段時間，「我們發

79-4 〈潛抑〉（Repression, *S.E.* **14**, p. 153.）。

79-5 《精神分析引論》（p. 410.）

80-1 〈潛抑〉（Repression, *S.E.* **14**, p. 153.）。

現即使是怪異的連結——『潛意識中的罪疚意識（unconscious consciousness of guilt）』，或似是而非的『潛意識焦慮』[80-2]——也難以避免。」在討論「潛意識情感」這個詞語的用法時，佛洛伊德繼續說：「無可否認地，這些有疑問詞語的使用是合乎邏輯的。不過，在潛意識情感與潛意識意念比較中顯示了一個顯著的差異，即潛意識意念在潛抑之後仍然持續，如同潛意識系統中真正的結構一般。然而，對潛意識情感來說，同樣系統中相對應的只是一個潛在的傾向，而且被阻止繼續發展。」[80-3]於是我們瞭解到蘊含的情感，在經由成功的潛抑而消失了之後，必然也轉換為焦慮，不過，當潛抑完全成功時，焦慮有時候卻完全不會顯現出來，或只是相對地較弱，並在潛意識中保持了潛在的傾向。「結合」與釋放這種焦慮（或是焦慮傾向）的機制，和我們所看到的導致抑制的機制是一樣的，而精神分析教導我們的是，抑制或多或少都進入了每位正常個體的發展中，而在此處也只有量的因素決定了他是否可稱為健康或生病。

因此，以下的問題發生了：「為什麼健康的人能用抑制的形式來釋放，但是對於精神官能症者抑制卻導致了精神官能症？」以下列出的是我們所討論的關於區別各種抑制的特點：（一）特
定的自我傾向（ego-tendencies）得到了強大的原慾貫注；（二）某 81
個數量的焦慮是如此分布於這些傾向當中，以致它不再以焦慮的偽裝來表現，而是以「痛苦」[81-1]、精神疾病、笨拙……來表現；

80-2　〈潛意識〉（The Unconscious, *S.E.* **14**, p. 177）。

80-3　出處同上。

81-1　佛洛伊德在寫到「痛苦」與焦慮在夢中的關聯時說道（*S.E.* **15**, p. 217）：我們可以這樣假設，對於未被扭曲的焦慮之夢是真的事情，也適用於那些部分被扭曲的，以及其他不愉快的夢，在其中，痛苦的感覺可能是對應到焦慮。

不過，分析顯示這些焦慮表現方式只有稍微地分化，尚未如此表現出來。於是，抑制意味了某些數量的焦慮已經被一種自我傾向所汲取了，而此自我傾向已經有了先前的原慾貫注。因此，成功潛抑的基礎在於自我本能的原慾貫注，以這種兩面的方式伴隨著一種在抑制中發生的結果。

潛抑機制愈是成功地完成其工作，就愈不容易辨認焦慮的原貌——即便是以厭惡的形式亦然。在一些相當健康、顯然沒有許多抑制的人們身上，焦慮最終只是以減弱或部分減弱的傾向來顯示。[81-2]

如果我們將運用過剩的原慾來貫注自我傾向的能力等同於昇華的能力，我們也許可以假設人之所以能保持健康是因為，他在最早的自我發展階段有較佳的昇華能力。

潛抑會依此目的而作用在自我傾向中，以此目的而選擇的部分，於是發生了抑制；在其他的案例中，精神官能症的機制多少會介入運作，導致了症狀的形成。

我們知道伊底帕斯情結以非常特殊的力量啟動了潛抑，並且在同時釋放了閹割的恐懼，我們或許也可以如此假設：由於稍早潛抑的結果，這種強大焦慮的「波濤」受到已經存在之焦慮（可能只是一種潛在的傾向）的增強——就像閹割焦慮起源於「原初的閹割」，[81-3]後者的焦慮可能已經直接運作。我反覆在分析中發現，生產焦慮是重演了較早期素材之閹割焦慮，也發現解決閹割

81-2 即使在這種成功潛抑的形式——其焦慮所進行的轉化使它不易被辨識，無疑地它仍然可能影響著極大量原慾的抽離（withdrawal）。我在許多案例的分析中發現：個體習慣與特性之發展已經受到了原慾意念的影響。

81-3 比較佛洛伊德〈關於本能的轉化：以肛門情慾為例〉（*S.E.* **17**）；史迭凱，《精神分析與精神醫學》（*Psychoanalyse und Psychiatrie*）；亞歷山大，同上述引用。

焦慮使生產焦慮消散了。例如，我遇到一個兒童害怕他在冰上的時候，腳下的冰會裂開，或是他會跌入橋上的一個洞裡頭——這兩者顯然都是生產焦慮。我一再地發現這些恐懼是被極不明顯之願望所激發的——這些願望因為溜冰、橋等等性象徵意義之緣故而運作著——迫使他藉由性交回到母親體內，這些願望引發了他對閹割的恐懼。這點也讓我們更容易瞭解發生（generation）與誕生（birth）在兒童的潛意識中經常被認為是性交，於是他——即便是得自父親的幫助——穿透進入了母親的陰道。 82

我們似乎可以將二或三歲時發生的**夜驚**，視為是潛抑伊底帕斯情結第一階段中所釋放的焦慮，其結合與釋放接著以各種方式發生了。[82-1]

在伊底帕斯情結被潛抑時所發展的閹割恐懼，現在朝向了自我傾向，它接收了原慾的貫注，接著藉由這原慾貫注而被結合與釋放。

我認為很明顯的是，在比例上由此達到的昇華，數量很多，在質方面也很牢固。它們目前投注的焦慮將會完全而無法感知地分布在它們之間並且獲得釋放。

在福利斯與菲力司案例中，我可以證實對於運動樂趣的抑制與對於學習愉悅，以及各種自我傾向與興趣（在此不加詳述）之抑制是息息相關的。在兩個個案中，使這種**抑制**或焦慮能從一組自我傾向**置換**（displacement）到另外一組的顯然就是主要對於性

82-1　潛抑的結果在稍後（在三、四歲，或是更大的時候）以一種強烈的方式顯現某種樣貌，其中有些是完整形成的症狀——伊底帕斯情結的影響。清楚的是（但仍待證實），如果有可能對一個正處於**夜驚**或之後不久的兒童進行分析，並且解決這種焦慮的話，將會遠離精神官能症，開啟昇華的可能性。我自己的觀察使我相信，對這個年紀的兒童進行分析式的探究，並非不可能。

象徵特質（同樣見於兩組自我傾向）的貫注。

在十三歲大的菲力司身上（在本文後段我將用這個案例來說明我的見解），這種置換顯現的形式是其抑制在遊戲與課堂之間的變換，他剛上學的頭幾年是個好學生，但在運動方面卻是非常膽
83 怯而笨拙；當他父親從戰場回來時，經常會因他的膽怯而對他打罵，並希望藉由這些方法來達到期望。後來菲力司果真變得擅長而且熱愛運動了，但是，緊隨這改變而來的是他對課業與所有學習與知識方面的提不起勁。這種提不起勁發展成未加掩飾的憎惡，導致了他被帶來分析。常見的性象徵貫注在兩組抑制之間形成了一種關係，有一部分是他父親的處置，導致了他視運動為更符合其自我的昇華，使他能夠將整個抑制從運動置換到課業上。

我認為，「符合自我」（consonance with the ego）的因素，在決定被潛抑的原慾將會導向哪一種被原慾貫注的傾向，以及哪一個傾向會多少受到抑制這兩方面來說，都是很重要的。

我認為這種從一種抑制置換到另外一種抑制的機制，呈現了與畏懼症機制的類似性，不過，畏懼症的情況是意念的內涵（ideational content）藉由置換而使替代物的形成有了空間，其總體情感並未消失，而在抑制的狀態下，總體情感的釋放似乎是同時發生的。「我們都知道，焦慮的發展是自我對危險的反應，也就是準備逃走的預示，那就不難想像在精神官能式的焦慮中，自我也試圖逃離其原慾的要求，而且看待這種內在的危險就好像它是外在的一般，那麼，我們的期待——焦慮存在之處必定也有令人害怕的事物存在——也就應驗了，不過，這個類比更往前推進了一些，就如同壓力迫使個體逃離外在危險，這壓力以穩住自己以及採取防衛措施而被釋放，精神官能式焦慮的發展也是藉由症狀形

成而緩解，症狀形成使得焦慮被『綁住了』。」[83-1]

對我來說，同樣地，我們可以將抑制視為來自內在的、對危險而過量之原慾的強迫性限制——這是在人類歷史上曾經以外在強迫形式顯現的限制。在最初的時候，自我對於控制原慾危險的最初反應是焦慮：「逃跑的信號」，不過，想要逃跑的迫切性被「穩住自己並且採取適當防衛措施」——相當於症狀形成——所取代了。另外一種防衛措施是藉由限制原慾傾向來順從，也就是說，抑制。不過這只有在個體能夠將原慾成功地轉向到自我維持本能 84
的活動上才有可能，於是帶來了在自我傾向領域之議題，即本能能量與潛抑之間的衝突。於是，潛抑成功所導致的抑制成為必要的前提，這也是文明進展的結果。這樣說來，原始人的心智生活在各方面與精神官能症[84-1]類似，他們可能已經達到了精神官能症的機制，因為他沒有足夠的昇華能力，他也可能缺乏成功潛抑機制的能力。

他雖已達到了受潛抑所制約的文明層次，主要卻是藉由精神官能症的機制才能夠潛抑，他是無法超越這個特別的嬰兒式的文化層次。

我現在要回到一個結論，它得自於我到此之前的論述：一些能力的缺乏或存在（或甚至呈現的程度）——雖然似乎是單純受到體質因素所決定，而且是自我本能發展的一部分——被證實也是受到其他的、原慾的因素所決定的，而且容易在分析中改變。

這些基本因素之一是以原慾貫注作為抑制之前提，這個結論與在精神分析中一再被觀察到的事實是相符合的。不過，我們發

83-1　佛洛伊德，《精神分析引論》。

84-1　參考佛洛伊德的《圖騰與禁忌》（*Totem and Taboo*）。

現，即使抑制並未發生時，某種自我傾向之原慾貫注仍然是存在的，它是（在嬰兒分析中特別清晰可見）每一種才能與興趣中固定不變的成分。如果是這樣的話，我們必須假設為了某種自我傾向的發展，重要的不僅是體質的傾向，以下的考量也很重要：與原慾的聯盟是如何？在哪一個時期？以怎樣的品質？也就是說，在什麼條件下發生的？所以，自我傾向的發展應該也是要看它所連結的原慾的命運是如何而決定，換言之，是取決於原慾貫注之成功。但是，這樣減少了才能中體質因素的重要性，而且，類似於佛洛伊德在疾病方面所證實的，「意外的」因素被認為是極為重要的。

我們知道，在自戀的階段，自我本能與性的本能仍然是結合在一起的，因為在剛開始的時候，性本能在自我保存本能的範疇獲得了立足點。對於移情精神官能症的研究已經教導我們，它們
85 隨即分離，以兩種不同的能量形式運作，以不同的方式發展。雖然我們接受自我本能與性本能之間的區分是正確的，但是，在另一方面，我們從佛洛伊德處得知，性本能某一部分畢生都與自我本能連結著，並供給它們原慾的成分。我在先前所謂的，屬於自我本能的某種傾向或活動的性象徵貫注，就是相當於這個原慾成分。我們把這個原慾貫注過程稱為「昇華」，並且如此解釋它的發生：昇華是為了過多而且無法適度滿足的原慾成分提供了釋放的可能性，因此原慾的控制被減弱或終止了。這個觀念也和佛洛伊德以下的主張是一致的：昇華的過程開啟了一個途徑，以釋放來自於性特質的各個獨立成分來源之過度強烈的刺激，並讓它們可以應用在其他的方向。於是，他說，當個體具有不正常的體質傾向時，過度的刺激可能不只是從性倒錯或精神官能症，也能從昇

華找到出口。[85-1]

司裴柏（Sperber, 1915）在檢視言語的性源時，顯示了性衝動在語言演進中扮演了重要的角色，最早發出的聲音是為了求偶（或對同伴）而有的呼喚，這種初步的語言發展是工作韻律性的附加物，與性快感連結在一起。鍾斯得出這樣的結論，即昇華是個體發展時重覆了司裴柏所描述的過程；[85-2]不過，在此同時，決定語言發展的因素在形成象徵時是活躍的。費倫齊的假設是，認同的基礎——象徵的前驅階段——在於這樣的事實：在兒童的早期發展階段中，他努力在每一個所遇到的客體上，重新發現他的身體器官以及這些器官的活動，由於他也在自己的身體中進行類似的比較，所以，他也許在上半身看到了相當於下半身的每一個重要細節。根據佛洛伊德的說法，兒童早期對身體的熟悉是伴隨著新鮮愉悅感來源的發現，而且，很可能是因為這一點，個體才能在身體各個不同器官與部位之間做比較，接續這種比較而來的是對其他客體的認同過程——依鍾斯所言，這個過程中的享樂原則容許我們可以在兩個非常不一樣的客體之間比較，其根據則是愉悅的性質或興趣之類似性。[85-3]不過，我們也許可以合理的假設：在另一方面，這些客體與活動本身並非愉悅的來源——它是經由認同置 86
換到它們身上的愉悅而來的。如司裴柏所認為，它被置換在原始人類的工作上。然後，當潛抑開始運作，並且從認同跨入象徵形成的時候，是後者這種過程提供機會讓原慾可以被置換到其他的

85-1　《性學三論》（*Three Essays on Sexuality, S.E.* **7**）。

85-2　鍾斯，〈象徵的理論〉（The Theory of Symbolism, 1919），也比較欒克與薩克斯（Sachs），〈精神分析對人文科學的意義〉（*Die Bedeutung der Psychoanalyse für die Geisteswissenschaften*, 1913）。

85-3　鍾斯，在上述引文中。

客體以及自體保存本能的活動，這些本能原先並未具有愉悅的性質，在這裡我們就觸及了昇華的機制。

於是，我們發現認同不僅是象徵形成的前驅階段，同時也是語言的進展以及昇華的前驅階段，後者的發生是藉由象徵形成、原慾幻想以性象徵的方式來固著於特殊的客體、活動與興趣上，我將這句話說明如下：在我提到的行動中存在著愉悅的例子——如比賽與運動等——我們可以辨識出運動場、道路……的性象徵（象徵母親）意義，而走路、跑步與各種運動都代表了穿透進入母親體內。同時，執行這些活動的雙腳、雙手和身體，因為早期認同的緣故而等同於陰莖，它們的作用是為本身帶來一些事實上與陰莖以及與此器官之滿足情境有關的幻想。相關的連結可能是行動中的愉悅感，或者其實是器官愉悅自身，這一點是昇華與歇斯底里的症狀形成的分歧點，雖然兩者走的是同樣的路徑。

為了更精確提出症狀與昇華之間類似與相異之處，我要參考佛洛伊德對達文西的分析，佛洛伊德以達文西的回憶——或者該說是幻想——作為起始點：他提到當他還睡在搖籃時，有一隻禿鷹飛向他，用牠的尾巴打開他的嘴並用牠的尾巴壓他的嘴唇幾下。達文西自己的評論是：正因為這樣，他對禿鷹投入而詳盡的興趣，在他生命早期就已經被決定了。佛洛伊德則指出，這個幻想事實上在達文西對藝術及自然科學的愛好上，都具有極大的重要性。

我們從佛洛伊德的分析所獲得的瞭解是，真實的幻想之記憶內容是孩子被母親哺乳與親吻的情境。那隻鳥的尾巴在他嘴裡的意念（對應於口交）顯然是該幻想以被動之同性戀形式所做的重現，同時我們看到它代表了達文西早年嬰兒期之性理論的濃縮，
87 這些理論使他以為母親擁有陰莖。我們常發現，當求知的本能很

早就與性方面的興趣聯合時，結果就是抑制，或是強迫式精神官能症和沉思的躁症。佛洛伊德接著指出達文西藉由將這種本能成分昇華而避開了這些命運，於是這種本能成分並未成為潛抑的犧牲者。現在我應該要問：達文西如何避開了歇斯底里？我認為歇斯底里的根源可以從幻想中禿鷹尾巴這個濃縮的元素中辨識出來，這個元素通常在歇斯底里個案中可以見到，如同口交的幻想，表現在喉嚨有異物塞住的感覺上。根據佛洛依德的看法，歇斯底里的症狀是性感帶（erotogenic zones）的置換之能力的再製，這些性感帶顯現在兒童早期的定位取向與認同上，於是我們看到認同也是歇斯底里症狀形成的前驅階段，而這種認同讓歇斯底里病患能夠啟動典型的由下而上的置換。現在如果我們假設藉由口交而獲得滿足的情境——此情境在達文西身上被固著了——所達到的路徑與導致歇斯底里轉換症（hysterical conversion）是一樣的（認同——症狀形成——固著），我認為分歧點是發生在固著之處。在達文西身上愉悅的情境並未如此被固著：他將它移轉到自我傾向上了，他可能曾經在生命初期能夠達成對周遭客體產生深遠的認同，也許這種能力是因為不尋常地早期及廣泛的發展——從自戀原慾到客體原慾；另一個因素是將原慾保持在暫時懸置狀態的能力。另一方面，我們可以假設昇華的能力還有一個重要的因素，這可能是個體先天具有的才能，這點與自我活動或傾向在做原慾貫注時的輕鬆自在，以及它所能容受的程度有關。在身體範疇方面，我們可以類比的是，特定身體部位隨時準備接收神經支配的狀態，這一點在歇斯底里症狀發展上是重要的因素。這些因素可能構成了我們所瞭解的「天生素質」（disposition），並且會形成互補的序列，就像那些我們所熟悉的精神官能症病因。在達文西的案例中，不只是在乳頭、陰莖與鳥尾巴之間建立了認同，這樣的認同也融入了對此客體的動作、鳥本身及其飛翔與牠所遨翔的天空之興趣。真正經驗到或幻想中的愉悅情境，確實是被保存在潛意識中，而且是固著的，不過，它們也在自我傾向中得以展現與
88 釋放。當它們接收了這種表徵的時候，這些固著去除了它們的性特質，它們變得與自我一致，如果昇華成功——也就是說，如果它們融入了自我傾向之中的話——它們就不會進行潛抑。當這樣的狀況發生時，它們為自我傾向提供了所有的情感，這些情感是刺激與誘發才能的作用力，由於自我傾向使它們能夠以一種與自我一致的方式來自由發揮，它們容許幻想在沒有被檢查的情況下自己開展及釋放。

另方面，在歇斯底里的固著上，幻想是如此地緊緊抓住愉悅情境，以致於在昇華可能發生之前它就被潛抑而固著了。因此，假如其他的導因是活躍的話，它將被迫在歇斯底里的症狀中尋求表徵與釋放。達文西在對鳥類飛行而產生科學方面興趣的方式顯示了，在昇華的時候，幻想及其所有的決定因子上的固著也會持續發生。

佛洛伊德曾全面地總結歇斯底里症狀的基本特徵，[88-1] 如果我們將他的敘述拿來測試達文西與禿鷹幻想有關的昇華，我們會發現症狀與昇華之間的雷同處。我也認為這種昇華與佛洛伊德的準則相符合，在準則中歇斯底里的症狀通常會在一方面表現出男性的，而在另一方面又表現女性的性幻想。就達文西的例子來說，女性的那一面是由被動的口交幻想所表現，我認為男性的幻想則

88-1 〈歇斯底里幻想及其與雙性戀的關係〉（Hysterical Phantasies and their Relation to Bisexuality , *S.E.* **9**）。

可見於佛洛伊德節錄達文西一段像是預言的札記中：「偉大的鳥會在偉大的天鵝之後做第一次的飛行，牠將讓宇宙充滿驚奇，所有的文學將訴說牠的聲名，對牠的出生地而言，牠將會是永遠的榮耀。」難道這段話不是意味著贏得母親對其性器成就的認可嗎？我認為這個幻想表達了早期嬰兒式願望和禿鷹幻想，並表徵在他對鳥類與飛行器的科學研究上了，因此達文西的性器活動在真正的本能滿足方面所扮演的角色是如此的微不足道，它完全與其昇華融合在一起了。

根據佛洛伊德的看法，歇斯底里的攻擊只是幻想以默劇形式
作為表徵，它不但被轉譯為行動的方式還投射到動作上；類似的
主張也許可以適用於那些幻想與固著上。在這位藝術家身上，這
些幻想與固著是以身體運動支配來表徵的，這些運動支配與他的
身體或其他媒介有關。這個說法和費倫齊與佛洛伊德的看法是一 89
致的，也就是他們針對藝術與歇斯底里，以及另一方面關於歇斯
底里攻擊與性交之間的雷同與關係所寫的。

由於歇斯底里攻擊運用了特別濃縮的幻想作為它的材料，所以不論是對藝術的興趣或創造才能的發展，多少都仰賴於昇華所表徵的固著與幻想之豐富與強度。重要的不只是所有體質因素與偶發因素存在的量是多少，以及它們如何共同協調合作，還有性器活動能移轉（deflected）到昇華的程度。同樣地，在歇斯底里的狀態中，總是達到了性器區域首位（primacy of genital zone）。

天才與才能的區別不只是量的方面，也在基本的品質方面，不過我們可以假設才華具有同樣的基因條件，而當所有相關因素都是如此完備以致於形成了獨特的組合類別時，才有可能產生天才；這些組合是由一些互相具有某些基本相似性的單位所組成的

——我指的是原慾的固著。

在討論昇華的議題時，我認為昇華成功的決定性因素是：以昇華為目標的固著不應該過早進行潛抑，因為這樣會排除發展的可能性。照這樣說來，我們應該要在症狀形成與成功昇華兩端之間假設一個互補序列——包括了昇華不太成功的可能性。我認為我們發現的是：導致症狀發生的固著其實正是在走向昇華的過程中，只不過它因為受到潛抑而與昇華無緣。潛抑發生得愈早，固著將更容易保存真正的愉悅情境之性特質，也更容易將其原慾貫注的傾向加以性慾化，而非與該傾向融合；另外，這種傾向或興趣也會更不穩定，因為它將永久持續受到潛抑的宰制。

我想補充說明關於不成功的昇華與抑制兩者之間的差別，以及兩者的關係。我曾提到有些抑制是正常的，而且是發生在潛抑成功的情況下，當這些潛抑為分析所解決時，我們發現它們有部分是建立在極為強烈的昇華上。事實上這些昇華已經形成了，只不過是被完全或部分抑制了，它們不具有昇華不成功的特質——這些不成功的昇華會在症狀形成、精神官能症性質與昇華之間擺盪；只有在分析中才會被辨識為抑制，並以負面的形式表現出
90 來，像是缺乏動機或能力，或者有時候只是這兩者較弱。抑制是因過量的原慾——這些原慾以焦慮的方式釋放——移轉到昇華而形成的（正如本書96頁所說明的），於是這些昇華會被潛抑減弱或破壞為抑制的形式，而避免了症狀形成，因為焦慮的釋放是以一種類似於我們所熟悉的歇斯底里式的症狀形成的方式。如此說來，我們可以說正常人是在成功的潛抑幫助之下，藉由抑制來達到健康的狀態。如果受抑制的焦慮量超過了昇華的量，結果就是精神官能式的抑制，因為在原慾與潛抑之間的拉鋸戰不再是由自我傾

向的領域所決定了，於是在精神官能症中用來抓住焦慮的同樣過程被啟動了。然而在不成功的昇華時，幻想在昇華過程中遭遇了潛抑而被固著，我們可以猜想：如果昇華要被抑制的話，必須要有真的昇華發生才行。在此我們可以再次假設：在症狀與成功的昇華兩者之間所意味的互補序列，不過，我們可以假設：另一方面，當大部分的昇華成功時，只有少量的原慾蓄積在自我當中，準備以焦慮的方式來釋放，因此，就更沒有必要抑制了。我們也可以確定的是，當昇華愈成功時就愈不需要潛抑，在此我們又再一次假設了一種互補的序列。

我們知道自慰幻想在歇斯底里症狀與歇斯底里發作的重要性，讓我來說明自慰幻想對於昇華的影響。十三歲的菲力司在分析中產生了以下的幻想，他正和一些漂亮的、裸著身子的女孩子玩，他愛撫著她們的乳房，但並未看見她們的下半身。他們正在一起玩足球。這個性幻想，對菲力司來說是替代了自慰，在分析中有後續的其他幻想，有些是白日夢的形式，其他的則發生在晚上，如同自慰的替代品，而且都與遊戲有關。這些幻想顯示了他的某些固著如何發展為對遊戲的興趣。在第一個片段的性幻想中，性交已經被足球所取代了。[90-1]這種運動比賽，和其他活動一
樣，完全吸收了他的興趣與抱負，因為這種昇華藉由一種保護的 91
反應而被增強了，這種保護反應是為了抵禦其他與自我較不契合而被潛抑與抑制的興趣。

一般來說，這種反應性或是強迫性的增強，很可能是破壞昇華的一個決定因子，這種昇華的破壞有時候會在分析中發生，雖

90-1　我在分析男孩與女孩時發現，足球——事實上，所有的球類運動——具有代表性的意義。我將在稍後加以說明，目前我僅指出我所獲得的結論。

然通常我們的經驗是分析總是會促進昇華。在固著被解決且原慾釋放的其他管道是開啟的時候，症狀作為代價高昂的替代形成物，就會被放棄了。但是，將這些固著帶入意識中，因而形成昇華的基礎，勢必要導致不同的結果：通常昇華會被再增強，因為它一直是最為便利，也可能是最早的原慾釋放替代管道，而原慾必定仍未獲滿足。

我們知道，在「原初」場景或幻想上的固著是發生精神官能症的重要因素，我要提供一個例子來說明原初幻想在昇華發展上的重要性。福利斯快七歲了，他說了許多關於「皮皮將軍」的幻想，這個將軍帶領著一群士兵——叫做「皮皮弟弟」（Pipi-drops）[91-a]走在街上，福利斯精確地敘述了這些街道的狀態與情境，並且和字母的形狀做比較。這個將軍帶著士兵走到一個村莊，駐紮在那裡。這個幻想的內涵是與母親性交、伴隨性交時陰莖的動作以及陰莖進入的管道；由其脈絡來看，它們似乎也是自慰幻想。我們也發現它們和其他元素一同在他的昇華中作用著，我目前尚無法深入瞭解其發展。當他騎乘在「滑輪車」上時，他特別強調轉彎與弧線的重要性，[91-1]就像他在不同的幻想中也曾描述到的他的生殖器皮皮，例如他曾說過他為他的皮皮發明了一樣專利的東西，包括能夠不動手、藉由扭轉它的全身就讓皮皮抖動著通過其燈籠褲的開口。

91-a　中譯註：意指從性器官滴落的東西，翻譯取與「滴」音相近的「弟」。

91-1　他在這項娛樂獲得極大的樂趣與技術之前，最初是笨拙與厭惡的。在分析中，最初發生了在享受與厭惡之間的擺盪——這也發生在其他的動作遊戲或運動上。後來他獲得了持續的樂趣與技巧，取代了抑制，而抑制在此之前是由閹割恐懼所決定的。同樣的決定論在他對玩平底雪橇滑下的抑制（與後來的樂趣）上是明顯的，在這件事情上，他也是特別強調所採取的各種不同的姿勢。我們發現了他在所有遊戲活動與運動中，都有一種類似的態度。

他重覆的幻想是發明了特別的摩托車與汽車，這些幻想[92-1]的 92
建構重點不外乎獲取特別的操控與曲線行進的技術來進進出出。「女人，」他說道，「也許能夠操控，但是她們無法快速地轉向。」他有一個幻想是所有的小孩，包括男孩與女孩，當他們剛生下來時就擁有自己的機車了，他們的摩托車上可以再多載其他三、四位小孩，而且可能在路上任何地方將他們丟下，頑皮的小孩在摩托車急轉彎時摔下來，其他的則在終點處放下來（被生出來）。談到字母S時——他對這個字母有許多幻想，他說S的小孩——也就是小s，當他們還穿著長袍時，可以射擊與駕駛摩托車，他們全都有摩托車，他們騎車一刻鐘所到的距離比成人一小時能到的更遠，而且小孩在跑、跳及其他各種身體的靈巧度上都比大人好。他也有很多關於各種汽車的幻想，只要他擁有這些車子就會坐在裡面去上學，並且帶著媽媽和姊妹一起。有一次他在有關為摩托車加油的想法上表露出焦慮，因為有爆炸的危險，後來發現在幫摩托車加滿油的幻想中，油代表了「皮皮水」或是精液。他認為這是性交中必要的東西，而靈巧地駕馭摩托車並不斷地做曲線或轉彎的動作，則代表了性交的技術。

在生命很早期的時候，他就已經對道路及所有和它有關的興趣發生了固著的徵象。當他大約五歲時，明顯不喜歡散步，同時，他也非常明顯地對時空距離缺乏認知。例如，在我們一同旅遊數小時之後，他仍然以為就在自家附近。伴隨著不喜歡外出走路，他同時也對所處環境全然缺乏興趣去熟悉，以及完全欠缺定向的能力。

92-1　很明白的是，在他的幻想中，獨家自創之裝置的根本重點在於皮皮的活動與功能，他的發明是為了讓它更完美而設計的。

他對汽車的興趣顯現在他可以接連好幾個小時從窗口或房子入口處觀望經過的車輛，還有他對於駕車的熱中。他會專注地扮演車夫或司機，把椅子推在一起形成車子，像是強迫行為一般全然投入在這個遊戲中——特別是他對其他任何遊戲都完全不感興趣。但就這個遊戲來說，其實他只不過是相當安靜地坐在那裡而
93 已。正是在這段時間裡，我開始對他進行分析，他在幾個月之後有了極大的轉變，而且是全面性的。

從此之後他不再焦慮了，但在分析中仍然看得到強烈的焦慮，隨後並藉由分析而獲得解決。在分析的最後階段，他對街頭遊蕩孩子的畏懼症浮現了，這點和他反覆被街上的孩子騷擾的事實有關，他表現出對他們的恐懼，甚至於無法說服自己單獨上街，因為外在的原因導致分析無法繼續，所以我也無法用分析的方法來觸及這個畏懼症，但是我發現在停止分析之後不久，這個畏懼症完全消失無蹤了，接著表現出來的是漫遊的愉悅。[93-1]

與此緊密相隨的是，他發展出在空間定位方面更活絡的感覺。首先是他對車站、火車車廂的門特別感到興趣，再來就是當他進入某些場所時所注意到的出入口；他開始對電車軌道及其經過的街道產生很大的興趣。分析已經移除了他對遊戲的嫌惡，這一點經確認具有許多決定的因素。他對汽車的興趣，很早就已經發展出來了，而且具有強迫性的特質。和以前單調的車夫遊戲對比的是，現在的這些遊戲在進行時帶著很豐富的幻想。他也對電梯及進入電梯顯現出極大的興趣，差不多在這段期間裡他病了，

93-1 當他兩歲九個月時，他曾經離家、穿越繁忙的馬路，絲毫不懼怕；逃家的傾向持續了大約六個月，之後他表現出對汽車非常小心謹慎的態度（分析顯示這一點是精神官能式的焦慮），而想要離家的願望和享受四處漫遊的樂趣最後都消失了。

必須在床上休息，於是他發明了以下的遊戲，他爬到床單底下說：「那個洞愈來愈大了，我很快就要出來了。」他慢慢在床的另一端拉起床單，直到洞口夠大可以讓他爬出來為止。然後他假裝要在床單底下旅行的樣子，有時候從這一側跑出來，有時從另一側，移到頂端時他說他正在「地面上」，意思是和地下鐵相反的情形。他曾經因地下鐵從地下冒出來繼續在地上走的景象，而大大受到驚嚇。在這個遊戲中，他非常小心地對待床單，在移動的旅程中不讓它在兩側被掀起，所以他只有在床的一端出現時才被 94
看到，而他稱那一端為「終站」。又有一次，他用不同方法來玩床單，這次包括了在不同的方向鑽進鑽出，在玩耍中他對媽媽說：「我要進入你的肚子裡頭。」大約在這期間，他產生了以下的幻想：他正在進入地底下，那裡有許多人，列車長快速地在台階上下走動，給這些人車票，他在地底下坐著車，直到路線會合的地方，那裡有個洞和一些草地。在另外一個這類遊戲中，他在床上重覆地做一輛玩具車子，司機在被他捲成小丘的床單上開著車子，他說：「司機總是想要走在山上，但那是不好走的路。」然後，他讓司機走在床單底下說著：「這才是對的路。」他對電車軌道的某一部分特別感到興趣，也就是只有單軌而形成一個環狀會車線的時候，關於這一點他說應該要有這樣的環形會車線，以防另外一輛火車從反方向過來時發生撞車。他對媽媽如此描述了這個危險狀況：「你看，如果兩個人從相反的方向面對面走著，」（他邊說著邊跑向媽媽）「他們會互相撞上對方，對兩匹馬來說也是如此，如果牠們用這種方式走向對方。」他常有的一個幻想是他想像媽媽的體內是怎樣的地方：那裡有各種裝置，特別是在她的肚子裡，接下來的幻想是有一些小孩子在鞦韆或旋轉木馬上，有一個人在某個東西上按壓，好讓小孩子們可以一個接一個不斷地從這邊爬上去，從另一邊爬下來。

他對於四處遊走的這個新興趣以及所有其他的興趣持續了一段時間，幾個月之後，這些興趣就又被舊有的對散步的嫌惡感所取代了。在我最近開始分析他的時候仍是如此，當時他已經快七歲了。[94-1]

在分析的下一部分，走得很深了，這種嫌惡也增加了，清楚顯示為一種抑制，一直到隱藏其後的焦慮顯現出來而能夠被解決為止，特別是去學校的路程引發了這種強烈的焦慮。我們發現他不喜歡這條上學路線的原因之一是，這條路上有一些樹的關係，而另一方面，他卻認為這些路旁要是有田野，就會非常美麗了，
95 因為那裡可以開闢步道。如果種花、澆水的話，還可以變成一座花園。[95-1]他對樹的強烈反感，有一段時間是以懼怕樹林的形式呈現，經過證實有部分是因為他幻想砍倒的樹可能會壓在他身上所致。對他來說，那棵樹代表了父親的巨大陰莖，他想要將它砍下來，但也因此對它感到懼怕。我們在好幾個幻想中瞭解到他在上學途中所恐懼的是什麼，有一次他告訴我關於上學途中經過的一座橋（這座橋只存在於他的想像中），[95-2]如果橋上有個洞的話，他可能就已經掉進去了。另外有一次，他看到路上有一條很粗的繩子，使他很焦慮，因為那讓他想到一條蛇。在這個時候，他試著在部分路段跳著走，理由是他有一條腿被砍斷了。他的一個幻想和他在書上看到的圖片有關，是關於一個巫婆。在幻想中，他

94-1 這個男孩之前曾有過復發，當時有部分原因是我希望小心行事而沒有讓分析走得夠深，不過，獲得的部分成果經證實是持續存在的。

95-1 與種植花卉有關的是，他在沿途特定地點小便的習慣。

95-2 費倫齊，〈橋的象徵〉（The Symbolism of the Bridge, 1921）。

在去學校的路上遇見這個巫婆，巫婆會將一大罐墨汁倒在他的身體和書包上——那個罐子代表了母親的陰莖。[95-3]他又接著補充他怕這個東西，同時又覺得它不錯。另外有一次他幻想遇到一個漂亮的巫婆，很仔細地看著她的頭冠，因為他如此盯著她看，他是一隻杜鵑，[95-a]她又施魔法取走了他的書包，並且將他從一隻杜鵑變成了一隻鴿子（也就是如他所想的，一種雌性的動物）。

我要舉一個幻想的例子，它會出現在稍後的分析當中。在這幻想中，那條道路最初的愉悅意義是明顯的。福利斯曾告訴我，如果不是為了那條路的話，他相當喜歡上學。為了要迴避那條路，他幻想要架一個梯子從自己房間的窗子跨越到學校老師房間的窗口，然後他和媽媽可以一起爬過階梯去學校。接著他告訴我有一條繩索，也是從一個窗口拉到另一個窗口，他和妹妹（或姊姊）沿著這繩索被牽引到學校去，有一個僕人幫助他們丟擲繩索，而那些已經到學校的孩子們也會幫忙。他自己則將繩索丟回去，「他會移動繩索」——他如此說這件事。[95-4]

在分析當中，他變得更為活躍了。他告訴我以下的故事，他 96
稱之為「公路搶劫」：有個非常有錢又快樂的紳士，雖然年紀還輕，但他想要結婚了。他走上街頭，看見了一位美麗的淑女，就問她叫什麼名字，她說：「不干你的事。」接著他問她住哪裡，她又一次對他說：「和你無關。」他們講話愈來愈大聲，引起一位已經在注意他們的警察上前，並把這個男人帶上一輛很大的馬

95-3　他對於被墨汁污染的聯想是：油和濃稠的牛奶。在分析中顯示，這些液體在他心中代表了精液。他以為在母親與父親的陰莖裡存在著糞便與精液的混合物。

95-a　中譯註：德語kuckte即「盯著看」，發音與杜鵑（Kuckuck）相似。

95-4　這是一個很長而且有豐富內涵的幻想，它為各種生殖與誕生理論提供了素材。他也對一個自己發明的機器有其他的聯想，藉由這個機器他可以把繩索拋到城市裡的各個地方。這個幻想透露了他對於爸爸生殖創造他的想法，和他自己的性交想法混合在一起了。

車裡——這種馬車是像他那樣氣派的紳士可能會擁有的，然後，他被帶到一棟窗前有鐵條的房子——監牢裡，他被控公路搶劫的罪名。「就是這麼一回事」。[96-1]

他最初在馬路方面的樂趣是和他想與媽媽性交的願望有關，
97 因此必須等到閹割焦慮解除之後才能完全運作，同樣地，我們也看到和這一點息息相關的是，他喜歡探索馬路與街道（這些形成了他定向感的基礎）的發展是伴隨著性好奇的釋放而發生的，而性好奇也是因為閹割恐懼而被潛抑的。以下我要舉幾個例子。他曾經告訴我，當他小便時必須放上煞車裝置（他藉由壓陰莖來做到這點），不然的話，整個房子可能會倒塌。[96-2]在這方面有許多幻想顯示他是受到了「在媽媽體內」——藉由認同她——及「自己體內」之心像（mental image）的影響。他以一個被鐵路切割的城鎮——通常是一個國家，後來是一個世界——來描述它，他想像這個城鎮供給居住其中的人與動物所需的各樣物品，備有每一種現代化的器械。

那裡有電報、電話、各種鐵道、升降梯與旋轉木馬、廣告……鐵路是以不同的方式建造的。有一個是環狀鐵道，上面有許多車站，有些車站像是市區的鐵路有兩個終站。有兩種火車走在鐵軌上：其一是「皮皮列車」（Pipi-train），由「皮皮弟弟」所駕駛，另外一種是「卡奇車」（Kaki），由「卡奇」[97-1]所駕駛。通常「卡

96-1　這個幻想顯示出決定他早年對街頭男孩感到恐懼的因素，這樣的恐懼已經暫時消失了，最初的分析並未深入，也未能充分解決造成畏懼症與其抑制的固著，可能使他再復發。以更多兒童分析的經驗來看這樣的事實，我認為證實了嬰兒的分析和較晚期的分析一樣，有必要的話都應該要做得夠深。

96-2　我們在他的第一次分析時遇到了這些想法（參見〈兒童的發展〉）。由於分析沒有走得夠深，所以和這些想法連結的幻想無法被釋放，只能在第二次分析中展現。

97-1　糞便。

奇車」是以一種普通的載客火車來代表，而「皮皮車」則是快車或電車，兩個終站是嘴和「皮皮」。在這種情況下，有一個特別的地方是火車必須通過一條陡下坡，並在兩側滑開。然後，那裡發生了碰撞，因為載著「卡奇」小孩走這條路的火車，被另一輛火車撞上了。受傷的孩子們被帶到信號箱子裡，[97-2]這個東西證明是「卡奇洞」，它在日後經常被帶入幻想中，當作列車抵達或離開的月台。當火車從另一個方向過來時，也發生了一個碰撞，也就是說，當他們由嘴進入時，這代表了藉由吃而受精，而他對某些食物的嫌惡乃是由這些幻想所決定的。還有許多其他的幻想，其中一個是兩種鐵道共用一個發車月台，火車走在同一條軌道上，稍後才分岔走向「皮皮」與「卡奇洞」。他受到嘴受精這個想法的影響有多強烈，可以從一個幻想中看出來。這個幻想強迫他在小便時中斷七次，停止七次的想法經證實是源自當時他正在服用的藥物的滴數，而他對這藥水是非常排斥的，經分析後顯示，他將之等同於尿液。

我要再提一個細節是關於從城鎮、鐵道[97-3]、車站與馬路的幻想中，所呈現的豐富想像。另外一個常見的幻想是關於一個車站，他給它起了幾個不同的名字，我叫它為A，另外還有B和C兩個車站，它們和第一個連在一起，通常他把這兩個車站想像為一

97-2　這裡我要再次提及〈兒童的發展〉當中所敘述的一個幻想。在這個幻想中，「卡奇」小孩從露台跑下數個台階進入了花園（房間）。

97-3　他幻想的環狀鐵道也出現在所有的遊戲中，他讓火車繞著圈圈跑。他對方向與街道名稱的興趣逐漸增加，且發展為對地理的興趣，他假裝在地圖上旅行，所有這些顯示了他的幻想從他家進展到他所居住的城鎮、他的國家以及整個世界（一旦幻想獲得了自由，這個進展就顯現出來了），這個進展也影響了他的興趣，因為它們涉及的領域是愈來愈寬廣了。此處，我要從這個觀點來強調對遊戲的抑制具有極大的重要性，遊戲的抑制與限制導致了在學習及整體後續心智發展兩方面的潛能與興趣都被減弱了。

個單一的大車站。A非常重要，因為所有貨物都是從這裡輸送出去
98 的，有時也會有一些乘客進入，例如，一些鐵路公司的職員——他用自己的手指來代表他們，A是嘴巴，食物從這裡進入，那些鐵路職員是「皮皮」，這點和他經由嘴受精的想法有關。在B有一個花園而沒有任何樹，不過有許多步道互相交織著，有四個入口通往這些步道——這些入口只是洞而不是門，是耳朵與鼻子的開口。C是頭骨，和B、C在一起的是整個頭，他說頭只能連結嘴巴。這個想法有部分是由其閹割情結所決定的。肚子，也時常是車站，不過這樣的安排經常會有所不同，在這一切當中，很重要的角色是升降梯和旋轉木馬，純粹被用來運送「卡奇」和小孩子。

當這些和其他的幻想被詮釋之後，他的定向能力變得愈來愈強了，這點可以在他的遊戲與興趣上明白顯現出來。

於是我們發現他的定向感——之前被強烈地抑制，而現在顯著地發展起來了——是由想要穿透母親身體以便探究其內在與出入的通道，以及受孕與出生過程的願望所決定的。[98-1]

我發現這種定向感的原慾決定論是典型的，發展順利與否

98-1 我一篇未出版的論文中，有一段在柏林學會的討論，〈論抑制與定向感的發展〉（Über die Hemmung und Entwicklung des Orientierungssinnes, May, 1921）。亞伯拉罕指出，對定向的興趣與母親身體的關係在最早階段的先驅，是對定向的興趣與自己身體的關係。這當然是真的，但是這種早年的定向感似乎只有在對定向的興趣與母親身體的相關性被潛抑時才具有潛抑的命運——這當然是因為亂倫的願望與該興趣結合之故，因為在潛意識中對於回歸子宮並且探索它的渴望是藉由性交來達成的，例如，福利斯做了一隻小狗（在他的幻想中，這隻狗一再地代表了兒子）在他母親的身旁溜過去，正當他如此做的時候，他幻想著他正在遊歷的國度，母親的乳房是山丘，靠近生殖器的區域則是一條大河，忽然間，這隻小狗被僕傭們——玩具角色——斬斷了，他們控訴他某些罪名，說他損害了他們主人的摩托車，這個幻想最後以爭吵與打架收場。又有一次，他對小狗的旅程有了更多的幻想，牠發現了一處很棒的地方，他想在那裡安定地住下來……。但是，後來的結果又是糟糕的，因為福利斯忽然宣稱他必須射殺小狗，理由是牠想要搶走他的木屋。早先也曾出現過這種關於「母親身體地理學」的意涵，在他未滿五歲時，他將四肢與膝關節稱為「邊界」，稱他母親為「一座他正在攀爬的山」。

（或者是另一種狀況——由於潛抑而抑制了定向感）有賴於它。部分抑制此能力（也就是對地理與定向的興趣）而造成程度不一的 99
功能缺失，決定因子就是那些我認為是形成廣泛抑制的基本因素；我指的是在生命某個階段中，潛抑作用於固著的程度，而這些固著的目標是昇華，或已經昇華了，例如，要是對於定向感的興趣沒有被潛抑的話，在其中的愉悅感與興趣會被保留，而且在這方面能力發展的程度，與順利探索性知識的程度是成正比的。

此處我要強調這種抑制有著極大的重要性，它——不僅在福利斯身上可以看到——延伸到廣泛的興趣與學習上，在對地理的興趣之外，我還發現它也是發展繪畫能力[99-1]、對自然科學的興趣，以及每一件與探索地球有關的事情的決定因子之一。

在福利斯身上，我也發現他在時間與空間方面的缺乏定向感有非常密切的關聯，相對於當他在子宮中對地點的興趣受到潛抑，他對於身處其中的時間細節也是興趣缺缺的，因此「在出生以前我在哪裡呢？」及「什麼時候我在那裡？」等這些問題都被潛抑了。

從他許多話語以及幻想中可以明顯得知的是，他潛意識中將睡眠、死亡以及子宮內狀態視為等同，與此相關的是他對於這些狀態的持續時間及其接續情形的好奇。由此看來，從子宮內過渡到子宮外的狀態改變，似乎是所有週期性的原型，也是時間概念以及時間定位的基礎之一。[99-2]

我想再提一件事，它顯示了定向感的抑制有極大的重要性。

99-1　例如，福利斯在這個階段首次嘗試畫畫，雖然這些圖畫未顯示出他有任何天分。他的畫只是再現了鐵道線、車站以及城鎮。

99-2　在這個論點上，我同意何露斯（Hollós）醫師的看法（Über das Zeitgefühl, 1922），他從不同的出發點獲致了相同的結果。

在福利斯的例子中，我發現他對啟蒙的阻抗是與定向感的抑制密切相關，而定向感的抑制又源自於他所留存的嬰兒期之「肛門孩童」性理論。不過，分析顯示他之所以固著在這個肛門理論是因為潛抑的結果，而潛抑則是因伊底帕斯情結之故；他對於啟蒙的阻抗並不是因為他尚未達到性器的組織層次，以致無法領會性器
100 過程所造成的。事實上，相反地，這個阻抗阻礙了他進展到那個層次，並強化了他在肛門層次的固著。

在這一點上，我要再次提到對啟蒙的阻抗，兒童的精神分析一再證實我這個觀點，使我不得不將它視為一個重要的症狀，也就是一種抑制的徵候，這些抑制決定了整體後續的發展。

在福利斯的案例上，我發現他對學習的態度也是由同樣的性象徵貫注所決定的，分析顯示他對學習的顯著排斥是一種極為複雜的抑制，在不同學科上由不同的原慾成分（instinctual components）所決定。例如對於走路、遊戲以及定向感之抑制的主要決定因素是對性象徵貫注的潛抑，這潛抑是植基於閹割焦慮之上的，而性象徵貫注指的是藉由性交來穿透進入母親體內之意念的興趣。在他的分析中，這種原慾貫注，以及伴隨而來的抑制，明顯是從最早的動作以及移動的遊戲擴及通往學校的道路、學校本身、他的老師與學校生活中的各種活動。

由於在他的幻想中，練習本裡的線條是道路，練習本則是整個世界，而字母則是騎乘摩托車——亦即筆——進入其中；或者，筆是一艘船，練習本是一座湖泊。我們發現福利斯在書寫上的許多錯誤（這些錯誤有好一陣子是無法克服的，直到它們在分析中獲得解決，並且完全消失了），是由許多關於不同字母的幻想所決定，他幻想這些不同的字母互相友好或者爭鬥，它們有各種經

驗。一般來說，他認為小寫字母是大寫字母的孩子，他視大寫S是高大德國人（long German s's）的皇帝，它在末端有兩個鉤子，藉此與女皇（empress）——亦即尾端的小s，只有一個鉤子——有所區別。

我們發現說出來的話對他而言就等於寫下來的字，字代表陰莖或孩子，而舌頭的動作和筆則代表性交。

我要簡短一提兒童精神分析為我揭示的，關於原慾貫注在嬰兒語言及特質發展，以及整體語言發展的廣泛重要性。在語言
中，[100-1]口腔的、食人的及肛門施虐的固著被昇華了，其成功的程 101
度是根據早期組織層級在性器固著為首位之下被涵括（comprehended）的程度而定。我認為這個能讓倒錯的固著得到釋放的過程必定能在所有的昇華中呈現出來。由於各種情結的運作，引發了各種的強化與置換，它們具有退行或反應的特質，並提供了個體無限的可能性，以語言為例，在他的語言特殊性及整體語言發展方面，都是如此。

在福利斯的案例中，我發現說話——無疑是最早的昇華形式之一——從一開始就被抑制了，他很晚才開始說話，變得像是安靜。後來，在分析過程他變得能言善道，樂此不疲地訴說自己編的故事，幻想在這些故事裡發展著——他在接受分析以前並未顯現這方面的能力，不過也很明顯，他喜歡說話，而且和字語有著特別的關係，與這些密切相關的是他對文法的強烈興趣。為了說明起見，我要簡短引用他說的一段話，關於文法對他的意義，他告訴我「字的根部（root）本身不會動，只有它的尾端才會動」，他

100-1　這裡我要參考史琵戀醫師（Dr. S Spielrein, 1922）一篇有趣的論文，她非常清晰地追溯嬰兒用語「爸爸」（Papa）與「媽媽」（Mama）的來源與吸吮的動作有關。

想要給姊姊一個筆記本作為生日禮物，他在裡頭寫了每一件事物所做的事情，某物做些什麼事呢？「某物會跳躍、某物會跑、某物會飛」等等，那表徵了陰莖所做的事，他想把這些事寫在筆記本裡，也想在媽媽身上做這些事。

說話像是一種性器活動的意義，亞伯拉罕也在一個假性知識（pseudologia）的案例上報告過，我發現每個個案或多或少都有這樣的狀況存在。我認為，這一點及肛門決定論（anal determination）都是典型的。對我來說，這一點在一個口吃女孩的個案中，特別明顯。這個九歲女孩叫做葛莉特，具有強烈的同性戀固著，她將說話與唱歌視為男性的活動，把舌頭的運動當成是陰莖的活動。她特別喜歡臥在躺椅上背誦法語文句，她說它是「如此有趣，當聲音上上下下，就像是人在梯子上那樣」，她對此的聯想是，那個梯子是在一隻蝸牛裡，但是，在蝸牛殼裡會有容納梯子的空間嗎？（一隻蝸牛是她給生殖器起的名字）逗點與句點，對應於說話就像是停止（pause）一樣，意思是一個人向「上或下」走，一遍又一遍，一個單字代表陰莖，一個句子則代表了陰莖在性交中
102 的抽插，也代表了整體的性交。

在許多案例中顯示了劇院與音樂會——事實上，任何有聲音可聽、有影像可觀賞的表演，總是代表了雙親的性交——聆聽與觀看代表了實際上或幻想中的觀察，而落下的布幕則代表阻礙觀察的物體，如被單、床沿等。我要引述一個句子，那是關於小葛莉特告訴我的一齣在劇院中演的戲。首先，她因為位置不夠好離舞台有段距離而感到苦惱，但是她改口說她其實比那些坐得很靠近舞台的人有更好的視野，因為他們無法看到舞台全貌，然後她聯想到小孩睡床的位置，睡床放置在父母親臥室中，最小的弟弟可以

靠近父母的床，不過床頭板讓弟弟很難看見他們，而她的床離得較遠，卻能將父母的床一覽無遺。

十三歲多的菲力司在以前並未顯現音樂的天分，但在分析過程中，他逐漸顯著發展出對音樂的喜愛，這一點是在分析將他早先嬰兒期觀察性交的固著帶入意識時發生的，我們發現了聲音——部分來自於他從父母睡床旁聽到的，其餘則是幻想產生的——形成了對音樂強烈興趣（在最早期被抑制）的基礎，這樣的興趣在分析中再次獲得了解放，我在其他案例中發現，這種決定音樂興趣與天分的機制也見於其他案例中，因此我認為是典型的。

在H太太的案例中，我發現她對顏色、形式與圖畫顯著的藝術鑑賞能力之決定機制也是類似的，不同在於她早年的嬰兒觀察與幻想是和她看見的事物有關。例如，圖畫中特定的藍色調直接表徵了男性的元素，這是她固著在陰莖勃起時的顏色。這些固著來自於對性交的觀察，並導致了對於陰莖在非勃起狀態時顏色與形狀的比較，進一步也導致了在不同光線之下對於某些顏色與形狀改變，以及陰毛的對比觀察等等。在這裡，對於色彩感興趣的肛門基礎總是存在的，我們可以一再發現這種事實，即對圖畫之原慾貫注就如同圖畫代表了陰莖或小孩（同樣的情形適用於一般的藝術品），而對於畫家、大師與具有創造力的藝術家的原慾貫注則如同他們代表了父親一般。

我再提供一個圖畫被視為如同小孩與陰莖的例子，我在分析中一再看到這個意義。五歲半的福利斯說他想看媽媽的裸體，並 103
補充說：「我要看你的肚子和裡頭的圖畫。」當她問：「你是指你以前所在的地方嗎？」他回答說：「是的，我想要看看你的肚子裡是否沒有小孩。」這個時候，在分析的影響之下，他對性的好奇心更自由地顯現出來了，而他的「肛門兒童」（anal child）理論也更清楚浮現了。

綜合我所說的，我發現藝術與智能的固著，以及那些後來會導致精神官能症的固著，都是以原初場景或是對它的幻想為最有影響力的決定因子，重點在於哪一種感官比較強烈地被激發了：表現出來的興趣是對看到的事物，或者是對聽到的聲音，這也可能決定了——另一方面也有賴於——意念是以視覺還是聽覺的方式來對個體呈現，無疑地，體質因素在此扮演了重要的角色。

在菲力司的案例中，他是固著在陰莖動作上；福利斯是固著在他聽到的聲音上；其他案例則固著在色彩效果上。當然，對將要發展的才能和天分來說，那些我詳盡討論過的特殊因素必定是會發生作用的，在固著於原初場景（或幻想）這件事上，活動的程度——它對昇華來說是如此重要——無疑也決定了個體是否發展出創造或生殖的才能，因為活動的程度必然影響著認同的模式，我的意思是問題在於它是投入於欣賞、研究與模仿他人的傑作，還是想要藉由自己的表現來努力超越這些作品。在菲力司的分析中，我發現他最初對音樂的興趣，清一色都是對作曲家與指揮家的批評，當他的活動逐漸被釋放之後，他開始嘗試去模仿他聽見的。但是在更進一步分析中，更多關於活動的幻想出現了，年輕作曲家和年紀較大的作曲家互相比較。雖然這個個案的創造才能是無庸置疑的，我觀察到當他的活動更自由時，便影響了他在所有昇華的態度，這種影響方式讓我對於活動在發展才能方面的重要性有更多的瞭解。對他進行的分析顯示了在其他案例之分析所證實的：批評的根源總是來自於對父母性交的觀察與批評。在菲力司的案例中，很清楚的是，他一方面是旁觀者與評論者，另一方面在他的幻想中，他也參與在所聞所見當中，成為樂團的一員。只有當活動可以被釋放的更晚期階段時，他才能夠對父母的角色感到自在與信任——也就是說，只有在那時，他才能鼓起勇氣讓自己成為作曲家——如果他有足夠才華的話。 104

總而言之，說話能力與運動的樂趣總是有原慾的貫注，而這樣的貫注也具有性器象徵的本質，這是早期藉由將腳、手、舌、頭與身體認同於陰莖，由此進展到這些部位的活動，於是這些活動獲得了性交的意涵。接續在營養功能方面的自我保存本能（self-preservative instincts）被性本能（sexual instincts）利用之後，下一個轉向的自我活動是說話與運動的樂趣。因此，說話可能不僅協助了象徵的形成及昇華，它本身也是最早期昇華之一的結果，似乎當昇華能力的必要條件存在時，固著——從這些最原初的昇華開始，而且與之息息相關——會繼續進展到對更多自我活動與興趣的性象徵貫注。佛洛伊德曾如此闡述：人類趨向完美的衝動是來自於對滿足的渴望（這是無法被任何可能的反應性替代物與昇華所緩和的）與他在現實中得到的滿足，這兩者之間的差距所形成的張力導致的。我想，我們可以將這個動機歸因於葛羅戴克（Groddeck, 1922）所說的製造象徵的強迫性，以及不間斷的象徵發展，於是持續藉由固著來影響原慾貫注於新的自我活動與興趣——它們在基因上（也就是說藉由性象徵）是彼此相關聯的——的衝動，以及創造新活動與興趣的衝動，就是人類文化演進的驅動力。這也解釋了為什麼我們會發現象徵的運作有愈來愈複雜的發明與活動，就像兒童總是不斷地從原初的象徵、遊戲與活動進展到其他的事物上，並放掉先前的事物。

再者，在本文中我嘗試指出抑制的重要性，而這些抑制不能被稱為精神官能症；有些抑制看起來並無任何實際上的重要性，只能在分析中被辨識出來（只有當嬰兒分析被採用時，才能充分顯現它們的意涵）。這些抑制包括明顯地缺乏某些興趣、輕微的嫌惡感。簡單說，健康人的抑制具有最多樣的掩飾，然而當我們考慮到一個正常人得犧牲多少原慾能量來買他的健康時，就會知道這些抑制的極端重要性了。「如果我們不將注意力放在精神無能
105 （psychical impotence）觀念的延伸，而是放在其徵候學的階段性變化，必然會得到這樣的結論，即在現今文明世界中，男人愛的行為總是帶有精神無能的特徵。」[105-1]

在《引論》中，佛洛伊德曾討論到對於教育工作者可能提供什麼預防措施，他的結論是：即使硬要保護童年（這是很難的一件事），在面對體質因素時也可能是無能為力的，然而，如果這種保護太過於成功地達到目標時，也是危險的。這段話在福利斯的案例中得到了充分的印證，這個孩子在早年曾經被受到精神分析觀點影響之人的悉心照料，然而並未能防止抑制與精神官能性的性格特質發生，在另一方面，他的分析顯示了，這些導致抑制的固著又可能是形成優秀能力的基礎。

不過，我們一方面不該太過於重視所謂分析式的養育方式，但仍必須盡所有力量來避免對兒童造成心智傷害；另一方面，本文的論證顯示了在孩童早期實施精神分析來幫助教育的必要性。雖然我們無法改變那些導致昇華或抑制，甚至是引發精神官能症的因素，不過早期分析能讓我們在這些發展正在進行的時候，從根本的層面上影響其方向。

105-1 佛洛伊德：〈關於愛的領域中貶低的普遍傾向〉（On the Universal Tendency to Debasement in the Sphere of Love, *S.E.* **11**）。

我試著說明原慾固著決定了精神官能症及昇華的發生，有時這兩者是依循同一條路徑的。潛抑的力量決定了這條路徑是通往昇華還是精神官能症，早期分析就是在這一點上找到可能性，因為它能夠在相當大的程度上用昇華來取代潛抑，也因此能夠將發展到精神官能症的路徑轉向到發展才能上。

第五章　抽搐的心理起因探討[106-1]（1925）

接下來是一個較為冗長的個案史摘要，我提出這份素材主要 106
是為了審視抽搐的心理起源的相關因素。在這個案例中，抽搐似乎只是一個次要的症狀，在素材中僅占極小的部分。然而在這位病患的性發展過程中，抽搐所扮演的角色卻牽動著他的整體人格、他的精神官能症及他的個性，而這影響是如此深遠，一旦分析能成功地治癒抽搐，治療幾乎就可以宣告結束。

菲力司十三歲的時候被帶來我這裡分析，令人印象深刻的是，他的行為完全符合了亞歷山大所提出的「精神官能症性格」。雖然他沒有真正的精神官能症狀，但在對智性上的興趣和社交關係都嚴重受到抑制。他的心智能力不錯，但除了比賽，他對任何事物都顯得意興闌珊。他對父母、兄弟與同學之間的態度非常冷淡。另一個不尋常的情況在於他缺乏情感。他母親只是順口提到他曾經有過幾個月的抽搐，不過就是偶發的小毛病而已，對她而言（至少有一段時間我也有這種感覺）這個症狀看起來並不是特別重要。

由於他一星期只來分析三次，加上他的治療中斷過好幾次，所以三百七十小時的分析時數實際是長達超過三年四個月。這個男孩一開始來看我的時候還沒邁入青春期，而長期的治療讓我瞭解到：他的種種困難，將會因為青春期的開始而愈演愈烈。

106-1　1947年註：感謝巴奈特（D. J. Barnett）小姐協助我翻譯這篇文章。

以下是一些有關他發展的基本重點。三歲時他因為包皮過緊而接受拉伸手術，他對這種拉伸與自慰之間的連結留有特別深刻的印象。他父親也曾經一再以警告、威脅，來禁止他的自慰行
107 為；在這些威脅之下，菲力司被迫放棄自慰行為。但是即使在潛伏期階段，他最多也只能做到偶爾不自慰。十一歲時，他必須接受鼻腔檢驗，這件事重新引發他三歲動外科手術的相關創傷，導致他對自慰的掙扎又出現了，但這一次，他的自慰行為因父親從戰爭中回來及新的威脅而完全停止。閹割焦慮與後來對自慰的持續掙扎，深深影響著這孩子的發展。還有一個非常重要的情況是，六歲以前他都和父母一起睡，對父母性交過程的觀察，在他心裡留下難以磨滅的印象。

三歲時——正是嬰兒期性生活的高峰期——進行外科手術造成的創傷，強化了他的閹割情結，也使他的性態度從異性戀轉往同性戀。但是，即使伊底帕斯情境已經出現錯置，卻還是遭受閹割焦慮的破壞。他的性發展迅速退回到肛門施虐的水準，並進一步退化到自戀狀態的趨勢。這為他塑造了拒絕外在世界的基礎，他的人際退縮態度變得愈來愈明顯。

當他還是個小小孩時，非常喜歡哼哼唱唱，但是從三歲開始卻不再唱歌。直到他接受分析以後，才重新恢復他對音樂的天分和興趣。在幼年，過度的身體躁動開始出現，並且有增強的趨勢。在學校他完全無法讓自己的腿靜止下來；他會不斷地在座位上亂動、做鬼臉、揉眼睛等等。

菲力司七歲的時候，他的許多困難因為弟弟的誕生而更加惡化。他更強烈地渴望能被溫柔的對待，但是他對父母和周遭環境的態度卻愈來愈冷漠。

小學一年級時，他是個出色的學生。然而，比賽與體育卻引發他強烈的焦慮，他非常討厭這些活動。十一歲時，他父親剛從戰場上回來，看見他在運動方面的懦弱表現，威脅著要處罰他。於是菲力司成功地克服了他的焦慮。他甚至呈現出另一種極端，107-1 他成為狂熱的足球員，並開始運動和游泳，不過原本懦弱的態度仍會一再復發。另一方面，父親堅持要指導他的家庭作業，他則以失去興趣作為回應。隨著對學習的厭惡一再增加，上學漸漸變成一種折磨。在這個時期，對自慰的掙扎再次出現，而且變本加厲。分析他對遊戲的熱中及對學校作業的厭惡，成為第一階 108
段治療中的重要主題。分析清楚地顯示出，遊戲和其他身體活動對他而言是一種自慰的替代品。剛開始分析時，他唯一能想起、有關自慰的幻想片段是這樣的：**他正在和一些小女孩玩；他撫摸她們的乳房，並且一起踢足球。比賽的時候，小女孩們身後的一座小屋不斷使他分心。**

分析揭示出這個小屋是一間廁所，象徵他的母親，顯示他對母親的肛門固著，同時代表了他對母親的貶抑。足球賽象徵他把性交幻想行動化，這取代了自慰，並以一種能夠被接受的形式來釋放性緊張，因為這行動是父親鼓勵，甚至是強迫他去做的。同時，比賽讓他有機會消耗掉過度的活動量，這和他對自慰的掙扎有著密切關聯。但這種昇華的方式只能達成部分的效果。[108-1]

在閹割焦慮的壓迫下，比賽與性交之間的對等關係使得他之前抑制下自己對於比賽的喜愛。來自父親的脅迫造成後來他成功

107-1　在我其他個案中也曾見過這種熱愛比賽與熱愛學習的交替行為（雖然沒有那麼明顯），請見本書第四章〈早期分析〉。

108-1　在〈早期分析〉一章裡，我為昇華作用的理論提出新的見解，同樣討論了這一個案例與放棄不成功的昇華作用背後的種種因素，就像此處所提到的一樣。

地將部分焦慮轉移到學業上，但因為求知與性交之間也具有某種潛意識的連結，使得學習現在變成了一種禁忌的活動，如同過去比賽對他也是一種禁忌一樣。在我的文章〈學校在兒童原慾發展中的角色〉中，我曾經以這個特殊個案來解釋這種連結關係，並更為廣泛地闡述其適用範圍。在此我只提到，對菲力司而言，用比賽、學習或其他昇華方式去處理焦慮是不可能成功的。焦慮會一再出現。在分析過程中，他愈來愈瞭解到比賽是一種失敗的、對焦慮的過度補償（over-compensation），也是一種失敗的自慰替代品。不出所料，他對比賽的興趣減少了。就在這時候他也漸漸地發展出對於各種學科的興趣。同時，在做出這麼多失敗的努力後，他的觸摸恐懼（〔Beröhrungsangst〕，對觸摸自己性器的恐懼）變少了，他逐漸克服長年來對自慰的恐懼。

此時值得注意的是他抽搐的頻率增加。他的抽搐最早出現在分析之前的幾個月，促發因素是他祕密地目睹了父母之間的性交過程。在抽搐出現後，一些症狀立刻出現：包括臉部抽搐和頭往
109 後仰。抽搐由三個階段組成。一開始，他的頭部後方靠近頸部的地方有一種鬱悶不舒服、彷彿被撕裂的感覺。這種感覺迫使他把頭往後仰，然後從右邊轉到左邊。第二個動作伴隨著一種感覺，好像有東西大聲地咔啦作響。最後一個階段是第三個動作，他會盡可能把下巴深深向下壓。這讓他有一種鑽進某種東西的感覺。有一段時間，他會將這三個動作連續做三遍。在抽搐當中，「三次」的意義之一（之後我會有更詳細的說明）在於他扮演了三個角色：被動的母親角色、被動的自己以及主動的父親角色。前兩個動作都象徵著被動的角色；然而在咔啦作響的感覺中所包含的施虐元素也象徵著主動的父親角色，這個元素在第三個動作中表

達得更完整，就像要鑽到某種東西裡去。

為了讓抽搐成為分析的重點，必須從病人口中獲得與抽搐有關的感覺和他對引發抽搐之情境的自由聯想。一開始抽搐只是不規律地間隔出現，發展一段時間後，頻率變得愈來愈高。直到分析成功地進入他深層心智中潛抑的同性戀傾向（一開始顯現在他對比賽的熱中，以及和比賽有關的幻想），抽搐的重要性才開始浮現。後來他的同性戀傾向也表現在至今尚未顯露出來的興趣上，他開始對音樂會，尤其是對指揮家和不同的演奏家產生興趣。他就此愛上了音樂，並逐漸真實地、持續地領略音樂之美。

在三歲時，菲力司已經透過歌唱顯露出對父親的認同。在創傷之後，這個興趣也如同其他較不利的發展一樣受到潛抑。在兒童早期的屏幕記憶之後，這個興趣在分析過程中再度出現。他想起自己還小的時候，早上起床看到平台鋼琴的鏡面上反射出他自己的臉，他注意到那是一個扭曲的鏡像，並感到害怕。另一個兒童期遺忘記憶是聽見父親夜間的鼾聲，看見父親的額頭長出角來。他的聯想始於他在朋友家看到一台漆黑的鋼琴，然後想到父母親的床。這個聯想顯示出，他一開始對聲音與音樂感到興趣，後來卻對聲音與音樂產生抑制的重要原因，是來自他曾經在父母 110
床上聽見的聲音。在參加一場音樂會後，他在分析時抱怨那台平台式鋼琴把演奏家完全遮住了，根據這件事，他創造出一段回憶：他的嬰兒床放在父母的床尾，這雖然遮住了他的視線，看不見究竟發生了什麼，但是卻阻止不了他用聆聽來觀察。事實愈來愈清楚，他對指揮家有興趣，其實是因為指揮家等於他父親在性交中的角色。當他還是個旁觀者的時候，他想要主動參與當時正在發生的事。這份願望在以下的聯想中更明白地顯示出來：他非常想知道指揮家為什麼能夠讓其他演奏者如此準確地跟隨他的節拍。對菲力司而言，這似乎是很困難的事情，因為指揮家握有一根相當大的指揮棒，而其他音樂家們卻只有手指可用。[110-1]希望當個音樂家，並和指揮家同時演奏的幻想，構成了他潛抑的自慰幻想的主要部分。他的自慰幻想原本已經昇華成為對於音樂節奏與動作元素的興趣，這時候卻因為三歲時外科手術曾造成的創傷，導致早熟而暴力的潛抑作用出現，使昇華作用受到阻礙。對於動態活動的需求因此藉由過度的不安與躁動來釋放，在他的發展過程當中還會透過其他方式表達出來，這點我會在下文加以說明。

這孩子在幻想中取代母親在配偶關係中的角色，這是一種被動的同性戀傾向，後來被主動的同性戀幻想所掩蓋，他幻想取代父親的位置，與一個男孩進行性交。這種幻想表達出他的同性戀客體選擇是在自戀的層次上進行的；他選定自己成為愛的客體。從創傷所中引發的閹割焦慮導致他以自戀的方式發展出同性戀傾向。而後，他所愛的客體從母親轉移到父親，又從父親身上轉移開來，這是自戀式退化的結果，形成他人際退縮行為的基礎。但是在他自慰幻想的同性戀內容的背後，我們能夠看見菲力司最早期認同父親的種種細節（例如他對平台式鋼琴和樂譜的興趣），換言之，這是一種與母親性交的異性戀幻想。菲力司三歲的時候曾經以唱歌的方式表現出這種認同，後來他放棄不再歌唱。

在他自慰幻想中的肛門期成分也變得更加明顯。例如在劇院裡，他很想知道是不是因為交響樂團的位置處在舞台下方，所以
111 音樂聽起來像是被包住一樣，相當模糊；這是受到早期從父母親

110-1 他也會以其他途徑表達想要跟上節拍的慾望，例如他對一個較大的男孩子走路勝過他的時候的情緒反應。

床上傳來的聲音，經由肛門期詮釋（anal interpretation）所產生的影響。他批評一個年輕的作曲家在樂曲中使用太多管樂器，這使我們回溯他嬰兒時期對於放屁聲響的興趣。他的音樂鑑賞力裡頭存在著非常強烈的肛門期成分，他自己就是那位年輕作曲家，他覺得自己只能夠達到肛門期成就，無法和一樣父親享受性器期成就。明顯易見地，他日漸強烈的聽覺興趣有部分是從視覺領域的興趣中退化的結果。在非常早期的發展當中，他經驗到原初場景，因此他的窺淫癖（scoptophilia）受到增強，令視覺領域很容易就受到退化作用的影響。分析過程再度印證了這點。在欣賞一齣歌劇後，他從指揮家樂譜上的黑點與黑線製造出一個幻想，並從離舞台不遠的座位上試著要破解這些密碼（再一次，我們可以連結到他的異性戀慾望，因為菲力司將指揮家眼前的樂曲，當成他母親的性器官）。當我們討論到他短暫出現的眨眼、揉眼睛症狀時，我們會更清楚地瞭解這一點。

菲力司剛開始接受分析的時候，有一種非常嚴重的傾向，他會刻意不看那些離他最近的東西。他討厭電影院，[111-1]勉強承認電影院只具有科學上的價值，這和原初場景所激起的窺淫癖的退化有關。

在菲力司的心裡，他非常崇拜指揮家在面對聽眾接受掌聲時能夠不為所動，還能夠「一邊指揮，一邊迅速地翻過一頁頁的樂譜，發出像是撕紙的聲音」（herumreissen）[111-a]，我們發現這說明

111-1　在另一個相似的抽搐個案中——一個十五歲男孩，他的抽搐看起來也無關緊要——對電影院的厭惡與潛抑由觀察性交過程所激起的窺淫癖有關。此外，他強烈地害怕自己的雙眼。我無法對這個男孩進行充足的分析，因為他在問題獲得初步改善後就停止治療了。他的抽搐——也是由頭部的幾個動作所組成——尚未成為分析的主題。然而，我仍從中獲得了一些資料，與本章所探討的個案的素材一致。

了他有施虐式的性交概念。他聲稱即使坐在他的座位上，仍可以聽見翻頁的聲音——他對這種聲音有著莫大的興趣，使他想起革命與暴力——但他也懷疑在這麼遠的距離之下是否有可能聽見這種聲息。聽見翻頁聲的感覺可以連結到嬰兒期的最初情境。對他而言，這種暴力撕裂的聲音象徵著強力的撕裂與刺穿，透露出在他的自慰幻想中，聲音本身是一項重要的施虐元素。之後我們在分析抽搐的時候會深入探討這點。

112 他的興趣不斷增加，同時對詩人、作家、作曲家感到興趣，這可以連結到他早期對父親的崇拜，後來卻被深深地潛抑。因此在閱讀一本描述一個男人對一個男孩的愛情的書籍後，他第一次直接地對同性產生興趣。他對一個同學發展出一種浪漫的「迷戀」。他迷戀的這個男孩子A，也是一位男老師最喜愛的孩子，全班同學顯然有著充分理由認為師生之間正在談戀愛。這位老師也對菲力司的客體選擇產生重大的影響。分析顯示A男孩一方面象徵菲力司的理想化自我，另一方面也象徵了一些介於男女性別之間的東西——擁有一根陰莖的母親。A與男老師之間的關係體現了菲力司心中不被滿足的渴望，他希望像個孩子一樣被父親所愛，也象徵他希望在父母關係中取代母親的位置。他對A的愛主要是基於認同作用，可說是一種自戀式的客體關係。這是一段不求回報的愛戀。確實是如此，因為菲力司絕對不敢接近他所愛的男孩。他向同學B透露這段不幸的愛戀，後來他選擇B作為愛的客體。從著色和其他方式的資料中顯示，B讓菲力司想到父親，並且想以B來取代父親。這種關係使他們互相自慰，考慮過所有複雜情況後，為了使分析能夠持續、並且對菲力司有益，我必須停止這兩個男

111-a　中譯註：herumreissen在德文中是「猛力扭轉」的意思。

孩之間的關係。

菲力司重新喚起對音樂的興趣，表露出同性戀傾向，自慰行為也再度出現——出現這些發展的同時，抽搐的頻率開始明顯減少，而在抽搐偶然出現時，我們也能攫取它的潛意識意義。當菲力司告訴我他覺得自己已經克服了對A與B兩人的愛的時候，抽搐再度出現，比以前更嚴重。這清楚顯示出抽搐所象徵的意義，也就是受潛抑的同性戀衝動，更確切地說，抽搐釋放出存在於這些幻想或自慰行為中的衝動。在兒童早期衝突的那段期間，菲力司感受到閹割焦慮的威脅，使他潛抑那些指向母親與父親的慾望。現在（有一部分是應我的要求）他又重覆了拒絕A與B的過程。因此，再次出現的抽搐可視為一種替代物，就像之前他以過度的身體躁動取代自慰行為與自慰幻想一樣。現在我得以更全面地分析他的同性戀傾向。此時直接的同性戀傾向大幅減弱，昇華作用出現，特別是這時候他開始與其他男孩建立友誼。

對抽搐的深入分析，一次又一次帶領我們回到它在童年早期 113
的源頭。有一回，當菲力司正在和一個朋友一起寫功課的時候，他決定要率先解答一個數學問題，但他朋友卻比他更早解開這一題，之後他便出現抽搐的情況。自由聯想顯示出在這次的同儕競爭中落敗，使得父親的優越感與菲力司的閹割情結再度浮現，迫使他回到在與父親的關係中採取女性角色的狀態中。另一個發生抽搐的場合是，當他必須向英文男老師坦承他沒有辦法跟上進度，希望老師能夠撥給他一些私人課程以彌補不足的部分。對他而言，這也象徵他承認在與父親的競爭當中落敗。

接下來是一個饒富意味的小插曲。菲力司曾經試圖獲得一張早就銷售一空的音樂會門票；他和許多人站在音樂廳的入口處，在推擠當中一位男士弄破了一扇玻璃，必須找警察來處理。這時抽搐又犯了。分析揭露出這個特別的情境其實是在重覆兒童早期的偷聽場景，也就是與抽搐的起源密切相關的情境。他認同自己就是那個弄破窗子的男人，兩人有著相似的行徑，在早期情境中他曾經想要強行進入一場「音樂會」，亦即父母之間的性交。警察象徵著父親會偵查、檢視他的這項企圖。

抽搐進一步減少了，我們可以分成兩個部分來說明這個情形：抽搐的頻率降低；抽搐從三個動作減少到兩個，到後來剩下一個動作。首先，第一個抽搐動作的起因，是因為他覺得頸部後方好像有什麼東西被撕裂，但這樣的感覺已經不再出現；後來在伴隨第二個動作出現的巨大咔啦聲也不再出現了。最後只剩下那種鑽進某個東西的感覺，包括肛門所感覺到的壓力，以及被他的陰莖所刺穿的壓力。這種感覺與幻想中，他用陰莖鑽進父母體內，摧毀父親的陰莖和摧毀母親有關。在這個階段，抽搐縮短成單一動作，在其中仍然可找到前兩個動作的蛛絲馬跡。

被動式同性戀因素所引起的撕裂感與咔啦作響的感覺消失，自慰幻想也隨之改變；在自慰幻想中的同性戀內涵，從原本的被動變為主動。然而在撕裂、咔啦作響、鑽入等動作當中也隱含著性交的節奏。姑且不論這些感覺的急迫性，當菲力司忍住不要抽
114 搐的時候，他經歷到一種強烈的緊繃感，這些感覺會增強，然後降低下來，有一段時間主要是撕裂的感覺，然後是咔啦作響的感覺，後來只剩下鑽入的感覺。一段時間過後，抽搐完全消失，但是卻被另一個雙肩同時向後推的動作所取代。以下事件揭露出這個動作的意義：菲力司和校長談話時，突然充滿一種無法抗拒的急迫感，想要搔抓自己的背，之後他的肛門發癢、括約肌收縮。

這明白顯示他當時潛抑了他的渴望——想以一種戀糞癖的語言來羞辱校長，用糞便弄髒他。這再度讓我們回顧在原初場景中，他也曾經對父親升起同樣的渴望，並且透過一連串動作與尖叫的方式表達出來。

分析抽搐到了後期，揉眼睛和眨眼成為抽搐的替代物，這種轉變的解釋如下：學校的黑板上寫著一段中世紀的碑文，菲力司幾乎毫無理由地感覺自己無法正確解讀這段文字。於是他開始大力地揉眼睛與眨眼。就像分析中的許多其他時刻一樣，自由聯想揭露出黑板[114-1]本身，以及黑板上文字的象徵意義，它們象徵在性交情境中，他母親的性器官是一個不可知的、無法理解的元素。黑板上的碑文與指揮家的樂譜之間有著類比關係，他在劇院裡曾經從他的位子上試圖解讀那些黑線。這兩個例子可能顯示，眨眼是因為要潛抑窺淫的慾望，而想要自慰的渴望經由置換，特別是藉著揉眼睛的動作表達出來。在分析中我們也能夠完全理解這些情境與他在學校常陷入的退縮行為之間的關係。他會凝視著空白的地方，這與後來這個例子中的幻想有關：他正在觀賞、聆聽一場大雷雨；這讓他想起兒童早期的一場大雷雨；在暴風雨過後，他把身體探出窗外，想知道剛才在花園裡的房東與房東太太是否受了傷。然而這段回憶證明了這又是一個與原初場景有關的屏幕記憶。

對抽搐及其替代形式的分析又有所進展，因此甚至連眨眼和揉眼睛都漸漸不再出現，只有在特別的場合下，他心裡會出現一些想要抽搐的想法。當我揭露出這些抽搐的想法是和受潛抑的自

114-1　關於桌子、書桌、筆架、字跡等事物的象徵意義，請見本書第三章〈學校在兒童原慾發展中的角色〉。

115 慰渴望以及原初場景有關之後，他就連想要抽搐的想法也不見了，自此分析對於抽搐產生了全面而持續的療效。這個時候，分析的另一個向度上也發生了值得注意的改變。他的異性戀慾望以欣賞一位女演員的方式首次出現。這一個客體選擇符合了菲力司一直以來將劇院、音樂會等情境認同[115-1]為性交，並將演出者認同為父母的慣例。如同我先前所言，他後來也描述自己是一個旁觀者與聽眾，同時他也透過對父母親的認同，描述自己是一個扮演不同角色的演員。

有一次他必須在會談室裡等我一陣子，之後他告訴我，剛才他透過窗戶看著對面的公寓，經驗到一種特別的感覺。他在許許多多的窗戶上看見各種影子與形狀，他試著想像他們在做什麼。對他而言彷彿是身處在劇院，可以看見演員們扮演著各種不同的角色，同時他也感覺自己正與這些人共享正在發生的事情。

菲力司的第一個異性戀客體選擇深受他的同性戀態度所影響。這位女演員具有許多男性特質，對他而言，她就是擁有陰莖的母親。這樣的態度持續出現在他與第二個異性戀愛的客體的關係中。他和一個比他年長並主動追求他的女孩子談戀愛。在兒童早期的時候，他想像母親是個妓女，想像母親比他還要優越地擁有一根陰莖，而這位女孩則是象徵這些幻想的擬人化。這樣的移情對我而言已具有足夠的強度，使我必須強迫這段關係暫時停止一段時間，[115-2]特別是因為菲力司已經理解到焦慮的感覺和這些關係是糾結難分的。這次客體選擇的目的在於，他想從那些指向我

115-1 我在所有的兒童分析中發現，劇場、音樂會、電影院以及各種演出都具有同樣的特質，符合原初場景的特徵。詳述於第四章〈早期分析〉。

115-2 與我素來的習慣相反，我必須在這個個案身上施加一個禁令，就像是在先前的關係中一樣，這是為了讓分析盡可能地持續幫助他。

的幻想與渴望中逃開，也只有在這個階段，這樣的移情才更完整地在分析中呈現出來。現在我們可以看出，從原本深愛卻禁忌的母親身上轉移開來的舉動，在此發揮作用，強化了他的同性戀態度，也加深他對恐怖的閹割母親的幻想。

透過菲力司自慰幻想的發展與改變，可以看出他從同性戀改
變成異性戀傾向，以及其異性戀傾向的修飾與調整。分析帶領我
們回溯到最早期的自慰幻想，直接連結到他對父母親性交過程的 116
觀察。現在我將概略敘述這些幻想確切的發展年代順序。

菲力司和父母親同房直到六歲，當他還小的時候，他曾經想像自己床前有一棵大樹，樹幹指向與父母床鋪相反的方向。一個小小的男人從這棵樹上朝他滑了下來，這個小人一半是老人，一半是小孩——濃縮了他父親與自己的形象，這表現出他的自戀式同性戀客體選擇。後來出現的是許多男人的頭，特別是許多希臘英雄的頭，這些頭顱在他心裡也像砲彈和重物一樣，他看見它們飛向自己。這些素材早已為他日後對足球的幻想，以及憑藉足球技巧來過度補償對於父親會閹割他的恐懼埋下伏筆。

隨著精神狀態進入青春期，他做了一個新的嘗試，導致一個異性戀客體選擇在他的幻想中出現，他想像自己和一些女孩子一起踢足球。在這個幻想中，他也把（那些小女孩的）頭換掉了，就像他曾經在幻想中使用英雄們的頭一樣，這麼做是為了讓真實喜愛的客體變得無法辨認。在分析過程中，他再度開始自慰，且頻率增加，因此肌肉的抽搐隨之減少，他的自慰幻想一步一步地發展為以下的內容：他幻想一個女人躺在他身上，後來幻想一個女人有時候躺在他上面，偶爾也躺在他下面，最後他幻想一個女人完全只躺在他下面的位置。這些幻想中的相關性交細節都與這

些位置相互對應。

在菲力司身上，分析自慰幻想被證明是治療抽搐的決定因素。他曾經放棄自慰，導致他以其他的身體活動作為釋放焦慮的途徑，我們瞭解這些動作包括了做鬼臉、眨眼和揉眼睛、用盡各種方式過度躁動、比賽，而最後演變成抽搐。

但如果我們現在思考特定受潛抑自慰幻想的演變，會發現這些幻想有一部分與這些釋放焦慮的動作有關，另一部分則包括了所有想要昇華這些焦慮的努力。在他熱愛運動的底層，藏著同一種已證實與抽搐有關的自慰幻想：認同作用。根據原初場景來看，他同時認同了性交中的父親與母親，因此在他心裡，自己不但是父母性交過程的旁觀者，還是一個愛的客體。由於他相當熱中於比賽，在分析中他絕大部分時間都滔滔不絕地談論比賽的事，因此我有豐富的資料證明在這些與比賽有關的幻想底下，有著相同的認同作用發生。在足球等等活動中，他的對手往往是他
117 的父親，正威脅著要閹割他，而他必須反抗以保護自己。球要進的目標（球門）與球場則象徵著他母親。但其他方面，透過分析，我們甚至得以看見隱藏在同性戀傾向背後的母親形象，就像分析到後來幫助我們瞭解與抽搐有關的幻想一樣。比賽與過度躁動的功能在於逃離抽搐，甚至是逃離自慰。這主要是因為閹割焦慮持續復發，導致昇華作用無法完全解決焦慮，也因為如此，這孩子與比賽之間的關係仍然很不穩定。但我們發現這些自慰幻想也是使他對學習充滿愛恨交織心態的起因，因為學習與比賽之間有著密切的關係。

一天，男老師上課時斜靠在書桌上，菲力司突然希望老師把書桌弄翻、摔爛，因此受傷。在他心裡，這象徵著父母性交過程

有了新的版本，而他在一旁觀看。他與男老師之間的關係從一開始就在重覆他與父親的關係，這同樣是潛抑的同性戀傾向所導致。他在課堂上對每個問題的回答、他在學校寫的所有作業，都代表了與父親之間的同性戀性交行為。但無論他和母親的原初關係隱藏得多好，我們都可以從此處的同性戀傾向背後看出來，就像他先前與比賽夥伴或對手的關係一樣。他在學校坐的板凳、男老師斜靠的那張書桌、他書寫的那塊黑板、教室、學校大樓——透過這些事物與男老師的關係，象徵了母親與男老師（父親）有著性交行為，就像是球所落入的目標、學校的操場、球場等等。閹割焦慮這項重要因素抑制了他對學業與球賽的興趣。因此除了某些抑制之外，我們不難瞭解為何菲力司在校的前幾年可以是一個用功的學生，因為在那段日子裡，父親因為戰爭的關係而不在家，至少當時與學習有關的焦慮相對較少。父親回家後，他開始討厭上學。另一方面，他後來有一段時間將他的自慰幻想昇華到父親命令他從事的體育活動中，其中的確有一部分是因為他在過度補償自己的焦慮。

如同我先前所述，在他對音樂的熱愛當中，我們可以發現自慰幻想的內容也一樣在改變——這種昇華作用甚至被更強烈地潛抑，但是在分析的過程中一點一滴地釋放開來。這同樣是因為自慰幻想所引發的焦慮，導致他發展出這種更早期也更強烈的抑制。

從菲力司這個個案，我們愈來愈清楚地瞭解抽搐與病患的整 118
體人格、性、精神官能症、各種面向的昇華作用、性格的發展及他的社會態度之間都有著密切關聯。這些關聯源自於他的自慰幻想；在菲力司的個案中，我們特別清楚地看見這些幻想對他的昇華作用、精神官能症與人格有顯著的影響。

在另一位病患身上我也發現，自慰幻想的影響力與形態，是導致個體發展出抽搐的主因。我指的不是聲語型抽搐（pronounced tic），而是運動型的抽搐，雖然兩者在許多重要的方面看來十分相似，但不能混為一談。威那（Werner）是一個精神官能症男孩，他九歲時來看我。在一歲半的時候，他就已經表現出過度的身體躁動，並且持續惡化。五歲時，他發展出一個特別的習慣，會藉著手和腳的移動來模仿引擎運轉。威那和他周遭的人把這個遊戲取名叫「亂動」（fidgeting），而這個遊戲逐漸入侵他所有的遊戲活動。原本的引擎遊戲很快地就成為他唯一的遊戲內容。到了九歲，他常常亂動長達好幾個小時。他說：「亂動很好玩，但不是一直都這麼好玩，即使你想要停下來也沒辦法，就跟你必須把功課寫完的感覺一樣。」

在分析中，愈來愈明顯地看到這種動作給人的壓抑感，喚起的不是焦慮，而是緊繃的感覺——這時候他腦海中只能想著亂動這件事——就像菲力司那樣，當他試圖壓抑肌肉不要抽搐時，釋放出來的不是焦慮，而是緊繃感。他們之間進一步的相似點在於幻想。在分析過程當中，我終於瞭解了威那所謂的「亂動的想法」。他告訴我他的亂動是在學《泰山》裡面的動物。[118-1] 猴子們正步行穿越叢林；在他的幻想裡，他走在猴群後方，試著融入牠們的步伐形態中。自由聯想清楚顯示出他非常崇拜父母性交關係中的父親（猴子＝陰莖），而他想要加入成為第三者。和菲力司一樣，他將父母雙方認同進來，形成了其他數不清的「亂動」想法，這些想法都可以被視為是自慰幻想。很明顯的是，當他亂動的時候，

118-1 出自《泰山》系列的其中一本，他曾經在標題頁的插畫中看到這些動物，後來他運用它們作為幻想的主題。

他必須在右手的手指間快速轉動筆或尺，而且在別人面前，他沒有辦法「好好地亂動」。

下面是另一個伴隨亂動出現的幻想：他在眼前看見一艘由特
別堅硬的木頭打造的船，設有相當堅固的梯子，可以讓人安全無 119
虞地爬上爬下。船艙下方有糧倉和一顆注滿氣體的大氣球。如果發生船難，水上飛機可以從這艘「救援船」（根據他的稱呼）上飛下來。這個幻想傳達出他在面對父親時採取女性姿態引發的閹割焦慮，以及對這種姿態的防衛。遭遇船難時的水上飛機象徵著他自己，船身象徵著他母親，而氣球與糧倉象徵父親的陰莖。和菲力司一樣，在這個個案中，閹割焦慮也導致自戀式的客體轉變——將自己視為愛的客體。在他的幻想中，有絕大部分是關於某個「小傢伙」的出現，會和「大傢伙」互相競爭，證明自己比「大傢伙」更有能力，例如，一具小引擎和時常出現的小丑角。「小傢伙」不只代表陰莖，也代表與父親相較之下的自己，他用這種方式表達對自己的讚佩，顯示他用自戀的方式來處理自己的原慾。

這兩個案例更為相似之處在於，聲音在威那的幻想中也占有重要的地位。威那還沒有發展出明顯的音樂感受力，但他對聲音有著強烈的興趣，分析顯示出這與他觀察父母性交時所引發的幻想有密切關係。五個月大時，他偶爾和爸爸媽媽睡在同一個房間。至少在分析這個階段，我們還無法證明這種早年觀察的真實性。[119-1]然而另一方面，分析證實了以下事件的重要性，亦即在十八個月大的時候，他有多次無意間從通往父母房間那扇打開的門後，聽見一些聲音。就在這段期間，他開始出現過度躁動的情

119-1　1947年註：當我撰寫這篇文章時，威那的分析仍在進行中。事實上當時這段分析僅持續了三個月。

形。下面的例子描述出聽覺因素在他的自慰幻想中占有重要的地位：他告訴我他不停地亂動，模仿著他想要得到的一台留聲機。一如往常，這次亂動是在模仿物體的某些動作，而這個例子中他模仿的是將唱盤旋緊，而唱針在唱片上移動的樣子。然後他繼續幻想著他想要擁有的一台機車，同樣地，他用「亂動」來描述機車的運轉。他也畫出了他的幻想：機車有一具巨大的引擎，畫得就像是一根陰莖，如同「救難船」上的氣球一樣，引擎注滿了汽油。一個女人坐在引擎上，她發動機車。引擎啟動的聲音化為一條條尖銳的射線，射向一個「可憐的小男人」，這男人被嚇壞了。威那製造出一個與此有關的幻想，是關於一個爵士樂隊，他模仿
120 樂隊的聲音，然後說他的「亂動」是在模仿音樂。他向我示範小號手如何演奏他的樂器、隊長如何指揮樂團，還有一個男人大聲地打鼓。我問他這些「亂動」與什麼有關？他回答說，他參與了裡面所有的活動。後來他在紙上畫了一個大巨人，有著巨大的雙眼，頭上還有天線和無線設備。一個迷你的侏儒想要看看這個巨人，於是他爬上艾菲爾鐵塔，在畫中艾菲爾鐵塔和一棟摩天大樓連在一起。在此處，他對父親的崇拜是透過對母親的崇拜來表達，我們可以在被動的同性戀傾向底下看見異性戀傾向的存在。

如同菲力司的例子，威那潛抑窺淫癖，導致他對聽覺產生強烈興趣，必須透過節奏來抒發。我曾經敘述他用大巨人來象徵關於爵士樂團的幻想，威那後來告訴我他看電影的經驗。他確實不像菲力司那樣厭惡電影院，但是有一天，在一齣劇場演出當中，我有機會觀察他和其他孩子們在一起的樣子，並注意到一些潛抑窺淫癖的徵象。他把眼光從舞台上移開相當久，然後他說這場演出從頭到尾都很無聊，一點也不真實。在某些片刻，他像是著迷

般地坐著，眼光緊盯著舞台上的場景，但後來又故態復萌。

在威那的案例中，閹割情結也是異常的強烈；對抗自慰的掙扎失敗了，而這孩子用其他運動性的釋放行為來取代自慰。分析仍無法弄清楚究竟是什麼樣的創傷影響著他，致使他發展出如此強烈的閹割情結與自慰恐懼。無疑地，是在五歲時聽見性交的聲音（仍然是從那扇開啟的門後），然後當他六、七歲時，曾經有一小段時間與父母同房，可能親眼目睹了性交的過程，這些經驗使得他所有的困擾更加惡化，包括當時已經發展出的「亂動」也變得更嚴重。「亂動」與抽搐的相似性是無庸置疑的。當個體表現出運動性的症狀時，有可能被認為是處在一種抽搐的初步階段，未來可能發展出真正的抽搐。在菲力司的案例中也是如此，在兒童早期就可明顯看出漸漸蔓延開來的過度躁動症狀，在一些特別的經歷形成促發因素之後，在青春期時，則完全被抽搐所取代。或許抽搐通常只在青春期中發展出來，因為所有的困難都要面臨青春期的重大挑戰。

現在我要把我對這些資料的結論，和曾經發表的過關於抽搐的精神分析文章做一個比較。我希望參照費倫齊和亞伯拉罕在1921年所撰述，涵蓋面向完整的一篇文章〈抽搐的精神分析觀點〉
（Psycho-analytical Observations on Tic），這篇文章曾於柏林精神分 121
析學會上口頭發表過。費倫齊的結論之一——抽搐等同於自慰——在我描寫的兩個案例身上都得到印證。我們可以在威那身上看見費倫齊所強調的，抽搐會在四下無人時發洩的傾向，也能觀察到這種情況的持續發展；而獨自一人變成了「亂動」的必要條件。費倫齊的結論提到，「在分析當中，抽搐與其他症狀所扮演的角色是不同的，在某種程度上，這增加了分析的困難度。」我能夠證實他的結論，不過資料有限。有很長一段時間，我在菲力司的分析當中也感覺到，他的抽搐與其他症狀之間有一些相當不同的地方，而比起抽搐，這些症狀的意義已經更早、更清楚地揭露出來。此外，菲力司並不介意自己的抽搐，這點再次與費倫齊的結論相符。我也同意費倫齊的觀點，要瞭解這些不同點的產生原因，必須去探討抽搐所含有的自戀本質。

不過在此也出現了一些我與費倫齊論點的基本歧異。他認為抽搐是一種初級自戀症狀（primary narcissistic symptom），與自戀式精神病（narcissistic psychoses）有著相同的病因。我的經驗使我確信，除非分析能夠成功地揭露出隱藏在抽搐底下的客體關係，否則治療效果將相當有限。我發現在抽搐的底層，藏有性器期、肛門期與口腔期對客體的施虐衝動。的確，分析必須深入探索最早的兒童期發展階段，而抽搐必須等到完整探索嬰兒期的致病式固著（predisposing fixations）之後才能完全消除。[121-1]費倫齊認為在抽搐的患者身上，症狀背後並沒有隱藏著任何的客體關係，這項主張在我的案例中無法得到證明。在我描述的兩個例子中，分析過程相當清楚地顯示出原始的客體關係，只是這些客體關係因為受到閹割情結的壓力，而退化到自戀階段當中。

122 亞伯拉罕所論及的肛門施虐式客體關係在我兩個個案的身上

121-1 「不會在分析的結尾時出現，也不屬於精神官能症複雜結構的框架的一部分。」在成人身上，分析通常不可能深入到需要揭露出導致抽搐的最早期固著與客體關係。只要我們不分析到這樣的深度，抽搐就會藉由我所謂的半自戀式特質永遠不會在分析中出現。在菲力司身上，分析不僅成功地重建了形塑他自慰幻想的最早期發展歷程，並藉由回憶的幫助，使得它們得以完整地再次進入意識當中。我們可以假設是抽搐所具有的自戀元素提高了分析的難度，使我們不容易在分析中深入探索這種症狀，而這樣的難度有一部分會隨著病患年齡的成長而增加。有人認為治療抽搐應該在很小的年齡，盡可能在症狀出現之後立刻開始。

也明顯可見。在菲力司身上，他以抽搐之後的聳肩行為取代肛門括約肌的收縮，這個動作後來在抽搐中形成了轉頭動作的基礎。與此相關的是，他曾經升起想要大罵校長的衝動。在抽搐的第三個階段，「鑽入」的動作不僅代表著「鑽進去」，也象徵著「鑽出來」，也就是排便。

當抽搐被不斷瀰漫的過度躁動所取代時，菲力司養成了一個習慣，在男老師經過身邊的時候會抖腳，像是在反覆踢他一樣。儘管這個動作帶給菲力司許多麻煩，他仍無法克服。當身體無法靜止時，其中含有的攻擊成分（後來再度顯示在抽搐中）與威那的例子有著如此重要的關聯，使我們更明白地瞭解其基本意義，意即抽搐式的釋放行為（tic-like discharges）當中含有施虐衝動。在分析當中，一連串熱切、強迫式的問題被證實是在表達與原初場景有關的好奇心，對當時一歲半的孩子來說，他無法解釋其中的細節，導致他後來一再地憤怒爆發。在這些時刻，威那會用彩色鉛筆把窗台和桌子塗髒，他試過要把我弄髒，用他的拳頭、或有時握著剪刀威脅著我，試著要踢我，兩頰用力吹出像是放屁的聲音，用各種方式虐待我，做鬼臉、吹口哨；在某些片刻，當他重覆用手指塞住耳朵時，[122-1]他突然宣稱能夠聽到一種特別的聲音，像是從遠方傳來，但是他搞不清楚那究竟是什麼聲音。

我將引述另一個事實，以證實這個場面是在重覆著原初場景所引發的攻擊式運動性釋放行為（aggressive motor discharges）。在一次憤怒爆發當中，威那曾經離開治療室，看看他是不是能夠隔著治療室的門從大廳用球丟中我——這行為非常明顯是重覆他十八

122-1　吹口哨、把耳朵摀住等動作在他的案例中是在分析過程裡經常出現的抗拒表現；但他在家裡也會做出這樣的行為。

個月大的情境，當時他在那扇開啟的門後面，想要虐待、傷害他的父母。[122-2]

許多幻想顯示出它們與抽搐的關係，例如與管樂器有關的幻
123 想顯示出菲力司感覺他想要參與父母的性交，證明了抽搐中含有肛門期的客體關係。威那也是如此，他用「亂動」模仿著爵士樂團的小號手——象徵著在性交場景中的父親——同樣運用吹口哨和模仿放屁聲的方式表現。

這些肛門施虐的元素不只是扮演部分角色而已，它們被證明是構成整個抽搐的重要因子，對我而言這確立了亞伯拉罕的觀點，他認為抽搐是一種肛門施虐層次的轉化症症狀（conversion symptoms）。費倫齊回應亞伯拉罕時對這個觀點表示同意，他也特別在論文裡強調在抽搐中肛門施虐元素的重要性，以及它們與穢語症（coprolalia）之間的關係。

從上述資料可以清楚見到性器期的客體關係。與抽搐有關的性交幻想最初可以在自慰式活動中看出端倪。在分析過程中，與自慰有關，並長期受到焦慮影響而忽略的同性戀客體選擇再度浮現。最後則揭露出異性戀客體選擇，它隨著自慰幻想的進一步改變而出現，也因為自慰幻想的改變，使分析能夠清楚地回溯到兒童早期的自慰活動。

我將在此引述費倫齊文章中的一段文字，這段文字似乎能夠將我們兩人的不同觀點連結起來。費倫齊寫道：「在『先天自戀者』身上所發生的抽搐，大致說來，性敏感帶的重要地位已經浮

122-2 從他的父母那裡，我也確認當時這些聽覺觀察確實曾經出現，也就是在十八個月大的時候，這孩子一直在晚上打擾他們，隔天早上就發現他躺在排泄物當中。如同我先前所述，這是他出現過度躁動的早期徵兆，而一開始的形式是他拿著一些從鄰近木材堆置場撿來的木頭，不停地跑來跑去。

現，但因為還沒被穩固地確立，因此一般的刺激或是難以避免的小擾亂，都可能會引發這樣的轉移作用。自慰遂成為一種半自戀的性活動，這是一種過渡狀態，之後個體有可能透過另一個客體得到正常的滿足，也可能回歸早期的自體性慾狀態（auto-erotism）中。」

我的資料顯示出，從客體關係中退縮時，就已經形成了一種次級自戀（secondary narcissism），以自慰的形式表現；詳細地說，基於某些原因，自慰再度成為一種自體性慾活動。對我而言，這似乎可以釐清費倫齊與我的觀點間的差異所在。根據我的發現，抽搐不是初級自戀症狀，而是一種次級自戀症狀。我先前曾經指出，在我的個案身上，抽搐消失後，取而代之的不是焦慮，而是一種緊繃感——這點與亞伯拉罕的論述一致。

就某種程度而言，我的結論可視為是費倫齊與亞伯拉罕論點的補充。我發現抽搐是一種次級自戀症狀，並且因為揭露出抽搐
底層所隱含的原初肛門施虐與性器期客體關係，使我得到這個結 124
論。此外，抽搐似乎不只是等同於自慰行為，還與自慰幻想息息相關。唯有在大量分析探索自慰幻想之後，才有可能對抽搐進行探討與治療，因此我必須回溯自慰幻想最早的發生點，而這會揭露出兒童期性發展的整體面貌。因此，分析自慰幻想確實是瞭解抽搐的不二法門。

在此同時，我發現抽搐雖然一開始看似一種偶發的、非主要的症狀，其實與非常嚴重的抑制及自我中心的性格發展有著密切而基本的關聯性。我一再指出，當昇華作用成功時，每一種天分與興趣都有一部分是源自於自慰幻想。在菲力司這個個案中，他的自慰幻想與抽搐間的關係密不可分。他的自慰幻想昇華成為許

多種興趣，此時抽搐也隨之瓦解、消失。分析的最終結果對病患產生了深遠的影響，抑制與種種人格上的缺失都大幅減少。在威那這個個案裡也是一樣，分析揭露出「亂動」的核心意義，以及它與嚴重抑制及自我中心行為之間的關係。先不論威那的分析還不夠深入、症狀的治療效果尚未出現等事實，我們已經清楚地瞭解他那豐富的幻想生活對症狀出現的影響有多深遠，以致於他不再對其他事物有興趣了。他的分析也顯示他的性格抑制早已日漸加深。

對我而言，這些事實顯示出使用以下角度檢視抽搐意義的必要性：我們不只要瞭解抑制的徵兆和自我中心式的發展，更應該探索在這些困擾症狀的發展過程中，抽搐究竟扮演著多麼基本而重要的角色。

根據我對這些案例的思維，我想再一次指出潛藏在抽搐的心理起因之中的特殊因素。藏在抽搐之下的種種自慰幻想絕對不是（只針對抽搐的）特定式幻想，因為我們知道這些幻想對於幾乎所有的精神官能症狀都具有一樣的重要性，我也多次嘗試表明，它們對於幻想生活與昇華作用也有著相同的重要性。即使在我的兩個個案身上都同時出現某種自慰幻想的特定內容——當自己參與其中時，同時認同父親與母親——但就本質而言，這並不是一種特定的幻想。我們必然能夠在其他沒有抽搐的病患身上看見這類型的幻想。

125 我認為，在發展中，有一個更特定的因素在這兩個個案身上形成了這種認同作用。一開始對父親的認同被對母親的認同（被動式同性戀態度）所掩蓋；基於某種特別強烈的閹割焦慮，這樣的態度後來產生讓步，一種主動的態度重新出現。對父親的認同再度發生，但這不再是一種成功的認同，因為父親的特質早已和病患自己的自我融合在一起，而病患身上那個受父親所愛的自我則浮現成為新的愛的客體。

然而，在此有個明確的特定因素，不僅會促成自戀式退化（因為閹割焦慮而產生），也會引發以這種退化為基礎的抽搐。如同威那一樣，在菲力司這個個案中，他觀察性交過程的方式，是透過對聆聽這些性交所發出聲音的強烈興趣。在他身上，由於窺淫癖被強烈地潛抑，使得他對聲音的興趣增強。在威那這個個案中，事實清楚顯示他是從毗連的房間進行觀察，主要是藉由聽覺來獲知訊息，這使得他發展出對聲音的興趣。活動量增加可能有著先天因素（如同之前引用費倫齊的論點），但顯然也與這種興趣有關。[125-1] 他模仿[125-2]著他所聽見的事物，而一開始是以有節奏的自慰活動作為象徵。當處在閹割焦慮的壓力下而放棄自慰，這些聲音在後來就必須透過其他的身體動作來複製。例如在兩個案例中，我曾描述在音樂中與指揮家節奏一致的幻想。我們可以假設這種對聲音的興趣不只是來自情境的影響，也是從同一種組成因子（constitutional factor）所衍生出來的——這兩個案例都顯示與強烈的肛門施虐成分有關，也顯示在對放屁聲的興趣與大幅增加的運動量背後所隱含的攻擊當中。

我所觀察到在這些個案身上運行的特定因素，是否也在其他抽搐病患的心理病因中扮演重要角色，只有累積更多的經驗之後才能解答。

125-1　當我們聽音樂的時候會想有要跳舞的衝動——這個正常現象說明了聽覺的印象（auditory impressions）會以動作方式重現。

125-2　在菲力司和威那身上，他們是在模仿性交中的父親。費倫齊也曾提到抽搐的病患會有想要模仿、做動作的衝動。

附記：加入新證據（1925）

自從寫了這篇文章以後，我開始分析一位名叫華特（Walter）
126 的五歲半男孩，他的主要症狀與一種刻板動作有關。由於病患還很年幼，並且在分析中有所進步（目前維持了六週），我們能夠全面地探索隱藏在症狀背後的互動因素，非常順利地觀察到這些因素對於對近來所發展出的症狀的影響。一種強迫式的精神官能症和初期的人格變異使我必須對他進行更深入的分析，而這個個案同樣揭示出作用在前兩個個案身上的決定因子。為了力求精練，我挑選他兩歲時從毗連的房裡聽見性交的經驗進行說明。當時他出現過度的活動量，並且害怕敲打的聲音。一週又一週過去，在分析的時候，華特強迫地重覆演出各種不同的木偶劇[126-a]（Kasperle show，類似英國的潘趣與茱蒂秀〔Punch and Judy Show〕[126-b]）。在這些表演當中，我必須像指揮家一樣宣布開始，用一根棒子或其他類似的東西敲一敲，象徵音樂的演奏；他會隨著敲擊的節拍做出一些特技手法。有許多細節證明這樣的木偶劇演出的是性交的景象，而他取代了母親的位置。他非常明顯地害怕自慰，這與他三歲時的一個創傷事件有關。如今這樣的戲劇演出總會演變成憤怒爆發，伴隨著攻擊性的肢體動作，以及一種象徵肛門和尿道弄髒東西的攻擊——全部都在針對性交中的父母。從這些運動症狀可以清楚看出具有肛門施虐的基礎。第三個案例在各方面都確認了我先前的立論，特別具有啟發性的一點在於，這些個案來自於不同年齡層，而且都處在非常重要的發展時期上。我現在可以明

126-a　中譯註：Kasperle show，是流傳在德語系國家的木偶劇之泛稱，類似布袋戲與傀儡戲。
126-b　中譯註：英國盛行的一種人偶戲，內容多半是滑稽喜劇。通常於夏天海灘度假區搬演。

確地證明抽搐的基礎來自兒童早期時常可見的亂動、坐立不安的
行為，因此這點需要被認真的思考。這種擴散式、過度的躁動是
否一定是因為聽見性交而引發（甚至在還沒有發展成為抽搐的時
候），只能靠累積更多的經驗來為我們解答。至少在我分析的這三
個案例中，以及在過度躁動真正發展成為抽搐或類似抽搐的動作
時，它們扮演著至關重要的因素。如同威那一樣，在華特身上，
原本的情況也在第六年的時候壓縮成為運動症狀。我參考費倫齊
曾提及的一項事實，在潛伏期的時候，抽搐常常是一種過渡症
狀。在三個案例中的其中兩位身上，對災難的印象的確導致個體
無法克服伊底帕斯情結與閹割焦慮，而在第三個案例中，這部分
還沒有經過充足的分析。伊底帕斯情結的衰退，引起一種特別強
烈的自慰掙扎，而運動症狀後來成為立即的替代物。我們可以假
設在其他的案例身上也是一樣，在潛伏期時（常常出現、過渡性 127
的），抽搐和刻板動作可能進一步發展出真正的抽搐症狀，特別在
青春期甚至青春期之後，一旦兒童早期的衝動或創傷經驗再度復
發，就可能成為促發抽搐的因素。

第六章　早期分析的心理學原則（1926）

在以下篇幅中，我將深入探討幼童與成人心智生活之間的某 128
些差異，這些差異使得我們必須採行適合幼童心智的研究法。於此，我將試圖說明，某種符合此等需求的分析式**遊戲治療技術**確實存在著，此技術乃按本文中即將詳述的某些論點規劃而成。

正如我們所知，兒童與外在世界之連結，乃經由接觸可從中獲得原慾快感的客體而建立，此原慾起初都僅黏附於兒童自己的自我之上。不管這些客體是否具有生命，一般小孩與它們的關係原先都是純然自戀的，然而兒童就是循著這種方式，構組他們與現實之間的種種關係。對此，我想引用一個案例來說明幼童與現實之間的關係。

楚德（Trude），三歲又三個月大，她在與母親出外旅行之前，曾經和我進行過一個小時的分析治療。六個月後，療程重新開始，然而卻在過了好長一段時間之後，她才稍微提起假期中發生的事情。一切肇始於她向我描述的一個夢境：她夢到她又和母親一同到義大利旅行，在一間常光顧的餐廳裡，因為覆盆子糖漿已經沒有了，故餐廳女侍沒端來給她喝。從對這個夢境與其他事件的詮釋當中，顯示出楚德仍處於斷奶後被剝奪母乳的痛苦中，甚至可說是她對妹妹的嫉羨（envy）意識作祟。通常楚德會告訴我一大堆表面上毫不相干的事情，同時也不斷提及六個月前那一小時的療程。然而唯有在涉及她的剝奪經歷時，才令她憶起旅行中的種種，否則那對她而言一點都不重要。

在很小的時候，孩童便已經由種種剝奪經歷，逐漸對現實感
129 到熟稔，並會運用否定（repudiating）的方式來對抗現實、捍衛自
己。然而決定其日後適應現實能力的基準，卻在於他們能忍受多少衍生自伊底帕斯情結的剝奪經歷。因此，幼小的孩童誇張地否定現實態度（表面上經常以「配合」與「順從」作為掩飾）同樣也是精神官能症的跡象，而它跟成人逃離現實的症狀的不同處，僅在於顯現的形式而已。因此，在對幼童的分析中，最終希望達到的結果就是他們能成功地適應現實，而改善教養問題便是成果之一。也就是說，達到這種境地的孩童，已經能夠忍受真正的剝奪經歷。

我們常常觀察到，早在出生後第二年開始的年紀，幼童便已明顯地展現出對異性父母的偏好，以及其他初期的伊底帕斯傾向。至於後續的衝突何時會相繼展開，也就是在何種狀況下兒童會真正受到伊底帕斯情結的掌控，這點並不容易確定。我們僅能就兒童身上的某些變化加以推斷。

經過分別對一名兩歲九個月與三歲三個月的小孩，以及一些約四歲的小孩進行研究之後，我發現伊底帕斯情結在他們出生後第二年時便已產生巨大的影響力。[129-1]對此我將藉由一名年幼病人
130 的病情進行說明。直到出生後第二年開始之前，莉塔（Rita）一直
都很黏母親，沒多久後卻突然轉而偏愛父親。例如十五個月大時，她便不時要求與父親獨處，坐在他腿上一起看書。然而到十八個月大時，她的態度再度改變，好與母親相處。就在同一時期，她開始為夜驚與畏懼動物所苦。此外，她亦逐漸對母親產生過度的固著，非常明顯地表現出對父親的認同（father-identification）。剛滿兩歲後，她呈現出日益嚴重的矛盾傾向，後來因為實

在太難照顧，在她兩歲又九個月時便被送來接受我的分析治療。當時她連續好幾個月都出現嚴重的遊戲抑制，且無法忍受剝奪、對痛苦極度敏感、時時悶悶不樂，而後續的發展更是每況愈下。此外，在莉塔滿兩歲以前，她皆與父母同睡一房，因而原初場景的效應不時顯現於她的分析當中。然而，其精神官能症狀的爆發，卻是在弟弟出生之際。自此之後，更多的困難逐日加速湧現。無疑地，在這麼小的年紀便經歷伊底帕斯情結，其深切的效應與精神官能症之間必然存有極為密切的關聯。而到底是因兒童患有精神官能症，使得伊底帕斯情結的早期運作影響如此劇烈，還是因此一情結的過早發生，才導致兒童出現精神官能症狀，對這一點我尚無法論斷。不過可以確定的是，我在此所提及的類似經驗會讓衝突更加嚴重，進而加劇精神官能症的症狀，或導致其爆發。

藉由此一病例，我將舉出幾項同樣出現在其他年齡層兒童分析中的典型特徵，這些特徵在幼小孩童的分析中，展現得最為直接。在某些幼童的個案裡，當我分析其焦慮發作（anxiety-attacks）

129-1　除此之外，另有一項結論亦值得我在此稍做說明。

在許多的兒童分析中，我發現小女孩多是在斷奶後才將父親當做愛戀客體。經過斷奶的剝奪後，接下來的如廁訓練（對兒童而言是項新而痛苦的愛之撤奪），造成小孩與母親的黏合力鬆脫、異性的吸引遽增，父親的撫慰更加強了其誘惑力。身為愛戀客體的父親，起初亦助長了這種口腔滿足的目的。在我於1924年四月薩爾斯堡會議（Salzburg Congress）發表的文章中，已舉例說明過兒童首先會將性交視為口腔行為（oral act），並衷心嚮往之。

這些剝奪效應對於男童的伊底帕斯情結發展之影響，對我而言是具抑制性又有助益的。這些創傷的抑制性效應，除了會使小男孩在嘗試擺脫對母親的固著後又回復原狀外，亦會加強其倒錯的伊底帕斯態度。就我所知，種種源自於母親的創傷境遇，不但是閹割情結的來由，更是為何在潛意識的最底層裡，母親總是特別被當成閹割者般地受到敬畏。

然而，在另一方面，愛慾的口腔與肛門剝奪似乎促進了男孩的伊底帕斯情結發展，因為他們必須被迫改變其原慾位置（libido-position），視母親為性器期的愛戀客體，對她抱以深切的渴望。

之後，發現這些恐慌實為一歲半到兩歲出頭的孩童夜驚經歷之反覆呈現。這恐懼既為伊底帕斯情結之效應，同時也是伊底帕斯情結之精神官能性的呈現。由於這類的描述實在太多，故使我們得以就伊底帕斯情結的效應，歸結出一些實證性的結論。[130-1]

這些與伊底帕斯情結顯然有關的描述，其狀況不一而足，包
131 括兒童經常摔落地上與弄傷自己、極度誇張的敏感、無法忍受剝奪、遊戲時的抑制、對歡樂場合與禮物表現出的忸怩態度，以及經常過早發生的種種養育問題等等。不過，我發現引發這些十分普遍現象的原因，其實是一特別強烈的罪疚感。以下我將就其發展做更詳盡的探討。

首先，我將透過一個病例，來解釋罪疚感如何對夜驚產生強大作用。楚德四歲又三個月大時，會在我們晚間進行分析工作的時段玩耍。只要睡覺時間一到，她便會從她稱為房間的角落走出來，躡手躡腳地接近我，並對我使出無奇不有的恐嚇。她佯裝要割我的喉、把我趕到院子裡、放火燒我，或者把我交給警察。她也會試著綑綁我的手腳，掀開沙發布罩，聲稱她正在做「波－卡奇－庫其」。[131-1]

原來，她正在母親的「波波」裡找尋「卡奇」，後者對她而言代表小孩子。還有一次，她意圖擊打我的胃部，說她正要取出「阿阿屎」（糞便），好讓我變得軟弱無力。然後她又扯下抱枕，不斷地稱它們為「小孩」，接著再用它們將自己埋藏在沙發的一角，緊緊蜷縮著，露出非常害怕的表情，並一邊吸吮大拇指，同時尿

130-1 當我在〈早期分析〉一文中探討焦慮與抑制的關係時，就已提出這類傑作與焦慮之間的緊密連結。

131-1 「波波」＝屁股，「卡奇」＝糞便，「庫其」、「庫肯」＝看。

濕了褲子。這樣的情景總是出現在她攻擊我之後，不過，她的態
度倒是和先前不到兩歲時飽受夜驚經歷折磨的狀況十分相似。在
那同時，她亦經常於夜裡跑到父母親的房間，卻說不出她到底想
要幹什麼。她的妹妹出生時她已經兩歲，而當時進行的分析治
療，除了成功地呈現出她的心智狀況，以及釐清其焦慮、尿床、
弄髒床鋪等等行為之原因外，亦適切地將這些症狀一一排除。那
時她腦中已有搶走媽媽肚裡小孩、殺掉她，好與爸爸交媾的念
頭。種種的憎恨與暴力傾向，正是她固著於母親的原因（尤以兩
歲時最為強烈），也是她的焦慮與罪疚感之來源。當這些現象在楚
德的分析療程中愈加顯著時，她在分析時間來臨之前幾乎都會傷
害自己。我發現那些她用以自殘的物品（桌子、碗櫥、火爐等
等），對她而言正代表著母親（此與原始的嬰孩認同觀念相契
合），或偶爾象徵正懲罰著她的父親。而根據我的研究，通常幼齡 132
兒童之所以不斷處於「戰爭」狀態，或摔落或自我傷害，多半皆
與閹割情結及罪疚感有著密切關係。

兒童的戲局，讓我們得以就那極早出現的罪疚感，建立一些特有的結論。早在莉塔一歲多時，和她有所接觸的人便相當驚訝她對自己的搗蛋行為是如此自責，且對任何責罵都格外敏感。例如，當她爸爸開玩笑地恐嚇圖畫書裡的小熊時，她竟然倏地放聲大哭。在這裡，使她與小熊產生認同連結的，是她對於受到真實父親責罵的恐懼。再一次地，她的遊戲抑制又是從她的罪疚感衍生而來。而當她兩歲又三個月大時，她一再重申，當她跟洋娃娃玩時（一項她不是很喜歡的遊戲），她不是洋娃娃的媽媽。就分析之顯示，她不敢扮演母親的角色，因為和其他東西相較，那尊小娃娃對她而言宛若未出生的弟弟，她簡直恨不得從媽媽身上搶走

他。但在此處，對這個幼稚願望的抑制不再是從真實的母親而來，而是來自內攝的（introjected）母親。她曾透過許多方式，向我演示出這個內攝的母親形象，而其影響力比她真實的母親更加嚴厲殘忍。莉塔曾於兩歲時出現一個強迫症狀，那是個非常浪費時間的就寢儀式，重點在於她堅持要用床單緊緊地將自己包裹住，因為她怕「一隻老鼠或一頭什麼東西可能會從窗戶跑進來，咬掉她的那個東西（性器官）」。[132-1]除此之外，她的一些戲局顯示出其他的決定因素：洋娃娃總是被包著，跟莉塔自己被裹住的方式相同，而且有一次娃娃床邊還擺了一頭大象，用意在防止娃娃逃走。因為不這麼做的話，娃娃會潛入她父母房間，傷害他們或拿走一些東西。大象（代表父親形象）顯然背負著阻礙者的角色，而自她一歲多到兩歲之間，也就是她想取代母親的地位、奪走媽媽肚裡的嬰兒、傷害與閹割父母之時，這個內攝的父親角色便已在她體內作用著。這些在遊戲中伴隨著懲罰「孩子」而來的憤怒與焦慮反應，亦同樣顯示出莉塔在內心正扮演著雙重角色：一是掌有審判權的權威者，一是被處罰的孩童。

133 在角色扮演的遊戲中，有一項基本而普遍的機制，會抑制兒童將運作中不同的認同合而為一。藉由角色的分割（division），孩童才能成功地排除掉自己於伊底帕斯情結形成過程中所吸附，且不斷嚴苛地折磨其內心的父母形象。一旦驅除這些困擾之後，解放感便隨即產生，並大大地促進遊戲中快感的萌發。雖然這樣的角色扮演遊戲經常以十分簡單的方式呈現，好像只代表原初的認

132-1 莉塔的閹割情結除了表現在許多精神官能性的症狀外，亦於人格發展中反應出來。她所玩的遊戲，也清楚地顯示出她強烈的父親認同傾向，以及對男性角色失敗的恐懼——這樣的焦慮同樣源自於閹割情結。

同（primary identifications），但這僅是表面上看來如此而已。在兒童的分析中，深入表象的背後才是最重要的。然而，唯有將所有隱藏於後的認同角色與決定因素揭露而出，甚至對在此操弄的罪疚感做一番研究，才有可能達到最佳的治療效果。

根據我分析過的案例顯示，罪疚感的抑制效應在很小的時候就已十分顯著。於此，我們所面臨的狀況，與一般所知的成人超我運作一致。若我們假設伊底帕斯情結的顛峰期約發生於出生後三年，並且視超我的發展為其最終成果，對我來說，這兩項推論與前述的觀察並不相違背。那些明確而典型的現象，以及在伊底帕斯情結發展至顛峰時逐漸顯露出跡象的成熟型態，皆不過是經年累月的發展成果。從幼兒的分析中可看出，只要伊底帕斯情結一出現，他們隨即展開修通的動作，超我的發展便由此開始。

此一嬰孩超我（infantile super-ego）的作用對兒童產生的影響雖與成人的狀況類似，但對屈居弱勢的嬰孩自我（infantile ego）之壓制卻遠較後者強烈許多。如同兒童分析工作所示，只要分析療程將超我的過度需求加以抑制，便能鞏固自我。無疑地，幼兒的自我與較年長的兒童或成人均不同，但一旦我們將幼兒的自我從精神官能症中解放出來，其自我對現實的需求是一致的——儘管這些需求還不像成人那般認真。[133-1]

正如較年幼與較年長兒童心智的不同，兒童對精神分析之反 134
應，於童年時期的早晚亦有所差別。常令我們驚喜的是，在某些情況下，我們提供的詮釋竟輕易地獲得接受，有時孩童們甚至十

133-1　兒童無法像成人那樣，至分析末期時改變他們的生活境遇，但是經過分析治療後，可使他們在現實環境中感到更自在、發展得更好。此外，兒童精神官能症的清除，亦常能減輕其**環境**（milieu）的痛苦。例如，我曾不斷地驗證出，當有益的變化在小孩身上出現之後，母親的精神官能症反應也會少掉很多。

分樂在其中。此一過程之所以異於我們在成人分析中所遇到的情況，乃是因為在兒童心智的深層，意識與潛意識之間的交流遠較成人容易，故當我們欲一步步反溯時亦較為簡單。如此一來，便證明了我們所做的詮釋之快速有效。當然，除非是透過適切的素材來分析，否則是不可能達成的。兒童在創造素材上，其速度與多樣性均非常驚人，而且就算他們對詮釋的接受度並不高，效果也常常令人訝異。在進行的過程中，原本基於阻抗而中斷的遊戲很快又重新展開，並不斷地變換、擴展，並呈現心智的更深層，而兒童與分析師之間的接觸關係亦獲得重建。隨著每一段詮釋的完成，由於不再需要解壓，遊戲的快感也因此顯而易見。但不久後，又會出現一陣阻抗，至此之時，事情再也不如之前般容易了。事實上，從此刻起，真正的拉鋸戰才開始上演，尤其要是碰上了罪疚感，那更是令人頭痛。

在玩耍中，兒童僅會象徵性地呈現出幻想、願望與經驗。他們運用同樣出現於夢境中的語言，以及同樣發生自種系（phylogenetically）的古老表達方式，這一切唯有透過佛洛伊德推演出的解夢分析才能完全理解。象徵只不過是其中的一部分；若我們希望在分析治療中，正確地解讀兒童的遊戲與其整體行為的關聯，那麼除了經常顯現於遊戲中的象徵之外，我們還必須考量所有表徵方式的意義，以及那些運作於夢境中的機制，而且對於檢驗現象的整體連鎖關係之必要性，更須銘記在心。[134-1]

135 如果運用上述的技術，我們便會馬上發現，兒童對於遊戲中不同元素之間的聯想，其實並不輸成人對於夢中各項要件的處理方式。遊戲中的瑣碎細節，可為細心的觀察者指引出方向，而兒童一五一十地全盤托出的事情，將在聯想上占有重要的地位。

除了這種古老的表現模式外，兒童也會使用另一種原始的機制，亦即採用行動（所謂思想的原始前驅）取代言語：對兒童來說，行動非常重要。

在〈孩童期精神官能症案例的病史〉一文中，[135-1]佛洛伊德曾說到：「當然，對精神官能性的孩童本身進行分析顯得較為可信，但在題材上卻不可能很豐富，因為必須提供給孩童太多字詞與思想；儘管如此，最深的底層可能仍無法被意識穿透。」[135-a]

假如我們採用分析成人的技術研究兒童，我們勢必無法成功地深入兒童心智生活的最底層，然而分析的成敗與價值，正是由這些層面所決定。若我們能將兒童與成人的心理差異加以考慮，同時謹記著：兒童的潛意識與意識、最原始的傾向與最複雜的發展如超我等等，均是並肩運行的話——換言之，我們若能確實理解兒童的表達形式，那麼所有的疑點與不利因素終將煙消雲散。因為我們發現，就分析的深度與廣度而言，我們對兒童的期望可以像對成人一樣。此外，在兒童分析中，過去的經驗與固著行為可被直接地表達出來，這與在成人分析中，我們只能將之重構的情形大不相同。[135-2]以露絲（Ruth）為例，當她還是嬰孩時，偶爾

134-1　我的分析一次又一次地說明，如洋娃娃等不同的物件，在遊戲中均可能有涵義。有時它們代表陰莖，有時代表自母親身邊搶走的孩子，有時則代表小病人自己等等。唯有就遊戲的所有細節與詮釋詳加檢驗，我們才能釐清、運用各種相關連結，詮釋也才會更具成效。這一切包括分析療程中孩童所製造的**素材**，如從玩玩具到演劇，以及玩水、裁紙或繪圖等行為；他們從事上述行為的**態度**；他們行為變換的**原因**；他們選擇用來表徵的**方式**——這些看似混雜、紛亂與毫無意義的元素，不但前後一致與意義豐富，假設我們再對夢境加以詮釋的話，背後隱含的緣由與想法終將獲得揭示。更有甚者，兒童經常在遊戲中表現出曾經描述過的夢中事物，也常利用做夢過後的遊戲製造聯想，並將之視為首要的自我表達方式。

135-1　*S.E.* **17**.

135-a　中譯註：參見《狼人：孩童期精神官能症案例的病史》，36-37頁。

136 會因為母親奶水不足而餓肚子。到她四歲又三個月大時，有次她正在玩水槽，便直呼水龍頭為奶水頭。她說奶水跑到嘴裡去了（排水管洞），但是只有流一點點。這樣的口腔慾求不滿經常出現在她無數的遊戲與演劇行為中，同時亦展現於她整體的態度上。譬如，她宣稱她很窮，只有一件外套，及沒有太多東西可吃——這些說法沒有一項與現實相符。

另一位患有強迫式精神官能症的小病人是六歲的厄娜（Erna），其症狀主要是來自如廁訓練期[136-1]的感受，她以非常鉅細靡遺的方式向我傾訴這些經過。譬如，有一次她將一個小娃娃放在石頭上，假裝它正在排便，她也放了其他娃娃圍在它旁邊，意思是它們正在欣賞。在這番排演之後，厄娜把同樣的素材納入一個遊戲活動裡。她希望我佯裝成包裹在長毯裡、把自己搞得髒兮兮的嬰兒，而她則扮成母親。這個嬰兒是個被寵壞的孩子，同時也是被傾慕的客體。厄娜對此感到生氣，因而扮演不斷擊打嬰兒的嚴格教師角色。藉由這個方式，厄娜在我面前展現出她經歷過的第一個創傷：當她想像那些用來訓練她如廁的規範，正代表著她已失去嬰孩時期所享有的溺愛時，她的自戀意識便遭受沉重的

135-2 在1924年於薩爾斯堡舉行的第八次國際精神分析會議中，我曾經論及兒童遊戲中的一項基礎機制，且說明了在經歷所有昇華作用之後，孩童終於將自慰幻想（masturbation-phantasies）排解掉。這是所有遊戲活動的基底，為遊戲提供了持續性的刺激（強迫重覆）。遊戲與學習中的抑制，實則來自對於幻想的壓制，而由於性經驗與自慰幻想有關，因此亦會於遊戲中呈現與宣洩出來。在演劇化的經驗之中，原初場景的表現最為重要，它甚為規律地出現於幼童的分析背景中。唯有經過可觀的分析療程後，當部分的原初場景與性器期發展逐漸顯現，我們才能開始論及前性器期經驗與幻想的表達形態。

136-1 這項被厄娜視為最殘忍的酷刑訓練，事實上是在毫無困難的情形下輕易完成，因此她才一歲就已養成良好的衛生習慣。但由於她過早發展的野心強烈刺激下，導致她在一開始便將所有訓練規定視為暴行。這樣的早期野心即為她對責罵的敏感度與早熟的罪疚感發展之初始狀態。不過，罪疚感在如廁訓練期就已發揮重大作用的情形已屬普遍，我們可從中依稀看出超我發展的最初樣貌。

打擊。

一般而言，當我們對兒童進行分析時，不能低估幻想以及因強迫性重覆而轉化為行動的重要性。通常幼小的孩童是透過行動來拓展效果，但即使是較年長的孩童亦會持續地依賴這項原始機制，尤其是當分析療程已將他們部分的潛抑驅除之後。分析治療 137
的持續是不可或缺的，如此一來，孩童才能獲得與此機制緊密結合的快感，但此快感必須只是一種達到目的的手段。就在此處，我們看到了享樂原則凌駕於現實原則之上，因為對於小病人，我們並不能像對較年長的兒童那樣，訴諸於他們的現實感（sense of reality）。

正因兒童的表達媒介與成人相異，兒童分析中的分析情境（analytic situation）也顯得截然不同。然而，前述兩種情況在本質上是沒有差別的。前後連貫的詮釋、漸進地解決阻抗的問題，以及持久地追查移情的先前狀況——這對兒童及成人而言，均為正確的分析情境。

我曾經提到，在幼兒的分析研究中，我一次又一次地見識到詮釋作用的速成效果。令人震驚的是，儘管出現了許多明顯至極的跡象，如遊戲的發展、移情的鞏固、焦慮的減輕等等，孩童卻有相當長的一段時間，未能有意識地瞭解詮釋，而我也曾經證明這樣的進程是稍後才會完成的。例如，當孩子們開始辨別出「虛假」與真實的母親、木製娃娃與真正的嬰兒之間的不同後，會很肯定地堅稱他們想要傷害的僅止於玩具嬰孩而已——至於真正的嬰兒，他們則口口聲聲地說自己當然愛他們。但唯有經過非常強烈而持久的阻抗後，孩子們才會理解到他們的行為其實直接傷及了真實的客體。一旦體認到這一點，通常就算是很小的幼童，也會在適應現實上呈現出明顯的進步。我的看法是，通常一開始，詮釋作用僅是無意識地被吸收消化，直到後來與現實的關係才逐漸為孩童所理解，這一點與啟蒙的過程是類似的。長久以來，分析工作僅為性理論（sexual theories）與生育幻想（birth-phantasies）帶來一些新穎素材，卻從不去「解釋」這些素材的涵義。因此，啟蒙經驗僅能隨著潛意識中阻抗因子的移除，一點一點地滋長。

總之，進行精神分析的首波結果，便是兒童與父母間的情緒關係改善了，至於有意識的領悟則隨之而來。這樣的領悟完全聽候超我的差遣，當後者的要求因分析治療而有所調整後，才能為已變得較為堅強的自我所容忍，希聽尊便。因此，兒童並非突然
138 地面對須重新思索親子關係的處境，或被迫接受令自己苦惱不已的知識。根據我的經驗，這般循序漸進的知識效應，事實上可減輕孩子的痛苦，讓他們能根本地與父母建立更諧和的關係，並同時促進其社會適應能力。

至此階段後，兒童亦具備了以某種合理的拒絕來取代潛抑的能力。從分析的後期階段中可看出，孩子們從原先渴望著肛門施虐或食人渴望（這些在先前階段仍十分強烈），到後來有時會對之採取幽默的批判態度，可見進步之神速。我甚至聽過非常幼小的孩童能就此開玩笑，說他們在不久前真的很想把媽咪吃掉或剁成好幾塊。在此情況下，不僅罪疚感必然會減輕，同時孩童也能將過去完全被潛抑的願望予以昇華。兒童的遊戲抑制消失不見，且開始涉獵各種興趣與活動等等，都是這些結果的實際展現。

簡單歸結我以上所言：基於兒童心智生活獨有的原始特質，我們必須採取合適的技術，包括對他們的遊戲進行分析。透過這些技術，我們才能觸及孩子們最深層的潛抑經驗與固著行為，並

根本地影響他們的發展。

因此，真正的問題在於治療**技術**的不同，而非採用**原則**的差異。佛洛伊德所提出的精神分析之判準，包括以移情與阻抗為出發點，參酌嬰孩的衝動、潛抑與其效應，健忘症與強迫重覆因素等等，或亦如他在〈孩童期精神官能症案例的病史〉一文所提到的，發掘出兒童的原初場景──以上種種均會於遊戲治療中完整呈現。遊戲治療的方法保留了所有精神分析的原則，其結果與古典技術殊途同歸，但只有它，才是唯一符合兒童心智的技術工具。

第七章　兒童分析論文集[139-1]（1927）

1947年附註：以下的報告是我個人就兒童分析的問題所進 139
行的一些探討，其中有不少論點乃針對安娜・佛洛伊德於1927年在維也納所出版的《兒童精神分析技術入門》（*Introduction to the Technique of the Analysis of Children*）一書所提出。在她1946年於倫敦出版的增訂版《兒童精神分析治療》（*The Psycho-Analytical Treatment of Children*, Imago Publishing Co.）裡，她做了一些修正，某些看法逐漸趨近我的觀點。相關討論將於本文後記中呈現，這些意見日後仍代表我個人所抱持之立場（頁數參照1946年Imago的印行版本為準）。

在提出我的看法之前，我必須就兒童分析的發展歷史稍做回顧。兒童分析起源於1909年，由佛洛伊德發表的〈畏懼症案例的分析〉引發開端。這本著作具有極重大的理論價值，因為佛洛伊德藉著這個以兒童為主體的實例，證明了在兒童身上，同樣存在著他於成人分析中所發現的事實。此書還有另一個在當時尚無人意識到的重大貢獻，那就是它為後續的兒童分析奠定了基礎。該分析不但呈現出伊底帕斯情結在兒童身上的存有與演變，同時亦顯現其運作之形式，以及這些潛意識傾向如何安全無虞地轉化於

139-1　發表於英國精神分析學會，1927年五月四日與十八日。

意識當中。佛洛伊德對於他的發現如此描述著：[139-2]「但是現在我必須質疑的是，逐步去揭開那些不只是孩子自己去潛抑它、就連孩子的父母也陷入驚恐的情結，以漢斯的例子來看，究竟會對他造成什麼傷害。小男孩是否會因為對母親的想望而真的鋌而走險？或者，對父親邪惡的意圖是否也可能付諸罪惡的行動？**假如醫師誤解精神分析的本質，並相信邪惡的本能一旦浮上意識層面則會被強化的話，此類不安疑慮難免成為他們的隱憂。**」（粗體部分為我個人註記）[139-a]

140 接著，下一段：「相對地，分析唯一的成果就是漢斯的復原，他不再畏懼馬，與父親關係益加親暱，這從父親的報告中透出幾許興味。無論父親可能輸掉什麼，在男孩那方面來說，是贏回了信任；『我想，』漢斯說，『你知道所有的事，因為你知道那些關於馬的事。』精神分析並不會抵消潛抑作用的效應。已經被壓抑的本能依舊被壓抑著，只是以不同方式達到相同結果。分析取代了自動化且過度運作的潛抑機制，以一種溫和但堅定的方式掌控心智的最高代理者。一言以蔽之，分析乃是以非難的方式取代潛抑。這似乎正是我們引頸企盼的證據——意識本身具有生物功能，當它浮上檯面時，其重要優勢已經被確立。」[140-a]

第一位展開系統性之兒童分析而備受尊崇的分析師胡賀慕斯，不但將一些先入為主的觀念帶入她的分析工作裡，而且還貫徹始終。在經過四年的執業之後，她發表了一篇〈兒童分析的技術〉（On the Technique of Child-Analysis, 1921）的文章，清楚地陳

139-2 *S.E.* **10**, p.144

139-a 中譯註：參見《小漢斯：畏懼症案例的分析》，170-171頁。

140-a 中譯註：參見同上出處，171頁。

述了她所採用的原則與技術。她在文中表明不贊成分析年紀過小的幼童，同時亦認為「局部的成功」已然足夠，而且對兒童並不適宜做太深入的分析，因為那會過於擾亂他們受到潛抑的傾向與衝動，或過度要求了他們的同化能力（powers of assimilation）。

根據胡賀慕斯博士的這篇文章以及其他文章的論述，不難看出她對深入伊底帕斯情結的退卻態度。她的另一項假定是，在兒童分析的案例中，分析師除了分析治療外，另亦肩負著教育者的影響力。

早在1921年時，我已於我的第一篇著作〈兒童的發展〉中提出截然不同的結論。根據我對一名五歲又三個月的男孩之分析，我發現（如同日後的分析所印證），不但絕對可以深入伊底帕斯情結，亦值得鼓勵，至少藉此所獲得的結果與成人分析相去不遠。但在進行的同時，我察覺到，若採取此法，分析師並沒有必要去發揮教育者的角色，否則將會與分析法有所牴觸。我將這些發現列入我的工作指導原則之中，並在我所有的著作中極力倡言。它們促使我後來將焦點轉向三到六歲的幼齡兒童，除了令我在治療結果上大有斬獲之外，亦進一步發掘其無窮的發展潛力。

現在就讓我們來看看，安娜・佛洛伊德於她的書中所陳述的 141
四大重點。首先，我們看到與前述胡賀慕斯所持的相同觀點，亦即認為兒童的分析不應過於深入，並由此直接推論出，孩童與父母的關係不該受到太多處理，也就是說，我們不需對伊底帕斯情結做抽絲剝繭般的檢視。實際上，安娜・佛洛伊德所舉出的病例，都未觸及伊底帕斯情結之分析。

第二，安娜認為在兒童分析中，應該融入教育性的影響。

值得注意且深思的是，儘管兒童分析從約莫十八年前便開始施行，我們卻不得不承認，許多基本原則仍然尚未獲得釐清。相較之下，同時被提出的，所有成人精神分析賴以進行的基本原則，均已通過實徵的驗證與肯定，即使因相關技術的精進而使得執行細節略有變動，其立論仍屹立不搖。

相對地，兒童分析如此不受眷顧，原因何在？一般分析界的說法是，兒童並非適切的分析客體，此言似乎有待商榷。以胡賀慕斯來說，她確實十分懷疑兒童分析的效果。她曾宣稱，她「必須滿足於局部的成就，並顧及病情復發的可能性」。不但如此，她甚至將治療侷限於某些範圍的案例之內。安娜・佛洛伊德也對兒童分析的可行性設下限制，不過關於其發展的可能性，她卻比胡賀慕斯還要樂觀。她在書中結尾提道：「關於兒童分析，儘管有我曾詳述的種種困難，我們仍完成了不少在成人分析中不敢奢望的變化、改善與療癒成果。」（第86頁）

為了回應我所提出的問題，我現在要做出幾點陳述，於未來逐一進行論證。我認為，相較於成人分析，兒童分析之所以在過去備受冷落，乃因我們從一開始便為某些先入為主的觀念所阻擾，從未像進行成人分析般地，以一種全然自由且開放的精神去
142 探究。如果回溯至最早的兒童分析個案（即小漢斯的例子），我們會發現它並未遭遇到上述的這些箝制。當然，該案例所運用的技術並無特別之處：漢斯的父親在佛洛伊德的指引下執行局部分析，對於分析之實務操作相當陌生。儘管如此，他仍然勇氣十足地讓分析持續進行了一段時間，且成績斐然。我在本文之前的一段小結中曾經提到，佛洛伊德說他自己也想再更進一步深入下去。由此亦可看出，他不覺得對伊底帕斯情結進行完整的研究有何不可，顯然他不認為應於兒童分析中避開此一基本問題不談。

但對於長年累月在此領域獨力耕耘且成就非凡的胡賀慕斯而言，她仍然傾向於一開始便採取設限的原則，因此不論是從實際成果、分析個案量，或是就理論上的建樹來看，她的成果均較不豐碩。於是這幾年以來，照道理應該會對精神分析理論有直接貢獻的兒童分析，反而乏善可陳。胡賀慕斯與安娜・佛洛伊德都相繼認為，針對兒童進行分析不但不會有太大的斬獲，而且由此對生命早期階段的瞭解，甚至還會比成人分析所獲得的更少。

接下來，我要談及另一個常被用來解釋兒童分析領域為何發展緩慢的託辭。該說法是，在分析當中，兒童的行為與成人有極明顯的不同，因此應採取另一套技術。我認為這個論點是不對的。假如說「身體乃因精神而生」，那麼我必須說，最適當的技術是透過我們的態度和內在的信念而找到的。我必須再度強調：如果我們能以開放的心胸去進行兒童分析，自然就會發現探究其底層的方法與媒介，並根據其結果，發掘兒童的真實本質，除此之外，亦明白不管是在深入的程度或是在使用的方法上，我們根本不需要做任何限制。

從以上的論述中，我已略為闡釋我個人批判安娜・佛洛伊德著作的核心觀點。

我想，我們可以從兩種角度來解釋許多安娜・佛洛伊德所引用的技術性方法：（一）她假定與兒童無法建立分析情境；（二）針對兒童而言，她認為不摻雜任何教育性元素的純粹分析法，是不適宜或值得商榷的。

第一項假設乃直接承繼第二項而來。若將之與成人分析技術 143
加以比較，不難發現我們常會無條件地假定真正的分析情境只能靠分析方法來完成。然而我們必須體認到，不論是為了營造正向的移情，而依循如安娜·佛洛伊德在她書中第一章所描述的施行準則，或是利用病人的焦慮加以馴服、挾用權威予以恫嚇駕馭等等，都是嚴重的錯誤方式，因為即使這些方法保證能引導我們粗淺地碰觸病人的部分潛意識，但若想靠此建立一種真切的分析情境，以深入心智的最深層進行完整分析，那簡直是癡人說夢。我們必須持續地瞭解為何病人總是想把我們當作權威——不管是可憎或是可愛的，而唯有分析此一態度，我們才能對那些更深層的意識一探究竟。

所有在成人分析中被視為不當的方法，安娜·佛洛伊德都特別強調它們之於兒童分析的價值，原因在於她認為將這些方法引入療程是必要的，並稱之為分析的「劈入」（breaking-in）。但很有可能在這些「劈入」之後，她將難以成功地建立一個真切的分析情境。令我甚覺訝異且不合邏輯的是，儘管安娜·佛洛伊德不斷提及她的假定，卻從不援用一些必要策略來建構分析情境，反倒採取許多與其相左的替代元素。但她又試著運用理論證實，想要與兒童建構分析情境，或套用類似成人分析的純粹分析法，這當然是不可能的。

安娜·佛洛伊德提出了許多理由來說明一些特意設計以及有問題的兒童分析方法，認為它們有助於兒童分析中情境的建構，使分析工作變得可能。但對我來說，這些理由都不充分。在許多方面，她都背棄了受過驗證的分析規則，只因為她認為兒童與成人是截然不同的生命體。然而，精心設計這些方法，唯一的目的卻是在促使兒童展現出類似成人的分析態度，以利分析。在我看來，這一點十分矛盾。我認為原因可能在於安娜·佛洛伊德將兒童與成人的意識及自我之比較置於首要地位，但事實上我們（雖

然對自我一樣器重）應該先處理潛意識的問題，而就潛意識而言
（我在此的論點是以兒童及成人的深度分析工作為基礎），兩者在
基點上並無二致，只是兒童的自我發展未臻完全，因此受潛意識
的支配較成人強烈許多。若我們想真正瞭解兒童，進而對他們進 144
行分析的話，這一點才是值得我們探討並視為研究重心之處。

對於安娜・佛洛伊德如此處心積慮想要實現的目標，亦即引導兒童產生近似成人的分析態度，我個人並不特別推崇。我也認為，假使安娜・佛洛伊德真的按她所描述的方法達成此一目標（頂多僅限於少數案例），其結果想必異於原先她所期盼的方向。她成功地引導孩童「承認自己的病態與不守規矩」，其實是她為一己目的，進而激發對方產生焦慮感所得來的，包括閹割焦慮與罪疚感都是（關於同樣在成人分析中，意識到想好轉的合理慾念如何掩飾焦慮的情形，在此先不予討論）。對於兒童，我們無法在刻意追求下，期待於分析工作中找到任何可綿延久遠的基本方法，畢竟就算在成人的分析中所推演出的既有原則，也不見得可以一勞永逸。

安娜・佛洛伊德真的認為上述目的是準備工作中必要的一環，但她更進一步地相信，只要存有此一目的，她便可以一路靠它進行下去。我認為這想法是有誤的，而且一旦她心裡這麼想，她便真的是在依賴兒童的焦慮與罪疚感。此想法本身並無令人非議之處，因為對我們分析工作的發展可能性來說，焦慮與罪疚感無疑是最重要的因素。但我們必須事先認清我們所倚靠的支柱是什麼，以及我們如何運用它們。分析本身並不是一種溫和的方法：它無法替病人排解掉任何痛楚，即使對兒童亦然。事實上，若後來病人有更多長期而致命的痛楚需要排解時，分析必須迫使

痛楚進入意識之中，並引向情感發洩。因此，我所批評的不在於安娜・佛洛伊德**激化**了焦慮與罪疚感，而在於她並未能**充分地解決**它們。按照她在第11至12頁所敘述，她將孩童的焦慮帶進意識之中，是為了不讓孩子變瘋，但對我來說，若她未能立即從其潛意識根底處理此焦慮，並盡可能地讓其和緩下來，那麼這樣的療法對兒童而言，簡直是場不必要的酷刑。

試想，假若焦慮與罪疚感是我們分析工作的必要訴求，我們何不在一開始便將它們納入考量因素，予以習慣性地運用呢？

我自己始終如是履行，而且我發現，若一個技術能將在兒童
145 身上尤其強烈，且較成人更鮮明、更容易掌握的大量焦慮與罪疚感列入考量，並以其進行分析工作，絕對可讓我完全放心。

安娜・佛洛伊德指出（第34頁），在進行分析工作時，我不應該因小孩子對我表現出敵意或焦躁的態度，就立即做出負向移情現象的結論，因為「一個幼兒與母親的關係愈平淡，其對陌生人表現出的友善衝動便愈少」。像她這樣以小嬰孩對於所有陌生事物的阻抗態度作為比較的基準，我不認為是恰當的。我們對小嬰兒所知甚少，但我們可以從對一個小孩的早期分析中，認識到許多關於心智發展的問題。例如在三歲小孩身上，我們看到充滿嚴重愛恨交織的精神官能症小孩，才會對陌生人感到害怕或憎恨。我的種種經驗，足以證實我的信念無誤。假使我將這種反感行為解釋為焦慮與負向的移情感情，並與孩童在同時間所發展出的素材做連結，將其回溯至原始客體（即母親），便會觀察到焦慮有減緩的現象。這個狀況在更為正向的移情中萌生得更早，且會伴隨活力十足的遊戲出現。較年長的兒童情形亦頗為類似，只是在細節上有所差別而已。當然，我這方法的施行前提是：在一開始便要

求自己兼顧正向與負向的移情，並且朝向伊底帕斯情境中追溯其源頭。這兩項方法完全符合分析原則，但安娜・佛洛伊德卻基於某種不明的理由，對它們不理不睬。

我後來相信，關於兒童的焦慮與罪疚感，我與安娜・佛洛伊德於態度上有一個極端的差異：她利用這些情感讓孩童對她產生眷戀，而我卻從一開始便將之當作分析治療的輔助條件。如果我們無法證實焦慮會對分析過程造成極大的困擾與阻礙，除非我們立即展開分析以行解決，否則操作這項因素不可能對太多的兒童奏效。

就我從書中所獲得的理解，安娜・佛洛伊德僅對特殊病例才採用此一方法。在其他個案中，她嘗試用各種方法來導引出正向移情，以達到讓兒童對她個人人格產生依戀的境況，這對她而言是絕對必要的。

在我看來，這套方法仍舊欠缺合理依據，因為我們一定可以
透過純分析的方式，讓分析工作盡善盡美。並非所有的孩童都會
在初始階段便呈現出害怕或反感的反應。我的經驗令我深信，如
果孩童的反應是和悅地嘻鬧，我們大可假定正向移情的存在，並 146
妥善利用分析工作。此外，雖然目前還不容易引入，我們還有另
一項類似在成人分析中使用的絕佳利器。我的意思是，我們可以
對這個正向移情進行詮釋；也就是說，不論是兒童或是成人的分
析治療，我們都盡量讓它們回溯至原始客體。一般而言，我們應
該同時關注正向與負向的移情，而若一開始便朝分析的方向加以
掌握，能進行分析的機會就會更大。如同成人分析一般，當部分
的負向移情問題獲得解決後，我們將會得到正向移情增進的結
果；隨後又跟童年的矛盾狀況一樣，負向移情再度出現。這就是

真正的分析工作，分析情境乃由此建立。甚且，我們還可藉此發現在孩童身上建立的基石何在，並以超然之姿，對其周邊狀況進行瞭解。簡而言之，至此我們已達到了分析所需的情境，不但省去安娜・佛洛伊德所描述的那些徒勞無功的方法，而且（這顯然更重要）我們還可獲致肯定的工作成果，媲美成人分析的成就。

針對此點，安娜・佛洛伊德在她書中第二章〈兒童分析中採行之方法〉（The Means Employed in Child-Analysis）對我的看法提出異議。若按照我的方式，我們必須從孩童的聯想活動中獲取素材。包括安娜・佛洛伊德與我在內，任何進行兒童分析者幾乎都同意，幼童既不能、也不可能用與較年長者相同的模式提供聯想的元素，因此光靠言說（speech）來蒐集素材是不夠的。在安娜・佛洛伊德建議用來彌補口語聯想（verbal associations）不足的方法中，有些也是我在個人經驗中覺得相當有益的。假使我們更加細膩地檢驗這些方法，例如畫圖、述說白日夢等等，我們將會發現它們的目的即在於以聯想之外的方式來蒐集素材，這對誘引與解放兒童的幻想而言，是最重要的。安娜・佛洛伊德在其論述中曾提到實行的問題，這一點確實值得加以關注。她認為（第19頁）「沒有任何一件事，要比讓孩童瞭解夢境詮釋來得簡單」。此外，「就算是智力不高、對分析反應過於遲鈍的兒童，於夢境的詮釋也不會有問題。」我想如果安娜・佛洛伊德在夢境詮釋或其他方法
147 上，加強運用小孩明顯展現的象徵理解能力，這些小孩大概不至於無法配合分析。因為根據我的經驗，一旦施行這項方法，就算是再怎麼不聰明的兒童，一樣都適合分析。

這就是我們應該在兒童分析中善加利用的手段。如果我們堅信孩童所詳述的事件均具有象徵性，一路跟隨下去的話，將會得

到豐富多采的幻想訊息。安娜・佛洛伊德在第三章裡堆砌了不少理論性論述，藉以反駁我大力提倡的遊戲治療技術，尤其是它不單是當做觀察之途時的分析應用。她不僅相當懷疑將兒童遊戲中的演劇內容施以象徵性詮釋的做法，同時也認為那很容易是由現時的觀察或日常生活經驗所引發。於此，我必須說明，從安娜・佛洛伊德闡釋的方式，可看出她對我的技術實是有所誤解。「假使小孩子推翻一根燈桿或是一個玩具，她會將之解釋為某種對抗父親的暴力衝動；故意讓兩部汽車相撞，則代表目睹父母親的魚水之歡。」（第29頁）事實上，我從未企圖對兒童的遊戲做這般「粗暴」的象徵詮釋。相反地，我僅在我最近的一篇報告〈早期分析〉中，才特別予以強調。也就是說，只有當孩童於不同的重覆行為中表現出相同的心理素材——在現實中常透過各式的媒介，如玩具、水，或藉由裁切、繪圖等動作展現，以及當我注意到這些特異的作為經常伴隨著罪疚感，以焦慮或暗指過度補償這類代表反向作用的形式表徵，且讓我感受到我已達到看透某種連結的境界時，我才會對這種種現象進行詮釋，並且將它們與潛意識及分析情境串聯起來。這番關於詮釋的實務與理論條件，與成人分析是絕無二致的。

小玩具只是我提供的器材之一，其他的媒材還包括紙張、鉛筆、剪刀、細繩、球、積木，以及最主要的水等等。這些東西都任由小孩取用，目的僅在於提供途徑，協助其釋放幻想。有些小孩長時間都不碰任何玩具，或者連著好幾週只顧著裁裁剪剪。針對在遊戲中完全抑制的小孩，玩具只是用來貼近瞭解其抑制之因的一種工具。有些小孩，尤其是非常年幼的孩子，一旦玩具讓他們有機會把宰制他們的幻想或經歷戲劇化後，他們常會把四散的玩具全部兜起來，接著玩起任何想像得到的戲局，而所有在房間內的人與物，包括我在內，都必須參與演出。

148 我之所以如此冗長地詳述我的技術，乃因我希望將我經驗中的原則加以釐清，說明它如何讓兒童的聯想活動發揮至極致，並使深入潛意識最底層成為可能。

我們可以和兒童的潛意識建立起更為迅速與確實的聯繫。如果我們相信，與成人比較起來，兒童受到的潛意識影響更深、本能衝動更強勁，我們便可以縮短與自我溝通的途徑，**與兒童的潛意識做直接的連結**。顯然地，假使潛意識的優勢地位不容爭辯的話，我們更該認定盛行於潛意識中的象徵表達法，在兒童身上的顯現遠比成人自然，以及事實上，兒童是由它所支配。既然如此，就讓我們循著此路前進，也就是與他們的潛意識進行聯繫，運用我們的詮釋來使用潛意識的語言。如此一來，我們就能更加瞭解兒童。當然，這並不像表面上看起來那麼輕易地可達成，否則幼童的分析大概只需花上極短的時間，事實並非如此。在兒童分析中，我們需不斷地偵測那些不亞於成人的阻抗行為，而最常見的仍然是最自然的方式，那就是焦慮。

如果我們想要深入孩童的潛意識，對我而言偵測阻抗行為是不可或缺的第二項要件。假設我們觀察兒童在表達現狀上的變換（不論是更換或終止遊戲，或是直接表現出焦慮），並且試著釐清引發這些更替狀況的素材之間的連鎖關係後，我們將瞭解到，我們總是與罪疚感正面交鋒，因此接下來非得對它進行詮釋不可。

我認為這兩項因素是兒童分析技術中最值得仰賴的助力，兩者相互依存，彼此互補。唯有透過詮釋，據以即時緩和兒童的焦慮，我們才能通往其潛意識，引導兒童接觸幻想。爾後，假使我們尾隨其幻想中的象徵前進，很快地我們便會看到焦慮再度出現，分析工作因此而有了持續前進的空間。

我以上的這些技術說明，以及我對兒童行動中象徵性成分的重視，可能會讓人誤以為我在暗示兒童分析並不需要真正的自由聯想之協助。 149

在我論文的前段中曾指出，安娜・佛洛伊德與我等所有從事兒童分析者，都認為兒童不能、也不可能運用與成人相同的聯想模式。在此我想補充一點，也許兒童之所以不能，並不是因為他們缺乏用字語呈現想法的能力（除極幼小的兒童之外），而是因為焦慮阻滯了口語上的連結。關於這個有趣的問題，並非本文範疇內所能詳盡探討，故我僅簡短地提出幾點經驗之談。

以玩具為媒介的表現——通常都是象徵性的表現，在某種程度上已從主體自身抽離——與口頭上的自白比較起來，其焦慮的投注較不明顯。但假若我們能夠成功地緩和焦慮，並在一開始便擷取到更多的間接表徵，我們應該就能誘引出孩童能力所及的完整口說表達。隨後我們會不斷發現，每當焦慮情形愈顯著，間接表徵嶄露頭角的分量就愈高。讓我舉個簡短的例子：當我已經對一個五歲男孩進行了相當程度的分析之後，他做了一個夢，其相關詮釋不但意義深遠，且成果豐碩。詮釋佔去了整個分析時段，而所有的聯想全都是口語的。接下來的兩天裡，他又有了第一個夢的續篇，但是對第二個夢境的聯想引導變得舉步維艱，一次只有一個；總之阻抗的力道非常巨大，焦慮情形也遠較前一天嚴重。直到最後，那名小男孩走向玩具箱，經由玩偶與其他玩具來向我描述他的聯想，在逐漸克服一些阻抗後，他再度使用口語表達。到了第三天，基於前兩天已披露出的素材，他的焦慮更是明顯，幾乎都是靠玩具與水的遊戲，聯想才得以呈現。

如果按照我所強調的那兩項原則加以邏輯地運用，也就是說，當我們跟隨兒童表達上的象徵性手法，並將焦慮能「輕易」（facility）在兒童身上顯現列入考慮的話，我們應該也需將他們的聯想能力視為分析中極重要的手法之一，但如我之前所言，僅能把它當作選擇之一，偶一為之。

因此，當安娜・佛洛伊德說：「這兒、那兒，那些無意的或是不請自來的聯想，比這些刻意招致的聯想更為普遍，它們全都能派上用場。」（第25頁），我認為這說法並不夠完備。聯想是否會顯現絕非偶然，而是端看分析中某些明確的態度而定。依我
150 看，這個方法對我們的用處，遠比表面上看起來要大得多。它源源不絕地填補著現實的缺口，而這也就是為何它與焦慮之間的關聯，仍比間接不實的表達方法還要密切的緣故。基於這個原因，除非我終能成功地讓病童用言說的方式表達出聯想，好讓我進行串聯現實的工作，否則我從不輕易對任何兒童分析作結，即使是對極小的幼童亦然。

如此看來，兒童分析與成人分析的技術實有異曲同工之妙。唯一的不同在於，潛意識對兒童的影響要比成人大許多，其表達形式也更具壓迫，因而對於兒童較易呈現焦慮的傾向，我們更須加以考量。

我想我剛剛所說的，將會使安娜・佛洛伊德針對我的遊戲治療所提出的兩大反駁點失去說服力。她質疑道：（一）我們如何能確定兒童遊戲中的象徵內涵即為首要母題，以及（二）我們如何能將兒童的遊戲與成人的口語聯想相提並論。在她看來，這樣的遊戲缺乏成人分析中的目的性，這能「使其在進行聯想時，從

一長串的想法裡，驅除掉所有意識性的導引與影響」。

關於後者，我的進一步回應是，這些施行於成人病患身上的概念（在我的經驗中，這些概念並不如安娜・佛洛伊德所言般靈驗）對兒童而言實是相當多餘的，而且在這裡我所指的並非極小的幼童。

我的意思已經非常清楚。兒童受到潛意識的主宰實在太大，所以實在沒有必要刻意要他們摒除意識性的念頭。[150-1]安娜・佛洛伊德自己也曾經對這點深刻思考過（第49頁）。

我之所以費盡唇舌地解釋適用於兒童的技術問題，實是因這對我而言，是整個兒童分析問題的基本要件。就我的瞭解，當安娜・佛洛伊德否決掉遊戲治療技術的時候，她的論辯不僅針對幼 151
童的分析，亦包括我對較年長兒童之分析所提出的基礎原則。遊戲治療為我們提供了豐富的素材，讓我們有機會觸及心智的最深層。如果我們能予以善用，將能順利地進行伊底帕斯情結之分析，而一旦展開之後，我們的分析工作便從此不受囿限。假使我們真的希望避開伊底帕斯情結的分析，那麼我們就不該引用遊戲治療技術，就算是對較年長的兒童實行改良方案，也應該避免。

因此接下來的問題，並不在於兒童分析是否能夠如成人分析般地深入，而在於它是否應該如此深入。為了回應這個問題，我們必須先檢視安娜・佛洛伊德在她書中第四章裡所表明反對深入

150-1　我還是得再進一步說明。我認為問題不在於誘使兒童於分析期間，「從一長串的想法裡，驅除掉所有意識性的導引與影響」，而在於我們必須以令他感受到潛意識之外的一切為目標，而且並非限於分析時段，就連在日常生活裡也一樣。兒童與現實之間的特殊關係（如我在所引用的前一篇論文〈早期分析的心理學原則〉〔1926〕中所詳述的），植基於一件事實上，那就是他們會盡力地驅除、拒絕所有與其潛意識衝動不相符的事物，而從廣義的角度來看，亦包括現實在內。

進行的原因。

不過在此之前，我想先討論安娜・佛洛伊德在她書中第三章，就兒童分析中移情的角色所提出的結論。

安娜・佛洛伊德對於成人與兒童之間移情境況的一些主要差異，做了一番描述。她的結論是，也許兒童身上可能會有令人滿意的移情現象出現，但是並不會產生移情精神官能症（transference-neurosis）。為支持這項論點，她引用了以下的理論論述。她說兒童不像成人能隨時準備好塑造一段新的愛戀關係，因為他們的原始愛戀客體——父母，仍在現實中以客體的姿態存在著。

為反駁這項我認為有誤的論點，我必須對於兒童的超我架構進行一番詳細的討論。不過，由於後續篇章也會有所著墨，在此我僅略述幾項論點，相關佐證則留待後續報告中陳述。

分析非常年幼孩童的經驗告訴我，即使是三歲的孩子，也有可能將伊底帕斯情結發展的最重要部分遺忘在後。基於此因，透過潛抑與罪疚感的作用，他已遠遠地脫離了原先渴求的客體，而且與它們之間的關係也遭到扭曲轉化，因此現前的愛戀客體，其實是原始客體的意像。

因此，面對分析師，兒童大可在所有基本而決定性的時刻，投入一段新的愛戀關係之塑造。於此，我們又遭遇到另一項理論性的駁難。安娜・佛洛伊德認為，當分析兒童時，分析師並非如同分析成人病患時一樣，「空虛、無我，宛若一張可任由病人抒發幻想的白紙」，得避免施加禁令及允准滿足。但是根據我的經
152 驗，這正是兒童分析師在建構出分析情境後，既可能也應該持有的態度。這些動作只是表象的，因為即使分析師全心投注於兒童的遊戲幻想之中，順從兒童特有的表達形態，其所做的事跟同樣

期待著病患幻想的成人分析師並無二致。不過除了這一點以外，我不贊同對兒童病患施予任何私人的報償，不管是贈送禮物、給予撫慰或是在療程之外的私會等等。簡而言之，我大體上仍遵循著眾所認可的成人分析規則。我能給予兒童病患的是分析上的幫助與解脫，讓他們即使在對病情毫無所知的情況下，也多少能迅速地感受到這些回饋。此外，基於兒童對我的信任，他們也絕對可以仰仗我的真心與誠意。

無論如何，我還是必須對安娜・佛洛伊德的結論提出質疑。在我的經驗當中，全然的移情精神官能症的確曾發生於兒童身上，其狀況與成人大同小異。當我對兒童進行分析時，我觀察到他們的症狀時時改變，並隨著分析情境之進行而加重或減輕。他們的情緒宣洩與分析工作的過程緊密關聯，也和我不無關係。孩童焦慮的升高與阻抗反應的萌生與消耗，都在分析情境中完成。有些細心觀察孩子的父母常告訴我，一些消逝已久的習慣又再度浮現的情形，讓他們感到十分訝異。直至目前為止，我尚未見過兒童會像跟我在一起時一樣，於家中逐漸去除掉他們的阻抗症狀：通常這些都僅在分析治療時才會宣洩而出。當然這情形有時候仍會發生，尤其是當強烈的情緒倏然爆發，對那些與孩子相關的人而言，某些騷動會變得格外明顯，不過這通常不多見，即使在成人分析中，此一情況之發生亦在所難免。

因此針對這一點，我的經驗與安娜・佛洛伊德的觀察心得大相逕庭。關於我們之間的歧異，其因並不難窺見，畢竟她與我在處理移情的方式上，存在著極大的差別。讓我姑且就先前所述做一小結。安娜・佛洛伊德認為，對於所有與兒童相關的分析工作而言，正向的移情是必要條件，而對於負向的移情她則不表歡迎。她寫道，「就兒童而言，他們向分析師展露出的負向衝動——儘管在許多方面來講仍具有啟發性——在本質上是棘手的，最好馬上處理掉。真正能帶來豐碩分析成果的，不外乎正向的依戀。」（第31頁）

我們知道，分析治療的重要因素之一，便是對於移情的掌
153 握。這除了應該按我們的分析知識援用正確的方法之外，也必須嚴謹、客觀地與現實事件相互呼應。移情是否獲得全面解決，更是判定分析治療是否圓滿了結的指標之一。在這個基礎之上，精神分析已經衍生出許多重要的法則，其功效在各個案例中也幾乎都獲得證實，而安娜・佛洛伊德卻在兒童分析中棄這些法則而不用。儘管我們很清楚移情之於分析工作的重要性，她仍認為那不過是不確定且令人懷疑的觀念。她說道，分析師「或許必須與父母親分享孩子的愛與恨」，但我無法瞭解當我們「摧毀或修正」那些彆扭的負面傾向後，我們還能企求得到什麼。

在此，前提與結論成了循環辯證。假設分析情境不是由分析手法塑造而成，且正向與負向的移情並未被合理地掌握住，那麼我們既不可能得出移情精神官能症的結果，也無法祈求兒童能夠在面對分析治療與分析師的過程中，自行獲得解脫。關於這一點，我稍後會更加詳盡地探討，在此我僅做一小結，說明為何我認為安娜・佛洛伊德傾全力誘引正向移情，同時減少對分析師反制性的負向移情之做法，不僅在技術上有所謬誤之外，事實上和我的方法比起來，也會對孩童父母更加不利，畢竟負向移情會自然地導向孩童日常生活中的聯想客體。

在第四篇演講文中，安娜・佛洛伊德提出了不少再度暴露出這種惡性循環的結論，而且特別明確。關於「惡性循環」一詞我

曾解釋過，意指由某些前提推演出的結論，爾後又被用來當作印證的論證法。略舉其中一項看似謬誤的結論為例：安娜・佛洛伊德指出，在兒童分析中，欲克服兒童論說能力不足的障礙，是極不可能的。不過她也語帶保留：「至少直到我執業至今，若按照我所提過的那些技術來做的話。」然而緊接著，她卻附上了一段具有定理性質的說明，她解釋道，當我們分析成人時，對於早期童年時期的發現，「正是透過一些自由聯想與詮釋移情反應（transference-reactions）的方法所揭露出來，也就是那些在兒童分析中不管用的方式。」在書中好幾處，安娜・佛洛伊德強調，為配合兒童的心智，對兒童的分析應該改變方法。然而她卻在未經實務操作的測試下，對我研發的一些具有理論基礎的技術提出質疑。不過，我已經透過實際的應用，證實這個技術的確可幫助我 154
們從兒童身上，擷取到比成人分析更為豐富的聯想元素，進而做到更深層的洞察。

從我自身經驗所得出的結果，讓我對安娜・佛洛伊德所提在成人分析中用以偵查病人早期童年的兩項技術（亦即自由聯想與移情反應之詮釋）並不適用於兒童分析的說法，不得不加以強烈駁斥。我甚至相信，正是兒童分析此特殊領域，尤其是針對幼童的研究，為我們的理論提供了有益的貢獻，因為唯有當兒童分析更加深入，許多在成人分析中晦澀不明的細節才得以見諸於世。

安娜・佛洛伊德認為兒童分析師的處境，就跟民族學家一樣：「要是捨棄有教化的種族，而就原始人類進行研究，想必無法覓得通往史前歷史的捷徑。」（第39頁）她這番與實際經驗背道而馳的論調，再度令我吃驚不已。事實上，無論是針對年長或年幼兒童的分析，只要進行得夠深入，都可為他們成長的複雜性提供清楚的輪廓，同時也可展現出如同已經夠文明的三歲小孩，曾經且正在經歷的一些嚴厲的衝突經驗。套用安娜・佛洛伊德的比喻法，我必須說，若一位兒童分析師從這樣的研究立場出發，他將會碰上民族學家從未遇過的天賜良機，發現原始與文明的人種之間有著密切關聯，且藉由該項罕見的連結關係，從而蒐集到與前後時代相關的寶貴資訊。

接著，我將針對安娜・佛洛伊德關於兒童超我的觀念，做更詳盡的檢視。她書中第四章的某些論點尤其令人玩味，不管是其涉及的理論問題，或是她從中得出的泛泛之論。

經過對兒童——特別是幼小孩童——的深入剖析，讓我對早期童年超我的刻劃，與安娜・佛洛伊德根據理論予以推斷的結果大異其趣。的確，兒童的自我與成人的自我並無法相提並論。相反地，其超我不但十分接近成人的超我，且不若自我般容易受到後續成長經驗的強烈影響。兒童對外在客體的依賴很自然地大於成人，所造成的結果也不容小覷，但我認為安娜・佛洛伊德過於高
155 估了它們，因此她做出的詮釋不盡正確。因為，即使這些外在客體對超我的發展有所貢獻，它們絕對與兒童發展完成的超我不同。如此一來，我們終於瞭解，為何出現在三歲、四歲或五歲孩子身上的超我，經常會以嚴厲無比的方式對抗真實世界的愛戀客體，也就是他們的父母。以一名四歲男童的例子為證，他的雙親從未對他施以懲罰或威嚇，但他卻十分不尋常的溫順可愛。由此案例中（這只是眾多的案例之一）自我與超我之間的衝突可看出，超我其實具有一種幻想式的嚴酷性。由於潛意識中那著名的公式作祟，孩童基於自己的食人與施虐衝動，不但期待、也不時活在如受懲罰、閹割、被碎屍萬段或吞食等等恐懼當中。介於他

溫柔慈愛的母親與其超我的威嚇懲罰之間，其對比之強烈，正是促使我們必須找出被兒童內化的真實客體之原因。

我們都知道，超我之形成乃萌生於不同的認同基礎之上。我
的經驗則顯示，以伊底帕斯情結之結束作終、以潛伏期為始的這
段過程，在非常小的年紀時便已展開。我在上一篇論文中便曾指
出，根據我對極年幼的孩子之分析經驗所做出的觀察，伊底帕斯
情結發生於斷奶的剝奪經驗之後，亦即在出生後一年左右。但同
時間，我們也會看到超我形成的跡象。從年長與極年幼的兒童分
析中，我們可以清楚看到促使超我發展的種種要素，以及整個發
展過程的不同層次，因而瞭解到直至最終的潛伏期開始之前，超
我的演變需要經歷多少階段。事實上，那真的是一場終結的歷
程，因為相對於安娜・佛洛伊德的看法，兒童分析的經驗令我相
信兒童的超我非常頑劣、幾乎桀傲不馴，而且本質上與成人的超
我差異不大。唯一不同之處，在於成人的成熟自我較容易與他們
的超我妥協，不過這經常只是表面上而已。再者，成人較擅於對
抗那些象徵外在世界超我的權威；至於兒童則無可避免地顯得較
為依賴。但這並不表示如安娜・佛洛伊德的結論所言，兒童的超
我仍然「太不成熟、太過依賴客體，而且當分析治療將精神官能
症移除後，超我會自發地控制本能的需求」。即使對兒童而言，這 156
些客體——父母親——並不等於超我。他們對兒童超我之影響，僅
限於當兒童處於特異的依賴情境時，此與成人分析的狀況完全類
似，例如考試時令人敬畏的權威者、服兵役時的長官等等之影
響，與安娜・佛洛伊德觀察到的「兒童的超我與愛戀客體之間的
交互關聯，宛若兩艘由傳輸管相連的船舶一般」之效果大同小
異。在上述那些我提到的生活境遇或其他類似情形之壓力下，成

人與兒童一樣，會出現適應困難增加的反應。此乃因為經由現實的嚴酷考驗，舊有的衝突再度萌發或遭受強化，而其中有絕大部分即是由超我的密集運作所促成。這與安娜・佛洛伊德曾說過（兒童）超我會藉由現存客體而發生影響力的運作過程不謀而合。的確，性格上的好壞影響，以及其他童年時期的依賴關係，對兒童所施加的壓力遠比對成人的強大許多。然而對成人而言，這樣的壓力亦具有無可否認的重要性。[156-1]

安娜・佛洛伊德舉出一個她心目中的絕佳例子（第42至43頁），藉以說明兒童面對自我理想（ego-ideal）需求的脆弱與依賴。有一名即將進入青春期的男孩一直無法克制偷竊的衝動，爾後才發現原來背後最大的驅力是他對父親的畏懼感。安娜・佛洛伊德把這個案例當作是實際存在的父親仍可取代超我的例證。

在我看來，我們經常可在成人身上發現到類似的超我發展情形。許多人（幾乎終其一生）最後均是透過對象徵「父親」形象的警察、法律、喪失社會地位等等的畏懼感，來克制他們的自我中心本能。同樣的情形亦發生在兒童身上，安娜・佛洛伊德稱之為「雙重道德標準」(double morality)。不僅是兒童才會對成人世界用一套道德規則，對自己和好朋友採另一套，許多成年人也是在獨處或與同輩相處時又是一個樣，面對長輩或陌生人時又是另一個樣。

157 我想關於這非常重要的一點，安娜・佛洛伊德與我意見相左

156-1 在〈精神分析對於性格形成的研究〉(Psycho-Analytical Studies on Character Formation）一文中，亞伯拉罕（1921-1925）提到：「依賴於原慾宿命的性格特徵，並不只侷限於生命的某個階段，而是一生皆然。『少年不知德性為何物』(Jugend kennt keine Tugend）這句諺語即在闡示，當幼少之年，人的個性既不成熟、亦不穩健。雖然如此，即使在成年之後，我們仍不可過於高估性格的穩定性。」

的原因之一在於，藉由超我，我認識到伊底帕斯客體內化後發展出的機能（於此我完全認同佛洛伊德的論述），以及它在伊底帕斯情結過後所呈現的持續不變形態。如同我已解釋過的，這項機能從萌生到成形的過程中，與剛開始誘發它的那些客體完全不同。當然，兒童（成人亦同）將會製造各式各樣的自我理想，建置五花八門的「超我」，但這都僅產生於較淺的層次，事實上在最深的底層，仍由一根深柢固、屹立不變的超我決定一切。安娜・佛洛伊德所想的那個超我雖然仍以父母之姿發揮作用，但那卻與所謂真切的內在超我不同，即使其影響力不容置疑。假使我們希望能觸及這個真正的超我，試圖加以影響並降低它的運作能力，唯一的方式便是進行分析，在此我指的是深入調查整個伊底帕斯情結發展與超我架構的分析法。

讓我們再回到之前安娜・佛洛伊德所舉的例子，在那名以對父親的畏懼感當作抵抗本能利器的男孩身上，我們看到了一個很不成熟的超我，但我並不會很制式地以「幼稚」來形容它。舉另一個案為例：我曾提過一名四歲男孩，雖然擁有和藹可親的父母，他卻飽受具閹割與食人傾向的超我所折磨，顯然他的超我不是只有一個而已。我在他身上發掘到不同的認同，雖與他真正的父母較為貼近，卻仍不是一模一樣。對這些外表友善仁慈的形象，他稱之為他的「好爸爸與好媽媽」。當他對我的態度呈正向反應時，他會允許我在分析治療中扮演「好媽媽」的角色，什麼話都跟我說。其他時候——尤其當負向移情再度出現時——我的角色轉換成壞媽媽，任何想得到的壞事都做得出來。當我是好媽媽時，他可以許下任何在現實中不可能實現的奇特要求或願望。在他的想像中，為了幫助他，我會在夜裡帶給他一件象徵他父親陰莖的禮物，然後把它切開、吃掉。因為在他對「好媽媽」所許下的願望之一，便是他要和媽媽一起殺掉爸爸。當我變成「好爸爸」
158 的時候，我們也會對他媽媽做同樣的事，而當他自己扮演爸爸、我變成兒子的時候，他不僅允許我和他的媽媽性交，還不斷提供相關訊息、鼓勵我，向我示範父子如何同時與母親進行這幻想中的性交。這一系列極度歧異、水火不容的認同，不僅從各種不同的層次與階段萌生而出，亦與真實事物大為迥異，但卻在孩童身上形成了一個完整的超我，看起來既正常又發展良好。我之所以從幾個類似案例中挑出此例的原因，在於這名男孩原先是一個看起來完全正常的孩子，會接受分析治療只是出於防範的考量。但當分析治療進行了一段時間之後，關於伊底帕斯情結發展的調查逐漸深入，我才分辨出這男孩之超我的完整架構與種種個別的元素。他顯現出的罪疚感反應，乃基於極高的道德水準。對於所有他認為不對或醜陋的事，他都加以譴責。雖然其方式符合兒童自我的表現，但卻和成人高倫理標準的超我之運作不相上下。

和成人的狀況雷同，影響兒童超我發展的因素有很多種，在此我不予以贅述。假設基於某些原因，其發展不完全、認同建構亦未成功，那麼作為超我形成之源的焦慮，便會開始活躍起來。

對我而言，安娜・佛洛伊德所舉的例子意義不大，但那樣的超我發展狀況確實存在。我不覺得它足以印證兒童發展的獨特性，因為我們同樣可在超我發展不全的成人身上看到相同的現象。故我認為她由此案例得出的結論是錯誤的。

安娜・佛洛伊德就此所提出的論述，令人感覺到她相信超我的發展、反向作用與屏幕記憶，大多是於潛伏期期間發生。然而，我的小小幼兒分析經驗，卻迫使我做出與她截然不同的結論。經過我的觀察，當伊底帕斯情結升高時，這些機制才會因情結的引發而啟動。在此之前，它們事實上已經完成了基礎工作；接下來的發展與反應，其實都只是一定型根基之上的上層架構而
已。在某些時機，反向作用的過程會更為突顯，而再一次地，當 159
壓力愈大，超我的運作就會更強而有力。

然而，這種種狀況並非是幼年時代才會發生的特異現象。

安娜・佛洛伊德將在潛伏期中及青春期前出現的現象視為超我與反向作用之延展，事實上，那不過是面對外在世界的要求與壓力所呈現的表象應付行為，與真正的超我發展毫無關係。當兒童長大一點後，他們（跟成人一樣）便學習如何更熟練地掌握「雙重道德符碼」，不再像幼童般少不更事、一派天真無邪。

現在再讓我們來看看，安娜・佛洛伊德針對兒童超我的依賴性質，以及其雙重道德符碼與羞恥及嫌惡感之間的關係，所歸結出的論點。

在書中第45頁，安娜・佛洛伊德力陳兒童與成人不同之處在於：當兒童的本能傾向被帶入意識之中後，超我再也不應該為它們的走向負起完全的責任。因為她相信，此時獲得放任的兒童，只能尋求「一條短捷且方便的路徑——那就是直接的滿足」。安娜・佛洛伊德不贊成——而且言之鑿鑿——應由負責訓練兒童的人，來決定用何種方式將他們的本能力量從潛抑中解放出來。因此她認為唯一該做的，是分析師「在此一重要節點上指引兒童」，為此她亦舉例說明了分析師進行教育指導的必要性。讓我們來看看她怎麼說。如果我對其理論主張的反對意見成立，它們定能通過實例的考驗。

我們即將討論的，是一個她在書中數處談及的案例：一名患

有強迫式精神官能症的六歲女孩，這個孩子在接受治療之前呈現抑制與強迫症狀，後來則變得調皮、缺乏自制力。安娜・佛洛伊德便推斷，此刻她應該以一個教育者的身分介入。她以為那個孩子的肛門衝動從潛抑中獲得解放後，便在分析治療之外逕求滿足，這表示她的方法錯誤，不該太過信賴幼童自我理想的力量。因此她覺得分析師應該對那尚未發展完全的超我進行一點短暫的
160 指導，否則將無法控制孩童獨立的衝動。

我的觀點與安娜・佛洛伊德正好相反，我想我最好也舉一實例來加以說明。我舉的案例十分嚴重，一名六歲小女孩，她同樣在分析治療剛開始時患有強迫式精神官能症。[160-1]

厄娜是個非常難管教的小孩，處處展現不合群的傾向。她患有嚴重的失眠、強迫性自慰、學習抑制、高度憂鬱、過度的煩躁與其他族繁不及備載的病症。自她進行兩年的分析治療後，顯然效果不差，目前她已在一所原則上僅招收「正常兒童」的學校就讀一年多，接受生活的歷練。不消說，身為一個嚴重的強迫式精神官能症患者，厄娜飽受過度的抑制與深切的自責所苦。她有著典型的人格分裂現象，不是「惡魔與天使」，就是「好公主與壞公主」之分。當然，分析治療很自然地協助她釋放出許多情緒及肛門施虐衝動等等。她在治療時段裡，發生過許多目不暇給的宣洩行徑，譬如，對我房間裡如抱枕之類的東西大發脾氣；弄髒與破壞玩具；用水、黏土、鉛筆污損紙張等等。在整個過程中，小女孩的行為看起來似乎不受抑制的箝制，甚且十分樂在其中。但我

160-1 關於這個案例故事，我在薩爾斯堡德國分析師會議（Würzburger Tagung Deutscher Analytiker，1924年秋天）以及1925夏天在倫敦舉行的一場講座中曾詳細探討過，後來我也建議將這個故事出版。當分析治療持續進行時，我發現其嚴重的強迫式精神官能症背後，其實隱藏著妄想症。

發現，這並不是簡單的肛門固著中被抑制的滿足，裡頭必有其他具有影響力的因素在運作著。小女孩絕對不若一開始看起來那麼「快樂」，就像安娜・佛洛伊德對她舉出的案例所做的推斷一樣。在厄娜「缺乏自制力」的行為背後，極可能是焦慮與對懲罰的需求，迫使她不斷重覆上述行為。而顯然地，這也是源自她在經歷如廁訓練時就已產生的憤恨與違抗心理。當我們將這些早期固著行為的分析與伊底帕斯情結發展及罪疚感加以連結後，情況便完全改變。

在肛門施虐衝動獲得強力解放的階段中，厄娜轉而展現出宣 161
洩的傾向，滿足了這些外界的分析。我的結論與安娜・佛洛伊德相同：分析師想必犯了一個錯。不過——這也許就是我們彼此觀點最根本而明顯的歧異點——我認為我的失敗點在於分析治療上，而非在於教育指導方面。我的意思是，我明白我並未在分析時段中成功地解決阻抗的問題，並全面地驅除掉負向的移情。從這裡與其他病例之中，我發現若我們希望毋須經過長久的僵持，兒童便能毫不煩躁地將他們的衝動控制得更好，我們就必須盡可能地揭露出伊底帕斯情結，而且對於由此衍生而出的恨意與罪惡感，更要從頭追溯起。[161-1]

如果我們再來檢視為何安娜・佛洛伊德會認為必須引用教育方法來取代分析方法，我們會發現小病人自己便已提供了不少精確的資訊。在安娜・佛洛伊德明確地告知病童（第25頁），人們只

161-1　安娜・佛洛伊德的小病人對此有著相當正確的認知。當她詳盡地描述完她如何在一場與惡魔的戰鬥中贏得勝利之後，她對分析治療的目的做了如下的定義：「既然我必須比它更強，那麼你應該要幫我，不要讓我這麼不高興才對。」（第13頁）。我想，唯有當我們能夠清除最早的口腔與肛門施虐固著，以及相關的罪疚感問題之後，這個目標才能完全實現。

有對討厭的人才會那麼惡劣之後，小女孩卻回問「為何對她親愛的媽媽也會有這般的恨意」。這個問題問得恰到好處，也顯現出某些強迫症類型的小病人，對分析治療本質具有充分的瞭解。該問題指出了分析治療本該進行的方向，也就是更深一層地探索。然而安娜・佛洛伊德卻摒棄這條道路，並說：「對此我無法給出進一步的訊息，因為這已超過我的知識範圍。」之後反倒是這個小病人自己嘗試找出能引領他們更往前一步的方法。她不斷重覆一個已經描述過的夢境，其意涵在於責怪母親總是在她最需要的時候不見人影。幾天後，她又做了另一個夢，明顯地反映出她對弟弟妹妹的嫉妒心理。

就在應該對小女孩對母親的恨意進行分析的節點上，也就是
說，當整個伊底帕斯情境最需要清除的時候，安娜・佛洛伊德突
然喊卡，停止再將分析工作向前推進。我們看到，雖然她確實將
部分的肛門施虐衝動解放而出，讓它們得以宣洩，但卻未循序將
162 這些衝動與伊底帕斯情結的發展進行連結。相反地，她僅將她的
調查框限於膚淺的意識或前意識的層次，就像我們可從她書中看
到的，對小女孩從嫉妒弟妹到對他們的潛意識詛咒，她似乎亦不
願意做進一步的揣測。安娜・佛洛伊德的這項做法，應該也會同
樣運用在處理小女孩詛咒母親的態度上。甚且在此之前，她一定
也未分析小女孩對於母親的敵對態度，否則病人跟分析師應該早
就對孩子的怨母之因略有所知。

在書中第四章，安娜・佛洛伊德藉此案例說明：分析師應適時地以教育者身分介入的必要性，顯然她已注意到我剛才討論的分析治療中的轉捩點。但我的看法如下：小女孩對自己的肛門施虐衝動已略有所覺，但卻無緣受惠於更進一步的伊底帕斯情境分

析，以獲得更廣泛而深切的解脫。在我看來，問題並不在於引導她忍痛掌控自潛抑釋放出來的衝動。更需要做的，其實是對這些衝動背後的動力，進行更深入而全面的分析。

同樣的批評也適用於安娜・佛洛伊德所舉的其他病例上。她曾好幾次提過關於病人手淫的自剖，其中一名九歲小女孩所做的兩個夢（第20頁）不但令我覺得涵義深遠，而且非常重要。我認為她對火的懼怕，以及關於噴水器因為她的錯而爆裂，使她因此受罰的夢，很清楚地說明了她曾目睹雙親交媾的經驗。同樣的徵象在第二個夢中亦十分明顯，例如「有兩塊不同顏色的磚頭」和一棟「就快著火」的房子。根據我的兒童分析經驗，這些幾乎都可以說是原初場景的反映。就這名小女孩所做的關於火的夢而言，情況正是如此；而在她畫出怪物「嚙咬鬼」（安娜・佛洛伊德在第23頁曾提到）與巫婆扯掉巨人頭髮的兩幅圖中，亦有類似的意涵。安娜・佛洛伊德將這兩幅畫詮釋為孩童的閹割焦慮與自慰的徵象，的確一點也沒錯。但我可以很肯定地說，那位閹割巨人的巫婆以及那頭「嚙咬鬼」怪物，代表著雙親的交媾行為在孩子眼中是一種閹割的施虐動作；甚且，當她有此印象，她便會萌生對抗父母的施虐慾望（如夢中因她而爆裂的噴水器）。此外，她的自慰與上述現象不無關聯，待與伊底帕斯情結連結之後，罪疚感 163
將會伴隨而生，重覆的衝動與部分的固著亦會同時捲入。

安娜・佛洛伊德的詮釋到底忽略了什麼？她所遺漏的是所有可能導入深一層伊底帕斯情境的線索。這意味她刻意不去談論引發罪疚感與固著現象的深層因素，因而無法減輕固著的問題。因此，我不得不提出與先前那個強迫式精神官能症小個案相同的結論：假如安娜・佛洛伊德願意對本能的衝動進行較徹底的分析，她就沒有必要再去教導小孩做自我控制，而且分析治療也會較為完備。我們知道，伊底帕斯情結是精神官能症的核心問題，因此，假使分析治療不願去碰觸這個情結，那麼精神官能症並不能獲得解決。

既然分析治療應該是要義無反顧地探查孩童與父母以及伊底帕斯情結的關係，那麼安娜・佛洛伊德不願意進行徹底分析的原因何在？針對書中的幾個段落，我們已經提出了不少批判，現在就讓我們加以總結，並思考其意義所在。

安娜・佛洛伊德覺得她不應介入兒童與父母之間，否則家庭訓練會相形困難。而且如果孩童對父母的反抗已在意識中形成，發生於小孩身上的衝突會更嚴重。

我想就是這一點，簡單明瞭地點出了我與安娜・佛洛伊德在觀念與方法上的分歧。她自己說道（第8頁），如果要她與身為雇主的孩童父母陷入一種對立的關係，她會感覺不自在。在一個案例中，一名保姆對安娜・佛洛伊德出現了敵對的態度（第13頁），安娜盡其所能地讓孩童對這位女性產生厭惡感，奪走所有與她相關的正面情感，並將之移情到自己身上。然而當主角變成孩童父母的時候，她開始有所遲疑，這一點我完全同意。不過，我們觀點的歧異在於：我從不用任何方式鼓動孩童去憎厭所有與他們相關的客體。但如果其父母願意將孩子交付給我進行分析，不管是為了治療精神官能症或其他因素，我想我會理直氣壯地採取以下立場，因為這是對小孩最有益的不二法門：我指的是毫不保留地分析孩子與其他相關者的關係，特別是父母與兄弟姊妹。

164 安娜・佛洛伊德知道分析親子關係具有一些危險性，她認為那必定是兒童脆弱的超我所造成的。讓我略舉幾項藉以說明——當移情被成功解決後，孩童再也無法回到其固有的愛戀客體上，而且可能被強迫得「重返精神官能症的道路，或者在分析治療的成功協助下，轉而尋求公然反抗的逆途」（第37頁）。或是，假使孩童父母運用他們的影響力對抗分析師，那麼「既然孩子在情感上對雙邊都有所依附」，結果會是「如同一場不快樂的婚姻一樣，小孩將淪為彼此爭鬥的物品」（第46頁）。再者，「如果兒童的分析治療難以切合地融入生命之中，而是像一個外來體般強行植入、擾亂孩子的其他關係，對孩子將造成更多治療無法解決的衝突。」（第50頁）

至此為止，安娜・佛洛伊德依然秉持著兒童的超我仍不夠堅強的想法，以致於她害怕當孩子擺脫精神官能症的困擾時，會再也無法配合教育與其他相關人士的要求。對此我的回應如下。

我的個人經驗告訴我，假使我們在進行兒童分析時，心中能摒除任何的成見，從孩子身上我們將會得出截然不同的圖像，只因為我們能進一步深入那段兩歲之前的關鍵期。雖然正如安娜・佛洛伊德偶然發現的，小孩超我的嚴厲性因此更加彰顯，但我們發現此時需要做的，不是增強這個超我，而是使它更為柔和。我們不要忘了，即使分析師抱持著中立的第三者姿態，在分析期間教育的影響與文化的要求仍然未受抹滅。假若超我的力量強大到足以引發衝突與精神官能症，就算被我們在分析治療中一點一點地削弱，它仍然能夠維持一定的影響力。

我從未看過當我的分析個案結束時，這個超我的能耐有被大量削減掉的跡象；相反地，在許多個案做結時，我還希望它那誇張的力道能夠再降低一些。

安娜・佛洛伊德僅僅強調，假若我們確保正向的移情，孩童將會在合作方式與其他犧牲形式上更加努力配合。但我反倒認為，這誠然證實在超我的嚴厲性之外，一種對愛的渴求會帶來足夠的安全感，使得兒童願意配合合理的社會要求，只要其愛的能力能經由分析治療而獲得解放。

165 我們別忘了，現實對成人自我的要求，遠比較脆弱的兒童自我所遇到的輕微要求還要來得沉重許多。

當然不無可能的是，假使孩童必須與缺乏領悟力、有精神官能症特質或對自身有害的人做連結時，結果也許是我們無法完全清除孩子個人的精神官能症，或者該症狀又被周遭的人再度喚起。但根據我的經驗，即使在這種情形下，我們依然能有效地緩和症狀，引導出更好的發展。更有甚者，這種故態復萌的精神官能症也較為輕微，未來較容易治癒。安娜・佛洛伊德認為接受過分析治療的兒童若仍處於與分析對立的環境中，由於已與愛戀客體脫離，將會產生更大的阻抗力，因而更易遭受衝突之苦。這樣的擔憂對我而言是種理論的想法，與真實經驗不符。因為即使當我遇到這類的情況，我發現兒童會因分析治療的鼓勵而自我調適得更好，因此也更能承受不快的環境，受到的傷害也比未經分析前少得多。

我也不斷地證實，當孩童的精神官能症狀減輕後，他們比較不會對周遭其他精神官能症者或缺乏領悟力者感到厭煩，在此情形下，分析治療只會對他們的關係產生有利的影響。

過去八年來，我分析過為數眾多的兒童。就兒童分析而言，我的一些爭議性的發現，也已不斷地獲得證實。簡而言之，安娜・佛洛伊德所擔憂的危險性，即分析兒童對父母的負面情感將會破壞他們之間關係的狀況，始終都沒有發生過，甚至正好完全相反。事實上，同樣的狀況亦發生在成人身上。針對伊底帕斯情結進行的分析，不僅釋放了孩童對於父母及兄弟姊妹的負面情感，而且也解除了其中的一部分，因而使正面的衝動更能大大地增強。正由於對此一最早時期的分析治療，使得憎惡的傾向、衍生自早期口腔剝奪的罪疚感、如廁訓練，以及與伊底帕斯情境相關的剝奪等現象，顯得更加明確，因而使孩童能從中獲得大幅度的解脫。而最終的結果，便是孩童與身邊人士的關係變得更深刻美好，而對於疏離感的擺脫更是不在話下。同樣的方式亦可沿用至青春期，只不過此一特殊成長階段所需的脫離能力（capacity for detachment）與移情乃由分析治療強力強化。迄今為止，不管是治
療結束後或治療期間，我都未曾接獲來自家庭的抱怨，說孩童與 166
旁人的關係變差了。當我們回憶起當初那些矛盾的關係時，眼前這些狀況顯然要好上許多。另一方面，我也經常接到關於孩童變得更加合群、更容易管教的肯定訊息。所以到最後，我其實是在改善彼此關係這個非常任務上，幫了父母及孩童一個大忙。

不可否認地，若孩童父母能夠在分析治療進行期間與結束後支持我們，絕對是令人歡迎且極有幫助的。不過我必須坦承，這樣美好的情況實在是少之又少：那是一種理想案例，我們不能當成操作的基礎。安娜・佛洛伊德說過（第50頁），「〔分析治療的適用情況〕並非僅僅限於兒童患有病症時。兒童之分析治療主要屬於分析的情境，目前仍應限於分析師的子女，或其他曾經有過分析治療經驗、對分析懷有一定信任與尊重者的孩子。」

針對此點，我的回應是：我們必須清楚地區分出身為父母者本身的意識與潛意識態度。同時我也一再發現，潛意識態度絕對與安娜・佛洛伊德所企求的情境有所出入。理論上，孩童的父母

也許會完全相信分析治療的必要性，且欲盡其所能地幫助我們，儘管可能基於某些潛在的因素，他們的作為反而阻撓了治療工作的進行。另一方面，我也經常發現那些對於分析治療一無所知的人——有時不過是一個對我信任有加的家庭保姆——由於他們潛意識中的友善態度，反而對治療工作大有幫助。儘管如此，根據我的經驗，任何進行兒童分析者，均需將保姆、女家庭教師，甚至是母親等人可能產生的敵意與嫉妒納入考量，並且必須試著克服這些情緒，盡力完成分析治療的工作。最初這一切看起來似乎毫無可能，甚至在兒童分析中更是困難重重。然而在我接觸的大部分案例中，幾乎未曾有無法克服的情形出現。當然，我的假定是我們毋須「與孩童父母分享孩子的愛與恨」，但我們採用此方式來掌握正向與負向的移情，主要是為了建構分析情境並加以利用。令人欣慰的是，即使是極為年幼的孩童，隨後都會聰慧地以對協助的需求當作對我們的支持，而我們也能處理病童關係人所引起的阻抗現象。

因此，我的經驗讓我逐漸能夠在工作上盡可能擺脫這些人物
167 的牽絆。也許當他們告訴我們一些孩童身上發生的重大變化、幫助我們看清真實的境況時，這些傳達的訊息有時候是有價值的，但我們仍須盡力不去仰賴它們。當然，我並非暗指孩童關係人的某些缺失將可能導致分析工作的失敗，然而我必須說明的是，既然父母已將孩子送來分析治療，我看不出為何只因他們缺乏瞭解或其他不利的態度，分析工作就無貫徹到底的可能。

綜合我的所有論述，關於在各種不同案例中分析治療的適當性，我的立場在許多方面明顯迥異於安娜・佛洛伊德。我認為分析治療不僅對顯明的心智錯亂與不良的發展有益，同時也是協助

正常兒童降低適應困難的良方。也許此方式不盡直接，但我確定那絕對不會太艱難、太耗費心力或太過沉悶乏味。

在我論文的第二部分中，我意圖證明分析師不可能同時兼顧分析與教育的工作，而且我希望對其原因加以說明。安娜・佛洛伊德將這些功能（第49頁）描述為「兩種艱難且完全對立的功能」。此外她再次說道：「同時進行分析與教育，等於（分析師）必須同時准許與禁止，既放又收。」綜合我的諸多論述，我必須指出，實際上任一動作都是在消除另一項動作的作用。假使分析師只是暫時地成為教育者，承擔了超我的角色，此時分析師已阻絕了本能衝動輸往意識的通道，變成了施壓者的代表。我需進一步說明的是，在我的經驗中，對於兒童或成人，我們應做的不只是利用分析技術來建構與維繫分析情境，並克制任何直接的教育性影響；如果冀望治療能有所斬獲，一個兒童分析師更應秉持著與成人分析師同等的潛意識態度。這樣就可以使分析師真正願意只從事分析，而不會試圖去影響或引導病患的心智。如果分析師的焦慮無法阻止他進行分析以外的事，他也勢必能靜待真正的問題出現，成果自然水到渠成。

假使分析師如此操作，將證實我用以反駁安娜・佛洛伊德的第二項原則，也就是說，我們必須對於兒童與其父母的關係以及伊底帕斯情結進行徹底的分析，不帶任何保留。

後記（1947年五月） 168

在其新書的前言及第三部分中，安娜・佛洛伊德就她的技術提出了不少修正，其中有一些與我上述論文中處理的幾項論點不無關聯。

我們兩人觀念的歧異點之一在於，她在兒童分析中摻入了教育方法。她當初解釋道，即使是在潛伏期階段（唯一她認為兒童可以被分析的年齡），鑒於兒童尚未發展健全的脆弱超我，運用該項技術是絕對必要的。但她如今卻在序中指出，教育性層面在兒童分析工作中已不再那麼重要（因為父母與教育權威早已變得開明許多）。而且分析師「除了少數的例外之外，現在終於可以專心地將精力發揮在純粹的分析層面上」(〈序〉，第xi頁)。

再一次地，當安娜・佛洛伊德於1926年發表著作時，她不僅批判遊戲治療技術（我針對幼小兒童的分析所發展出來的技術），同時亦反對為進入潛伏期以前的幼童進行分析。而如今，正如同她於序中所言，她已將年齡範圍「自原先所建議的潛伏期」，降低為「兩歲亦可……」。除此之外，她似乎亦於某種程度上，接受遊戲治療技術為兒童分析中必要的一部分。更有甚者，她已擴大診療範圍，不管是從年齡或是從病患的類型來看均然。另外，她現在亦認為「患有類精神分裂異常」(schizophrenic）的兒童是可以被分析的（第x頁）。

接下來的論辯較為複雜，因為我與安娜・佛洛伊德的論點即使有某些相似之處，但實則存在著重要的歧異。安娜・佛洛伊德在提到兒童分析的「前序階段」(introductory phase）時，指出她對自我防衛機制的研究，促使她發現「兒童分析中用以揭示與深入最初的阻抗行為之方法要領，因而使得治療的前序階段縮短，甚至在某些情況中，成為不必要的考量。」(〈序〉，第xi至xii頁）從我在研討會發表的文章論述裡，略可顯示我對安娜・佛洛伊德「前序階段」的批判重心：假如分析師自一開始便以分析方法處理立即的焦慮與阻抗問題，移情情境會立即被建構，而其他除精神分析以外的方法亦無用武之地。在這個問題上，我們的觀點不無相似，均認為如果分析方法與要領足以深入探討最初的阻抗現象，那麼前序階段便是不必要的（雖然安娜・佛洛伊德似乎僅對某些病例才允許這樣的態度）。在我於研討會發表的論文中，我主要從幼小兒童呈現劇烈焦慮反應的角度去切入處理這個問題。然
而，如同我在《兒童精神分析》中所提出的許多例子，在焦慮問 169
題較不急切的情形下，我一開始便會把重點放在防衛行為的分析上。事實上，欲分析阻抗行為的問題，若不進行防衛行為的分析是行不通的。儘管如此，即使安娜・佛洛伊德並未提及劇烈的焦慮分析，反而看似較專注於防衛行為的分析，但對於一開始便運用分析方法進行分析的可能性，我們兩人在這一點上的看法是不謀而合的。

我所舉出的這些安娜・佛洛伊德於觀點上的轉變，她個人之所以未多所著墨，應是歸因於她與我之間對於兒童精神分析的一些重要歧異已逐漸消弭之故。

另外我還必須提出一點，因為它攸關我個人對於早期分析的原則與技術之研究，相關心得在本書中都有所陳述。安娜・佛洛伊德提到：「梅蘭妮・克萊恩與她的後繼者不斷地重覆一項論調，就是藉由遊戲治療技術的協助，兒童從最早的嬰幼期開始，幾乎在任何年齡都可以被分析。」（第71頁）我不知道她的這項看法從何而來。讀過我這本書與《兒童精神分析》者，勢必未曾看過足以證實這項說法的段落，遑論任何關乎小於兩歲到三歲又四個月兒童的分析方法論。我的確十分重視嬰兒行為的研究，特別是為了佐證我對於早期心智歷程的相關發現，但這類的分析性觀

察與精神分析治療的進行，是截然不同的兩回事。

在此我還要提醒一件事。在新版中（第69至71頁），安娜·佛洛伊德反覆提到她二十年前對我個人技術的錯誤認知，因為她一直以為我非常仰賴象徵的詮釋，且極少運用到——就算有的話——兒童的言說、白日夢或惡夢、故事、想像的遊戲、圖畫、情緒性反應及其與外在現實的關係，如孩童的家等等。此誤解已經被我在論文集一文中一一駁斥，至於為何自《兒童精神分析》與其他眾多文章發表以來，它仍持續延燒著，著實令人費解。

第八章　正常兒童的犯罪傾向（1927）

成人的身上承載著早期童年成長的所有階段——佛洛伊德的此 170
一發現，始終為精神分析的基礎之一。這些階段存在於蘊含潛抑的幻想及傾向的潛意識之中。就我們所知，潛抑的機制主要由負責審議、批判的機能——即超我——所主導，而其中最深入的，莫過於那些被援引來抵制反社會傾向的潛抑。

當一個人的生理不斷發展時，心靈也在逐步成長。於此，我們發現到，某些潛抑與潛意識的階段，與我們在原始民族身上所觀察到的各樣食人蠻行與加害傾向不謀而合。此一人格的原始部分與受教化的部分相互衝突，而於其中衍生出潛抑作用的，正是後者。

兒童分析，特別是早期分析，亦即介於三歲到六歲的兒童分析，足以說明這項原始人格與教化人格之間的爭戰在多早便已開始。根據我對幼小孩童的分析結果，證實了超我早在兒童兩歲時即已經在運作。

在這個年紀，兒童已經度過了精神發展的最重要階段；他們已通過口腔固著時期，包括必須區分開來的口腔吸吮（oral-sucking）固著與口腔咬嚼（oral-biting）固著兩個階段，後面這個階段與食人傾向密切相關。我們常看到嬰兒咬住母親乳房的動作，即是這項固著行為的證據之一。

在幼兒未滿一歲時，大部分的肛門施虐固著現象已經開始出現。所謂肛門施虐式的性慾亢進，一般是用來形容衍生自肛門性

感帶與排泄功能的快感，通常與殘虐、自慰或占有的快感等相提並論，且關係非比尋常。而無論是口腔施虐或肛門施虐衝動，對
171 這些傾向均具有舉足輕重的影響力，關於這點我將試圖在本論文中進行論證。

我剛才曾經提到，我們發現早在兒童出生後第二年，超我已開始運作，當然它也在發展當中。而將之召喚而來的，正是伊底帕斯情結的湧現。透過精神分析，我們已經證實了伊底帕斯情結對於人格的整體發展影響最鉅，不管是對未來會成為正常的或具精神官能症傾向的人而言，這一點都成立。此外，精神分析工作亦不斷地驗證出，性格的形成完全導因於伊底帕斯情結的發展，從輕微的精神官能症到犯下罪行的各種性格缺陷，都視其而定。就此方向發展下去之後——根據犯罪研究顯示——完成的僅有初始的幾步，但也就是這幾步，為未來的深遠發展定了調。[171-1]

本文的目的，在於向各位呈現我們如何看出犯罪傾向對每一個孩童的作用，並且就其萌發的根源提出幾項意見，不管它們是否在人格之中顯現出來。

現在我必須回到原先的起始點。根據我個人的工作結果，當幼兒的伊底帕斯情結萌生，也就是在約莫出生後第一年末或第二年初時，那些我曾提過的早期階段——即口腔施虐與肛門施虐階段——正在強烈地進行著。它們與伊底帕斯傾向相互結合，並指向與伊底帕斯情結發展有關的客體：兒童的雙親。基於對母親的愛而仇視父親的小男孩，將會滿腹恨意，把衍生自口腔施虐與肛門施

171-1 見佛洛伊德〈精神分析工作中所見之性格類型：III從罪疚感而生的犯罪〉（Some Character-Types met with in Psycho-Analytic Work: III Criminals from a Sense of Guilt, *S.E.* **14**）；以及萊克（Reik, 1925）。

虐固著的暴力與幻想爆發出來。在我分析過的男孩案例中，暗中潛入臥房殺害父親之類的幻想，幾乎是必備的情節之一，就連正常小孩亦不例外。在此我想提出一個特殊案例，主角是一名從各方面看來均可說是發展良好的四歲男孩，名叫吉羅德（Gerald）。就許多方面而言，他算是個意義非凡的案例。吉羅德是個活力十足、看起來相當快樂的孩子，從未有過任何焦慮現象，來做分析僅是基於未雨綢繆。

結果，在分析過程中，我發現了他曾有過強烈的焦慮，而且他一直處於該焦慮的壓力之下。稍後我會說明孩童如何將其恐懼與困難隱藏得如此完好。在對吉羅德的分析中，我們所能確定的焦慮客體之一是隻野獸，這隻野獸雖僅具備動物的習性，事實上卻是個男人。這隻會在隔壁房間發出巨大噪音的野獸，正是在隔壁臥房發出聲響的父親。吉羅德想要潛入那裡，把爸爸弄瞎、閹 172
割還有殺掉的慾念，致使他害怕會被那頭野獸用同樣的方式對待。他某些過去的習慣，例如揮動手臂的動作，經分析後證實為驅趕野獸的方式，正是源於這樣的焦慮。吉羅德有隻小老虎布偶，他對它的喜愛，部分原因是希望它保護他不受野獸侵害。然而這隻小老虎除了身為保護者之外，有時亦扮演著侵害者的角色。吉羅德曾提議把它送到隔壁房裡，以代替他完成對爸爸的侵害慾望。同樣地，爸爸的陰莖會被咬斷、烹煮、吃掉，這些慾念顯然部分來自於小男孩的口腔固著，但同時亦為迎戰敵人的方法，因為就一個手無寸鐵的孩子而言，他會運用原始的方式，以牙齒為武器。這種人格的原始成分，於此案例中即以老虎為代表。而就我後來的推斷，事實上這隻老虎就是吉羅德自己，但他寧願不去認清這部分的自己。除此之外，吉羅德也有將他的爸爸媽媽剁成碎塊的幻想，這些幻想還與肛門動作相結合，他要用他的糞便弄髒他的父母親。在此之後，他還想像安排了一場晚餐派對，在用餐時他和媽媽一起吃掉爸爸。要解釋像吉羅德這樣善良的小男孩，如何由於被人格中有教養的部分嚴厲譴責，而遭受上述類似幻想的折磨，並不是件容易的事。小男孩無法對父親表現出足夠的愛與善意；同時我們也可看到由於母親也是幻想的肇因之一，他因而對母親壓抑愛意、加倍纏著父親，這可能會為他往後長久的同性戀傾向種下基礎。

我另外再簡短地描述一個類似的小女孩案例。為了爭奪父親而期盼取代母親的位置，也會導致非常不同的施虐幻想。在這個案例中，女孩渴望毀掉母親的美貌、醜化她的面容與身材、將其身體據為己有——或是極為原始的啃咬、切剁的幻想等等——與強烈的罪疚感結合，進而強化對母親的固著。我們常看到在兩歲到五歲之間的小女孩會極度地黏媽媽，實際上這樣的親密卻有一部分是基於焦慮與罪疚感，隨之而來的是對爸爸的疏離。因此，這種複雜的精神狀態又會更加曖昧不明，因為在努力抵抗超我譴責的傾向時，孩童會訴諸其同性戀傾向，加以強化，並發展出所謂
173 的「倒錯性」伊底帕斯情結。這個歷程會讓小女孩強烈地依附媽媽，小男孩則會纏著爸爸。只要再進一步，我們就會抵達另一階段，至此，原有的關係無以為繼，孩子同時從兩者抽離，這顯然就是不善交際性格產生的緣由，因為與父母的關係將決定生命中所有後續關係的形成。此外，還有另一種關係也相當重要，即與兄弟姊妹的關係。根據分析經驗，所有的小孩都會對年幼及年長的兄弟姊妹產生嫉妒，就算是非常小的孩子，儘管表面上看起來對生育之事毫無所知，仍會對嬰兒在母親子宮內的生長有著明確

的潛意識認知。由於他們嫉妒這個在媽媽肚裡的小孩，強大的恨意油然而生，因此一如所有兒童在媽媽期待寶寶出生時產生的典型幻想，我們會發現他們心中充滿著破壞母親子宮、毀傷且嚙咬裡頭的小孩的慾望。

除此之外，同樣的施虐慾念也會導向新生的嬰兒，甚至擴及年長的兄姊，因為與他們相較之下，孩子會覺得自己受到輕忽，儘管事實並非如此。而這些憎恨與嫉妒的感受亦會讓孩子懷有強烈的罪疚感，進而影響到日後與兄姊的相處關係。以小吉羅德為例，他有一個小洋洋娃娃，雖受到他百般呵護，但也經常紮著繃帶。這個小洋娃娃代表了他尚未出生的小弟弟，任他殘害、閹割，此即受到他嚴厲超我指使的結果。

在上述這些情況下，只要孩童一產生負面的情緒，便會卯足全力地表達出怨恨，正好反映出典型的早期施虐階段發展之特徵。不過，由於孩童所憎恨的客體正好是自己所喜愛的，繼此而引發的衝突很快便讓脆弱的自我難以招架，唯有藉由潛抑才能逃脫。因此整個衝突情境在未獲清除的狀況下，轉而持續地在潛意識心智中發揮作用。儘管心理學與教育學總是認為兒童是不帶內心衝突地快樂生活著，也認為成人的痛苦是基於現實世界的煩惱與困頓而來，但我們必須認清，事實正好相反。我們從兒童與成人的精神分析經驗中瞭解到，所有生命中後來所遭遇到的痛苦，大部分均是過往經歷的重覆再現，而且每一個孩子早在出生後的第一年開始，便已面臨了令人難以置信的苦痛經驗。

然而，不可否認地，通常外表所呈現出來的狀況，與上述論點是相悖離的。雖然在仔細觀察之下，我們可以發現一些問題，
但孩童似乎都會或多或少地加以克服。關於這個表面與實際精神 174

狀態之間的差異，稍後當我們論及兒童克服困難的各種方式時，我會做出一些答覆。

讓我再回到之前關於孩童負面情感的討論上，基本上它們對抗的客體是同性的父母以及兄弟姊妹。但是，如同我曾經提過的，當這些負面情感導向異性的父母時，情況會變得更加複雜。一方面由於他們是挫折感的來源，另一方面孩子為了逃脫衝突，他們會從其愛戀客體身上抽離，由愛轉恨。而倘若孩童的愛戀傾向又摻雜了性理論與幻想，反映出典型的前性器階段經驗，宛若原先的負面情感，那麼情況又會複雜許多。至目前為止，已有不少的嬰兒性理論經由成人分析而獲得揭示；但對於專門針對兒童進行處理的分析師而言，相關的性理論發現更是驚人。在此我將略為說明是如何從兒童身上得到這些素材。從精神分析的角度來看，我們會觀察兒童的遊戲，並以特殊的方式來減輕其抑制的行為，藉此我們得出一些幻想與理論，找出孩子曾有過的經驗，看見他們所有的衝動以及正在運作的反應性的批判機能。要執行這項技術並不容易，分析師必須對孩童的幻想具有極大的辨識力，並秉持特有的態度對待孩子，但其成果卻十分豐碩。它會帶領我們深入潛意識之中，其驚人程度就連成人分析師也會大嘆不可思議。透過向孩子解釋其遊戲、繪畫與所有行為舉止的意義，分析師慢慢地解開了遊戲背後抗拒幻想的潛抑思想，讓幻想獲得解放。小娃娃、男人、女人、動物、汽車、火車等等，都能讓孩子構思不同的人物，如媽媽、爸爸、哥哥、弟弟、姊姊、妹妹，並藉由這些玩具將孩子最受潛抑的潛意識意念搬演出來。礙於本文篇幅，我無法在此對於我的技術詳加闡釋，我只能說，我在接觸過森羅萬象的病例後得出這點，其意義幾乎可說是達到萬無一失的地步，而這也經由諸多詮釋治療後的解放成效獲得證實。經此之後，所有原始的及反應性的審判傾向都變得明朗。例如，假使孩童在遊戲中表現出一個人正在與比他高大的人打鬥時，最常看到的結果是那個巨大的人死後被放進一輛馬車，然後送到屠夫那 175
裡切切剁剁，再被烹煮成餐。

小人兒大快朵頤地吃著肉，甚至邀請一位淑女前來參加他的筵席，這位淑女有時代表著母親。她接受的是那名小殺人犯，而非被殺的父親。當然，情況也可能大為不同。同性戀的固著也許會大佔上風，這時我們便會看到母親被砍殺、煮食，而兩個兄弟一同分享大餐。如我所提到的，幻想種類之多族繁不及備載，有時甚至在同一個小孩身上，會出現隨分析階段不同而有所變化的現象。然而，在這類原始傾向突顯之後，通常都伴隨著焦慮的萌生，小孩也會出現努力展現出乖巧善良、以彌補之前過錯的行徑。有時他們會試圖修補剛剛被自己弄壞的人物或火車等等，此外，畫畫、建造東西等行為亦代表了類似的反應傾向。

在此我要釐清一點。上述這些賦予我素材來源的遊戲，與我們一般看到的兒童遊戲不一樣，其原因在於分析師一向以一種非常特殊的方式獲取素材。面對兒童的聯想與遊戲行為，分析師所表現出來的態度是完全脫離道德與倫理考量的，事實上，這就是促使移情能被建構、分析治療能持續進行的方法之一。因此，孩子在分析師面前，會將從未對保姆或母親展現的樣子表現出來。理由是因為當她們注意到那些教育最為反對的暴力與反社會傾向時，會非常震驚。甚且，也只有分析治療能解除那些潛抑，藉此讓潛意識抒發出來。這整個過程十分緩慢，只能一步一步來，而且某些我提到的遊戲，是在治療展開後才發生，而非一開始就出現。此外，我必須再補充的是，即使在療程之外，孩子們的遊戲仍十分具有啟發性，可為許多我們在此討論到的衝動提出實證，但是，前提是須由經過特殊訓練的分析人員在場觀察，並運用象徵性的知識與精神分析方法來加以確認。

性理論是絕大多數施虐與原始固著的基礎。從佛洛伊德以來，我們便知道兒童顯然以一種系統發生的方式獲取某些潛意識的知識，其中包括對父母的交合行為、生育小孩等等，但事實上他們的這些認知是十分模糊雜亂的。根據兒童自行捱過的口腔與肛門施虐階段，交合對兒童而言意味著一場吃、煮與交換糞便的演出，而其中各種施虐的動作（毆打、切剁等等）更是演出的重
176 頭戲。於此，我的著重點在於，**這些幻想與性慾之間的連結對往後生命的影響有多大**。所有這些幻想未來或許會逐漸消失，但其潛在的效應卻非常深遠，將透過冷漠、無力以及其他性慾方面的困擾表現出來。這個狀況可能在接受分析的幼兒身上彰顯出。對母親表達出強烈期待的小男孩，會顯示出更具虐待性的幻想，而為了逃避，他會放棄象徵母親的愛戀物，轉而選擇代表父親的意像；但不久後，如果他的口腔施虐幻想和他的愛戀客體相結合的話，他又會放棄這項選擇。由此，我們便看到了佛洛伊德在兒童早期成長中發現的所有性倒錯基礎。對父親或對自身存有的幻想，如扯裂、毆打、抓傷母親，將之碎屍萬段等等，都屬於一些兒童對於性交所懷有的想法。附帶一提，事實上這類的幻想會真的轉化成實際的犯罪行為，如開膛手傑克便是最佳的例子。而在同性戀關係中，這些幻想則會轉為閹割父親、對他的陰莖或切或咬，以及各式各樣的暴力行為。經常與生育連結在一起的幻想，則是將身體切開，從不同部位取出嬰兒。以上列舉的種種性慾幻

想，只不過是在每一個正常小孩身上——我希望強調這一點——都可能發掘到的一小部分例證。我之所以能如此確定，實是基於個人有幸接觸到的一些正常兒童案例，他們的分析原先都僅是為了防範的目的而進行。當我們開始對孩童的心智深度更加熟悉之後，其幻想生活中令人反感的層面便完全轉變。小孩子完全受自己的衝動主宰，而這衝動卻是所有迷人的創造性傾向之根基。我必須承認，當我看到即使是很小的孩子，也很努力地對抗其反社會傾向的模樣，那情形實在令人動容且印象深刻。而就在最具虐待性的衝動出現後，我們會見到孩子表現出最大的愛意，以及不惜犧牲一切以獲得關愛的情形。對於這些衝動，我們絕不能用任何道德標準來加以評判，而必須將之視為理所當然，不帶任何批判眼光，並努力協助孩童去面對它們。於此之後，我們減輕了孩童的痛苦，同時加強其能力與心理平衡，最後完成一件具有重大社會意義的工作。在分析治療中，見到這些極具破壞性的傾向，竟能在我們解決固著的問題時發揮昇華的效用——亦即讓幻想轉化成創造性與建設性的作為，實在令人十分感動。不過這純粹是經由分析式的技術來進行，絕非透過勸說或鼓勵孩童的方式而達
成。根據我的經驗，以分析師的姿態而言，後面這種隸屬於教育 177
學層次的方式，並不能與分析工作並行採用。但是分析治療卻能為後續的教育性工作做好準備，並帶來豐富的成果。

在幾年前與柏林精神分析學會交流的一次機會裡，我曾經指出近期發生的駭人罪行，與我在一些幼童分析中所發現的幻想有呼應之處。這些罪案其中之一，正是性倒錯與犯罪的結合體。該嫌犯手法細膩，所以一直未被發現，以致多位人士受害：這個名叫哈曼的男人，基於個人的同性戀偏好而與年輕男性親近，熟稔

後，他一一將他們的頭顱割下，再用各種方式將他們的身體燒毀或處理掉，甚至事後還賣掉他們的衣物。另外還有一件十分恐怖的案例，兇手連續殺了好幾個人，並用他們的肉來製作香腸。我前面提過那些孩童的幻想，在細節上與這些凶案簡直如出一轍。同樣的手法會施加在令孩童產生強烈性慾固著的人身上，例如，以一個四到五歲的小男孩來說，其加害對象是他的父親或是兄弟；在表達完他所慾求的愛撫或其他舉動之後，他會砍下小娃娃的頭，把身體部位賣給一個屠夫，好讓他再賣給別人當食物。他自己則把頭部留著，因為他覺得這個部位最有意思，想留下來自己吃。至於受害者的東西，他同樣會據為己有。

接下來我想就這個特殊案例做更完整的說明，因為針對某個病例詳述更多細節，我認為會比逐一說明其他例子更富意義。這位小男孩名叫彼得（Peter），當他前來接受分析治療時，是個極度抑制、掛慮很多的孩子，非常難教養，且完全無法玩遊戲，只會把他的玩具弄壞。他的遊戲抑制與焦慮，都和他的口腔施虐及肛門施虐固著有著密切的關聯。幻想是遊戲動力的實際來源，而由於他的殘忍幻想必須保持在潛抑的狀態，因此他沒有辦法玩遊戲。甚且，因為對自己潛意識裡懷有的慾念感到害怕，他總是預期同樣的事情會發生在他身上。他心中對母親的施虐慾望，致使他對她時時保持退卻，甚至有相處不睦的問題。至於他的原慾則導向他的父親，不過因為他也非常怕父親，因此唯一能夠和他維持真正關係的，只有他的弟弟，然而這點也是十分曖昧不明。小男孩不時預期被懲罰的心態，從下列事件可明顯看出：曾經有一
178 次他在玩遊戲時，用了兩尊很小的娃娃代表他跟他的弟弟，因為兩人一同犯下惡作劇，因此等著受媽媽處罰。她後來來了，覺得

他們髒兮兮的，於是處罰了他們，之後便離開了。這兩個小孩又繼續玩他們的骯髒鬼遊戲，結果再度受到懲罰，事情不斷重覆。到最後，由於害怕處罰的恐懼太過強烈，兩個小毛頭決定把媽媽殺了；彼得處決了一個小娃娃，隨後兩人把身體切一切，一起吃掉。但是爸爸出現了，要來幫媽媽，結果也被兩人用很殘忍的方式殺死，一樣被剁碎、吃掉。事到如此，這兩個小孩看起來很快樂，終於可以做他們想做的事。但是過了一會兒，焦慮再度升起，已經死掉的父母親又活了過來。當焦慮開始出現時，小男孩把兩尊娃娃藏在沙發底下，好讓他的爸媽找不到。但沒多久，小男孩所謂的「教訓」又發生了，爸媽還是找到了那兩個娃娃，爸爸把他的頭砍下，媽媽砍他弟弟的頭，兩兄弟後來也一起被煮熟、吃掉。

我想強調的特別之處是，過了一段時間之後，不良的舉動又再重覆，雖然可能形式不同；對父母親的侵犯舉動重新出現，小孩們一次又一次地受到處罰。在這般循環模式中呈現出的這項機制，將是我們稍後討論的重心。

我先簡短地報告一下這個病例的最後結果。儘管小男孩在治療期間必須面對一些非常困難的處境，因為他的父母後來離了婚，而且都在相當艱難的情形下各自再婚，但他的精神官能症卻在分析治療後完全痊癒，他的焦慮與遊戲抑制都不見了，在學校表現良好，社交上也適應得不錯，過得相當快樂。

也許各位會提出這樣的疑問：既然我在本篇論文開頭聲稱要探討正常小孩的問題，為何卻在此深入地描述一個明顯患有強迫式精神官能症的案例？事實上，如我曾經數度提到的，同樣的素材在正常兒童身上一樣也看得到，只是精神官能症患者顯現出來的，比在一般正常小孩身上也會出現的症狀更為明顯而已。想要解釋為何同樣的心理基礎會導出如此歧異的結果，這一點是非常重要的。以彼得的例子來說，由於口腔施虐與肛門施虐固著的強度實在太大，使得他完全任其擺佈。某些經歷對於他強迫式精神官能症狀的爆發，亦扮演著決定性的角色。彼得在約兩歲時出現非常劇烈的轉變，而他的父母親提起這些事時，並未十分在意。
179 當時他弄髒自己的習慣又再復發，而且他會停止所有的遊戲、開始破壞他的玩具，變得非常難以管教。

經由分析顯示，原來在他發生轉變的那個夏天，彼得與父母同睡一房，曾經目睹過他們的性交行為。這幅情景原本就十分具口腔與施虐性質，因而更加重了他的固著態度。在當時，他已經或多或少處於性器發展期，卻因這個事件而退化至前性器發展期，因此，他的整個性慾發展實際上是受到這些階段的主宰。六個月後他的弟弟出生，更使得他的衝突與精神官能症加劇。但是，在此案例中，對此一強迫式精神官能症發展產生重大影響的，也許還有另一項獨特的因素，那就是衍生自超我的罪惡感。拿彼得來說，早在他很小的時候，就已有比他的自我傾向更具虐待性的超我在操弄著。面對此番激烈的戰鬥，脆弱的自我無法招架，強大的潛抑於是產生。此外，另一項因素亦不容小覷：有的孩子禁不起一點點焦慮與罪疚感的考驗，彼得就是。他的施虐衝動與超我之間的拉扯，如同懲罰般不斷地威脅著他，因而對他形成非常可怕的障礙。在潛意識中，聖經裡「以眼還眼」的格言警示發揮了作用，這解釋了為何兒童總會有一些奇幻想法，認為父母可能對他們做出以下這些事：殺掉他們、煮熟他們、閹割他們等等。

如我們所知，父母是超我的來源，他們的命令、禁令等等都透過超我傳遞至小孩身上。但是這個超我卻和父母不一樣，其中有部分是築基於孩子自己的虐待幻想之上。而這般強烈的潛抑只會使衝突更加穩當地進行，永不止歇。更有甚者，藉由遏止幻想，潛抑使兒童無法利用遊戲去宣洩幻想，讓它們循另一種方式達到昇華，以致於這些固著現象處在永無止境的循環中。我曾經提到，循環之所以存在，是因為潛抑讓這個過程一直持續著，而那受到潛抑的罪疚感，同樣也造成了不少阻礙。因此，孩童不斷地重覆著一連串五花八門的舉動，以表達對受懲罰的渴求與想望。這種對於懲罰的渴望是兒童不時做出調皮行為的主因，但這也與罪犯連續犯案的行徑不無雷同，就這一點我稍後將會加以說明。我也要告訴各位彼得在他的小娃娃扮演遊戲中做了些什麼：他們調皮搗蛋、遭到處罰，然後殺掉父母親，接著換他們被父母殺害，整件事情不斷輪迴演出。在這裡，我們看到一種源自各種不同因素、但又受到罪疚感嚴重影響的強迫重覆（repetition-com-
pulsion）。由此，我們已經多少能分辨出正常小孩與患有精神官能 180
症狀的小孩之間的差別：固著的強度、固著行為與他們自身經驗產生關聯的方式與時間點，以及視內、外因素影響而定的超我之嚴厲程度與整體的發展型態，再加上孩子忍受焦慮與衝突的能力等等，都是決定他們是否正常發展或是產生精神官能問題的一些首要因素。

不管是正常或是不正常的小孩，都會運用潛抑來解決衝突，而只要情況不甚嚴重的話，整體的循環現象便不至於太過強烈。除潛抑之外，他們還有其他機制可以援用。但同樣地，唯有施行的強度能決定其成果，如逃離現實即是其中之一。對於現實的不滿，孩童的憤恨其實遠比表面上顯現出來的更強烈，但孩子會試著將之導入幻想中，而非讓自己的幻想去配合現實。從這一點來看，我們又得到了一個答案：就如我曾提出探討的，原來孩子能夠這般地將自己的內在痛苦隱藏，不顯於外。我們知道小孩子常常在慟哭之後便很快地回復；而有時當我們看到一個孩子很陶醉在一些無聊的小事之中，便說他很快樂，事實上，他之所以能夠這樣，是因為有個讓他能夠多少拒絕長大的避風港，那就是逃離現實。對於熟悉兒童遊戲生活的人來說，他們都知道這個遊戲生活是與兒童的衝動生活及慾念全然相連的，他們會透過幻想來表達與成全它們。從表面上適應得不錯的現實之中，孩子僅會擷取其中最重要的部分。於是我們看到，在孩子生命中的某些時刻，當現實的要求顯得更加緊迫時，例如要開始上學的時候，許多困難立即油然而生。

我曾說過，我們在各種發展型態之中，都看得到這個逃離現實機制的運作，但主要不同的是程度的問題。當某些決定強迫式精神官能症發展的因素正發揮作用的時候，我們會發現對現實的逃離也在逐步膨脹至主導的態勢，進而形成精神病迸發的基礎。有時候我們會在某些孩子身上發覺到這些因素的蹤跡，他們表面上看起來相當正常，通常不會展現出非常強烈的幻想生活與遊戲能力，而以另一種普遍的反應模式呈顯這種逃離現實與求助於幻想的機制，即不斷地安撫自己慾求上的挫折，藉由遊戲與一些奇
181 想來向自己證明一切都很好，未來也是。孩子們的這種態度很容易讓成人產生錯覺，認為他們比實際上要快樂得多。

再以吉羅德為例，其實他的快樂與活力，有部分是被設計來隱藏那些因自己或他人而引起的焦慮與不快。這樣的情況很快地

便因分析治療而改變，幫助他擺脫焦慮，以一種堅穩許多的滿意感來取代他人格中不自然的那一部分。從這個角度而言，對正常小孩施予分析治療是絕對有益的。沒有任何一個孩子從未遭遇困難、恐懼與罪疚感的煎熬，而就算這些因素看似微不足道，它們卻會引發意想不到的痛苦，同時也為往後生活中更大的焦躁煩憂，提出了初始的警訊。

我曾在彼得的案例中提到，在重覆進行禁制行為的強迫狀態中，罪疚感扮演著極重要的角色，儘管有時候這些行為的性質各異其趣。有的人可能會認為，在所謂的「頑皮」小孩身上，受懲罰的慾念應該也會產生作用。對此我想引用尼采所稱的「蒼白的罪人」（pale criminal）來加以回應；他對於被罪疚感驅使的罪犯相當瞭解。於此，我們來到了本論文最困難的部分，也就是討論固著現象須經何種發展才會導致罪行的問題。要回答這一點並不容易，因為精神分析尚未就此問題進行太多探討。很不幸地，我也還未累積足夠的經驗，以便就這個非常有趣且重要的工作領域提出相關例證。然而，某些與犯罪類型相近的案例，卻讓我對於這些發展的進行方式有些粗淺的想法。我將援引一個我覺得相當具有意義的病例，主角是一名被送入少年感化院的十二歲男孩，他的不良紀錄除了撬壞學校的櫥櫃、動不動就偷東西外，主要就是常搞破壞、對小女孩進行性方面的攻擊。他幾乎沒有什麼朋友，所來往的也多半是為了做壞事而搭上的混混之輩。他沒有特別的興趣，對於懲罰與獎賞更是毫不在乎。這個孩子的智商遠低於一般人，但這點卻對分析工作影響不大。整體上治療進行得相當順利，效果也還算不錯。幾個禮拜後我聽說他開始有了良好的轉變，只可惜經過兩個月的分析之後，我因一些個人因素必須停診很長一段時間。在那兩個月的分析裡，那孩子原本應該一週來做三次診療，卻由於他養母的極力阻撓，我總共只會見了他十四次。而在那段極不安穩的治療期間，他沒有再犯下任何罪行，一
182 直到治療中斷後才又開始，之後他又被送進感化院。當我復診後，儘管我極力爭取，卻再也無法找他回來做分析。依整個情勢推斷，我想最後他一定又開始了他的犯罪生涯吧。

現在我將以我在分析期間所得，就他的發展原因做一簡短的探究。這個孩子成長於一個十分孤立不安的環境裡。從很小的時候，他的姊姊便強迫他和他的弟弟與她發生性行為。他的父親早在大戰中去世，母親身體不好，整個家由姊姊一手掌控，所有的事情都十分糟糕。當他母親過世後，他連續由不同的養母撫養，過程每況愈下，關鍵似乎在於他對姊姊的恐懼與怨恨。他恨他的姊姊，對他而言她簡直就是惡魔的化身，這除了跟他們的性關係有關之外，尚且因為她對他的凌虐行徑，以及對瀕死母親抱持的惡劣態度等等。然而另一方面，他卻又被某種建立於憎恨與焦慮之上的支配固著牢牢地控制著，使得他離不開姊姊。除此之外，還有更多深沉的原因對他的不良行為產生影響。小時候他一直都和父母同床，因而從他們的性交行為之中吸收到施虐的印象。如我之前所指出的，這樣的經驗會加深他自己的施虐傾向，而和父母進行性交的慾念受到他本身的施虐固著主宰，與強大的焦慮產生連結。在此情境中，在他的潛意識裡，他姊姊的暴力形象同時交替地取代了暴戾的父母兩者。不管是何種情況，他必須期盼著閹割與懲罰的來臨，而懲罰又與他內心那非常暴虐原始的超我相互呼應。因此很自然地，他不斷對小女孩進行他過去所承受的侵害，至今的唯一改變是他成了施暴者。他那些撬開櫥櫃拿東西等

等的破壞傾向，都與他的性騷擾行為具有同樣的潛意識因素及象徵意義。這個男孩覺得自己被壓制、閹割，因此必須藉由證明自己也可成為施暴者以改變情勢。這些破壞傾向中的主要動力，除了要把他對姊姊的怨忿宣洩在物品上之外，便是為了一次又一次地證明自己還是個男人。

然而，在他不斷重覆做出會招來父母懲罰的行為中，罪疚感
亦佔了相當重要的因素。他表現出不在乎處罰與無所畏懼的樣
子，完全誤導了我們，這孩子的心中其實充滿了恐懼與罪疚感。
至此，我們需要探討的問題是，他的成長過程與我先前提到的精
神官能症兒童，究竟有何不同。對此我僅能提供一些個人見解： 183
也許一方面經由他與姊姊的經驗，他那原始殘暴的超我仍舊堅穩
地留存於他稍後的成長階段中；另一方面，他自己也被此經驗束
縛著，得不停地和它面對面交戰。因此這個孩子遭受焦慮壓制的
程度，無可避免地比彼得大了許多。與此焦慮相連結的強大潛
抑，將所有通向幻想與昇華機制的出口切斷了，故除了在同一行
為中不斷交替地重覆慾念與恐懼之外，別無他法。相較之下，在
前例中的精神官能症兒童，其超我才剛從內心萌生而已，而這孩
子卻已經經歷到無上超我的力量，因此衍生自他真實經驗的恨
意，勢必得透過他的破壞行為才能表達出來。

我曾說過，在這個個案或其他同性質的案例中，早發而強烈的潛抑會遏止幻想的萌生，讓病患無法透過其他方式與途徑來解決他們的固著問題，讓它們昇華。在包羅萬象的昇華過程中，我們發現攻擊與施虐的固著亦參與了運作。於此，我提出一項可透過身體來克服暴力與施虐行為的方式，那就是運動，這個方法讓由恨而生的攻擊性，藉由一種社會允許的形式獲得抒解，同時又

可成為焦慮的過度補償，畢竟它向個人證明了毋須再向施暴者低頭的能力。

在那個小犯人的案例中，能看到昇華如何在潛抑受分析削弱時應運而生，是件很有意思的事。這名原本只對破壞、毀損東西感興趣的男孩，對於建造電梯及與鎖匠有關的工作突然表現出高度的熱誠。由此或許可推斷，那證明了有一種轉化其暴力傾向的良好方式，而且表示分析治療可以讓他在目前的罪犯之路外另闢蹊徑，成為一位優秀的鎖匠。

對我而言，這個孩子的發展與一般精神官能症的兒童之所以不同，原因應在於他與姊姊相處的創傷經驗引起的焦慮較為巨大，而且影響層面甚多。較大的恐懼感會引發較強烈的潛抑，而由於此時昇華功能尚處於未開發的階段，因此毫無任何解決之道。更有甚者，這巨大的恐懼感會增加超我的殘酷性，並透過這個經驗永遠固著在此一節點上。

除此之外，我還要提出另一項這種較大的焦慮所帶來的效應，但在說明之前，我必須稍微離題片刻。當我提到人格發展的不同可能性時，在同一個出發點上，我列舉出正常者、強迫式精
184 神官能症者以及精神病患者為探討客體，並盡可能地涉及罪犯的問題。但我並未提及性倒錯者（the pervert）。

我們知道，佛洛伊德稱性倒錯為精神官能症的負面對應。於此，薩克斯為變態心理學做了另一項重要的註記，他所做出的結論是性倒錯者並非純粹基於缺乏意識，而允許自己做出精神官能症病患因抑制而未做出的反應；他發現，其實性倒錯者的意識之約束力毫不亞於後者，只不過是以另一種形式運作著。它僅僅保留禁制傾向中的某一部分，好從其他似乎令超我更加拒斥的部分

中逃脫出來。他所排拒的是隸屬於伊底帕斯情結的慾念，而其顯現出的缺乏自制，只不過是受同樣嚴格、但運作方式不同的超我影響之結果。

關於罪犯的討論，幾年前我曾經得出類似的結論，並發表於本論文一開始所提及的報告之中。在該報告裡，我針對犯罪行為與兒童幻想之間的相似性，做出不少詳實的舉證。

從我描述的孩童個案以及其他未多加強調但不乏啟示的案例中，我發現犯罪傾向並非是因超我的寬容所引起，而是來自於在不同方面運作的超我。正因為焦慮與罪疚感的關係，致使孩子犯下罪案，而在犯案的同時，孩子亦嘗試著逃脫伊底帕斯情結。就我那個小犯人的例子而言，撬開櫥櫃與攻擊女童都是他用以揮別侵害母親慾念的方式。

當然，這些觀點需要更進一步地檢驗與研究。依我個人的意見，似乎所有的經驗都在導向一個結論，那就是並非超我的缺席，而是超我運作方式的不同——也許是超我的固著發生得太早——才是一切的主因所在。

假設這些推斷正確，那麼等於是為分析實務的發展開啟了重大的契機。如果犯罪行為的發展並不是因為超我與意識的不足，而是由於它們運作型態的不同，如此一來，分析治療應該能夠像解除精神官能症般地改善犯罪的問題。就像在性倒錯與精神病等問題上，我們也許無法找到處理成人犯罪的方式，但是就兒童分析而言，情況並不相同。兒童並不一定要對分析具有特別的動機，問題僅在於採取何種技術來建構移情，以及如何讓分析持續進行而已。我不相信在哪個孩子身上獲取不到這樣的移情，或者無法引發其愛的能力。以我的小犯人來說，雖然表面上他完全不

185 具任何愛的能力，但經分析後，證實事實並非如此。雖然他對分析不具有動機，甚至對要被送入感化院一事也並未特別討厭，但他仍對我表現出良好的移情，至少足以讓分析順利進行。此外，分析亦證實了這個遲鈍的男孩對他的母親懷有真誠而深摯的愛。他媽媽在癌症折磨之下未有善終，到末期時整個人幾乎完全衰竭枯朽，女兒根本不想靠近她，最後守在床邊照顧母親的反而是他。當母親病逝後，家人都要離開了，卻好一陣子都找不著他，原來他把自己跟死去的母親一起鎖在房裡，不肯出來。

也許有人會提出反駁，認為童年時期的傾向尚未明確地顯現出來，因此我們可能往往無法辨識出何時孩童將成為罪犯。事情的確是如此，但正是這項說法讓我做出以下的結論：欲得知兒童的這些傾向可能導引出的結果的確很不容易，不管是對正常者、精神官能症患者、精神病患者、性倒錯者或犯罪者來說都一樣；但正因為不知道，所以我們更要想辦法知道。精神分析給了我們一些方法，甚至，它不僅能確立兒童的未來發展，也能予以改變，將其引導至更好的路途上。

第九章　伊底帕斯衝突的早期階段（1928）

從我那些以介於三歲到六歲兒童為主的分析經驗裡，我已歸 186
結出不少結論，在此僅做簡要陳述。

我曾經多次略為提及，伊底帕斯情結萌生的時間比一般想像的還早一些。在我的〈早期分析的心理學原則〉一文中，我已針對此一主題做過較詳盡的探討，而當時所得出的結論是，伊底帕斯傾向的出現，是兒童斷奶的挫折經驗所帶來的結果，因此其萌生的時間約莫在出生後第二年出頭，爾後再因如廁訓練造成的肛門挫折而更加強化。就心理發展來說，後續的決定性影響則來自於性別構造的差異。

對男孩而言，當他發現自己被迫離開口腔與肛門階段以進入性器期時，他的目標會轉向與占有陰莖相連結的插入（penetration）。因此，他不僅會改變他的原慾位置，也會修正其目標，讓他的原始愛戀客體獲得保留。相反地，對女孩來說，接納的目標會持續由口腔階段維持至性器期位置（genital position）：她會改變她的原慾位置，但保留其目標，雖然後者涉及母親令她失望的情況。依此方式，女孩心中產生對陰莖的接納，並轉向父親，將他當作愛戀客體。

而事實上，伊底帕斯情結的真正肇端，早就和初期對閹割與罪疚感的恐懼相互結合了。

成人與兒童的分析已讓我們熟悉一件事實，那就是前性器期的本能衝動帶有某種罪疚感，起初我們都以為這些罪疚感是後來才滋生，然後再返回與這些傾向結合，而非一開始就與之同時併發。根據費倫齊的推斷，與尿道及肛門衝動相連結的，是「超我的一種生理的前兆」，他稱之為「括約肌倫理」（sphincter-morali-
187 ty）。亞伯拉罕則認為，當罪疚感出現於後續的早期肛門施虐階段時，焦慮便會以食人的姿態呈現出來。

我的發現則更深入，我認為與前性器期固著結合的罪疚感，是來自伊底帕斯衝突。這一點似乎對罪疚感的發生提出了令人滿意的答案，因為我們知道那是一種內攝了伊底帕斯愛戀客體（已經完成，或如我所補充的，處於完成狀態中）的結果。也就是說，罪疚感是超我塑成過程中的產品。

根據對幼小兒童的分析顯示，超我的架構，乃是結合許多心智發展中不同時期與層次的種種認同而塑造出來的。令人驚訝的是，這些認同在本質上竟然都相互對立，過度的良善與過分的嚴厲並肩而立。由此我們亦對超我的嚴厲性有了某種認識，它的出現在這些幼兒分析中總是特別尋常。以一個四歲小孩來說，為何他會在他腦海裡樹立一個不真實又充滿奇想的父母意像，既吞、又切、又咬人，原因似乎始終難以明朗。但就一個約一歲的孩童而言，為何由伊底帕斯衝突初發期所引起的焦慮，會以害怕被吞食、傷害的形式呈現出來，卻是十分明顯。孩子自己會渴望藉由吞、咬、切的動作，來損害其原慾客體，而這卻會引來焦慮，因為伊底帕斯傾向被喚醒後，客體的內攝馬上跟著出現，兩者隨後結合為一，成為可能的懲罰來源。故孩子會害怕一種相當於攻擊的懲罰：超我在此變成了一個會切咬吞食的怪物。

超我的塑成與生長期的前性器期之間的關聯非常重要，原因有二，一方面，罪疚感緊緊牢附於口腔及肛門施虐階段，後者迄今仍佔上風；另一方面，當超我進場的時刻，這些階段亦方興未艾，因而更加深了超我施虐的嚴厲性。

以上種種論點無疑開啟了新的視野。唯有靠著強大的潛抑，才能讓仍然十分軟弱的自我足以抵抗如此具威脅性的超我。而既然伊底帕斯傾向最早以口腔與肛門衝動顯現而出，因此關於哪一種固著在伊底帕斯發展中占有優勢的問題，則完全取決於在此一早期階段中，潛抑發揮作用的程度。

為何前性器期與罪疚感之間的直接關聯如此重要，另一個原因是身為往後生命中所有挫折原型的口腔與肛門挫折，其實同時
含有懲罰的意味，因此加速了焦慮的發生。這個境況令挫折更加 188
突顯，而這個痛楚也會讓後續的其他挫折愈加艱苦難耐。

我們發現，當伊底帕斯傾向的浮現與性好奇的萌生對自我產生困擾時，自我仍處於低度開發的階段，因此在智力上尚未發展的嬰幼兒，此時便遭遇了一連串問題的衝擊。其中在潛意識方面最令人頭痛的困擾之一，便是這些問題不是若隱若現，就是難以確切地表達出來，總之毫無解答可言。而接著另一項令人詬病之處，則是孩童無法瞭解字詞與言說的意義。因此，孩童最初的問題，早在能理解言說之前就已發生。

在分析當中，這種種困擾的確引發了相當多的遺憾。不管是單一或聯手運作，它們都是引發無數抑制求知衝動（epistemophilic impulse）之要因：例如無法學習外語、甚至敵視說不同語言的人，或是語言障礙等等。出生後第四到第五年的孩童多半會出現的強烈好奇心，並非此階段開始的象徵，而是意味著其發展的顛峰與結尾時刻，這一點與我對伊底帕斯衝突的觀察不謀而合。

對自己不知（not knowing）的早覺，會引發各式各樣的反

應。它會與從伊底帕斯情結衍生而來的無能、虛弱感結合為一。孩童也會因為自己對性的一無所知（knows nothing）而備感受挫，而閹割情結（castration complex）則因為如此的無知感而加重，男女皆然。

求知衝動與施虐慾的早期連結，對整體的心理發展而言非常重要。這項受伊底帕斯傾向刺激而啟動的本能，最早的施加客體是母親的身體，因為那是所有性慾動作與發展的舞台。兒童此時仍受肛門施虐的原慾狀態宰制，被強迫去侵占母親身體內的一切，因此兒童會開始對那裡頭有什麼、長什麼樣子等等問題感到好奇。經由這個方式，求知本能與占有慾很快地便一拍即合、如膠似漆。而在同時，罪疚感又因初生的伊底帕斯衝突而燃升。這項意義非凡的結合過程於是乎導入了一個空前重要的成長階段，
189 不過我們迄今對此的瞭解仍有限，僅知與孩童對母親的極早認同便屬其中之一。

欲檢驗這個「女性」期（femininity phase）的運作過程，必須將男孩與女孩的狀況分開來看。但在進行之前，我希望對它與先前階段的連結略做說明，這個前置階段的運作並沒有性別之分。

在早期的肛門施虐期，兒童承受著次級的嚴厲創傷，此創傷加強了他離開母親的衝動。她之前已讓他的口腔慾求無法滿足，現在又折損了他的肛門之樂。雖然如此，在此時，似乎肛門之樂的剝奪卻驅使著肛門衝動與施虐傾向進行結合，於是孩子渴望透過侵入母親的身體，將之切剁、吞食與搗壞，進而占有她的穢物。在此性器衝動的影響之下，男孩開始會將母親視為愛戀客體，但他的施虐衝動方興未艾，而且加上先前受挫經驗延續而來的怨恨，使得他在性器層次（genital level）上與愛戀客體呈現著對

峙的情勢。另外，對於愛戀客體他還有一項更大的障礙，那就是與伊底帕斯衝動相繼而起的懼父閹割之念。他到達性器期位置的程度，將部分取決於他忍受此焦慮的能力。就此而言，口腔施虐與肛門施虐固著的強度將扮演著極重要的角色，其影響了男孩對母親的憎恨度，進而或多或少地阻礙了他與母親建立正向關係的可能。此外，施虐固著亦對超我的形塑影響深遠，因為當超我要開始形成時，這些固著狀態的發展正如火如荼。超我的作用愈殘酷，父親的閹割者形象便愈可怕。而當孩子愈執著於跳脫性器衝動，他對施虐狀態的固著就愈強，進而也讓他的伊底帕斯傾向顯得更加鮮明。

在這些早期階段中，所有伊底帕斯發展的位置都很迅速地陸續展開，但由於受到前性器衝動的光芒掩蓋，其運作情況並不十分明顯，甚至在肛門階段便展現出的積極異性戀態度，與進一步的認同母親階段之間，也難以畫出確切的界線。

現在，我們開始要來談我之前提過的「女性期」發展階段，它原是以肛門施虐狀態為基礎，但又為之注入新的成分，因為至此，（母親的）穢物已經等同於那未出生的小孩，而原先搶奪母親的慾望，現在也已同樣適用於這嬰孩與母親的穢物。至此，我們約可勾勒出兩項相互混雜的目標。一是由懷胎的慾望與占有胎兒的意圖所引導，二則是受對未出生弟妹的嫉妒以及在母親體內 190
摧毀他們的期望所刺激（小男孩口腔施虐傾向的第三個對象是父親的陰莖）。

如同女孩的閹割情結一般，男孩的女性情結（feminity complex）底層，亦存有一對特定器官的受挫慾念。偷竊與破壞的傾向，通常與受孕、懷胎與分娩等存在於母親體內的器官特質有關，當然，陰道、乳房等在純口腔的原慾階段即被當作接納與恩賜象徵般垂涎的器官，亦不例外。

基於對母親的摧毀慾念，男孩不時害怕受到懲罰。但除此之外，他的恐懼其實來自一些更平常的原因，而這跟女孩心中與閹割渴望相關的焦慮不無相似之處。男孩害怕他的身體會受到傷害、肢解，而這便含有閹割的意味，因此我們大可直接指出是閹割情結在作祟。在成長的早期階段，母親拿走孩子的糞便，就跟肢解與閹割他沒兩樣。她不僅藉由這個她施加的肛門挫折而造成閹割情結的形成，從精神現實（psychic reality）的角度來詮釋的話，她也已經是那位閹割者。

對母親的懼怕之所以如此巨大，實是由於對父親的閹割懼念也加入作用的關係。以母親子宮為目標的破壞衝動與達到顛峰的口腔及肛門施虐力量相串連，一致將矛頭指向實在實存的父親陰莖。在此階段，懼父閹割情結的焦點，便完全集中在這陰莖上頭。因此，陰性時期的特徵，便在於與母親子宮及父親陰莖相連結的焦慮之上，而正是這焦慮將男孩置予超我的欺凌之下，這個超我是個會吞噬、分屍與閹割的怪獸，而且是從父母之類的形象所塑成的。

總之，初始的性器期位置，一開始便與種種前性器期的傾向相互交錯混雜。基於愛恨交織的心理，只要施虐固著愈蓬勃，男孩認同母親與挑戰母親之心態的拉扯便愈高；畢竟在懷有小孩的慾求上，他明顯感到自己處於劣勢，遠不如母親。

現在就讓我們來看看，雖然重要性不相上下，但為何男性的女性情結看起來卻遠比女性的閹割情結不明顯。

191 渴望有小孩與求知衝動的結合，促使男孩開始朝知識的發展移動；他的劣勢感隨後被掩藏起來，轉而由他擁有陰莖的優越感而獲得補償，此時女孩們對陰莖亦已有所認識。這種男性地位的誇耀導致了過度的男性意識伸張。在瑪麗・查德維克（Mary Chadwick）的論文〈有關求知慾的根源〉（Die Wurzel der Wissbegierde, 1925）中，亦就男人對陰莖的自戀自傲，以及他們在知識方面對女人所表現出的較勁態度做了一番探討，認為那主要是由於他們渴望有小孩的慾求受到挫折，因而將目標轉移至對知識層面的渴望。

常常出現在男孩身上的過度暴力傾向，其實是女性情結作祟的結果，這種暴力傾向時常伴隨著傲慢與「見識較多」的態度出現，而且非常不友善、充滿虐迫性，其中有部分是由隱藏背後的焦慮與不屑之企圖所主導。就某部分而言，它與男孩對女性角色的抗拒（源自於他對閹割的恐懼）相輝映，但卻又深植於他對母親的懼怕之中，雖然他希望從她身上奪取父親的陰莖、小孩與其他具女性特質的性器官。這種過度的暴力，又與直接的伊底帕斯性慾情結所衍生的攻擊快感相融合，將性格形成過程中最不合社會性的部分展現出來。這就是為何男人對女人展現出的敵意，總是遠比對同性友伴的強烈許多，而這種敵意大抵是由性器期位置所喚起的。當然，施虐固著的分量亦決定了一個男人與其他同性對手的關係。假如他與母親的認同相對地築基於一種建構完好的性器期位置上，那麼他與女人的關係不但會較為正面，另一方面，他那些期望擁有小孩與女性特徵的慾念，也將有更多機會獲得昇華。

對兩性而言，抑制運作的主要根基除了焦慮之外，還有與女性期有關的罪疚感。而我的經驗告訴我，基於種種不同的原因，一套針對這個階段的完整分析不但具有治療上的重要性，同時也對某些看似無可救藥的強迫症病例有所幫助。

在男孩的成長中，女性期是經過原慾的前性器期與性器期位置之間的冗長拔河後所產生的成果。在出生後三到五年間，這段角力處於顛峰期時，其狀態與伊底帕斯衝突一樣清晰可辨。與女性期有關的焦慮會敦促男孩回頭認同父親，但這個刺激卻無法為
192 性器期位置提供一堅穩的基底，因為它不但未能遏止對肛門施虐本能的潛抑與過度補償，反而會不停地促使它們發生。害怕被父親閹割的意念，更加強了對肛門施虐階段的固著。就性器層次的達成而言，與生俱來的性器特質扮演著相當重要的角色。通常來說，這些角力的結果難以決斷，而這也提高了精神錯亂與「性無能」（disturbances of potency）的發生頻率。[192-1]因此，是否能擁有完全的性能力與達到性器期位置，有一部分將視女性期的有利結果而定。

接著我要來討論女孩的成長問題。斷奶之後，小女孩受到她所經歷的肛門剝奪強力地驅使，被迫對母親採取違抗的態度。性器期的驅勢自此開始影響她的心智發展。

海倫娜・朵伊契（Helene Deutsch, 1925）認為，女人的性器期發展乃於口腔原慾成功地移轉至性器後才圓滿達成，我非常贊同此一看法，唯一須附帶一提的是，我的經驗令我相信，這個移轉始於性器期衝動的第一波擾動。而身為性慾器官接納者的口腔，則對女孩轉而投向父親的舉動產生了不可磨滅的影響。除此之外的另一項心得是，女孩對陰道的潛意識覺察，以及對它與其他性慾器官產生的感覺，在伊底帕斯衝動萌生後立刻就出現了。

192-1　請參照賴希（W. Reich）〈高潮的功能〉（Die Funktion des Orgasmus, 1927）一文。

然而，手淫對女孩而言，並不像對男孩那樣可帶來抒解興奮感的效果，因此，這種持續的滿意感匱乏，為女性性慾發展的複雜與紛亂提供了另一種解釋。除了佛洛伊德所提出的論點之外，難以透過手淫而獲得完全的滿足，可能是女孩厭惡手淫的另一項原因。而這或許便可說明，為何當她們正掙扎著要放棄手淫時，通常會採雙腿緊閉的方式來接續雙手的操作。

基於對新鮮滿意感的強烈追求，令女孩性慾器官的接納特性獲得展現。但除此之外，在最早的伊底帕斯衝動紛擾時期，對擁有父親陰莖的母親所產生的嫉羨與憎恨，亦為小女孩轉而投向父親的態度提供了進一步的刺激。父親的撫慰如今有了一種誘惑的魅力，而且是「異性的吸引力」。[192-2]

就女孩來說，對母親的認同乃直接衍生自伊底帕斯衝動，而 193
在男孩身上閹割焦慮所引起的一連串作用，在女孩身上完全看不到。但不管是男孩或女孩，這種對母親的認同，同樣與意欲掠奪毀壞母親的肛門施虐傾向相符合。假使認同發生的階段，正值口腔與肛門施虐傾向非常強烈的時候，對於原始母性超我的恐懼將會令這個階段產生潛抑與固著，並且干預進一步的性器期發展。對母親的懼怕，也會迫使小女孩放棄對她產生認同，對父親的認同於焉展開。

小女孩的求知衝動最早乃由伊底帕斯情結所激發，其結果就是發現她少了一根陰莖。她的這項缺陷馬上令她憎恨起母親，但同時罪疚感又讓她覺得那是一種懲罰。她的挫折感不斷加深，進而反過來對整個閹割情結產生深遠的影響。

192-2　我們經常發現，母親會在照顧小孩時一邊引誘他，這種不自覺的糟蹋（reproach），可回溯至性器期的慾求嶄露與伊底帕斯傾向被喚醒的時期。

這個早期關於缺少陰莖的怨懟往後會持續擴大，尤其是在性蕾期與閹割情結正大為興盛的時刻。佛洛伊德曾提過，發現缺少陰莖令小女孩從母親身旁離開，轉而投向父親。不過我的研究則顯示，這項覺醒只是起了加強的作用：小女孩的轉向早在伊底帕斯衝突萌生的階段就已展開，陰莖嫉羨緊接在懷胎慾念之後出現，然後在後續的成長階段又再度為之取代。我的看法是，乳房的剝奪才是促使小女孩轉向父親的最根本原因。

在女孩認同父親的過程中，其焦慮的成分比認同母親和緩許多；甚且，面對母親而產生的罪疚感會迫使孩子與她建立一種嶄新的愛戀關係，以達到過度補償的效果。為了抗拒這種新的愛戀關係，閹割情結於是發揮作用，讓男性雄威與從先前階段便已累積的恨母意識偈促難行。然而，對母親的憎恨與敵意，又再度造成放棄對父親的認同，轉而把他視為愛與被愛的客體。

小女孩與母親的關係，對她與父親的關係同時具有正向與負向的影響。在父親手下所經歷的挫折感，其實是深植於原先對母親的不滿之上；而占有父親的強烈慾望，則是源自於對母親的憎恨與嫉羨。假如施虐固著始終維持在強勢的狀態，那麼這份憎恨與其過度補償也將實際地影響到往後女人對男人的關係。另一方面，若建基於性器期位置上的母女關係較為正面，那麼未來女人
194 不僅在與子女的相處上較能擺脫罪疚感的束縛，同時她對丈夫的愛亦將更加穩固，因為對她而言，丈夫也代表了對疼愛的孩子有求必應的母親。正是在這個意涵非常豐富的基礎之上，僅僅與父親相關的另一部分關係建立了起來。這一部分關係原本僅是集中於性交中的陰莖之上，其一舉一動除了滿足了小女孩當前對性慾器官的慾求之外，對她而言似乎更是種極致的表演。

事實上，小女孩對陰莖的愛慕會因伊底帕斯衝突帶來的挫折而動搖，但除非它轉而化為恨意，否則仍會在女人對男人的關係中扮演著不可或缺的角色。爾後，當愛戀衝動達到圓滿的狀態時，尾隨長期受到壓抑的剝奪而來的強大滿足，便會與愛慕情愫相結合。這種強烈的滿足感，會透過女性對愛之客體較能維持全然而持久的迷戀展現出來，特別是對「初戀」的沉溺。

小女孩成長過程中受到強烈阻礙的情形，可能會以下列的方式呈現：當男孩在現實當中確實擁有陰莖、因而可與父親一較長短時，小女孩卻僅能對母性產生無法滿足的想望，但這個感覺雖然強烈，她卻也只是隱隱約約地察覺到而已。

然而，對她的母性希求產生阻礙的，不僅是這種不確定感而已，焦慮與罪疚感也同樣具有削弱的效果，而且可能會對女人的母性能力造成嚴重而長久的破壞。由於小女孩對母親身體（或某些體內器官）及子宮內小孩所表現出的破壞傾向，她期待受到報應，方式或為摧毀她個人的母性能力及與之相關的器官，或是傷害她自己的孩子。由此，我們看到女人永恆關注（往往過度地）個人美貌的根源之一，即在於她們害怕母親會將它奪走；在努力裝扮與美化自己的衝動背後，始終存在著回復美麗容顏的動力，而其始作俑者，便是焦慮與罪疚感。[194-1]

這種摧毀內部器官的深刻恐懼可能會是女人更具敏感性的精神肇因，至於男人則是造成轉換型歇斯底里（conversion-hysteria）和器官疾病。

194-1　參照哈尼克（Hárnik, 1928）發表於茵斯布魯克精神分析會議（Innsbruck Psycho-Analytic Congress）的論文：〈罪疚感與女性自戀之間的經濟關係〉（Die ökonomischen Beziehungen zwischen dem Schuldgefühl und dem weiblichen Narzissmus）。

195 此焦慮與罪疚感，正是使得原先十分強烈的女性榮耀與愉悅感遭到潛抑的主要因素，這讓原本備受重視的母性能力受到輕蔑。因此之故，小女孩缺少了男孩子因擁有陰莖而獲得的強力支持，而這本來是她可以從對母性的期許中得到的。

小女孩對女人氣質所產生的焦慮，大致可與小男孩對閹割的恐懼相比擬，因為那會讓她的伊底帕斯衝動戛然而止。雖然如此，男孩子顯而易見的閹割焦慮，其運作途徑卻很不一樣；比起女孩子面對她的體內器官所產生的慢性焦慮，閹割焦慮可算是激烈許多。我們甚至可從男孩子的焦慮取決於父性超我、女孩子的焦慮則取決於母性超我的角度，來說明兩者的必然差異。

佛洛伊德曾經說過，女孩子超我的發展方向與男孩子是不同的。從不斷的發現中我們可以確認，嫉妒在女人的生命中所佔的重要性遠勝於男人，因為對男性陰莖的偏差嫉羨加重了它的力道。然而從另一方面來說，女人特別具備某種偉大的能力，令她們能忽視個人的願望，並且以一種自我犧牲的態度獻身於道德性與社會性的工作之上。女人的這種能力並非僅奠基於過度補償之上，我們也不能基於人類的雙性氣質，就以男性與男性特徵對於人格塑造的混合影響來說明這種能力，因為這種能力在本質上是非常母性的。我認為，為了解釋女人如何能從瑣碎的嫉妒，到奮不顧身的慈悲為懷都一應兼備，我們必須將女性超我（feminine super-ego）塑成的特殊狀況考慮進去。在早期認同母親的過程中，肛門施虐階段處於優勢，小女孩的心中因而產生嫉妒與怨恨，並依母性意像（maternal imago）塑造出一個嚴厲的超我。同此階段，從父親認同發展而來的超我雖然也可能具有威脅性並引發焦慮，但它似乎從未達到由母親認同產生的超我所發揮的程度。而一旦對母親的認同在性器基礎上愈加穩固，寬大的理想母親（mother-ideal）所具有的仁慈特質就更加突顯。因此，這種正向的情感態度，其實是依母性的理想母親意像承受前性器期或性器期性格特徵的程度而定。但是，若它主動由情緒性態度轉化為社會性或其他性質的行為，那麼很有可能此時發揮作用的，是父性的
理想自我。小女孩對父親性器活動深切的愛慕，導致了父性超我 196
的形成，此超我為她立下許多她永遠無法實現的目標。假如在她的成長中，由於某些因素的關係，而使得達成這些目標的誘因夠強大的話，無法達成目標反而會激發她的動力，這動力與源自於她的母性超我中的自我犧牲能力相結合之後，會讓女人在直覺層面與某些特殊領域中，展現出非常獨特傲人的成就。

同樣地，男孩子在女性期獲得的母性超我會讓他像女孩子一樣，產生既極度原始又十分和善的認同意識。但他很快地便跨過這個階段，重新展開（事情的確如此，但程度不一而足）對父親的認同。不管母性部分在超我的塑成中占有的分量如何，實際上從一開始對男性產生決定性影響的，還是父性的超我。雖然在男孩子的面前依然樹立著一個尊貴的典範，但是由於那是從「他自己的理想形象」中塑造出來的，因此要達成目標並非遙不可及。這個情況是男性能進行更持久客觀的創造性工作之因。

害怕女性特質受到傷害的心理，深刻地影響了小女孩的閹割情結，因為這誤使她高估了她所沒有的陰莖，而且此誇大不實的想像，爾後還會比她對自己女性特質的隱藏焦慮更為明顯。於此，我建議各位參考卡倫・荷妮（Karen Horney）的研究，她是第一位從伊底帕斯境況的範疇中檢視女人閹割情結根源的先輩。

就這個角度而言，我必須說明在某些童年的早期經驗中性慾

發展的重要性。在我1924年於薩爾斯堡會議發表的論文中，我曾提到當親睹父母性交的經驗發生於兒童成長晚期階段，兒童會呈現出受創傷的樣子。但假若這些經驗發生於較早的年紀時，它們卻會固著下來，成為性慾發展的一部分。如今我須再補充的是，這一類型的固著不僅會緊附著此一特殊的發展期不放，而且還會纏住稍後就要形成的超我，進而傷害到它的進一步發展。超我在性器期達到顛峰的程度愈全面，施虐認同就愈不突出，也就愈能確保心智健康與人格的發展維持在高道德水準。

197 另外還有一種早期童年經驗，其象徵性與重要性都令我非常訝異。這些經驗通常緊接著目睹性交的經驗而來，且從其衍生的興奮當中獲得鼓勵與滋長。我所提的是小孩彼此之間及兄弟姊妹或玩伴之間的性關係，其運作的方式各有千秋：如觀看、觸摸、一同上廁所、口交（fellatio）、舔陰（cunninlingus）與相當直接的性交意圖。他們很努力地潛抑著，並貫注到深刻的罪疚感。這些感覺的產生，主要是因為在伊底帕斯情結引發的興奮壓力下所選擇的愛戀客體，對小孩來說就像是父親、母親或兩者的替代品。因此所發生的這些關係，雖然看似毫無意義，且表面上看來沒有任何受伊底帕斯發展刺激的兒童躲得過，它們依然以一種真正實現的伊底帕斯關係姿態出現，並對伊底帕斯情結的形成、主體的從中脫離，以及其往後的性關係等等，均產生了重大的影響。更有甚者，這一類的經驗會在超我的發展中形成一個重要的固著點。由於對懲罰與強迫重覆的需求，這些經驗經常會導致孩子屈從於性創傷的宰制之下。關於這一點，我想請各位參考亞伯拉罕的論述（1927），他提到性創傷的經歷是兒童性發展的一部分。因此，在成人與兒童的分析中，針對這些經驗進行分析性的探索，可大幅釐清伊底帕斯境況與早期固著行為之間的關係，這從治療的角度而言是非常重要的。

總而言之，我希望聲明一點，在我看來，我的結論並未與佛洛伊德教授所言互有牴觸。我認為在我所加註的額外論述中，重點在於我將這些歷程發生的時間往前推進。此外這些不同時期（尤其是初始期）之間相互交融的程度，也比迄今眾人所公認的自由得多。

伊底帕斯衝突的早期階段受前性器期的主宰實在太大，以致於當性器期開始運作時，一開始便遭到嚴重的遮掩，直至後來到出生後三至五歲之間才顯得明朗。在這個時期，伊底帕斯情結與超我的形成達到高峰，但是因為伊底帕斯傾向開始的時間遠比我們想像得更早，因而罪疚感對前性器期階段所造成的壓力，也早就在伊底帕斯與超我的發展上造成決定性的影響。此外，連「性格形成」、性慾以及其他在主體身上進行的發展——所有這些對我 198
來說非常重要，卻至今仍未被詳加認定的元素——也難逃一劫。從兒童的分析中，我發現了這些知識的治療價值，但不只是這樣而已。我曾運用同樣的論點在成人的分析中進行測試，發現不僅其理論上的正確性獲得肯定，同時在臨床治療上的重要地位，亦獲得確立。

第十章　兒童遊戲中的擬人化（1929）

在我不久前發表的論文〈早期分析的心理學原則〉（1926）當 199
中，我曾描述在我分析兒童的經驗中，對遊戲有著根本影響的幾項機制。我在文中指出，兒童遊戲中不斷以各種姿態一再出現的特定內容，實際上與自慰幻想的發展核心相同，而兒童遊戲的主要功能之一，就在於提供抒解這些幻想的發洩管道。除此之外，我也討論了遊戲與夢中的表徵媒材之相似性，以及願望實現（wish-fulfilment）在這兩種心智活動中所具有的重要性。另外我也注意到兒童戲局中的一項主要機制，在此機制中，孩子會發明與分派不同的「角色」。在此篇論文裡，我的目的在於更深入地探討這項機制，並藉由眾多不同類型的病症實例，來說明這些兒童引入戲局中的「角色」或擬人化身，與願望實現之間的關係。

根據我到目前的經驗，患有精神分裂的兒童並沒有辦法進行我們所謂的遊戲，他們只會做出某些千篇一律的動作，因此想藉之深入他們的潛意識，根本是件吃力不討好的事情。不過當我們真正成功的時候，會發現與這些動作相關的願望實現，其實就是對現實的否定與幻想的抑制。在這種極端的狀況裡，擬人化並未成功。

我的小病人厄娜開始接受治療時已六歲，當時她有著嚴重強迫式精神官能症狀，而經過可觀的分析療程後，才顯現她有妄想症。在遊戲當中，厄娜經常要我扮成小孩，她自己則是媽媽或是老師，接著我就開始遭受一些奇奇怪怪的的虐待與羞辱。假如在這遊戲裡有任何人對我表示和善，通常到最後就知道那是假的。

由此妄想的特性可看出，我始終處在被監視的狀態下，大家不停地猜測我的想法，父親或老師更是與母親一同聯合起來對付我——
200 原來我身旁總是圍繞著一群迫害者。而扮演小孩這個角色的我，也必須不斷地偵查、拷問其他人。厄娜時常選擇當小孩，然後遊戲的結局通常都是她從迫害中逃脫（在這些情況下，這個「孩子」是好人），變得有錢有勢，被奉為女王，並對原先的施暴者展開殘忍無比的報復行動。當她的施虐傾向在這些顯然未受任何抑制作用檢驗的幻想中抒發後（抑制在我們做過好幾次分析之後才出現），其反應便以深沉的沮喪、焦慮與身體虛弱的形式呈現出來。她的遊戲接著反映出她無力承受如此巨大的壓力，它們透過一連串的嚴重症狀顯現而出。[200-1] 在厄娜的幻想中，所有參與演出的角色都可以套入同一個模式：那就是一分為二的世界——一邊是具迫害性的超我，另一邊是雖然有時會遭受威脅、卻同樣毫不手軟的本我或自我。

在這些遊戲中，主要是願望實現的力量促使厄娜努力地認同較強的一邊，如此一來才能抑制她對迫害的恐懼感。這個沉重的自我，試圖影響或欺瞞超我，以預防超我真的如它所聲張地去欺壓本我。自我嘗試召喚具高度施虐性的本我一同來為超我服務，撮合兩者一起對抗共同的敵人。為達成這一目標，需要大量運用投射與置換的機制。當厄娜扮演殘酷的母親角色時，調皮的小孩就是敵人；而當她是那名受到迫害、但後來又變得強而有力的小孩時，敵人的角色就改由邪惡的父母來擔任。不管是哪一種狀況都存在著一個動機，即自我企圖在超我面前合理化，好沉迷於不受限制的施虐中。基於這樣的「盟約」，超我必須採取行動，以對

200-1 我希望不久後能出版一本書，好更加詳細描述這個病例故事。

抗看似對本我不利的敵人。然而，本我卻偷偷地繼續追求其占優勢的施虐滿足，其對象是原初客體。如是而來的自戀滿足，讓自我一邊不費吹灰之力地戰勝敵軍，一邊又讓超我服服貼貼，這一點在消除焦慮上簡直具有不得了的價值。這種兩大勢力間的盟約模式對較不極端的案例而言，其成果也相當輝煌，不僅對外界來說可能看不出任何跡象，同時也不會造成病症的併發。但在厄娜這個病例裡，情況卻完全失控，因為本我與超我的施虐慾都已超過極限，於是，自我與超我聯合出擊，並試圖懲罰本我以獲取一些滿足，但卻無可避免地遭到失敗。強大的焦慮與良心的苛責一 201
而再、再而三地出現反抗，這證明了這些相互對立的願望實現，沒有一項能夠長久綿延。

接下來的這個例子，將詳細地呈現一些和厄娜情況類似的問題，如何透過不一樣的方式獲得解決。

喬治（George），六歲，被送來我這裡接受幾個月的治療，主要是為了終止他一系列的幻想。他經常幻想他是一幫獵人與野獸的至尊領袖，帶領他們迎戰、征服並殺死另一群亦擁有野獸的對手，這些動物後來都被吃掉。這樣的戰役永無終止的一天，因為總是有新的對手出現。經過好幾次的診療分析，我們發現這孩子不僅患有精神官能症，而且也出現很明顯的妄想症狀。喬治總是有意識地[201-1]感覺到自己被圍堵、恐嚇（對方不是魔術師、巫婆，就是軍人）。但與厄娜截然不同的是，他會運用助益性的角色幫助自己進行防衛，當然這些角色也都是幻想創造出來的。

喬治幻想中的願望實現，在某種程度上與厄娜的遊戲相近。

201-1　和許多小孩一樣，喬治一直都不讓周遭的人知道他的焦慮內容，但他自己卻清清楚楚地將這些情節烙印在心底。

在他這個案例裡，自我亦嘗試在意求壯大的幻想中，藉由認同較強的一方來阻卻焦慮的紛擾。同樣地，喬治也盡力地將對手搬弄成「壞」敵人，好安撫超我。然而在他心中，施虐慾並不如厄娜那般強烈，因此在他焦慮背後的初始施虐慾便比較不那麼巧妙地被掩藏住。他的自我對本我的認同程度較為徹底，所以較不易與超我妥協，焦慮也就藉由明顯的排斥現實而受到阻擋。[201-2]願望實現清楚地凌駕於現實的認知之上——這是佛洛伊德對精神病定義中的一個傾向。在喬治的幻想中，有一部分是由助益性的角色所擔任，這一點讓他的擬人化型態與厄娜的狀況有所差別。在他的戲局裡，共有三個主要部分：本我、迫害性的超我與助益性的超我。

另一種帶有嚴重強迫性精神官能症狀的情形，也許可從我兩歲又九個月大的小病人——莉塔——的遊戲中略窺一二。在一個非常具強迫性的儀式之後，莉塔把她的娃娃包起來放上床睡覺，然後再擺了一隻大象玩偶在娃娃的床邊，這個動作的涵義是大象要防止「小孩」爬起來，否則小孩會偷偷潛入父母親的房間裡，傷
202 害他們或偷走一些東西。這隻大象（象徵父親意像，扮演著阻礙者的角色。透過內攝的作用，在莉塔的心中，她的父親長久以來就是扮演著「阻礙者」的角色。而當她快兩歲時，她希望篡奪母親的地位、奪走母親肚裡的小孩，並傷害、閹掉父母。在戲局中，當這個「小孩」受到懲罰時所呈現的憤怒與焦慮反應，顯示出在莉塔的心中，有兩個部分正同時操演著：一是施加懲處的權威，另一是承受懲罰的小孩。

在這個遊戲中，願望實現僅顯現在，這隻大象曾成功地阻止「小孩」爬起來。在此僅有兩位「主角」：代表本我的娃娃，以及

201-2 當喬治長得愈大，這個抽離現實的狀況變得愈來愈明顯，他完全陷入自己的幻想之中。

象徵超我的阻礙者大象。願望實現就在本我遭到超我擊敗的過程中呈現，這個願望實現與兩個角色的分派是相互依存的，因為這場戲局代表了超我與本我之間的爭戰，而這在嚴重精神官能症的情形裡，幾乎完全主導了心智的發展。在厄娜的遊戲中，我們也見識到同樣的擬人化情形，完全受強勢的超我主導，沒有任何助益性的意像存在。相對於厄娜的戲局中願望實現完全由超我主宰的情形，在喬治的遊戲裡，它卻主要透過本我對超我的挑戰（藉由抽離現實）而形成，但在莉塔的例子中，它則是從本我遭到超我的擊敗中獲得展現。超我那不易維繫的優越地位能維持得如此長久，實是拜分析工作之賜。超我的過分嚴厲一開始阻卻了所有的幻想，直到其嚴厲性慢慢消褪之後，莉塔才開始玩以上描述的那些幻想遊戲。相較於之前遊戲完全受到抑制的時期，這已算是一種進步，因為現在超我已不再用一種無理而蠻橫的方式動不動就威嚇，而只是試圖用威脅來阻撓不被允許的行動。超我與本我之間關係的失和，讓有力的本能潛抑有了施展的空間；此本能潛抑耗盡了主體的所有能量，是成人嚴重強迫式精神官能症的典型特徵。[202-1]

現在再讓我們來看看另一個源自較輕微強迫式精神官能階段 203
的遊戲。在莉塔稍後的分析治療裡（當她滿三歲之後），出現了一個「旅行遊戲」，這個遊戲在整個分析過程中幾乎不曾缺席過，其形式是這樣的：莉塔和她的玩具熊（象徵陰莖）搭著火車，去與一位好心的女士見面，這位女士除了會逗他們高興外，還送他們

202-1　莉塔所承受的強迫式精神官能症狀，以她的年齡來說是相當罕見的。其主要的特徵除了有一個複雜的睡前儀式外，還有一些嚴重的強迫症狀。從我的經驗，當小孩患有這種與成人強迫式精神官能症類似的病症時，是非常嚴重的。另一方面，在普遍的兒童精神官能症類別裡出現的幾個強迫症狀，我認為是相當正常的現象。

禮物。在分析治療的初始階段出現沒多久，這個歡樂的結局通常立即被搞砸。莉塔想要自己駕駛火車，所以希望把司機趕走，然而，那位火車司機不是嚴辭拒絕，就是在離開後又折返回來嚇唬她。有時候也會出現一個壞女人來阻撓旅途的進行，或者是最後他們會發現原來遇上的其實不是個好女人，而是個壞女人。這個遊戲（受阻情形較一般嚴重）與前述例子中願望實現的歧異非常明顯。在此遊戲裡，原慾的滿足是正向的，而且施虐傾向所扮演的角色，並不若在前述病例中重要。如同喬治的例子，這裡頭的「角色」主要有三個：一是自我或是本我，二是扮演助益者的角色，最後是象徵威嚇者或引發挫折者的角色。

如此產生的助益者角色，大多具有一種極端奇幻的形態，如同喬治的例子中所顯現的一般。在某個四歲半男孩的分析治療中，有位「好媽媽」經常在晚上出現，而且還會帶好吃的東西來和他一起享用。此食物代表父親的陰莖，是她悄悄偷來的。而在另一次的分析治療裡，這位好媽媽用一隻魔杖治癒小男孩的父母對他施暴所留下的一切傷痕。然後她和他同心協力，一起用某種殘忍的方式殺害那對粗暴的父母。

我後來漸漸發現，這類意像的運作模式，不管在幻想中特質是好或壞，其實是成人與兒童都會普遍運用的機制。[203-1] 這些角色代表了介於嚴重脫離現實的恐怖超我、與幾乎貼近現實的認同之間的過渡階段。這些過渡性角色逐漸演化為母性或父性助益者（又更接近現實）的過程，可能會在遊戲分析中持續地出現，對我而言，它在我們對超我塑成的認識上相當具有啟示性。根據我的

203-1 曾有一個病例異想天開地相信，有位天神為了摧毀敵人與其國家，會對種種殘暴的罪行助以一臂之力（例如在最近的戰爭中所發生的）。

經驗，在伊底帕斯衝突的初始階段及超我剛開始形成時，超我十足的暴虐姿態，完全是前性器發展期的翻版，此時該階段正方興未艾。性慾情結的影響已經逐漸顯現，但一開始並不易察覺。超
我能否朝性器特質進一步演進，最終端視強勢的口腔固著是否已 204
以吸吮或咬嚼的形式出現。**與性慾及超我有關的性器期，其崇高地位之維持，需要對口腔吸吮階段有夠強的固著。**緊接著前性慾情結階段之後，超我與原慾發展朝性慾情結階段前進的腳步愈大，幻想式的願望實現認同（源自提供口腔滿足的母親形象[204-1]）與真實父母角色的貼近程度便愈高。

由此早期自我發展階段中獲得確立的意像，儘管基本上是奠基於真實的伊底帕斯客體之上，卻仍帶有前性慾情結本能衝動的標籤。一些吞咬、切剁與超能力等幻想意像，以及充斥其中的種種前性慾情結衝動雜象之所以會產生，早期階段絕對責無旁貸。隨著原慾的演變，那些意像在原慾固著點的影響之下轉而被內攝。然而，整體存在的超我，是由不同發展階段中獲得的各式認同所組成的。當潛伏期開始，超我與原慾的發展同時告一段落。[204-2]在建立的過程中，自我發揮了它的合成（synthesis）傾向，努力地將這些形形色色的認同湊合成一體。而當其中那些意像之間的對比愈鮮明，整合的結果愈不理想，維持的困難度也就愈高。這些極端對立的意像所產生的超強影響、對於和善角色的強烈需

204-1　我在我的前兩篇論文中曾主張，不論性別，兒童不再把母親當作口腔愛戀客體看待的反應，乃是因為她引發了口腔挫折感的緣故。而這個令人挫敗連連的母親形象一直在孩子的心中揮之不去，令他們害怕。於此我想引述雷多（1928）的研究成果，他對母親意像分裂成一好一壞的原因抱持同樣的見解，且將之引為他個人推論憂鬱症迸發之因的根據。

204-2　關於我對超我形成問題的探討，費尼秋（Fenichel）所做的評論（1928, p.596）並不正確；他假定我認為超我發展終止於兩歲或三歲，而我只不過在文中提到，超我的形成與原慾發展結束的時間是相同的。

求，以及結盟關係一夕之間化友為敵的快速程度（這也是為何遊戲中的願望實現時常崩潰的原因）——以上種種均顯示出，整合各種認同的過程並未成功。失敗的成果呈現為愛恨交織的態度、焦
205 慮傾向、缺乏穩定性或易於放棄，以及與現實世界關係不佳等等，這些都是精神官能症病童的典型特徵。[205-1]隨著主體瞭解到超我乃由對比強烈的意像所組成時的痛苦體驗，對於整合超我的需要逐步上升。[205-2]當潛伏期開始，且對現實的需求增加，自我甚至會更加努力地促成超我的整成作用，冀望藉此清算超我、本我與現實之間的關係。

我曾提出一項結論，說明超我分裂為原初認同（primal identifications），並在不同的成長階段中被內攝的現象，其實是一種與投射類似且相關聯的機制模式。我相信，這些機制（分裂與投射）即是遊戲中擬人化傾向的主要因素，透過它們，勉強維持的超我整合才能暫且放棄，且力促超我與本我之間休戰的緊張也才得以降低。內在精神的衝突因而變得較為和緩，也終於可以被移轉至外在世界。當自我發現這樣的向外轉移，證實了精神的發展過程中雖充滿焦慮與罪疚感，卻也能順利找到出路，使焦慮大量減輕，那麼由此獲得的喜悅感便自然增加許多。

我已經提過，兒童面對現實的態度，很自然地會在遊戲中展現出來。而至目前為止，我們一直視擬人化為判定心理狀況的標準，現在我想再更清楚地說明，面對現實的態度如何與願望實現

205-1 分析工作進行得愈深入，威嚇角色的影響力就變得愈小，願望實現角色在遊戲中顯現的強度與持久度亦較高；同時，想要玩遊戲的慾念與戲局結尾的滿意度也成比例的成長。悲觀成分減少，樂觀成分增加。

205-2 對於雙親的形象，兒童經常擁有一套自己的分類法，從嚇人的「巨人媽咪」、「會把人壓爛的媽咪」，到仁慈得不得了的「好媽咪」都有。我也曾碰過「中等媽咪」或「四分之三媽咪」，象徵某種介於其他極端類別之間的妥協形象。

及擬人化的因素產生關聯。

在厄娜的分析過程中，曾經有很長一段時間無法建立與現實的關係。在現實生活中可愛慈祥的母親，與遊戲中那個以奇異怪誕的迫害羞辱手段對待小孩的「她」之間，似乎存在著一道無法跨越的鴻溝。然而，當分析工作進行至偏執特質開始顯明的階段時，許多以怪異扭曲的形式反映真實母親的細節逐漸浮現。在此同時，孩子對現實的態度也逐一浮現，但事實上都已經經過強烈的歪曲。厄娜運用她的敏銳觀察力，將身邊發生的所有事情鉅細 206
靡遺地記下，再以一種非真實的方式將這些細節放入她的被害與被偵察系統內。例如，她相信父母親之間的性交行為（她想像那是只要他們單獨相處就會進行的事）以及他們倆對彼此的關愛動作，都是因為她母親想激起她（厄娜）的嫉妒而起；她假設母親的一切歡愉來源以及每個人的快樂原因都是源自於此。特別是女人，她們穿著漂亮衣服，就是要讓她不舒服等等。不過她也意識到自己的這些想法有些特異，因此必須小心保密。

如我說過的，喬治的遊戲中表現出的疏離現實行為是很值得探討的，厄娜的遊戲也一樣。在分析治療開始的第一階段，當嚇阻性與懲罰性的意像不斷增強時，竟幾乎看不出它們與現實的關係。若現在我們以莉塔第二階段的分析中出現的關係來看，我們或許會將之當作是典型的精神官能病童症狀，包括那些年紀大於莉塔的病童在內。在她此一階段的遊戲裡，異於一般妄想病童之處在於：她呈現出認識現實的態度傾向，雖然僅限於對那些她曾經歷過但從未克服的挫折感做出回應而已。

也許在此，我們可以用喬治遊戲中顯現的過度抽離現實狀況來做一比較。抽離現實讓他享有更大的幻想空間，因為此時這些幻想已遠離現實的關係，得以從罪疚感中解脫。在喬治的分析治療中，每當他向適應現實跨前一步，大量的焦慮與更強烈的幻想潛抑就獲得釋放。潛抑轉而被移除、幻想獲得解放及變得更接近現實等等，這對分析治療[206-1]來說，實是一大進展。

在患有精神官能症的病童身上，會出現一種「妥協」的情況：僅有極少數的現實獲得肯定，其餘的則仍處於被否定之列。除此之外，還有因罪疚感而產生對自慰幻想的過度潛抑，其後果即為我們常在精神官能病童身上看到的遊戲與學習抑制。他們用
207 以自我掩護的強迫式症狀（首先出現在遊戲中），反映出過度抑制幻想以及與現實的不健全關係之間的妥協結果，因此僅能提供極其有限的滿足形式。

正常兒童的遊戲，則顯示出幻想與現實之間有較佳平衡。

現在我將對不同類型病童在遊戲裡顯現出面對現實的態度，略做一番歸結。患有妄想癡呆（paraphrenia）的兒童，其幻想潛抑與抽離現實的情形最為嚴重。至於妄想症兒童與現實的關係，則聽命於活躍的幻想，兩者之間的平衡取決於**非真實性**。精神官能症兒童呈現在他們遊戲中的經驗，都嚴重地充斥著他們對懲罰的渴求與對不幸結局的恐懼。相對地，正常的兒童能以較佳的方式來處理現實的問題，他們的遊戲顯示出他們擁有較強的力量去影響現實，並活在與幻想和諧共處的現實裡。更有甚者，他們較能承受無法改變的真實局勢，因為較為自由的幻想提供了他們避難的空間，而且在面對以自我協調形式（ego-syntonic form，指遊戲

206-1　這類的進步也會促使昇華能力產生可觀的提昇。幻想從罪疚感中解脫以後，現在終於得以昇華成一種更符合現實的形態。在提昇昇華能力方面，如此的兒童分析治療結果，可以說比成人分析的效果更卓著。即使在很小的孩子身上，我們也可持續地看到，當罪疚感被移除後，不但新的昇華作用馬上顯現，舊有的昇華能力也會更加鞏固。

與其他昇華方式）呈現的自慰幻想時，他們也能夠進行較全面的宣洩，因而有更多獲得滿足的機會。

現在再讓我們來看看，現實態度與擬人化及願望實現過程之間的關係。在正常兒童的遊戲裡，後者證實對於在性器層次上的認同，具有較強烈持久的影響。隨著意像趨近現實客體的程度增加，良好的現實關係（正常人的特徵）便較為突顯。那些帶有混亂或轉移現實關係特質的疾病（精神病與嚴重的強迫性精神官能症），通常在其中的願望實現都是負面的，而且於遊戲中呈現的角色類型亦極端殘忍。我曾經試著藉由這些實例來說明，此時的超我雖然處於初階的形塑階段，卻已不斷向上攀升。而我更做出下列的結論：被投射於自我發展最初階段的可怕超我，其肆無忌憚的遽然攀升是導致精神問題的基本因素。

在本文中，我已詳細地探討擬人化機制於兒童遊戲中的重要功能。現在我必須點出此一機制在成人心理生活中的重要性。我已經說過，此機制是一具有重大、普遍意義的現象之基礎，同時亦為兒童及成人分析工作中移情研究的重點。假如一個孩子的幻想夠自由的話，他將在遊戲分析中把最紛雜矛盾的角色分派給分析師。例如，他會要我負責本我的部分，因為在此投射性的角色
裡，他的幻想才能在毋須引發太多焦慮下便找到宣洩的出口。緣 208
此之故，在認定我是那位帶父親陰莖給他的「好媽媽」之下，小男孩吉羅德不斷要我扮演一個趁深夜偷偷潛入母獅籠裡的男孩，除了攻擊牠外，還搶走幼獅、把牠們通通殺死吃掉。而他自己又成為那頭母獅子，在發現我的惡行後，用最殘忍的手段把我殺害。這些角色配合分析情境與潛伏焦慮的多寡，不斷地交替出現。例如在稍後的時期裡，男童自己擔任那個潛入獅子籠裡的惡

棍，而我則變成了那頭凶殘的母獅。但那些獅子很快就被換成一個好心媽媽，這個角色也是由我來扮演。此時小男孩已經能夠自己代表本我（這表示他與現實的關係已經有所進展），因為他的焦慮已經多少有所減弱，這一點可從好心媽媽的出現看出。

因此我們看到，藉由分裂與投射的機制，衝突因而減退或移至外在世界，這不僅是移情的主要刺激之一，也是分析工作的推動力。甚至我們可以說，更強大的幻想活動與更豐富正面的擬人化能力，就是促使移情能力增強的必要條件。的確，妄想症患者擁有豐富的幻想生活，但其在超我結構中，是由殘忍、焦慮所引發的認同所掌控，這個事實使得他發明的每個角色都負面得不得了，而且都離不開迫害者或被害者等僵化的角色範疇。就精神分裂症而言，基於投射機制的不良運作，擬人化與移情能力都無法施展，而這又會影響到患者建構或維持面對現實與外在世界關係之能力。

根據移情乃建立於人物表徵（character-representation）機制的結論，在技巧上我有一點小心得。我已經提過，從「敵」到「友」、「壞」媽媽到「好」媽媽的轉變經常非常迅速。在涉及擬人化的戲局中，這類轉變往往在經過詮釋、眾多焦慮獲得釋放後隨即出現。然而，當分析師應遊戲情境之需而擔任那些敵對的角色，並將之納入分析時，焦慮引發之意像的發展會持續地傾向於向逼近現實的較友善的認同靠攏。換句話說：分析工作的主要目
209 的之一——漸進地改善超我的嚴厲性——已藉由分析師應分析情境之需而扮演分派角色的過程而達到。此一論述，只不過是表達了我們所知成人分析中的一項要件，也就是說，分析師應該謹守媒介者的本分，好讓相關的不同意像能夠被激化，讓各種幻想突破重圍，進而成為可分析的客體。當孩子在遊戲中直接指派某些角

色給分析師，分析師的任務便顯而易見。分析師當然要擔任這些角色，或者至少做個樣子，[209-1]否則會打斷分析工作的進行。不過，只有在某些兒童分析的階段，我們才會以這種開放的方式做擬人化的練習，而且得視情況而定。更常見的是，不管是在兒童或成人的分析當中，我們必須從分析情境與素材中，對於那些分派給我們的敵對角色細節進行推論，這些都會經由病人的負向移情透露出來。我發現某些適用於開放型擬人化的論點，對於移情背後較為掩藏的隱藏型擬人化亦不可或缺。對一個期待深入至最早的焦慮所引發的意像、以從超我嚴厲性的根源下手的分析師而言，必須對任何特殊角色均無所好惡；分析情境裡出現什麼，就得接受。

最後，我想針對治療法說幾句話。在本文裡我試圖說明，最嚴厲與最具壓迫性的焦慮乃從早期自我發展階段中內攝的超我而來，此一早生的超我，是引發精神病的基本因素。

我的經驗讓我深信，藉由遊戲技巧的協助，分析不同年紀孩童的早期超我形成階段是可能的。針對這些層次所進行的分析，減輕了最強烈難耐的焦慮症狀，因而開啟了源自口腔吸吮階段的友善意像的發展之道，以性器為主的性特質之達成和超我的形成，亦隨之而來。由此，我們才可看到診療[209-2]與治癒兒童精神病症的光明前途。

209-1　當孩子們要求我扮演一些太過困難或太惹人厭的角色時，我會順著他們的意思，說我正「假裝那樣做」。

209-2　只有在最極端的情況下，兒童的精神病才會呈現出與成人精神病相同的特徵。在較不嚴重的病例中，通常僅在長期的探索分析之後才會顯現這種特徵。

第十一章　反映在藝術作品與創作衝動中的嬰兒期焦慮情境（1929）

我第一個主題是一件非常有趣的心理學素材，隱含在拉威爾 210
（Ravel）的一齣歌劇當中，這齣戲目前正在維也納重新上演。關於戲劇內容的說明，我幾乎逐字引用艾德瓦・賈柯伯（Eduard Jakob）刊載於《柏林日報》（*Berliner Tageblatt*）的劇評。

一個六歲孩子坐著，面前擺著他的家庭作業，但他絲毫沒有動筆。他啃著筆桿，顯露出懶惰的最終階段——從無聊（ennui）變成煩悶（cafard）。「不想做這些愚蠢的功課啦，」他用女高音的甜美嗓音大叫，「想要去公園散步！我最想做的是吃掉全世界所有的蛋糕，扯貓尾巴，或者是拔光鸚鵡身上的羽毛！我想罵每一個人！最重要的，我想把媽媽丟進角落裡去！」門開了。舞台上每一件道具都顯得非常大——為了強調這孩子的渺小——因此關於他母親，我們所能看見的只有一條裙子、一件圍裙和一隻手而已。一根手指伸了出來，一個充滿柔情的聲音問這孩子究竟寫完功課沒有。他造反似地在椅子上動來動去，向他媽媽吐了吐舌頭。她走開，我們只能聽到裙子沙沙作響，以及她說的一句話：「你會吃到很乾很乾的麵包，茶也不會加糖！」孩子勃然大怒，他跳上跳下，打鼓似地撞擊著地板，又將桌上的茶壺和杯子掃到地板上，裂成數千個碎片。他爬到窗邊的位子上，把籠子打開，試圖用他的筆去戳裡頭的松鼠，松鼠從打開的窗戶逃走。小孩從窗戶跳下來，抓住貓咪。他大吼，揮舞著火鉗，非常生氣地撩撥著開放式壁爐裡燃燒的火焰，手腳並用地將水壺丟進房間裡。一團混雜著灰燼與蒸汽的煙霧竄了出來。他像使劍一樣揮舞著火鉗，開始把壁紙撕破。接著他把老爺鐘的鐘箱打開，拔出銅製鐘擺，又把墨水潑得整張桌子都是，習作簿和其他書本飛過空中。他喝采：「好哇！……」

遭受虐待的物品活了起來：一張扶手椅拒絕被他坐在上面，
211 也不讓靠枕繼續睡在它身上；桌子、椅子、長凳、沙發突然間舉起它們的手臂大叫：「滾開，骯髒小鬼！」老爺鐘因為胃痛得受不了，開始瘋狂地報時；茶壺傾身靠向茶杯，開始說起中文。每件事物都經歷了一場令人害怕的改變。小孩後退跌到牆邊，因為害怕與孤單而無助地發抖著。壁爐吐出許多火花，像一陣雨似地朝他飛去。他躲到家具後面，撕下的壁紙碎片又開始搖晃，並站了起來，排成許多牧羊人和綿羊的形狀。牧人的笛聲聽起來像是令人心碎的哀歌；壁紙裂縫將美麗的牧羊少年與少女分隔兩地，構成世界（結構）上的一道裂縫！但這令人傷心的故事旋即消失。一個小小的老人從一本書的封面下出現，就像從狗屋裡爬出來一樣，他的衣服是用阿拉伯數字製成的，而他的帽子就像是一個 π 符號。他拿著一把尺，喀啦喀啦地跳著迷你舞步。他是數學精靈，開始丈量、檢驗著小孩：公釐、公分、氣壓計、百萬兆——八加八是四十，三乘九等於二乘六。小孩昏倒了！

快不能呼吸了，他跑到房子附近的公園裡避難，但空氣中再度瀰漫著恐懼。昆蟲、青蛙（用三度和聲微弱地唱著哀歌）、一根受傷的樹幹，樹脂隨著一聲長長的低音音符流下，所有蜻蜓與小飛蟲全都攻擊著這個新來的人。貓頭鷹、貓和松鼠們成群出現，牠們爭執著由誰來咬這個孩子，從口角變成拳腳相向。一隻松鼠被咬傷，摔在地上，在孩子身邊哀號。他直覺地脫下圍巾，幫那隻小生物的腳掌包紮起來。這時動物之間出現了一陣很大的騷動，紛紛猶豫地聚集到後方。小孩輕輕叫了聲：「媽媽！」他終於回到有人能幫助他的世界裡，「當個乖小孩」。「他是一個好小孩，行為乖巧的好小孩。」動物們非常認真地唱起一首緩慢的進行曲——本劇終曲——然後離開舞台，有些小動物還無法克制自己地叫著「媽媽」。

現在我將更仔細地檢視這孩子表達出摧毀快感的種種細節，它們似乎讓我想起嬰兒期早期情境。在我最近的一篇著作裡，我形容這樣的情境是男孩們精神官能症與正常發展的重要基礎。我談到他們想要攻擊母親的身體，還有在母親體內的父親陰莖。在籠子裡的松鼠和硬拔出來的老爺鐘鐘擺，都是陰莖在母親體內的清楚象徵。對男孩而言，將美麗的牧羊少年與少女分隔兩地的壁紙裂縫，構成了世界上的裂縫，這反映出父親陰莖的存在，以及
父母進行性交的事實。而那孩子使用什麼武器來攻擊連結在一起 212
的父母？灑得滿桌都是的墨水、扔進爐子裡而流光了水的水壺，以及因此溢出的一團團灰燼與蒸汽，這些都象徵著非常幼小的孩子所擁有的武器——用糞便把東西弄髒，作為他們破壞的手段。

把東西砸爛、撕毀，將火鉗當作寶劍，這些皆象徵了孩子在原初施虐特質下所使用的其他武器，像是他的牙齒、指甲、肌肉等等。

我在最近一次的會議上（Klein, 1928）和本學會的其他場合裡，曾經描述這種發展的早期階段，內容是關於孩子會用盡一切可用的武器來攻擊母親的身體。然而現在我可以為我稍早的言論做補充，並且更詳細地說明在亞伯拉罕所提出的性發展理論中，

此階段會在何時浮現。我的發現引領我做出以下結論：施虐特質在所有狀況下達到最高點的時刻，出現在肛門期早期之前；由於伊底帕斯傾向也在此發展階段中首次開始出現，此一事實使得施虐特質的高峰期具有特殊意義。換言之，伊底帕斯衝突是開始於施虐特質的鼎盛時期。我的看法是，超我的形成是緊跟著伊底帕斯傾向的出現而來，因此自我甚至在這個超我形成的早期階段，就開始受其支配與影響，這就解釋了為什麼這樣的支配有著如此巨大的影響力。因為當客體被內攝後，用盡所有施虐武器對這些內在客體所發動的攻擊，會引發個體強烈地擔心外在客體與內化客體也會用同樣強度攻擊自己。在此重提這些概念並請各位回想，是因為我可以將它們與佛洛伊德的概念加以連結：在《抑制、症狀與焦慮》(1926）中，佛洛伊德為我們提到一個最重要的新結論，亦即早期嬰兒焦慮情境或危險情境的假設。比起先前的立論，我認為新論點將分析工作置於一個定義更精確、更為紮實的基礎上，也為精神分析治療方法提供一個更明白的方向。但是在我的觀點裡，它也同時指出我們的分析工作有了新任務。佛洛伊德假設，在兒童發展歷程中，有一個嬰兒期危險情境會逐漸被修飾、減輕，這就是一系列焦慮情境會逐一運作並產生影響的源頭。這個目標說明了徹底的精神分析，必須要連結到佛洛伊德在〈孩童期精神官能症案例病史〉結論中的論述——徹底的精神分析
213 必須揭露出原初場景。這項晚近出現的分析需求只有在我目前提出的條件成立時，才會達到完整效果。如果分析師成功地發現了嬰兒期危險情境，設法找出解決之道，並在每一個個別案例中，一方面闡述各種焦慮情境與精神官能症狀的關聯，另一方面探討這些焦慮情境與自我發展之關係，如此一來，我認為分析師將能

更徹底地達成精神分析治療的主要目標：將精神官能症狀消除。因此對我而言，能夠提供闡釋並精確描述出嬰兒期危險情境的任何事，不僅在理論上具有重要意義，在治療觀點中亦深具價值。

佛洛伊德認為嬰兒期危險情境，最終可以簡而言之為「失去所愛（渴望）的人」。他認為在女孩身上，影響最嚴重的情況是失去客體；在男孩身上則是閹割焦慮。我的臨床工作證實，這兩類不同的危險情境可視為同一種更早期危險情境的變型。我發現男孩對於被父親閹割的懼怕，可以連結到一個我認為是所有危險情境中最早期的情況。如我先前所述，在心理上，對母親身體的攻擊出現在施虐階段的鼎盛期，這也隱含了要與母親體內的父親陰莖競爭。對父母兩人之間的連結關係所產生的猜測與質疑，賦予這種危險情境一種特殊的強度。根據已經發展出的早期施虐式超我，連結在一起的父母親是極為殘忍的，他們是非常令人懼怕的攻擊者。因此在發展過程中，與被父親閹割有關的焦慮情境，事實上是我所提到的最早期焦慮情境的一個變型。

我認為作為本文出發點的歌劇劇本，明白地呈現出在這種情況下所引起的焦慮。在討論劇本的過程中，我已經探討了其中一個階段——施虐攻擊階段——的部分細節。現在讓我們一同思考，當孩子開始放縱他的摧毀慾望之後，會發生什麼事。

報紙劇評一開始，作者提到舞台上所有道具都做得相當巨大，以凸顯劇中那孩子的渺小。但孩子的焦慮卻使得所有人事物在他眼裡看起來龐大無比——遠超過真實世界裡的尺寸差異。此外，我們在每個兒童的分析當中發現同一件事：所有用來象徵人類的事物，都是焦慮的客體。劇評人寫道：「遭受虐待的物品活了起來。」扶手椅、坐墊、桌子、椅子等物品攻擊男孩，拒絕被

他使用，並把他驅逐到家門外。我們在兒童分析中發現，像是床
214 鋪一類可以坐著或躺在上面的物品，經常成為能夠保護孩子、愛孩子的母親之象徵符號。被一條條撕開的壁紙，象徵著母親身體內部受了傷，而從書本封面裡走出來的小小數字老人，在此則是父親（以他的陰莖作為象徵），現在他成了法官角色，正要傳喚那名被焦慮沖昏頭的孩子，針對男孩對母親身體造成的損害及在母親體內進行的偷竊行為，好好算個總帳。當男孩逃進自然世界當中，我們可以看出這個環境如何扮演著被攻擊的母親角色；充滿敵意的動物們象徵了父親的繁殖，這些父親的複製品以及想像中在母親體內的小孩，都是他曾經攻擊過的。我們看到在房間裡發生的事，現在被複製到一個更寬廣的空間中，形成更大規模的事件，角色的數量也頓時倍增。這個被轉換到母親體內的世界，正充滿敵意地嚴陣以待，準備迫害他。

在個體發生學（ontogenetic）的發展當中，施虐特質會在個體進展到性器期之後被克服。性器期愈是明顯地出現，兒童愈能擁有客體愛，並且使他愈有能力用憐憫與同情來克服施虐特質。這個發展階段也出現在拉威爾的劇本中：當那名男孩憐憫受傷的松鼠並上前救牠時，原本充滿敵意的世界立刻變得友善。孩子學習到什麼是愛，並且相信愛。動物們結論道：「他是一個好小孩——行為乖巧的好小孩。」此劇本原作克萊特（Colette）對於心理學的深入洞察力，表現在孩子態度的細微改變上。當他開始照顧受傷的松鼠，他叫了聲：「媽媽。」圍繞在他身邊的動物們也重覆這句話。就是這個彌補性詞語成為這齣歌劇的劇名：《神奇的字眼》（*The Magic Word*〔*Das Zauberwort*〕）。但我們也從文本中，瞭解到是什麼因素引發了孩子的施虐衝動；他說：「我想去公園散

步！我最想要吃掉全世界所有的蛋糕！」但他母親威脅只給他不加糖的茶和乾掉的麵包。口腔挫折使得原本寵愛孩子的「好媽媽」變成了「壞媽媽」，因而引發了他的施虐衝動。

我想我們現在可以瞭解為什麼這個孩子無法安心做功課，而捲入這種令人難受的情境。這必然會發生，因為這個焦慮情境早已存在，他又從未克服過這種情境，這樣的壓力迫使他捲入其中。他的焦慮強化了強迫式重覆，被懲罰的需求所產生的強迫作用（已變得十分強大），目的是藉著接受真實懲處來保護他自己，這可以幫助他減輕在焦慮情境威脅之下所想像出的種種嚴重報復。我們已經相當熟悉這個事實，也就是兒童會頑皮是因為他們希望被懲罰，但最重要的應該是探究這種被懲罰的渴求，究竟是 215
哪一部分的焦慮所引起，以及這種立即的焦慮底層所蘊藏的概念內涵。

在女孩的發展中，我發現了最早期危險情境的相關焦慮，現在我將引用另一文學作品來做說明。

在一篇題為〈空洞〉（The Empty Space）的文章裡，卡倫・麥可利斯（Karin Michaelis）敘述了她的朋友——畫家露絲・克亞（Ruth Kjär）的發展過程。露絲・克亞擁有卓越的藝術感受，她特別將這樣的特長發揮在房子的擺設上，但卻看不見她有任何創作發表。美麗、富有、獨立的她將大部分人生花在旅遊上，而且每當她為房子花費許多心思與品味之後，她便會離家旅行。她有時會受到深度憂鬱發作的困擾，麥可利斯對此有以下形容：「她生命裡只有一塊黑暗的斑點。在她信手拈來、無憂無慮的幸福時刻，她卻會猛然墜入最深的愁緒，那是一種自我毀滅性的憂鬱。如果她試著描述這樣的情況，可能會為了藉詞達意而說道：『在我之內有一個空洞，我永遠也不可能填滿！』」

當露絲・克亞即將邁入禮堂，她看起來幸福無缺。但過了沒多久，愁緒又再次復發。在麥可利斯筆下：「那遭受詛咒的空洞再度變得更為空蕩。」我讓作者用她自己的話表述：「我是否曾告訴過你，她家像是一座現代藝術展覽館呢？她先生的兄長是當地最偉大的畫家之一，而她房裡許多牆上便懸掛著他最棒的畫作。但聖誕節前夕，這位大伯帶走其中一幅當初只是借給她的畫，因為那幅畫已被售出。這使得牆上留下了一塊空白，難以言喻地，彷彿就剛好和她心中的空洞一致。她被一種最深沉的哀傷狀態所淹沒。牆上的空白使她遺忘了她美麗的家、她的幸福、她的朋友們和所有的一切。當然，買一幅新畫是可能的，也即將會再買；人們必須要四處尋覓，才能恰好找到那幅正確的畫。

「牆上的空白對她俯視獰笑。

「在早餐桌上，夫妻兩人分坐兩端。露絲眼裡布滿灰心與絕望。然而忽然間，她的臉上綻出一抹微笑：『告訴你喔，我要自己試著在牆上做個小小的塗鴉，直到我們買到新畫為止！』『去做吧，親愛的。』她丈夫說。可以確定的是，無論她塗鴉的成果如何，都不可能比現在的空白更加怪異與醜陋。

216 「她先生幾乎都還沒步出飯廳，她就興高采烈地打電話到美術行，訂購她大伯常用的顏料、畫筆、調色盤以及其他所有『用具』，要他們立刻送來。她對於如何開始毫無頭緒，也從來沒有把顏料從軟管裡擠出來的經驗，更別說在畫布上塗刷底色，或是用調色盤混合色彩。當一切就緒的時刻，她站在空白牆壁前，握住一隻黑色粉筆，依著當下的靈感開始隨意地描邊。她需要開著車瘋狂地衝到她大伯那裡，問他是如何作畫的嗎？不，她死也不想這麼做！

「傍晚時分，先生回家了，她奔上前迎接，眼中閃爍著興奮的光彩。在這之前，她不是快病得奄奄一息了嗎？她拉著他說：『來了你就會知道！』而他看見了，他幾乎無法移開視線，他難以接受，也不能夠相信眼前所見。露絲奄奄一息地疲勞倒向沙發：『你覺得這真的有可能發生嗎？』

「當晚他們請了她的大伯前來。露絲如同即將接受鑑賞家的品評一般，一顆心怦怦地跳著。但那位藝術家卻立刻大聲嚷著：『妳該不會天真地以為妳能唬過我，說這是妳畫的吧！這真是個該死的謊言！這幅畫一定是一個年長而有經驗的藝術家畫的。那傢伙到底是誰？我不認識他！』

「露絲無法使他信服。他認為他們在嘲弄他，臨走時還撂下一句話：『如果那是妳畫的，我明天就會上皇家禮拜堂指揮一首貝多芬交響曲，而我連一個音符也看不懂！』

「當天夜裡露絲睡不太著。牆上的畫已經完成，千真萬確——這不是一個夢。但這是怎麼發生的？接下來會如何？

「她在燃燒，被內心灼熱的情感所吞噬。她必須向自己證明那神聖的感受，那種她曾經歷過但卻無法言說的幸福感未來還會再出現。」

麥可利斯對於我為牆上留白所涉及焦慮的一部分詮釋有著先見之明，她說道：「牆上留下了一塊空白，難以言喻地，彷彿就剛好和她心中的空洞一致。」那麼，露絲心裡的空洞究竟具有什麼意義？甚至說得更明確一點，她體內那種缺乏了某些東西的感覺，究竟代表著什麼意義？

這令人想起我在上述的一篇論文（1928）中，已經提到一些 217

與此種焦慮有關的想法，我描述這是女孩們所經歷到最嚴重的一種焦慮，它等同於男孩身上的閹割焦慮。小女孩會有一種源於伊底帕斯衝突初期的施虐慾望，想去掠奪母親體內所擁有的一切，也就是小孩、糞便與父親的陰莖，同時讓她想要摧毀母親本身。這種慾望引起了焦慮，小女孩唯恐母親反過來搶走自己身體裡頭的一切（特別是搶走小孩），並擔心自己的身體會被摧毀殆盡或殘缺不全。我在分析女孩與成年女性的過程中，發現了在所有焦慮之中最深刻的一種，在我的觀點裡，這種焦慮象徵小女孩最早期的危險情境。我因此瞭解，對於孤零零一個人的恐懼、害怕失去愛與失去愛的客體，這些佛洛伊德認為女孩身上的基本嬰兒期危險情境，事實上是我先前所描述的焦慮情境之變型。當小女孩害怕母親的侵犯攻擊自己的身體，而失去了看見母親的能力時，其焦慮會更加強烈。一個真實、慈愛的母親，會削弱孩子對心中所內攝恐怖母親形象的畏懼。在後來的發展階段中，小女孩的幻想內容會有所改變，原本害怕媽媽會攻擊她，後來卻深怕那位真實而慈愛的母親可能會不見，留下女孩孤單單地被人遺忘。

思考露絲．克亞從第一幅作品開始究竟畫了些什麼，可以幫助我們探索這些概念的解釋。她的第一幅畫是用一個真人尺寸的裸體黑女人來填補牆上的空白處。除了一幅花卉畫以外，她的創作侷限於肖像畫，她曾兩度畫下前來暫住、擺姿勢供她繪畫的妹妹；進一步地，她開始畫一位老女人和她母親的肖像。麥可利斯對最後兩幅畫有以下描述：「現在露絲停不下來了。她的下一幅畫描繪著一位老女人，臉上帶有歲月與理想破滅的痕跡，她的皮膚滿布皺紋，頭髮斑白，一雙溫和而疲倦的雙眼流露著不安。在露絲眼前，她用老年人慘然沮喪的目光凝視著她，眼神彷彿在說：『我的來日無多，別再為我費心了！』

「我們從露絲最新的作品——她那愛爾蘭裔加拿大籍母親的肖像——得到的印象則有所不同。這位女士曾逼迫她很長一段時間，致使她後來忍痛斷絕母女關係。這名女士纖瘦、傲慢而跋扈，她站立著，月光色的披巾垂掛在肩，她給人一種原始時代女性美麗而強壯的印象，彷彿每天都會赤手空拳與荒野裡的孩子搏鬥。那下巴看起來多麼不屑一顧！那傲慢的眼神看起來多麼有力量！

「空缺的地方已經填補了。」

很明顯地，那種想要修復，想要彌補心理上對母親的損傷並 218
使自己復原的慾望，是致使她急切地想為親人們作畫的起因。而那位瀕死的老女人，彷彿是原初、施虐式摧毀慾望的具體表現。女兒希望摧毀母親，看著母親變老、衰敗、損毀，這卻也是她需要將母親畫得擁有完整力量而美麗的原因。女兒可以藉此減輕自己的焦慮，靠著畫出肖像盡力修補，呈現出母親毫髮無傷的模樣。在兒童分析中，當孩子們的摧毀慾望藉由表達反動傾向而完成時，我們一再發現他們會使用隨手畫和繪畫意圖把人們修復。露絲．克亞的例子，完全呈現出小女孩的焦慮是女性自我發展中的重要一環，是激勵女性追求成就的動機。但是另一方面，這種焦慮可能會造成嚴重疾病與種種抑制。男孩對閹割的畏懼也是一樣，其焦慮對於自我發展所造成的影響，取決於個體是否能在各種不同因素的交互作用當中，還能保持某種最佳狀態，並維持令人滿意的平衡。

第十二章　象徵形成在自我發展中的重要性（1930）

我在本篇的論點是根據這樣的假設：在心智發展的早期階 219
段，施虐活躍於各種原慾愉悅之來源。[219-1]在我的經驗中，施虐在這個階段達到高峰，此階段由想要吞噬母親乳房（或是母親本身）的口腔施虐慾望引領進入，隨著肛門期早期的到來而結束。在我所說的這個階段中，個體的主要目標是要擁有母親身體的內容物，在施虐衝動的支配下無所不用其極地摧毀她；同時，伊底帕斯衝突也在這個階段開始了，性器的傾向此時開始發生影響，但還不明顯，因為前性器期的衝動仍然主導著。我全部的論點依據是，伊底帕斯衝突開始於施虐主導的階段。

小孩期待在母親體內找到：（一）父親的陰莖、（二）排泄物、（三）小孩們，而且視這些等同於可以吃的物質。根據兒童最早期對於父母交媾的幻想（或「性的理論」），父親的陰莖（或是他的整個身體）在性交動作中與母親結合在一起了，於是小孩的施虐攻擊是以雙親為目標，他們在幻想中被啃咬、撕碎、切割或搗碎成碎片，這攻擊帶來了焦慮，害怕他會受到聯合雙親（united parents）的處罰，而且因為口腔施虐內攝了客體，導致這種焦慮也被內化，於是指向了早期的超我。我已經發現這些心智發展之早期階段的焦慮情境是最為深遠而勢不可擋的。我的經驗

219-1　比較我的〈伊底帕斯衝突的早期階段〉（1928）。

告訴我在幻想中對母親身體的攻擊，有相當一部分是藉由尿道與肛門施虐而運作的，並很快地加入了口腔與肌肉的施虐。在幻想
220 中，排泄物被轉變成危險的武器：尿床被視為切割、戳刺、燒灼、淹溺，而糞便則被視同武器與飛彈。我已經描述過，在稍後的階段中，這些暴力的攻擊方式減少了，取而代之的是藉由一些施虐所設計的精緻方法進行隱藏的攻擊，排泄物便等同於有毒的物質。

過度的施虐引起了焦慮，並啟動了自我最早的防衛方式，佛洛伊德（1926a, p. 164）寫道：「很可能是如下的情況：在清楚分裂為自我與本我以及在形成超我之前，精神裝置運用的防衛方法與已經達到這些組織階段時所運用的方法是不同的。」根據我在分析中所發現的，自我所建立的最初防衛和危險的兩個來源有關：個體本身的施虐以及被攻擊的客體。這種防衛——遵從施虐的程度——具有暴力的特質，和日後的潛抑機制有根本上的不同。在關於個體本身的施虐方面，防衛意指排除（expulsion）；而在關於客體的方面，則意指破壞。施虐成為危險的來源，因為它提供了解放焦慮的機會，也因為個體認為被用來摧毀客體的武器也會朝向自己所致。受到攻擊的客體成為危險的來源，是因為個體害怕來自於客體類似的報復性攻擊。於是，完全未發展的自我在此階段面臨了一個超過其所能負荷的工作——駕馭最嚴重的焦慮。

費倫齊主張認同—象徵的前驅來自於嬰兒努力從每個客體中再次發現自己的器官及其功能；在鍾斯看來，享樂原則讓兩件非常不同的事情可能變成相等的，因為它們都有愉悅和興趣的類似特質。數年前，我根據這些概念寫了一篇論文，我獲得的結論是：象徵是所有昇華以及每一種才能的基礎，因為事物、活動與興

趣是藉由象徵等同（symbolic equation）而成為原慾幻想的對象。

現在我要補充以前所說的（1923a），伴隨著原慾興趣，在我所描述過的那個階段所發生的焦慮，啟動了認同的機制。由於兒童渴望摧毀一些代表客體的器官（陰莖、陰道、乳房），因此他對此客體懷有畏懼，這種焦慮促使他將這些被關注的器官等同於其他的事物。由於這樣的等同，這些事物接著也成為帶來焦慮的客體，因此他被迫不斷去製造其他新的等同，這便形成了他對新客體產生興趣以及象徵的基礎。

於是，象徵不只是所有幻想與昇華的基礎，更甚於此，它也 221
是個體與外在世界以及廣泛現實之關係的基礎。我曾指出施虐在其高峰時所指向的客體，以及與施虐同時發生的知識渴望所指向的客體，是母親的身體及被幻想擁有的內容物。指向她身體內部的施虐幻想，構成了與外在世界以及現實之最初與根本的關係，他接下來能夠獲得外在世界與現實相符的程度，取決於個體度過這個階段的成功程度。我們知道兒童最早期的現實是全然屬於幻想的，他被焦慮的客體圍繞著，在這方面，排泄物、器官、物體、有生命與無生命的東西，開始與另一物體發生等同關係。隨著自我發展，與現實的真實關係逐漸從這種不真實的現實裡被建立起來。於是，發展自我以及與現實的關係，有賴於自我在最早期階段忍受初期焦慮情境之壓力的能力。而且，如往常一般，這涉及了各種相關因素之間是否能達到最佳平衡。足夠分量的焦慮對於豐富的象徵形成與幻想來說是必要的基礎；如果要滿意地解決焦慮、順利地度過這個基本階段，以及自我的發展要成功的話，自我必須要具有忍受焦慮的適當能力。

我已經從一般的分析經驗中獲得了這些結論，並在一個案例裡獲得顯著的證實，在此案例中，自我發展受到不尋常的抑制。

我將要細述的這個案例是個四歲大的男孩，其語彙以及智能的貧乏大約介於十五到十八個月的程度。他幾乎完全缺乏對現實的適應以及與環境的情緒關係。迪克（Dick）大多數時間都是缺乏表情的，對於母親或保姆是否存在也表現出漠不關心。從一開始，他難得表現出焦慮，即使有也是不尋常的少量，除了一項特定的興趣之外——我將很快回到這點——他幾乎沒有任何興趣，他不玩，和環境沒有接觸。大部分時候他只是無意義地將一些聲音串連起來，不斷地重覆某些噪音。當他說話時，多半是錯誤地使用那些貧乏的字彙。不過，他不只是無法讓他人瞭解他：他壓根就不想這樣做。更且，迪克的母親經常可以從他身上清楚感覺到
222 一種強烈的負向態度，表現在他常常做出唱反調的事情上。例如，如果她順利地讓迪克跟著她說了一些不同的字，他通常會完全改變它們，雖然在其他時候他可以正確無誤地發音。此外，有時他會正確地重覆那些字，但是他會用一種持續不間斷、機械式的方重覆它們，直到周遭的每個人都對這些重覆感到厭煩；這兩種行為模式都不同於精神官能症兒童的行為模式。當他們用反抗的形式來表達對立的行為，以及表達順從時（即使伴隨了過度的焦慮），他知道這麼做的理由，也知道它與哪些人有關。但是，迪克的對立與順從既缺乏情感，也無法被理解。此外，當他傷害自己時，顯露了對疼痛極度的不敏感，並且感受不到任何需要被安撫與寵愛的渴望——這在幼童是普遍存在的。他在肢體上的笨拙也是很顯著的，無法握住刀子或剪刀。但是值得一提的是，他能夠相當正常地用湯匙吃飯。

他初次來訪時給我的印象是：他的行為和我們在精神官能症

兒童身上所觀察到的行為非常不一樣。他讓他的保姆離開而沒有表現出任何情緒，全然無所謂地跟隨我進入房間。在房間裡他漫無目的地來回跑著，有幾次他繞著我跑，就好像我是一個家具，不過他對室內的任何物體都沒有興趣。他來回跑的動作看來是缺乏協調的，他的眼神與表情則是固定不變的、疏遠的、缺乏興趣的。再一次與嚴重精神官能症兒童的行為做比較，我想到一些沒有真正焦慮發作的兒童，在他們第一次來看我時，會害羞而僵硬地退縮到一個角落，或是在有小玩具的桌前坐著不動，或者不玩玩具，拿起某個物件，然後只是把它再度放下。在所有這些行為模式裡，強烈的潛伏性焦慮是很明顯的，牆角和小桌子都是他逃避我的庇護所。然而，迪克的行為沒有意義與目的，也沒有任何連帶的情感或焦慮。

我現在要提供他的過去的某些細節，當他還在哺乳期時，經歷了一段極度不順利而混亂的時期，因為有好幾個禮拜，他的母親努力要餵他都徒勞無功，他幾乎死於飢餓，最終只好訴諸人工食品。最後，當他七週大的時候，為他找到了保姆，但是那時候他仍無法成功地吸吮母乳。他受苦於消化道不適、脫肛（prolapsus
ani），以及後來的痔瘡。也許他的發展受到一個事實的影響，即雖 223
然他擁有一切照顧，但是不曾被大量地給予真正的愛；從一開始他的母親對他的態度就過度焦慮。

另外，由於迪克的父親與保姆都沒有對他表現太多感情，因此他是在一個非常缺乏愛的環境下長大的。當他兩歲大時，有一個新的保姆，她能力好又相當溫柔。沒多久之後，他和祖母在一起一段很長的時間，祖母也很愛他。這些改變對迪克發展的影響是可以觀察到的；他在正常的年紀學會了走路，但是在訓練他控制排泄功能方面卻遭遇困難。在新保姆的影響之下，他較為容易地學習了衛生習慣。在大約三歲時，他已經可以控制自如了，而在這一點上，他實際上顯現了相當程度的企圖心與憂慮。另外一方面，他在四歲時表現出對於指責的敏感，保姆發現他自慰，告誡他那樣做很「調皮」，他不該做這樣的事。這樣的禁止顯然引起了憂慮以及罪疚感。此外，在四歲時，迪克大致上做了更多的努力來調適，不過主要都是關於外在的事物，特別是機械式地學習許多新的字彙。從最早期開始，他的進食就一直很不尋常地出現困難。有保姆時，他完全沒有任何想吸吮的意願，這樣的傾向持續著；再者，他也不吸奶瓶。當他該吃更多固體食物的時候，他拒絕去咬，並且排斥任何非糊狀的食物。即使如此，他幾乎仍被迫去接受。新保姆的另外一個好影響是迪克在進食意願上有些改善，不過，主要的困難還是持續著。[223-1]於是，雖然這位親切的保姆使他的發展在某些特定方面有所改變，根本的缺陷仍未被觸及。就如同其他人一樣，迪克無法和她建立情緒的接觸，因此不論是保姆或祖母的溫柔都無法矯正他在客體關係上的缺乏。

從迪克的分析中，我發現導致其發展上不尋常抑制的原因，是最早階段的那些失敗，這些階段是我在本篇論文開頭的段落所提到的。對迪克來說，在自我忍受焦慮的能力方面有一明顯的體質性缺陷，性器在很早的時期就已經開始扮演它的角色，導致了對被攻擊的客體發生過早及過分強調的認同，並促成了對施虐同樣過早的防衛。自我停止發展幻想生活以及建立與現實的關係，
224 在脆弱的開始之後，這個孩子的象徵形成就已經停滯不前了。早期的努力已經在一個興趣上留下了它們的印記，而這個興趣與現

223-1 在第一年的最後，她驚訝地發現這孩子是不正常的，這感覺也許影響了她對他的態度。

實是隔離且無關聯的，無法成為進一步昇華的基礎。這個孩子對周遭大部分的事物與玩具都不感興趣，甚至也不知道它們的目的與意義。不過，他對火車與車站感到興趣，還有門把、門以及開關門。

在這些事物與動作上的興趣有一個共同的來源：它事實上是與陰莖插入母親身體有關的，門與鎖代表了從她身體進出的方式，而門把則代表了父親與他自己的陰莖。因此，使得象徵形成停滯不前的，是對於在他插入母親身體之後將會受到（特別是被父親的陰莖）何種對待的恐懼。另外，他對其破壞衝動的防衛證實為他在發展上根本的阻礙，他完全無法有任何攻擊行為，而這樣的無能在最早期他拒絕咬食物的事件上就已經清楚顯示了。在四歲時，他無法握住剪刀、刀子或工具，動作相當笨拙。對於母親身體及其內容物之施虐衝動的防衛——這衝動與性交的幻想有關——導致了幻想的停止以及象徵形成的停滯。迪克接續的發展失敗，是因為他無法將他與母親身體的施虐關係帶入幻想中。

在分析中，我需要應付的特殊困難並不是迪克在言語能力的缺陷。在遊戲技術中，跟隨著兒童的象徵式表徵（symbolic representations），提供了與其焦慮與罪疚感連結的通路，我們可以在相當大的程度上免除語言的連結。不過，這項技術不限於對兒童遊戲的分析，我們的材料可以來自於（當兒童在遊戲上受到抑制的時候）其一般行為細節中所顯現的象徵。[224-1]但是，迪克的象徵尚未發展，有部分是因為他缺乏與周遭事物維持任何感情的關係，

224-1　這點只適用於分析的前序階段以及其他限定的部分，當達成與潛意識的接觸且焦慮的程度減弱時，遊戲—活動、語言—連結與所有其他的表徵方式開始出現，同時分析工作也促成了自我的發展。

他對這些事物是完全漠然無所謂的；實際上他沒有對特定的客體有特別的關係，這是我們在更嚴重受到抑制的兒童身上時常可見
225 的。由於在他心中和這些客體沒有任何感情的或是象徵性的關係存在，任何與他們有關的偶發行為都不帶有幻想的色彩，因此不可能認定他們具有象徵式表徵的特質。我在迪克相異於其他兒童之行為的某些特定點上所感受到的，他對環境缺乏興趣以及與他進行心智接觸的困難，都是受到他與事物缺乏象徵關係所影響。於是，分析必須開始於此——與他建立關係的根本障礙。

迪克第一次來看我的時候，如我之前說的，在保姆將他交給我的時候，他表現出若無其事的樣子。當我給他我所準備的玩具時，他看著它們，沒有絲毫的興趣。我放了一個大火車在一個較小的火車旁，叫它們「爹地—火車」和「迪克—火車」，他隨即拿起我叫「迪克」的火車，將它滑行到窗子那裡，說「車站」。我解釋說：「車站是媽咪，迪克就要進去媽咪裡頭了。」他留下火車，跑進內側與外側門之間的空間裡，把自己關起來，說著「黑黑」，然後又直接跑了出來。他如此表現了好幾次，我對他解釋說：「在媽咪裡面是黑黑的，迪克在黑黑的媽咪裡頭。」同時，他又拿起火車，但是很快地跑回兩扇門之間的空間中。當我正在說他就要進入黑黑的媽咪時，他用質疑的方式說了兩次：「奶媽？」我回答：「奶媽快來了。」他重覆這樣說著，之後相當正確地使用了這些字彙，在心中記住它們。下一次他來的時候，完全表現出同樣的行為，不過，這次他直接跑出房間，進入黑漆漆的入口門廊，將「迪克」火車放在那裡，並且堅持它要留在那裡。他重覆地問說：「奶媽來了嗎？」在第三次分析時他仍是同樣的表現，不一樣的是，除了跑進去兩道門之間的門廊裡，他也

跑到抽屜櫃後面，在那兒他陷入焦慮之中，首次叫我過去他那
裡。從他重覆叫喚保姆的方式，以及當時間到時，他以不尋常的
雀躍迎接她的樣子，看得出來此刻他有很明顯的擔憂。我們可以
看到和焦慮同時顯現的是依賴的感覺，起初是對我，然後是對保
姆，同時他開始對安撫的字詞「奶媽快來了」感到興趣。而且，
和他平常行為相反的是，他重覆且記住了這些字彙。不過，在第
三次分析中，他也是第一次帶著興趣注視那些玩具，在這樣的興
趣中有明顯的攻擊傾向。他指著一輛煤炭車說道：「割。」我給
他剪刀，他試圖去刮取小片的黑色木料來代表煤炭，但是他無法
握住剪刀。我回應他給我的一瞥，從小車上切割了幾片木料。他 226
隨即將受損的車子及其承載物丟到抽屜裡，說道：「沒了。」我
告訴他這代表迪克剛剛從母親身上切出了糞便。接著他跑進了兩
道門之間的空間裡，用他的指甲在門上稍微搔抓了一下，顯示出
他認為這個空間與小車子以及母親的身體是相同的，而後者正是
他在攻擊的。他馬上從兩道門之間的空間跑回來，找到儲藏櫃並
爬了進去。在下次分析剛開始的時候，他在保姆離開時哭了——對
他來說是不尋常的事，不過他很快就安靜下來了。這一次他避開
了兩道門之間的空間、儲藏櫃和角落，不過，他卻注意到玩具，
更仔細地檢視它們，並且顯露初現的好奇心。他這樣做的時候，
看見了上回他來的時候受損的小車子及其內容物，他立即推開它
們，並用其他的玩具把它們覆蓋住。在我解釋說那台受損的小車
子代表了他的母親之後，他再度將小車子及其內容物拿出來放在
兩道門之間的空間裡。隨著分析的進展，逐漸清楚的是從迪克將
它們丟出房間的行為上，他暗示了將受損的物（客）體及其本身
的施虐（或是施虐所運用的方法）排除，這些東西是藉由這種方

式被投射到外在世界裡。迪克也發現洗滌用的水槽象徵了母親的身體，他顯現了怕被弄濕的特別恐懼，焦慮地擦乾他的手和我的手，因為他不只弄濕了自己的手，也弄濕了我的。幾乎在同時間，他在解小便時也表現出同樣的焦慮。尿與糞便對他而言代表了有害與危險的物質。[226-1]

現在比較清楚的是，在迪克的幻想中，糞便、尿液與陰莖代表了用來攻擊母親身體的物體，因此也被認為是會傷害自己的一個來源。這些幻想促使他對母親身體的內容物感到恐懼，特別是父親的陰莖——在他的幻想中，它存在於母親體內。我們發現了這
227 個幻想中的陰莖與對它漸增的攻擊感具有多種形式，其中想要吃它、摧毀它的渴望是最為顯著的。例如，有一次迪克拿起一個男偶放到嘴裡，咬牙切齒地說「ㄊㄧ爹地」，代表的是「吃爹地」，然後他要求喝水。內攝父親的陰莖經證實為與對它的恐懼有關，就如同害怕原始的、造成傷害的超我，以及害怕受到母親被搶走的處罰，也就是對於外在的以及被內攝的客體之恐懼。在這點上，可以看到很明顯的事實——我已經提過，而且是他發展中的關鍵因素——那就是性器階段在迪克身上過早的活躍，這點顯現在以下的情境中：我剛提到的表徵，隨之而來的不只是焦慮，還有懊悔、遺憾，以及覺得他必須要償還的感覺。因此，他繼續將小男偶放在我的大腿上或是手中，把所有的東西放進抽屜裡等等。早期源於性器層次的反應運作是自我發展早熟的結果，而進一步的

226-1 此處我找到了對於迪克之特殊擔憂的解釋，迪克的母親在他大約五個月大及進入潛伏期以後，不時注意到他在大便或是小便的時候，表情是極度焦慮的；由於糞便並不硬，罹患脫肛與痔瘡的事實似乎不足以解釋他的擔憂，特別是他在小便時也表現出完全一樣的狀況。在分析的情境中，這種焦慮達到如此的程度——在長時間的猶豫之後，迪克才能告訴我他想要小便或大便，在在顯示了他的深度焦慮，且眼中含著淚水。在我們分析了這些焦慮之後，他對這些功能的態度變得不同了，現在幾乎是正常的。

自我發展卻受到它的抑制，這種早期對客體的認同還無法被帶入與現實的關係中。例如，當迪克看到一些鉛筆屑在我腿上的時候，他說：「可憐的克萊恩夫人。」但是，在一個類似的場合，他用一模一樣的方式說：「可憐的窗簾。」隨同他缺乏忍受焦慮的能力，這種過早的同理（empathy）成為阻擋他所有破壞衝動的關鍵因素。迪克將自己與現實割離，並且將其幻想生活帶入停滯狀態，藉此在幻想中那黑暗、空乏的母體中獲得庇護。因此他也將注意力從各種外在物（客）體抽離，這些物（客）體代表了母親身體的內容物——父親的陰莖、糞便、孩子們。他自己的陰莖——如同施虐的器官般——以及排泄物必須要被丟棄（或否認），因為它們是危險與具攻擊性的。

在迪克的分析中，藉由接觸他所顯露的幻想生活與象徵形成之雛形，我曾經有機會觸及他的潛意識，結果減弱了他的潛伏焦慮，因而有可能讓某種程度的焦慮表現出來。不過，這意味了藉由建立與事物的象徵關係，而使得處理（work-over）這種焦慮的工作可以開始，同時，其求知衝動與攻擊衝動也開始運作了。隨著每一個進展而來的是迪克釋放了更多的焦慮，並使他在某個程度上離開了一些他之前已經建立起感情關係的事物，它們因而成為焦慮的對象（客體）。當他離開這些客體時，他轉向了新的客 228
體，於是其攻擊與求知衝動被依序導向這些有感情的新關係上。因此，舉例來說，有時候迪克會全然避免接近儲藏櫃，但卻鉅細靡遺地檢視了水槽以及電暖爐，再次表現了他對這些客體的攻擊衝動。然後他將興趣從它們那裡轉移到新鮮的事物，或是再轉移到他已經熟悉而稍早曾經放棄的事物上。他再一次地專注在儲藏櫃上，不過這一次他對它的興趣伴隨了遠高於先前的活動量與好奇心，還有各種較強烈的攻擊傾向。他用湯匙敲打它，用刀子去刮它、砍它，用水潑它；他精力充沛地檢視門軸、它開與關的方式以及門鎖等等，他也爬進儲藏櫃裡，問各個部位的名稱。因此，當他的興趣發展起來的同時，他的字彙也增加了，因為他現在開始投入更多興趣，不僅是在事物本身，還有它們的名稱。他現在可以記得並且正確地應用之前他聽過而不理會的字彙了。

伴隨這種興趣的發展以及對我逐漸增強的移情，在此之前缺乏的客體關係已經出現了。這幾個月當中他對母親和保姆的態度變得親切而正常，現在他渴望她們的存在，想要她們注意他，而且在她們離開時會覺得痛苦；對他的父親也是一樣，他的關係所流露的正常伊底帕斯態度之跡象逐漸增加著，並且與一般客體有更了穩固的關係。迪克先前所缺少的想要讓自己被理解的渴望，現在變得很強烈，藉由他那仍舊貧乏而逐漸增加的字彙——他勤奮努力地擴充著，他試圖讓自己能被瞭解。另外，有許多跡象指出，他正開始建立與現實的關係。

到目前為止，我們已經進行了六個月的分析，而他的發展——這段期間裡，在所有根本的重點上已經開始發生——可以合理地推斷良好的預後。從這個案例衍生的幾個特殊問題已確認是可以解決的。我們有可能透過很少的話語來和他接觸，也能活化這個完全缺乏興趣與感情的孩子心中的焦慮。而且更進一步地，也有可能逐漸抒解與調節兒童所釋放的焦慮。我要強調的是，在迪克的案例上，我調整了我平常使用的技術；大略來說，我沒有詮釋素材，直到它們已經在各種表徵中表達出來為止。不過，在這個表徵能力幾乎完全闕如的案例中，我發現我必須根據我一般的知識
229 來做詮釋，而迪克行為中的表徵相對是模糊不明的。用這種方式

我找到了接觸其潛意識的途徑，並得以活化焦慮以及其他的情感。表徵於是變得更加充分，而我則很快地獲得了更堅實的基礎來進行分析，也因此能夠逐漸過渡到我一般在分析幼童時所運用的技術。

我已經說明了我如何藉由減弱潛伏狀態的焦慮來使焦慮外顯。當它真的外顯時，我可以藉由詮釋來解決一部分焦慮，同時也才有可能讓焦慮得以用比較好的方式被修通，也就是藉由將它分散在新的事物與興趣上；藉由這樣的方式，焦慮被大量地緩解到自我能夠忍受的程度。如果大量的焦慮因此而被調節，是否自我就能夠忍受並且疏通正常量的焦慮，這只有進一步的治療過程才能顯示了。因此，在迪克的案例中，問題的重點是藉由分析來調整其發展中一個根本的因子。

分析這個無法被理解、自我也封閉而不受影響的孩子，唯一可能做的事情是試圖接觸他的潛意識，並且藉由減弱潛意識裡的困難來開闢一條自我發展之路。當然，在迪克的案例中，如任何其他案例一樣，要接觸潛意識必須經由自我。一些事件證明了即使這個發展非常不完整的自我，也適合用來建立與潛意識的連結。從理論的觀點來看，我認為很重要的是：即使在自我發展缺陷如此極端的案例，唯有藉由分析潛意識衝突，才有可能發展自我與原慾，而不會將任何教育的影響加諸於自我之上。很清楚的是，如果一個與現實完全沒有關係的兒童，即使自我未完整發展，也能夠忍受藉由分析的協助來移除潛抑，而不會受到本我的壓迫。我們不需害怕精神官能症兒童（也就是一般比較不極端的案例）的自我可能會屈服於本我。值得一提的是，鑑於先前來自於迪克周圍的那些人對他所加諸的教育影響，並未對迪克造成任何效果，現在由於精神分析的緣故，他的自我開始發展了，他愈來愈能夠順從於這樣的影響，而此影響也能夠與受到分析鬆動的本能衝動同步並行，並且足夠去應付它們。

還有一個尚待解決的問題是診斷。佛西司（Forsyth）醫師診斷這個案例為早發型癡呆（dementia praecox），他認為也許值得嘗試分析。他的診斷似乎由於以下的事實而得到確認：其臨床現象
230 在許多重點上與較為嚴重的成人早發型癡呆相符合。再次總括來說：這個案例的特點是幾乎完全缺乏情感與焦慮、嚴重地從現實中退縮，以及無法接近（inaccessibility）、缺乏情緒上的關係、與自動順從交替發生的負向行為、漠視痛苦、固執——符合所有早發型癡呆的症狀。此外，佛西司醫師的檢查沒有任何發現器質性的疾病，再者因為這個案例經證實對心理治療有反應，因此可以確定排除任何器質性疾病的可能性，使這個診斷更能得到確認。分析對我顯示了可以摒除此為精神官能症的看法。

與早發型癡呆症診斷相左的事實，是迪克這個案例的基本特質是發展上的抑制，而不是退行（regression）。還有，早發型癡呆在幼兒期是非常少見的，以致於許多精神科醫師認為這種疾病不會發生在這個階段。

從臨床精神醫學的角度，我不會讓我自己投入診斷這個主題上。不過，我在兒童分析上的一般經驗，讓我能夠對兒童期精神病的一般特質做一些觀察。我更加確信的是，兒童期的精神分裂症遠比一般所認為的更為常見。我要舉出一些理由來說明為什麼這種疾病通常無法被辨識出來：（一）雙親，特別是在較貧窮的階級，通常在小孩很嚴重時才看精神科醫師，也就是當父母對小孩已經無計可施的時候。於是，相當多的案例從來沒有接受過醫

療診察。（二）對於接受醫師診察的病人來說，通常醫師很難在單次而快速的檢查中就建立精神分裂的診斷，所以許多這種案例被歸類在未確立的類別下，例如「發展停滯」、「智能不足」、「精神病狀態」、「自我中心的傾向」等等。（三）最重要的是，兒童精神分裂症不如成人精神分裂症明顯與突出，這個疾病的特質在兒童身上之所以比較不明顯，是因為在程度較輕微時，即便是在發展正常的兒童身上也是自然可見的。有些事情在小孩身上表現出來時，例如：與現實隔絕、缺乏情緒上的關係、無法專注於任何工作、愚蠢的行為與胡亂說話，並不會讓我們感到有何特別之處，我們不會像對待發生這種狀況的成人那樣去評判它們；兒童身上常可見到過動與刻板重覆的動作，與精神分裂症的過動與刻板也只有程度上的差別；自動順從對於父母來說必定非常明顯而被視同於「溫順」，而抗拒行為通常被看做是「調皮」，解離 231
這個現象在兒童身上常是完全觀察不到的；兒童的畏懼焦慮（phobic anxiety）通常包含了具有偏執特質[231-1]的被害意念與慮病的恐懼，是需要非常細心觀察且通常只有經由分析才能顯露的事實。(四) 在兒童身上，比精神病更常見的是精神病特質，日後它們在不良的環境下會導致疾病。

因此，我認為在兒童期，完全發展的精神分裂症其實比一般所認為的更常見，特別是精神分裂特質更是常見的普遍現象。我的結論是——對此我將在他處提供充分的理由——發生在兒童期的疾病，特別是精神分裂症與一般精神病的概念必須要加以擴充，而且我認為兒童分析最重要的工作之一，是要發現並治癒兒童期精神病。因而獲得的理論知識無疑將會增進我們對精神病結構的

231-1　比較我的論文〈兒童遊戲中的擬人化〉(1929)。

瞭解，也會幫助我們對不同的疾病做出更正確的鑑別診斷。

如果我們用我所提議的方式來擴充詞語的使用，我認為我們有正當的理由將迪克的疾病區分在精神分裂症的類別裡。事實在於這個案例與典型的兒童期精神分裂症不同之處，是迪克的困難在於發展的抑制。而對於大部分這種案例來說，是在發展的某一個階段已經成功達到之後，才發生退行。[231-2]此外，這個案例的嚴重性也增添了臨床表現的不尋常特質。不過，即使如此，我也有理由認為他不是單一個案，因為最近我已經遇見了兩個年齡與迪克相仿的類似案例，可以做出以下推測：如果我們用更加敏銳的眼睛來觀察的話，將會發現更多類似的案例。

現在我要總結我的理論。我所依據的不僅是迪克的案例，還有其他比較不極端的精神分裂症案例，他們是介於五歲到十三歲之間的兒童，以及我一般的分析經驗。

232 伊底帕斯衝突的早期階段是由施虐所主導，它們發生的發展階段是由口腔施虐（尿道、肌肉與肛門施虐皆與它相連結）啟動的，而終結在肛門施虐停止的時候。

只有在伊底帕斯衝突的稍後階段，才會出現抵禦原慾衝動的防衛：在更早的階段裡，它所對付的是相隨的破壞衝動。自我所設立的最早期防衛是要應付個體自身的施虐以及被攻擊的客體，這兩者都被視為危險的來源。這種防衛具有暴力的性質，和潛抑的機制是不同的。對男孩來說，這種強烈的防衛也會朝向自己的陰莖，將它視為執行施虐的器官，這是所有性無能困擾最深的來

231-2　分析使得與迪克的心智接觸成為可能，並且在相對短暫的時間裡帶來某些進展。這樣的事實指出的可能性是：在外顯的些許發展之外，還有某些潛伏的發展是原本就存在的。不過，即使我們如此認為，由於整體發展是如此異常的貧乏，以致於假設他是從一個已經成功到達的階段退行，是很不符合這個案例的。

源之一。

這是我對於正常人與精神官能症患者的發展所做的假設，現在讓我們來看看精神病是如何生成的。

在施虐正在高峰階段的第一部分中，攻擊被認為是暴力所造成的，我發現這是早發型癡呆的固著點。在這階段的第二部分裡，攻擊被想像成是毒害所造成的，而主導的是尿道與肛門施虐的衝動，我相信這是妄想症的固著點。[232-1]我想起了亞伯拉罕曾主張在妄想症患者中，原慾退行到較早期的肛門期。我的結論與佛洛伊德的假設是一致的，根據他的假說，早發型癡呆妄想症的固著點是在自戀的階段，而早發型癡呆的固著點又先於妄想症的固著點。

自我對施虐所採取的過度與最早的防衛，制止了與現實建立關係以及幻想生活的發展，更進一步施虐地占用與探索母親的身體與外在世界（廣義來說，代表著母親的身體）停止了，而這點導致了與事物及代表母親身體內容物之客體的象徵關係，以及與個體之環境與現實的關係幾乎完全停止。這樣的抽離成為缺乏情感與焦慮的基礎，這也是早發型癡呆的症狀。於是在此一疾病中，會直接退行到發展的早期階段——在此階段裡，因為焦慮的緣故，避免了個體在幻想中對母親身體內部進行施虐的占用與破壞，也遏止了和現實關係的建立。

232-1　我在《兒童精神分析》將會引用此觀點所依據的材料，也會為它提出更詳細的理由。

第十三章　對精神病的心理治療（1930）

如果一個人研讀精神科醫師使用的診斷準則，那麼他會對以 233
下的事實印象深刻。雖然這些準則顯得非常複雜，涵蓋了很廣的臨床範疇，然而根本上它們大致集中在一個特別的點，也就是與現實的關係上。但是，顯然精神科醫師心中的現實是正常成年人主觀與客觀的現實，雖然從社會對瘋狂的觀點來看是合理的，但它忽視了最重要的事實：兒童期早期之現實關係的基礎完全是不同的一回事。對兩歲半到五歲之間的兒童所做的分析清楚顯示：在最初的時候，所有兒童的外在現實主要是他們自己本能生活的鏡像。現在，人類關係的最早期階段是受到口腔施虐衝動所主導的。這些施虐的衝動會因為挫折與被剝奪的經驗而增強，而這種過程的結果是：兒童所擁有的其他施虐表現的工具——我們加以命名如下：尿道施虐、肛門施虐、肌肉施虐——都被依序活化而且朝向客體。事實是，在這個階段中，外在現實在兒童的想像中充滿了客體，兒童認為這些客體會用如同他被驅使去對待客體一樣的施虐方式來對待自己，這樣的關係才真的是幼兒最原始的現實。

在兒童最早期的現實中，世界就是乳房與充滿危險物（客）體的肚子。而世界之所以會危險，是因為兒童自己有想要攻擊它們的衝動之故。雖然自我的正常發展過程是經由現實的評量逐漸接觸到外在的客體；但對精神病人來說，世界——實際上指的是客體——是在原初的層次上被評價的；也就是說，對於精神病患者來說，世界仍舊是一個充滿了危險物（客）體的肚子。於是，如果我要用幾句話來為精神病提出一個有效的概括性說法，我會說：這群人主要是在防衛施虐的發展階段。

234 這些與現實的關係沒有被廣泛接受的原因之一是，雖然一定會有些案例彼此非常近似，但是一般來說，兒童期精神病的診斷特點基本上是異於典型精神病的。例如，我認為一個四歲兒童最險惡的特質，是因為一歲幼兒之幻想系統的活動沒有減弱，換句話說，這是一個固著，它在臨床上會造成發展的停止。雖然幻想的固著只能在分析中被揭露，不過有很多臨床遲緩的例證很少或不曾被適當地鑑別。

對於接受醫師診察的病人來說，通常醫師很難在單次而快速的檢查中就建立精神分裂的診斷，所以許多這種案例被歸類在未確立的類別之下，例如「發展停滯」、「智能不足」、「精神病狀態」、「自我中心的傾向」等等。最重要的是，兒童精神分裂症不如成人精神分裂症明顯與突出，這個疾病的特質在兒童身上之所以比較不明顯，是因為在程度較輕微時，即便是在發展正常的兒童身上也是自然可見的。有些事情在小孩身上表現出來時，例如：與現實隔絕、缺乏情緒上的關係、無法專注於任何工作、愚蠢的行為與胡亂說話，並不會讓我們感到有何特別之處，我們不會像對待發生這種狀況的成人那樣去評判它們；兒童身上常可見到過動與刻板重覆的動作，與精神分裂症的過動與刻板也只有程度上的差別；自動順從對於父母來說必定非常明顯而被視同於「溫順」，而抗拒行為通常被看做是「調皮」，解離這個現象在兒童身上常是完全觀察不到的；兒童的畏懼焦慮通常包含了具有偏執特質的被害意念和慮病的恐懼，是需要非常細心觀察且通常只有經由分析才能顯露的事實。在兒童身上，比精神病更常見的是精神病特質，日後它們在不良的環境下會導致疾病（參照〈象徵形成〉〔Symbol Formation, 1930a〕）。

我要提出一個案例，其重覆行為完全是植基於精神病焦慮（psychotic anxiety），但是他在任何方面都沒有引起這種懷疑。一個六歲男孩玩了好幾個小時警察指揮交通的扮演遊戲，過程中他重覆表現特定的態度，固著在這些態度上相當久，因此他表現出僵直與重覆刻板的徵象。分析顯露了特別強烈的恐懼與害怕，這是
我們在精神病的案例上會遇見的。我們的經驗是，這種強烈的精 235
神病恐懼典型地受到各種與症狀有關聯的機制所阻擋。

這個男孩活在幻想中，我們可以在這些小孩的遊戲中，看到他們勢必完全阻絕了現實，只能藉由完全排除現實來保存他們的幻想。這些孩子難以忍受任何挫折，因為這些挫折提醒他們現實的存在。他們也很難專注在任何與現實有關的工作上，例如，一名六歲的男孩經常幻想他是一幫獵人與野獸的至尊領袖，帶領他們迎戰、征服並殺死另一群亦擁有野獸的對手，這些動物後來都被吃掉。這樣的戰役永無終止的一天，因為總是有新的對手出現。經過好幾次的診療分析，我們發現這孩子不僅患有精神官能症，也出現很明顯的強迫症狀。他總是有意識地感覺到自己被圍堵、恐嚇（對方不是魔術師、巫婆，就是軍人）。和許多兒童一樣，這個男孩毫無例外地保留他焦慮的內涵，如祕密般不為周圍的人所知。

再者，我發現，倘若一個看似正常的兒童，他對身旁總是存在著許多精靈和友善的人物（如聖誕老人），有一種不尋常固執的信念。我發現在這個孩子身上，這些人物是要掩蓋他的焦慮，因為他不斷感覺被恐怖的動物所包圍，它們威脅著要攻擊他、把他

吞噬。

因此，我認為在兒童期，完全發展的精神分裂症其實比一般所認為的更常見，特別是精神分裂特質更是常見的普遍現象。我的結論是：發生在兒童期的疾病，特別是精神分裂症與一般精神病的概念必須要加以擴充，而且我認為兒童分析最重要的工作之一，是要發現並治癒兒童期精神病。因而獲得的理論知識無疑將會增進我們對精神病結構的瞭解，也會幫助我們對不同的疾病做出更正確的鑑別診斷。

第十四章　論智力抑制理論（1931）

我想在此討論一些智力抑制的機制，並從分析一個七歲男孩 236
約翰（John）的簡短摘要開始，討論兩次連續分析中的要點。這位男孩的精神官能症包含了精神官能症的症狀和性格上的困難，還有相當嚴重的智力抑制。在我即將討論的這兩小時的分析素材之前，這孩子已接受超過兩年的治療，因此本文想處理的問題已被大量分析過。在這段時期，小男孩的智力抑制大致在某種程度上逐漸減少；但只有在這兩個小時裡，這個個案與他的特殊困難之一——學習困難之間的關係變得明顯。這兩次分析使得與智力抑制有關的現象出現大幅改善。

這男孩抱怨他不能夠分別某些法文單字之間的差異。學校裡有一幅圖片，上面畫著各種物品幫助兒童學習單字。這些單字有：雞（poulet）；魚（poisson）；冰（glace）。無論問他任何一個這裡的單字，他總是回答另外兩個單字其中之一的字義，例如被問到魚的時候，他回答冰；問雞卻回答魚等等。對此他感到相當無助和喪氣，說出他不要再學了之類的話。我從他偶爾出現的聯想中摘出這篇素材，而在那段期間裡，他也會無所事事地在治療室裡頭輕鬆玩耍。

我請他先告訴我雞讓他想到些什麼。他的背躺在桌子上，兩腿踢來踢去，用鉛筆在一張紙上畫畫。他想到一間雞舍被一隻狐狸破門而入。我問他這在什麼時候發生，他不回答「晚上」而回答「下午四點鐘」，我知道這是他母親常常出門不在家的時間。

「狐狸闖進來，殺死一隻小雞。」當他說這句話的時候，原本畫了一半的畫突然停了下來。我問他畫了什麼，他說：「我不知道。」我們看著這幅畫，畫的是一間房子，他停下來的時候房子還沒有
237 屋頂。他說這就是狐狸進入房子的途徑。他瞭解他自己就是那隻狐狸，而雞代表他的弟弟，狐狸闖進房子的時間正好是媽媽不在的時候。

關於約翰的強烈攻擊衝動，以及他對母親懷孕中和生下弟弟的攻擊幻想，我們已經做了許多處理，也探索了與這些攻擊有關的強烈而沉重的罪疚感。[237-1]現在他弟弟已經快要四歲了。當弟弟還是個小嬰兒時，我的病人約翰曾單獨和弟弟被留在家中，這對他而言是個可怕的誘惑，雖然實際上只有一分鐘。即便到現在，每次母親出門時，我們可以看見他的類似渴望仍然相當活躍，有一部分是因為他對嬰兒享受母親乳房所產生的極端嫉妒。

我問他對魚的想法，他開始更猛力地踢，還用剪刀刺著靠近眼睛的地方，並且試著剪自己頭髮，所以我必須要求他把剪刀讓我保管。他對魚的回答是，炸魚非常美好，他很愛吃。然後他又開始畫起圖來，這次是一架水上飛機和一艘船。我無法從魚得到更多聯想，於是繼續問冰的事，他對這個問題回答道：「一大塊冰，美好又潔白，它一開始變粉紅，然後變紅。」我問為什麼冰會變色，他說：「它融掉了。」「怎麼啦？」「太陽曬到冰塊。」這時他有許多的焦慮，而我無法得到更多聯想。他剪下船和水上飛機，試試看它們是不是能夠浮在水面。

第二天他又顯得很焦慮，說他做了個惡夢。「那條魚是一隻

237-1 這些與他弟弟有關的傾向造成他與哥哥關係不小的困擾，哥哥比他大四歲，而約翰預設哥哥對他也懷有相似的意圖。

螃蟹。他站在海邊的碼頭上，他常常和他媽媽去那裡。他準備要殺掉一隻從水裡跑到碼頭上的巨大螃蟹。他用小小的槍射牠，然後用他的劍，不太有效率地把牠殺死。當他一殺死那隻螃蟹，他就必須殺死愈來愈多從水裡湧現的螃蟹。」我問他為什麼必須這樣做，他說是為了阻止牠們進入這個世界，因為牠們會殺掉整個世界。當我們一談到這個夢，他就在桌上擺出和昨天同樣的姿勢，比以往更用力地踢。然後我問他為什麼要踢來踢去，他回答：「我躺在水面上，螃蟹圍在我四周。」在前一天，剪刀象徵著那些螃蟹對他又夾又剪，這就是為什麼他必須畫一艘船和一架水上飛機，目的是為了逃開這些螃蟹。我提到他曾經去過碼頭，他回答：「喔，對！但是，很久以前我曾經跌進水裡。」螃蟹們
最想要的是進入水面上一大塊看起來像房子的肉塊裡頭。那是羊 238
肉，他最喜歡的肉。他說牠們還不曾進去肉塊裡面，但是牠們也許可以從門和窗戶進去。整個水上的場景就是他母親的內部——也就是世界。肉塊屋同時象徵母親的身體和他的身體。螃蟹代表他父親的陰莖，牠們為數龐大，而且像大象一樣大，外面是黑色的，裡面是紅色的。牠們呈現黑色是因為有人把牠們弄成黑色的，所以水裡的一切事物都變黑了。牠們從海的另一邊進入水中。某一個想要把水變黑的人從那裡把螃蟹放入水中。結果發現這些螃蟹不只是象徵他父親的陰莖，還象徵他自己的糞便。其中一隻螃蟹的尺寸跟龍蝦差不多大，而且內外都是紅色的。這隻螃蟹象徵他自己的陰莖。同樣還有許多素材顯示他將自己的糞便認同成為危險的動物，在他的命令之下（藉由某種魔法），牠們會進入他母親體內，毀壞並毒死母親和他父親的陰莖。

我認為這個素材能夠幫助我們瞭解妄想症（paranoia）的理

論。在此我只能非常簡短地提一下；我們知道歐布伊森（Van Ophuijsen, 1920）和史迭凱（1919）曾經談到，在妄想症者的潛意識裡，「加害者」是指排泄物在他的腸道中結成的硬塊（scybalum），他將這種硬塊認同成為加害者的陰莖。如同我們正在討論的案例，許多對兒童和成人進行的分析帶給我一個觀點：一個人將他的糞便視為加害者的恐懼，追根究柢是從他的施虐幻想中衍生出來的。在施虐幻想中，他使用他的尿液和糞便作為有毒的、具毀滅性的武器，來對母親的身體展開攻擊。在這些幻想當中，他將自己的糞便變成迫害他的客體事物；他藉著某種魔法（我認為這是黑魔法的起源），隱密無聲地將它們推進客體的肛門或其他孔洞中，卡在他們的身體裡面。因為他做了這件事，於是他開始害怕自己的排泄物是一種對身體有危險、會傷害自己的物質；同時他也害怕自己將客體們的排泄物內攝進自己體內，因為他預期客體們會用他們的糞便對他進行相同的祕密攻擊。這些害怕引發一種恐怖的想法，使他覺得自己的體內有大量的加害者，他也害怕自己中毒，並且產生各種慮病式（hypochondriacal）的恐懼。我相信妄想症的固著點在於施虐期達到巔峰的期間，當孩子幻想用糞便對母親體內和父親的陰莖（他認為父親陰莖在母親體內）進行攻擊時，這些糞便會轉化成有毒而危險的動物或物質來完成攻擊。[238-1]

239 由於他的尿道施虐衝動，而將尿液視為某種危險的東西，具有焚燒、切割、下毒的功能，這也埋下伏筆，使他認為陰莖是一種用來施虐的危險物品。他將腸道中的排泄物硬塊幻想成加害者——這個幻想的形成來自於肛門施虐傾向的主導，以及先前（就我們所知）將危險陰莖視為加害者的影響——基於他將塊狀糞便等同於陰莖的事實，並再次讓他確認陰莖是施虐物的想法。由於他將兩者畫上等號，糞便所具有的危險性增強了陰莖的危險與施虐特質，也強化了一起被認同的施虐客體的危險性。

在目前的案例中，螃蟹的象徵結合了危險的糞便、男孩的陰莖、與父親陰莖三者。在此同時，男孩對性交中的父母的施虐渴望，使得他將父親的陰莖和排泄物轉化成危險的動物，所以他的父母親會摧毀彼此，因此他覺得有責任動用所有這些工具和資源作為摧毀之用。在約翰的想像中，他也用糞便攻擊了父親的陰莖，使得父親的陰莖變得比以前更加危險；而他也在想像中將自己危險的糞便排放到母親體內。

我再次問他對於冰的聯想，他開始談著一個玻璃杯，然後走到水龍頭前喝下一杯水。他說這是他喜歡喝的麥茶，說著一個玻璃杯，上面有著從杯子上碎掉的「小碎片」——他指的是雕花玻璃（cut-glass）。他說太陽把玻璃給弄壞了，就像他昨天曾經說過太陽把大冰塊弄壞了一樣。他說太陽向玻璃杯發射，也把裡面所有的麥茶弄壞了。當我問他太陽是怎樣向玻璃杯發射的，他回答：「用它的熱度。」

當他這麼說的時候，他從面前擺著的許多鉛筆當中選了一枝

238-1　參見我的文章〈象徵形成在自我發展中的重要性〉（1930a）。我在該文中提出與亞伯拉罕一致的觀點，均認為在妄想症患者身上，原慾退化到早年肛門期（earlier anal stage）當中；我認為，在發展階段中，施虐衝動開始要達到高峰時，口腔施虐本能也同時出現，而施虐的結束則是與早年肛門期逐漸淡出有關。以我的觀點，我已在先前文章裡描述這段期間是形成妄想症的基礎，因此在早年肛門期將攀往高峰的時刻，有可能會形成妄想。以這種方式，亞伯拉罕的理論可以延伸出兩個方向。第一個方向，我們看到兒童身上各種不同的施虐工具在這個時期裡強烈地合作（intensive co-operation），除了他的口腔施虐外，擁有特別重要性的是至今仍然未被辨認出的尿道施虐傾向，它強化並細緻地影響著他的肛門施虐傾向。第二個方向，我們更詳細瞭解了那些屬於他早期階段的肛門施虐衝動的幻想結構。

黃色的鉛筆，開始在一張紙上畫點，然後在紙上戳洞，直到把紙
240 弄碎成一條一條為止。然後他開始用小刀削鉛筆，把黃色的外皮削掉。黃色的鉛筆代表太陽，象徵著他自己灼熱的陰莖與尿液(「太陽」〔sun〕這個字代表他自己，也就是「兒子」〔son〕這個字，兩者有著語音上的關聯)。在許多分析時段中，他用火燒掉少量的紙、火柴盒和火柴棒，同時，或說是與這些事交替出現的是，他會將這些東西都撕裂、灑水後，把它們浸泡起來，或把它們切成一片一片的。這些物品象徵他母親的乳房或她整個人。他也一再在遊戲室裡把杯子摔碎。它們象徵著他母親的乳房，也象徵他父親的陰莖。

太陽還具有更深一層的意義，就是代表他父親的施虐陰莖。當他把鉛筆切成一片片的，他說了一個字，結果那個字是由「去」(go)和他父親的基督教聖名所組成的。因此玻璃杯是被兒子和父親一起摧毀的；它意味著乳房，而麥茶意味著奶水。像肉塊屋一樣巨大的大冰塊象徵母親的身體，並且被他的熱度和他父親的陰莖與尿所融化。當冰塊變成深紅色時，則象徵他母親受傷所流的血。

約翰給我看一張聖誕卡片，上面有一隻鬥牛犬，旁邊還有一隻死掉的雞，很明顯是鬥牛犬殺死的。兩隻動物都畫成棕色的(brown)。他說：「我知道，雞、冰、玻璃和螃蟹，它們都是一樣的。」我問為什麼都一樣，他回答：「因為它們都是棕色的(brown)，都壞掉了(broken)，也都死掉了(dead)。」這就是他無法分辨這些事物的原因，因為全部都死掉了；除了雞以外，他把全部的螃蟹都殺死了，很多螃蟹象徵很多的小嬰兒，而冰和玻璃則象徵他母親，也全部被弄髒、弄傷或被殺了。

在這之後，同一個小時裡，他開始畫著平行的線，間隔會變
窄或變寬。這是他能畫出最明顯的陰道符號。後來他把自己的小
火車頭放在紙上，沿著平行線走到車站，非常放心、非常快樂。
現在他覺得他能夠象徵式地與母親性交；在這之前的分析中，他
母親的身體一直是很恐怖的地方。這似乎顯示出我們在每個男人
的分析中都可以確認的事情：對女人身體的懼怕，認為那是一處
毀滅之地，可能是造成他們性能力受損（impaired potency）的主
要原因之一。然而，這種焦慮也是求知慾受到抑制的一項基本因
素，因為這種衝動最早是將母親的身體內部視為目標客體；在幻
想中，母親體內遭到探索、調查，也遭到所有的施虐武器（sadistic
armoury）攻擊，包括危險的武器——陰莖，而這是另一個後來造
成男性性無能的原因：在潛意識裡，穿刺（penetrate）和探索
（explore）具有很大程度的同義性。基於這個理由，在針對他心中
有關他自己和他父親施虐陰莖的焦慮——尖銳的黃色鉛筆等同於灼 241
熱的太陽——進行分析之後，約翰有了大幅的進步，他能夠用符號
象徵他與母親的性交，並且調查她的身體。第二天，他能夠聚精
會神、興趣盎然地看著學校牆上的圖盼，也能夠輕易地分辨每個
單字的不同。

史崔齊（J. Strachey, 1930）指出，閱讀的潛意識意義是從母親身體中將知識取出，而害怕盜取母親是抑制閱讀能力的一項重要因素。我還想要補充的是，求知慾望順利發展的必要要素之一是，母親的身體要被認為是安然無恙的。在潛意識裡，母親的身體象徵著一個寶庫，我們所想要擁有的一切都只能從這裡獲得；如果這個寶庫未遭摧毀，也沒有安全之虞，看起來不那麼危險時，就比較容易執行想要從裡頭獲取心靈食物的想法。

當我描述約翰幻想他在母親體內與父親的陰莖們（螃蟹們）爭鬥時——事實上是成群的螃蟹——我指出那個顯然未遭破門而入，約翰也試圖不讓螃蟹侵入的肉塊屋，象徵的不只是他母親的身體內部，也象徵他自己的內部。他對焦慮的防衛，在此是透過交織的置換與反轉的機制表達。一開始，他吃的是一份美味的炸魚。然後炸魚變成螃蟹。在螃蟹的最初版本中，他站在碼頭上，努力防止螃蟹從水裡爬出。這顯示事實上他覺得自己身處在水中，並在那裡（母親的體內）受到父親的威脅。在這個版本當中，他仍然試圖抓住一個想法——他正努力防止螃蟹進入肉塊屋，但他最深層的恐懼在於螃蟹們早已進入屋中，並且正在摧毀它，而他的努力是為了將螃蟹再次趕出屋外。海洋與肉塊都象徵著他母親的身體。

現在我必須指出另一個焦慮的來源，與摧毀母親的焦慮緊緊相關，也必須指出這是如何造成智力的抑制，並對自我的發展產生阻礙。這與肉塊屋不只是他母親的身體，更是他自己的身體這一項事實有關。在此出現了早期焦慮情境的象徵物，它的產生是由口腔施虐衝動引發，並想要吃光母親身體裡的一切，特別是在想像中，母親體內有著許多陰莖，而他想要吃掉這些陰莖。從口腔吸吮的觀點來看，父親的陰莖等同於母親乳房，因此也成為慾
242 望的客體，[241-1]由於男孩在幻想中對父親陰莖進行施虐攻擊，結果使得這種混合很迅速地轉變成為可怕的內在攻擊者，等同於那些危險、凶殘的動物或武器。以我的觀點看來，內攝的父親陰莖就是形成父親超我（paternal super-ego）的核心。

約翰的例子顯示：（一）他預料在自己體內，也曾經遭到過

241-1 這是透過他對他喜歡吃的炸魚的自由聯想所表達出來的。

去他想像曾經對母親身體內部所進行的摧毀；以及（二）他體驗到用內化的父親陰莖與糞便來攻擊他自己的身體內部是一件多麼可怕的事。

如同在母親體內進行摧毀而產生出過度的焦慮，會使他抑制由母體內獲得清楚概念的能力，因此，當恐怖與危險的事情正在自己體內以同樣的方式發生時，也會令他產生焦慮，並壓制所有對身體內部的探索；這再次形成智力抑制的一項因素。[242-1]以約翰為例：分析完螃蟹夢的隔天，也就是他突然發現自己能夠分辨法國字的那天，他在分析一開始時就說道：「我要翻開我的抽屜了。」這個抽屜是用來擺放他在分析時使用的玩具。好幾個月來，他已經將所有可能的垃圾和廢物扔進抽屜裡，廢紙片、被膠水黏成一團的東西、肥皂屑、剪成一段段的線等等，到今天之前，他還沒有下定決心要把抽屜整理乾淨。

他現在將抽屜裡的東西分類，把沒用或壞掉的物品丟掉。同一天，他在家裡的一個抽屜裡再次發現他好幾個月來都找不到的自來水筆。如此說來，他是以一種象徵的方式窺視了母親的體內，並將它修復。然而這個抽屜也象徵著他自己的身體，他現在對想要熟悉身體內容物的衝動已經變得較不抑制了。而且，如同他的分析過程所顯示，他比較能在分析中與分析師合作，也對於他自己的問題有更深入的理解。能夠深入理解自己的困難是他自

242-1　在幾年前發表的文章中（〈早期分析〉，1923b），我討論了一種特別的能力抑制形式，使個體無法對母親體內的特殊功能（如受孕、懷孕與生產）做出想像；換句話說，那是一種定向感與地理興趣的失調。然而，我後來指出這種抑制的影響可能非常深遠，使得個體對外在世界的整體態度失調，並在最廣義與最抽象的的層次上損害了定向感。從那時開始，進一步的研究使我瞭解到這種抑制是源於對母親身體進行施虐攻擊後產生的（對母親身體的）懼怕；這同時證明了對母親身體的早期施虐幻想，以及藉著客體關係與適應現實成功地克服這些幻想，能夠從根本影響個體未來和外在世界的關係。

243 我發展出現進步的結果。這樣的進步是出現在這段特別分析探討過他的威脅式超我之後。根據兒童治療的經驗，特別是對於非常小的孩子，分析超我形成的早期階段能夠減少超我與本我的施虐，因而促進自我的發展。

除了這個事實以外，我想在此提醒各位的是，在分析中我們可以一次又一次觀察到，在自我減少對超我的焦慮，以及兒童對於熟悉自己內在心理歷程與更有效地使用自我控制它們，這兩者之間存在著一種連結關係。在目前的例子中，整理東西象徵著檢視內在精神的現實。當約翰整理抽屜時，也是在整理自己的身體，並且將他從母親體內竊取出來的物品和他自己的東西分別開來，同時他也把「壞的」糞便和「好的」糞便分開、把「壞的」客體與「好的」客體分開。在整理的時候，他將壞掉、毀損和弄髒的東西比做「壞的」客體、「壞的」糞便和「壞的」小孩，按照潛意識的運行方式，受損的客體會被認為是「壞的」、有危險的客體。

透過現在有能力檢驗不同的客體，並且看出它們有什麼作用，或它們受過什麼損傷等等，他表現出敢於面對由超我與本我在想像中造成的浩劫；也就是說，他正在用現實進行測試。這使得他的自我有著更好的功能，能夠決定東西可以如何使用，是否可以修復或可否丟掉等等；他的超我與本我在同一時間進入了一種和諧狀態，因此可以被較強壯的自我所協調。

有了這方面的討論，我想再次回顧他重新發現他的自來水筆的事件。至今我們已經在意義上將自來水筆與他懼怕他的陰莖所具有的摧毀與危險特質（追根究柢，這樣的陰莖代表的是他的施虐衝動）進行詮釋，而這些施虐特質也有減緩的跡象，他開始能夠承認自己擁有這樣的器官。

這一種詮釋方式為我們揭露性能力與求知本能背後的動機，因為在潛意識裡，發現（discover）和刺進某種東西（penetrate into things）是同一種活動。需要補充的是，男性的性能力（或者在這個小男孩的案例中，指的是心理狀態中的性能力）是無數的活動、創造力與創作興趣發展的基礎。

然而，我要說的重點在於，這樣的發展取決於陰莖已經成為
個人自我象徵物的事實。在生命最早期的階段中，男孩們將自己 244
的陰莖視為執行施虐衝動的器官，因此陰莖成了全能自大這種原始感覺的手段與工具。因為這個原因，加上它是一個外在器官，可以用任何方式加以檢驗與證明，因此陰莖對男孩而言，象徵了自我、自我的功能及個人的意識；而被內化的、看不見也無從瞭解的父親陰莖——男孩的超我——就成為他潛意識的象徵。如果兒童對超我或本我的懼怕太過強烈，不只無法瞭解自己身體的內容與心智歷程，同時也沒有能力在心理層面使用他的陰莖作為自我的調節與執行器官，因此在這些領域的自我功能也會受到抑制。

在約翰這個個案裡，找到自來水筆不只表示他承認自己陰莖的存在，並將陰莖視為驕傲與樂趣的象徵，同時也意味著他承認自己自我的存在——這是一種態度，在他自我發展的進步中與自我功能的擴展上展現出來，並使得至今仍掌控全局的超我力量得以削減。

我將先前所言做一個總結：當約翰更有能力去想像他母親身體內部的狀況時，他也更有能力去理解並充分欣賞外在世界，同時，當他較少抑制對於自己體內的瞭解時，能夠更深入理解並適當地控制自己的心智歷程，之後他便能夠讓自己的心思更清靜、

更加井然有序。前者帶來心思清靜，能容納更多的知識；後者使思想變得有條不紊，而能將獲得的知識加以思考、整理、相互連結，同時也更有能力將知識再次傳遞出去，也就是將知識歸還、系統化地闡述、表達——這都是自我發展的進步象徵。這兩種最根本的焦慮內容（與他母親的身體和他自己的身體有關）彼此互相影響，並在每個細節中反應了彼此，同樣地，內攝（introjection）與外攝／投射（extrajection / projection）這兩種功能若能發揮無礙，就會減少從這些來源所產生的焦慮，並允許兩種功能都擁有更合適、非強迫式的表達。

然而，當超我太過強力地支配自我時，會試著不斷用潛抑的方式來控制本我與內化的客體，此時自我常會將自己關掉，以免受到外在世界與外在客體的影響，因此將無法反應那些可能形成自我興趣與成就基礎的種種刺激源，包括來自本我和來自外界的刺激。

245 在那些大多把現實與真實客體視為可怕內在世界與意像反射的案例中，他們所見的外在世界刺激有如在幻想中受到內化客體支配一樣的驚人，這些內化客體擁有完全的主導權，因此自我感到被迫放棄執行所有行動與智力活動，當然也放棄了對這些事物的責任。在某些例子中，對於學習的嚴重抑制會與倔強、無法被教育及假知識同時出現；我後來發現，自我一方面會因為超我的影響而感到被壓迫、被癱瘓，這個超我被認為是蠻橫而危險的；另一方面，因為自我不再信任也不再接受真實客體的影響，通常是因為它們被認為是與超我的要求完全對立，但更常是因為它們太緊密地認同了恐怖的內在客體。然後自我會試著（用投射到外在世界的方式）對抗所有真實客體所產生的影響，以證明它獨立於意像以外。施虐與焦慮能夠減少到何種程度，以及超我如何能夠正常運作，以致自我能在一個更寬廣的基礎上執行其功能，在在決定了病患能接受外在世界影響的程度，並且逐步減輕他的智力抑制。

我們已經瞭解先前所探討的各種機制會導致某種特定形態的智力抑制。但是進入治療後，這些機制卻會呈現出具有精神病特質的臨床圖像。我們已經知道，約翰害怕螃蟹會成為他內在的加害者，這是一種偏執的性格。此外，這種焦慮使他封閉了自己，隔絕了外界的影響、客體與外在現實——我們認為這種心理狀態表示個體具有精神病的困擾，雖然在這個案例中，這樣的狀態主要只是降低了病患的智力功能而已。但即使在這一類的案例當中，這樣的機制運作不只是與智力抑制有關，當我們持續對智力抑制進行分析，特別是當病患是兒童或青少年的時候，我們能觀察到個體的整體存在和性格發生巨大的變化，不亞於我們從精神官能症特質的減少所觀察到的。

舉例來說，在約翰身上，我能確認一件事實：一個顯著的憂慮、祕密、不真實性，以及一個非常強烈對任何事物的不信任，都是組成他心智的一部分，卻在分析過程中完全消失，包括他的
性格和自我發展都出現了非常巨大的正向改變。在他的例子中， 246
種種妄想症特質已經大部分被減輕成某種性格的扭曲和智力的抑制；但證據顯示它們也造成許多他身上的精神官能症狀。

我要再提一、兩個智力抑制的機制，這個案例明顯具有強迫式精神官能症的性格，而且似乎是早期焦慮情境強大運作的結果。在以上描述的那種抑制的變形當中，我們有時會看見相反的極端結果——把所有能夠攝入的事物都吸收進來的渴望，伴隨著無

法分別什麼是有價值的，什麼是無用的。在一些案例當中，我注意到，當分析成功地減輕我們先前提到的精神病式機制後，這些機制就可以開始運作，個體也會感受到它們的影響。個體有想獲得智力的胃口，這取代了兒童先前無法吸收任何事物，並且會伴隨其他強迫式的衝動，特別是想要蒐集物品、囤積物品的慾望，然後依照相應的強迫行為將這些東西隨便、不加選擇地發送出去，意即將它們排出。這種強迫式的攝入時常伴隨一種身體的空虛感、枯竭感等等——這種感覺也曾經強烈出現在約翰身上——它來自於兒童心智最深層的焦慮：害怕他的內在早已被摧毀，或是充滿了「壞的」和危險的物質，害怕內在荒蕪，或是缺乏好的物質。這種造成焦慮的材料大部分會透過強迫式的機制進行重組與改變，只有一部分會透過精神病式的機制改造。

如同其他強迫式精神官能症患者，我對這個案例的觀察，使我在智力抑制，也是我們現在感興趣的現象方面，得到某些關於特殊強迫式機制的結論。在簡短說明這些結論之前，我想說，依我的觀點，強迫式的機制與症狀一般而言具有結合、改變及抵擋那些屬於最早期心智層次的焦慮，因此強迫式的精神官能症因最初的危險情境而產生。

回到重點，我認為兒童的強迫式、近乎貪婪的蒐集與囤積物品（包括將知識視為一種物質）是根植在（還有其他的因素，在此不需贅述）他不斷重新嘗試（一）獲得「好的」物質和客體（追根究柢可溯及「好的」母奶、「好的」糞便、好的「陰莖」、
247 「好的」小孩），藉著它們的協助，癱瘓自己體內「壞的」客體和物質的行動；以及（二）在他的體內累積足夠的儲藏物以抵抗他的外在客體的攻擊，且在必要時修補母親的身體，或修補他曾經

從許多客體處進行偷竊所造成的損害。由於兒童竭盡所能地使用強迫式的行為，卻持續受到各種來源對立的焦慮發作所阻撓（例如，兒童會懷疑他剛攝入體內的是否真的是「好的」，他逐出的東西是否真的是他體內「壞的」部分；或者他害怕因為將愈來愈多的材料放進他的體內，以致於再度產生掠奪母親身體的罪疚感）。我們可以理解為什麼他持續認為自己有責任去重覆嘗試，以及這樣的責任如何與他行為的強迫式特質有著部分的關聯。

在目前的案例中，我們已經瞭解到，一旦削弱了兒童那具殘忍與幻想式的超我（追根究柢，那是他的施虐），精神病式的機制與造成智力抑制的機制就會失效。我認為，這種嚴厲超我的削弱，能夠減弱那些屬於強迫式精神官能症類型的智力抑制機制。倘若果真如此，則表示過度強烈的早期焦慮情境的存在，以及來自最早階段威脅式超我的優勢地位，不只是在精神病的形成上，[247-1]也在自我發展的干擾與智力抑制上，扮演著最根本的因素。

247-1　關於這個理論的詳細解說，請參見我的文章〈兒童遊戲中的擬人化〉和〈象徵形成在自我發展中的重要性〉，以及《兒童精神分析》一書。

第十五章　兒童良心的早期發展（1933）

精神分析研究最重要的一項貢獻，是發現了潛藏在個體良心 248
發展下的心理過程。當佛洛伊德在著作中為我們揭露了潛意識的本能傾向，他也承認有一些防衛性質的力量會與本能互相對抗。根據他的發現（在精神分析的實務中，也無時無刻印證著他的發現），個人的良心是個體與父母之早期關係的作用結果或表徵。就某種意義而言，個體內化了他的父母——將父母攝入自己。內化的父母變成了從自我中分化出來的部分——他的超我——凌駕於其他自我的部分，成為要求、指責、勸誡的力量，並且與個體的本能衝動形成對立。

佛洛伊德後來指出，此超我並非只在可意識到的心智中運作，不只是所謂的良心而已，它還會運用一種潛意識的方式影響著個體，通常非常壓迫，這成為心理疾病發展與正常人格發展的重要影響因素。這項新的發現，使精神分析的研究焦點愈來愈凝聚在對超我及其來源上。

在我分析小小孩的過程中，我開始直接觀察超我的建構基礎，獲得第一手知識。我所發現的一些事實，可以讓我在某些方向上更進一步拓展佛洛伊德的超我理論。根據現行觀點，超我必須等到伊底帕斯情結平息下來之後，也就是大約在五歲左右才開始起作用。但是，我在兩歲九個月及四歲的孩子身上，已經觀察到完整的超我正在運作。除此之外，我的資料還顯示，比起較大兒童或成人的超我，這種早期的超我嚴厲得難以想像，並且是更為殘酷的。事實上，這樣的超我蹂躪著小小孩的脆弱自我。

249 我們的確在成人的超我中發現到遠比現實裡更嚴格的內在父母，兩者雖不等同，但是多多少少還是會有一些相似之處。[249-1]不過我們在小小孩身上，卻發現到最不可思議、最具幻想特質的超我。當兒童的年齡愈小或是我們愈深入孩子的心靈層次時，這樣的現象愈是明顯。我們觀察到孩子害怕被吃掉、被切碎，或是被一片片撕裂，或者害怕被恐怖的事物所圍繞、追逐，這些都是他們心智生活中常見的成分。我們也瞭解吃人的狼、噴火的龍，以及所有神話與童話故事中的邪惡怪獸，都會在每一個兒童的幻想中大量出現，從潛意識層面影響著兒童，使他們覺得自己被這些邪惡的形象所迫害、威脅。我認為我們能更深入地瞭解這個現象。從我自己的分析觀察當中，我從不懷疑這些想像出來的、令人害怕的形象，背後其實有著真實的客體存在，也就是孩子自己的父母；而無論那些嚇人的形象看似多麼扭曲、憑空捏造，它們在某些方面仍反映了父親與母親的特徵。

如果我們同意這些從早期分析中觀察到的事實，並且承認孩子害怕的就是這些等同於其父母的內化野獸與怪物，我們可以得到以下結論：（一）兒童的超我與其真實父母呈現出的樣子並不相符，而是根據他將父母內化之後對他們的想像或意像所創造出來的。（二）兒童對真實客體的恐懼──畏懼性質的焦慮──是因為他既害怕那些並不符合現實的超我，也害怕他們心中的真實客體，即使這是受到超我影響的幻想觀點。

249-1 在〈兒童分析論文集〉（1927）中，恩斯特・鍾斯、瓊安・黎偉業（Joan Riviere）、愛德華・葛羅夫與妮娜・喜爾（Nina Searl）等人，根據成人精神分析的心得和稍微不同的角度，也提出了類似的看法。

這使我們必須思考一個問題，我認為這是關於超我形成的各種問題中最核心的一個：兒童創造了這樣一個幻想的父母形象——與現實相去甚遠的形象，這是如何發生的？我們可以從早期分析所獲得的事實中找到答案。探討兒童心智最深的層次時會發現，十分巨大的焦慮的存在——兒童會害怕他所想像出來的客體，並恐懼它們以各種形式攻擊自己。這時候，我們也挖掘出與焦慮等量齊觀，且受到潛抑的攻擊衝動，並且觀察到孩子的害怕與攻擊傾向之間的因果連結。

在《享樂原則之外》（*Beyond the Pleasure Principle*）一書中，佛 250
洛伊德提出一個理論：在人類有機體生命的最初期，攻擊本能（或稱作死亡本能）與原慾（或生命本能——性能量〔the eros〕）彼此束縛和對抗著。這兩種本能的融合使個體的施虐衝動一再出現。為了逃離被自己的死亡本能摧毀的威脅，有機體會使用它的自戀或利己式的原慾，去強迫死亡本能轉而向外指向它的客體；佛洛伊德認為這個過程是個體與其客體間施虐關係的基礎。此外，我應該說有兩種情況會同時並行出現，首先，死亡本能會偏轉向外而指向客體，精神內在（intra-psychic）的防衛反應也會開始啟動，對抗那些無法被外化的死亡本能。我認為由於個體警覺到攻擊本能可能摧毀自己，導致自我產生了過度的緊張，而個體會以焦慮的形式體驗到它。[250-1]因此在個體發展的最初期，它就面臨了這項任務，必須動員自己的原慾以對抗死亡本能。然而個體卻無法完美地達成任務，因為兩種本能早已融合在一起，正如我們所知的，個體已經不能讓兩種本能互相分離。因而在本我或心

250-1　的確，兒童感受到這種緊張時，同時也會經驗到原慾緊張，因為摧毀與原慾的本能是融合在一起的，但我認為是其中包含的摧毀成分導致了焦慮。

靈的本能層次上會產生一種分裂，一部分的本能衝動會被用來對抗另一部分的本能衝動。

我認為這個顯然是由自我的一部分構成的最早期防衛措施，就是超我發展的基石。在這個早期階段中，超我之所以具有過度的暴力，可能是因為它是從非常強烈的毀滅本能中所衍生出來的，除了一定比例的原慾衝動之外，它還包含了非常大量的攻擊衝動。[250-2]

由以上的觀點，我們不難瞭解兒童心中為什麼會形成如此恐怖、幻想的父母形象。因為攻擊本能會產生焦慮，導致兒童害怕某個外在客體，一方面是他將該客體視為外在目標；另一方面，也因為他將自己的侵略衝動投射到某個外在客體的身上，令人感覺彷彿是外在客體萌生了敵意要對付他。[250-3]

兒童因此將他內在的焦慮來源轉置到外界，使他的外在客體
251 變成危險客體，但是從根本來談，這種危險仍屬於他自己攻擊本
能的一部分。因為這個緣故，他對於客體的恐懼總是與他自身施
虐衝動的程度成正比。

然而，這不只是將一定數量的施虐衝動轉換成相應數量的焦慮這麼簡單的問題而已，我們還要把關係考慮進去。兒童對客體的懼怕與想像中的攻擊，會反過來使自己受害，而受害的細節則與他對環境所懷抱的特定攻擊衝動與幻想息息相關。雖然我們在每個案例中看到的父母，都具有不符合現實、令人害怕的特質，

250-2 佛洛伊德在他的著作《文明及其不滿》（*Civilization and its Discontents, S.E.* **20**）中說道：「一開始，超我的嚴厲性並非（或並不完全）表示個體從客體那裡實際經驗到某種嚴苛，或是它心中認為客體就是這麼嚴厲，而是代表個體對客體的攻擊。」（pp.129-30）

250-3 嬰兒偶然會有一些害怕母親的真實情境基礎，因為他漸漸清楚瞭解母親握有滿足或不滿足他需求的決定權。

但透過前述的方式，兒童會各自發展出專屬於自己的父母意像。

根據我的觀察，超我的形成從兒童最初用口腔內攝其客體時就已經開始。[251-1]第一個形成的客體意像，被賦予在這個發展階段中的強烈施虐衝動所具有的所有特質，由於這些特質會再次被投射到外在世界的物體上，小小孩因此深受害怕自己受到難以想像的殘酷攻擊所苦，這些攻擊同時來自於他的真實客體與超我。焦慮會增加他的施虐衝動，希望摧毀這些敵意客體，以逃避它們的猛烈攻擊。這形成了一個惡性循環：兒童的焦慮迫使他摧毀他的客體，導致其焦慮一再增加，而這些焦慮又迫使他必須再對抗他的客體，最後形成一種心理防衛。在我的觀點裡，這種防衛形成了個體反社會與犯罪傾向的基礎。因此我們必須假設，反社會與犯罪傾向之所以產生，是因為超我過度嚴厲且極端殘忍，而非像一般推測所言，是個人的弱點或需要。

在稍後的發展階段裡，對超我的恐懼會造成自我不敢面對那些引起焦慮的客體，這樣的防衛機制，將導致兒童的客體關係出現殘缺或損害。

我們瞭解，當性器期開始發展，兒童一般來說已經克服了施虐本能，與客體的關係也因此具備正向的性質。依我的觀點，在兒童發展中，這種進步會和超我本質的改變同時發生，兩者間具有相當密切的互動關係。隨著兒童的施虐衝動愈減緩，他那些不
真實、令人害怕的意像所造成的影響就愈小，從兒童自己的攻擊 252
傾向所衍生出的種種幻想退隱到背景之中，這樣的形象是更貼近

251-1　這個看法同樣基於我對兒童伊底帕斯傾向的看法。至今普遍的看法是兒童的伊底帕斯傾向在性器衝動達到高峰時開始，但我認為遠在這之前，例如當兒童還處在吸吮階段中，伊底帕斯傾向就已經萌芽。我認為兒童在口腔施虐期會將伊底帕斯客體攝入體內，也就是在這個時候，超我藉著與最早期的伊底帕斯衝動緊密連結，開始了它的發展。

真實客體的。隨著性器衝動逐漸增強，孩童形塑了良性而有益的父母意像，這樣的意像是建基在口腔吸吮期，孩童對於寬大而仁慈的母親的固著上。原本超我是相當殘暴而深具威脅力量的，它不斷下達毫無意義、自我矛盾的命令，完全無法被自我所滿足；而現在，超我開始以一種更溫和、更令人信服的方式規範著兒童，訂定出一些合理的（能夠被自我滿足的）要求。事實上，當兒童能夠真實地感受世界，超我就會轉化成我們的良心。

此外，隨著超我的性質改變，它對自我的影響，以及它所運作而產生的防衛機制都會開始改變。佛洛伊德使我們瞭解憐憫是之於殘忍的反應，但必須等到兒童已經達成某種程度的正向客體關係時，這類反應才會開始，換言之，這必須到性器組織（genital organization）正式浮現之後才會開始。如果將這樣的事實與關於超我形成的事實並列，我們將能做出以下結論：只要超我的主要功能是用來喚起焦慮，它會如同先前所述的，去動員那些自我的暴力防衛機制，而這些防衛機制的本質是反倫理、反社會的。不過一旦兒童的施虐衝動減弱，超我的本質與功能起了轉變，喚起的焦慮減少，罪疚感增多的時候，就會啟動那些奠定道德與倫理態度的防衛機制，這時兒童就會開始關懷他的客體，並且願意服從社會情感。[252-1]

這樣的觀點是針對不同年齡兒童所進行的無數分析中所誕生的。在遊戲分析之中，我們得以密切觀察病患們在遊戲與玩耍中表現出的幻想，並在那些幻想與他們的焦慮之間建立連結。當我

252-1 在分析成人的時候，大部分時間只會關注這些超我後來的功能與特性，分析師因此傾向認為就是它們構成了超我特質的要素。而超我也確只表現出這些特性，使人認為這就是超我的本質。

們進展到分析其焦慮內涵時，我們看見那些引起焦慮的攻擊傾向與幻想慢慢浮現，變得清晰，並且逐漸在數量與強度上占有巨大的比例。小小孩的自我處在一種危險的狀態中，隨時可能被自己龐大的原始力量所壓倒。藉著原慾衝動的幫助，兒童藉由壓住這些力量、使它們平靜下來並變得無害等方式，不斷掙扎地對抗這些力量，以維護自身的完整。

這樣的意象恰好可佐證在佛洛伊德的論文中，對於生之本能
（性慾）與死亡本能交戰，或對於攻擊本能的論述。但我們同時可 253
以確認，無論在任何時候，兩股力量之間都有著最緊密的聯盟與互動，因此精神分析必須追溯到兒童攻擊幻想的所有細節才算成功，竭盡所能地追溯原慾幻想，揭露它們最早期的來源，以降低它們所產生的影響。若無法如此，就不能稱作成功的分析。

在思考這些真實內涵並且鎖定那些幻想時，佛洛伊德與亞伯拉罕讓我們瞭解到，在最早期、性器期之前的原慾組織，原慾與摧毀本能的融合在這樣的組織中發生時，兒童的施虐衝動達到頂點。在對每個成人的分析中顯示，在口腔吸吮期之後出現的口腔施虐期中，小小孩經歷了一個與大量食人幻想相關聯的食人階段。雖然這些幻想仍然以吃掉自己母親的乳房或母親整個人為主，但它們不只是和希望被餵養、被滿足的原初慾望有關，它們也能夠滿足兒童的摧毀衝動。在這之後出現的施虐期——肛門施虐期——特徵在於對排泄過程（糞便與肛門）有著無比的興趣；這樣的興趣也與極端強烈的摧毀傾向有著密切關聯。[253-1]

我們知道糞便的排泄，象徵著將原本與自己合為一體的客體排放出去，敵意與殘酷的感覺也隨之而生，透過各式各樣的摧毀慾望，臀部變成負責進行這些活動的重要客體。我的想法是，這

些肛門施虐傾向同時包含了更多深深潛抑的目標與客體。我從早期分析中所能蒐集到的資料顯示，在口腔施虐期與肛門施虐期之間存在著另一個階段，在這個階段中，個體透過尿道施虐感覺自己的存在，在口腔傾向之後，尿道與肛門傾向接連出現，與特定的攻擊目標及客體有關。在兒童的口腔施虐幻想中，他使用牙齒與下顎作為手段，攻擊母親的乳房；在兒童的尿道與肛門幻想中，他試圖用自己的尿液與糞便來達到摧毀母親身體內部的目的。在這些後來產生的幻想中，排泄物被認為是各種武器、野生動物，或用來焚毀與腐壞其他東西的物質等等。因此兒童進入一個時期，這時候他會將每一個用來施虐的工具指向唯一的目的——摧毀母親的身體及其體內的一切。

254 關於客體的選擇上，兒童的口腔施虐衝動仍然是潛在的影響因素，因此兒童會把母親的身體當作一個乳房，想著他會吸光、吃光母親體內的一切。但這個衝動會因為兒童在這個時期所發展出的第一個性理論而獲得延展。我們已經瞭解到，當兒童的性器本能被喚起，他的潛意識會開始對於父母間如何性交連結、小孩如何出生等各種疑惑產生一些理論。但對於早期階段的分析，顯示出兒童其實在比性器期更早的階段中，就已經發展出這樣的潛意識理論。在性器期之前的階段，儘管兒童潛藏未明的性器衝動的確具有某些影響力，但前性器期衝動（pregenital impulses）仍主導著整個局面。這些理論的內涵大抵上是說，在性交的過程中，母親持續透過口腔將父親的陰莖併入體內，因此她的身體充滿了極大量的陰莖與嬰兒。兒童渴望吃光並摧毀它們。

253-1 除了佛洛伊德之外，鍾斯、亞伯拉罕與費倫齊都為我們提供了重要的知識，使我們瞭解這種聯盟對於個體的性格形成與精神官能症所造成的影響。

因此，兒童在攻擊自己的母親內部時，也正在攻擊著大量的客體，同時展開了一段擔心各種後果的過程。一開始，子宮象徵著世界；兒童原本帶著攻擊與摧毀的慾望與這個世界接觸，他從一開始就認為這個真實的外在世界所具有的威脅，與自己所擁有的敵意相差無幾，這裡充斥著準備要攻擊自己的客體。[254-1] 攻擊母親身體的想法，會讓兒童認為自己也攻擊著自己的父親與兄弟姊妹；更廣泛地說，兒童認為自己攻擊著整個世界。而在我的經驗中，這就是導致兒童產生罪疚感，並且發展出社會與道德情感的潛藏原因之一。[254-2] 當過度嚴厲的超我開始稍微減弱，它在巡視自我想像中的攻擊時會引起罪疚感，進而喚起兒童身上十分強烈的修補傾向，以彌補兒童在想像中對所有客體造成的損害。這些摧毀幻想的內容與細節會因人而異，但皆會幫助個體決定其昇華作用的發展，也間接有助於兒童的修復傾向，[254-3] 或甚至產生更為直接的助人慾望。

遊戲分析顯示當兒童的攻擊本能到達巔峰時，他會不厭其煩 255
地去撕裂、切斷、破碎、弄濕或焚燒所有東西，像是紙、火柴、盒子、小玩具等，任何能夠象徵其父母和兄弟姊妹及母親身體與乳房的事物。然而這種摧毀的狂熱會隨著突發的焦慮與罪疚感的產生而改變。可是在分析過程中，當焦慮漸漸消除，兒童的建設

254-1　我認為這種早期焦慮情境若是過度強烈，就是形成各種精神病的基礎因素。

254-2　由於在更早的階段中，兒童的思考中就出現了全能自大的信念（參見佛洛伊德《圖騰與禁忌》；費倫齊，《現實感的發展》〔*Development of the Sense of Reality*, 1916〕），使得兒童混淆了自己想像中的攻擊與真實的攻擊，即使到了成人階段，仍然可以發現這種混淆在運作著。

254-3　在我的〈反映在藝術作品與創作衝動中的嬰兒期焦慮情境〉（1929）一文中，我便主張個體的罪疚感以及對於受損物體的修復慾望，是他在昇華作用發展時的普遍與基礎因素。艾爾拉・夏普（Ella Sharpe）的文章〈昇華及妄想的一些面向〉（Certain Aspects of Sublimation and Delusion, 1930）也做出了同樣的結論。

傾向亦會開始浮現。[255-1]舉例來說，一個小男孩原先什麼也不玩，只是把小木塊切成碎屑，現在他開始試著將這些木屑拼湊成一枝鉛筆。他把先前切碎的筆芯塞進木頭裡，再用一片東西把這個粗糙的木頭包起來，讓它變得更好看。這枝手工自製的鉛筆，象徵他已經在幻想中摧毀的父親陰莖，同時象徵他自己的陰莖，因為他深怕自己的摧毀遭到報復；從他使用與表現這些材料的前後脈絡，以及從他對這些材料的自由聯想中，我們可以很清楚地證實這一點。

兒童在被分析的過程中，當他開始用各種方法展現出更強的建設傾向，像是透過遊戲或各種昇華作用的活動——彩繪、書寫、畫出某些東西，而非像之前用灰燼把所有物品弄髒，或是為他曾經切碎或撕成一片片的物品進行縫補與設計——這時候他與父親、母親或兄弟姊妹的關係也會有所改變；一般來說，這些改變標示出更進步的客體關係與更成熟的社會情感。兒童究竟能夠學會以哪些途徑來進行昇華作用？他的修復衝動究竟有多強？他會採取何種形式來修復？要回答以上的問題，除了衡量兒童原初攻擊傾向的程度之外，還要參照與其他諸多因素之間的交互作用，礙於篇幅，我們暫不深究。然而我們對於兒童分析的知識允許我們做出以下說明：分析超我的最深層，往往讓我們得以大幅改善兒童的客體關係、增進兒童使用昇華作用的本領，並提昇他對社會的適應能力——意即分析本身不僅能夠讓兒童更快樂、更健康，還加強了孩子的社會和倫理情操。

這使我們必須思考一個在兒童分析中可能出現的明顯阻礙，

255-1 在分析中，消除焦慮的效果會漸漸地、平均地產生，使得焦慮與侵略本能兩者都能被逐漸消融。

有人會問：難道不會因為超我被過度減弱到低於某種期望值，變得不夠嚴厲，因而產生反效果，使兒童怠惰而不去發展適當的社會與倫理情感？要回答這個問題，首先，就我所知，超我事實上 256
從未如此劇烈地減少；其次，有足夠的理論根據讓我們相信這樣的情況永遠不會發生。就真實的經驗而言，我們知道在分析性器期之前的原慾固著時，即使在理想的情況下，我們也只能夠成功地將其中一定程度的原慾，轉換成性器期的原慾，而那些無法轉換的剩餘原慾（仍會發揮影響力），會持續以施虐及前性器期原慾的方式作用著。因為這時性器層次的優勢地位已經更加確立，自我更有能力以各種方式應付超我，像是去獲得滿足、壓制過度的超我，並且進行超我的轉化與昇華。同樣地，由於施虐的核心是前性器層次的主要產物，分析是永遠無法將它從超我中連根拔除的；不過分析可以增加性器層次的力量，以減輕施虐衝動，讓現在已然茁壯的自我能夠像處理本能衝動一樣去應付超我，採取讓個體自身和所處的世界都能兩全其美的方法。

思考至今，我們確立了一個事實：一個人的社會情感與道德情感，是源於性器層次主導下一種較溫和形態的超我。現在我們必須考量緊接在這個事實之後的一些邏輯推論。分析愈深入到兒童心智的底層，愈能夠減緩在早期發展階段中產生的施虐成分的影響，成功地降低超我的嚴厲性而產生療效。為了得到這樣的成果，分析會鋪設一條道路，讓接受分析的孩子在兒童時期能夠達成社會適應，同時促進他在成人時期順利發展道德與倫理標準。因為這種形式的發展，必須仰賴超我與性特質同時在兒童期性生活階段結束之前達到令人滿意的性器層次，[256-1]如此一來，超我應該已經從個人的罪疚感中，發展出深具社會價值的特質與功能，例如個人的良心。

一段時間以來，經驗已向我們顯示，雖然佛洛伊德原本發明精神分析作為一種治療心理疾病的方法，但精神分析也發揮了第二項用途——它導正了性格形成（character-formation）過程中的扭曲與阻礙，特別在兒童與青少年身上，它能造成相當大的改變與影響。我們可以說，一旦接受分析之後，每個兒童都會表現出根本的性格改變。根據對事實的觀察，使我們不得不確信：性格分析（character-analysis）和精神官能症分析，兩者在治療效果上具有相同的重要性。

257 有鑑於這些事實，有些人不由得對精神分析產生疑惑，精神分析是否註定無法超越對於獨立個體的治療範圍，而影響整體人類的生活？過去人類對於改善人性所做的再三嘗試都前功盡棄，特別是讓人們更愛好和平的努力，因為沒有人真正瞭解到每個個體與生俱來的攻擊本能之完整深度與力量。這些努力都侷限於鼓勵人們那些正向的、有益的衝動上，卻否認或壓抑人們的攻擊衝動，因此這些努力從一開始就註定會失敗。但精神分析在處理這樣的工作時，採取了不同的方式。的確，用精神分析的方法並不能將人類的攻擊本能去除殆盡，但它能夠減輕這些本能運行時產生的焦慮，中止人們的恨與恐懼之間不斷互相增強的惡性循環。我們在分析工作中，一直密切地思考以下幾個問題：如何解決早期嬰兒期焦慮？這不只是要減輕、修飾兒童的侵略衝動，還要從社會的觀點，把這樣的衝動導向更有價值的活動並獲得滿足；兒童如何能表現出不斷成長，以及擁有根深柢固的被愛與愛人的慾望，並與周遭的世界和平共處？兒童能夠從滿足這樣的需求當中

256-1 也就是潛伏期來臨時，大約五到六歲的時候。

得到多少的快樂與益處，減輕多少焦慮？當我們能夠看到總體，我們就準備好去相信：現在看來彷彿是一種理想國的境界，未來有可能成真。當兒童分析能如我所願，未來成為每個人成長經驗的一部分，就像現在教育是每個人成長經驗的一部分一樣，那麼即使每個人身上都或多或少潛伏著那些由害怕與懷疑所萌生的敵意態度，隨著每次摧毀衝動出現就劇幅增強，但到了那個時候，這些敵意或許會讓步，使個體能夠更信任、更善待周遭的人，居住在世界上的人類能夠更加和平共處、相濡以沫。

第十六章　論犯罪（1934）

主席、各位女士、先生：當你們的祕書一、兩天前邀請我為今晚的討論發表演說，我回覆她，我欣然接受這個邀請，但是在如此匆促的時間之內，我可能無法針對這個主題寫成一篇文章或是完整講稿。特別指出這一點，因為我僅能根據我在其他文章中曾經提出的假設與思路，鬆散地整理出一些結論。[258-1] 258

我曾經在1927年口頭發表一篇文章，[258-2]文中我試圖證明在正常兒童身上也同樣有著犯罪傾向的運作，並提出關於潛藏在自我中心與犯罪發展之下的影響因素。我發現兒童會展現出反社會與犯罪傾向，一次又一次地以實際行動表達（當然是以孩子的方式），特別是他們深怕父母會用殘酷的報復手段，懲罰他們針對父母的攻擊幻想。在潛意識裡，兒童預期自己會被碎屍萬段、斬首、吞噬等等。為了得到處罰，兒童會覺得非得表現得頑皮一點不可，因為在真實世界中，無論是多麼嚴重的懲罰，跟他們持續從幻想中的殘忍父母處所得到的凶殘攻擊相比，真實的處罰反而一次又一次地讓他們放心。在那篇文章中，我結論道：犯罪傾向不是一種弱點，也不是一種缺乏超我的現象（雖然外界通常這麼認為）；換言之，這不表示他們缺乏良心，反到是過度嚴格而絕對的超我，是導致反社會與罪犯典型行為的主要原因。

兒童分析領域的進展確認了這些看法，也幫助我們深入理解

258-1　《兒童精神分析》（1932）與〈兒童良心的早期發展〉（1933）。

258-2　〈正常兒童的犯罪傾向〉（1927）。

在此類個案身上，這種機制如何運作。小小孩一開始對他的父母懷有攻擊衝動與幻想，然後全都投射到父母身上，如此一來，他會對身旁的人發展出一種幻想式的扭曲想像，但是內攝的機制也
259 同時運作，因此這些虛構的意像被內化，結果使兒童覺得自己被潛意識裡危險而殘忍的父母——他自己內在的超我——所支配。

在每一個人都會經歷的早期施虐階段中，兒童保護自己免於受其暴力客體——包括內攝的與外在的——威嚇的方法，是在想像中一再加倍地攻擊這些客體；他之所以想要擺脫他的客體，一部分是想要平息超我所帶來無法忍受的威脅。這形成了一個惡性循環，兒童的焦慮迫使他摧毀他的客體，導致焦慮不降反升，並再次驅使他反抗他的客體；這種惡性循環所構成的心理機制，應該就是個體的反社會與犯罪傾向的基礎。

身處施虐衝動與焦慮都逐漸減少的正常發展過程時，兒童會找到更好、更社會化的手段與方式，熟練地處理這些焦慮。由於對現實的適應能力提昇，使得兒童能夠從他與真實父母的關係中，得到更多幫助他對抗幻想意像的支持力量。在最早期的發展階段裡，他對父母與兄弟姊妹的攻擊幻想會激起焦慮，原因主要是他害怕這些客體可能會反過來對付他。這樣的傾向現在卻成為罪疚感的基礎，使得個體想要修復想像中造成的傷害；同樣的改變也會因進行分析而出現。

遊戲分析顯示，當兒童的攻擊本能與焦慮都非常強大的時候，兒童會不斷重覆地撕裂、切斷、打碎、尿溼，並且焚毀所有種類的物品，像是紙、火柴、箱子、小玩具等等，這些物品象徵著兒童的父母、兄弟姊妹，以及母親的身體與乳房。我們也發現這些攻擊活動與嚴重焦慮會交替出現。但是在分析的時候，焦慮

逐漸減少，施虐衝動也因此消除，罪疚感與建設性的傾向開始變得明顯。舉例來說，一個小男孩原先什麼也不玩，只是把小木塊切成碎屑，現在他開始試著將這些木屑拼湊成一枝鉛筆。他把先前切碎的筆芯塞進木頭裡，再用一片東西把這個粗糙的木頭包起來，讓它變得更好看。這枝手工自製的鉛筆，象徵他已經在幻想中摧毀的父親陰莖，同時象徵他自己的陰莖，因為他深怕自己的摧毀遭到報復；從他使用與表現這些材料的前後脈絡，以及從他對這些材料的自由聯想中，我們可以很清楚地證實這一點。

恢復的傾向與能力提昇得愈多，對身旁人們的仰賴與信任愈多，超我就會愈溫和，反之亦然。但在那些受到強烈施虐衝動與排山倒海的焦慮所影響的個案身上（在此我只簡要地提到一些比較重要的因素），由恨、焦慮與摧毀傾向所構成的惡性循環是無法 260
掙脫的，個體仍然處在早期焦慮情境的壓力之下，仍使用屬於早期階段中所使用的防衛機制。假使日後對於超我的恐懼超出了某種界線，無論是基於外在或精神內在的原因，個體可能會被迫去摧毀他人，這種難以抗拒的衝動可能會成為某種犯罪行為或精神病的發展基礎。

因此我們瞭解，妄想症或犯罪可能出自同樣的心理根源。到後來，某些因素會導致罪犯更強烈地想要去壓抑潛意識幻想，並且在現實中犯下罪行。被害幻想在這兩種情況中常常出現，因為罪犯覺得自己即將摧毀他人，而產生被害感。在自然情況下，某些兒童不只在幻想中，也會在現實中經驗到某種程度的被害感，這些感覺可能來自嚴酷的父母與痛苦的環境，使得幻想大幅強化。當內在的心理困難（有一部分可能是環境造成的結果）無法充分被他人所體察，常會使個體產生一種傾向，即過度重視那些無法令人滿足的環境。因此僅改善孩子的環境能否使小孩獲益，端視精神內在焦慮（intrapsychical anxiety）的程度而定。

罪犯最大的問題之一，也是使他們往往無法被社會上其他人所理解的一點，在於他們缺乏人類與生俱來的善念，雖然這種缺乏僅限於表面。在分析中，當一個人碰觸到恨與焦慮的根源處所產生最深的衝突時，他會發現那裡也存在著愛。罪犯身上的愛並沒有消失，卻以這種方式被隱藏、埋葬起來，唯有分析能讓他們心中的愛重見天日。既然被個體所憎恨的迫害客體，原本是幼小嬰兒心中那個聚集了所有的愛與原慾的客體，罪犯現在其實是身處在憎恨、迫害自己所愛客體的位置上。一旦身處在這個位置，他無法忍受在所有記憶與意識中對任何客體懷有任何愛的感覺。「這世界上只剩下敵人」——這正是罪犯心裡的感覺，他也因此視自己的恨與摧毀具有絕對的正當性——這種態度可以減輕其潛意識中的某些罪疚感。恨最常被用來當成愛的偽裝。我們絕對不能忘記，對身處在持續的迫害壓力下的人而言，他首要也是唯一的考慮，是個人自我的安全。

我在此做一個總結：在個案身上，若超我的主要功能是喚起焦慮，這樣的焦慮會引發自我的暴力式防衛機制，這些機制的本質是違反倫理道德，也是反社會的。不過一旦兒童的施虐衝動減
261 弱，超我的性質與功能產生改變，就會引起較少的焦慮與較多的罪疚感，此時防衛機制被活化，奠定了合乎道德與倫理的態度。兒童因而開始關心他的客體，並且願意服從社會情感。

雖然無須太過悲觀，不過我們瞭解與一名成年罪犯接觸、治療他，是多麼困難的事；但經驗告訴我們，具有犯罪傾向和精神病的兒童都是我們能夠接觸並治療的。因此，對出現犯罪或精神病異常徵兆的兒童進行分析，或許是對付少年犯罪的最佳解藥。

第十七章　論躁鬱狀態的心理成因（1935）

我早先的論述包含了一段對於施虐高峰期的說明。兒童在周 262
歲以內經歷了這個階段，在嬰兒時期最初的幾個月裡，其施虐衝動不僅朝向母親的乳房，也指向她身體內部：掏挖、吞噬內容物、摧毀，極盡施虐之能事。嬰兒的發展是由內攝與投射的機制所決定的，最初自我內攝了「好的」與「壞的」客體，不論是哪一種，母親的乳房都是其原型——得到它時是好的客體，當它令他失望時是壞的客體，不過是因為嬰兒將自己本身的攻擊性投射到這些客體上，所以感覺到它們是「壞」的，而且不只是因為它們挫折了孩子的渴望，事實上孩子感覺到它們是危險的——害怕它們是會吞噬自己、淘空自己的身體內部、切碎及毒害自己的迫害者——簡言之，就是極盡施虐之所能來達到破壞的目的。這些意像是根據真實客體在幻想中被扭曲的樣子，不僅被裝置於外在世界中，也藉由吞併（incorporation）的過程被裝置在自我當中。因此，很少有兒童能夠通過焦慮情境（並且用防衛機制來反應），這種焦慮情境的內涵與成人精神病的內涵是可以相比擬的。

最早期用來應付對於迫害者——不論是存在於外在世界或內化的——之恐懼的防衛方法之一是精神盲點（scotomization），也就是否認精神現實。這可能導致在相當程度上限制了內攝與投射的機制，以及否認外在現實，並且形成最嚴重精神病的基礎。很快地，自我試圖藉由排出與投射的過程，抵禦內化的迫害者以防衛
自己。同時，由於對內化客體的恐懼不會隨著投射於外就此解 263

除，因此自我以對付外在世界之迫害者的相同力道，來對付身體內部的迫害者。這些焦慮內容與防衛機制形成了妄想症的基礎。在嬰兒對於魔術師、巫師、惡獸等的恐懼當中，我們發現了一些同樣的焦慮，但是此處它已經進行了投射與修正。此外，我的結論之一是，嬰兒的精神病焦慮，特別是偏執的焦慮，是與強迫的機制有關並且受其修飾的，這些機制在很早期就存在了。

在本文中我要提出來討論的是，憂鬱狀態與妄想症的關係，以及它在另一方面與躁症的關係。我在嚴重精神官能症、邊緣型的案例，以及表現混合偏執與憂鬱傾向的成人與兒童病例的分析工作上得到了一些材料，我的結論就是根據這些材料而來的。

我曾經研究過各種程度與形式的躁動狀態，包括發生在正常人身上比較輕微的輕躁症（hypomanic state），而對於正常兒童與成人之憂鬱與躁動特質之分析，也被證實是很有啟發性的。

根據佛洛伊德與亞伯拉罕的看法，抑鬱症（melancholia）的基本過程是失去了所愛的客體。真正失去了一個真實的客體，或是失去具有同樣意義的類似情境，導致了客體被裝置於自我當中。不過，由於個體過度的食人衝動而使內攝失敗，結果導致了生病。

為何內攝對於抑鬱症來說如此具有特殊性呢？我相信妄想症與抑鬱症兩者在吞併上的不同處在於，個體與客體之間在關係上的改變，雖然，這也是內攝的自我在構造上產生改變的問題。根據愛德華・葛羅夫（1932）的看法，自我最初只是很鬆散地組織起來，包含了相當多的自我核心（ego-nuclei）。根據他的觀點，在最初的階段，是口腔的自我核心在其他的核心之間居於主導的位置，後來則是肛門的自我核心主導。而在此早期階段裡，口腔施虐扮演了重要的角色——我認為此階段是精神分裂症的基礎。[263-1]此時自我認同於客體的能力仍是弱的，一部分是因為它本身尚未協調，另一部分則是因為被內攝的客體主要仍是部分客體，這些部分客體等同於糞便。

在妄想症來說，典型的防衛主要目標是在消滅「迫害者」，然 264
而由自我而來的焦慮是很顯著的。當自我變得更加組織化的時候，內化的意像會更接近現實，自我將能更充分地認同「好的」客體。最初自我所感受到對迫害者的恐懼，現在也和好的客體發生關聯，從此開始，保存好客體被認為與自我的生存是具有相同意義的。

與此發展同時並進的是一項最為重要的改變，也就是從「部分客體」關係進展到與「完整客體」的關係。經由這一步，自我成了被稱為「失去所愛客體的處境」的基礎。只有在客體被當作整體來愛的時候，失去它才能被感受到是完整的。

隨著這個在客體關係上的改變，新的焦慮內涵出現了，防衛機制發生了改變，原慾的發展也受到決定性的影響。唯恐受到施虐破壞的客體，本身會成為在個體身體內部的毒害與危險來源。這種偏執焦慮導致了個體在吞併這些客體的同時——雖然其口腔施虐攻擊正熾——對它們極度的不信任。

如此一來，導致了口腔渴望的減弱，這件事的表徵可以在幼兒常見的進食困難上觀察到，我認為這些困難有一偏執的根源。當一個兒童（或成人）更充分地認同於一個好的客體時，其原慾

263-1　我建議讀者參考我對此階段的說明，兒童在這個階段對母親的身體發動攻擊，而這個階段是在口腔施虐開始的時候啟動的，我認為它是妄想症的基礎（比較《兒童精神分析》，第八章）。

衝動增加了，他發展出一種貪婪的愛，並渴望吞噬這個客體，因此內攝的機制再度被增強了。另外，他發現自己總是被驅使去重覆吞併好的客體——也就是說，重覆這種行動的目的，是要檢測其恐懼的現實性，並證實它們是假的——有一部分是因為他害怕會因為自己的食人性而失去它，另一部分則是因為他害怕內化的迫害者，因此需要好客體來幫他對付這些迫害者。在這個階段裡，自我從未如此受到愛與想要內攝客體的需求所驅使著。

另外一個使內攝增加的刺激是這樣的幻想：所愛的客體可以在個體內部被安全地保存。在這情況下，內在的危險被投射到外在世界裡。

不過，如果對客體的關心增加了，對精神現實也有了更好的瞭解，那麼如亞伯拉罕曾經描述的：唯恐客體會在組合的過程中被摧毀的害怕，導致了內攝功能的各種干擾。

265 我的經驗是，更進一步來說，有一種對於客體在自我內部可能遭遇危險的深度焦慮，它在那裡無法被安全地保持住，因為內在被認為是危險有毒的地方，在那裡所愛的客體會死亡。此處我們看到了我在前文所描述的情境之一，也就是內在成了「失去所愛的客體」的基礎情境；這個情境，也就是當自我變得更充分地認同於好的內在客體，同時更加覺察到它本身不足以護衛與保存好客體免於被內化的迫害客體與本我所傷害。這種焦慮在心理上是情有可原的。

對於自我來說，當它充分認同於客體的時候，並沒有放棄它較早期的防衛機制。根據亞伯拉罕的假說，滅絕與排除客體——較早期肛門層次的典型過程——啟動了憂鬱的機制。如果是這樣的話，它確認了我對於妄想症與抑鬱症之間起源上相關性的概念。

我認為破壞客體（不論是在身體內或是外在世界中）的偏執機制——藉由每一種源於口腔、尿道與肛門施虐的方式——是持續不斷的，不過是在較輕微的程度，而且因為個體與其客體之關係改變而有某些修正。如同我曾經提到的，唯恐好的客體會隨同壞的客體被排出的恐懼，導致了排出與投射的機制失去了價值。我們知道，在此階段中，自我更善於運用內攝好客體來作為防衛機制，這和另一種重要的防衛機制是相關的：修復客體的機制。在我的幾篇較早期著作中，[265-1]我詳盡地討論了復原（restoration）的概念，並且說明它不僅是反向作用（reaction-formation）而已。自我感到被驅使（我現在可以補充，這是因為受到它認同於好客體的驅使）去償還它曾經對客體發動的所有施虐攻擊。當好的與壞的客體之間的裂痕變得顯著的時候，個體試圖去復原前者，並在復原中補償其施虐攻擊的每一個細節。但是，自我尚無法充分相信客體的善意及它自身的償還能力；另一方面，透過它對好客體的認同及這一點所意味的其他心智上的進展，自我被迫對精神現實有更充分的認識，這使它暴露在猛烈的衝突之中。自我的某些客體（未定的數目）對它來說是迫害者，隨時要吞噬它、侵犯它，在各方面來說，它們都危及自我與好的客體。兒童在幻想中對父 266
母造成的每一個傷害（主要來自於恨，其次則來自於自我防衛），某一客體對另一客體的每一個暴力行動（特別是雙親具有破壞性與施虐的交合，被兒童當作是自身施虐願望的另一種結果），所有這些事情都在外在世界中進行著，而且由於自我總是不斷地將外在世界吸收到它自己裡面，這些也在自我當中進行。不過，現在

265-1　〈反映在藝術作品及創造衝動中的嬰兒期焦慮情境〉（1929）；也見《兒童精神分析》。

這些過程全都被視為是危及好客體與壞客體的長期危險來源。

確實，由於好的與壞的客體被更清楚地區別，個體的恨意被導向壞的客體，而其愛與修復的努力則比較專注在好的客體上。但是，其過度的施虐與焦慮對心智發展的演進形成了阻礙，每一個內在或外在刺激（例如，每一次真實的挫折）都充滿了極端的危險：不僅是壞的客體，好的客體也受到本我的威脅，因為每當觸及恨及焦慮時，都有可能暫時消除了區別性，因而導致了「失去了所愛的客體」。並不只是個體無法控制的恨太過強烈之故，太過強烈的愛也同樣會危及客體，因為在發展的這個階段裡，愛一個客體與將它吞噬是非常緊密相連的。一個幼兒在母親不見的時候，會相信自己已經將她吃掉而且摧毀（不論是來自於愛或恨的動機），他被焦慮折磨著，既是為她，也是為了他已經吸收進入自己內部的好母親。

很清楚的是，在這個發展階段裡，自我感覺不斷地因為擁有內化的好客體而受到它的威脅，因而充滿了焦慮，唯恐這些客體會死亡。在兒童與成人都因為憂鬱而受苦的情況中，我發現了對於個體內部隱藏了瀕死或死亡之客體（特別是雙親）的恐懼，以及自我對此種狀況的客體的認同。

從精神發展最初的時候開始，在真實客體與那些裝置在自我內部的客體之間總是存在著一種相關性，因為這個緣故，我剛剛描述的焦慮會使兒童呈現出對母親或任何照顧者誇張的固著。266-1
母親不在的狀況激起了兒童的焦慮，唯恐自己會被交付給壞的客體——外在的與內化的——不管是因為她的死亡，或是因為她以壞母親的樣子回來。

267 這兩種狀況對兒童來說都是失落了所愛的母親，我特別要強調的是害怕失去內化的「好」客體，成了唯恐真實的母親死亡的焦慮來源；另一方面，每一個暗示著失去真實所愛之客體的經驗，也都會激發害怕失去內化客體的恐懼。

我已經說過，我的經驗引領我到這樣的結論：失去所愛的客體，是發生在自我由組合部分客體過渡到完整客體的發展階段中。描述過在此階段裡自我所處的情境之後，我可以在這一點上更精確地表達我的想法：那些後續清楚地成為「失去所愛客體」的過程，乃是受到個體無法確保其內化的好客體——也就是擁有它——的挫敗感所決定的（在斷奶及其前後的期間裡），之所以會失敗的一個理由，是他已經無法克服對內化的迫害者產生的偏執式恐懼。

在這一點上我們面臨了一個攸關整個理論的重要問題。我自己及許多英國同事們的觀察讓我們獲得以下的結論：早年的內攝過程對正常與病態發展的直接影響是更為重要的，而且在某方面與之前在精神分析學界中被廣為接受的想法不同。

根據我們的觀點，甚至最早期被吞併的客體也形成了超我的基礎，並且進入它的結構中，這個問題絕不只是理論上的。當我們研究早期嬰孩自我與其內化客體及本我之間的關係，並且瞭解到這些關係逐漸發生的改變時，對於自我所度過的特殊焦慮情境，以及它在更加組織化時所發展起來的特殊防衛機制，我們得到了更深入的洞識。從我們的經驗來看，我們對於精神發展的最早期階段、超我的結構及精神病的病因學，都有了更完整的瞭解。當探討病因的時候，必要的是，對於原慾特質（libido-disposi-

266-1　多年來我抱持的看法是：兒童固著於母親的來源，不僅只是對她的依賴，還有自身的焦慮與罪疚感，而這些感覺是與其早年對母親的攻擊有關的。

tion）的看待應不僅止於此，而是要考慮它和個體在最早期時與其內化的、以及外在的客體之間的關係如何互相關聯；這樣的考慮表示我們瞭解到自我在處理其所處的各種焦慮情境時，逐漸發展的防衛機制。

如果我們接受這種關於超我形成的觀點，那麼就比較可以理解它在抑鬱症病例中所表現的冷酷嚴苛了。來自於內化壞客體的
268 迫害與要求；這些客體彼此之間的攻擊（特別是由雙親之施虐性交所代表的）；滿足「好客體」極為嚴苛的要求、在自我內部保護與討好它們的急迫必要性，結果造成了本我的恨意；對於好客體的「好」總是感到不確定，導致了它隨時易於轉變成壞的客體——所有這些因素結合在一起，自我產生了一種感覺，即成為那些來自於內在的矛盾與不可能的要求之犧牲品，這是一種被認為是壞良心（bad conscience）的狀態。也就是說：良心最早的發聲是與被壞客體迫害相關聯的，「良心的折磨」（Gewissensbisse）這樣的說法證實了良心無情的「迫害」，以及它在最初時是被想像為會吞噬其受害者的。

在形成抑鬱症之嚴厲超我的各種內在要求中，我曾經提到個體迫切地想要配合「好」客體非常嚴格的要求。特別是這部分特性，為一般精神分析觀所確認，也就是，內在「好」客體（即所愛的客體）的殘酷，這在抑鬱症的嚴厲超我中清楚可見。不過，以我的觀點，唯有藉由觀察自我與其幻想中壞客體及與好客體的整體關係，還有觀察內在情境的整體樣貌，如我在本文中嘗試加以概述的，我們才能夠瞭解：自我在配合那已經裝置在自我內部的所愛客體極度殘酷的要求與訓誡時，如何屈從於被支配的狀況。如我之前提到的，自我努力將好客體與壞客體分開，也將真

實的與幻想的客體區隔開，結果產生了極度壞與極度完美的客
體，也就是說，其所愛的客體在許多方面非常嚴厲。同時，由於
嬰兒無法完全將好、壞客體在心智中分開，[268-1]有些壞客體與本我
的殘酷附加到好客體上，如此一來又提高了好客體要求的嚴厲
性。[268-2]這些嚴格的要求，在自我對抗其難以控制的恨意及正在攻 269
擊的壞客體時，發揮了支持自我的目的，而自我也「部分認同」
於這些客體。[269-1]當失去所愛客體的焦慮愈強烈，自我愈是努力去
挽救它們，加上修復的工作更加困難時，與超我有關聯的要求就
更嚴厲了。

我嘗試說明的是，由於自我的能力尚未完備，無法藉由新的防衛機制來處理發展進程中新的焦慮內涵，它在吞併完整客體時所經歷的困難持續進行著。

我知道要清楚區分妄想症患者與憂鬱症患者的感覺與焦慮內容是很困難的，因為它們是互相連結在一起的，不過，它們仍是可以加以區別的，如果以此作為區分的準則，也就是我們思考被害焦慮是否主要和「保存自我」有關（這種情況是妄想症），還是和保存內化的好客體有關，而「自我」認同此客體為完整的。憂鬱症患者的焦慮與受苦的感覺本質，是遠較忘想症患者更加複雜的。唯恐好客體及自我會一起被摧毀，或是處於去整合（disintegration）的狀態，與這樣的焦慮交織在一起的是持續努力挽救內化

268-1　我已經解釋了，藉由逐漸統合、分裂好與壞、幻想與真實、外在與內在的客體，自我朝向更實際的外在和內在客體的概念發展，因而獲得了與兩者滿意的關係（比較《兒童精神分析》）。

268-2　在《自我與本我》（1923）中，佛洛伊德揭示了在抑鬱症裡，破壞性的成分在超我中濃縮了，而且被導向了自我。

269-1　眾所周知，有些兒童表現了一種急迫的需要：必須被嚴格管教，並且藉由外在的力量來防止自己做錯事。

的與外在的客體。

似乎只有當自我已經內攝了完整的客體，並與外在世界和真實的人們建立了更好的關係時，它才能夠完全瞭解透過其施虐所造成的災禍（特別是透過其食人慾望），並且為此感到痛苦。這種痛苦不只是和過去有關，也和當下有關，因為在這個早期發展階段中，施虐正處於高峰；要能更充分地認同於所愛的客體並認識其價值，自我才能夠察覺到自己已化約至「去整合」的狀態，並且持續化約其所愛的客體。於是，自我面臨了這樣的精神現實：所愛的客體正處於消解（dissolution）的狀態——碎裂的。因為此確認而產生的絕望、懊悔與焦慮存在於許多焦慮的底層，在此只稍舉其中數例：有一種焦慮是關於如何用對的方式，在對的時間將片片斷斷的客體放置在一起，以及如何選取好的部分客體、丟棄壞的部分客體，如何在客體被重新組合之後令其復活；還有一種焦慮是關於在做這項工作時，會受到壞客體與自己的恨意干擾等等。

270 我發現這種焦慮情境不僅存在於憂鬱症的底層，也是所有抑制的基礎。想挽救所愛的客體，去修補、復原它的企圖——這些企圖在憂鬱狀態中是伴隨著絕望的，因為「自我」懷疑它達成這項復原工作的能力——是所有昇華及整個自我發展的決定性因素。為此，我僅提及將所愛客體化約成碎片的昇華，以及努力組合它們的重要性。它是一個處於碎裂狀態的「完美」客體，於是，為了努力抵銷已被化約成的去整合狀態，先決條件是必須讓它變得美麗又「完美」。此外，要求完美的想法是如此具有說服力，因為它可以證明去整合不是真的。對某些因為不喜歡或恨意而離開母親的病患，或運用其他機制離開母親者，我發現在他們的心智中仍然存在著母親的美麗圖像，只不過被認為是她的圖像罷了，不是真實的她。真實的客體被認為是沒有吸引力的，實際上是一個受傷的、無法治癒的人，因此是可怖的。美麗的圖像已經脫離了真實的客體，但是從來不會被放棄，而且在其昇華的特殊方式中扮演了非常重要的角色。

對完美的渴望似乎源於去整合的憂鬱式焦慮中，因此這樣的渴望對所有的昇華都是極為重要的。

如我之前曾經指出的，「自我」實現了它對一個完整的、真實的好客體的愛，同時感受到對它有難以抵擋的罪惡感。基於原慾依附（libidinal attachment）——最初是對乳房，然後是對完整的人——而對客體產生的完全認同，和對客體的焦慮（對於其去整合）、罪疚與懊悔，想要保存它、讓它完整而免於迫害者與本我的傷害，以及關於預期將要失去它的哀傷是同時發生的。這些情緒，不論是意識的或潛意識的，在我看來都是屬於我們稱為愛的感覺的基本元素。

為此我可以說的是，我們熟悉憂鬱症患者的自我責難，它所表徵的是對於內攝客體的責難。但是，在此階段中最主要的是自我對本我的恨，這是憂鬱症患者懷持無價值與絕望感的主因，而非自我對客體的責難。我經常發現，這些對壞客體的責難與恨是次發增加的，如一種防衛，為的是應付對本我的恨，因為這是更難以忍受的。終究，自我在潛意識中知道：除了愛之外，恨確實也是在那裡的，而且它隨時可能占了上風（自我憂心會受到本我 271
的影響而摧毀了所愛的客體），這帶來了哀傷、罪疚與絕望感，這些感覺是哀悼的基礎。這種焦慮也造成了對於所愛客體的良善的懷疑。如同佛洛伊德曾經指出的，懷疑是在現實中對自己所擁有

的愛的懷疑，而且，「一個懷疑自己的愛的人，可能會，或者說一定會，懷疑每一樣無關緊要的事情。」[271-1]

我要說的是，妄想症患者也內攝了完整且真實的客體，但是無法對它達到充分的認同，或者，即使已經達到，卻未能維持它。現在讓我舉幾個導致這種失敗的理由：被害焦慮太強烈；具有幻想本質的懷疑及焦慮，阻礙了完全而穩定地內攝真實的好客體，因此雖然被內攝，個體維持好客體狀態的能力卻很少，因為各種懷疑會很快地把所愛的客體再次轉變為迫害者。因此，妄想症患者與完整客體及與真實世界的關係，仍然受到了早年與內化的部分客體之關係，以及與迫害者（如糞便）的關係所影響著，而且可能再次向後者讓步。

我認為妄想症患者的特質在於，雖然由於其被害焦慮與懷疑，他對外界世界與真實客體發展出非常優越而敏銳的觀察力，不過，這種觀察與現實感卻是被扭曲的，因為他的被害焦慮使他以觀察別人是否為迫害者的觀點來看待他人。當自我的被害焦慮增加時，就不可能充分而穩定地認同另一客體，以真實的樣子來看待、瞭解，並具有充分的愛的能力。

另外一個妄想症患者無法維持其「完整客體」關係的理由，是當被害焦慮與對自己的焦慮仍然過於強烈運作之時，他無法忍受對於所愛客體額外的焦慮負擔，以及伴隨憂鬱位置而來的罪疚感與懊悔。此外，在這個位置上他更不能使用投射，因為害怕將好客體排出去而失去它們，另一方面則是害怕一旦排出他內部的壞東西，將會傷害外在的好客體。

271-1 〈強迫式精神官能症案例評註〉（Notes upon a Case of Obsessional Neurosis, *S.E.* **10**, p. 241）。

於是我們看到了與憂鬱心理位置有關的痛苦將他推回了偏執心理位置，不過，雖然他從憂鬱位置退卻了，這仍是他曾經到達的位置，因此永遠都有發生憂鬱的可能性。我認為這一點說明了 272
一個事實，即我們時常遇見憂鬱不僅伴隨著較輕微的妄想症，對於嚴重的妄想症亦然。

如果我們比較妄想症患者與憂鬱患者對於去整合的感覺，我們將看到，憂鬱患者典型地充滿了對客體的哀傷與焦慮，他努力想要將此客體再統合完整；然而，對妄想症患者來說，去整合的客體主要是一大群迫害者，因為每一個碎片都會再長成一個迫害者。[272-1]我認為客體被化約為危險碎片的概念，和內攝與糞便等同（亞伯拉罕）的「部分客體」是一致的，也和對於許多內在迫害者的焦慮一致，在我看來，[272-2]這些迫害者是因內攝許多部分客體及危險糞便所引起的。

透過由妄想症與憂鬱症患者與所愛客體的不同關係來看，我仔細思考了此兩者的分別。接著讓我們來探討對於食物的抑制與焦慮。害怕吸入會破壞個人內在的危險物質，這樣的焦慮是妄想症的；而擔心咬與咀嚼會摧毀外在好客體，或從外界引進的壞物質，會危及內在好客體的焦慮則是憂鬱症的。再者，怕將外在好客體藉由吞併引入自己內部而遭遇危險的焦慮，也是屬於憂鬱症的。另一方面，在強烈妄想症的病例中，我曾見到引誘外在客體進入自己內部的幻想，而自己的內部被視為充滿了危險怪物的洞穴。在這樣的案例中，我們可以看到妄想症患者強化內攝機制的

272-1　如梅莉塔・絲密德伯格（Melitta Schmideberg）所指出的，比較〈文化發展中精神病機制的角色〉（The Rôle of Psychotic Mechanisms in Cultural Development, 1931）。

272-2　《兒童精神分析》。

理由，而就我們所知，憂鬱症患者如此典型地運用這些機制，即是為了組合好的客體。

現在，用這種比較的方式來思考慮病的症狀：在幻想中，因
為內在「迫害客體」對自我的攻擊而導致的疼痛與其他症狀，是
屬於典型的妄想症者。[272-3]另一方面，來自於內在壞客體和本我對
273 於好客體的攻擊（也就是一場內在的鬥爭，在這交戰中自我認同
於好客體所遭受的痛苦），則是典型的憂鬱症者。

例如，X病患在孩提時曾被告知患了條蟲症（他從未見過這些蟲），他將這些在體內的蟲連結到自己的貪婪。在對他的分析中，他幻想條蟲正在蠶食他全身，強烈的癌症焦慮浮現了。這個受苦於慮病與偏執式焦慮的病患對我非常多疑，而且特別懷疑我和一些對他有敵意的人是同夥的。有一次他夢見一位偵探逮捕了一個帶有敵意和迫害性的人，把他關入牢裡，但是之後這名偵探被證實是不可靠的，還是敵人的同夥。這名偵探代表了我，整體的焦慮是內化的，而且和條蟲的幻想有關；關敵人的牢房則是他的內在，事實上是他內在監禁迫害者的特殊部分。明顯地，危險的條蟲（他的聯想之一為條蟲是雙性戀）所表徵的是，對他帶有敵意的雙親聯盟（實際上正在性交）。

正當條蟲的幻想被分析的時候，這位病患發生了下痢，X誤以為其中夾雜著血，他非常恐懼，認為這證實了他體內有危險的事件正在發生。這種感受的基礎來自於在幻想中，他在自己體內用

272-3　在1934年秋天的精神分析學會中，克里夫．史考特（Clifford Scott）醫師在以精神病為題的演講中曾提到，在他的經驗裡，精神分裂症在臨床上的慮病症狀是多樣而怪異的，並且和迫害以及「部分－客體」功能有關，這一點即使在簡短的檢查之後也可能被看到的。臨床上在憂鬱反應中，慮病症狀比較沒有那麼多樣，而是在表現上與自我功能有更大的關聯。

有毒的排泄物攻擊了雙親聯盟。下痢對他來說是有毒的排泄物，也是他父親的壞陰莖；他以為糞便中所含的血是我的表徵（這點在我與血連結的聯想中顯示出來），因此下痢是危險武器的表徵，他用這些武器來對抗內化的壞父母，以及被毒害與破碎的雙親——絛蟲。在他兒童期早年時，他曾在幻想中用有毒的排泄物攻擊了真實的父母，並且真的在他們行房時用排便來干擾他們。下痢對他而言向來是很可怕的事情。伴隨這些對真實父母的攻擊，他所有的交戰被內化，而其破壞性威脅到他的自我。我也提及，這個病人在分析中記起了大約在十歲時，他曾確實感到有個小人在他的胃裡控制、指使他，他必須配合執行，即使那些作為總是不正當與錯誤的（他曾經對真實父親的要求有類似的感覺）。

當分析有所進展，他對我的不信任也減弱的時候，他變得非 274
常在意我。X總是擔心他母親的健康，然而他無法真正愛她，雖然他盡其所能地討好她。現在，隨著對我的關心漸增，強烈的愛與感恩浮現了，伴隨著無價值感、哀傷與憂鬱的感覺。這個病人從未感到真正的快樂，可以說他的憂鬱已經擴散到整個生活，但是他未曾真正處在憂鬱狀態中。在分析中，他經歷了深度憂鬱的階段，表現出這種心智狀態的所有典型症狀。同時，與其慮病痛苦有關的感覺與幻想改變了，例如，病人擔心癌症會擴散到胃壁，不過現在看起來，當他為了胃而害怕時，他真的想要保護在他裡頭的「我」——實際上是內化的母親，他以為這個母親受到父親的陰莖及他自己的本我（癌症）攻擊。又有一次，這個病患幻想（與身體的不適有關）自己可能會死於內出血，後來呈現的是我被視為是出血，好的血代表了我。我們應該還記得，當偏執焦慮主導，而我被認為是迫害者的時候，我也被認為是壞的血，這些血與下痢（壞父親）混在一起；現在珍貴的好血代表了我，失去它意指我的死亡，也意味了他的死亡。明顯地，他現在認為造成其所愛客體及他自己死亡的癌症——也代表了壞父親的陰莖——實際上更被認為是他自己的施虐，特別是他的貪婪，這是為什麼他感到如此沒有價值與絕望。

當偏執焦慮主導，對結合的壞客體的焦慮也開始占優勢時，X感受到的只有對自己身體的慮病焦慮；而當憂鬱與哀傷開始的時候，對好客體的愛與關心顯現了，焦慮的內容及整體的感覺與防衛也改變了。在這個案例及其他案例中，我發現了**偏執的恐懼與懷疑增強為應付憂鬱位置的一種防衛**，並導致了憂鬱位置被這些恐懼與懷疑所遮蔽。現在我要引用另外一個案例Y，他有強烈的偏執與憂鬱現象（以偏執為主）及慮病，他對身體不適的許多抱怨占用了大部分的分析時間，間或穿插著他對周遭人們的強烈懷疑感，通常與他們有直接關係，因為他認為他們用某種方法引起了他身體上的種種不適。在經過一番艱難的分析工作之後，當不信
275 任與懷疑減弱，他與我的關係日益改善。顯然，埋藏在持續的偏執指控、抱怨與對他人的批評之下，存在著對母親非常深刻的愛，以及對其雙親與其他人的關心。同時，哀傷與嚴重憂鬱更加明顯了。在這個階段中，關於慮病的抱怨改變了，包括向我呈現這些抱怨的方式及其背後的內涵。例如，這個病人抱怨了許多的身體的不適，然後說他吃了哪些藥物，列舉了他為自己的胸部、喉嚨、鼻子、耳朵、消化道……所做的事情，就好像他在照料這些身體與器官的部位。他繼續說到他對於一些受他照料的年輕人的關心（他是老師），以及他對某些家人的擔憂。明顯地，他想要治癒的各種器官被認為是內化的兄弟姊妹，他對他們懷有罪疚

感，必須永久地保存他們。他過度焦慮地想要補償他們，因為他在幻想中已經傷害了他們，他為此感到過度哀傷與絕望，這點導致了偏執焦慮與防衛的升高，而對他人的愛與關心及對他們的認同被怨恨所掩埋了。同樣地，在這個案例中，當憂鬱完全顯現而偏執焦慮減弱的時候，慮病的焦慮變得與內化的所愛客體及自我有關，而早先的時候它們被經驗為只和自我有關。

在試圖區別運作於忘想症及憂鬱狀態的焦慮內涵、感覺及防衛之後，我要再次清楚表明的是，依我的觀點，憂鬱狀態的基礎在於偏執狀態，並且起源於它。我認為憂鬱狀態混合了偏執焦慮及那些焦慮內涵、痛苦的感覺及防衛，這些與即將失去的完整所愛客體有關。若能為那些特殊的焦慮與防衛引介一個詞，也許能加深對妄想症與躁鬱狀態之結構與本質的瞭解。[275-1]

在我看來，只要憂鬱狀態持續，不論是正常、精神官能症、 276
躁鬱或混合狀態的病例，總是存在著這類特別的焦慮、痛苦的感覺，以及這些防衛的各種變異；我將它們稱為憂鬱心理位置。

如果這個觀點被證明是正確無誤的話，我們應該能夠瞭解那些常見的案例，它們混合著偏執與憂鬱傾向，如此我們就可以分離出構成這些案例的元素。

我在本文所提出關於憂鬱狀態的思考，可能讓我們更加瞭解

275-1　這把我帶入了另外一個關於術語的問題。
在我之前的著作中，我曾以發展的階段來看兒童的精神病焦慮與機制。事實上這樣的描述充分說明了它們之間在病因上的關聯，以及它們之間在焦慮的壓力下持續波動，直到達到更穩定的狀態為止，不過，由於在正常的發展中，精神病焦慮與機制從未完全主導（這個事實，我當然已經強調過了），精神病階段這個詞並不適用，我現在使用「位置」這個詞來指稱兒童早期發展的精神病焦慮與防衛。對我來說，關於兒童發展上的精神病焦慮及成人精神病之間的差別，用這個詞來聯想，比用「機制」或「階段」這些詞要來得更為容易：例如，從被害焦慮或憂鬱的感覺到正常的態度之間快速的轉變（change-over），這樣的轉變對兒童而言是非常典型的。

仍然相當謎樣的自殺反應。根據亞伯拉罕與詹姆士．葛羅夫的發現，自殺是指向被內攝的客體。但是，在自殺時，自我試圖謀殺它的壞客體，在我看來，它總是以保存其所愛的內在或外在的客體為目標。簡而言之，某些自殺案例背後所潛藏的幻想，除了要保存內化的好客體及認同好客體的部分自我之外，也要摧毀認同於壞客體的自我及本我，於是自我方能夠與其所愛的客體結合在一起。

在其他的案例中，自殺似乎受到同樣類型的幻想所決定，但是它們是與外在世界及真實的客體有關，有部分被當作是內化客體的替代品。如先前所說的，個體怨恨的不僅是他的「壞」客體，還有他的本我，並且是非常強烈的。藉由自殺，他的目的可能是要將他和外在世界的關係做個清楚的了斷，因為他想要從自己身上或是自我認同於壞客體及本我的部分，擺脫掉某些真實的客體，或是整個世界所代表的及自我所認同的「好」客體。[276-1] 實際上，我們在這個過程中感受到他自身對母親身體的施虐攻擊，而對幼兒來說，母親的身體就是外在世界最初的表徵。對真實（好）客體的怨恨與報復，在此過程中總是扮演了重要的角色，不
277 過，特別是無法控制且危險的恨意，持續在他身上累積著。藉由自殺，重鬱患者多少是努力想從這些恨意中保存他的真實客體。

佛洛伊德曾說躁症的基礎和抑鬱症具有相同的內涵，而且是逃避後者的一種方式。我認為，自我在躁症中尋求庇護，不只是為了要逃避抑鬱症而已，也是要逃避無法掌控的妄想症狀態。自我對其所愛客體痛苦而危險的依賴，驅使它去尋求自由，但是它對這些客體的認同過於深遠而難以放棄；另一方面，自我受困於

276-1　這些理由相當程度上說明了在重鬱心智狀態中，個體斷絕了所有與外在世界的關係。

對於壞客體與本我的恐懼，在試圖逃離這一切苦難時，它求助許多不同的機制，其中有些機制因為從屬於不同的發展階段，是互不相容的。

我認為，全能感是躁症最初及最重要的特徵，再者（如海倫娜・朵伊契在1933年提到的），躁症是建立在否認機制上。不過，我和朵伊契不同之處在：她主張這種「否認」是與性蕾期及閹割情結相關（對女孩來說，是否認缺少陰莖）；然而我的觀察所得到的結論是，否認的機制源自於最早的階段，在此階段中，尚未發展的自我奮力抵禦最為強烈而深切的焦慮，亦即它對於內化之迫害者及本我的恐懼，也就是說，首先被否認的是精神現實，而自我可能繼續否認相當程度的外在現實。

我們知道精神盲點可能導致個體完全與現實隔絕，並且使其完全失去活力。不過，在躁症之下，否認是伴隨過度活躍而發生，雖然如朵伊契所指出的，這樣的過度活躍通常無法獲致任何真正的成果。我曾經解釋過，在此狀態中，衝突的來源是自我不願意也無法放棄其內在的好客體，卻又努力想逃離依賴好客體的危險，就如同想逃離壞客體一樣。自我試圖脫離一個客體，同時又不想完全放棄，這似乎受到自我強度的增加而決定。它成功達到如此的妥協，藉由否認好客體的重要性，也否定了它受壞客體與本我威脅的危險。不過，自我同時不停地努力要駕馭和控制所有的客體，證據就是過度活躍。

在我的觀點中，特別與躁症有關的是全能感的運用，目的是為了控制與駕馭客體。這點的必要性是基於下列兩個理由：（一） 278
為了否認經驗到對它們的恐懼；（二）因此修復客體的機制（在先前的憂鬱心理位置時獲得的）可以被完成。[278-1]藉由駕馭其客體，躁症者會想像，他不僅要防止它們傷害自己，也要防止它們互相傷害。其駕馭是要使他能夠特別去防範他所內化的父母之間危險的性交，以及它們在他內在的死亡。[278-2]由於躁動防衛呈現了如此眾多的形式，以致於理所當然地不易假設一個廣泛概括的機制。不過，我相信我們的確具有這樣的機制（雖然有無限多的變異）來駕馭內化的雙親，雖然在這同時，內在世界的存在是被輕視與否認的。我在兒童與成人身上都發現了，當強迫式精神官能症是最有力的因子時，這種駕馭表示將兩個（或是多個）客體強迫分開；反之，在躁症正在升高的時候，病患則訴諸較為暴力的方法。也就是說，雖然客體被殺死，不過個體是自大全能的，他以為他可以立即使它們重生，我的一個病人稱此過程為「將它們保持在假死的狀態下」。與殺戮相互對應的是破壞客體的防衛機制（從最早期的階段所留存下來的），與復活相對應的則是對客體所做的修復。在這個位置上，自我在與真實客體的關係上達到妥協。對客體的渴望——如此獨特地顯示了躁症的特質——指出自我曾經留存了一個憂鬱心理位置的防衛機制：內攝好的客體。躁症者否認了伴隨這種內攝而來的種種不同焦慮形式（也就是說，焦慮於他會內攝壞的客體，或是會因為內攝過程而摧毀其好客體）。否認不僅和本我的衝動有關，也和他對於客體安全的顧慮有關，因此我們可以假定自我與自我理想（ego-ideal）成為相互一致的過程（如同佛洛伊德曾經顯示的，它們在躁症中會有這樣的表現）如下：自我用食人的方式（這頓「盛宴」——如佛洛伊德在對躁症

278-1 這裡說的「修復」，是與整體心理位置之幻想特質一致的，它幾乎總是具有相當不實際及不可信賴的本質。

278-2 伯特倫．勒溫（Bertram Lewin, 1933）的報告提出關於一名急性躁症患者，他認同於性交中的雙親。

的說明中所稱）結合了客體，但是否認感受到任何對客體的關
心。自我辯解道：「當然，如果這個客體被摧毀的話，也不是什
麼要緊的事，反正有這麼多其他的客體會被結合。」**像這樣貶低
客體的重要性並輕視它**，在我看來是躁症的特質，讓自我能夠達 279
到部分脫離（detachment），我們觀察到這與自我對客體的渴望是
相隨的。這樣的脫離是自我在憂鬱心理位置時無法做到的，它代
表了一種進步，在自我與其客體的關係上強化了自我。不過，這
些進展受到那些先前描述過較早期的機制所反制，自我在躁動狀
態下同時運用了這些機制。

在我繼續提出關於偏執、憂鬱及躁動心理位置在正常發展上所扮演角色的意見之前，我要談關於一個病患的兩個夢，這些夢說明了某些我已提出與精神病心理位置有關的論點。在各種症狀中，我在此僅提及嚴重的憂鬱狀態與偏執焦慮及慮病的焦慮，這些症狀導致病人C前來接受分析。當他做這些夢的時候，分析進展得相當順利。他夢到正與雙親一同旅行，在一個火車車廂中，可能是沒有頂蓋的，因為他們處於露天環境中。這個病人感覺他正在「處理整件事情」——照顧父母親，他們在夢中比現實中更老、更需要他的照顧。父母親分開躺在兩張床上，不像平常一樣並排，而是床尾接合在一起的。病人發現他很難讓父母保暖。接著，在父母親的觀看之下，他在一個臉盆中小便，這個臉盆的中央有個圓柱形的物體。對著臉盆小便似乎不大容易，因為他必須很小心不尿到圓柱形的物體。他覺得如果能夠精確瞄準圓柱體，而不濺到周遭任何地方的話，就不會有麻煩。小便完的時候，他注意到臉盆滿出來了，並對此感到不滿。他在小便的時候，注意到自己的陰莖非常巨大，因而感到不安，就好像他的父親不應該

看到它，因為他感覺會被父親毆打，而且他也不想羞辱父親。同時他感到藉由小便，能讓父親免於起身小便的麻煩。話說到此，病人停了下來，說他真的感覺到好像雙親是他的一部分。

在夢中，他認為一個圓柱體的盆子是中國式的花瓶，但並非如此，因為瓶頸不是在瓶口底下，一如花瓶該有的樣子，而是「在不對的地方」，因為它是在瓶口上面，甚至可說是在裡面。這個病人將瓶口聯想到玻璃碗，像是在他祖母家的油燈，而圓柱形的部分則讓他想到煤氣燈的白熾罩。接著他想到一個黑暗的通道，盡頭有一盞點著小火的煤氣燈，他說這個景像引起一種悲哀的感覺，使他想到貧窮破爛的房子，那裡除了這盞點著小火的煤
280 氣燈之外，似乎沒有任何有生命的東西。事實上，只要有人去拉那條細繩，煤氣燈就會完全燃燒。這使他想到他總是很懼怕瓦斯，他感到瓦斯爐火焰就好像是獅子的頭一般，會跳躍到他身上咬他。另外一件使他害怕的事情是當瓦斯釋出時所發出「砰」的爆裂聲響。在我詮釋了瓶口的圓柱體及煤氣燈的白熾罩是同樣的東西，而且他害怕小便在裡頭，是他因為某種原因不想讓火焰熄滅之後，他回答說當然不能用那種方式來熄滅火焰，因為之後會有毒留下，不像蠟燭只要吹熄就好。

當晚這個病人做了以下的夢：他聽到烤箱中煎炸東西滋滋作響的聲音，他無法看到是什麼，但是他想到某種褐色，也許是一個腎臟正在平底鍋裡煎炸，他聽到的聲響則像是一種細小的滋滋聲或是哭泣聲，感覺是一種生物正被煎煮著。他的母親在那裡，他試著讓她注意到這件事，讓她瞭解油炸活的東西是最不該的事情，比用沸水烹煮更糟，那是更痛苦的，因為熱油不會使它整個燒起來，以致於在剝皮時它還活著。他無法讓母親瞭解這些，她

似乎也不在意，這讓他擔心但又感到放心，因為他想如果她不在乎的話，事情也不致於這麼糟的。他在夢中沒有打開的烤箱——他完全沒有見到那個腎臟與平底鍋——使他想起了電冰箱。在一個朋友的公寓中，他曾一再將冰箱的門與烤箱的門搞混，他納悶，是否在某方面來說，熱與冷對他是一樣的東西。平底鍋中折磨人的熱油，讓他想到一本孩提時讀過關於酷刑的書，當時他對斬首和用熱油的酷刑感到特別興奮。斬首讓他想到查爾斯國王，他向來對於他被處決的故事很興奮，後來也發展出對此的熱愛。至於用熱油的酷刑，是他經常會想到的，他想像自己在這樣的處境中（特別是自己的雙腿被燒灼），並試圖去瞭解如果必須如此做的話，要如何才能盡可能將痛苦減到最低。

在病患告訴我這個夢的當天，他第一次提到我為了點煙而劃火柴的方式，他說顯然我沒有用正確的方法來劃火柴，因為有一小片火柴頭碎屑彈到他。他的意思是我劃火柴的角度不對，然後繼續說道：「像我的父親一樣，打網球時用不對的方式發球。」
他想知道之前在分析中，這種火柴屑飛向他的事情有多常發生 281
（他曾提到我的火柴一定是愚蠢的，但是現在這種批評指向我劃火柴的方式）。他不想說話，抱怨說他在過去兩天患了重感冒，覺得頭很重、耳朵塞住了，黏液也比先前幾次感冒時更黏稠。然後他說出那個我先前提到的夢，在聯想的過程裡，他又一次提到感冒，說感冒使他不想做任何事。

透過這些夢的分析，我對這個病人在發展上的某些基本重點有了新的發現。這些在他之前的分析中就已經浮現並且被修通了，但是現在又以新的連結顯現，而且變得相當清晰，並對他具有說服力。我現在要挑選的僅限於那些對本文所獲致的結論有影響的重點；我要聲明的是，我並沒有足夠篇幅來引用他所有重要的聯想內容。

夢中的小便引向了早期指向雙親的攻擊幻想，特別是針對他們的性交。在潛意識中，C幻想咬他們、吃掉他們，還有其他的攻擊，包括尿在父親的陰莖上面和裡頭，想要剝它的皮、燒灼它，使父親在性交時讓母親體內著火（用熱油的酷刑）。這些幻想延伸到母親體內的許多嬰兒，他們也會被殺死（燒死）。活生生被煎炸的腎臟代表了父親的陰莖，相當於糞便，也代表了母親體內（那個他不曾打開的烤箱）的許多嬰兒。將父親閹割是藉由斬首的聯想來表達，占用父親的陰莖則是由其感覺陰莖如此巨大，以及他為自己和父親小便所顯示（在自己的陰莖裡頭擁有父親的陰莖，或是兩者接合在一起的幻想，在分析中大量浮現）。這個病人尿在臉盆中也意味著他與母親的性交（藉由夢中的臉盆與母親，代表了她真實的與內化的形象）。那個性無能與被閹割的父親被安排觀看這個病人與母親的性交，這反轉了病人在兒時幻想中所經歷的處境。想要羞辱父親的願望，以他不該這樣做的感覺表達。這些（與其他的）施虐幻想激發了不同的焦慮內涵：無法讓母親瞭解她正受到她體內的陰莖燒灼與咬嚼之危險（正在燃燒且會咬人的獅
282 子頭，他點燃的瓦斯爐），還有她的嬰兒們有被燒灼的危險，同時對她也是個危險（烤箱中的腎臟）。這個病人所感覺到圓柱形的瓶腳「在不對的地方」（在盆中而不是在外面），表達的不僅是他早期對於母親將父親的陰莖放入她身體中的恨和嫉妒，也是他對於發生這種危險的焦慮。他那使受到折磨的腎臟與陰莖保持存活的幻想，表達了對父親與嬰兒的破壞傾向，以及在某個程度上想要保存他們的願望。父母躺臥在位置特殊的床上——與真實臥房中的

床不同——顯示的不只是原初的攻擊與嫉妒驅力，要在他們性交時將他們分開，也是唯恐他們會被性交所傷害或殺害，因為在此幻想中，兒子安排的性交是如此危險。指向父母親的死亡願望引至對於他們死亡的巨大焦慮，這點表現在關於夢中燃著小火的瓦斯燈、上了年紀的父母（比實際年齡更老）、他們的無助，以及病人務必要幫助他們保暖的聯想與感覺。

為了應付罪疚感及對自己所造成的災難負責任，C的防衛之一顯示在聯想到我劃火柴和他父親開球（網球）的錯誤方式。於是，他讓父母為他們錯誤而危險的性交負責，但是根源於投射的被報復恐懼（我在燒灼他），則是藉由他的批評來表現——他納悶在分析過程中，我的火柴有多常飛向他，以及所有其他與對他的攻擊（獅子頭、燃燒的油）有關的焦慮內涵。

他內化（內攝）了雙親的事實，透過下列的方式呈現：（一）火車廂——他在裡頭與父母一起旅行、持續照顧他們、「處理整件事情」——表徵了他自己的身體；（二）敞開的車廂——和他的感覺對比——表徵了他們的內化，即他無法從他的內化客體獲得自由，但是車廂敞開是對這點的否認；（三）他必須為父母做所有的事，甚至為他的父親小便；（四）確切地表達他感覺到他們是他自己的一部分。

但是，透過內化雙親，我以前曾提過與真實父母有關的所有的焦慮處境，也被內化而且大量增加、增強，並有部分性質被改變了。他的內部有容納了燃燒的陰莖與瀕死小孩的母親（放著煎鍋的烤箱），而且，還有進行危險性交的父母，必須要將他們分開 283
才行。這種必要性成為許多焦慮情境的來源，分析中也發現這種必要性是其強迫症狀的基礎。雙親在任何時候都有可能從事危險的性交，互相燒灼與吃掉彼此，而且，由於他的自我已經成為所有這些危險處境發生的所在，因此他們也會將他摧毀。於是，他同時得為他們和自己承受極大的焦慮。他對於內化的父母即將死亡充滿了哀傷，但是，同時他又不敢讓他們完全重生（他不敢拉那條瓦斯燈的細繩），因為，他們的全然復生將意味性交，而性交則會導致他們和他自己的死亡。

再來是來自於本我的危險，如果受到某些真實挫折所激發的嫉妒與恨累積在他身上，在其幻想中，他將會再次用他滾燙的排泄物來攻擊那個內化的父親，以干擾雙親性交，這些引起了新的焦慮。不論是內在的或外在的刺激，都可能增加他對於內化迫害者的偏執焦慮。如果他殺死內在的父親，死亡的父親會變成一個特別的迫害者。我們可以從這個病人的說法（以及他後續的聯想）看到端倪：如果瓦斯被液體熄滅的話，會留下毒物。此處偏執的心理位置浮現了，而內在的死亡客體等同於糞便和脹氣。[283-1]不過，在這個病人的分析初期曾經非常強烈，而稍後大大減弱了的偏執心理位置，並未在夢中顯現。

在夢中顯現的主要是與他對所愛客體的焦慮有關的痛苦感受，而且，如我之前曾經提到的，這種感受是憂鬱心理位置的特徵。在夢中，這個病人用各種方式來處理憂鬱心理位置。他用施虐躁動控制他的雙親，將他們彼此分開，從而阻止他們進行既愉悅又危險的性交；同時，他照顧他們的方式也顯示了強迫的機制。不過，他克服憂鬱心理位置的主要方式是修復，在夢中他完

283-1 在我的經驗中，在妄想症的概念中，內在死亡客體是一種神祕怪異可怕的迫害者。在他的感覺裡，迫害者未完全死亡，可能會在任何時候狡猾奸詐地再度出現，而且看起來更加危險與懷有敵意，因為個體曾試圖要藉由殺死他來擺脫他（這是關於一個危險的鬼的概念）。

全將自己獻身給父母，以求讓他們保持活力和舒適。他對母親的關心回溯到最初的兒童期，想要將她放在對的位置、將她和父親復原，並且讓嬰兒成長的驅力，在他所有的昇華中扮演了重要的 284
角色。在他內部發生的危險狀況與其慮病焦慮之間的關聯，顯現在這個病人所聲稱做那些夢的那段時間罹患的感冒，似乎那些異常濃稠的黏液被視為臉盆中的尿液——也被視為炒鍋中的油脂——同時又被視為他的精液。另外，在他感到沉重的腦袋中，他承載了雙親的性器（裝有腎臟的炒鍋）；那些黏液被認為是要在母親的性器與父親的性器接觸時提供保護，同時，意指與內在的母親性交。他腦中的感覺是遭到阻滯，這種感覺與阻擋雙親性器互相接觸是相符的，也因而分離了他的內在客體。引發這個夢的刺激，是他在做這些夢不久前所遭遇的一個真實挫折，雖然這個挫折並未導致憂鬱，卻在潛意識中影響了他的情緒平衡狀態，這一點在夢裡是很明顯的。在夢中憂鬱心理位置的強度似乎增加了，而病人強烈防衛的效果也相當程度地減弱了，但是在真實的生活中並非如此。有趣的是，對這些夢的另一個刺激是非常不一樣的，它發生在這個痛苦的經驗之後：他很享受與父母一起進行的一趟短期旅行。事實上，這個夢開始的方式使他想起了這趟愉快的旅行，但是，接著而來的憂鬱的感覺覆蓋了滿足的感覺。如同我之前指出的，這個病人以前對母親有非常多的擔心，但這種態度在分析中已經改變許多了，他目前和父母維持著相當快樂無憂的關係。

對我來說，我所強調的關於那些夢的論點，顯示了在最初嬰兒期就已經開始的內化過程，促成了精神病心理位置的發展。我們看到當父母被內化時，針對他們的早期攻擊幻想是如何導致對外在迫害產生偏執式的恐懼，以及對於內在的迫害產生了關於結合的客體即將死亡的哀傷與痛苦及慮病的焦慮，並導致個體試圖運用全能的躁動方式來駕馭內在難以忍受的痛苦，而這些痛苦被強加在自我之上。我們也看到，當復原的傾向增加時，被內化的雙親的專橫與施虐控制是如何得到緩解。

礙於篇幅，我無法在此詳加探討正常兒童修通憂鬱及躁動心
285 理位置的各種方式，但在我的觀點，這形成了正常發展的一部分，[285-1]因此，我僅提出幾個一般性的評論。

在我先前的著作中及本文開頭處，我曾提出這樣的觀點：在生命最初幾個月中，小孩子經歷了偏執焦慮，這種焦慮和拒絕他的「壞」乳房有關，而在他的感覺裡，此壞乳房是外在的與內化的迫害者。[285-2]從這種與部分客體的關係，以及它們等同於糞便，兒童在這個階段與所有客體的關係，形成了幻想的及不合乎現實的特質——對他自己身體的各部位、周遭的人們及事物，這些人事物在最初的時候只是模糊地被感受到。在生命之最初兩到三個月中，兒童的客體——世界可以說是由敵意的、迫害的或是滿足的片斷及部分的真實世界所組成。很快地，兒童愈來愈能夠感受到完整的母親，而且這種比較合乎現實的感受延伸到母親以外的世界中（與母親和外在世界有好的關係，可以幫助兒童克服早期的偏執焦慮，此事實對於兒童最早期經驗的重要性帶來了新的瞭解。

285-1 葛羅夫（1932）提出兒童在發展過程中經歷了幾個階段，這些階段提供了重鬱症與躁症精神病的基礎。

285-2 蘇珊・艾薩克博士（Susan Isaacs, 1934）在她對〈生命第一年中的焦慮〉的評論中提出了以下的意見：兒童最初對於痛苦的外在和內在刺激的經驗，提供了關於敵意的外在和內在客體之幻想的基礎，而且它們大量地促成了這些幻想的建構；似乎，在最早的階段中，每一個不愉快刺激是和「壞的」、拒絕的、迫害的乳房有關的，而愉悅的刺激則是和「好的」、滿足的乳房有關。

從一開始，分析向來就是強調兒童早期經驗的重要性。但是，對我來說，似乎只有當我們能更認識到關於兒童早期焦慮的本質與內涵，以及在其真實經驗與幻想生活之間持續不斷的互動時，我們才能充分瞭解為什麼外在因素是如此重要）。不過，當這種狀態發生的時候，兒童的施虐幻想與感覺正處於高峰，特別是食人的那種。同時，現在兒童經驗到對母親的情緒態度有所轉變，原本對乳房的原慾固著發展成將她視為一個人的感覺，於是破壞的感覺與愛的感覺同時被經驗到，指向了同一個完整的客體，這點在兒童的心中引發了深刻而困擾的衝突。

在正常的發展下，大致在四到五個月大的這個發展點上，自我面臨了必須承認精神現實與外在現實到某個程度的必要性。於是，自我認知到所愛的客體同時也是為它所恨的，此外，真實的 286
客體與想像中的人物，不論是外在或內在的，都是彼此息息相關的。我在他處曾指出，在幼童身上，與真實客體的關係中同時存在著和非真實意像的關係——就像在不同的層面上——兩者都是過分好與過分壞的形象。[286-1]而且，這兩種客體關係互相交織、互相影響的程度，在發展的過程中不斷增加著。[286-2]在我看來，這個方向的最初幾個步驟，是發生在當兒童開始認識自己完整的母親，並且將她視為一個完整的、真實的、被愛的人，於是，憂鬱心理位置——我已經在本文中描述了這個位置的特徵——浮現了。這個心理位置受到「失去所愛的客體」的刺激與增強，這是嬰兒在母親的乳房被移開時一再經驗到的，而這樣的失落在斷奶時達到了高峰。桑多・雷多（1923）曾指出「在憂鬱的性情中，最深處的

286-1　比較〈伊底帕斯衝突的早期階段〉與〈兒童遊戲中的擬人化〉。

286-2　《兒童精神分析》，第八章。

固著點可以在被威脅失去愛的處境中找到（佛洛伊德），特別在嬰兒的飢餓處境中更是如此」。引用佛洛伊德所說的——在躁症中，自我再次與超我聯合在一起了。雷多得到如此的結論：「這個過程是在精神內在忠實地重覆了吸吮母親乳房喝奶時與她融合的經驗。」我同意這樣的說法，但是我的觀點在幾個重要的論點上相異於雷多獲得的結論，特別是關於他認為罪疚感與這些早期經驗發生關聯的間接迂迴方式。

我曾經指出，在我看來，從嬰兒還在吃奶的階段，也就是當他知道母親是完整的人，並且從內攝部分客體進展到內攝完整客體時，嬰兒便經驗到一些罪疚與懊悔的感覺，也經驗到一些痛苦，這些痛苦是來自於愛與無法控制的恨之間的衝突，還有一些關於所愛的內化與外在客體即將死亡的焦慮，也就是如同在成人抑鬱症中所見充分發展的痛苦與感覺，只是在嬰兒身上程度比較輕微。當然，這些感覺是在不同的情境下被經驗到，嬰兒和成人抑鬱症患者在整體情境與防衛方面是相當不同的，嬰兒在母親的愛護下一再獲得了保證。不過，重點在於這些由自我與其內化客
287 體之關係所導致的痛苦、衝突與罪疚和悔恨的感覺，在嬰兒階段就已經開始活躍。

如我曾經提到的，同樣的情形也適用於偏執與躁動的心理位置，如果嬰兒在這個生命階段無法從內在建立其所愛的客體——如果內攝「好」客體失敗了——那麼「失去所愛客體」的情境便已經發生，和成人抑鬱症所見的情況是同樣的意涵。如果在這個早期發展階段，嬰兒無法在自我中建立所愛的客體，那麼斷奶前後失去乳房的經驗，便會造成首次且根本地失去外在真實的所愛客體，這將會在日後導致憂鬱的狀態。在我看來，也是在這個早期

發展階段中，躁動幻想便已經開始了，最初是控制乳房，稍後很快地開始控制內化的父母及外在的父母；此幻想具備所有我曾描述過躁動心理位置的特徵，並被用來對抗憂鬱心理位置。任何時候當孩子在失去了乳房後又再次找到它時，躁動過程啟動了——藉由此過程，自我與自我理想相互達到一致（佛洛伊德）。由於小孩被餵食而獲得的滿足，不只被感覺為食人吞併了外在客體（佛洛伊德所謂的躁症「大餐」），也啟動了與內化所愛客體有關的食人幻想，這又連結到對這些客體的控制。無庸置疑地，在這個階段，孩童愈是能夠與真實的母親發展出快樂的關係，便愈能克服憂鬱心理位置。不過，一切都取決於孩童如何能在愛及無法控制的恨與施虐傾向的衝突中找到出路而定。如我之前曾經指出的，在最初的階段中，迫害客體與好客體（乳房）在孩子心中被遠遠地分開，隨著內攝了完整的真實客體，它們彼此接近時，自我便一再訴諸分裂的機制——這機制對於客體關係的發展是如此重要，也就是分裂其意像為被愛的與被恨的，即好的與危險的。

也許有人會認為，事實上是在這個時候開始出現對於客體關係的愛恨交織，即與完整且真實的客體之關係。在意像的分裂中形成的愛恨交織，讓幼兒能更信任其真實客體及內化的客體——更愛它們，並更能實現兒童復原所愛客體的幻想。同時，偏執焦慮與防衛則被導向「壞」客體；自我從真實的「好」客體所獲得的支持，因逃離機制（flight-mechanism）而增加了，這樣的機制在其外在與內在的好客體之間輪替著。

似乎在這階段中，外在與內在的、被愛與被恨的，以及真實 288
的與想像的客體的統合是這樣被完成的：統合的每一步驟再次導致了意像的重新分裂；不過，當對外在世界的適應增加時，這種分裂發生的層面將愈來愈接近現實，持續到對於真實與內化客體的愛及信任被妥善建立為止。那麼，愛恨交織——部分作為應付個體自己的恨，以及所恨的恐怖客體的防護措施——將會在正常的發展中再次以不等的程度減弱。

隨著對真實的好客體的愛漸增而來的，是對於個人愛的能力有更多的信任，以及對於壞客體的偏執焦慮減弱了，這些改變導致了施虐的減弱，對攻擊有更好的駕馭及發洩方式。在克服嬰兒期憂鬱心理位置的正常過程中，扮演最為重要角色的修復傾向，受到各種不同方法啟動，我將只提出其中兩種方法：躁動的與強迫症的防衛與機制。

由內攝「部分客體」邁入內攝完整的所愛客體及其所有意涵，似乎是發展上最關鍵而重要的一步，真正的成功主要取決於自我如何在發展的前驅階段中處理其施虐及焦慮，以及它是否已經與部分客體發展出強烈的原慾關係。不過，一旦自我已經完成這一步驟，它就像是到達一個轉折點，從此決定整個心智構造的方式將往不同的方向分歧。

我已經用相當篇幅探討當無法維持對內化的及真實的所愛客體之認同，可能會導致精神病，例如憂鬱狀態、躁症或妄想症。

現在我要提出一、兩個自我試圖用來終止所有與憂鬱心理位置相關之痛苦的方式：（一）藉由「逃到『好的』內化客體」，宗密德伯格（1930）曾提到這個機制與精神分裂有關。自我已經內攝了完整的所愛客體，但是由於它當下對內化迫害者的恐懼——這些內在迫害者被投射於外在世界中——因此自我藉由過度相信其內化客體的仁慈來尋求庇護，這樣逃避的結果可能導致否認了精神
289 與外在現實，以及造成最深度的精神病。（二）以逃避到外在的

「好」客體來否認所有內在與外在焦慮，這是精神官能症的特徵，而且可能導致對客體的盲從依賴及自我的弱化。

如同我之前所指出的，在正常修通嬰兒期憂鬱心理位置中，這些防衛機制扮演了重要的角色，若無法成功修通這個心理位置，可能致使另一次曾提到的逃離機制占優勢，導致嚴重的精神病或精神官能症。

我已經在本文中強調，以我的觀點來看，嬰兒期的憂鬱心理位置在兒童發展中占據了最重要的位置，兒童及其愛的能力之正常發展，主要是決定於自我如何修通這個關鍵的心理位置。這點又有賴於最早期之機制（這些機制在正常人仍是維持其作用的）所進行的修正，能符合自我及其客體之關係的改變，以及取決於憂鬱的、躁動的及強迫的心理位置與機制之間成功的互動。

第十八章　斷奶（1936）

人類歷史上最重要而影響深遠的發現之一，是佛洛伊德發現 290
潛意識心智的存在，以及其核心在最初的嬰兒期就開始發展了。嬰兒期的感覺與幻想就好像在心智中留下了印記，這些印記不會消退，而是被儲存起來、保持活躍，並且對個人的情緒與智能生活發揮持續而強烈的影響。最初被經驗到的感覺與外在及內在的刺激有關；嬰兒在被餵奶時經驗到來自於外在世界的最初滿足，分析顯示，這種滿足只有一部分是來自於飢餓的緩解，而同樣重要的另一部分，則來自於嬰兒因吸吮母親乳房得到刺激時所經驗到的愉悅。這樣的滿足是兒童性特質基礎的一部分，也是它的最初表現；當溫暖的乳汁注入喉嚨而充滿了胃的時候，嬰兒也經驗到愉悅。

嬰兒對不愉快的刺激及愉快感覺受到挫折的反應，是恨與攻擊的感覺，這些恨的感覺和愉悅的感覺一樣，都被導向相同的客體，也就是母親的乳房。

分析工作顯示：幾個月大的嬰兒的確沉浸在建構幻想中，我相信這是最原初的心理活動，而且幻想幾乎是從一出生時就已經存在嬰兒的心智中。似乎小孩子對所接收的每一個刺激都立即以幻想來反應：對不愉快的刺激——包括單純的挫折——回以攻擊的幻想，對滿足它的刺激則透過那些以愉悅為主的幻想做回應。

如同我先前所說的，所有這些幻想的客體最初都是母親的乳房，這麼說也許奇怪，為何將一個小孩的興趣焦點侷限在一個人

的一部分，而不是在整個人身上？我們必須謹記，畢竟這個階段
的孩子對於身體及心理上的知覺能力處於極度未發展的狀態，另
291 一個最重要的事實是，幼兒只在意他立即的滿足或是缺少了滿
足，佛洛伊德稱之為「愉悅－痛苦原則」，因此，母親那提供滿足
或拒絕的乳房被加上了好與邪惡的特質。現在，我們稱為「好」
乳房的，會成為往後一輩子裡所有被認為是好與有利之事物的原
型，而「壞」乳房則代表了所有邪惡與迫害的事物。這點可用以
下事實來解釋：當小孩將他的恨指向拒絕的或「壞」乳房時，他
賦予了乳房所有屬於他自己對它的活躍恨意，即所謂**投射**的過程。

不過，還有另外一個極為重要的過程同時進行著，即**內攝**的過程。內攝意指兒童的心理活動，藉由這樣的活動，在兒童的幻想中，他將他在外在世界知覺到的每一件事物攝取到自己內部。我們知道在這個階段中，兒童是透過嘴來獲得主要的滿足，於是嘴便成為在幻想中攝取食物及外在世界的主要管道。不只是嘴，在相當程度上，身體的所有感官與功能都進行著這樣的「攝入」過程，例如，兒童透過眼睛、耳朵、碰觸等方式來吸入、攝入。起初，母親的乳房是他持續渴望的客體，因此是第一個被內攝的。在幻想中，兒童將乳房吸入體內，咀嚼並吞下它，於是他感覺他真的得到了它，在體內擁有母親的乳房，而這乳房具有好的與壞的面向。

兒童聚焦及依附在人的一部分上，是這個早期發展階段的特徵。這很充分地說明了兒童與每一件事物的關係都具有幻想與不合乎現實的性質，包括他自己身體的某些部位，以及其他人和無生命的物體——所有這些人事物在最初的時候當然只是隱約被知覺到而已。最初兩或三個月大的嬰兒的客體世界，可以說包含了真

實世界中滿足他或是帶有敵意與迫害性的某些部分。大約在這個年齡，他開始視母親與周遭的人為「完整的人」，隨著他將母親俯視他的臉龐及愛撫他的手，與滿足他的乳房連結在一起，對她（他們）的現實知覺也逐漸發生，而能知覺「整體」的能力（當對「整體的人」的愉悅受到確認，並且對他們懷有信心的時候），也涵蓋了母親之外的外在世界。

此時其他的改變也發生在小孩身上，當嬰兒幾週大的時候，我們可以觀察到他確實開始在清醒時能夠有一些享受的片刻；從
表現來判斷，有些時候他感到相當快樂，似乎在剛剛提到的這個 292
年紀，過強的局部刺激減弱了（例如，在最初排便通常他是感到是不愉快的），而且在各種身體功能運作下，也開始建立起較佳的協調，這導致不只是在身體上，在心理上也更能適應外在與內在刺激。我們可以猜測，最初他感覺為痛苦的刺激不再是相同了，某些痛苦的刺激甚至變成愉悅的。現在缺乏刺激本身可以被感覺為一種享受，這個事實顯示了他不再那麼容易受到因不悅的刺激而引起的痛苦感覺所動搖了，或者是不那麼渴望有關哺乳提供的立即而完全的滿足所帶來的愉悅刺激；他對於刺激有了較佳的適應，這使得獲取立即而強烈滿足的必要性變得不那麼急迫了。[292-1]

我已經提及關於帶有敵意的乳房的早期幻想及被害恐懼，也解釋了它們與幼兒幻想中的客體關係如何產生關聯。兒童經歷外在及內在之痛苦刺激的最早期經驗，為帶有敵意的外在及內在客體的幻想提供了基礎，而該經驗主要促成了這些幻想的建立。[292-2]

在心智發展的最早期階段中，在嬰兒的幻想中，每一個不舒

292-1　對於這一點，我想起了愛德華・葛羅夫博士最近所提出的評論，他指出在非常痛苦與非常愉悅的感覺之間，突然的改變本身可能引發的是痛苦的感覺。

服的刺激顯然都與「敵意的」或拒絕的乳房有關；而另一方面，每一個愉悅的刺激則與「好的」、滿足的乳房有關。在此我們似乎有了兩個範疇，其一為仁慈的，其二則為邪惡的，兩者都是植基於外在或環境因素與內在精神因素之間的互動。因此，痛苦刺激在量或強度上的減弱，或在調適它們的能力上有所增強時，都有助於減弱恐怖幻想的強度，並能夠讓兒童著手於對現實有更好的適應，這樣一來，又有助於減弱恐怖幻想。

對於適當的心智發展來說，很重要的是，兒童必須要受到我剛剛概述的仁慈範疇之影響，當這件事發生的時候，兒童會得到很大的協助去建立母親為一個人的印象；增長了母親為一整體的感受，代表了很重要的改變，不只是在智力方面，也是在情緒發展方面。

293 我已經提到具有滿足的、情慾的及攻擊本質的幻想與感覺，大多是融合在一起的（這樣的融合被稱為施虐），並且在兒童的早期生活中扮演了重要的角色。首先，它們是聚焦在母親的乳房上，但是逐漸延伸到她的整個身體；貪婪的、情慾的及破壞性的幻想與感覺，是以母親的體內為其客體；在兒童的想像中，他攻擊它、掠奪它所有的一切，並且把它吃掉。

最初，破壞性的幻想較具有吸吮的性質，這點多少顯示在某些兒童強而有力的吸吮方式上，即便是乳汁充足的時候亦然。兒童愈是接近長牙時，幻想就愈具有撕、咬、嚼碎及摧毀其客體的性質。許多母親發現遠在小孩子長牙之前，這些咬嚼的傾向就顯現了。所有這些具有破壞性質的施虐幻想與感覺——如我們在幼兒

292-2 蘇珊．艾薩克博士在一篇發表於英國精神分析學會（British Psycho-Analytical Society）的論文（1934）中，強調了這一點的重要性。

分析中所見到的——在兒童開始知覺到自己的母親是完整的人時，便達到最高點。

同時，他現在經驗到對母親的態度有所改變，孩子對乳房愉悅的依附，發展為對母親整個人的感覺，於是，破壞的與愛的感覺兩者在經驗中都是指向同一個人，這在兒童的心中引起了深層而困擾的衝突。

在我看來，對兒童的未來很重要的是，要能夠從早期的被害恐懼及幻想的客體關係，進展到與母親整個人及慈愛者的關係。不過，當兒童成功地做到這點時，與其自身之破壞衝動有關的罪疚感會升起，因為他現在害怕這些破壞衝動會威脅到所愛的客體。在這個發展階段，兒童無法控制其施虐傾向的事實——它在遭遇任何挫折時都會湧現，這更加惡化了衝突及他對所愛客體的擔心。再一次地，很重要的是兒童必須滿意地處理這些在新情境中被引發的衝突感覺——愛、恨與罪疚。如果衝突經確認是無法忍受的，那麼小孩便無法與母親建立快樂的關係，而且會在後續發展中埋下許多失敗的可能。我尤其想談談過度或是不正常的憂鬱，在我看來，它們最深的來源在於無法有效地處理這些早期的衝突。

不過，現在讓我們來思考，在罪疚感與對於母親死亡的恐懼 294
感（因為潛意識中希望她死亡的願望而懼怕）被適當地處理時，會發生什麼事情？我想，這些感覺對孩子未來的心理健康、愛的能力及社會發展都會有長遠的影響。來自於這些感覺的復原願望，表現在許多保全母親及各種修復的幻想中。我在幼兒的精神分析中所見的這些修復傾向，是所有建設性活動與興趣及社會發展的驅動力量；我們發現它們運作於最初的遊戲活動中，並且是兒童滿足於自身成就的基礎，即使是進行那些最簡單的活動，如將一塊積木放在另一塊上面，或是在一塊積木倒下後再讓它立起來。這些有一部分是來自於幻想中，對他曾經傷害的某人或某些人進行修復。不過，更甚於此的是，即使是嬰兒在更早期的成就，諸如玩弄自己的手指、找尋滾到旁邊的東西、站立，以及所有自主的動作，我相信也都是與原本就已經存在著修復元素的幻想有關。

近年來，甚至一到兩歲的兒童也接受了精神分析，對於非常小的兒童的分析，顯示了幾個月大的嬰兒將他們的糞便與尿液連結到幻想中的禮物，它們不只是禮物，也是他們對母親或保姆愛的表現，不過，它們也被視為能夠促成復原。另一方面，當破壞的感覺主導時，嬰兒會在幻想中憤怒與怨恨下排便與解尿，並且將排泄物作為敵對的工具。於是在幻想中，在友善的感覺下所製造的排泄物，被用來作為補償在憤怒時以糞便與尿液等工具所造成的傷害。

在本文的範圍裡，不可能充分討論攻擊幻想、恐懼、罪疚感與修復願望之間的關聯，雖然如此，我已經觸及這個議題，因為我想要指出攻擊的感覺雖導致了這麼多兒童心智上的困擾，但同時在其發展上也是最為重要的。

我已經提到兒童在心理上，將其感受所及的外在世界攝入——內攝——自己內部；最初，他內攝了好的與壞的乳房，但是逐漸地，整體的母親（也是被認為是好的與壞的母親）被他攝取於內。隨之而來，父親和其他周遭的人們也被攝入了，剛開始是小
295 規模的，不過和他與母親的關係是相同的方式。這些人物的重要性與時俱增，隨著時間的進展而在兒童的心中獲得了獨立的地

位。如果兒童能夠成功地在心裡建立慈祥而助人的母親，這種內化的母親將會證實是終其一生最有助益的影響，雖然這樣的影響會自然地隨著心智的發展，而在特質上有所改變，它相當於真實母親對於幼兒生存所擁有的絕對重要地位。我並非意指「內化的」好父母會在意識層面如此被感覺到（即使是幼兒，在心中擁有他們的感覺也是在深度潛意識中），甚或是存在的，而是存在於人格中某個帶有仁慈與智慧的部分，這帶來了信心與對自己的信任，有助於對抗與克服內在擁有壞人物及被無法控制的恨意宰制的恐懼感，此外，這些也帶來了對家庭外的外在世界之他人的信任。

如我在上文中所指出的，兒童對任何挫折的感覺是非常敏銳的，雖然總是有一些對於現實的適應不斷地進行著，但兒童的情緒生活似乎受到滿足與挫折的循環所主導。不過，挫折感的本質是非常複雜的。鍾斯醫師發現挫折總被感覺成是一種剝奪；如果兒童無法獲得渴望的東西，他會覺得想要的東西被卑鄙的母親收起來了，因為她具有控制他的力量。

現在回到主要的問題上：我們發現當孩子需要乳房而它不在的時候，孩子會感覺好像永遠失去了它；由於對乳房的概念延伸到對母親的概念，失去乳房的感覺導致了完全失去所愛之母親的恐懼感，這意指失去的不僅是真實的母親，也是內在的好母親。以我的經驗來說，這種對於完全失去好客體（內在與外在）的恐懼，是與已經破壞了她（把她吃掉）的罪疚感交織在一起的，而孩子感覺到失去她是對自己那恐怖行為的懲罰，於是，最令人痛苦與衝突的感覺便和挫折連結在一起，也是因為這緣故而使得單純的挫折變得如此慘痛。斷奶的真正經驗極度強化這些痛苦的感覺，或是容易實質化這些恐懼。不過，由於嬰兒不可能不間斷地擁有乳房，而是會一再地失去它，可以說在某個程度上，他是處在持續被斷奶的狀態中。不過，關鍵點是在實際斷奶時，他是完全失去且無法挽回乳房與奶瓶了。

296 我想引用一個案例，它非常清楚地表現了與這種失落有關的感覺。莉塔在兩歲又九個月大時開始接受分析，她是一個有著許多恐懼且非常神經質的孩子，極度難帶。她那不像孩童會有的憂鬱與罪疚感非常明顯；她與母親的連結很緊密，有時會表現出一種誇張的愛，而在其他時候卻是對抗的。她來看我的時候，仍然在夜間喝一瓶奶，媽媽說她必須繼續如此，因為她發覺試圖停止給莉塔喝奶的時候，這孩子顯得相當痛苦，要讓她斷奶是很困難的。莉塔曾有幾個月的時間吸食母奶，然後用奶瓶餵奶，剛開始她不接受，之後就習慣了。然後在用一般食物替代奶瓶餵奶時，她再次表現出非常難以接受。在分析她的過程中，她剛剛完成了最後的斷奶，因而陷入絕望的狀態。她失去了食慾、拒絕食物，比之前更黏媽媽，不斷地問媽媽是否愛她、她是否太調皮或不聽話之類的。這種情況應該不是食物本身造成的問題，因為奶水只是她一部分的食物，而且給她的奶水還是一樣多，只不過是用杯子喝。我建議媽媽親自餵莉塔喝奶，加上一、兩塊餅乾，坐在她床邊或是把她抱在大腿上，但是莉塔仍不想喝奶。分析顯示她的絕望是因為她焦慮媽媽會死掉，或是怕媽媽會因為她很壞而殘酷地處罰她。她所感覺到自己的壞，事實上是她在潛意識中希望媽媽在當下及過去死亡的願望。她被焦慮淹沒了，因為她已經破壞了母親，尤其是把媽媽給吃掉了，而失去奶瓶被視為她做了這些事情的證明。即使看著她母親，也沒有辦法證實這些恐懼不是真的，直到它們被分析解決為止。在這個案例中，早期的被害恐懼未被充分克服，而且個人與母親的關係從未被良好地建立起來。這種失敗一方面是因為孩子無法處理自己過度強烈的衝突，另一方面則是因為母親真正的行為所致。她是極度神經質的人，而這又成為內在衝突的一部分。

很明顯地，當這些基本衝突開始發生且大量被疏通的時候，在孩子與母親之間所謂好的人際關係是最有價值的。我們必須謹記，在斷奶的關鍵時刻，孩子就好像失去了他的「好」客體，也就是失去了他的最愛。任何可以讓失去外在好客體不那麼痛苦、
並減弱對於被懲罰之恐懼的事情，都有助於孩子保持對其內在好 297
客體的信念，同時也能幫助孩子與真實的母親維持快樂的關係，雖然有所挫折，仍能與雙親以外的他人建立愉快的關係。於是，他將能成功地獲得許多滿足，而這些將取代他即將失去的那個最為重要的滿足。

那麼，我們能做什麼來幫助處於這種困難情境中的孩子呢？對這件工作的準備開始於初生的時候，在最初時母親必須盡其所能地幫助孩子與她建立快樂的關係。我們經常發現母親為了小孩生理的需求而做了一切她能做的，她專注在這方面，就好像孩子是一種需要不斷維護的物質，如同一台珍貴的機器，而不是一個人；這是一種許多小兒科醫師會有的態度，他們主要關心的是孩子身體方面的發展，只有在孩子的情緒反應顯示了某些關於身體或智能的狀態時，才會對孩子的情緒反應有興趣。做母親的通常不瞭解小嬰兒也是一個人，情緒發展是最為重要的。

母親與孩子之間良好的接觸，可能在第一次或是最初幾次餵食的時候受到損害，因為事實上母親不知道該如何誘使孩子吸吮乳頭，例如，母親沒有耐心處理所遭遇到的困難，而將乳頭粗魯

地擠進嬰兒的嘴，他就有可能無法對乳頭與乳房發展出強烈的依附關係，而變成一個難餵養的嬰兒。另一方面，我們可以觀察到顯示出這種困難的嬰兒，如何在耐心的幫助下發展成為好餵養的嬰兒，就如同那些絲毫沒有最初困難的嬰兒一樣。[297-1]

除了乳房之外，嬰兒還會在許多其他處境中感覺，並在潛意識中記錄媽媽對他的愛、耐心與瞭解——或者是相反的一面。如同我先前所指出的，最初的感覺是在與內在和外在那些愉悅及不愉悅的刺激有關的情況下被經驗到，而且與幻想連結，即使是嬰兒在生產時被對待的方式，也一定會在他的心中留下印象。

雖然嬰兒在發展的最早期階段，未能把母親的關心與耐心所喚起的愉悅感與母親是一個「完整的人」做連結，但很重要的是這些愉悅的感覺與信任感應該要被經驗到。任何使嬰兒感到周遭
298 圍繞著友善客體的事物——雖然在最初時這些客體大部分被認為是「好乳房」——這個基礎也促成了與母親及日後與周遭他人建立起快樂的關係。

在身體與精神上的需要之間必須保持平衡，規律地餵食已被證實對嬰兒的身體健康有極大的價值，而這一點又影響了精神上的發展。不過，有許多孩子在最初時無論如何都無法輕易忍受兩次餵食之間過長的中斷，對這些孩子來說，最好不要僵化地拘泥於每三到四個小時才餵食一次的規則，如果有必要的話，可以在兩次餵食之間給予少許蒔蘿水（dill-water）或糖水。

我認為使用奶嘴是有幫助的，它確實有缺點，但卻非關衛生的問題（因為這反倒好解決），而是心理上的問題，也就是當嬰兒吸吮時得不到想要的奶汁而感到的失望；不過無論如何，他還是

297-1　我必須感謝溫尼考特（D. Winnicott）醫師在這主題上提供許多具有啟發性的詳細見解。

在能夠吸吮這方面得到部分的滿足。如果他不被允許使用奶嘴的話，也許會吸吮自己的指頭；由於使用奶嘴比吸吮指頭更容易被調節控制，所以奶嘴比較容易戒除。可以讓他們漸漸地戒除，例如只有在孩子準備好要睡覺或是不舒服的時候才給他們奶嘴。

關於戒除吸吮指頭的問題，米德摩爾醫師（Middlemore, 1936）的意見是：整體而言，不該要孩子戒除吸吮指頭。支持這個觀點的說法認為，可以避免的挫折不該加諸於孩子身上，而且必須考慮到一個事實，當口腔遭遇過於強烈的挫折，可能強化了對於補償性的性器愉悅的需求，例如強迫式的自慰，而且有些在口腔經驗到的挫折會被移轉到性器上。

不過，還有其他面向也要加以考慮，放任孩子吸吮指頭或奶嘴，會產生過強的口腔固著之危險（我的意思是指原慾從口腔到性器的自然移動會受到阻礙），然而對口腔的些微挫折，將對感官衝動的分布產生有益的影響。

持續吸吮可能會抑制語言的發展，而且，過度吸吮拇指的缺點是，小孩常會傷到自己，然而，他們不只是經驗到身體的痛苦，吸吮快感與手指疼痛之間產生的關聯，對心理也是不利的。

在自慰方面，我極力主張它不該被干擾，必須讓孩子用自己 299
的方式來處理這件事情。[299-1]關於吸吮拇指，我要說的是，它可以在沒有壓力的情況下，逐漸部分地被其他口腔的滿足所取代，例

299-1　如果魯莽或過度地自慰——同樣適用於長時間與過度猛烈的吸吮拇指——我們可能會發現這個孩子與環境的關係發生了某些問題，例如，他也許害怕他的保姆，而父母完全不知；他可能在學校不快樂，因為感到落後他人，或是因為他與某位老師處得不好，或是害怕另外一位小孩。在分析中，我們發現這類事情會在兒童心中造成壓力高升，而兒童會在增加的強迫式感官滿足中找到釋放。自然地，排除外在的因素不一定會抒解這些壓力，但是斥責孩子的過度自慰，只會增加潛在的困難；而當這些困難非常嚴重時，就只能用心理治療來加以移除了。

如糖果、水果及某些特別喜歡的食物等，這些東西應該隨意提供給孩子，同時利用奶嘴的協助來緩和斷奶的過程。

我想強調的另外一點是，太早試圖讓孩子適應關於排泄的清潔習慣是錯誤的。有些母親會以盡早達成這個任務為傲，而不瞭解這樣做可能引起的不良心理影響。我並非意指不時抱著嬰兒到便盆上、開始溫柔地讓他適應等方法會有任何傷害，重點在於母親不應該太過焦慮，也不該試圖避免讓嬰兒弄髒或尿濕自己。嬰兒會感覺到這種對排泄物的態度，覺得被干擾，因為他在排泄功能上獲得了強烈的性愉悅，而且他喜歡他的排泄物就如同自己身體的一部分與產物。另一方面，如我先前所指出的，當他帶著憤怒大便與小便時，會感到他的糞便與尿液是具有敵意的物體，如果母親焦慮地想要防止他碰觸到它們，嬰兒便會感覺此行為證實了他的排泄物是邪惡與懷有敵意的物體，而母親是懼怕它們的，她的焦慮也提高了他的焦慮。這種對待自己排泄物的態度在心理上是有害的，也在許多精神官能症中扮演了極為重要的角色。

當然，我的意思不是說應該要任嬰兒髒污，而是要避免把保持清潔看得如此重要，因為如此一來，孩子會感覺到母親對這件事情有多麼焦慮。整件事情應該要泰然以對，在清理嬰兒時應該
300 要避免嫌惡或不贊同的徵象。我認為在清潔方面系統化的訓練，最好等到斷奶之後再進行，因為這樣的訓練必然對嬰兒的心理與身體產生相當的壓力，而這樣的壓力不該在他正應付斷奶的困難時強加給他，即使在往後的訓練中，也不應該過於嚴格的實施，如同艾薩克博士在她〈習慣〉的論文中所論述的（1936）。

如果母親不只是餵食，也悉心照顧她的嬰兒，這會是未來母子關係中偉大的資產。若是情況不允許她這麼做的話，只要她能

洞識嬰兒的心智狀態，她仍然能夠在自己與孩子之間建立牢固的連結。

嬰兒可以透過許多方式來享受母親的存在，他經常會在喝完奶之後玩弄一會兒她的乳房，享受母親看著他、對他笑、和他玩，遠在他懂得字意之前就和他說話，他將會逐漸記得、喜歡她的聲音，而她的歌聲會在他的潛意識中持續存在，成為愉悅而刺激的記憶。藉由這些安撫他的方式，母親常能防止有壓力及不快樂的心智狀態，讓他安睡，他不會在哭泣中耗竭精力才入睡！

只有在照顧與哺育嬰兒不單是一件責任，而是真正快樂的事時，母子之間快樂的關係才能夠建立起來。如果母親可以完全享受這段關係，她的愉悅會在潛意識中被孩子瞭解，而這種互相對應的快樂將帶來對彼此情緒的充分瞭解。

不過，還有另外一個面向，母親必須瞭解嬰兒事實上不是她的所有物，雖然他是如此幼小而完全依賴她的幫助，他仍是一個分離的個體，必須被當作一個獨立的人來對待。她不應該將他和自己綁得太緊密，而是要協助他獨立成長；她能愈早採取這種態度愈好，這不僅能夠幫助孩子，也能讓她避免在未來感到失望。

兒童的發展不應該被不當地干預，用享受與瞭解來觀察孩子的身心發展是一回事，去加速它則是另一回事；嬰兒應該要被容許用自己的方式靜靜地成長。如同艾爾拉・夏普（1936）提到的，想要對小孩揠苗助長，使其符合一個預先安排好的計畫，這對孩子及母子關係都是有害的。母親想要加快孩子進步的速度，通常是因為焦慮，這樣的焦慮是干擾雙方關係的一個主要來源。

在另外一件事上，母親的態度是極為重要的，而且和兒童的 301
性發展有關，也就是他所經驗到身體上性的感覺與伴隨而來的渴望與感覺。尚未被普遍瞭解的是，嬰兒從一出生就有強烈的性感覺，起初是透過從他的口腔活動與排泄功能所經驗到的愉悅表現出來，不過，這些感覺很快就和性器連結在一起了（自慰）。同樣也未被普遍而充分瞭解的是，這些性的感覺對於兒童的正常發展來說是必要的，而且其人格與性格及令人滿意的成人性特質（adult sexuality），也有賴於在兒童期建立的性特質。

我已經指出，不應該干擾兒童的自慰，也不該施加壓力去戒除他吸吮拇指的習慣，而且要瞭解有關他在排泄功能與排泄物上所得到的愉悅。但是，只有這樣是不夠的，母親必須對其性特質的表現抱持真正友善的態度。然而，母親經常容易對其顯示嫌惡、嚴峻或責備，這些對兒童來說都是羞辱與有害的。由於他所有的情慾傾向（erotic trends）最初主要是朝向母親與父親，他們的反應將會影響他在這些事情上的整體發展。另一方面，還要考慮的一個問題是過分地縱容。雖然兒童的性特質不該被干預，但如果孩子對母親過於放肆，她必須用友善的方式加以約束，而且不應該讓自己涉入孩子的性行為中。真正友善地接納孩子的性特質，構成了母親角色的限制。只要是在與孩子有關的情況下，她自己的情慾便需要妥善地控制；她不該在照顧孩子的任何活動上受到熱情的刺激，當她在清洗、擦乾孩子或為他撲粉時，自我克制是必要的，特別是在與性器部位有關時。若母親缺乏自制，可能很容易被孩子認為是誘惑，這會在發展上造成不良的併發症。然而，無論如何都不該剝奪了孩子的愛，母親當然可以也應該要親吻、愛撫他、把他抱在大腿上，這些都是他需要的，對他來說也絕對是有益的。

這帶領我到另外一個重要的論點上：基本上嬰兒不該和父母

睡同一間臥室，尤其父母性交時，孩子更不該在場。一般人通常認為這樣對嬰兒無害。他們不瞭解，透過這種經驗，孩童的性的感覺、攻擊性與恐懼會受到太多刺激；他們更忽略了這樣的事實，即嬰兒會在潛意識中攝取他無法在理智上瞭解的事物。通
常，當父母認為嬰兒已入睡時，他其實是醒著或半醒的，即使在 302
他看似睡著的時候，仍能夠感受到周遭發生的事情。雖然一切都是模糊地被感知，然而一種鮮明但是被扭曲的記憶將在他的潛意識中保持活躍的狀態，而有害其發展。特別糟的影響是，當這種經驗與其他會讓孩子產生壓力的經驗同時發生時，例如生病、手術或者是——回到我本文的主題上——斷奶這件事。

現在我要說一些關於真正斷除母乳的過程。對我來說，極為重要的是要溫和而緩慢地進行，如果要完全讓嬰兒在八到九個月大時——似乎是合適的年紀——用五到六個月的時間斷奶的話，應該每天用一瓶奶來取代一次哺乳，接下來則是每個月用一次哺乳取代奶瓶，同時加入其他適合的食物，而當孩子習慣了之後，就可以開始停止以奶瓶餵奶，部分以其他的食物替代，部分則以杯子喝奶來替代。如果用耐心與溫柔來讓孩子適應新的食物，斷奶的過程將會順利許多。孩子不該被餵食超過他所需要的，或是吃他不喜歡的食物，相反地，應該要充分提供他所喜歡的，在這段時間也不該強調任何餐桌禮儀。

到目前為止，我還沒談到非乳房餵奶的嬰兒的養育問題，我希望我已經闡明母親哺乳孩子在心理上的重要性，現在讓我們來思考母親無法做到這一點的後果。

奶瓶是母親乳房的替代品，因為它使嬰兒獲得吸吮的愉悅。所以，在某個程度上，也可以藉由母親或保姆所提供的奶瓶來建

立乳房－母親關係。

經驗顯示，未曾以乳房餵奶的兒童仍然可以發展得很好，[302-1]然而，在分析中，我們總是在這些人身上發現他們對從未得到的乳房有很深切的渴望，雖然乳房－母親的關係已經建立到某個程度。對精神發展來說，從一個替代品獲得最早期、最基本的滿
303 足，而不是從渴望的真實乳房獲得，是完全不同的。也許可以說，雖然沒有以乳房餵奶，兒童也能發展得好，但若是他們曾經有過圓滿的吃奶經驗，發展應該會是比較好的。另一方面來說，從我的經驗加以推論，對於那些曾經以乳房餵奶但卻發生發展障礙的兒童來說，如果沒有哺乳的話，他們可能會病得更嚴重。

總而言之，成功的哺乳向來都是有利於發展的重要條件，雖然有些兒童錯失了這種有利的影響，仍然發展得非常好。

在本文中，我討論了對吸吮期與斷奶可能有幫助的一些方法，現在我必須告訴讀者一個難以入耳的事實：看起來似乎成功的，卻未必完全。雖然有些兒童看起來很順利地度過斷奶期，有時甚至進行得很令人滿意，本質上他們卻無法處理來自於這個處境的困難，而只是適應了外在環境。這種對於外在環境的適應是因為孩子迫切地想要取悅周遭的人，因為他是如此地依賴他們，以及想要與他們保持良好的關係所致。兒童的這種驅力在早期的斷奶階段就已經顯現了，我相信他們所擁有的智能比一般所認定的要高很多。還有一個理由可以解釋這種對外的適應，即它具有逃離內在深層衝突的功能，這些衝突是兒童無法處理的。在其他

302-1 不只是這樣，即使是在這段早期階段裡經歷了非常困難的經驗，例如疾病、突然斷奶或是手術的孩子，仍然能發展得相當令人滿意，雖然這樣的經驗多少總是不利的，如果可能的話，當然應該要避免。

的案例中，無法真正適應的跡象更加明顯，許多性格的缺陷，如嫉妒、貪婪與憤恨等。為此我要提到亞伯拉罕醫師關於早期困難與性格形成之關係的著作。

我們都知道有一些人在生活中老是抱著憤恨和怨懟，他們甚至連壞天氣都氣，就好像壞天氣是懷有敵意的命運刻意加諸在自己身上的東西一般。還有一些人如果沒有在需要時立即獲得滿足，便會對任何滿足都置之不理；幾年前有一首流行歌曲的歌詞是這樣的：「我想要我想要的——而且要在我想要的時候，不然我就都不要。」

我努力對你們說明了：嬰兒非常難以忍受挫折，因為挫折與那些內在深層的衝突有關。真正成功的斷奶意味嬰兒不只是習慣了新的食物，也在處理其內在衝突與恐懼方面達到最初而根本的進展，而且真正找到調適挫折的方式。

如果這種調適已經達成的話，那麼斷奶的古早字意在此是適 304
用的，weaning這個字不只有「戒除」（wean from）的意思，也有「戒向」（wean to）的意思。套用這兩個意思，我們可以說當個體對挫折真正適應的時候，他不只是「戒除」了母親的乳房，也是「戒向」替代物——所有帶來喜悅與滿足的來源，這對於建構一個充實、豐富而快樂的生活來說是必須的。

後記[304-1]

最近的研究使我們對最早期嬰兒階段——大約是出生後的三到四個月——的瞭解增多不少，我就是從這個角度來寫這段後記。

304-1　於1952年加上。

如同我在〈斷奶〉這篇文章中說明的，最初嬰兒的情緒是特別強烈而極端的，在最初且最重要之客體——母親——的兩個面向（好與壞），以及他對此客體的情緒（愛與恨）之間存在著激烈的分隔過程（dividing processes），這些分隔使他能夠應付自己的恐懼。最早期的恐懼來自於他的攻擊衝動（任何挫折與不舒服都容易激發這些衝動），其呈現的形式為被拋棄感、受傷害、被攻擊，也就是嚴重地受到迫害。這些聚焦於母親的被害恐懼，在嬰兒身上是普遍存在的，直到他發展出與母親更整合的關係為止，這樣的整合也意味了自我的整合。

最近的研究特別關注於最初的嬰兒期階段，已經獲知的是愛與恨之間的分裂——經常被描述為情緒的分裂——有不同的強度和許多形式，這些變異與嬰兒的被害恐懼的強度是息息相關的。如果分裂過度，那麼嬰兒與母親間根本而重要的關係就無法安穩地建立，朝向自我整合的正常進展也會受到干擾，這可能導致日後的精神疾病。另外一個可能的後果是對智能發展的抑制，可能造成心智功能的遲滯，以及在極端的案例中造成智能不足。即使是在正常的發展中，也會在孩子與母親的關係上發生暫時性的困擾，這是因為缺少母親陪伴的狀態與情緒經驗所致。萬一這樣的狀態太過頻繁或延長過久的話，便可以認定為不正常發展的徵兆。

305 如果最初階段的困難能正常地克服，在隨後四到六個月大的關鍵階段時，嬰兒就有可能成功地處理此階段引發的憂鬱感覺。

透過幼兒（一般來說大約兩歲以上）的分析所得到關於生命第一年的理論發現，也在較大的孩子與成人的分析中被證實了，它們愈來愈常被應用在嬰兒的行為觀察上，而這個領域也已經擴展到非常幼小的嬰兒。自從這本書問世以來，幼兒的憂鬱感覺更普遍地被觀察與瞭解。有些目前已知出生後三或四個月的典型現象，在某個程度上也可以被觀察到，例如，嬰兒藉由退縮狀態來切斷自己與情緒的連結，意味了對環境缺乏反應，在這樣的狀態中，嬰兒也許顯得淡漠、對環境不感興趣，相較於其他的困擾，如過分哭泣、不安與拒食，這種狀態更容易被忽略。

對於嬰兒所經驗到的焦慮有更多瞭解，應該也會讓所有幼兒照顧者更容易找到解決這些困難的方法。挫折在某個時間點上總是難免的，而我所描述的根本焦慮無論如何都無法被排除。不過，對於嬰兒的情緒需求有更多瞭解，必然會在我們對待這些問題的態度上有好的影響，因而能夠在他走向穩定之路上提供幫助。我在此總結目前研究的主要目標，並以此來表達這個願望。

第十九章　愛、罪疚與修復（1937）

本書[306-1]中有兩個部分討論了有關人情緒中兩個非常不一樣 306
的面向，其一，「恨、貪婪與攻擊」探討的是恨的強烈衝動，那是人性基本的一部分；其二，我嘗試描述的是同樣強烈的愛的作用力及修復的驅力，這部分與第一部分是互補的。在這種呈現方式中所隱含的截然畫分，事實上並不真正存在於人的心智當中。當我們把主題用這種方式加以分開討論時，也許無法清楚傳達在愛與恨之間持續不休的互動，但是，這麼做是有必要的，因為唯有探討破壞衝動在恨與愛的互動中所扮演的角色，才有可能說明儘管存在著攻擊衝動，愛的感覺與修復的驅向仍然可以透過哪些方式，在與攻擊衝動互相關聯的情況下發展。

瓊安・黎偉業所寫的篇章，清楚說明了這些情緒最早出現在嬰兒與母親乳房的早期關係中，基本上是在與渴望的他人關係中經驗到的情緒。為了要研究所有構成人類最複雜情緒——我們稱為愛的情緒——中各種作用力之間的互動，我們有必要回溯到嬰兒的心智生活來加以探討。

嬰兒的情緒處境

嬰兒最初的愛與恨的客體——母親，既被強烈地渴望著，也被強烈地怨恨著，這種強度是嬰兒早期衝動的特質。剛開始的時

306-1　《愛、恨與修復》（*Love, Hate and Reparation*），見本書附錄一〈註解〉的說明（549頁）。

候，當媽媽滿足他營養的需求、解除他的飢餓感，並且給他感官的愉悅時——當他的嘴因為吸吮媽媽的乳房而經驗到刺激——他愛媽媽；這樣的滿足是兒童性特質很基本的一部分，也是性特質的最初表現。不過，當嬰兒飢餓、慾望未被滿足，或者是感到身體疼痛或不舒服的時候，整個情境就驟然改變了，恨意與攻擊的感
307 覺被喚起，嬰兒受到一種破壞衝動主導，他想要摧毀一個人，此人是他一切渴望所向之客體，在嬰兒心中，這個人和他所經驗的每件事情都有關聯，不論是好或壞。此外，如同瓊安．黎偉業已經詳細說明的，恨意與攻擊的感覺會引發嬰兒最痛苦的狀態，例如噎住、呼吸困難及其他類似的感覺，這些都被感覺為對身體有破壞性的，於是攻擊、不快樂、恐懼等感受再度升高了。

要抒解如飢餓、怨恨、緊張與恐懼這些痛苦的狀態，一個立即而主要的方式是由母親來滿足其慾望。由於獲得滿足而帶來的暫時安全感大大強化了滿足感本身，因此，每當個體接收愛的時候，安全感成為滿足的一個要素。這一點不僅在嬰兒是如此，也適用於成人；對於單純形式的愛或最複雜的愛，都是一樣。因為母親在最初滿足了我們所有的自我保存需求及感官的慾望，給予安全感，她在我們心中所扮演的角色是恆久存在的，雖然這種影響以各種不同方式及表現的形式作用著，在日後也不一定明顯可見。例如，一個女人可能明顯與母親疏遠，但是在潛意識中仍在她與先生或是她所愛的男人之間的關係上，找尋某些早期關係的面貌。父親在兒童的情緒生活中扮演非常重要的角色，這也影響了日後所有愛的關係及其他人際關係。不過，只要父親被感覺到是一個滿足的、友善的及保護的形象，嬰兒與父親的早期關係有部分是以與母親的關係作為原型。

對嬰兒來說，母親基本上只是一個滿足他所有慾望的客體，如同早年的時候，是一個好乳房。[307-1]他很快就開始對這些滿足與 308
照顧有反應，對她發展出愛的感覺，並把她視為一個人。但是，這最初的愛在根源就受到了破壞衝動的干擾，愛與恨在嬰兒的心中互相對抗著，而這種對抗在某個程度上繼續存在整個生命的過程中，並且可能成為人際關係中一個危險的來源。

嬰兒的衝動與感覺伴隨了一種我認為是最原始的心智活動：幻想建構，用俗話來說，就是想像思考。例如，渴望母親乳房的嬰兒，當乳房不在時可能會想像乳房在那裡，也就是說，他可能想像從乳房那裡獲得的滿足。這種原始的幻想是想像功能的最早期形式，日後將發展為更複雜的想像功能。

隨同嬰兒的感覺而生的幻想有很多種。剛剛提到的幻想，是想像他所缺少的滿足，不過，愉悅的幻想也伴隨了真實的滿足，破壞的幻想則隨同挫折及它所喚起的怨恨感而生。當嬰兒感覺到被乳房挫折時，他在幻想中攻擊了這個乳房；而當他被這個乳房滿足時，他愛它，對它有愉悅的幻想。在他的攻擊幻想中，他希望撕咬母親與她的乳房，甚至用其他的方式來摧毀她。

307-1　為了簡化我在這次演講的報告中對於非常複雜與陌生的現象的描述，在談到嬰兒的餵食情境時，所指的一概為哺乳。我所談到與哺乳有關的事情及我所做的推論，大抵也適用於用奶瓶餵奶的情況，雖然有些不同的地方。在此，我要從一篇題為〈斷奶〉（1936）的論文摘錄一段：「奶瓶是母親乳房的替代品，因為它使嬰兒獲得吸吮的愉悅。所以，在某個程度上，也可以藉由母親或保姆所提供的奶瓶來建立乳房－母親關係。經驗顯示，未曾以乳房餵奶的兒童仍然可以發展得很好，然而，在分析中，我們總是在這些人身上發現他們對從未得到的乳房有很深切的渴望，雖然乳房－母親的關係已經建立到某個程度。對精神發展來說，從一個替代品獲得最早期、最基本的滿足，而不是從渴望的真實乳房獲得，是完全不同的。也許可以說，雖然沒有以乳房餵奶，兒童也能發展得好，但若是他們曾經有過圓滿的吃奶經驗，發展應該會是比較好的。另一方面來說，從我的經驗加以推論，對於那些曾經以乳房餵奶但卻發生發展障礙的兒童來說，如果沒有哺乳的話，他們可能會病得更嚴重。」

這些破壞性的幻想——相當於死之願望——有一個最重要的特點：嬰兒感覺到他在幻想中渴望的事情真的發生了，也就是說他以為他真的摧毀了破壞衝動所指向的客體，而且還繼續破壞它，這點對其心智的發展來說有極度重要的後果。嬰兒從具有復原性質的全能幻想中尋求支持，來對抗這些恐懼，這點對其發展也有極為重要的後果。如果在嬰兒的攻擊幻想中，他已經用撕咬傷害了母親，他可能很快就建構的幻想是：他將碎片再拼合起來、修復她。[308-1]不過，這樣並不能完全去除他對於破壞了客體的恐懼
309 感。我們知道，這個客體是他所愛的、最渴望的，也是他完全依賴的。我認為這些基本的衝突深深地影響著成人情緒生活的進展與驅動力。

潛意識的罪疚感

我們都知道，如果我們發現自己對一個所愛的人懷有恨的衝動，我們將會感到不安或是有罪疚感。柯立芝（Coleridge）[309-a]如此說道：

> ……對我們所愛的人生氣，
> 就像是腦子裡發生錯亂。

308-1 對兒童的精神分析，讓我對心智功能的早期階段也獲得了若干結論，我深信這些幻想在嬰兒期就已經活躍著。對成人的精神分析則顯示這些早期幻想生活的影響是持續的，而且深深地影響著成人的潛意識。

309-a 中譯註：柯立芝（Sammuel Taylor Coleridge, 1772-1834），英國詩人，文學評論家，是英國浪漫主義時期的代表人物之一。

我們非常容易把這些罪疚感置於幕後，因為它們帶來痛苦，不過，它們會以許多喬裝的方式出現，成為我們人際關係中困擾的來源。例如，有些人很容易因為缺少他人的讚美而感覺痛苦，甚至對不怎麼要緊的人亦然，原因是他們在潛意識中感到不值得受人尊重，於是他人的冷淡對待，確認了對於自己沒有價值的懷疑。又有些人對自己的不滿意（並非從客觀的立場來看）表現在各方面，例如，在長相、工作或是一般的能力上。這類的現象是很常見的，一般人稱為「自卑情結」。

精神分析的發現顯示了這類感覺來自比一般所想像的更為深層的地方，而且總是與潛意識的罪疚感有關。某些人之所以會如此強烈地需要廣泛的讚美與贊同，是因為他們需要證明自己是可以被愛、值得被愛的。這種感覺來自於潛意識中無法充分或真正地愛他人的恐懼，特別是害怕無法駕馭對他人的攻擊衝動：他們害怕自己對所愛的人來說是個危險。

親子關係中的愛與衝突

我已經試圖說明了：愛與恨的對抗，以及它所引起的所有衝突，在早期嬰兒期就開始了，而且一輩子都繼續活躍著。如此的對抗開始於小孩與雙親的關係中；在嬰兒與母親的關係中，感官的感覺已經存在了，這些感覺表現在伴隨吸吮過程而來的口腔愉悅感。不久，性器官的感覺湧現，兒童對母親乳頭的渴望減弱了，不過並未完全消失，仍在潛意識及一部分意識中保持活躍。
小女孩對乳頭的在意會轉移到父親的性器上——主要是發生在潛意 310
識裡——這成為她的原慾願望及幻想的客體。隨著發展繼續演進，小女孩對父親的渴望超過了母親，她在意識及幻想中想要取代母親的位置、贏得父親並成為他的妻子；她也非常嫉妒媽媽擁有的其他小孩，希望爸爸可以給她屬於自己的小孩。這些感覺、願望及幻想，和她對媽媽的競爭、攻擊與恨意同時發生著，再加上最早期被乳房挫折的不滿情緒；雖然如此，在小女孩心中，對母親仍然保持著活躍的性幻想與慾望。在這些影響之下，她想要取代父親與母親關係中父親的位置。在某些案例中，這些慾望與幻想發生的強度，可能超過對父親的慾望與幻想。因此，對父母除了愛的感覺以外，也有競爭的感覺，而且這些感覺被進一步帶入她與兄弟姊妹的關係中。與母親和姊妹有關的慾望與幻想則是日後坦白的同性戀關係的基礎，也是間接表現在女性朋友情誼中同性戀感覺的基礎。在一般的發展情況下，這些同性戀的慾望會退隱到幕後，轉向為昇華，於是對異性的吸引力占了主導的地位。

相對的發展發生在小男孩身上，他很快就經驗到對母親的性器慾望，並且將父親視為競爭對手般地懷有恨意。不過，他也對父親發展出性器的慾望，這就是男同性戀的根源。這些處境引起了許多衝突，對小女孩來說，雖然她恨媽媽，但也愛她；小男孩愛他的爸爸，讓爸爸免於遭受他的攻擊衝動所帶來的危險。此外，所有性慾望的主要客體——對女孩來說是父親，對男孩來說是母親——也因為這些慾望受到挫折，而引起恨意與報復。

小孩對兄弟姊妹也懷有強烈的妒意，只要他們是競爭父母之愛的對手。不過，他也愛他們，同樣地，強烈的衝突在攻擊衝動與愛的感覺之間被激起了，這導致了罪疚感及想要修好的願望：這是一種混雜的感覺，不僅和我們與兄弟姊妹的關係有關，而且我們與一般人的關係是以這樣的模式為原型，這也關乎我們日後的社會態度、愛與罪疚的感覺，以及想要補償的願望。

愛、罪疚與修復 311

我以前說過，愛與感恩的感覺是嬰兒對於母親的愛與照顧所產生的自然反應。愛的力量——這是一種保存生命之驅動力的表現——和破壞衝動一樣，都存在於嬰兒身上。愛的力量最基本的表現可以在嬰兒對於母親乳房的依附上看見，這樣的依附發展成對母親整個人的愛。我的精神分析工作使我相信，當嬰兒心中發生了愛與恨的衝突，擔心失去所愛的恐懼開始活躍時，便達成發展上非常重要的一步；此時這些罪疚與痛苦的感覺像是新元素般加入了愛的情緒中，成為愛根本的一部分，並且對愛的質與量方面都有深遠的影響。

即使是在幼兒身上，我們也可以觀察到他對於所愛對象的在意，這並非如有些人認為的，只是一種對一個友善且有幫助者的依賴表現。在兒童與成人潛意識中，與破壞衝動同時存在著一種很深刻的想要犧牲自己的衝動，便是為了要幫助所愛的人並將其擺在對的位置，而這個人在幻想中已經受到傷害與破壞了。心智深處想要讓人快樂的衝動，和強烈的責任感及對其他人的關心是連結在一起的，它們表現在對他人真誠的同情心及能夠瞭解他人真正的樣子與感覺上。

認同與修復

能夠真誠地體諒他人，意指我們能夠站在他人的立場上：我們「認同」他們。現在，這種認同他人的能力是一般人際關係中最重要的一個元素，也是具有真實且強烈之愛的感覺的條件。只有當我們能夠認同我們所愛的人，我們才能夠忽視或在某個程度上犧牲自己的感覺與慾望，因而暫時將他人的利益與情緒放在第一位。因為在認同他人的時候，我們分享了提供給他們的幫助或滿足，在某方面又重新獲得了我們為他人所犧牲的東西。[311-1]最
312 終，在為所愛的人犧牲並認同這個人的時候，我們扮演了好父母的角色，對這個人表現了如同我們曾經感受到父母對我們所做的，或是如同我們曾經希望他們做的，同時，我們也扮演了好小孩對雙親的角色，這是我們在過去想要做的事情，現在我們將它行動化了。於是，藉由反轉一個情境，也就是藉由對待他人如同

311-1 我在開頭的地方曾說過，所有人心裡都存在著愛與恨的持續互動，不過，我的題目是關於愛的感覺如何發展、如何被強化與穩定。我不打算深入探究攻擊的議題，所以聲明的是，攻擊也是活躍的，即使是對於愛的能力發展很堅實的人來說也是如此。一般來說，這些人的愛與恨都被大量用在建設性的方式上（所謂的「昇華」)。事實上任何一件具有成效的活動，攻擊都以某種方式參與其中，例如家庭主婦的清潔工作，自然顯示了她想要做讓他人與她自己愉悅的事情，也是一種愛他人與愛她所關心的事情的表現。不過，她同時也藉由摧毀她的敵人——骯髒——表達了她的攻擊，骯髒在她的潛意識中代表了「壞」的事物。源自於最早期的原初恨意與攻擊性可能在成人女性身上突圍，使她們喜愛清潔的習慣變得具有強迫性。我們都知道有一種女人會藉由不停「打掃清潔」而把家庭生活弄得很悲慘，這個例子顯示恨意事實上被轉向她所愛與關心的人們身上了。對值得恨的人與事物——不論是我們不喜歡的人或是不贊同的規則（政治的、藝術的或道德的）——懷有恨意，用一種感覺上可容許而實際上也相當具有建設性的態度，是我們發洩恨意、攻擊性、詆毀與輕視等感覺的一般方式，只要不是太極端。這些情緒雖然用成人的方式來處理，但是在根本上是兒童期所經驗到的情緒，也就是當我們所恨的（父母）同時也是我們所愛的時候。即使是在當時，我們試著保有對雙親的愛，而將恨意轉向他人與其他的事物，這樣的過程使我們發展出愛的能力，並將這個能力穩定下來，擴大我們在成人生活中興趣、情感與怨恨的範圍。再舉幾個例子：律師、政治家與評論家的工作都涉及了戰鬥的對手，但都是以有用且可以允許的方式，先前的結論也一樣適用在這些例子上。合理甚至是可被讚賞的表達攻擊的方式之一是競賽，對手是暫時性的被同樣來自於早期情緒情境的感覺所攻擊，而此暫時性的事實有助於減弱罪疚感。因此，有許多昇華與直接的方式，可以讓一些非常有同情心、具有愛的能力的人藉此表達攻擊與恨意。

自己是好父母一般，我們在幻想中再創造並享受到我們所渴望的
來自於父母的愛與善。但是對待他人如同自己是好的父母，也可
能是一種處理過去挫折與痛苦的方式；我們因為受到父母挫折而
對他們心懷抱怨，加上這些在心中曾經激發的恨與報復，以及從
這些恨意與報復中萌發的罪疚感與絕望感（因為我們已經傷害了
所愛的父母親）。所有在幻想中的這些，都能藉由同時扮演慈愛的
父母與貼心小孩的角色，以回溯的方式抵銷（拿走某些恨意的基
礎）。同時，我們在潛意識幻想中補償了在幻想中造成的傷害，但
這個傷害仍讓我們在潛意識裡感到很深的罪疚感。我認為，這樣 313
的修復是愛與人類關係的基本元素，我將在下文中時常提及。

快樂的愛的關係

請讀者謹記我先前所提關於愛的起源之論述，現在讓我們來思考某些特別的成人關係。首先，看看這個例子：一種在男人與女人之間令人滿意且穩定的愛的關係，正如我們在一段快樂的婚姻關係中可以看到的，這樣的關係意味著一種深層的依附、互相滿足對方的能力、分享快樂或是哀傷、興趣及性的歡悅。這種性質的關係提供了愛最多樣的表現方式。[313-1]如果這個女人用母性的態度來對待男人，她滿足了（盡她所能）他最早期時希望從母親那裡獲得滿足的渴望；在過去，這些渴望從未被充分滿足過，也從未被真正放棄過。這個男人就如同擁有自己的母親一樣，未感

313-1　在關於成人的情緒與關係方面，我在本文中主要探討的始終是兒童的早期衝動、潛意識感覺與幻想對日後愛的表現之影響，我注意到這樣的做法必然導致某種程度的偏頗與預設的論述，因為，這樣的方式使我無法公允對待生命中的各種因素，在來自外在世界及內在作用力之間不斷互動的影響之下，這些因素共同作用著而建立了成人的關係。

覺到罪疚感（我稍後將對其緣由做更詳細的闡述）。如果這個女人具有充分發展的情緒生活，在具有母性的感覺之外，她也保留了某些孩童對父親的態度，而這個古老關係的某些特質會進入她與丈夫之間的關係，例如，她會信任並且讚賞她的丈夫，對她而言，丈夫如同她父親一般，成為一個保護與幫助的形象。

這些感覺將成為關係的基礎，在當中，這個女人作為一個成人的願望與需要可以獲得充分的滿足。此外，太太的這種態度也給男人機會，以各種方式表現出對她的保護與幫助，也就是說，在他的潛意識心智中，扮演一個對母親來說是好丈夫的角色。

如果這個女人對她的先生與孩子們都懷有強烈的愛意，我們可以推測她很可能在孩童時期和雙親及手足之間都有好的關係，也就是說，她可以充分地處理早期對他們的恨與報復的感覺。我在之前曾提到小女孩想要從父親那裡得到一個小孩的潛意識願
314 望，以及與此願望有關對父親的性慾望兩者的重要性。父親挫折了孩子的性器慾望，這在孩子心中激發了強烈的攻擊幻想，這一點和能否在成人生活中獲得性滿足有很重要的關聯。小女孩的性幻想因而和恨連結在一起了，這恨意是針對父親的陰莖，因為她感覺它拒絕滿足她，卻能滿足她的母親；在嫉妒與恨意中，她希望它是一個危險與邪惡的東西，無法滿足她的母親，於是陰莖在她的幻想中有了破壞的性質。因為這些聚焦在父母之性滿足的潛意識願望，導致了在她的某些幻想中，性器官與性滿足有了壞的、危險的性質。隨著這些攻擊性的幻想之後，在兒童心智中又發生了想要補償的願望，更確切地說，是藉由治癒在她心智中已經被傷害而且弄壞的父親陰莖。這種具有療癒性質的幻想也和性的感覺與慾望有關，所有這些潛意識幻想極度影響著女人對丈夫

的感覺，如果他愛她並在性方面滿足她，她的潛意識施虐幻想的強度將會減弱。但是，由於這些幻想尚未完全停止運作（雖然對一個正常的女人來說，它們並未達到會抑制「混合正向或友善的情慾衝動」之傾向的程度），而且它們刺激了復原性（restoring nature）幻想的發生，於是，修復的驅力又發生作用了。性的滿足提供給她的不僅是歡愉，還有可以抵抗恐懼與罪疚感的保證與支持，這些恐懼與罪疚感是她早年施虐願望的結果。這種保證增強了性的滿足，而且在女人心智中引起了感恩、溫柔及更多愛的感覺。正因為在她心智深處某個地方感覺到她的性器是危險的，而且可能傷害丈夫的性器——這衍生自一種她對父親的攻擊幻想——她所獲得的一部分滿足是來自於一個事實，即她能夠給予她的丈夫歡愉和快樂，因而她的性器被證明是好的。

因為在小女孩的幻想中，父親的陰莖是危險的，這仍然對女人的潛意識心智具有特定的影響。不過，如果她和丈夫的關係是快樂的，在性方面也能獲得滿足，他的性器官就會帶來好的感覺，於是她對壞性器官的恐懼就不能成立了。是故，性的滿足具有雙重再保證的作用：既保證了她自己的好，也保證了丈夫的好，而由此獲得的安全感也增添了實際上的性愉悅；被提供的再保證範圍因此更大了。女人早期對母親的嫉妒與恨——因為她爭奪 315
了父親的愛——在她的攻擊幻想中扮演了重要的角色。由於性滿足及和丈夫有快樂且相愛的關係，提供了兩人共有的快樂，這點也會感覺有點像是一個指標，代表她對母親的施虐願望並未實現，或者是修復已經成功了。

男人在與妻子關係中的情緒態度與性特質，當然也是受到他的過去所影響。兒童期被母親挫折的性器慾望激發了這樣的幻想：他的陰莖變成一種會帶給母親疼痛，甚至會造成傷害的工具。同時，因為父親搶奪了母親的愛，因而對父親的嫉妒與恨也啟動了對他的施虐幻想。在與愛侶的關係中，男人早期潛意識的攻擊幻想——導致了害怕自己的陰莖具有破壞力——在某個程度上作用著，而且經由類似於剛剛所描述的女人的演變方式，施虐的衝動——在還能被處理的數量上——激發了修復的幻想，於是陰莖被感覺是一個具療癒性的好器官，可以提供女人愉悅、治癒她受傷的性器官，而且在她體內創造嬰兒。與女人間有一段快樂且在性方面獲得滿足的關係，提供他擁有「好陰莖」的證明，也在潛意識裡讓他感到想要修復她的願望成功了，這不僅提高了他的性快感、對這個女人的愛與親切感，也導致了感恩與安全感。此外，這些感覺可能會透過其他方式來增加他的創造力，並且影響他在工作與其他活動上的能力。如果他的妻子能夠分享他的興趣（就如同在性與愛的滿足一樣），便能為他的工作價值提供證明。藉由這些方式，他早年的願望，也就是希望可以做他父親在性與其他方面為母親所做的事情，並且從她那裡獲得他的父親所得到的，都可以在他與妻子的關係中得到滿足。他與妻子快樂的關係也具有降低他對父親的攻擊性之效果——這種攻擊性是受到他無法將母親當作妻子的刺激所致——並且向他再保證他長期對父親的施虐傾向並未發生效果。由於對父親的怨恨已經影響他對象徵自己父親的男人的感覺，對母親的怨恨則影響他與象徵母親的女人的關係，一段滿足、有愛的關係改變了他對生活的看法，以及對人與一般活動的態度。擁有妻子的愛與欣賞，帶給他完全長大及與父親相等的感覺，對父親的敵意與攻擊對抗減弱了，取代的是與
316 父親或是與被他讚賞的「父親形象」，在有成效的功能與成就方面

較為友善的競爭，而這點很可能強化了他的生產力。

同樣地，當一個女人在與一個男人的快樂關係中，感到她能夠獲得一個位置，就好像過去她母親在與她的丈夫的關係中獲取的位置一樣，並在當下得到母親在過去所享受到的滿足（這樣的滿足在她還是小孩時是被拒絕的），她才能夠感覺到與母親相等、享受到跟母親同樣的快樂與特權，而不會傷害或是掠奪她。這些對女人的態度和人格發展的影響，與當男人發現自己在快樂的婚姻生活中等同於他的父親時所發生的變化是類似的。

於是，對於伴侶雙方而言，都會感到一段在性與愛方面可以互相的滿足，這如同快樂地再創了他們早期的家庭生活。許多願望與幻想在兒童期是永遠無法被滿足的，[316-1]不只是因為它們不切實際，也是因為在潛意識心智中同時存在著互相矛盾衝突的願望所致。看似矛盾的事實是，某種程度上，只有在個體長大以後才
有可能滿足許多嬰兒期的願望。在成人的快樂關係中，早年想要 317

316-1　以男孩為例，他希望一天二十四小時都擁有媽媽、與她性交、給她嬰兒、因為嫉妒他的爸爸而想殺他，以及剝奪兄弟姊妹所有的東西，並且在他們阻礙他的時候排擠他們。如果這些不切實際的願望獲得滿足的話，將會帶給他最深的罪疚感，即使是遠比這些要輕微得多的破壞願望，也易於喚起極度的衝突，例如，許多小孩會因為是母親的最愛，而產生罪疚感，因為他的父親與兄弟姊妹們相對地會遭到忽略；這就是我所謂的在潛意識心智中同時存在著互相矛盾的願望。小孩子的願望是無止境的，與這些願望有關的破壞衝動亦然，但是在潛意識與意識中，他同時也有相反的傾向，他也希望能夠給他們愛並且進行修復。在攻擊性與自私方面，事實上他本身想要被身邊的大人約束，因為如果都是放任他而行的話，他將會受到自責與無價值感的痛苦。實際上他依賴從大人那裡得到幫助，如他所需要的其他幫助一般。因此，在心理學上，藉由完全不讓孩子受到挫折來嘗試解決孩子的困難是非常不恰當的。當然，在現實上不必要的或模稜兩可的挫折，以及缺乏愛與瞭解的挫折，是非常有害的。極為重要且需要瞭解的是，兒童的發展仰賴於他忍受必然與必要的挫折，以及忍受由挫折所導致的愛恨衝突的能力，而且相當程度上是由這樣的能力所形塑的，也就是他必須從挫折所引起的恨及其愛與修復的願望——伴隨著自責的痛苦——之間找到他的路。小孩在心智中適應這些問題的方式，形成了他日後社會關係、長大後愛的能力及文化發展的基礎。藉由身邊的人所給他的愛與瞭解，他可以獲得很大的幫助，但是，這些深層的問題是不能被解決或抵銷的。

完全擁有母親或父親的願望在潛意識中仍然是活躍的。當然，現實環境不容許一個人成為母親的丈夫或是父親的妻子，而且，即便這在過去是可能的，對他人的罪疚感也會干擾獲得的滿足。不過，唯有當一個人能夠在潛意識幻想中與父母發展這樣的關係，並在某個程度上克服與這些幻想有關的罪疚感，逐漸脫離父母而又保持對他們的依附，他才能將這些願望轉移到其他人身上；這些人代表了過去所慾望的客體，雖然他們和這些客體是不同的。也就是說，只有當一個人真正長大了，嬰兒期的幻想才能夠以成人的狀態被滿足。甚且，正因為在兒童期所幻想的處境，在此刻成為可以被允許的真實，而且在此方式之下證明了幻想中與此情境有關的各種傷害並未真正發生，這些因嬰兒期的幻想而引起的罪疚便能得到抒解。

我所描述的快樂的成人關係，和以前所說的一樣，意指透過男人與女人和他們的小孩的關係，再創造了早期的家庭情境，而且這會是比較完整的，因此整體的再保證與安全感也會更廣泛。這一點接著將我們帶往親職的主題。

親職：身為人母

我們先來看母親對嬰兒深切的愛的關係，在女人達到完整的母性人格時，這樣的關係就會隨之發展。在母親與嬰兒的關係及她在兒童期與自己母親的關係之間，有許多線索將兩者聯繫起來。幼兒在意識與潛意識裡有想要擁有嬰兒的強烈願望，在小女孩的幻想中，母親的身體充滿了許多嬰兒，她想像這些嬰兒是父親的陰莖放到母親體內而來的。父親的陰莖對她而言是一切創造、力量與好品質的象徵，她欣賞父親及其性器官，視他為創造的、給予生命的，伴隨這種態度而來的是，小女孩強烈地想要擁有自己的小孩，以及在身體裡擁有嬰兒的願望，一如他們是最珍貴的資產般。

我們每天都可以觀察到小女孩玩洋娃娃時，就好像這些洋娃娃是她們的嬰兒一樣。但是，兒童通常會對洋娃娃表現出熱情的投入，因為它對她而言已經是活生生的真實嬰兒了，它是伙伴、朋友，形成了她生活的一部分，她不僅把它帶在身旁，而且心裡總是惦記著它，在它的陪伴下開始每一天，除非必須做其他事情時才會不情願地放手。這些兒童期經驗到的願望在成為成年女人 318
時仍持續存在著，而且大力地促成女人在懷孕時及生產後對於孩子所感覺到的愛的強度。至少擁有它的滿足感，抒解了她兒時從父親那裡得不到嬰兒時所經驗到的痛苦。這種被長期延宕滿足的重要願望使她變得比較不具攻擊性，並增加了愛自己小孩的能力。再者，兒童的無助及極需母親的照顧需要，喚起超過她對其他任何人所能給的愛，於是，此時母親所有愛與建設性的天分便有機會發揮了。我們知道，有些母親利用此關係來滿足自己的願望，也就是她們的占有慾及滿足他人對自己的依賴，這樣的母親想要孩子黏住她，甚至會討厭小孩長大、發展出他們自己的個性。對其他母親來說，兒童的無助感喚起了她們想要修復的強烈願望，這些願望有多種來源，而現在則是與這個最期待的嬰兒有關，這個嬰兒是她早期渴望的完成。因為小孩提供了母親能夠愛的享受，對小孩的感恩增強了這些感覺，而且導致母親首要關切的都是為嬰兒好，她自身的滿足將與小孩的幸福息息相關。

母親與小孩的關係當然會隨著小孩長大而改變，她對比較年長的孩子的態度，或多或少會受到過去對自己兄姊、堂表手足等的態度影響，過去關係當中的某些困難可能很容易干擾她對自己小孩的感覺，尤其是當嬰兒發展出來的反應與特質，容易刺激她內在的困難。她對兄弟姊妹的嫉妒與競爭引發了死亡願望與攻擊的幻想，在這些幻想裡，她傷害並且破壞了他們。如果來自於這些幻想的罪疚感與衝突並未太過強烈的話，那麼修復的可能性就會比較大，她的母性感覺也能夠更完整地呈現。

在這種母性態度裡，似乎有個元素讓母親能夠把自己放在孩子的位置上，從他的觀點來看待當時的處境；如我們已知的，她能帶著愛與同情來做這件事情的能力，與罪疚感及修復的驅力息息相關。不過，如果罪疚感太過強烈的話，這樣的認同可能導致完全的自我犧牲，這對小孩來說是非常不利的。我們都知道，當母親給予很多愛，又不求任何回報，這樣帶大的孩子通常會變成
319 自私的人。而小孩缺乏愛與關心的能力，在某個程度上是掩飾他過於強烈的罪疚感。母親的過度寬容易導致罪疚感的增加，甚且會無法提供足夠的空間讓小孩展現其修復、偶爾的犧牲，以及發展出對他人真正關懷的可能性。[319-1]

不過，如果母親沒有過於緊密地被孩子的情緒糾纏住，也沒有過於認同孩子，她就能夠運用智慧，以最有幫助的方法來引導小孩；她將會從促進小孩發展的可能性上得到完全的滿足。這樣的滿足還會被她的幻想所增強，即為孩子做那些她的母親在過去為她做的事情，或是她曾經希望母親做的事情。藉由做到這些事

319-1 一種類似的不利影響（雖然發生的方式不同）是因為雙親的嚴厲或缺乏愛所造成的——這點觸及了一個重要的問題，即環境如何以合適或不合適的方式影響兒童的情緒發展，不過，這點超過了本文的範疇。

情，她報答了她的母親，並且在幻想中對母親的孩子們補償了曾經造成的傷害，隨而減輕了她的罪疚感。

母親愛孩子、瞭解孩子的能力，在孩子青春期的時候將特別受到考驗。在這個階段，孩子們往往會離開父母親，讓自己在某個程度上從對父母親的舊有依附裡釋放出來，他們努力尋找新的愛的客體，對父母造成非常痛苦的處境。如果母親有強烈的母性感覺，她可以保持毫不動搖的愛，有耐性、善解、適時提供協助與忠告，而同時容許小孩解決自己的問題——她也許能夠做上述所有這些事情而無所求。不過，唯有在她愛的能力已經發展到某種程度，使她能夠對小孩形成強烈的認同，也對她保存在心智中那有智慧的母親形成強烈認同時才有可能。

當孩子們長大、自行謀生、脫離舊有連結時，母親與他們的關係將會再次有所改變，她的愛可能以不同的方式來表現。母親現在也許發現她在孩子的生活中不再需要扮演重要的角色，但是，她可能保持著她的愛，以備他們的不時之需，藉此而找到一些滿足感。她因此在潛意識中感覺到她提供給他們安全感，永遠跟早年一樣，像乳房給予他們充分的滿足，她滿足了他們的需要與渴望。在這樣的處境中，母親完全認同了自己那位有幫助的母親，其保護性的影響從未在她的心智中停止運作。同時，她也認 320
同了自己的小孩：在她的幻想中，她就像過去一樣又成為一個小孩子，並且與自己的小孩分享她所擁有的「有幫助的好母親」。孩子們的潛意識心智經常與母親的潛意識相符合，不論他們是否使用到這些為他們所準備的「愛的資源」（store of love），藉由認知到存在著這樣的愛，他們通常會得到極大的內在支持與安慰。

親職：身為人父

雖然一般說來，孩子對於男人而言不像對女人那麼重要，但他們在男人的生命中仍占有重要的部分，特別是當他與妻子相處融洽的時候。回溯到這個關係的深層源頭，我曾提及男人從給予妻子嬰兒而獲得的滿足感，其意義在於補償他對母親的施虐願望並且修復她，如此增加了創造嬰兒與完成妻子願望的滿足感。一項額外的愉悅來源，是藉由分享妻子的母性愉悅（maternal pleasure）來滿足他自己的女性願望；在還是小男孩的時候，他曾有想要像他媽媽一般懷有小孩的強烈願望，而這些願望加強了他想要搶奪母親小孩的傾向。身為男人，他可以給予妻子小孩，看到她和小孩快樂地共處，而且能夠不懷任何罪疚感，認同生育和哺育孩子的妻子，也在她與較大孩子的關係上認同她。

不過，男人得到的許多滿足，是來自能夠當好爸爸這件事。他所有保護性的感覺都找到了充分的表達，這些感覺是當他還是小孩子時，受到與早期家庭生活有關的罪疚感刺激而來的。再一次地，這裡存在著對好父親的認同——對真正的父親或是理想的父親。在他與孩子們的關係中，另外一個元素是他對他們強烈的認同，因為他打從心裡分享了他們的歡樂，甚且在幫助他們度過困境並促進其發展當中，他以更令人滿意的方式重新創造了自己的兒童期。

我所提過在孩童發展的不同階段上，與母親和孩子之關係有關的事宜，大多也適用在父親與小孩的關係上。父親扮演了與母親不同的角色，不過兩人的態度是互補的；而且如果（如同在全篇討論中所假設的一般）他們婚姻生活的基礎是愛與瞭解，丈夫便會享受妻子與小孩之間的關係，而妻子則以丈夫的善解與幫忙為樂。

家庭關係的困難 321

我們都知道，我所描述的那種完全和諧的家庭生活，並不是天天如此的。這樣的生活仰賴一些情境與心理因素的巧妙配合，最重要的是夫妻得具備發展良好的愛的能力。在夫妻之間與親子之間，有可能發生各種困難，以下我將舉出一些例子。

孩子的個性可能不符合父母的期望，任一個配偶都有可能潛意識地希望小孩像過去的某個兄弟或是姊妹，對於這個願望，顯然父母無法都得到滿足，甚至可能兩人都無法獲得滿足。再次提到的是，如果雙親之一或是兩者在過去與兄弟姊妹的關係中曾存在著競爭與嫉妒，有可能會在他們自己的小孩獲得發展或成就時重覆發生。另外一種困難的情境出現在雙親過度的野心與期許，利用孩子的成就來獲取他們對自己的肯定與減輕恐懼。再者，某些母親無法去愛並享受擁有孩子，因為她們在潛意識中為著奪取了母親的位置而感到強烈的罪疚感；她們也許無法親自照料小孩，而必須將他們交給保姆或其他人來照顧——這些人在她們的潛意識心智中代表了母親，因此她將曾經想要從母親那裡奪取的小孩還給了她。這種對於愛孩子的懼怕當然會干擾和孩子的關係，也可能影響到夫妻關係。

我說過，罪疚感與修復的驅力是與愛的情緒緊密結合在一起的，不過，如果早期在愛與恨之間的衝突不曾得到完善的處理，或是罪疚太強烈，可能導致對所愛的人感到厭煩或甚至排斥他們。終究，是因為在幻想中傷害了所愛的人——首先，是母親——害怕她可能會死亡的恐懼感，導致了難以忍受對這個人的依賴。我們可以觀察到幼兒從早年的成就，以及任何提昇他們獨立的事情所獲得的滿足感。不過就我的經驗看來，很重要的一個理由是，小孩被驅使去減弱對「絕對重要」的人（他的母親）的依附關係。她起初維持了他的生命，供給他一切所需，保護他並帶給
322 他安全，於是她被感覺是一切「好」的與生命的來源；在潛意識幻想中，她成為個體不可分離的一部分，於是她的死亡意指了他自己的死亡。只要這些感覺與幻想非常強烈，對所愛的人的依附就可能變成難以承受的負擔。

許多人解決這些困難的方法，是藉由減少、否認或是壓抑自己的愛的能力，並且逃避所有強烈的情緒；有些人則將愛從人轉移到非人的其他事物上，藉此逃避愛的危險。這種將愛轉移到事物與興趣上的方式（我曾在關於探險家與尋求嚴酷挑戰大自然的人們身上做過討論），是正常成長的一部分，但是對某些人來說，將愛轉移到非人的客體上，變成了他們處理或是逃避衝突的主要方式。我們都知道有一些愛護動物者、狂熱的收藏家、科學家、藝術家……，他們對所關注的事物或選擇的工作懷有極大的愛的能力，而且經常自我犧牲，但是，卻對其他人少有興致與愛。

有些人的發展相當不同，他們變得完全依賴那些強烈依附的人，對他們來說，潛意識裡害怕所愛的人會死亡的恐懼導致了過度依賴。因為這種恐懼而增加的貪婪是這種態度的元素之一，而且表現在盡可能地利用他所依賴的人上。另外一項構成這種過度依賴態度的要素是逃避責任：他人為他背負了行動的責任，有時甚至還要為他的意見與思想負責（這是為何人們會無異議地接受

一個領導者的觀點，盲目服從他的要求行事的理由之一）。對於如此過度依賴的人來說，他們極度需要愛來支持自己對抗罪疚感與各種恐懼感；他們所愛的人必須藉由表示愛意來一再證明自己不是壞的、沒有攻擊性，而且並未受到他們的破壞衝動的影響。

這些過度強烈的連結最干擾母嬰的關係，如我之前所指出的，母親對小孩的態度與她身為孩子時對自己母親的感覺有很多相同之處。我們已經知道的是，這種早期關係的特色是愛與恨之間的衝突。孩子潛意識裡對母親所持有的死亡願望，在她成為母親後繼續存在於自己的孩子身上，這些感覺因為兒童期各種對手足的衝突情緒而增強了。如果因為過去的衝突未解決，造成了母親在與孩子的關係中感到太多罪疚感的話，她可能會強烈地需要 323
孩子的愛，用各種方法將孩子與自己緊密地綁在一起，使孩子依賴她；或者，除此之外，她有可能太過專注在小孩身上，孩子成為她的生活重心。

現在讓我們來想想——雖然只是從一個基本的向度——一種非常不同的心智態度：不貞（infidelity）。不貞的各種表現之間（這是各種極度分歧發展方式的結果，在某些人來說是表達了愛，在其他人則是恨，兩者之間有各種程度的變異）有一種共同的現象：反覆離棄（所愛的）人，部分原因是源於對依賴的恐懼感。我發現：典型的「大情聖唐璜」（Don Juan），在其心智深處因為害怕所愛的人死亡而受到困擾，如果他沒有發展出這種特別的防衛，也就是用他的不貞來應付它們的話，這樣的恐懼可能會突破重圍，並以憂鬱與心智上極度痛苦的感覺來表達。藉由這種防衛，他反覆對自己證明：他極度愛戀的那一個客體（最先是他的母親，他害怕她會死亡，因為他感覺他對她的愛是貪婪且具破壞性的）畢竟不是不可缺少的，因為他永遠能夠找到另一位女人；雖然他對她有熱情，但只是膚淺的感覺。有些人正好相反，他們由於極度恐懼所愛的人死亡，反而驅使自己去排斥她，或者是遏止、否認愛，他則是因為種種原因而無法這樣做。不過，透過他對女人的態度，潛意識中的妥協獲得了表達，藉由放棄與排斥某些女人，他潛意識地離棄了母親，把她保住了，以免受到他危險的慾望所傷害，並且將他自己從對母親痛苦的依賴中釋放出來；而藉由轉向其他女人、給她們歡愉與愛，他在潛意識心智中保存了所愛的母親，並且再創造了她。

在現實中，他被驅使著從一個人轉向另一個人，因為另一個人很快地又變成了母親的代表，於是他原始的愛戀客體被一連串不同的人替換著。在潛意識幻想中，他藉由性的滿足（實際上他給了其他的女人）再創造或復原了他的母親，因為只有在某一方面，其性特質被感覺到是危險的，在另一方面，性特質則被感覺到是具療癒性的，並且能令她快樂。這雙重的態度是潛意識妥協的一部分，導致了他的不貞，也是特別發展方式的一個條件。

這帶領我思考到在愛的關係中另外一種困難，男人可能限制他對一個女人的深情、溫柔與保護的感覺，這個女人也許是他的妻子，但是他無法在關係中得到性的歡愉，並潛抑他的性慾望或
324 是將它們轉向其他的女人。恐懼性特質的破壞性、害怕如同競爭對手的父親和隨之而來的罪疚感，是造成溫柔的感覺與特定的性的感覺必須分離的重要理由。被他所愛與高度珍視的女人——代表他的母親——必須從他的性慾中被拯救出來，因為在他的幻想中，他感覺到性慾是危險的。

選擇愛侶

精神分析顯示，是很深的潛意識動機促成了愛侶的選擇，使兩個特定的人在性方面彼此吸引與獲得滿足。男人對女人的感覺總是受到早年對母親之依附的影響，不過，這大多是在潛意識裡的，而且可能以偽裝的方式來表現。男人可能選擇一些與母親完全相反特質的女人作為愛侶——也許這個女人的外貌不同，但是她的聲音或某些特徵卻符合男人早年對母親的印象，因此對他有特別的吸引力。此外，或者只是因為想要脫離與母親過於強烈的依附，他可能選擇一位與母親完全相反的愛侶。

通常在發展的過程中，在男孩的性幻想與其愛戀感覺裡，姊妹或是堂表姊妹會占據母親的位置。很明顯地，以這種感覺為基礎的態度，與某些男人尋找具有母親特質之女性的態度是不同的；雖然一個受到對姊妹的感覺而影響選擇的男人，也有可能尋找具有若干母親特質的愛侶。早年周遭各種人物的影響，而產生了極為多樣的可能性：保姆、阿姨、祖母都可能在這方面扮演重要的角色。當然，在思考早年關係與日後選擇愛侶的關聯時，我們不應該忘記，男人想要在日後愛的關係中再度找到的，是兒童期對所愛的人的印象，以及與這個人有關的幻想。甚者，潛意識心智確實在意識所不能覺察的基礎上連結事物，由於這個緣故，被完全忘記——潛抑——的各種印象，使某個人比另外一個人在性與其他方面更有吸引力。

女性選擇愛侶方面也同樣有類似的因素在運作著，她對父親的印象與感覺，如仰慕、信賴等等，可能在她選擇愛的伴侶時扮演了重要的角色。不過，她早年對父親的愛可能已經動搖了，也

325 許她很快就因為衝突太強而離開了他，或是因為他讓她太失望了，於是某個兄弟、堂表兄弟或玩伴便可能成為非常重要的人；她可能對他懷有性的慾望與幻想，再加上母性的感覺。她可能會尋找符合這種兄弟意像的愛人或是丈夫，而不是找尋比較具有父親特質的人。在成功的愛的關係中，兩位愛侶的潛意識心智是互相一致的。舉例來說，主要具有母性感覺的女人，想找尋具有兄弟特質的伴侶，如果她的男伴要找的是一名以母性特質為主的女人，那麼他的幻想與慾望便會與這位女性的相符合。如果這名女性與父親有很強的連結，那麼她在潛意識裡選擇的男人，便會需要一個能讓自己扮演好父親角色的女人。

雖然成人生活中的愛的關係，是建立在早期與父母及兄弟姊妹有關的情緒情境上，但新的關係未必只是早期家庭情境的重覆。潛意識的記憶、感覺與幻想會以相當偽裝的方式進入新的愛戀關係或友誼中。不過，除了早期的影響，還有許多其他的因素運作於建立愛的關係或友誼的複雜過程中。正常的成人關係總是包括了新的元素，這些元素是來自新的情境，來自環境與我們所接觸到的各種人的人格，也來自他們對作為成人的我們，在情緒需求及實際興趣方面的反應。

獲得獨立

目前為此，我主要提到的是人們之間的親密關係，現在我們來到更廣泛的愛的表現，以及愛進入各種活動與興趣的方式。早年孩子對母親乳房與母乳的依附，是生命中所有愛的關係之基礎，但是，如果我們認為母乳只是一種健康與合適的食物，我們

可能會下一個結論，就是母乳很容易被其他同樣合適的食物所取
代。然而，乳汁能夠舒緩嬰兒飢餓之苦，並且是由他愈來愈愛的
乳房所給予，這使他獲得了非常重要的情緒價值。乳房與其產物
首先滿足了他自我保存的本能與性的慾望，這使得它們在他的心
智中代表了愛、愉悅與安全；因此，他能夠在心理層面將這最初
的食物置換為其他的食物，是一件極為重要的事情。遭遇了或多
或少的困難後，母親可能得以成功地幫助孩子轉換到其他食物，
但是，即使如此，嬰兒也許不會放棄對那最初食物的強烈慾望，
也可能尚未克服被剝奪這些食物的怨恨，還沒有在實際層面去適 326
應這樣的挫折。若是這樣的話，他可能無法真正適應往後生命中
的任何挫折。

如果藉由對潛意識心智的探索，我們瞭解了這種最初對母親及其食物的依附強度與深度，以及它持續在成人潛意識心智中存在的強度，我們會好奇一個孩子是如何逐漸脫離母親而獲得獨立。實際上，小嬰兒會對周遭事物具有強烈的興趣和與時俱增的好奇心，並樂於認識新的人事物，為自己的成就感到高興，這些似乎都能讓孩子找到新的興趣與愛的客體。但是，這些事實並不能完全解釋兒童脫離母親的能力，因為在他的潛意識心智中，他是如此緊密地與母親連結在一起。不過，這種極度強烈的依附本質，易於驅使他離開，因為（受到挫折的貪慾與怨恨是無法避免的）這樣的依附引起了害怕會失去這位絕對重要的人，結果產生了依賴她的恐懼感。於是，兒童在潛意識心智中傾向於放棄她，這樣的傾向受到了想要永久保存她之急迫渴望的抗衡，這些矛盾衝突的感覺，加上在情緒與智能方面的成長——使他能夠找到其他感興趣且能帶來快樂的客體——導致他獲得轉移愛的能力，也就是

用其他的人事物來取代最初所愛的人。正因為孩子從與母親的關係上經驗到了如此豐富的愛，他也會在日後的依附關係上汲取這麼多。如此置換愛的過程，對於人格與人際關係的發展來說具有無比的重要性，甚至可以說對於整體文明與文化的發展也是很重要的。

除了將愛（與恨）從自己的母親轉移到其他人事物上，因而將這些情緒分散到更廣闊的世界中，還有另外一種處理早期衝動的方式。幼兒在與母親的乳房相連結時所經驗到的肉體上的感覺，發展為對她整個人的愛；愛的感覺從一開始就和性慾望融合在一起。精神分析已經注意到，對父母、手足的性感覺不只是存在於幼童身上，甚至在某個程度上也可以被觀察到，只有透過探索潛意識心智，才能夠瞭解這些性感覺的強度與根本重要性。

327 我們已經知道，性慾望與攻擊的衝動和幻想、罪疚及害怕所愛的人死亡是緊密相連的，這些感覺都驅使小孩減輕了對雙親的依附。小孩也會傾向於潛抑這些性的感覺，也就是說，它們變成潛意識的感覺，可以說是被埋在心智深處。性的衝動也從最初所愛的人脫離開來，小孩因而獲得了可以用熱情的方式去愛另外一些人的能力。

剛剛描述的心理過程——用其他人來替換所愛的人，在某個程度上將性從溫柔的感覺分開來，並且潛抑了性衝動與慾望——是小孩在建立更廣泛關係之能力上不可或缺的一部分。不過，對於成功的全面發展來說，很重要的是，對跟最初所愛的人相關的性感覺，不應該太過潛抑，[327-1]而且兒童的感覺從父母身上置換到其他人身上的過程不應該太完整。如果兒童可以從最親近的人那裡獲得足夠的愛，如果與他們有關的性慾望未被潛抑得太深，那麼在日後的生命裡，愛與性的慾望便可以復甦，再次被聚合在一起，這些慾望在快樂的愛的關係中扮演了重要的角色。在發展極為成功的人格中，保有了某些對雙親的愛，同時附帶有對其他人事物的愛。不過，如我之前所強調的，這並非只是愛的延伸而已，而是情緒的擴散（diffusion），它減輕了兒童對最初所愛的人在依附與依賴關係上的衝突與罪疚。

藉由轉向他人，兒童的衝突並未被化解，因為他用較不強烈的方式，將這些衝突從最初最重要的人轉移到新的愛（與恨）的客體——這些客體部分代表了舊有的客體。正因為他對這些「新人」的感覺不那麼強烈，在此情況下，他想修復的驅力可以更加充分地運作，因為這驅力在罪疚感太強烈時可能受到阻礙。

眾所周知，擁有兄弟姊妹有助於兒童的發展，與手足一起成長可以讓兒童比較容易脫離父母親，並且與手足建立一種新的關係。不過，我們知道，兒童不只是愛手足，也對他們有很強烈的
競爭感、恨意與嫉妒心。為此，與堂表兄弟姊妹、玩伴及與比近 328
親更遠的其他小孩的關係，使得一個兒童可以從手足關係中分離，這是日後社會關係極為重要的基礎。

學校生活中的關係

學校生活為兒童已經獲得的人際關係經驗提供了發展的機會，也為新實驗提供了場所。兒童可能從眾多孩子中，找到一、

327-1　性的幻想與慾望在潛意識中保持活躍，也在某個程度上表現在兒童的行為、遊戲與其他活動中。如果潛抑太強烈、幻想與慾望持續被深深埋藏而無法表達，這樣一來，可能不只具有強力抑制其想像力運作（以及所有各種活動）的效果，也會嚴重阻礙個體日後的性生活。

兩個或幾個會對他的氣質做出比自己兄弟姊妹更佳反應的人。在其他的滿足之中，這些新友誼提供了機會讓兒童修正與改善早年跟兄弟姊妹的關係，這些關係原本可能是令人不滿意的。他可能真的曾經欺負比較弱小或年幼的弟弟，或者是潛意識裡因恨與嫉妒干擾了關係而產生罪疚感，這樣的干擾可能持續到成年生活中。這種令人不滿意的狀態可能深深地影響了他日後對人的一般態度。我們知道，有些小孩無法在學校交朋友，這是因為他們帶著早期的衝突進入新的環境；對於其他可以完全脫離最初的情緒糾葛並且與同學交往的人來說，通常可以發現他們實際上與兄弟姊妹的關係也跟著改善了。新的同伴關係向孩子證明了他能夠去愛，而且是可愛的，愛與善也是存在的，這在潛意識裡也被感覺為證明了他能夠修復曾在想像或事實中對他人造成的傷害。因此，新的關係有助於解決早年的情緒困境，雖然當事人並未覺察到那些早期困難的確切本質或是它們被解決的方式。透過所有這些方式，修復的傾向得以開展，罪疚感被減弱，對自己與他人的信任也增加了。

相較於小家庭的生活範疇，學校生活也提供機會將愛與恨做比較清楚的區隔。在學校裡，有些小孩可以被恨，或只是被討厭，而其他人可以被愛。在這種情況下，被潛抑的愛與恨的情緒——被潛抑是因為恨所愛的人造成了衝突——可以透過較為社會所接受的方向找到更充分的表達。小孩會以各種方式結盟，而且對於向他人表達恨意與厭惡到何等程度，發展出特定的規矩，遊戲與伴隨而生的團隊精神便是這些結盟與展現攻擊性的調節因子。

329 嫉妒與競爭老師的愛與欣賞雖然可能非常強烈，卻是在不同於家庭生活的環境中被經驗到的。整體而言，孩子們對老師的感覺較疏離，比起父母，老師較少引起小孩的情緒，畢竟他們會將他們的感覺分給許多小孩。

青春期的人際關係

當小孩成長到青春期，其英雄崇拜的傾向通常會表現在與某些老師的關係中，進而可能討厭、怨恨或是詆毀其他的老師，這是另外一個區分恨與愛的例子，這個過程提供了釋放的功能，因為「好的」人不致於被傷害，又可以滿足於怨恨某個被認為是該當被如此對待的人。正如我之前所說的，被愛與被恨的父親、被愛與被恨的母親，是最初被讚賞、怨恨與貶低的客體，但是這些混和的感覺，對幼兒的心智來說太過衝突與沉重，因此容易受阻或被埋藏，而在與其他人的關係中找到部分的表達，例如，保姆、叔伯、姨媽及親戚等。日後在青春期時，大多數的小孩會表現出離開父母的傾向，主要是因為與父母有關的性慾望與衝突再次增強所致。早期對父親或母親（因個案而有不同的對象）的競爭與怨恨的感覺開始復甦而被強烈地經驗到，雖然其性動機仍然保持在潛意識中。青少年容易對他們的父母與其他對象，如佣人、軟弱的老師或是不喜歡的同學等，表現出非常具攻擊性與不悅的樣子。但是，當恨意達到如此的強度時，想要保存內在和外在的好品質與愛的必要性就變得更為迫切了，於是具有攻擊性的年輕人傾向去尋找他能仰望與理想化的人物，受到崇拜的老師們可以滿足年輕人的這種需求；而內在的安全感是來自於對他們的愛、讚賞與信任感，因為，在潛意識心智中，這些感覺似乎確認了好父母及與他們之間的愛的關係，也因而駁斥了在這階段變得強烈的恨、焦慮與罪疚感。當然，有些小孩在經歷這些困難時，仍然能夠保持對父母的愛與讚許，但這樣的小孩並不常見。我認為我所說的能稍加解釋某些理想化人物在一般人心中的特殊位置，像是一些名人、作家、運動員、探險家、文學作品中的想像
330 人物等，人們對這些人物轉移了愛與讚賞，不這樣的話，所有的事物將會因為恨與缺少愛而黯然失色，這種狀態將被感覺到會危及自己和他人。

和理想化某些人同時發生的是對其他人的恨，特別是對一些想像的人物，例如影片與文學作品中的某類惡棍，或是與自己有段距離的真實人物，例如對立政黨的政治領袖。相較於那些和自己比較親近的人而言，恨這些不真實的或是與自己有距離的人是比較安全的，對雙方來說都是。這點也適用於對某些師長的怨恨，相較於父子之間，一般的校規與整體情境較易於在學生與老師之間形成更大的屏障。

像這樣將對人們的愛與恨區隔開以避免太靠近自己，也具有一個作用，即讓所愛的人更加安全，不論是在實際上或是在心智中。他們不僅是在生理上遠離自己而無法靠近，而且區隔開愛與恨的態度更增強了這樣的感覺，即自我能夠保存愛免於破壞。因著具有愛的能力而產生的安全感，在潛意識心智中與所愛的人被保存在安全不受損害的狀態是息息相關的。潛意識裡的信念似乎是如此聲明的：我能夠將我所愛的人保存完整無缺，因而我真的不曾損害任何我所愛的人，而是將他們永遠保存在我的心中。最終，所愛的父母意像被當作最珍貴的所有物，保存在潛意識心智中，因為它護衛了其擁有者免受全然的孤寂之苦。

友誼的發展

兒童的早期友誼於青春期階段發生了特質上的改變，這個生命階段特有的感覺與衝動之強度，帶來了少年之間非常強烈的友誼，且大多是在同性成員之間。同性戀的傾向與感覺形成了這些關係的基礎，也常常導致真正的同性戀活動。這種關係有部分是為了逃避對異性的驅力，這驅力在此階段通常因為各種內外在因素而難以處理。舉男孩的例子來談談這些內在因素：他的慾望與幻想仍然與母親與姊妹緊密連結著，此時因離開她們去找尋新的愛的客體而發生的掙扎，正處於最激烈的時候。對異性的衝動，對此階段的男孩與女孩來說，通常被認為是充滿了許多危險的，導致對同性的驅力被強化了，而能被放入這些友誼關係中的愛、
讚賞與討好，也都是對抗恨意的防衛——如我之前指出的。因為這 331
些種種原因，青少年們更加緊抓這些關係不放了。在此發展階段中，不論是在意識或潛意識上增強的同性戀傾向，也在討好同性老師方面扮演了重要的角色。如我們所知的，青春期的友誼經常是不穩定的，原因之一是強烈的性感覺（意識的或潛意識的）進入這些關係並干擾了它們。青少年尚未從嬰兒期的強烈情緒連結中解放出來，而且仍然被它們所支配著，其程度是超過他自己所知道的。

成人生活裡的友誼

在成人生活中，雖然潛意識的同性戀傾向在同性朋友之間的友誼中扮演了一部分角色，有一點卻是友誼的特色——與同性戀愛

的關係[331-1]不同之處——即溫情的感覺有一部分是與性的感覺分離開來的；性的感覺退隱到背景當中，而仍然在潛意識心智中保持相當程度的活躍。像這樣將性與溫柔的感覺分開來，也適用於男人和女人之間的友誼。不過，由於友誼這個廣大的題目只是我探討主題的一部分，我在此僅限制討論同性之間的友誼，接著只做幾點一般性的評論。

讓我們舉兩個女性之間的友誼為例子，她們並未太依賴對方，但在關係中，保護與幫助可能仍然是被需要的，有時候是這一位需要，有時候則是另外一位需要，就看發生的狀況而定。在情緒層次的給予和獲取，是真實友誼的基本要件。在這裡，早期處境的元素以成人的方式被表達出來，保護、幫助與建議最早是由我們的母親提供，如果我們在情緒上有所成長而能夠自立自足的話，就不必太依賴母性的支持與安慰了。但是當痛苦與困難的處境發生時，希望能接收到支持與安慰的願望是持續終生的。在我們與朋友的關係中，有時候可能接收或給予一些母親的照顧與愛，成功地融合母親的態度與女兒的態度，似乎是情緒豐富的女性人格及交友能力所必備的多種條件之一（充分發展的女性人
332 格，意味著與男人有好的關係，兼具柔情與性的感覺；不過，在女人的友誼方面，我指的是昇華的同性戀傾向與感覺）。在我們與姊妹的關係中，可能曾有機會去經驗與表現母性般的照顧與女兒的反應，而且可以輕易地將它們進一步帶入成人的友誼中。不過，有些人也許不曾有過姊妹，或是缺少任何可以經驗這些感覺的對象，在這種情況下，如果我們和一個女人發展友誼的話，將

331-1 同性戀愛關係的主題是一個廣泛而複雜的議題，要適當地處理這個議題必須運用更多篇幅，因此我僅限於提出，許多愛能夠被放在這些關係中。

會在經由成人的需求修正之下，實現了強烈而重要的兒時願望。

我們與朋友分享興趣與歡樂，也可能享受到她的快樂與成功，即使我們自己欠缺。如果我們認同她的能力夠強，進而能分享她的快樂，那麼嫉羨與嫉妒的感覺便可能退隱到背景中。

罪疚與修復的元素在這樣的認同中是從不缺少的，只有當我們成功地處理了對母親的恨意與嫉妒、不滿與埋怨，能夠見她快樂而感到快樂，感覺到我們並未傷害到她，或者能夠修復我們在幻想中造成的傷害，才能夠真正地認同另外一個女人。導致過度要求的占有與不滿，是干擾友誼的元素，事實上，過強的情緒可能會侵蝕友誼的基礎。我們在精神分析的研究中發現，只要這種狀況發生，早年慾望未獲滿足、不滿、貪婪或嫉妒的情境就會突破重圍。也就是說，雖然當前的事件可能引發了困難的發生，但在友誼破裂中，實際上是來自嬰兒期未解決的衝突扮演了重要的角色。平衡的情緒狀態——並不排除感覺的強度——是成功友誼的基礎。如果我們的期待太多，便不大可能成功，也就是期待朋友來補償我們早期的不足。如此不適切的要求大多是在潛意識裡，因而無法理性地加以處理，它們必然使我們遭受失望、痛苦與怨恨。如果這些過分的潛意識要求干擾了友誼，早年情境便絲毫不差地重覆上演了，不論外在環境可能有多大的不同。在早年的時候，強烈的貪婪與恨干擾了我們對父母的愛，使我們陷入不滿與孤單的感覺。當過去的情境沒有如此強烈地壓迫當前的處境時，我們比較能夠正確地選擇朋友，並從他們所給予的獲得滿足。

因為男人與女人心理學不同的緣故，存在著重要的差異處， 333
但我所提到關於女人之間的友誼，大多能適用於男人之間友誼的發展。區分柔情與性的感覺、昇華同性戀傾向與認同，這也都是男性友誼的基礎。雖然與成人人格相符的元素與新的滿足進入了男人與另一個男人的友誼中，即便是嶄新的，他同樣多少是在尋找他與父親或兄弟關係的重覆版本，或是可以滿足過去慾望的新關係，或者改善與曾經最親近的人們未盡滿意的關係。

愛的更廣面向

我們將愛從最初真愛的人那裡移置到其他人身上，此一過程在最早的兒童期起即擴展到一般事物上。如此，我們發展出興趣與活動，而在這些事情上我們則投入了一些原本對人們的愛。在嬰兒的心智中，身體的某一部分可以代表另外一部分，一個物體也可以代表身體的某些部分或是一些人。透過這種象徵的方式，任何圓的物體可能在兒童的潛意識心智中代表了母親的乳房。藉由漸進的過程，任何在身體上或是更廣泛的層面上，被感覺能釋放善與美及帶來愉悅與滿足的事物，都能在潛意識心智中取代永遠豐饒的乳房及整個母親的位置。於是我們稱呼自己的國家為「母國」，因為在潛意識心智中，國家可能代表了我們的母親，而它可以被愛的感覺在本質上是源自於與母親的關係。

為了要說明最初的關係如何進入看似相距甚遠的許多興趣，讓我們來看探險家的例子。這些探險家們邁向新的發現，在行動中經歷最嚴重的物資缺乏，面臨極大的危險，甚至是死亡。除了刺激的外在環境，還有很多心理上的元素形成了這種興趣與追求探險活動的基礎。此處我只能提到一或兩個特定的潛意識因素：在貪婪裡，小男孩渴望攻擊母親的身體，這身體被感覺為母親好乳房的延伸；他也有想要搶奪其身體內容物的幻想，除此之外還有嬰兒，這些嬰兒被認為是珍貴的所有物，並且在嫉妒中，他也攻擊這些嬰兒。這些想穿透母親身體的攻擊性幻想，很快地與其想要和母親交合的性器慾望連結起來。在精神分析工作中發現的是：想要探索母親身體的幻想，源自於兒童攻擊性的性慾望、貪婪、好奇與愛，這造成了男人想探索新國家的興趣。

在討論到幼兒的情緒發展時，我曾指出其攻擊衝動會引起強 334
烈的罪疚感及對於所愛的人將死亡的恐懼，這些都形成了部分愛的感覺，而且再增強並強化了它們。在探險家的潛意識心智中，新的地域代表了新的母親，取代了失去的真正母親，他在找尋「應許之地」——「流奶與蜜糖之地」。我們已經瞭解由於恐懼最愛的人死亡，導致小孩在某個程度上離開了她，不過，這同時驅使他在所做的一切事情中再創造她並再度找到她，如此一來，逃離她與再找到她皆獲得了充分的表現。兒童的早期攻擊性刺激了修復與補償的驅力，想要將他之前在幻想中從母親那裡奪取的好東西還給她，而這些想要補償的願望融合為日後探索的驅力，因為探險家藉由找到新的土地來給予整個世界與許多特定的人們某些東西，在這樣的追求之中，探險家事實上表現了攻擊性與修復的驅力。我們知道，在發現一個新國度的過程中，攻擊被用在各種爭鬥及克服各種困難上。不過，有時攻擊性是以更開放的方式被表現出來，在以前的時代更是如此，人們不只是探索，還更進一步地征服與殖民。在早期幻想中對母親身體裡想像的嬰兒的攻擊，以及對剛誕生的弟妹真實的恨意，在此現實情境中，藉由對待原住民的的無情與殘酷態度表現出來。然而，被期望的復原，則充分表現在新的國度裡繁衍自己的同胞這件事情上。我們可以看到，透過探索的興趣（不論攻擊性是否公開地表現出來），各種衝動與情緒，如攻擊性、罪疚感、愛及修復的驅力，都被轉移到其他的領域中，遠離最初的那個人。

探索的驅力不必然表現在對世界真正身體力行的探索，可能延伸到其他領域，例如任何種類的科學發現。舉例來說，早年想要探索母親身體的幻想與慾望，成為天文學家從工作上獲得的滿足感的一部分；想要再次發現早年的母親的慾望——這個母親實際上或者在個人的感覺裡已經失去了——在創造性的藝術及人們享受與欣賞藝術的方式上，也是極為重要的。

為了說明某些我剛剛討論的過程，我將引用一段濟慈（Keats）所寫的十四行詩，〈初讀查普曼譯荷馬有感〉（On First Looking into Chapman's Homer）。

335 雖然大家都耳熟能詳，方便起見，我還是在此引用全詩：

我曾遨遊過許多黃金的地域，
造訪了許多美好的城邦與國度；
我已踏遍了西邊的島嶼，
那裡的歌者皆效忠於阿波羅。
如此廣袤之地——我曾經多次被告知，
是眉宇深鎖的荷馬所統治的領地；
然而，我未曾呼吸到它的純靜，
直到此刻聆聽查普曼朗聲而無畏地說出來：

我已經遨遊過不少黃金的領域，
造訪了許多美好的城邦和國度；
我曾經巡迴許多西方的島嶼，

那裡歌者一致效忠的是阿玻羅。
人們時常對我提到一廣袤的空間
屬於那眉目深陷的荷馬統治之邑；
但我從未呼吸到那清純肅穆的空氣，
直到這一刻聆聽查普曼朗聲長吟。[335-a]

濟慈是從一個欣賞藝術作品者的觀點來說詩的。詩被比擬為「美好的城邦與國度」及「黃金的地域」。他自己在閱讀查普曼譯荷馬時，最初是觀察天象的天文學家——當「一個新的行星游移進入他的視野中」。之後濟慈變成了探險家，「帶著荒誕的臆測」，他發現了一片新的土地與海洋。在濟慈完美的詩詞中，世界代表了藝術。很清楚的是，對他來說，科學與藝術的欣賞與探索是來自於同一個源頭，對美好土地的愛——「黃金的地域」。如我之前曾經指出的，對潛意識心智的探索（順帶一提，這是佛洛伊德發現的一塊未知大陸），顯示了美好的土地代表了所愛的母親，而想要追尋這些土地的慾望，則來自於我們對她的慾望。回到這首十四行詩中，也許可以這麼說（我對它沒有任何仔細的分析），那位統治著詩的國度的「眉宇深鎖的荷馬」，代表了被欣賞與強而有力的父親，當兒子（濟慈）也進入了慾望的國度時（藝術、美、世界——最終是他的母親），他追隨了父親的典範。

同樣地，雕刻家將生命注入藝術品中，不論它是否代表一個人，在潛意識中皆回復且再創造了早年所愛的人，是他已在幻想中摧毀了的那人。

335-a　中譯註：此處是採用楊牧先生的翻譯。（《一首詩的完成》，〈外國文學〉，93-95頁。洪範，1987。）

然後，我感覺像是穹蒼的瞭望者，
當一個新的行星游移進入他的視野中；
或像是勇敢強健的寇德茲（Cortez），帶著老鷹般的眼
凝視著太平洋——而他的部眾
帶著荒誕的臆測，面面相覷著——
靜默於大然山（Darien）之巔。

我感覺如同一浩浩太空的凝望者
當一顆全新的星球泅入他的視野；
或者就像那果敢的戈奧迭（Cortez），以他
蒼鷹之眼注視太平洋——當所有水手
都面面相覷，帶著荒忽的設想——
屏息於大雷岩（Darien）之顛。

罪疚感、愛與創造力

我一直致力於闡明罪疚感是創造力與廣泛而言的工作（甚至
336 是最簡單的工作）之基本動力，不過，如果它們太過強烈的話，卻可能反帶有抑制創造活動與興趣的效果，這些複雜的關聯性在對幼童的精神分析中首度得到澄清。對兒童來說，當各種恐懼因為精神分析而減弱時，原本沉睡的創造衝動便會在一些活動，如畫畫、模仿、堆積東西及在言語中甦醒而表現出來。這些恐懼曾經造成破壞衝動的升高，因此當恐懼減弱時，破壞的衝動也減弱了。在這些過程中，罪疚感與因擔心所愛的人死亡而感到的焦慮

——這些是兒童心智無法應付的，因為太過強烈——逐漸減弱了，且變得比較不那麼強烈而能夠加以處理。這能夠提高兒童對他人的關心、激發對他人的憐愛及認同，整體而言，愛增加了。想要修復的願望是如此緊密地與關心所愛的人，以及擔心其死亡的焦慮結合著，直到現在能以創造性及建設性的方式表現出來。在成人的精神分析中，也可以觀察到這些過程與改變。

我曾提過任何歡樂、美及豐富的來源（不論是內在的或外在的），在潛意識心智中都被感覺為母親慈愛與給予的乳房，以及父親具有創造力的陰莖，它們在幻想過程中有著類似的特質——最終來說，就是兩位慈愛又慷慨的雙親。與引發如此強烈的愛、欣賞、讚美與奉獻等感覺的大自然的關係，和與母親的關係有許多相同之處，詩人們早就看出這一點了。大自然的多重贈禮，等同於任何我們在早年從母親那裡接收到的東西。不過，她並非總是令人滿意的，我們常常會感覺到她吝嗇、讓我們受挫；我們對她的這些感覺在與自然的關係中復甦了，因為大自然經常是不願給予的。

自我保存需求及渴望愛的滿足永遠是連結在一起的，因為它們最初是來自於同一個來源。首先，安全感是由母親提供給我們的，她不只解除了飢餓的痛苦，也滿足我們的情緒需要，並抒解了焦慮。於是，藉由滿足我們基本所需而產生的安全感，是與情緒的安全感相關的，而且兩者都極度被需要，因為它們可以對抗害怕失去所愛母親的早期恐懼感。我並非低估實際上來自於匱乏的直接或間接的痛苦，但是，實際上痛苦的處境會因為源於最早 337
期的情緒情境之悲痛與絕望而更為慘烈，在當時兒童不僅因為母親沒有滿足他的需要而感覺到被剝奪了食物，也感覺到失去了她及她的愛與保護。[337-1] 失去工作也剝奪了他表現建設性能力的機會，這種能力是處理其潛意識的恐懼及罪疚感最重要的方法，也就是修復的能力。環境的嚴酷（雖然部分可能是因為未如人意的社會系統，讓處境悲慘的人有真實基礎而將此痛苦怪罪於他人）和可怕父母的殘酷無情——兒童處於焦慮壓力下所相信的——有某些共同之處。相反地，在物質或心智上提供給貧窮或失業者的幫助，除了具有實際的價值之外，在潛意識裡也被感覺到證實了慈愛父母的存在。

回到與自然的關係上，在世界上某些地方，自然是殘酷而具有破壞性的，但是，即使如此，當地的居民仍然抵抗著各種危險，不論是乾旱、洪水、嚴寒、酷熱、地震或瘟疫，都不願放棄他們的土地。外在環境的確扮演了重要的角色，因為這些堅忍的人們可能缺乏工具搬離成長的地方，不過，這樣的現象對我來說並不能充分解釋，有時候為了守住家鄉的土地，人們可以忍受諸多艱苦。對於處於如此艱難的自然狀況下的人來說，為了生存而奮鬥也具有其他的（潛意識）目的。對他而言，自然代表了吝嗇而嚴厲的母親，其恩賜必須予以強力的高度讚揚，因此早期的暴力幻想被重覆而且行動化了（雖然是以昇華和適應社會的方式）；他在潛意識裡因為對母親的攻擊衝動而感覺到罪疚感，他期待（目前在他與自然的關係中，仍然是在潛意識中期待著）她

337-1 在兒童的精神分析中，我經常發現各種不同程度的恐懼，也就是擔心會因為潛意識裡的攻擊（想要趕走其他人）及已經造成的實際傷害，而被懲罰逐出家門。這種焦慮從很早期就開始了，令小孩非常不安。一個特別的例子是恐懼會變成可憐的孤兒或是乞丐，沒有食物也沒有家。然而，在我所觀察到懷有這些恐懼的兒童來說，這些對於貧窮的恐懼卻是和父母的財務狀況沒什麼關係的。在日後，這類恐懼會在失去金錢、房子或工作的時候，造成讓實際困難更加嚴重的效果，它們會加入沉痛的元素，並加深絕望感。

會嚴苛地對待他，這種罪疚感像是動力般地促成了修復。因此與
自然的搏鬥有部分被認為是一場要保存自然的奮鬥，因為它也表
現了想要修復她（母親）的願望。與嚴酷自然奮鬥的人們不只是 338
照顧了自己，也為自然本身服務；由於並未切斷與母親的關係，
他們活生生地保留了早年母親的影像，在幻想中，藉由與她靠近
而保存了自己和她——實際上是藉由不離開他們的家鄉。與此相反
的是，探險家在幻想中找尋的是新的母親，為的是取代真實的母
親，他感到與她疏遠，或是在潛意識裡害怕會失去她。

與我們自己，以及與他人的關係

我在本章中討論了每個人的愛，以及與他人之關係的某些面向，不過，在我尚未深入探討所有關係中最複雜的一種之前，我尚不能做總結，那就是我們與自己的關係。但是，什麼是我們自己呢？我們從早年開始所經歷的每一件事，不論好或壞，所有接收自外在世界及內在世界裡感受到的事物，快樂的與不快樂的經驗，與他人的關係、活動、興趣及各種想法，也就是所有我們經歷過的事，都形成了我們自己並建構了我們的人格。如果我們某些過去的關係，以及相隨的記憶和它們所喚起的種種豐富感覺，突然從生活中被抹滅了，我們將會感到何等的貧乏與空虛啊！我們會失去多少經驗到，以及回應的愛、信任、滿足、安慰與感恩！有許多人甚至不想失去某些痛苦的經驗，因為它們促進了我們人格的豐富內涵。我在本文中已經多次提及我們早年的關係與日後種種關係之間的重要關聯，現在我要說明這些最早期的情緒情境在根本上影響著我們和我們自己的關係。我們在心智中珍藏

了心愛的人們，在某些困難的處境中可能受到他們的指引，發現我們的自我會猜想他們將如何表現、他們是否同意我們的做法。我們可以做出這樣的結論：我們如此尊敬的這些人，最終代表的是我們所欣賞與愛的父母。

不過，我們已經瞭解，孩子要與父母建立和諧的關係是很不容易的，而且，早年愛的感覺受到恨意的衝動和這些衝動在潛意識裡所激發的罪疚感嚴重的抑制及干擾；的確，父母也許欠缺愛與諒解的這點，很容易增加了整體的困難。即使是在最順利的環境中，破壞的衝動與幻想、恐懼與懷疑，總是在某個程度上活躍
339 於幼兒的心智中，它們會因為不利的環境與不舒服的經驗而大量升高。另外也很重要的是，如果小孩在早年生活中沒有獲得足夠的快樂，將會干擾其發展充滿希望的態度，以及對人有愛和信任的能力。不過，這並非意指小孩所發展的愛與快樂的能力，直接相當於他獲得的愛的量。的確，有些兒童在心智中發展了極度嚴厲與苛刻的父母形象，干擾了與實際父母及一般人的關係，即使事實上父母一直以慈愛對待他們亦然。另一方面來說，兒童心智上的困難，通常不會直接相當於他所接收到的不當對待；如果從一開始就為著因人而異的內在因素，使得孩子只有很低的挫折忍受力，而且攻擊、恐懼與罪疚感非常強烈，那麼父母真正的短處，特別是他們做錯事的動機，在小孩的心智中可能會被極度地誇大與扭曲，而雙親與其他周遭的人可能被認為是非常嚴厲與苛刻的，因為我們自己的恨意、恐懼與懷疑容易在潛意識心智中創造了可怕嚴厲的父母形象。現在，這種過程在我們每個人身上或多或少都是活躍的，因為我們都必須以某種方法來對抗恨與恐懼。我們因此瞭解了攻擊衝動、恐懼與罪疚感（有部分是來自於內

在的原因）的量，與我們所發展的主要心智態度有很重要的關聯。

有些孩子因為不良的對待，而在潛意識心智中發展出如此嚴厲與苛刻的父母形象，整體心智態度是如此嚴重地受到影響。相反地，有很多孩子較少因為父母疏失或缺乏瞭解而受到負面的影響；由於一些內在的原因，他們從一開始就比較能夠忍受挫折（不論是否可以避免），也就是說，他們可以做到不受自己的恨與懷疑衝動所主導。這樣的兒童將更能忍受雙親在照料他們時所犯的錯誤，也更能夠倚賴自己友善的感覺，因此對自己更有安全感，並且比較不容易被來自外界的事物所動搖。沒有任何兒童能夠免於恐懼與懷疑，但是如果他與父母的關係主要是建立在信任與愛上，就能夠在心智中將他們穩固地建立起來，成為引導與有幫助的形象，這是安慰與和諧的來源，也是日後所有友誼關係的原型。

我嘗試闡明某些成人關係，描述我們對待某些人就如同父母 340
曾經對待我們的方式一樣——當他們愛著我們，或我們想要他們如此表現的時候——我們因而反轉了早期的情境。或者也可以這麼說，我們對某些人採取的態度，就像愛著父母的孩子，這裡所說的這種互相替換的親子關係，不僅是表現在我們對待他人的態度上，在我們的內在，也可以經驗到這些我們保存在心智中有幫助的、引導的形象的態度。我們潛意識中感覺到這些形成我們部分內在世界的人，是愛我們、保護我們的父母，而我們回饋這種愛，感到自己如同是他們的父母。這些建立在真實經驗與記憶的基礎上的幻想關係，成了感覺與想像的一部分，促成快樂與心智健康強度。不過，如果保存在感覺與潛意識心智中的父母形象主要是嚴厲的，那麼我們就難以感到安心自在了。我們都知道，過度嚴苛的良知會引起擔憂與痛苦；比較不為人知、但是經由精神分析發現所證實的是：這一系列內在交戰的幻想及與它有關的恐懼，是我們所謂惡意良心的基礎。附帶一提，這些壓力與恐懼會表現在深度的心智困擾，甚至導致自殺。

我剛剛使用了相當古怪的詞語「和我們自己的關係」，現在我要補充的是，這是一種與在我們自己之中所有珍愛部分的關係，以及與所有憎恨的部分的關係。我已經嘗試說明了自己之中所珍視的一部分，是透過我們與外在的人們的關係所累積起來的資源，因為這些關係及與其相關的種種情緒已經變成了內在所擁有的。我們恨自己之中嚴厲與苛刻的形象，這些形象也是內在世界的一部分，大部分是我們對父母的攻擊所導致的。不過，基本上最強烈的恨是朝向在我們自己裡頭的恨，我們是如此害怕在自己裡頭的恨意，因而被驅使去運用最強烈的防衛方法，也就是將它置於其他人身上——將它投射。不過，我們也將愛移置到外在世界裡，只有當我們與心中友善的人物形象已經建立了良好的關係時，才能真正做到這一點。這是一個良性的循環，因為，首先我們在與父母的關係中獲得了信任與愛，然後我們獲得他們，附帶了所有的愛與信任，如同當年一樣，將它們收到我們自己之中。然後，我們從這種愛的感覺之資源裡，再將愛給到外在世界中。在恨的方面，有一個類似的循環，如我們所知，恨意導致我們在心中建構了恐怖的形象，於是容易認為別人是不好的、不友善
341 的。附帶一提，這種心智態度具有使他人不愉快並懷疑我們的實際效果，而我們的友善與信任態度則容易從他人身上喚起信任與善意。

我們知道有些人，特別是在年紀漸長時變得愈來愈刻薄，而

有些人則變得比較溫和、更善解人意與寬大容忍，這種差別是因為在態度與人格上的不同所致，不見得與生命中遭遇的有利或不利經驗相符。由我已經陳述的可以總結如下：不論是對人或命運的刻薄感——這種尖刻通常與兩者都有關聯——基本上是在兒童期就已經建立了，而且可能在日後的生命裡更被強化。

如果愛未曾被怨恨所扼殺，而是牢固地建立在心智中，那麼對他人的信任與對自己良好特質的信念，會如同磐石般穩固而足以承受環境的打擊，當痛苦發生的時候，遵循這種路線發展的人能夠在自己心中保持那些好的父母，在痛苦的時候，他們的愛是一種永不衰竭的幫助，並且可以從外在世界再次找到在心中代表他們的人。具有反轉幻想情境及認同他人之能力的人——這能力是人類很偉大的特質——可以給予他人幫助和愛，而這些都是他自己所需要的，他能藉由這樣的方式為自己找到得安慰與滿足。

我從描述嬰兒的情緒處境，以及與母親的關係作為開始，母親是他從外在世界所接收到的好品質最原始與最主要的來源。接著我提到，沒有得到被母親餵食的最高滿足，對嬰兒來說是極度痛苦的過程，不過，如果他對於受到挫折的貪婪與怨恨並未太強烈的話，就能夠逐漸脫離她並從其他來源取得滿足。在他的潛意識心智中，帶來歡愉的新客體是與最初從母親那裡得到的滿足相連結的，這是為什麼他能接受其他的享受作為最初歡愉的替代品。這種過程不只是替換了最初的善，也保存了它，而且這過程愈是順利度過，在嬰兒心中留給貪婪與恨的空間就愈少。不過，如我常常強調的，潛意識的罪疚感——其發生與幻想中對所愛之人的破壞有關——在這些過程中扮演了很重要的角色。我們已經瞭解了嬰兒的罪疚感與悲傷感，來自於在其貪婪與恨中摧毀了母親的幻想，啟動了修復這些想像中造成之傷害的驅力，而將她修復。
342 現在這些情緒和嬰兒的願望及接納母親替代品的能力有很重要的關係，罪疚感引起了對於依賴所愛之人的恐懼感——這個人是小孩害怕失去的——因為當攻擊性湧上心頭時，他感到自己傷害了她。這種對於依賴的恐懼感，是他將自己從母親身上脫離開來的動力——轉向其他人事物並且擴大了興趣的廣度。正常來說，修復驅力能抵制罪疚感所引起的絕望，接著希望占了優勢。在此情況下，嬰兒的愛與修復的慾望，在潛意識中被帶入新的愛的客體與興趣中，如我們所知道的，在嬰兒的潛意識心智中，這些是和最初所愛的人相連結的，透過他與新的人們的關係及建設性的興趣，他再次發現再創造了這個人。於是，修復——是如此基本的愛的能力之一部分——擴展了範疇，而小孩接受愛的能力，以及透過各種方式將善從外在世界中攝取到自己內在的能力穩定地增加了。這種在「施」與「取」之間的平衡是獲得更多快樂的主要條件。

如果在最早期的發展中，我們將興趣與愛從母親那裡轉移到其他人及其他滿足的來源，唯有如此，我們在日後的生命中才能從其他的來源獲得快樂，這讓我們可以藉由與其他人建立友誼，來補償與某個人有關的挫折或失望，並且接受我們無法獲得或是保存之物品的替代品。如果內在受挫的貪婪、憎惡與怨恨，並未干擾了與外在世界的關係，就有數不清的方式可以從外界攝取美、善與愛。藉由這種方式，我們不斷增加快樂的回憶，並且逐漸累積一籮筐的價值，透過它們，我們獲得了不易被動搖的安全感及可以防止痛苦的滿足感。更且，所有這些滿足除了提供快樂之外，也具有減弱過去與現在之挫折的效果——回溯到最早期、最根本的挫折。我們愈是經驗到滿足，就愈不會憎惡匱乏，也就愈不會受到自己的貪婪與恨意所動搖，然後才能夠真正地接受從他人那裡得到的愛與善，並且將愛給予他人，如此週而復始，再接受到更多的回饋。換句話說，基本的「施與取」的能力已經在我們的內在建立起來了，這個能力確保了我們能獲得滿足，並且促進了他人的愉悅、安適或快樂。

總結來說，和我們自己維持良好的關係，是愛他人、容忍他人與理解他人的一個要件。如我所致力闡明的，這種與自我的良
好關係，有一部分是在對他人友善、關愛與諒解的態度上發展起 343
來的，也就是那些在過去對我們很重要的人們，與他們的關係已經成為我們心智與人格的一部分。如果我們在潛意識心智的深處，可以將對父母的怨懟清理到某個程度，並且原諒他們曾經讓我們遭受挫折，那麼我們將能夠與我們自己和睦相處，能夠真正去愛他人。

第二十章　哀悼及其與躁鬱狀態的關係（1940）

佛洛伊德在〈哀悼與抑鬱〉（Mourning and Melancholia）一文 344
中指出，哀悼工作中不可或缺的一部分是現實考驗（testing of reality）。他表示，「我們需要在哀悼中花時間仔細進行現實考驗的工作。當這項工作完成時，自我便能成功地讓它的原慾脫離已失落的客體。」（*S.E.* **14**, p.252）同樣地，「原慾加諸在客體上的每個記憶與期望都會被帶出來，給予高度貫注，藉此完成脫離。為何進行現實考驗時的妥協會如此痛苦，實在難以能量的角度來做解釋。而我們居然將這種痛苦所帶來的不愉快，視為理所當然，實在令人驚訝。」（p.245）他也在另一段中寫道：「我們甚至不知道進行哀悼工作時所藉助的能量流動路徑。但是以下推論或許有助於瞭解這個現象：每個顯示原慾跟已失落之客體的依附之記憶和預期，都會遭遇客體已經不復存在的現實之判決。而自我在此時就會跟過去一樣，疑惑自己會不會遭遇同樣的命運。但由於自己還活著而衍生出自戀滿足（narcissistic satisfaction），便能說服自我切斷跟已失落之客體的連結。我們或許可以假設，這樣切斷的工作如此耗時漸進，等到工作終於完成時，所需要的能量也已經耗盡。」（p.255）

我認為，正常哀悼裡的現實考驗跟我們早期的心理歷程，有緊密的關聯。我的論點是，兒童會經歷跟成人的哀悼類似的心理狀態，或者說，成人在生命後期每次經歷哀傷時，童年早期的哀悼就會重來一遍。我認為，兒童克服哀悼狀態的最重要方法之一，就是現實考驗；而就如佛洛伊德強調的，這項歷程也是哀悼工作的一部分。

345 我在〈論躁鬱狀態的心理成因〉中[345-1]提出了「**嬰兒期憂鬱心理位置**」的概念，並說明這樣的心理位置與躁鬱狀態的關聯。現在，為了釐清嬰兒期憂鬱心理位置與正常哀悼之間的關聯，我首先必須論及我在該文中的一些陳述，並以此為基礎加以延展。在說明過程中，我也希望能做出貢獻，幫助我們在未來更瞭解正常哀悼與非正常哀悼，跟躁鬱心理狀態的關聯。

我在當時說過，嬰兒經歷的憂鬱感覺在斷奶之前、之間和之後，會到達高峰期。我將嬰兒的這種心理狀態稱之為「憂鬱心理位置」，並提出這是一種「**原生狀態**」（statu nascendi）的憂鬱。受到哀悼的客體是母親的乳房，以及乳房和乳汁在嬰兒心裡代表的一切，也就是愛、美好與安全。嬰兒會覺得失去了這一切，而之所以失去，都是因為自己對母親乳房無節制的貪婪、摧毀幻想和摧毀衝動。對於即將面臨失落（這次是失去父母雙方）的許多痛苦，則來自於伊底帕斯情境。伊底帕斯情境很早就會出現，與斷奶的挫折息息相關，因此從一開始，就會由口腔慾望和恐懼所主宰。在幻想中攻擊所愛的客體，並因此害怕失去客體，這類循環也會延伸擴及幼兒對兄弟姊妹愛恨交織的關係上。幼兒會因為在幻想中攻擊在母親體內的兄弟姊妹，而產生罪疚感跟失落感。根據我的經驗，害怕失去「好」客體的哀傷與擔憂，就是憂鬱心理位置，也就是導致伊底帕斯情境的衝突，以及兒童與他人之愛恨交織關係的主要原因。在正常的發展裡，這些哀悼與恐懼的感覺

345-1 本文是〈論躁鬱狀態的心理成因〉（見本書第十七章）的延續，因此我現在的論點必然承繼我在該文中得到的結論。

會以各種方式克服。

兒童在最初與母親，以及之後很快與父親和他人產生關係時，也同時開始了內化的歷程。這點我已經在我的著作裡一再強調。嬰兒吞併了父母之後，會具體地感受到深刻的潛意識幻想，覺得他們是他體內活生生的人。因此他們在他心裡，就是如我所稱的，「內在的」（internal）或「內部的」（inner）客體。於是兒童在潛意識心智裡建立起一個內在世界，這個世界反映他從別人和外在世界獲得的實際經驗與印象，但又被他自己的幻想和衝動所修改。如果那個世界裡的人與人之間，以及他們跟自我之間，能和平相處，內在的和諧、安全與整合就會隨之而來。346

我以「外在」母親這個名詞，對應我所稱的「內在」母親。幼兒與「外在」母親相關的焦慮，以及與「內在」母親相關的焦慮，兩者會持續互相作用，自我處理這兩組焦慮的方式也會密切相關。在嬰兒心裡，「內在」母親跟「外在」母親是緊密相連的，因為她是外在母親的「替身」，雖然這個替身在內化過程中已經有所改變。也就是說，她的形象已經受到他的幻想、內在刺激跟各式各樣的內在經驗所影響。我認為，兒童在生命極早期就會開始內化他所經歷的外在情境，而當外在情境內化時，也會遵循同樣的模式：變成真實情境的「替身」，並且會因為同樣的原因而改變。但是，對幼兒來說，被內化的人、事物、情境與事件（可說是整個內在世界），變得難以進行精確的觀察和判斷。幼兒無法將運用於明確有形的世界裡的感官媒介，來確認內在世界的人事物，這是造成內在世界的幻想本質的重大原因。隨之而來的懷疑、不確定和焦慮，則成為持續的誘因，促使幼小的兒童對外在客體的世界不斷加以觀察和確認。[346-1]兒童由此衍生出內在世界，並藉此更瞭解內在世界。肉眼可見的母親持續提供的證據，呈現「內在」母親的樣貌，例如慈愛或憤怒，是有助益的或是會報復的。外在現實能駁斥內在現實引起的焦慮和哀傷到什麼程度，是因人而異的，但同時可以作為衡量個人是否正常的標準。如果兒童被內在世界所主宰，以致與他人關係中的愉快面向都無法徹底抵消其焦慮，那麼嚴重的心理問題就難以避免。相反地，在現實考驗過程中，包括一定量以內的不愉快經驗也是必要的，只要兒童能夠藉由克服這些經驗，仍舊保存心中的客體，保有他們對彼此的愛，並能在面對危險時，仍保存或重建內在的生命與和諧。

347 在與母親的關係中，嬰兒感受到的許多愉悅，充分證明了他所愛的客體——不論是「內在」或「外在」的——沒有受傷，也沒有變成試圖復仇的人。快樂經驗增加了愛與信任，減少了恐懼，幫助嬰兒一步步克服他的憂鬱和失落感（哀悼），也讓他能藉由外界現實考驗他的內在現實。藉由被愛，以及與他人關係中所獲得的快樂與安慰，他愈來愈信任自己與他人的好。而當他對外在世界可能毀滅的矛盾情緒和極度恐懼減少時，他也會愈來愈認為他心中的「好」客體，跟自己的自我能同時被拯救與保存。

對幼小兒童而言，不愉快的經驗和欠缺愉快的經驗，尤其是欠缺與所愛他人快樂和密切的接觸，會增加矛盾情緒，減少信任和希望，並強化他對內在毀滅和外在迫害的恐懼，進而產生焦慮。除此之外，它們還會減緩甚至永久遏止兒童追求長期內在安全感的良性歷程。

346-1 在此我只能順帶提到這些焦慮有刺激兒童各種興趣與昇華的作用。但這些焦慮如果太強烈，就可能影響，甚至阻止智能的發展。（請參照：〈論智力抑制理論〉〔p.236〕）

在獲取知識的過程中，所有新的經驗都必須符合當時主導的精神現實所提供的模式。但相反地，兒童的精神現實同時也會被他逐漸增加的、與外在現實相關的知識所影響。而隨著他的知識逐步增加，他也愈來愈能堅定地建立他內在的「好的」客體，同時他的自我也會利用這些知識，來克服憂鬱心理位置。

我曾在其他地方表達過，我認為每個嬰兒都會經歷精神病式的焦慮，[347-1]而且嬰兒期精神官能症[347-2]其實是處理和修正這些焦慮的正常方法。我現在可以更明確地說明這個結論，因為我對嬰兒期憂鬱心理位置的研究工作，確認了這項結果，也讓我相信這是兒童發展中最主要的心理位置。早期憂鬱心理位置藉由嬰兒期精神官能症表現出來，因此得以處理和逐漸克服。這是構成與整合歷程中一個重要的部分，而這項歷程與性發展[347-3]同為兒童出生
後頭幾年內的重要工作。通常兒童都會經歷這種嬰兒期精神官能 348
症，而一步步與他人和現實建立良好的關係，並達成其他發展成就。我認為，兒童必定要成功克服內心的混亂（憂鬱心理位置），並安穩地建立「好」的內在客體，才可能達到這樣滿意的關係。

現在讓我們更進一步仔細地來討論這項發展進行的方式和心

347-1　《兒童精神分析》（1932）；尤其是第八章。

347-2　在《兒童精神分析》（pp.100-01, fn）中指的是，我認為每個兒童都會經歷一種精神官能症，只是每個人程度不同。我並補充說：「我過去數年來都堅持的這個觀點，最近獲得了很有價值的支持。佛洛伊德在他的書《非專業精神分析的問題》（*The Question of Lay Analysis, S.E.* **20**）中，寫道：「在我們學會用更銳利的方式觀察後，我們不得不說兒童出現精神官能症並非特例，而是常態，因為在嬰兒從天性邁向文明社會的路途上，這幾乎是無法避免的。」（p.215）

347-3　在每個關鍵點上，兒童的感覺、恐懼和防衛機制，都會跟他原慾所產生的願望與固著息息相關。兒童在童年的性發展結果，也必然跟我在本文中描述的歷程相互影響。我認為，如果我們把兒童的憂鬱心理位置，和用來抵抗這種心理位置的防衛機制納入考量，將可以以新的角度看待兒童的原慾發展。不過這是一項需要充分討論的重要主題，因此無法納入本文範圍內。

理機制。

在嬰兒身上，內攝與投射的歷程都由互相強化的攻擊和焦慮所主導，也因此引發被可怕的客體迫害的恐懼。除了這樣的恐懼之外，嬰兒還會害怕失去所愛的客體，便產生了憂鬱心理位置。我初次提出憂鬱心理位置這個概念時，曾提出假設認為嬰兒內攝整個所愛的客體後，會擔憂哀傷客體被摧毀（被「壞的」客體和本我摧毀），而這些痛苦的感受與恐懼，加上偏執的恐懼和防衛機制，就構成了憂鬱心理位置。也因此有了兩組不同的恐懼、感受和防衛機制，而它們儘管各不相同，卻又密切相關。在我看來，為了要在理論上清晰分析起見，這兩者是可以各自獨立出來的。第一組是被害的感受和幻想，主要特徵是害怕自我遭到外在迫害者的摧毀。對抗這類恐懼的防衛機制主要是藉由暴力的、祕密的或狡猾的方式摧毀迫害者。關於這類恐懼和防衛機制，我已經在其他地方詳細討論過。構成憂鬱心理位置的第二組感受，我之前也曾描述過，但沒有提出專用辭彙。現在我建議，用一個來自日常生活語言的簡單字彙，例如，對所愛客體的「渴慕」，來描述害怕失去所愛客體，以及渴望重新找回對方等這類哀傷擔憂的感覺。簡而言之，「壞的」客體的迫害，和與之對抗的特定防衛機制，加上對所愛的（「好的」）客體的渴慕，就構成了憂鬱心理位置。

當憂鬱心理位置出現時，自我就被迫在原有的防衛機制之外，發展出更多防衛方式，以對抗對所愛客體的「渴慕」。這是整體自我組織（ego-organization）中不可或缺的。由於其中一些方式
349 與躁鬱症有關，因此我之前曾稱之為**躁動防衛**（manic defences），或**躁動心理位置**（manic position）。[349-1]

在憂鬱心理位置和躁動心理位置間來回擺盪，是正常發展中很重要的部分。自我被憂鬱型焦慮（對自身及所愛客體遭到摧毀的焦慮）驅動，而建立全能和暴力的幻想，一部分是為了控制和掌握「壞的」、危險的客體，一部分則是為了拯救和修復所愛的客體。包括毀滅和補救的全能幻想，在一開始出現之後，就會刺激並進入兒童所有的活動、興趣和昇華之中。嬰兒之所以具有施虐與建造幻想這兩個非常極端的特質，是因為他的加害者極度可怕，同時在天平的另一端，他的「好」的客體，也極度完美。[349-2] 理想化是躁動心理位置中必然存在的部分，而且與該位置的另一個必要元素——否認，息息相關。若沒有部分且暫時的對精神現實的否認，則在憂鬱心理位置達到高峰時，自我將無法承受他感到對他有威脅的災難。與矛盾情緒密切關聯的全能、否認和理想化，讓早期的自我能在某種程度上抵抗它內在的迫害者，以及不再像奴隸般岌岌可危地依賴所愛的客體，而能在發展上有所進展。我在此引述我之前論文的陳述：

「……在最初的階段中，迫害客體與好客體（乳房）在孩子心

349-1　〈論躁鬱狀態的心理成因〉（p.262）。

349-2　我曾在多處指出（最早是在〈伊底帕斯情結的早期階段〉〔Early Stages of the Oedipus Complex，p.186〕），對幻想中「壞」迫害者的恐懼，以及對幻想中「好」客體的相信，兩者是密不可分的。理想化是幼小兒童必要的心理歷程之一，因為他還沒有其他方法可以處理他對迫害者的恐懼（因為自己厭惡對方而導致被害恐懼）。兒童必須藉由實際經驗增加愛與信任，而充分抒解這些早期焦慮之後，才可能進行這個非常重要的歷程，把客體的各個不同面向（外在的、內在的、「好的」、「壞的」、愛的、恨的）比較緊密地連結在一起，讓憎恨能夠真正因為愛而減緩，使兒童對客體的矛盾情緒下降。當這些互相衝突的面向——潛意識認為互相衝突的客體——被強烈分隔時，愛與恨的感覺也會彼此分離，而愛就不可能減緩憎恨。

因此，幼兒在憂鬱型焦慮時經常會使用的理想化歷程，就會包括佘密德柏格（1930）所認為的精神分裂患者常會有的一項基本防衛機制：逃避衝突，投奔內化的「好」客體。佘密德柏格也曾一再強調理想化，以及對客體的不信任，兩者有密切關聯。

中被遠遠地分開，隨著內攝了完整的真實客體，它們彼此接近時，自我便一再訴諸分裂的機制——這機制對於客體關係的發展是如此重要，也就是分裂其意像為被愛的與被恨的，即好的與危險的。

「也許有人會認為，事實上是在這個時候開始出現對於客體關係的愛恨交織，即與完整且真實的客體之關係。在意像的分裂中形成的愛恨交織，讓幼兒能更信任其真實客體及內化的客體——更愛它們，並更能實現兒童復原所愛客體的幻想。同時，偏執焦慮與防衛則被導向「壞」客體；自我從真實的「好」客體所獲得的支持，因逃離機制而增加了，這樣的機制在其外在與內在的好客體之間輪替著。〔理想化〕

「似乎在這階段中，外在與內在的、被愛與被恨的，以及真實的與想像的客體的統合是這樣被完成的：統合的每一步驟再次導致了意像的重新分裂；不過，當對外在世界的適應增加時，這種分裂發生的層面將愈來愈接近現實，持續到對於真實與內化客體的愛以及信任被妥善建立為止。那麼，愛恨交織——部分作為應付個體自己的恨，以及所恨的恐怖客體的防護措施——將會在正常的發展中再次以不等的程度減弱。」[350-1]

如前所述，全能感會在早期的毀滅與修復幻想中佔很重要的地位，並影響到昇華和客體關係。然而，全能感在潛意識中，與最初引發全能感的施虐衝動是如此密不可分，因此兒童會一次又一次地覺得自己的修復企圖並沒有成功，或者未來也不會成功。他會覺得自己很容易被施虐衝動掌控，而無法充分信任自己的修復和建設感，因此會如我們所見的，轉而訴諸於躁動全能感。所

350-1 摘錄自〈論躁鬱狀態的心理成因〉（編按：本書359-360頁）。

以，由於自我在早期發展階段並沒有適當的工具可以有效處理罪疚和焦慮，才會導致幼兒——在某種程度上也導致成人——強迫性地重覆某些行為（我認為這是強迫重覆的成因之一）。[350-2]或者， 351
兒童也可能採取相反的反應，訴諸於全能感和否認。當躁動本質的防衛機制（以自認全能的方式否認或藐視來自各種源頭的威脅）失敗，自我只好同時或轉向用強迫式的修復方法來抵抗退化（deterioration）或去整合的恐懼。我在其他地方說過[351-1]，我認為強迫式心理機制的目的是要抵抗、修正偏執焦慮，因此在這裡我只簡短說明跟正常發展中憂鬱心理位置有關的強迫式心理機制與躁動防衛機制的關聯。

躁動防衛機制與強迫式心理機制在運作時密切相關，因此會導致自我害怕強迫式心理機制的修復企圖也同樣失敗了。控制客體的慾望、征服或羞辱客體的施虐滿足、打敗客體的勝利感，都可能強烈地出現在修復的行動中（以思想、活動或昇華進行的行動），以致於這項行動剛開始時的「善意」循環被打斷。本來要修復的客體再度變成迫害者，而被害恐懼再度復活。這些恐懼會增強偏執防衛機制（毀滅客體）及躁動防衛機制（控制客體，或讓客體動彈不得等）。進行中的修復行動因此受到干擾，甚至中止，其受影響程度視這些機制而定。由於修復行動失敗，自我於是必須一再地訴諸強迫和躁動的防衛機制。

在正常發展過程中，當愛與憎恨之間取得相當的平衡，而客體的各個層面也比較統一整合時，這些相互矛盾又密切關聯的方法也就能達到某種平衡，其強度也會減弱。在這方面，我想特別

350-2　《兒童精神分析集》（中譯本132、226頁）

351-1　同上，第十章。

強調跟鄙視及全能感息息相關的勝利感，它也是躁動心理位置的一個重要元素。我們知道，當兒童強烈渴望達到與成人相同的成就時，競爭扮演很重要的角色。除了競爭以外，這些渴望中還摻雜了恐懼，以及希望「長大脫離」自己的缺陷（最終能克服自己的毀滅性，征服自己壞的內在客體，進而能夠控制它們），更是刺激他想達成各種成就的主要誘因。在我的經驗裡，舉凡希望逆轉兒童父母的關係、有力量掌控父母及打敗他們等想法，在某種程度都跟希望獲得成功有關。兒童幻想有一天他會變得強壯、高
352 大、變成大人、有力量、有錢，有能力，而父母則會變成無助的兒童，或在其他幻想裡變得很老、很虛弱、窮困潦倒。但在這類幻想裡戰勝父母所引發的罪疚感，經常會妨礙個體在各方面的努力。有些人會覺得自己不能成功，因為對他們而言，成功表示一定會羞辱甚至傷害到其他人，尤其是他的父母和兄弟姊妹。他們企圖達成某個目標的做法可能具有高度建設性的本質，但是裡面暗示的勝利和隨之而來的傷害與損害，在個體心裡可能會壓過這些目標，而阻止這些目標實現。在個體內心深處，他戰勝的人就等同於他所愛的客體，因此他想要修復所愛個體的企圖會再度失敗，罪疚感也會無法消除。戰勝客體，對主體而言必然暗示客體也想戰勝他，因此會導致他的不信任和被害感。隨之而來的可能是憂鬱，或者躁動防衛機制增強，而對客體採取更暴力的控制。既然他無法與客體和解，也無法恢復或修復客體，因此被對方迫害的感覺再度占上風。這一切都會大幅影響嬰兒期的憂鬱心理位置，也會決定自我是否能成功克服這個心理位置。幼兒的自我因為控制、羞辱和折磨內在客體，而獲得勝利感。這種勝利感是躁動心理位置中的毀滅層面，會干擾主體彌補和重建和諧平靜的內

在世界，因此也會阻礙早期的哀悼。

為了瞭解這些發展歷程，我們可以思考從輕躁的人身上觀察到的一些特徵。輕躁的人對於人、原則或事件，經常會傾向於誇大的評價：過度欣賞（理想化）或鄙視（貶低）。伴隨而來的是他會從大範圍、大數量的角度去思考所有事物，同時抱持極度的全能感，藉此抵抗自己最大的恐懼，也就是害怕失去唯一不可替代的客體——他心底深處仍舊在哀悼的母親。他習慣於貶低細節和小數目，經常對細節漫不經心，鄙視認真負責等，這都與強迫式心理機制中的一絲不苟、專注微小細節（佛洛伊德）等，形成強烈對比。

然而，這種鄙視，在某種程度上也來自於否認。他必須否認自己想要全面而鉅細靡遺地修復的衝動，因為他必須否認自己想修復的動機，也就是否認他對客體的傷害，和因此而來的哀傷與罪疚。

回頭來談早期發展的路徑，我們可以說，情感、智能與精神 353
成長歷程中的每一步，都會被自我用來作為克服憂鬱心理位置的工具。兒童不斷成長的技能、天分和藝術能力，都讓他在精神現實上愈來愈相信自己具有建設性的能力，也讓他相信自己有能力控制及掌握他的敵意衝動，和他的「壞」內在客體。來自各種源頭的焦慮因此得以釋放，導致攻擊性降低，進而減少他對「壞的」外在與內在客體的懷疑。個體於是對人有較強的信任，自我得到強化，而能進一步統一它的許多意像——外在、內在、愛的、恨的，並藉由愛來降低憎恨，而邁向整體的整合。

當兒童藉由考驗外在現實，不斷獲得多種證據和反證，而更相信及信任自己愛的能力、修復的能力，以及自己好的內在世界的整合與安全，他的躁動全能感就會減少，修復衝動的強迫特質也會降低，整體而言這就表示他安然度過了嬰兒期精神官能症。

現在我們必須將嬰兒期憂鬱心理位置，與正常的哀悼連結起來。我認為，哀悼者在實際上失去所愛時，會因為潛意識裡幻想自己同時失去了內在的「好」客體，而更感到痛苦。他會感覺自己內在的「壞」客體占了上風，而他的內在世界面臨分崩瓦解的危險。我們知道，失去所愛的人會讓哀悼者產生衝動，想在自我中恢復失去的客體（佛洛伊德與亞伯拉罕）。但是我認為，他不但會將失去的人融入自己的內在（重新吞併），還會恢復（reinstate）他在發展之初，就已經內化到內在世界的好客體（終極而言就是他所愛的父母）。每次個體感受到失去一個所愛的人時，就會同時覺得這些客體也被傷害，被毀滅了。此時，早期的憂鬱心理位置，以及隨之而來的，由乳房受挫情境（breast situation），也就是伊底帕斯情境和其他所有源頭衍生的焦慮、罪疚、失落感與哀悼感等，都重新啟動了。在所有情緒當中，害怕遭到恐怖的父母剝奪與懲罰，也就是被害感，會在心底深處再度被喚醒。

例如，一個女人面對孩子的過世，除了哀悼與痛苦之外，她早期認為「壞」母親會對她報復剝奪的恐懼，也會重新啟動並獲得確認。因為她曾在自己早期的攻擊幻想中奪走母親的嬰兒，因此她害怕遭到懲罰，而這也強化了她對母親的愛恨交織，導致她
354 對他人的憎恨和不信任。在哀悼狀態下，情緒或被害感的強化會帶來更多痛苦，因為它會增加愛恨交織和不信任感，而阻礙本來在這時候可能有幫助的友善關係。

因此，個體之所以在哀悼的漫長現實考驗歷程裡，感受到強烈痛苦，或許有一部分來自於他不但必須恢復與外界的連結，持

續地重新體驗這項失落，同時還必須藉此痛苦地重建他覺得有分崩離析危險的內在世界。[354-1]就像經歷憂鬱心理位置的幼兒必須在潛意識裡掙扎著建立及整合他的內在世界一樣，哀悼者也必須經歷重建和重新整合內在世界的痛苦。

在正常的哀悼裡，早期的精神病式焦慮會被重新啟動。哀悼者事實上是生病了，但卻因為這種心理狀態非常普遍，而被認為很自然，也不會稱之為疾病（基於類似的道理，在近幾年之前，正常兒童的嬰兒期精神官能症也不被認為是精神官能症）。更精確地說，我的結論是：主體在哀悼時，會經歷較輕微的、暫時性的躁鬱狀態，然後加以克服，這也重覆了兒童在正常的早期發展中的歷程，雖然兩者是處於不同的外在環境，並有不同的表現。

對哀悼者而言，最大的危險來自於他將對死者的憎恨轉向自己。這種憎恨在哀悼情境下的表現之一，就是感受到戰勝死者的勝利感。我在本文的前面提到過勝利感是嬰兒發展中躁動心理位置的一部分。每次有愛的人死去，嬰兒希望父母和兄弟姊妹死亡的願望，其實就實現了，因為死者必定在某種程度上代表某一個最初的重要形象，也因此承受與該形象有關的一些情感。因此他的死亡，儘管在其他方面可能帶來極大的打擊，但在某種程度上仍會讓主體感覺像獲得勝利，引發他的勝利感，也引發更多的罪疚感。

在這點上，我的觀點與佛洛伊德不同。他說：「首先，正常的哀悼會克服客體的失落，而當哀悼持續時，則會耗盡自我的所

354-1　我想這些事實多少可以回答我在本文開頭引述的佛洛伊德的問題：「為何進行現實考驗時的妥協會如此痛苦，實在難以能量的角度來做解釋。而我們居然將這種痛苦所帶來的不愉快，視為理所當然，實在令人驚訝。」

355 有能量。那麼，就能量狀況而言，為何在完成哀悼之後，卻沒有暗示顯現出勝利的階段？我發現我們很難簡單明瞭地回答這個異議。」（*S.E.* **14**, p.255）根據我的經驗，即使是在正常的哀悼裡，勝利感也會無可避免地出現，而且可能影響哀悼工作，或者相當程度導致哀悼者感受困難與痛苦。對死者的憎恨會以多種方式顯現，而憎恨在哀悼者心裡占上風時，不但會使死去的人變成迫害者，還會動搖哀悼者的信念，讓他無法再相信內在的好客體。無法相信內在的好客體帶來最痛苦的影響便是干擾理想化的歷程，而理想化歷程卻是心理發展中一項很重要的中介步驟。對於幼兒來說，理想化的母親可以抵抗報復的或死去的母親，和抵抗所有壞的客體，因此代表了安全和生命本身。如我們所知，哀悼者可以藉由回憶死者的善良與美好特質，獲得很大的安慰，其中部分原因就是他能暫時理想化所愛的客體，而感到安心。

在正常哀悼歷程的哀傷與沮喪之間，短暫出現的亢奮狀態（elation）[355-1]具有躁動的特質，並且是源自於主體覺得他的內在擁有完美的所愛客體（理想客體）。但是當針對死者的憎恨在哀悼者心裡升起時，他對客體的信念便隨之瓦解，理想化的歷程也被打斷了（他的恨來自於害怕所愛的人藉由死而試圖對他進行懲罰或剝奪，就像小時候他想要母親而母親不在時，他就會覺得她是藉由死去來懲罰他或剝奪他）。正常的哀悼者必須慢慢重拾對外在客體的信任和各式各樣的價值，而後才能再度信任失去的死者，並且能再度願意領悟這個客體並不完美，但他不必因此失去對死

355-1 亞伯拉罕（1924）曾描述過這樣的情境：「我們將（佛洛伊德的）這句話，『失落愛的客體，留下的陰影籠罩在自我上』反過來說，在這個例子裡，籠罩在兒子身上的，不是他摯愛母親的陰影，而是她明亮的光輝。」

者的愛與信任，也不必害怕他的報復。當哀悼者抵達這個階段，就等於朝克服哀傷邁進了一大步，完成了哀悼中很重要的步驟。

為說明正常的哀悼者如何重建與外在世界的關聯，我陳述一個案例。A太太的年輕兒子在學校裡突然意外死亡，對她造成重大的打擊。在她兒子過世後的頭幾天裡，她一直埋首整理信件，留
下他的信，並丟掉其他所有信件。這表示她是潛意識地試圖在心 356
裡修復他，將他安全地保存在那裡，同時丟棄她覺得對此漠然，甚至是懷抱敵意的其他一切——也就是「壞」的客體、危險的排泄物與不好的情緒等。

有些哀悼中的人會整理房子，重新擺放家具。這些行為來自強迫式心理機制，也就是嬰兒抵抗嬰兒期憂鬱心理位置的防衛機制之一。

在兒子死後頭一週，她哭得不多，而淚水帶給她的安慰也不像之後那麼多。她覺得麻木，整個人封閉起來，身體狀態也近乎崩潰。但是見到一、兩個親近的人，仍能帶給她一些安慰。在這個階段，通常每天都會做夢的A太太，因為潛意識深刻否認她實際的失落，而完全停止做夢。但在這一週結束時，她做了這個夢：

> 她看到兩個人，一個母親跟一個兒子。母親穿著一件黑洋裝。做夢者知道這個男孩子已經死了，或即將死去。她沒有感覺到哀傷，但是對這兩個人有一絲敵意。

對這個夢的聯想帶出了一段重要的記憶。在A太太還很小的時候，她哥哥因為學業表現不佳，必須請跟他同齡的同學（我稱他為B同學）指導功課。B同學的母親來找A太太的母親，安排指導

課業的事，而A太太回憶起這件事時，情緒很強烈。她記得B同學的母親表現得高高在上，而她母親在B太太眼中則顯得很氣餒的樣子。她自己覺得，彷彿有令人害怕的恥辱降臨在她原本很崇拜而愛慕的哥哥身上，以及整個家庭裡。這個比她年長幾歲的哥哥，本來在她眼中擁有充分的知識、技巧和力量——是集合所有優點的化身。但是她發現他對學校課業的無能之後，這個理想就粉碎了。然而，她之所以對這件事有這麼強烈而持續的感覺，始終覺得這是無可挽回的不幸，最大原因是這似乎實現了她想傷害哥哥的希望，進而引發她潛意識中的罪疚感。她哥哥對這件事顯然也很懊惱，清楚表現出厭惡憎恨B同學。當時A太太強烈認同哥哥這些厭惡的情緒。A太太在夢裡看到的那兩個人是B同學跟他母親，而在夢中她知道那個男孩子死掉，則是表達出A太太小時候希望他死掉。但是在此同時，她也在夢中希望實踐她被潛抑得很深的一個願望，也就是她希望藉著哥哥的死，來懲罰和剝奪她母親。因此我們可以看出，A太太雖然非常崇拜愛慕哥哥，但也一直在各方
357 面嫉妒他，包括嫉妒他比較有知識，嫉妒他在心智上和生理上比她優越，以及嫉妒他擁有陰莖等。她也嫉妒她摯愛的母親擁有這樣的兒子，因此希望哥哥死掉。所以她在夢裡的一個想法是：「某個母親的兒子死了，或將死去。應該死掉的是這個傷害了我母親跟哥哥的、討厭女人的兒子。」但是在更深的層面，希望她哥哥死掉的願望也重新啟動了，所以她夢裡的另一個想法是：「死的是我母親的兒子，不是我的兒子。」（事實上，她母親及她哥哥都已經過世了）這引出了另一個互相衝突的感受——對她母親的同情跟對自己的哀傷。她覺得：「這樣的死亡一次就夠了。我母親失去了她兒子，不應該再失去孫子。」她哥哥去世時，她除了深

感傷痛以外，潛意識裡也覺得打敗了他。這種打敗他的勝利感來自於她小時候對他的嫉妒，但同時也引起相對的罪疚感。她把她對哥哥的一些感受，帶到對兒子的感情裡。她愛她兒子時，也等於在愛她哥哥。在此同時，她對哥哥的一些矛盾情緒雖然已經被她強烈的母性情緒修正，但仍轉移到她兒子身上。她在哀悼哥哥時，除了哀傷以外，還伴隨著勝利感和罪疚感，而這些感受也進入了她現在的哀悼中，顯現在這個夢裡。

我們現在來討論這項分析素材顯現的各種防衛機制的交互作用。當個體失去親人時，躁動心理位置便會受到強化，其中又以否認機制特別活躍，所以A太太在潛意識裡強烈否認兒子已經過世。當她無法再繼續如此強烈否認，又還無法面對痛苦和哀傷時，勝利感，也就是躁動心理位置的另一個元素，便受到強化。如分析中的聯想所顯示，這個思緒的內容似乎是：「一個男孩子死掉，不一定帶來的都是痛苦，有時候甚至會帶來滿足。現在我就報復了這個傷害我哥哥的討厭男孩。」唯有經歷艱苦的分析工作，才可能顯現出她感受到打敗哥哥的勝利感，以及這勝利感在此時被重新喚起及強化。但這項勝利是來自於能控制內化的母親和哥哥，以及打敗他們。在這個階段，對內在客體的控制被強化了，於是她自己的不幸和哀傷也被置換到她內化的母親身上。她的否認機制再度開始運作。她否認自己的精神現實，否認自己與內在母親其實是同一人，是一起在受苦。否認對內在母親產生同情與愛，反而強化對內化客體的報復與勝利感，這其中部分的原因是這些內化客體因為她自己的報復感覺，而變成了迫害的形象（persecuting figures）。

這個夢裡只有一個很小的徵兆，表示A太太在潛意識中愈來愈 358

認知失去兒子的是她自己（顯示否認正在減少）。在做這個夢的前一天，她穿了一件有白色領子的黑色洋裝。而夢中的那個女人穿著的黑洋裝，領口處也有一圈白色的東西。

做了上述那個夢的兩天後，她再度做夢：

> 她跟她的兒子一起飛著，然後她兒子不見了。她覺得這代表他死了——他溺死了。她覺得自己好像也會溺死——但是這時她奮力一搏，脫離了危險，回到活著的世界。

聯想顯示，她在夢裡決定不跟她兒子一起死，而要活下來。即使是在夢裡，她似乎也覺得活著是好的，死是不好的。在這個夢裡，她的潛意識比兩天前的那個夢，更能接受她已經失去兒子的事實。哀傷與罪疚感變得比較接近。勝利感表面上似乎消失了，但分析顯示，其實它只是減弱而已。她對自己還活著感到滿足，相對地，兒子則已經死了，這點仍顯示出她的勝利感。已經浮現的罪疚感部分原因就來自這種勝利感。

我不由得在這裡想到佛洛伊德在〈哀悼與抑鬱〉文中所說的一段話：「每個顯示原慾與失落客體連結的記憶和預期，都會遭遇客體已經不復存在的現實判決。而自我在此時就會跟過去一樣，疑惑自己會不會跟客體有同樣的命運。但由於自己還活著而衍生出來的自戀滿足，便能說服自我切斷跟已死亡的客體的連結。」（*S.E.* **14**, p.255）佛洛伊德似乎認為勝利感元素不會出現在正常哀悼中，但我認為，這種「自戀滿足」其實就包含了較溫和的勝利感元素。

進入哀悼第二週後，A太太發現觀看風景優美的鄉下房子，以

及希望擁有這樣一棟房子，可以帶給她一些慰藉。但是這些許慰
藉很快就會被突如其來的哀傷絕望打斷。她現在經常哭，因流淚
獲得抒解。她之所以能從看這些房子得到慰藉，是因為她能藉由
這項興趣在幻想中重建她的內在世界，也是因為她會藉由知道其
他人的房子和好的客體仍舊存在，而感到滿足。根本上而言，這
代表她在內在與外在世界重新創造自己的好父母，將他們結合在
一起，讓他們快樂而有創造性。在她心裡，她藉此補償了父母，
彌補自己在幻想中殺死了他們小孩的罪過，也避免了他們的憤
怒。因此她不再那麼恐懼自己兒子的死，是她父母為了報復而加
諸於她的懲罰，也不再那麼強烈地覺得她兒子是藉由死來打擊
她，懲罰她。當這樣的怨恨和恐懼減輕後，哀傷才能完全宣洩出 359
來。之前懷疑和恐懼感的強化，增強了她被內在客體迫害和掌控
的感覺，也使她更強烈地想反過來掌控他們。這些都表現在她內
在關係和感覺的僵化（hardening）上——也就是她躁動防衛機制
的增加（在第一個夢中顯現出來）。如果哀悼者能相信自己和他人
的「好」，因此減少恐懼，而降低這些防衛機制，就能完全臣服於
自己的感覺，並用哭泣宣洩對實際失落的哀傷。

跟感覺的宣洩密切相關的投射與射出（ejecting）歷程，似乎在某些哀傷的階段會被一種廣泛的躁動控制所抑制，而在這種控制放鬆時，才能再度比較自由地運作。哀悼者不但經由哭泣表達自己的感受、減輕緊張，更因為在潛意識裡淚水等同於排泄物，因此他也藉由哭泣排出他「壞的」感覺和「壞的」客體，而能從哭泣中獲得更大的抒解。當內在世界有較大的自由，就表示內化的客體不再被自我牢牢控制，而能有較大的自由，也就是容許客體本身有更大的感覺上的自由。在哀悼者的心裡，他內在的客體

也同感哀傷。在他心裡，他們分享他的哀傷，就像真實的好父母會做的一樣。詩人說：「天地同悲。」我相信，在這裡「天地」就代表了內在的好母親。但是內在客體之間是否能同理與分享哀傷，同樣與外在客體息息相關。如我之前所說，當A太太較能信任實際的人事物，並且得到外界幫助時，就比較能放鬆對自己內在世界的躁動控制。因此當內攝（以及投射）更自由地運作時，主體也能從外界得到更多的「好」與愛，在內心感受到更多善與愛。在哀悼的早期，A太太在某種程度上覺得她的失落是她試圖報仇的父母加諸她身上的懲罰，但現在她已經能在幻想中感受到她（早已去世）父母的同情，以及他們試圖支持她、幫助她。她感覺他們也承受了嚴重的失落，跟她同樣哀傷，就像他們如果還在世會有的感受一樣。在她的內在世界裡，嚴苛與懷疑已經降低，哀傷隨之增加。她流下的眼淚在某種程度上也是她內在父母流下的眼淚，而她也想安慰他們，就像他們在她的幻想裡也會安慰她一樣。

360 如果主體逐漸重獲內在世界的安全感，就會開始容許自己的感覺和內在客體重生，重新創造的歷程於是展開，希望重新出現。

如我們在前面所見，這樣的變化來自於構成憂鬱心理位置的兩組感覺的特定轉變：被害感減少，以及完全感受到對失落客體的渴慕。換句話說，就是怨恨消退，而愛被釋放。被害感在本質上必定是由怨恨而滋長，又反過來滋長怨恨。更進一步而言，被「壞」客體迫害和監視的感覺，必定使主體覺得需要持續地監視這些客體，而導致主體更依賴躁動防衛機制。這些防衛機制，由於主要都用於抵抗被害感（而非抵抗對所愛客體的戀慕），因此具有相當強烈的施虐與強烈的性質。當迫害降低時，對客體的敵意依賴，以及相伴的怨恨，也就降低了，而躁動防衛機制也就放鬆了。主體會渴慕失落的所愛客體，所以也會對他依賴，但這種依賴會激發主體去修復和保存客體。這種依賴是以愛為基礎，所以有創造性，但以迫害與怨恨為基礎的依賴不但貧瘠，甚至更有破壞性。

因此當主體徹底感受哀傷，絕望升到最高點時，對客體的愛也最是高漲，哀悼者也會更強烈感覺內在和外在的生命終究都會延續下去，而失去的所愛客體可以保存在心裡。在這個哀悼階段，痛苦能帶來創造力。我們知道各種痛苦經驗都可能激發昇華，甚至引發某些人新的天賦，讓他們在挫折和磨難的壓力下，開始畫畫、寫作或從事其他創造性活動。有些人會在其他方面變得有創造力，例如更能欣賞人事物、與別人相處時更寬容，或是變得更有智慧。我認為，人便是經由類似我們前面所探討的哀悼歷程各階段，才能得到這樣的收穫。也就是說，不快樂經驗引起的任何痛苦，不論是什麼性質，都跟哀悼有共通點。它會重新啟動嬰兒期的憂鬱心理位置。遭遇和克服任何類型的逆境所需的心理工作，都跟哀悼有相似處。

哀悼歷程中的任何進展似乎都會加深個人與內在客體的關係；使個人感受在失去客體後又重獲客體的快樂（「天堂失落又重得」）；增加對客體的信任與愛，因為客體被證實畢竟還是善良而有幫助的。這跟年幼的孩子慢慢建立自己與外在客體的關係，非常類似。因為幼兒對客體的信任，不但來自於快樂的經驗，也來
自於發現自己在克服挫折和不愉快的經驗後，還能保存好的客體 361
（在外在與內在世界裡）。在哀悼工作裡，躁動防衛放鬆，生命於內在世界重生，內在關係變得更為深化，這個階段非常類似於嬰兒在早期發展中逐漸獨立於外在和內在客體的階段。

我們回到A太太的例子上。她能夠因觀看漂亮的房子而獲得慰藉，是因為她逐漸覺得可以重新創造自己的兒子與父母。生命在她的心裡和外在世界裡重新開始。這時候她又能做夢，並在潛意識中開始面對自己的失落。她現在比較想見朋友了，但是一次只能見一個人，只能見很短的時間。然而，這種獲得較大慰藉的感覺，仍不時被痛苦的時刻打斷（哀悼歷程跟幼兒發展一樣，主體內在的安全感不是以直線方式增加，而是一波波不斷後退又前進）。例如，在哀悼幾週後，A太太跟一個朋友在熟悉的街道散步，想要重新建立舊有的情感連結。但她突然意識到街上的人多到讓她難以承受，房子都顯得怪異，而陽光則像是人造的一般虛假。她不得不躲到一間安靜的餐廳裡。但在餐廳裡，她又覺得彷彿天花板就要塌下來，而四周的人都變得模糊不清。她自己的房子突然變成全世界唯一安全的地方。分析明確地顯示出，周圍那群人駭人的漠然態度，其實是在反映她自己的內在客體。在她心裡，這些內在客體已經變成許多「壞的」迫害客體。她覺得外在世界是人造的、虛假不實，是因為她暫時無法再相信內在世界的「好」。

許多哀悼者在重建與外在世界的聯繫時，進展之所以很小、很緩慢，是因為他們必須跟內在的混亂搏鬥。基於同樣的道理，嬰兒在客體世界中發展信任時，一開始也只能跟少數幾個他愛的人建立聯繫。嬰兒客體關係發展的逐步而緩慢，無疑是有許多原因的，例如他的智能未成熟等，但是我認為他內在世界的混亂狀態也是原因之一。

幼兒憂鬱心理位置，與正常的哀悼的差別之一是，當幼兒失去對他而言代表「好」、幫助和保護客體的乳房或奶瓶時，即使母

親在面前，他也會感到哀傷。但是對大人而言，是因為實際上失
去了真實的人，才會感到哀傷。但是因為他已經在生命早期，在
自己心裡建立了「好的」母親，所以能藉此抵禦令人難以承受的
失落。然而，年幼的孩童最害怕的是同時失去外在與內在的母 362
親，因為他還沒有在心裡安穩地建立起內在的母親。在這樣的掙
扎中，與實際母親的關係會帶來莫大的幫助。同樣地，如果哀悼
者有他愛的，能與他分擔哀傷的人，而且他能接收他們的同情，
就比較能恢復內在世界的和諧，也比較容易減輕恐懼和痛苦。

我在前面描述了我在哀悼工作和憂鬱狀態中觀察到的一些歷程，接下來，我想將我的論點與佛洛伊德跟亞伯拉罕的研究加以比較。

亞伯拉罕參照佛洛伊德的理論，並在研究抑鬱症背後古老心理歷程的本質後，認為正常哀悼中也會有同樣的這些心理歷程。他的結論是，正常的個人能在哀悼時，成功地在自我裡面重建失去的所愛對象，而抑鬱症患者則無法做到這點。亞伯拉罕也描述了影響哀悼工作成功或失敗的一些基本要素。

但根據我的經驗，我認為雖然正常哀悼的重要特徵是個人能在內心重新建立失落的所愛客體，但這並不是他第一次這麼做。他是在哀悼過程中，重新恢復（reinstate）這個客體，和他覺得他所愛並失去的其他所有內在客體。所以他其實是在重新發現他童年時就已經獲得的東西。

如我們所知，個人在早期發展時就已經在自我中建立了自己的父母（如我們所知，佛洛伊德是在瞭解抑鬱症和正常哀悼中的內攝歷程時，發現了正常發展過程中超我的存在）。但是關於超我的本質和個人發展超我的歷史，我的結論則不同於佛洛伊德。我

過去就經常指出，從生命之初就開始的內攝與投射的歷程，讓我們在心裡建立了所愛與所恨的客體。這些客體被分別認為是「好的」跟「壞的」，彼此間互相關聯，也跟自我互相關聯。也就是說，他們構成了一個內在世界。這群內化的客體被組織起來，並伴隨著自我的構成，而在心智的較高層次形成超我。因此，佛洛伊德認為超我是一種現象，是建立在自我中實際父母的聲音與影響。但根據我的發現，我認為超我是一個複雜的客體世界，而個人是在深層潛意識裡感覺這個世界是具體存在他體內，因此我跟一些同事稱此為「內化的客體」和「內在世界」。多得難以計數的
363 客體被自我包含進來形成了內在世界，這些客體一部分來自於兒童在發展過程的各階段裡，出現在兒童潛意識中許多不同層面（不論好壞）的父母（和其他人）。此外，這些客體也是由許多實際的人，在不斷變化的外在經驗和幻想經驗中，被個人持續內化的結果。所有這些在內在世界裡的客體彼此之間，以及其跟自我之間，都有無限複雜的關係。

我在此將超我組織的描述應用於哀悼的歷程，並與佛洛伊德的論述做個對比，就能更清晰地說明我論述這項歷程時的特點。我認為，在正常哀悼中，個人重新內攝並重新恢復的，除了實際上失去的客體以外，也包括他覺得「好的」內在客體，也就是他所愛的父母。當失落實際發生時，他的內在世界，也就是這個他從小就開始建立的世界，也在幻想中同時被摧毀了。而個人必須重新建立這個內在世界，才能成功完成哀悼工作。

分析師必須瞭解這個複雜的內在世界，才能找出並化解過去未知的各種早期焦慮情境。因此這樣的認知對相關理論和治療，應該有難以估計的重要性。我也相信，唯有將這些早期的焦慮情

境納入考量，才可能更徹底瞭解哀悼問題。

我要在此說明跟哀悼有關，而且我發現也與躁鬱狀態密切相關的一項焦慮情境。我指的是，個人會對內化父母進行毀滅性的性交感到焦慮，並會覺得內化的父母和自我都不斷受到暴力毀滅的威脅。以下我將摘錄一位病人D的幾個夢。D是一位四十歲出頭的男性，有強烈的偏執和憂鬱特質。我不會在此描述該案例的整體細節，只會集中於說明病人母親的死，如何在病人心中激起這些特定的恐懼和幻想。在我討論的時候，病人的母親已經病重一段時間，並且陷入半昏迷狀態。

有一天在分析時，D以怨恨刻薄的口氣談到他母親，指控她一直讓他父親不快樂。他也談到他母親的家族裡曾有一個人自殺，還有一個人發瘋。他說他母親已經好一段時間「一塌糊塗」。他也兩度用「一塌糊塗」這個詞形容自己，然後說：「我知道你要把我逼瘋，然後把我關起來。」他講到一頭動物被關在籠子裡。我詮釋說，他覺得他發瘋的親戚和他一塌糊塗的母親都在他裡面。此外他恐懼被關到籠子裡，多少暗示他在心底深處恐懼把 364
這些人包含在自己體內，使自己也發瘋。然後他告訴我他前一晚的夢：

> 他看到一頭公牛躺在農場院子裡。這頭公牛還沒有真的死掉，看起來很危險，令人毛骨悚然。他站在公牛的一邊，他母親站在另一邊。他逃到房子裡去，但覺得自己不應該拋下母親單獨面對危險。但他隱約地希望她能逃走。

我的病人對這個夢產生的第一個聯想，是關於當天早上把他吵醒，讓他很不高興的那隻黑鸝鳥，這讓他自己都很驚訝。接著他講到他出生地美國的水牛。他一直都對水牛很有興趣，看到時也會被牠們吸引。此刻他說有人會射殺水牛，拿牠們來當作食物，但是水牛已經快要絕種，應該受到保護。然後他說了一個故事，說有一個男人因為怕被站在旁邊的公牛踩死，被迫在地上躺了好幾個小時，動彈不得。他也聯想到一個朋友農場裡，一頭真正的公牛。他最近才看過那頭牛，而他覺得那頭牛讓人不寒而慄。這座農場在他的聯想中代表他自己的家。他許多童年時光都是在他父親擁有的一座農場裡度過。在這當中，他還聯想到花的種子從鄉村散播出來，在城市的花園裡落地生根。當天晚上D見到那座農場的主人，強烈勸他要小心控制那頭公牛（之前D就聽說過那頭公牛不久前破壞了農場上的一些建築）。病人就在同一天晚上，接到母親過世的消息。

在後續的分析時間裡，D並沒有一開始就提及他母親的死訊，而是表達他對我的憎恨，說我的治療會害死他。我於是提醒他那頭公牛的夢，並詮釋說，在他心裡，他母親已經跟會攻擊人的公牛—父親，融合在一起，而變得很危險，讓人毛骨悚然。他父親那時也病重而瀕臨死亡。我自己本身與精神治療則在當下代表了這個結合起來的父母形象（parent-figure）。我指出，他最近對母親愈來愈強的憎恨是一種防衛機制，用來抵抗她即將死亡而帶來的哀傷和絕望。我指出，他藉由攻擊幻想將父親變成一頭會殺死他母親的危險公牛，因此他覺得對即將發生的災難有責任、有罪疚感。我也指出他講到吃水牛，並解釋說，他已經將這個結合的父母形象併到自己裡面，因此害怕內心會被這頭公牛摧毀。進一步的素材顯示，他恐懼內心會被危險的存在所控制和攻擊，而這種恐懼導致他許多行為，包括他有時候會呈現非常僵硬、無法動彈的姿勢。他說一個男人害怕被公牛踩死、被公牛掌控而動彈 365
不得的故事，我認為就代表他覺得有許多危險威脅他的內在。[365-1]

我接下來對病人指出這頭公牛攻擊他母親是帶有性意涵，並將此連結到他對於那天早上被鳥吵醒的惱怒（他對關於公牛的夢所做的第一個聯想）。我提醒他說，在他的聯想裡，鳥經常代表人，而這些鳥發出的噪音——其實他已經很習慣這種聲音——對他而言則代表他父母有危險性的性交。當天早上這種聲音之所以如此讓人無法忍受，是因為那個公牛的夢，也是因為他對母親的病危感到嚴重焦慮。對他而言，他母親的死代表被他內心的公牛摧毀，因為他已經開始哀悼，所以把她內化在這樣危險的情境裡。

我也指出這個夢中較代表希望的層面，例如他覺得母親或許可以自己逃離公牛，他事實上很喜歡黑鸝鳥和其他鳥類等。我也指出這些素材裡呈現的修復和重新創造的傾向，例如他父親（水牛）應該受到保護，也就是免於受到病人本身的貪婪傷害。我也提醒他，他想把他喜愛的鄉村的花朵種子散播到城市裡，這代表他跟他父親創造出新的嬰兒，作為對他母親的彌補——這些活生生的嬰兒也可以讓她的生命延續下去。

在經過這些詮釋之後，他終於能告訴我，他母親前一晚就過世了。他接著出乎尋常地承認，他完全瞭解我對他詮釋的內化歷程。他說他接到母親過世的消息後，覺得噁心想吐，但即使是在

365-1　我發現，病人潛意識覺得自己體內正在發生的歷程，經常透過發生在他上方，或在他周圍近處的事表現出來。根據我們熟知的相反表徵原則，外在事件就可以代表內在的事件。而重點是外在情境或內在情境，可以從整體脈絡、聯想的細節、情緒特質與情緒強度看出。舉例來說，當病人有某些特定表現，包括極強烈的焦慮，以及抵禦這種焦慮的特定防衛機制（尤其是增加對精神現實的否認）等，就表示當時主宰的是一種內在情境。

當時，他也覺得沒有生理因素可以引起這個反應。現在他覺得這似乎確認了我的詮釋，顯示他確實內化了他與垂死父母對抗的整個想像情境。

在這次分析時間裡，他流露出強烈的憎恨、焦慮和緊張，但
366 幾乎沒有任何哀傷。但是在我詮釋之後，分析時間快結束時，他的情緒軟化下來，某些哀傷顯現出來，他也感受到了些許慰藉。

在母親喪禮過後的那天晚上，D夢見X（對他而言形同父親的人），以及另一個人（代表我）想要幫他，但是他卻必須對抗我們才能活下去，就如他說的：「死神要取我性命。」在這次分析時間裡，他再度怨恨地說精神分析會讓他崩潰瓦解。我對他詮釋說，他覺得給予幫助的外在父母，同時也是跟他對抗的，試圖將他瓦解，會攻擊並摧毀他的父母，也就是他內心那頭半死的公牛和垂死的母親。他也覺得我本身跟精神分析就代表他體內的危險人物與事件。他告訴我，在他母親的喪禮上，他曾一度懷疑他父親是否也死了，這也證實了在他心裡，他內化的父親瀕臨垂死或已經死去（他的父親在現實裡仍然活著）。

在這次分析時間快要結束，他的憎恨和焦慮也降低之後，他再度變得比較合作。他提到說，他前一天從他父親房子的窗戶望向花園，覺得很寂寞，並在此時看到草叢裡有一隻鰹鳥，覺得很討厭。他認為這隻討厭的、愛破壞的鳥可能會擾亂別的鳥，下蛋在別人的鳥巢裡。然後他聯想到他在不久前，曾看到許多束野花被丟在地上——可能是小孩子摘下來之後亂丟。我再度詮釋說他的憎恨和苛刻是他防衛機制的一部分，用來抵抗哀傷、孤單和罪疚感。那隻會帶來破壞的鳥，還有那些搞破壞的小孩，就跟以前常有的例子一樣，都代表他自己，因為他覺得自己摧毀了父母的家

與幸福，還殺害了他母親肚子裡的孩子，進而殺了他母親。在這方面，他的罪惡感來自於他曾在幻想中直接攻擊母親的身體。而在那個公牛的夢裡，他的罪惡感則來自於他將父親變成一隻危險的公牛，實現他的施虐願望，並間接攻擊了他母親。

D在母親喪禮過後的第三天晚上，又做了一個夢：

> 他看到一輛巴士不受控制地朝他衝來——顯然沒有人駕駛。巴士朝一間小屋衝去。他看不到那小屋怎麼了，但他知道它「肯定會燒起來」。然後兩個人從他後面出現，打開了小屋的屋頂，往裡面看進去。D說他「看不出來這樣做有什麼意義」，但是他們似乎認為這樣會有幫助。

這個夢顯示他恐懼父親藉由他自己同時也希望的同性戀行
為，將他閹割。此外，這個夢也表達了跟公牛的夢相同的內在情 367
境——他母親在他心裡的死亡，以及他自己的死亡。那間小屋代表他母親的身體、他自己，還有他心底的母親。在他心裡，巴士摧毀小屋象徵的危險性交不但發生在他母親身上，也發生在他身上，最重要的是，發生在他心底的母親身上，這也是最主要的焦慮來源。

他在夢中無法看見發生了什麼事，顯示他覺得這個災難是在內在發生。他雖然沒有看見，但知道小屋「肯定會燒起來」。而巴士「朝他而來」，除了代表性交，和他父親對他的閹割以外，也表示是「發生在他內心」。[367-1]

從他後面出現（他當時指著我的椅子），並打開屋頂的兩個人，表示他自己跟我兩個人看進他的裡面和他的心底（精神分析）。這兩個人也代表我是他父母結合的「壞」角色，包含了危險的父親，因此他懷疑看進小屋裡面（分析）能帶給他什麼幫助。不受控制的巴士也代表他自己跟他母親進行危險的性交，並表達他對自己的「壞」生殖器的恐懼與罪疚。在他母親還沒過世，但已經開始重病時，他發生一次意外，開車撞上路邊一根桿子，還好沒有嚴重後果。這似乎是潛意識的自殺企圖，是他想要摧毀內在的「壞」父母。這場意外也代表他的父母在他內心進行的危險性交，因此是一場內在災難的行動化（acting out）與外化。

父母經由「壞的」性交結合的幻想，或者說，是隨之而來的各種情緒的累積，包括慾望、恐懼、罪疚感等，相當程度地干擾了他跟父母雙方的關係，並在他的疾病和他整體的發展中，扮演了很重要的角色。對父母實際性交所引發的情緒做分析，尤其是經由分析這些內化的情境，病人才能真正感受對母親的哀悼。但是他從小到大一直在抵擋由嬰兒期的憂鬱感覺而衍生出來的，關於失去母親的憂鬱和哀傷，也一直否認自己對母親深刻的愛，所以潛意識裡，他一直在強化自己的憎恨和被害感，以免要忍受失去深愛的母親的恐懼。當他對自己的破壞性不再如此焦慮，對自己修復和保存母親的能力也更有信心後，被害感隨之減輕，而對
368 母親的愛也逐漸浮現上來。但是同時他也愈來愈感受到對母親的哀悼與渴盼，這是他從小就一直潛抑否認的。當他哀傷而絕望地經歷這段哀悼歷程時，他對母親深埋的愛也愈來愈明顯，他跟父母的關係也發生了改變。有一次，他提到一段愉快的童年回憶，並且說出「我親愛的老爸老媽」——這是他從來沒用過的說法。

367-1　對身體外部的攻擊經常代表個體感受到的內在處境。我已經在前面指出，聯想中，發生在身體上方或周圍近處的事，更深一層的意義經常是指在內心發生的事。

我在本文及前一篇論文中，都討論到個人無法成功克服嬰兒期憂鬱心理位置的深層原因。這種失敗可能會導致憂鬱症、躁症或妄想症。我在上述論文中便指出自我可能使用幾種方式，以企圖逃避憂鬱心理位置可能帶來的痛苦，包括投奔內在的好客體（可能導致嚴重的精神病），或投奔外在的好客體（可能導致精神官能症）。但除此之外，還有許多基於強迫、躁動和偏執防衛機制，而產生的方法。每種方法的使用比例雖然會有個別差異，但在我的經驗裡，都有同一目的，要讓個人能逃避憂鬱心理位置帶來的痛苦（如我先前指出，這些方法在正常發展中也都扮演一定角色）。對無法感受哀悼的人進行分析時，就可清楚看到這點。他們覺得自己無法拯救所愛的客體，並在內心安穩地恢復他們，因此會比之前更強烈地抗拒他們，否認對他們的愛。這表示他們整體的情緒都可能被抑制，但有些人則只有愛的感覺被壓制，憎恨反而被增強。在此同時，自我還會利用各種方式處理被害恐懼（憎恨愈被強化，被害恐懼就會愈強烈）。舉例來說，內在的「壞」客體被以躁動的方式征服，無法動彈，並同時被否認，又被強烈投射到外在世界裡。有些無法感受哀悼的人可能必須嚴厲地限制自己的情感生活，使自己整體個性變得貧乏，才能避免爆發躁鬱症或妄想症。

這類型的人是否能維持某種程度的心理平衡，經常取決於這些方法如何交互作用，以及個人是否能在其他層面，仍然保有他們否認的、對失去客體的愛。與那些在他們心裡不會太接近失去客體的人維持關係，或對一些事物和活動保有興趣，可能都會吸收一些屬於正失去之客體的愛。雖然這些人際關係和昇華都會有
一些躁動和偏執特質，但確實能提供一些慰藉，並減輕罪疚感， 369

因為經由這些關係與活動，被拒絕及因此被摧毀的所愛客體可以在某種程度上獲得恢復而保有。

如果我們的病人經由精神分析，而減少對破壞與迫害的內在父母的焦慮，憎恨便會隨之減少，進而使焦慮進一步降低。此時病人就能修改他們與父母的關係——不論父母是否在世——並在某種程度內恢復他們，即使實際上有怨恨的理由。當病人有這樣較高的寬容後，就可能在心裡、在「壞的」內在客體之外，較安穩地建立「好的」父母形象，或者更進一步因為信任「好的」客體，而減緩對「壞的」客體的恐懼。這表示他們將能充分感受情緒——哀傷、罪疚、哀悼，以及愛和信任——而度過哀悼歷程，之後還能加以克服，最終並做到小時候未能做到的，克服嬰兒期的憂鬱心理位置。

總結來說，在正常的哀悼、異常的哀悼，以及躁鬱狀態中，嬰兒期憂鬱心理位置都會重新啟動。包含在這個專用辭彙下的複雜情感、幻想與焦慮，其本質就足以支持我的論點，也就是兒童在早期發展時會經歷短暫的躁鬱狀態及哀悼狀態，並經由嬰兒期精神官能症加以修正。在度過嬰兒期精神官能症之後，嬰兒期憂鬱心理位置就會隨之被克服。

異常哀悼及躁鬱狀態，與正常哀悼之間的根本差異是：躁鬱症患者與無法完成哀悼工作的人，雖然彼此的防衛機制可能截然不同，但都有一個共同點，就是他們都無法在童年早期，在內在世界建立內在的「好的」客體，並覺得安全。他們都沒有真正克服嬰兒期的憂鬱心理位置。相反地，在正常哀悼裡，早期的憂鬱心理位置會因為失去所愛的客體而被重新喚起，再度被修正，並藉由自我在童年使用的類似方法加以克服。個人在內心修復他實際上失去的所愛客體時，同時也是在自己內心重建他最初的愛的客體——也就是「好的」父母——因為在失落實際發生時，他會擔憂也會失去這內心的客體。個人藉由在內心恢復「好的」父母及最近失去的人，重建因此分崩離析遭受威脅的內在世界，而能克服自己的哀傷，重獲安全感，並達到真正的和諧與平靜。

第二十一章　從早期焦慮討論伊底帕斯情結（1945）

引言

我發表這篇論文，有兩個主要目標。我希望能特別指出一些 370
典型的早期焦慮情況，並顯示它們與伊底帕斯情結的關係。我認為這些焦慮與防衛機制，都是嬰兒期憂鬱心理位置的一部分，因此我希望能藉此釐清憂鬱心理位置與原慾發展的關聯。我的第二個目的則是將我關於伊底帕斯情結的結論，與佛洛伊德對同樣主題的觀點，加以比較。

我會以兩個案例的節錄，作為我論證的依據。其實我可以援引更多其中的分析、病人的家庭關係，以及使用技巧的細節，但我將有所節制，只引用就主題而言，最重要的分析素材的細節。

我將用來說明理論的兩個孩子，都有嚴重的情緒困擾。我以這樣的素材為基礎，來對伊底帕斯情結發展的正常路徑做出結論，其實是遵循精神分析中經實驗證明的一個方法。佛洛伊德在他許多著述中都說明這種方式是合理的，例如：「病態因其孤立與誇大，而能幫助我們看清在正常狀態下隱藏起來的情況。」（*S.E.* **22**, p.121）

男孩伊底帕斯發展的案例摘錄

我用來說明男孩伊底帕斯情結發展的素材，是取自於我對一個十歲男孩子的分析。由於他的一些症狀已經發展到讓他無法繼續上學，他父母覺得必須幫他尋求幫助。他很害怕小孩子，因此
371 愈來愈避免出門。更嚴重的是，他的學科能力與嗜好興趣在幾年的時間內，愈來愈受到抑制，讓他父母十分擔憂。除了這些讓他無法繼續上學的症狀以外，他也對自己的健康過度擔憂，經常陷入憂鬱情緒。這些困擾都顯現在他的外貌上，他看來非常憂慮及不快樂。但有時候，他的憂鬱又會突然消失，變得神采奕奕，讓他的表情完全改變。在進行分析晤談時，這點變得更加明顯。

在很多方面，理查都是個早熟而聰明的孩子。他很有音樂天分，從很小就表現出來。他明顯熱愛大自然，但只針對愉快的部分。他的藝術天分展露在很多地方，從他選擇的字彙，和說話時特別活潑生動的戲劇性，都可以看得出來。他跟其他小孩處不好，但跟大人相處卻很自在，尤其是跟女人在一起時。他的語言天分讓她們印象深刻，他會用很早熟的方式討好她們。

理查的吃奶期很短且令他不滿足。他小時候體弱多病，從小就經常感冒生病。他在出生後第三年和第六年分別接受了兩次手術（割包皮及切除扁桃腺）。他的家庭環境普通，不算太差，不過家中的氣氛不算很快樂，父母之間欠缺溫情和共同興趣，但沒有公開的爭執。理查是老么，只有一個哥哥，比他年長幾歲。他母親雖然不符合臨床診斷上的疾病標準，但是憂鬱個性的人。她對於理查的任何疾病都非常擔憂，而她的態度無疑對理查的慮病有相當影響。她跟理查的關係在某些方面不是很令人滿意。理查的

哥哥在學校表現十分良好，獨享了母親大多數的愛，相反地，理查則讓她很失望。雖然他非常依戀她，卻是個很難照顧的孩子。他沒有任何興趣或嗜好，因此經常無事可做。他過度焦慮，也對母親過度愛戀，會一直黏著母親，讓她很疲憊。

他母親對他極度小心照料，在某些方面甚至是溺愛，但她並沒有真正瞭解他性格中較不明顯的部分，例如與生俱來強烈的愛與善良。她並不瞭解這個孩子非常愛她，對他未來的發展也幾乎毫無信心。不過在此同時，她對他算很有耐心，例如她不曾強迫他跟其他孩子在一起，或強迫他去上學。

理查的父親很喜歡他，也對他很好，但他似乎把教養孩子的 372
責任全都交到母親身上。之後的分析顯示，理查覺得他父親對他太寬容，也太少在家裡行使他的權威。哥哥大致上對理查友善而有耐心，但是這兩個男孩子幾乎沒有共同點。

戰爭的爆發大幅加重了理查的問題。為了繼續他的分析，他跟著母親疏散到我當時暫居的小鎮，而他哥哥則跟著學校被送到別的地方。離開自己的家讓理查非常難過，戰爭更是激發了他所有的焦慮。他尤其害怕空襲跟炸彈。他密切留意戰爭新聞，十分關注戰情變化，而且這樣的執著在分析過程中一再出現。

雖然這個家庭的狀況確實有些問題，而理查小時候的歷史也有些嚴重的問題，但我認為這些外在因素並不足以解釋他的病。就跟處理每個個案時一樣，我們必須考慮天生體質與外在環境因素所導致的內在心理歷程，以及這些內外在因素與心理歷程的交互作用。但我無法在此處理所有因素的交互作用，只能指出某些早期焦慮對性器發展的影響。

分析地點是在跟倫敦有一段距離的小鎮，一棟屋主遠行而空出的屋子裡。那間遊戲室其實不符合我的要求，因為我無法移除許多書籍、畫跟地圖等等。但理查對他心目中等同於我的這個房間及這棟房子，都有種特殊的、近乎親密的關係。例如他經常會滿懷感情地說到這個房間或對房間說話，會在一小時晤談結束時跟房間道別，有時候還會仔細地排列家具，排成他認為會讓這房間「快樂」的樣子。

在分析過程中，理查畫了一連串的圖。[372-1]他最早畫的圖畫之一是，一隻海星盤桓在一株水底植物旁邊，他跟我解釋說那是一個很餓的小嬰兒，想吃掉那株植物。一天或兩天後，他的畫裡
373 出現一隻比海星大很多，而且有張人臉的章魚。這隻章魚代表父親跟父親的生殖器危險的那面，之後又在潛意識中被等同於我們稍後會在素材中看到的「怪獸」。海星的形狀很快演變成由不同顏色片段組成圖案式的繪畫。這類圖畫中的四個主要顏色——黑色、藍色、紫色跟紅色——分別象徵父親、母親、哥哥跟他自己。在他最早使用這四種顏色的其中一幅畫裡，他要畫黑色跟紅色時，是一邊拿色筆往紙張前進，一邊發出吵雜聲音。他解釋說，黑色是他爸爸，並在移動色筆時，一邊模仿士兵行軍的聲音。接下來是紅色，理查說這是他自己，並一邊移動色筆，一邊哼著開心的歌。在塗藍色部分時，他說這是他媽媽，而在塗紫色部分時，他說他哥哥對他很好，正在幫助他。

這個圖案代表一個帝國，不同的部分代表不同的國家。相當特別的一點是他對戰況的興趣在他的聯想裡扮演了重要的角色。

372-1 本文呈現的圖畫是由原始圖畫複製並縮小。原始圖案是用鉛筆描繪，以蠟筆著色。我在此盡可能以不同的花紋表示不同的顏色。但在圖三中，潛水艇應該是黑色，旗幟是紅色，而魚跟海星則是黃色。

他經常會在地圖上找出希特勒佔領的國家，而地圖上這些國家跟他自己的帝國圖畫之間，有非常明顯的關係。他畫中的帝國代表他母親，正面臨侵略與攻擊。他父親通常以敵人的角色出現，而理查與哥哥則在圖畫裡扮演不同的角色，有時候是母親的盟友，有時候又是父親的盟友。

這些圖案在繪畫表面上雖然很像，但細節卻大不相同——事實上，他從來沒有畫過兩張一模一樣的圖畫。他畫這些圖畫，乃至於畫絕大多數圖畫的方式十分特別。他不會預先刻意計畫，而且經常會自己對畫完的畫面感到驚訝。

他會使用各式各樣的遊戲素材，例如用來畫畫的鉛筆跟蠟筆，也會在他的扮演遊戲中充當人物。除此之外，他還帶來自己的一整套玩具船，其中兩艘船永遠都代表他父母，其他船艦則會以不同的角色出現。

為了專注於解說我的理論，我只挑選幾個例子作為討論素材，而這些例子大多取自於六個小時的分析。在這幾個小時裡，因為某些我後續會討論的外在因素，使得某些焦慮短暫地以強烈的方式浮現出來。這些焦慮在詮釋後減輕，並導致改變，由此可以顯現早期焦慮對性器發展的影響。這些改變，其實只是邁向更完整性器發展與鞏固的一小步，可以從理查早先的分析預料得到。

當然，本文的詮釋，都是我認為與主題最相關的。我會清楚 374
說明哪些詮釋是病人自己給的。除了我給病人的詮釋以外，本文還包括了一些我從素材中得出的結論，我不會每次都清楚區別這兩者，否則將導致許多重覆贅言，也會模糊主要議題。

阻礙伊底帕斯發展的早期焦慮

我以中斷十天後重新繼續分析的時間作為討論起點。在此之前，我們的精神分析已經持續了六週。這段中斷期間，我人在倫敦，理查離開去渡假。他從未遭遇過空襲，在他的空襲恐懼中，倫敦是最危險的地方。因此對他而言，我去倫敦，就代表走向毀滅與死亡，這更加強了他因分析中斷而產生的焦慮。

我回來之後，發現理查非常擔憂沮喪。在頭一個小時裡，他幾乎沒有看我，不是僵硬地坐在椅子上，完全不抬起眼睛，就是煩躁地走到隔壁的廚房或花園去。儘管他明顯抗拒，但仍對我提出幾個問題：我有看到倫敦很多「壞掉」的地方嗎？我在那裡的時候有遇到空襲嗎？有遇到暴風雨嗎？

他告訴我的頭幾件事之一是，他討厭回到進行精神分析的這個城市，並說這個城市是「豬圈」、「惡夢」。他很快走進花園，似乎在花園裡可以比較自在地四處觀看。結果他發現幾朵毒蕈，指給我看，顫抖地說它們有毒。回到房間裡後，他從書架上拿了一本書，特別指給我看一張圖畫，畫裡是一個矮小的男人在對抗一隻「恐怖的怪獸」。

我回來之後第二天，理查帶著很大的抗拒告訴我，我離開這段期間他跟他母親的一段對話。他告訴媽媽，他很擔心以後要有小孩，並問她會不會很痛。她在回答時，跟以前一樣再度解釋男人在生育後代時扮演的角色，但他聽了之後說他不想把他的性器放到別人的性器裡，這會讓他很害怕，這整件事都讓他很焦慮。

375 在我的詮釋裡，我把這種恐懼跟「豬圈」城市連結起來。在他心裡，這個「豬圈」城市代表我的「裡面」跟他母親的「裡面」，而我們的裡面都因為暴風雨和希特勒的炸彈而變壞了。暴風雨跟炸彈都代表他的「壞」爸爸的陰莖進入他媽媽的身體，讓那裡變成一個受到威脅又充滿危險的地方。此外，我不在家時，花園裡長出來的毒蕈，以及那個小人（代表他自己）對抗的那隻怪獸，都象徵在她母親身體裡的「壞」陰莖。幻想他母親包含住他父親有毀滅力量的陰莖，恐怕是造成他有性交恐懼的部分原因。我去倫敦這件事也激起並加強他的焦慮。此外，他自己原本對於他父母性交的攻擊性願望也大幅增加他的焦慮和罪疚感。

理查害怕「壞」爸爸把陰莖放到媽媽身體裡的恐懼，和他對小孩子的畏懼症，有密切的關係。這兩者都跟他幻想母親的「裡面」是個危險的地方，息息相關。因為他覺得他已經攻擊並傷害了在他想像中媽媽肚子裡的小寶寶，所以他們已經變成他的敵人。這項恐懼有很大部分都被轉移到外在世界的小孩子身上。

在這段時間裡，理查用他的艦隊做的第一件事是用他取名為「吸血鬼」的驅逐艦，去撞一艘代表他母親、名為「羅妮」的戰艦。但他立刻表現出抗拒，並重新排列艦隊。當我問他「吸血鬼」代表誰時，他雖然不太情願，但確實回答是代表他自己。他會突然顯得抗拒而中斷遊戲，這可能表示他在潛抑對母親的性器慾望。在他之前的精神分析裡，一艘船撞另一艘船就一再象徵性交。他之所以潛抑性器慾望的主要原因之一是他恐懼性交的毀滅性，因為就如「吸血鬼」這個名字暗示的，他認為性交有種口腔施虐特質。

我現在要詮釋圖一，這幅畫進一步顯示理查在這個分析階段的焦慮情況。如我們已知，在圖案式繪畫中，紅色一定代表理查，黑色代表他父親，紫色代表他哥哥，而淺藍色代表他母親。

圖一

在塗紅色部分時，理查說：「這些是俄國人。」雖然俄國人已經成為我們的盟友，但是他對他們很懷疑。因此當他指稱紅色（他自己）是可疑的俄國人時，等於是在告訴我，他害怕自己的攻擊性。就是因為這樣的恐懼，他才會一發現自己是對母親做出性行
376 為的「吸血鬼」，就立刻停止艦隊遊戲。圖一顯示了他恐懼母親的身體受到壞希特勒－爸爸（炸彈、暴風雨、毒蕈）的攻擊。之後當我們討論他對圖二的聯想時，我們會看到整個帝國都代表他母親的身體，而被他自己的「壞」陰莖刺穿。但在圖一裡，刺入的有三個陰莖，代表家裡的三個男人：父親、哥哥跟他自己。我們知道在這次晤談裡，理查已經表達過他對於性交的恐懼。除了幻想他的「壞」爸爸威脅毀滅媽媽以外，他還害怕因為自己認同「壞」爸爸，所以自己的攻擊性也會為她帶來危險。他哥哥也像是個攻擊者。在這幅畫裡，他母親（淺藍色）包含了這些壞男人，

或根本上是包含了這些壞生殖器，因此她的身體成為一個受到威脅且充滿危險的地方。

一些早期的防衛

理查對於自己的攻擊性，尤其是對自己的口腔施虐傾向，感到十分焦慮，因此導致他與自己的攻擊性尖銳對抗。這種對抗掙扎有時非常顯而易見。值得注意的一點是，他在憤怒時會磨牙齒，移動下顎，彷彿在咬東西。由於他有強烈的口腔施虐傾向，他覺得自己很有可能傷害媽媽。即使他只針對他母親或我說了一 377
些無害的話，他也經常會問：「我傷了你的心嗎？」與他的毀滅幻想相關的恐懼和罪疚感，影響了他所有的情緒。為了維持他對母親的愛，他會一再試圖克制自己的嫉妒和委屈，甚至否認那些看來非常明顯的原因。

然而理查並無法成功克制他的怨恨和攻擊性，或成功否認自己的委屈。儘管他試圖潛抑過去和現在的挫折引起的憤怒，但在移情的情境下，例如在回應分析中斷對他造成的挫折時，這些憤怒會清楚顯露出來。我們瞭解，去倫敦這件事讓我在他心中成為一個受損的客體。然而，我之所以受傷，不只是因為暴露在炸彈的威脅之下，也是因為我引起他的挫折，激起他的恨意，讓他在潛意識中覺得攻擊了我。跟早先的挫折情境一樣，他因為幻想攻擊我，而變得認同丟炸彈的危險的希特勒－爸爸，並因此恐懼受到報復。我變成了一個敵對的會報仇的角色。

在生命初期將母親角色分割成好的跟壞的「乳房母親」（breast mother），藉此處理矛盾情緒的歷程，在理查身上非常明顯。這個分割後來進一步發展，又分為「好的乳房母親」，跟「壞的性器母親」(genital mother)。在這個分析階段，他真正的母親代表「好的乳房母親」，而我則變成了「壞的性器母親」，因此在他心裡激發出跟這個角色相關的攻擊性與恐懼。我成為那個在性交中被父親傷害，或跟「壞」希特勒－爸爸結合在一起的母親。

理查在當時對性器有相當強烈的興趣，這可以從他與母親有關性交的對話看得出來，即使那時他主要是表達出恐懼。但就是這種恐懼促使他視我為「性器母親」而遠離我，並視他母親為好的客體而接近她。他藉由退化到口腔期而達成這點。我在倫敦期間，理查比以前更黏他母親。就像他自己對我說的，他是「媽媽的小雞」，還有「小雞都會跟在媽媽後面跑」。但投奔乳房母親，並無法成功抵抗對性器母親的焦慮，因為理查補充說：「但是，之後小雞還是要離開媽媽，因為母雞不會再保護他們，不會再照顧他們。」

由於分析的中斷而使個體在移情情境中再度經驗到的挫折，會讓早期的挫折與委屈重新復活，根本上等於是喚起最早期，被
378 剝奪母親的乳房的痛苦，也使得個體無法再繼續維持對好母親的信念。

如同我前面段落所描寫的，理查讓「吸血鬼」(他自己)與「羅妮」(他母親)兩艘船相撞之後，立刻把「羅妮」跟「尼爾森」這兩艘戰艦(他母親跟他父親)並排在一起，按照年齡，以一直排的方式，排列他所說的代表他哥哥、他自己跟他的狗的船。在此，船艦遊戲表達了他希望讓父母在一起，並屈服於爸爸跟哥哥的權威，希望藉此恢復家中的和諧寧靜。這顯示他需要克制自己的嫉妒與怨恨，只有這樣，他才能避免與爸爸爭奪媽媽的所有

權。如此一來，他便避免了他的閹割恐懼，並進一步保存了好爸爸跟好哥哥的信念。最重要的是，他還救了他母親，讓她免於在他跟父親的對抗中受傷。

理查不但強烈需要保護自己，防止自己被敵手，也就是被他父親與哥哥攻擊，也強烈為好客體擔憂。他因此更強烈地表現出愛的感覺，以及渴望修復幻想中造成的傷害——他如果對自己的怨恨和嫉妒讓步，就會造成的傷害。

因此，理查唯有潛抑自己的伊底帕斯願望，才能達成家中的和諧平靜，克服自己的嫉妒與怨恨，並保護他愛的客體。但是潛抑自己的伊底帕斯願望，卻會讓他部分退化回嬰兒時期。而這樣的退化跟母嬰關係的**理想化**息息相關。他會希望將自己變成一個沒有攻擊性，尤其是沒有口腔施虐衝動的小嬰兒。要有理想化的嬰兒，前提是也要有理想化的母親，尤其是理想化的乳房：從來不會帶來挫折的乳房，對彼此只有純粹愛戀關係的母親與嬰兒。壞乳房跟壞母親，在他心裡是跟理想的母親完全分開來的。

圖二顯示了理查處理矛盾、焦慮跟罪惡感的一些方法。他指給我看「從頭到尾穿過媽媽的帝國」的紅色部分，但很快又糾正說：「那不是媽媽的帝國，那只是一個帝國，我們每個人在裡面都有一些領土。」我將此詮釋為他害怕發現自己認為這是媽媽的帝國，因為如果是這樣的話，紅色部分就等於刺進去媽媽的裡面。就在這時，理查又看了一下這幅畫，提出說紅色部分看起來
「很像一個生殖器」，然後他指出紅色把帝國分成兩邊：西邊是屬 379
於所有人的領土，東邊則完全沒有包含他母親，只有他自己、他父親跟他哥哥。

圖畫的左手邊代表跟理查關係密切的好母親，因為圖畫這邊

圖二

幾乎沒有他父親，他哥哥也相對很少。相反地，在右邊（我過去在幫他分析時曾遇過的「危險的東邊」）則只出現了打架的男人，或說他們的壞性器。他母親沒有出現在圖畫的這邊，因為他覺得，她已經被壞男人壓制淹沒。這幅畫顯示了受到威脅的壞母親（性器媽媽），與被愛而安全的母親（乳房媽媽）是分割開來的。

第一幅畫，除了可用來說明某些焦慮情境以外，也顯示了在第二幅畫中更清楚顯現的，類似防衛機制的東西。雖然在圖一裡，淺藍色的母親散布在整個畫面裡，而「性器母親」跟「乳房母親」的區隔還沒有像圖二裡那麼明顯，但如果我們把極右邊的部分獨立出來，還是可以看出這樣分割的企圖。

在圖二裡，造成分隔的，是由理查詮釋為性器的，格外尖銳
380 而拉長的部分。這點帶來重大的啟示，顯示他相信男性性器是會刺穿人，而且很危險的。這個部分看起來像一顆長而尖銳的牙

齒，或一把匕首，在我看來，也表達了這兩種意義：前者象徵口腔施虐衝動會對所愛的客體造成危險，後者則如他自己的感覺，是性器基於戳刺的特質而有類似匕首的功能。

這些恐懼一次又一次導致他投奔向「乳房母親」。他必須回到由前性器階段主宰的狀態，才能獲得相當的穩定。因為焦慮和罪惡感太過巨大，讓自我無法演化出適當的防衛機制，也讓原慾衝動的前進受到阻礙。因此，無法充分的鞏固性器組織[380-1]，並帶來強烈的退化傾向。他發展歷程中的每個階段都顯現出固著依戀與退化的交互作用。

減少對伊底帕斯慾望的潛抑

我對先前描述的各種焦慮情境加以分析後，理查的伊底帕斯慾望和焦慮便更充分浮現出來。但他的自我只能更加利用某些特定的防衛機制（我將在這段處理），以維持這些慾望。然而，這些防衛機制之所以能發揮效用，也是因為分析降低了某些焦慮，減輕了固著依戀。

理查對性器慾望的潛抑降低到某個程度之後，他的閹割恐懼也變得比較容易出現在分析中，並經由不同方式表達出來，同時他的防衛機制也出現改變。在我回來之後的第三次晤談裡，理查走到花園裡去，說他希望去爬山，尤其是威爾斯的斯諾登山

380-1　佛洛伊德在他的〈嬰兒期原慾的性器組織〉(Infantile genital organization of the libido, *S.E.* **19**) 中描述嬰兒期的性器組織是「性蕾期」。他使用這個辭彙的主要原因之一是他認為在幼兒性器階段，女性的性器還沒有被發現或受到承認，因此所有的興趣都集中在陰莖上。但我的經驗與此觀點不符，我認為使用「陰莖」這個詞無法涵蓋本文討論的所有資料。因此我將沿用佛洛伊德最初用的「性器階段」(或「性器組織」) 這個辭彙。我會在本文稍後的整體理論總結中，更充分解釋我選擇這些辭彙的理由。

（Snowdon）。他在之前的分析裡就提過這座山。他說話的時候，注意到天空裡的雲，然後說危險的暴風雨正在形成。他說，他在這種時候都會替山感到難過，因為暴風雨降臨在它們上面。在之前的分析資料裡，炸彈和暴風雨代表壞父親，這表達了他對壞父親
381 的恐懼。希望爬上斯諾登山象徵他想與母親性交，但同時顯示他害怕被壞父親閹割的恐懼，而即將降臨的暴風雨也表示他母親及他自己會有危險。

同樣在這次晤談裡，理查告訴我，他想畫五張圖畫。他提到他看過一隻天鵝有四隻「甜美」的小天鵝。在玩艦隊時，理查指定其中一艘船給我，另一艘船給他自己。我要搭我的船去進行一趟愉快的旅途，他也是。一開始，他把他的船移開，很快又讓他的船繞回來，靠我的船很近。這樣船隻的碰撞，在過去的素材裡，尤其是在他跟他父母的關係裡，一再象徵性交。因此，在這個遊戲裡，理查是在表達他的性器慾望，以及他希望擁有性能力（potency）。他說他要給我的五張圖畫代表他自己（天鵝）給我——或者應該說他母親——四個孩子（小天鵝）。

如我們之前看到，幾天前，艦隊遊戲中也曾出現類似的狀況：「吸血鬼」（理查）去碰觸「羅妮」（他母親）。在當時，這曾導致理查恐懼自己的性器慾望被自己的口腔施虐衝動所主宰，而突然改變遊戲內容。但接下來幾天，他的焦慮獲得某種程度的抒解，攻擊性減輕，同時某些防衛機制也受到強化。因此現在類似的遊戲內容（他的船在快樂旅途中碰觸我的船）可以發生，而不會引起焦慮，或導致他潛抑自己的性器慾望。

理查愈來愈相信自己能獲得性能力，是因為他同時愈來愈認為他母親可以被安全保存。他現在可以容許自己幻想母親會將他

視為男人般愛他，並讓他取代他父親的位子。這也讓他希望她會成為他的盟友，保護他抵抗其他所有競爭者。舉例來說，有一次，理查讓藍色蠟筆跟紅色蠟筆（他母親跟他自己）並排立在桌上，然後黑色蠟筆（他父親）向他們衝過來，但被紅色蠟筆趕走，而藍色蠟筆則趕走了紫色蠟筆（他哥哥）。這個遊戲表示理查希望母親跟他合作，趕走危險的父親跟哥哥。他在對圖二做聯想時，說在西邊的藍色的媽媽準備要跟東邊打仗，奪回她那邊的國家，同樣顯示他認為母親是個強壯的人物，能夠對抗壞男人跟他們的性器。我們知道，在圖二的右手邊，她在三個男人——理查的父親、哥哥跟他自己——的性器攻擊下淪陷。而在我稍後會談到的圖四裡，理查把藍色延伸到畫面的大部分上，表示他希望他母親 382
會重新奪回失去的領土。於是復原而重生的母親就能幫助他，保護他。理查認為他的好客體將得以復原重生，顯示他相信，他能更成功地處理自己的攻擊性，也就能更強烈地感受自己的性器慾望。而且既然他的焦慮減輕了，他也就能轉而把攻擊向外，幻想跟他父親與哥哥對抗，爭奪母親的所有權。在船隊遊戲裡，他把船隻排列成一長串，把最小的一艘放在最前面。這個遊戲的意義便是他吞併了父親跟哥哥的性器，加到自己身上。他覺得在幻想中打敗他的競爭對手，自己便得到了性能力。

圖三屬於一系列圖畫之一。這系列的圖畫包含植物、海星、船隻和魚等這些在分析中經常出現的元素，並形成不同的組合。就像代表帝國的那類圖一樣，這系列圖畫在細節上也有很多變化，但某些元素一定代表同樣的物體和情況，例如水底的植物代表母親的性器，而通常圖畫裡都只有兩株植物，中間相隔一段距離。植物也代表母親的乳房，因此當一隻海星在兩株植物中間

時，幾乎一定代表孩子擁有母親的乳房，或跟母親性交。海星鋸齒狀的尖端則代表牙齒，象徵嬰兒的口腔施虐衝動。

在畫圖三時，理查首先畫了兩艘船，然後是那隻大的魚，以及周圍一些小的魚。在畫這些東西時，他愈來愈熱切又精力充沛，而在空白處畫滿了小魚。然後他指給我看其中一隻小魚被「媽媽魚」的魚鰭遮蓋，說：「這是最小的寶寶。」這幅畫表示小寶寶魚受到媽媽的餵養。我問理查他自己是不是在小魚裡面，他說他沒有。他也告訴我說植物之間的那隻海星是個大人，而比較小的海星是長大一半的人，解釋說這是他哥哥。他並指出說，叫做「太陽魚」（sunfish）的船的潛望鏡「插到羅妮裡面」。我說我認為「太陽魚」是代表他自己（「sun」代表英文中的兒子son），而潛望鏡插到「羅妮」（母親）裡面，代表他與他母親性交。

圖三

理查說植物之間的海星是大人，暗示這代表他父親，而代表理查的則是甚至比「羅妮」（他母親）還大的船隻。他以這個方式

反轉了父親－兒子的關係。在此同時，他也顯示出他對父親的 383
愛，顯示他希望彌補父親，讓代表父親的海星在植物中間，占據滿足的嬰兒位子。

這個段落的素材顯示正向伊底帕斯情結和性器位置（genital position）已經比較充分地浮現出來。如我們所見，理查以各種不同方式達成這點。其中一個方法是把爸爸變成嬰兒——吸奶慾望滿足，沒有被剝奪的嬰兒，因此是「好」的嬰兒——他自己則占有了父親的陰莖。

在此之前，曾在這類圖畫中以不同角色出現的理查，一直都
認為自己是小孩子。因為在焦慮的壓力下，他撤退到理想化、滿 384
足而充滿愛意的小嬰兒形象。但此刻他頭一次說自己不是畫裡的小魚之一。我認為這進一步表示他的性器位置更加強化。他現在覺得他可以長大，變得有性能力。因此他能在幻想中跟母親生下小孩，不再需要把自己放在嬰兒的位子。

但是，這些性器慾望和幻想又引發其他不同的焦慮，而他企圖不對抗父親，只取代父親的位子，因此化解伊底帕斯矛盾的企圖，也只成功了一半。在這個看似相當和平的解決方法裡，我們同時在圖畫裡看到證據，顯示理查恐懼父親會懷疑他對母親有性慾，而緊密監視他，企圖閹割他。因為當我對理查詮釋說，他反轉了父親兒子的角色時，他告訴我，最上面的飛機是英軍的飛機，正在巡邏。我們要記住，潛水艇的潛望鏡插進「羅妮」，代表理查與母親性交的慾望。這暗示他想篡奪父親的位子，也因此他會預期父親懷疑他。我接著解釋說，他的意思是，他父親不但被轉變成小嬰兒，也同時出現在「父母超我」（paternal super-ego）裡，會監視他、試圖防止他跟母親性交，並威脅要懲罰他（巡邏

的飛機）。

我進一步詮釋說，理查自己也一直在「巡邏監視」他的父母，因為他不但對他們的性生活很好奇，而且潛意識地強烈希望加以干擾，分開他父母。

圖四則是以不同的方式顯現同樣的素材。理查在塗藍色部分時，一邊唱著國歌，解釋說他母親是皇后，而他是國王。理查已經變成父親，並獲得了父親有性能力的性器。他畫完之後，看著圖畫說，裡面有「很多媽媽」跟他自己，所以他們「真的可以打敗爸爸」。他指給我看說裡面的壞父親（黑色）很少。由於父親已經被變成無害的小嬰兒，似乎已經沒有打敗他的必要。然而理查對這樣全能的解決方式不太有信心，如他所說，他認為在必要的時候，他可以跟母親合力打敗他。焦慮的減輕已經讓他能夠面對跟父親的競爭，甚至能夠與父親對抗。

圖四

在塗紫色的部分時，理查一邊唱著挪威跟比利時的國歌，並
說：「他沒問題。」跟藍色與紅色比較起來，面積最小的紫色部 385
分顯示他哥哥也被變成了小嬰兒。我認為，他唱兩個同盟小國的國歌，顯示「他沒問題」這句話同時是指他父親跟哥哥都變成了無害的小孩子。他對父親的愛一直被潛抑，當我們來到這個分析關鍵點時，終於變得較為坦白。[385-1]然而理查無法去除父親的危險層面。除此之外，他自己的糞便——在此之前一直被等同於黑色的父親——在他看來也會帶來危險，無法被消除。他也認知到自己的精神現實，因為這幅圖畫裡仍舊有黑色，即使理查自我安慰說，裡面的希特勒－父親只有一點點。

在理查用來增強性器位置的各種方法裡，我們可以看到自我
企圖在超我與本我的要求間達成某些妥協。雖然理查的本我衝動
藉由幻想與母親性交，而獲得滿足，但是謀殺父親的衝動則被避
開，來自超我的譴責也因此減輕。但是超我的要求只有部分獲得 386
滿足，因為父親雖然僥倖存活，但他在母親身邊的位子卻被篡奪了。

這樣的妥協是兒童正常發展過程中，不可或缺的部分。每當不同原慾位置之間發生巨大波動，防衛機制就會受到干擾，而必須找出新的妥協。例如在前面的段落裡，我就指出，理查在口腔焦慮減輕後，便試圖在幻想裡，把自己放入理想的、不會干擾家庭的嬰兒角色，以處理他的恐懼與慾望的矛盾。但是，當性器位置較為強化，理查較能面對自己的閹割恐懼之後，不同的妥協就

385-1　值得注意的一點是，在此同時，過去被強烈潛抑，想要有父親陰莖的原慾，也浮現出來，而且是以最原始的形式呈現。理查再度觀看小人對抗那隻怪獸的圖畫時說：「這隻怪獸好醜，可是牠的肉可能很好吃。」

出現了。理查藉由把爸爸跟哥哥變成他與母親所生的嬰兒，維持了他的性器慾望，同時避免罪疚感。但不論在任何成長階段，只有當焦慮與罪疚感不會強烈到超過自我的強度時，這類妥協才能帶來相當的穩定。

到目前為止，我非常仔細地討論了焦慮與防衛機制對性器發展的影響，我認為若沒有深入考量原慾構成的各階段，以及該階段特有的焦慮及防衛機制，和兩者之間的互動，就不可能完整瞭解性發展。

與內化父母相關的焦慮

在討論圖五與圖六之前，我需要先說明一下。理查在前一晚開始喉嚨痛，並有輕微的發燒，但因為是夏天，天氣溫暖，他還是來進行分析。如我先前所指出，喉嚨痛跟感冒本來就是他的症狀之一，即使狀況很輕微，也會引發他極大的慮病焦慮。在他畫出圖五與圖六的這次晤談時間裡，他一開始顯得極度焦慮擔憂。他說他覺得喉嚨很燙，而且他的鼻子裡面有毒藥。接下來，他在極度抗拒下說出的聯想是，他害怕自己的食物可能被下毒了。他多年來都一直感覺到這種恐懼，但這一次及之前幾次，他都是在很勉強的情況下，才能在分析中談論這件事。

在這次晤談中，理查經常狐疑地看著窗外。有一次他看到兩
387 個男人在說話，便說他們是在監視他。這顯示出他經常表達的被害恐懼之一，也就是害怕他父親跟哥哥在監視迫害他，但最核心的恐懼是害怕父母祕密結盟對付他。在我的詮釋中，我將這個疑慮連結到他對內在壓迫者監控他、對付他的恐懼上——這也是他在

較早分析時已經顯現的焦慮。過一會之後，理查突然把一根手指盡可能地伸到他的喉嚨深處，顯得很擔憂。他解釋說，他在找細菌。我對他詮釋說，細菌（germs）代表德國人（Germans）（跟我結合在一起的黑色希特勒－父親），同時在他心裡，也代表那兩個監視的男人，也就是他的父母。因此對細菌的恐懼跟他被下毒的恐懼密切相關。而在潛意識中，他把下毒這件事連結到他父母，雖然他並沒有意識到自己的懷疑。顯然這次的感冒激發了這些被害恐懼。

在這次晤談裡，理查畫了圖五跟圖六。而我在當天唯一能得到的聯想是圖畫六跟圖五是同一個帝國。事實上，這兩幅圖是畫在同一張紙上。

第二天，理查的喉嚨已經完全復原，出現時心情截然不同。他活潑地描述他多喜歡今天的早餐，尤其是麥麩片，還表演給我看他如何大口咀嚼（他前兩天都吃得很少）。他說，在吃早餐之前，他的胃很小、很瘦，往裡面凹，「裡面的大骨頭」都「突出來」。這些大骨頭代表他內化的父親——或他父親的性器——而在之前的分析素材裡，代表他父親性器的象徵則是那隻怪獸，或那隻大章魚。他們表達的是他父親性器壞的一面，而怪獸「好吃的肉」則代表他所想要的父親性器的其他層面。因為他之前曾把麥片拿來跟鳥巢相比，因此我把麥片詮釋為好母親（好乳房與乳汁）。他已經愈來愈相信有好的內化母親，也就比較不害怕內化的迫害者（骨頭跟怪獸）。

分析喉嚨痛的潛意識意義，降低了他的焦慮，也因此導致他的防衛機制出現變化。理查在這次晤談中的心情和聯想明顯表示出這項改變。世界在他眼中突然變得漂亮起來：他喜歡鄉村的景致、我的衣服、我的鞋子，還說我很漂亮，也滿懷愛與情感地談論他母親。隨著他對內化迫害者的恐懼減輕，外在世界在他眼中也變好，變得更值得信任，他也更有能力享受周圍的一切。同時值得注意的一點是他的憂鬱情緒已經消失，取而代之的是輕躁的
388 情緒，讓他否認他恐懼受到迫害。事實上，是因為焦慮減輕，才能導致對抗憂鬱的躁動防衛機制出現。但是理查的輕躁情緒沒有一直持續。在他之後的分析過程中，憂鬱和焦慮仍一次次出現。

到目前為止，我只論及理查與身為外在客體的母親的關係。但是從他之前的分析就可以清楚看出，母親身為外在客體的角色，一直與她身為內化客體的角色互有關聯。為了論點清晰起見，我把這一點保留到現在，才以圖五跟圖六來解釋，因為這兩幅畫生動地點出了內化的父母親在理查心智生活（mental life）中扮演的角色。

在這次晤談裡，理查拿起他前一天畫的圖五跟六，開始對它們做自由聯想。由於他的憂鬱和慮病焦慮已經減輕，因此他此時能夠面對潛藏在他憂鬱背後的焦慮。他指給我看說，圖五看起來像一隻鳥，而且是「很恐怖」的鳥。最上面的淺藍色是一頂皇冠，紫色的小點是眼睛，鳥嘴則「張得很大」。從圖畫中可以看出來，鳥嘴是由紅色和右邊的紫色部分組成，也就是由一向代表他自己跟他哥哥的顏色組成。

我對他詮釋說，淺藍色的皇冠顯示這隻鳥是他母親——之前分析素材裡的皇后，理想的母親。但現在這隻鳥變得貪婪，有破壞力。她的鳥嘴由紅色跟紫色組成，則表達了理查把自己（跟他哥哥）的口腔施虐衝動，投射到他母親身上。

從這項素材來看，理查已經朝面對自己的精神現實，有了重

大的進展，因為他能夠把自己的口腔施虐衝動跟食人衝動投射到他母親身上。除此之外，如圖五所示，他能容許母親「好」的跟「壞」的層面，也就是通常被分隔很遠的這兩種層面的原型——他愛的好乳房，跟他厭惡的壞乳房——更加接近。事實上，我們也可以在這幅畫裡看到他以分割和孤立作為防衛機制，因為圖畫的左手邊完全都是藍色，但在圖畫右邊，母親是「很恐怖」的鳥（張開的鳥嘴），同時又是皇后（淺藍色的皇冠）。理查不再那麼否認自己的精神現實之後，才比較能面對外在的現實，肯定事實上他母親確實曾讓他感到挫折，引發他的恨意。

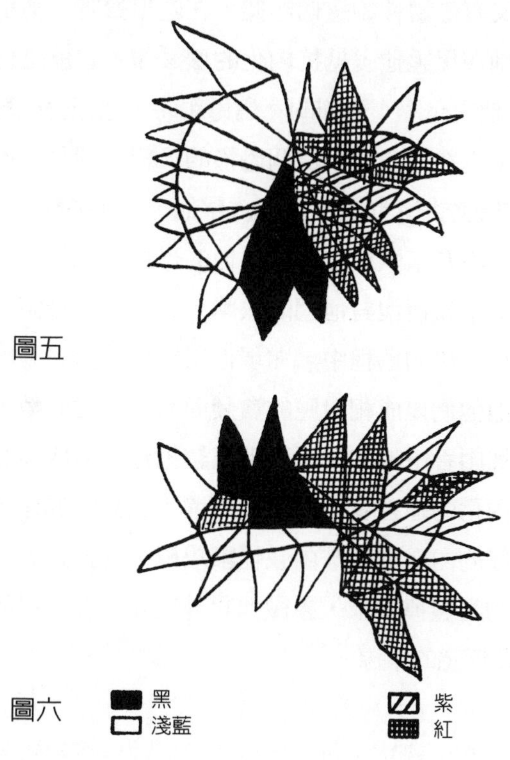

圖五

圖六

在我詮釋了圖五之後，理查一再堅決地反覆說這隻鳥看起來
389「很恐怖」，並對圖六做了一些聯想。他說圖六也像一隻鳥，但是
沒有頭，而下面的黑色則是從牠身體掉下來的「很大的東西」。他
說這全都「很恐怖」。

在詮釋圖六時，我提醒他說，他前一天跟我說過，這兩個帝
國是同一個。我因此提議說，圖六是代表他自己，而把那「恐怖
的鳥」內化之後，他覺得他已經變得像牠那樣。張開的鳥嘴象徵
390 母親貪婪的嘴，也表達出他自己想吞掉她的慾望，因為組成鳥嘴
的顏色代表他自己跟哥哥（貪婪的嬰兒）。在他心裡，他已經吞掉
了他母親貪婪又有破壞性的這個客體。在吃早餐時，他把好母親
內化了，覺得她在保護他，抵抗內化的壞父親，也就是他「胃裡
面的骨頭」。當他內化了「恐怖的」鳥母親時，他覺得她變得跟怪
獸父親連結起來。在他心理，這個恐怖的、組合的父母形象會從
裡面攻擊他，將他吃掉，也會從外面攻擊他，將他閹割。[390-1]

圖六裡的鳥沒有了頭，這表達出他的恐懼，顯示他覺得內在與外在的父母為了報復他對他們的攻擊，而使他的身體殘缺及閹割他。他在內化父母的過程中，顯現他對父母的口腔施虐衝動，因此他在心裡把他們變成相對應的貪婪而有破壞力的敵人。除此之外，他覺得經由吞下他的父母，他已經把他們變成怪獸跟鳥，因此他對這些內化的迫害者不僅感到恐懼，也感到罪惡，尤其是擔憂他可能讓好的內在母親被內在怪獸攻擊。他描述說「恐怖的大東西」從鳥的身體掉下來，象徵他對外在和內在父母的肛門攻擊，這也是他罪疚感的來源。[390-2]

390-1 值得一提的是，他在三歲時接受了割包皮手術，之後他就一直強烈意識到他對醫生跟手術的恐懼。

理查是在前一次晤談時間內畫出這兩幅圖畫，當時他深受焦慮困擾，無法對圖畫做聯想。但此刻焦慮稍微舒緩，他因此能做聯想。

更早之前的一幅畫（圖七）甚至比我們現在討論的圖五跟圖六，更清楚地表達他如何內化客體，因此值得在此討論。理查在完成這幅圖案之後，在周圍畫了一條線，把圖案圈起來，然後把背景塗滿紅色。我發現這代表他的「內在」，其中包含了他的父親、母親、哥哥跟他自己，以及他們互相的關係。他在對這幅畫做聯想時，說他很高興代表他母親的淺藍色部分增加了。他也說他希望哥哥會成為他的盟友。他對哥哥的嫉妒經常讓他視哥哥為競爭對手，對他充滿懷疑與恐懼，但他在這一刻是強調與哥哥的同盟關係。此外，他還指出，其中一塊黑色區塊完全被他母親、
他哥哥跟他自己包圍起來。其中的涵義是他與他愛的內在母親聯 391
手起來，對抗危險的內在父親。[391-1]

根據這個段落的素材來看，在理查的情感生活（emotional life）中，經常被理想化的好母親所要扮演的角色，指的不僅是內在的母親，也是指外在的母親。舉例來說，當他說他希望西邊的藍色母親能擴張她的領土（參照圖二）時，這個希望適用於他的內在世界，也適用於外在世界。相信好的內在母親，是他最大的支柱。當這個信念受到強化時，他就會出現希望、自信，以及較大的安全感。當這樣的信念受到動搖時——不論是因為疾病或其他因
素——憂鬱和慮病焦慮就會隨之增加。[392-1] 而且，當理查對迫害 392

390-2　尿道衝動（urethral impulses）與焦慮在他的幻想中也很重要，但在這段素材中並沒有明確顯現。

391-1　這幅畫也代表他母親的內在，因為裡面也在進行同樣的對抗。理查跟他哥哥扮演的角色是保護她的內在客體，而他父親則是會危害她的內在客體。

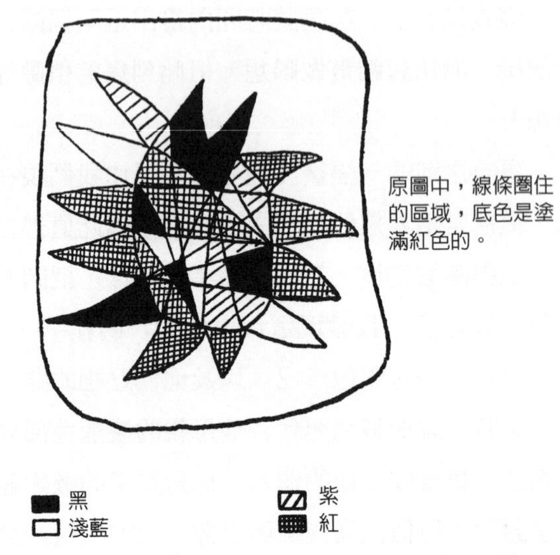
原圖中，線條圈住
的區域，底色是塗
滿紅色的。
黑
淺藍
紫
紅

圖七

者，也就是壞母親跟壞父親的恐懼增加時，他也會覺得無法保護他愛的內在客體免於破壞與死亡，而他們的死亡則必然等於他自己生命的結束。在此我們就碰觸到憂鬱的人最根本的焦慮。根據我的經驗，這種焦慮衍生自於嬰兒期憂鬱心理位置。

理查的分析中一個很突出的細節是，他很恐懼自己外在與內在客體的死亡。如我前面所說，他與遊戲室近乎親密的關係，是移情情境的特徵之一。在我去倫敦一趟，嚴重激發了理查對空襲跟死亡的焦慮之後，在好幾次分析晤談時間裡，他都堅持要在我們離開房間前最後一刻，才把暖爐關掉。在我之前描述的，分析圖三與圖四的其中一次晤談時間裡，這項偏執曾經消失過。在這些晤談時間中，除了他的性器慾望受到強化，焦慮與憂鬱減輕之

392-1 這類焦慮無疑可能引發感冒或其他生理疾病，或至少降低對疾病的抵抗力。這表示我們面對的是一個惡性循環，因為這些疾病反過來也會強化他所有的恐懼。

外，他可以給我或給他母親「好的」嬰兒的幻想，也在他的聯想裡扮演愈來愈重要的角色。他是否偏執地堅持盡可能一直開著房間裡暖爐，就可以顯示他是否憂鬱。[392-2]

男孩案例的總結

理查無法建立穩定的性器位置，很大的原因是他無法處理發展早期階段的焦慮。壞乳房在理查的情感生活中扮演了重大角色，因為他在吸奶時期很不滿足，因此有強烈的口腔、尿道及肛門衝動與幻想。理查對壞乳房的恐懼，在某種程度上被好乳房的理想化抵消掉，因此還能維持對他母親的愛。乳房的壞特質與他對壞乳房的口腔施虐衝動大部分都被移轉到他父親的陰莖上。此外，他還對父親的陰莖有強烈的口腔施虐衝動，這些衝動來自於早期正向伊底帕斯情境中的嫉妒與怨恨。他父親的性器因此在他的幻想裡變成一個危險、會咬人、有毒的東西。他太過恐懼陰莖 393
是外在與內在的迫害者，因此無法發展出信任，相信陰莖具有好的、創造性的特質。因此，理查早期女性位置（feminine position）的根源受到被害恐懼干擾。這些在反向伊底帕斯情結中感受的困難，與他因為對母親的性器慾望而產生的閹割恐懼，兩者產生交互作用。伴隨這些慾望而來的對父親的厭惡，以及表現出來的想咬掉他父親陰莖的衝動，導致他害怕被以同樣的方式閹割，使他更加潛抑自己的性器慾望。

理查的病徵之一是他的活動和興趣愈來愈受到抑制。這與他

392-2　讓暖爐一直開著，在潛意識上也意味著對他自己證明，他沒有被閹割，他父親也沒有被閹割。

嚴重潛抑自己的攻擊傾向有關，而這種潛抑在他與母親的關係中特別明顯。在與父親和其他男人的關係中，他的攻擊性比較不受潛抑，但仍因恐懼而受到相當限制。理查對男性的最主要態度就是要安撫可能的攻擊者和迫害者。

理查的攻擊性在對其他兒童的關係上最不受抑制，但他太害怕，不敢直接表現出來。他對兒童的憎恨與恐懼，部分原因源自他對父親陰莖的態度。在他心理，有破壞性的陰莖，和會消耗他母親心力乃至摧毀她的貪心而破壞的嬰兒，兩者是密切關聯的。因為他在潛意識裡強烈地維持著「陰莖＝嬰兒」的等式。此外他還覺得壞的陰莖只會製造出壞的嬰兒。

他之所以有兒童畏懼症，另一項重要因素是他嫉妒自己的哥哥，以及他母親將來可能會有的任何小孩。他潛意識裡對母親體內嬰兒的施虐攻擊，與他對於在母親體內的「父親陰莖」的恨，連結起來了。他只有偶爾會以一種方式表現出對兒童的愛，那就是對嬰兒的友善態度。

我們已經知道，他必須將母嬰關係理想化，才能維持自己愛的能力。但是因為他潛意識裡對自己的口腔施虐衝動感到恐懼和罪疚，所以嬰兒對他而言仍是主要象徵口腔施虐的生物。他之所以無法在幻想中實踐給予他母親小孩的渴望，這也是原因之一。更根本的原因是，在他早期的發展階段，口腔焦慮曾使他更加恐懼性器的功能和自己的陰莖的攻擊性。理查潛抑自己的性器慾望，其中最主要的原因之一，便是恐懼口腔施虐衝動會主宰他的
394 性器慾望，以及害怕他的陰莖是個破壞性的器官。他無法使用一項最重要的工具來讓他母親快樂，並彌補他覺得自己摧毀的小嬰兒。他的口腔施虐衝動、幻想和恐懼便以這各種不同的方式，一

再地干擾他的性器發展。

我在前面一再指出退化到口腔期的這種防衛機制，可抵抗由性器位置中產生的進一步焦慮。但是我們也不應該忽略在這些歷程中固著所扮演的角色。由於他的口腔、尿道與肛門施虐焦慮太過強烈，對這些階段的固著非常強烈，性器構成也因此變得脆弱，並使他的潛抑傾向變得顯著。不過，儘管有抑制，他仍發展出一些昇華的性器傾向。而且，由於他的慾望主要是針對母親，他的嫉妒感和憎恨主要是針對父親，因此他也達成了正面伊底怕斯情結和異性戀發展的一些主要特徵。不過這幅表象在某些方面並不真實，因為他必須強化與母親的關係中的口腔元素，並將「乳房」母親理想化，才能維持對母親的愛。我們在前面看到，他在畫畫時都用藍色代表母親，這個顏色的選擇，跟他喜愛萬里無雲的藍色天空有關，也表達出他渴望一個理想的、慷慨的、永遠不會讓他挫折的乳房。

理查藉由上述這些方法在某些方面維繫對母親的愛，得以擁有一點點穩定性，也讓他的異性戀傾向得以發展到一個程度。但在他對母親的固著依戀中，顯然包含了很多焦慮和罪疚感。理查很熱愛他母親，但卻是以相當類似嬰兒的方式。他幾乎無法忍受她離開視線範圍，也沒有太多跡象顯示他對她發展出獨立而像男人的關係。他對其他女人的態度，雖然也不是真正獨立男人的樣子，但仍與他對母親熱切的愛，甚至是盲目的崇拜，形成強烈對比。他對其他女人的行為非常早熟，在某些方面就像是成人的大情聖唐璜。他用各種方式討好女人，甚至是露骨的恭維。在此同時，卻又經常對女性不屑而嚴苛，並在女性因為他的恭維而開心時，覺得好笑。

我們在這裡看到他對女性兩種相反的態度，讓人想到佛洛伊德得出的一些結論。佛洛伊德描述有些男人有「精神性無能」（psychical impotence）的問題，也就是只能在某些特定情境下有性能力。當論及這些人在「情慾感受中愛戀與肉慾的分裂」時，他
395 說道：「這類人的愛的氛圍被分隔成兩半，就如藝術中描繪的，神聖的愛與褻瀆的（禽獸的）愛。所以他們對愛的人無法慾望，對慾望的人就無法愛。」（*S.E.* **11**, p.183）

佛洛伊德的描述可類比到理查對母親的態度上。他害怕而憎恨「性器」的母親，同時又對「乳房」母親保有愛與柔情。這種情感的分割，從他對母親與對其他女人截然不同的態度，就可明顯看出。雖然他對母親的性器慾望被強烈潛抑，讓他母親一直是被愛與仰慕的客體，但這些慾望可能在某種程度上轉到其他女人身上，這些女人就變成他批評和不屑的客體。她們代表「性器」母親，而他對性器的恐懼，和他想潛抑的慾望，就表現在他不屑這些引起他性器慾望的客體。

各種焦慮的匯集導致他固著和退化到「乳房母親」客體，其中最主要的焦慮便是理查恐懼母親的「裡面」充滿了迫害者。「性器」母親對他而言就是與父親性交的母親，也包含了「壞的」父親的性器——或者應該說是許多父親的性器。因此母親與父親形成對抗兒子的聯盟，並且懷有與他敵對的嬰兒。除此之外，他還焦慮自己的陰莖也是危險的器官，會傷害他摯愛的母親。

干擾理查性器發展的焦慮跟他與內化父母的關係，密切相關。相對於他母親的「裡面」是個危險的地方，他對自己的「裡面」也有類似的感覺。在前面段落裡，我們看到好母親（例如他所提的好的早餐食物），在他裡面保護他，抵抗他父親，也就是在

他胃裡「突出來的長長的骨頭」。母親保護他抵抗內化父親的這幅
景象，讓理查相對也覺得必須抵抗父親，保護心底的母親形象，
和受到內在怪獸的口腔與性器攻擊的母親。然而，最根本的是，
他覺得她是受到自己的口腔施虐攻擊威脅。圖二顯示了壞男人
（他父親、他哥哥跟他自己）將他母親壓制吞噬。這種恐懼來自於
理查在內化母親的過程中，藉由口腔施虐攻擊，將母親與母親的
乳房摧毀（吞下），而產生的根本罪疚感。除此之外，他也在圖六
中表達他對自己的肛門施虐攻擊的罪疚感，因為他指出了「恐怖
的大東西」從鳥的身體掉出來。他在接受分析早期，開始畫帝國 396
時，就已經明顯顯示他將自己的排泄物等同於黑色的希特勒－父
親，因為在最早的圖畫中，理查說黑色代表他自己，但之後很快
就決定紅色才代表他，而黑色代表他父親，之後他的圖畫就一直
維持這樣的安排。他對圖五跟圖六的聯想，更進一步顯示了這樣
將兩者視為相等的看法。在圖五中，黑色部分代表壞父親。在圖
六裡，黑色則代表部分身體殘缺的鳥的體內，掉下來的「恐怖的
大東西」。

理查恐懼自己的破壞性，相對也恐懼母親是會試圖報復的危險客體。張開鳥嘴的「恐怖大鳥」就是把自己的口腔施虐衝動投射母親身上。但光是理查被母親挫折的實際經驗並不足以讓他在心裡建立一個內在的、會吞噬他的可怕母親形象。圖六明顯顯示他覺得這「恐怖」的鳥－母親多麼危險。因為這隻沒有頭的鳥代表他自己，顯示他被危險母親和怪獸父親結合起來的敵人閹割的恐懼。除此之外，在內在情境裡，他感到被聯合起來的內化的「恐怖」鳥母親和怪獸父親所威脅。這些內在危險情境，才是導致他慮病跟被害恐懼的主要原因。

當理查在分析中變得能夠面對自己的心理事實，瞭解他愛的客體也是他憎恨的客體，而淺藍色的母親、帶著皇冠的皇后，在他心裡跟有鳥嘴的恐怖大鳥密切關聯後，他也就能夠比較安全地在心底建立對母親的愛。他的愛的感覺與憎恨的感覺，變得比較能緊密連結，而他與母親的快樂經驗也不再跟挫折經驗遠遠分隔。他因此不再被迫一方面如此強烈地理想化好的母親，另一方面又要建造出這麼恐怖的壞母親形象。當他容許自己將母親的兩面融合在一起時，就表示壞的那一面可以被好的那一面緩和。而這個比較安全的好母親就能保護他，抵抗「怪獸」父親。這同樣暗示，此時母親就不會再因為他的口腔慾望和他壞父親的攻擊，受到致命傷害，也表示他會覺得自己與父親都不再那麼危險了。好母親因此可以復活，而理查的憂鬱也就減輕了。

理查變得較能期望身為內在與外在客體的分析師與母親都會
397 繼續活著，主要原因與他的性器位置獲得強化，以及較能感受自己的伊底帕斯慾望有關。他在潛意識裡覺得生育、創造好的嬰兒，是對抗死亡及死亡恐懼的最重要工具，而他比較可能在幻想裡使用這項工具了。理查現在比較不會害怕被自己的施虐衝動所擺佈，他相信自己能生出好的嬰兒，而男性性器（他父親的及他自己的性器）所擁有的創造和生產的一面也就比較強烈地浮現出來。他也因此更信任自己有建設與修復的傾向，信任內在與外在的客體了。他對於好母親及好父親的信心已經強化。父親不再是理查對抗與厭惡的危險敵人。如此他便在強化他的性器位置，面對跟性器慾望息息相關的衝突和恐懼，跨出了重要的一步。

女孩伊底帕斯發展之案例摘錄

我在前面討論了干擾男孩性器發展的一些焦慮，接下來我將陳述小女孩莉塔這個個案中一些相關的素材。我在早期發表的論文中，已經從各個角度描述過這個案例。[397-1]這個素材很適合用於說明，因為它相當簡單直接。該案例素材的大部分細節之前都已經發表過，我將在此添加一些至今還未發表過的細節，以及我當時無法做出，但是現在回顧起來，發現可以充分從該素材中推論而得的詮釋。

我的病人莉塔，從兩歲九個月大時開始接受分析，她是個很難帶的孩子，有多種焦慮問題，包括無法忍受挫折、經常悶悶不樂。她表現出明顯的強迫特徵，且在過去一段時間內不斷增加。她也堅持進行一些繁複的強迫性儀式。她時而表現出誇大的、顯得滿懷歉意的「好」言行，時而又企圖控制周遭所有的人。她也有飲食方面的問題，經常「心血來潮」想吃特定的東西，又經常沒有胃口。雖然她很聰明，但發展和人格整合卻因為強烈的精神官能症而延遲不前。

她經常沒有明顯原因地哭泣。當她母親問她為什麼哭時，她 398
會回答：「因為我好難過。」若再問她：「你為什麼難過？」她則回答：「因為我在哭。」她的罪疚感與不快樂經常表現在她會問母親：「我是好孩子嗎？」「你愛我嗎？」等等。她無法忍受任何責怪。如果受到責罵，她不是放聲大哭，就是變得挑釁叛逆。以她一歲多時的一件事為例，就可看得出她與父母關係中的不安

397-1　請見附錄三〈個案名單〉以及《兒童精神分析》附錄四〈個案名單〉（中文版327頁）。

全感。據我所知，有一次她父親因她顯然認同自己為繪本中的一隻熊，而對她加以威脅，她就放聲大哭起來。

莉塔的遊戲明顯表現出抑制。舉例來說，她唯一能對娃娃做的事，就是以強迫的方式，幫她們洗澡換衣服。一旦引入任何想像的元素，她就會極度焦慮起來，而停止遊戲。

以下是莉塔過去人生的一些相關事實。母親哺乳了幾個月，之後開始以奶瓶餵奶，但一開始莉塔很難接受奶瓶。在斷奶時期，餵她吃固體食物的過程也充滿了困難。當我開始幫她分析時，她仍有飲食方面的問題，而晚上還是會用奶瓶給他喝奶。她母親告訴我，她已經放棄讓莉塔戒掉這每天晚上的一瓶奶，因為她每次嘗試，都會引起莉塔極大的痛苦。至於莉塔的大小便訓練，在剛滿一歲後不久就已經完成，我有理由推論她母親對此太過緊張。莉塔的強迫性精神官能症便被證實是與她早期的大小便訓練密切相關。

莉塔直到快兩歲時還跟父母睡在同一個房間，因此她曾多次目睹父母性交。她的弟弟在她兩歲時出生，而她的精神官能症也在此時完全爆發。另一個影響因素則是她母親本身也很神經質，顯然對莉塔愛恨交織。

她父母告訴我，莉塔在滿一歲之前，都喜愛她母親遠勝過父親。但在滿一歲之後，開始明顯偏愛父親，同時顯然很嫉妒母親。在十五個月大時，莉塔曾有一次坐在父親大腿上，一再清楚地表達她希望跟爸爸兩人單獨在房間裡。她在大約十八個月大時出現明顯的改變，包括跟父母雙方的關係都產生變化，也表現出
399 各種症狀，例如夜驚及動物畏懼症（尤其是對狗）等。母親再度成為她的最愛，但是她與母親的關係顯現出強烈的愛恨交織。她

黏母親黏得很緊，幾乎無法忍受她離開視線。然而她也企圖主宰她，經常毫不隱瞞對她的憎恨。在此同時，莉塔也對父親發展出顯而易見的厭惡態度。

這些事實在當時都能清楚地觀察到，也由她父母告知。在較大兒童的案例裡，父母對兒童生命早期的報告經常並不可靠，因為隨著時間流逝，這些事實會在記憶裡逐漸遭到篡改。但在莉塔的例子裡，這些細節在她父母腦海裡都還記憶猶新，而分析結果也完全證實他們所陳述的要點。

早期與父母的關係

在莉塔剛滿一歲後不久，一些伊底帕斯情境的重要元素就已經明顯可觀察到，例如她對父親的偏好，以及對母親的嫉妒，甚至希望取代母親在父親身邊的位置。在評估莉塔一歲到兩歲時的伊底帕斯發展時，我們必須考慮到一些重要的外來因素。這個孩子跟父母親睡在一個房間，有非常多機會目睹父母的性交，也因此持續接受刺激，引發原慾慾望，以及嫉妒、憎恨和焦慮。她母親在她十五個月大時再次懷孕，而她潛意識中瞭解母親有孕在身，因此她希望從父親身上得到一個嬰兒的慾望，以及她與母親的競爭，都大為強化。結果她的攻擊慾望和隨之而來的焦慮及罪疚感也大幅增加，讓她的伊底帕斯慾望無法維持下去。

但是莉塔的發展困難不能單以這些外來的刺激解釋。許多兒童都會暴露在類似的，甚至是更不利的經驗之下，卻沒有產生嚴重的心理疾病。因此我們必須考慮莉塔有哪些內在因素，在與外來影響交互作用之後，才導致她的疾病，干擾她的性發展。

如分析所顯示，莉塔的口腔施虐衝動超乎尋常的強烈，對任何一種緊張的忍受力都超乎尋常的低。這些體質上的特點決定了她對早期挫折的反應，也從一開始就強烈影響了她與母親的關係。莉塔的正向伊底帕斯慾望在她將滿一歲時完全浮現，而這種與父母雙方的新關係強化了她的挫折感、憎恨和攻擊性，伴隨著
400 焦慮與罪疚。她無法處理這多重衝突，也無法維持她的性器慾望。

莉塔跟母親的關係，被兩大焦慮來源主宰：被害恐懼和憂鬱式焦慮。她母親一方面代表一個恐怖且會報復的形象，一方面又是莉塔不可或缺的、摯愛的、好的客體，因此莉塔會害怕自己的攻擊性威脅她所愛的母親，極度恐懼失去她。這些早期的焦慮和罪疚感如此強烈，致使莉塔難以忍受對母親的競爭與厭惡等這類伊底帕斯感受，因而產生更多的焦慮和罪疚感。她以潛抑自己的憎恨當成防衛，並以過度的愛來過度補償，因此不得不退化到更早期的原慾發展階段。莉塔跟父親的關係根本上也受到這些因素影響。她對母親的厭惡部分轉移到父親身上，並強化了她因為伊底帕斯慾望受挫而對父親產生的厭惡，且在她一歲多時，明顯超過了她過去對父親的愛。她無法與母親建立滿足的關係，也無法與父親建立滿足的口腔與性器關係。對她的分析明顯顯示了她對他的閹割慾望（部分原因是女性位置受挫，部分原因則是男性位置〔male position〕中的陰莖嫉羨）。

因此，莉塔的施虐幻想與她在各個原慾位置上受折而產生的委屈，息息相關。而她在正向與反向伊底帕斯情境中，都感受到這些幻想。父母的性交在她的施虐幻想中扮演了重要角色，並在她心裡變成一件危險恐怖的事，讓她母親變得像是受害者，受到父親極度殘酷的對待。結果，在她心裡，她父親不只變得會威脅

母親——至少在莉塔的伊底帕斯慾望認同母親的範圍內，也變得會威脅到她自己。莉塔對狗的畏懼症可追溯到她對父親危險陰莖的恐懼。她恐懼因為自己有閹割父親的衝動，父親的陰莖會反過來咬她。她與父親的關係受到嚴重的干擾，因為他變成了一個「壞男人」。除此之外，他還變成她對母親施虐慾望的具體表現，因此更令她厭惡。

以下這個她母親告知的事件，說明了上述的最後一點。莉塔在剛滿兩歲後不久，有一天跟母親出去散步時，看到一個馬車夫很殘忍地鞭打他的馬匹。她母親非常氣憤，小女孩也表現出強烈
的憤慨。但之後卻說出讓母親很驚訝的話：「我們什麼時候還可 401
以去看那個壞人打馬？」這透露出她從這次經驗中得到施虐快感（sadistic pleasure），希望重覆這次經驗。在她的潛意識裡，那個馬車夫代表她父親，馬匹代表她母親，而她父親則在性交中實踐了這個孩子對母親的施虐幻想。恐懼父親的壞生殖器，加上幻想母親被自己的憎恨和壞父親——馬車夫——傷害摧毀，都妨礙了莉塔正向與反向的伊底帕斯慾望。莉塔既無法認同這樣被摧毀的母親，也不容許自己在同性戀位置（homosexual position）中扮演父親的角色。因此在這些早期階段，兩種性別位置都無法滿足地建立起來。

來自分析素材的一些例子

莉塔在目睹原初場景時感受到的焦慮，可以從下面這段素材看出來。

有一次，在分析時，她拿一塊三角形積木放到一旁，然後

說：「這是一個小女人。」接著她拿一個長橢圓形積木，稱之為「小鐵鎚」，用來敲積木盒子，並說：「鐵鎚敲得很用力的時候，小女人好害怕。」那個三角形積木代表她自己，「鐵鎚」代表她父親，盒子代表她母親，整個情景就代表她目睹的原初場景。值得注意的是，她用鐵鎚敲盒子的位置剛好是只用紙黏起來的，因此在上面敲出了一個洞。這是莉塔以象徵的方式，對我表現出她潛意識中的陰道知識，以及她認為陰道在她性理論中扮演的角色。她的分析素材中還有其他許多類似的例子。

接下來兩個例子則與她的閹割情結和陰莖嫉羨有關。莉塔在玩耍中假裝帶著她的泰迪熊去一個「好」女人的家，而那個女人將會給她「很好吃的東西」。但這趟旅程並不順利。莉塔趕走了火車司機，取代了他的位子，但是他一而再、再而三地回來，讓她很焦慮。她跟他爭奪的一個目標是她的泰迪熊，這是她認為要讓旅途成功不可或缺的。這隻熊在此代表她父親的陰莖，她與父親的競爭則表現在他們互相爭奪陰莖的所有權。她奪去她父親的陰莖，部分原因是出於嫉羨、憎恨和報復，部分原因則是要取代他在她母親身邊的位子，藉由她父親有性能力的陰莖，補償她在幻想中對母親造成的傷害。

402 另一個例子則跟她的上床儀式有關。她的上床儀式在這段時間裡愈來愈繁複和具有強迫性，包含也要對娃娃進行一模一樣的儀式。儀式的重點是她（及她的娃娃）必須被緊緊包在被子裡，否則——如她自己所說——會有老鼠或「butzen」（她自己發明的詞）從窗戶跑進來，咬掉她的「butzen」。「butzen」就代表她跟她父親的生殖器：她父親的陰莖會咬掉她想像中的陰莖，因為她希望閹割他。我現在看來，恐懼母親攻擊她的身體「裡面」，也是讓她恐懼有人會從窗戶跑進來的原因之一。房間也代表她的身體，而攻擊者則是她母親，是為了報復她試圖攻擊母親。她強迫性地需要被這樣嚴密小心地包起來，就是為了抵抗這所有的恐懼。

超我的發展

前面兩個段落描述的焦慮與罪惡感，與莉塔的超我發展息息相關。我發現她的超我相當冷酷無情，就跟有嚴重強迫式精神官能症的成人心底潛藏的超我一樣。在分析當時，我能肯定地把這樣的發展追溯到她剛滿兩歲時。但基於之後的其他經驗，我不得不認定，莉塔超我的開端其實可以遠溯到她人生的頭幾個月。

在我先前描述的旅行遊戲裡，火車司機代表她的超我，以及她真正的父親。我們也可以在莉塔玩洋娃娃的偏執方式中，看到她的超我的影響。她會對洋娃娃做出跟她自己的睡前儀式一模一樣的動作，非常仔細把她放在上床，幫她蓋好被子。有一次在分析時，莉塔把一隻大象放在洋娃娃的床邊。她解釋說，大象是要防止「小孩子」（洋娃娃）起來，不然的話，「小孩子」就會偷跑到爸媽的臥室裡，然後「傷害他們，或拿走他們的東西」。這隻大象代表她的超我（她的父親跟母親），而大象要預防有人攻擊她父母，則表示莉塔自己對父母的性交與她母親的懷孕，所感受的施虐衝動。超我要確保這個孩子不可能奪去母親裡面的嬰兒，或傷害摧毀母親的身體，或閹割父親。

在莉塔的過去歷史中值得注意的一個細節是，在她剛滿兩歲後不久，她在玩洋娃娃時，曾一再說她**不是洋娃娃的媽媽**。根據分析的脈絡來看，她似乎是不允許自己當洋娃娃的母親，因為這 403

個洋娃娃代表她的弟弟，而她同時渴望又恐懼自己會把這個孩子從她母親身邊奪走。她的罪疚感也跟她在母親懷孕期間的攻擊幻想有關。莉塔之所以自我抑制，無法扮演洋娃娃的媽媽，就是因為她的罪疚感及她害怕那遠比她真正的母親嚴厲許多的、殘酷的母親形象。莉塔不但以這樣扭曲的方式看待她真正的母親，也一直覺得受到恐怖的內在母親形象的威脅。我之前已經談過莉塔幻想攻擊她母親的身體，並擔心她母親會攻擊她，奪走她想像中自己的嬰兒，以及恐懼會被自己的父親攻擊及閹割等。現在我將更進一步深入詮釋。她由於幻想自己的身體被外在的父母形象攻擊，也害怕自己的內在會被內化的、嚴厲迫害的父母形象攻擊，而這嚴厲的父母形象是她超我的一部分。[403-1]

莉塔在分析中的遊戲，就經常透露出她的超我有多嚴厲。例如她以前常會殘酷地懲罰她的娃娃，然後又突然爆發憤怒和恐懼。她認同加諸嚴重懲罰的嚴厲父母，也認同受到殘酷懲罰而憤怒的孩子。不僅她的遊戲會顯露出這點，她平常的行為也會。在某些時候，她似乎會變成一個嚴酷無情母親的代言人，有時候，她又會變成一個不受控制、貪心、想破壞一切的小嬰兒。她似乎非常缺乏自我，因此無法把兩個極端連接起來，降低矛盾的強度。融合超我的漸進過程受到嚴重干擾，使她無法發展出自己的個體性。

403-1 在下文的「理論總結綱要」裡，我會處理到這個女孩子的超我發展，以及好的內化父親在裡頭扮演的角色。就莉塔而言，她的超我形成中的這個層面還沒有出現在她的分析中。但是在分析快結束時，她跟父親關係的改善則指出她正在往這個方向發展。就我現在看來，之前跟她母親有關的焦慮與罪疚感幾乎主宰了她所有的情緒，以致於干擾了她跟外在父親及內化父親形象的關係。

干擾伊底帕斯情結發展的被害與憂鬱式焦慮

莉塔的憂鬱情緒是她精神官能症中一項重要的特徵。她的哀傷情緒和莫名哭泣，以及她不斷詢問母親是否愛她，都顯示她的憂鬱式焦慮。而這些焦慮的根源都是她跟她母親乳房的關係。莉塔攻擊母親乳房及母親整個人的施虐幻想，導致她被籠罩在恐懼 404
中，深刻影響了她與母親的關係。一方面，她愛母親，認為她是美好而不可或缺的客體，並因為自己用攻擊幻想威脅母親而感到罪疚。在另一方面，她又討厭她、畏懼她，認為她是壓迫人的壞母親（也就是壞乳房）。這些跟她外在與內在的母親客體相關的恐懼和複雜情緒，構成了她的嬰兒期憂鬱心理位置。莉塔沒有能力處理這些嚴重的焦慮，因此無法克服自己的憂鬱心理位置。

對她分析的早期有某些素材，便跟這部分有關並且相當重要。[404-1]當時她先在一張紙上亂畫，接著非常用力地把畫面塗黑。然後她把紙張撕碎，丟進一杯水裡，把杯子拿到嘴邊，像要喝下去的樣子。但她在此時停下來，低聲說：「死掉的女人。」同樣的素材，同樣的字句，後來又出現過一次。

這張紙被塗黑、撕碎、丟進水裡，代表她母親經由口腔、肛門和尿道等媒介被摧毀，而這幅死去母親的畫面指的不僅是人不在她面前的外在母親，也指她內在的母親。莉塔潛意識裡恐懼失去外在與內在的客體，因此斷絕所有會使她更厭惡母親，讓母親死亡的慾望，也因此不得不放棄跟母親在伊底帕斯情境中競爭。口腔位置（oral position）導致的焦慮，在母親試圖讓她停止用奶瓶、完全斷奶時，更進一步地導致她發展出明顯的憂鬱。她拒絕

404-1　這段素材沒有出現在之前發表的論文裡。

用杯子喝牛奶，陷入憂鬱狀態，對所有食物都失去食慾，拒絕吃東西，比以往都黏她母親，並一再地問母親愛不愛她，她是不是不乖等等。根據分析顯示，對她而言，斷奶代表一種殘酷的懲罰，懲罰她攻擊母親，希望母親死掉的慾望。由於失去奶瓶代表永遠失去了乳房，因此當奶瓶被奪走時，莉塔會覺得等於摧毀了母親。即使母親就在眼前，也只能暫時減緩這些恐懼。由此而生的推論是，失去的奶瓶代表失去的好的乳房，而莉塔在斷奶後的憂鬱狀態下拒絕喝的杯子裝的牛奶，就代表被摧毀而死去的母親，就像裝著撕碎紙張的那杯水代表「死掉的女人」一樣。

405 如我先前所提，莉塔對於母親死去的憂鬱式焦慮，跟擔憂母親試圖報復而攻擊她身體的嚴重恐懼，兩者息息相關。事實上，對女孩子而言，這樣的攻擊似乎不只會威脅到她的身體，也會威脅到她認為她「裡面」所包含的一切：她可能會有的小孩、好的母親，跟好的父親。

無法保護這些心愛的客體免於外來與內在的迫害，是女孩子最根本的焦慮之一。[405-1]

莉塔與父親的關係，大部分都取決於她與母親相關的焦慮情境。她對壞乳房的厭惡和恐懼，大多被轉移到父親的陰莖上。對母親的過度罪惡感和喪失母親的恐懼，也被轉移到父親身上。這一切——再加上她父親直接給予她的挫折——都阻礙了她發展出正向伊底帕斯情結。

她的陰莖嫉羨，以及她與父親在反向伊底帕斯情境中的競

405-1 這種焦慮情境在某種程度上也出現在莉塔的分析裡，只是當時我沒有徹底意識到這類焦慮的重要性，以及與憂鬱情緒的密切關係。但當我有了之後的經驗時，這點就變得清晰多了。

爭，都強化了她對父親的厭惡。為了因應自己的陰莖嫉羨，她更加相信自己擁有想像中的陰莖。然而，她覺得自己的陰莖會被一個壞爸爸閹割，報復她想閹割爸爸。莉塔害怕爸爸的「butzen」會跑進來房間，咬掉她的「butzen」，就顯示了她的閹割恐懼。

她希望吞併父親的陰莖，扮演他的角色，跟母親在一起，就清楚指出她的陰莖嫉羨。我前面引述的素材也說明了這點：她跟代表陰莖的泰迪熊去旅行，去找那個「好女人」，請他們「吃很好吃的東西」。我從分析中看出，對於她所愛的母親可能死亡的焦慮與罪疚感，使她更想擁有自己的陰莖。這些焦慮之前曾阻礙她與母親的關係，此刻則成為導致她無法發展出正向伊底帕斯情結的主要因素。這些焦慮同時也會強化莉塔想擁有陰莖的慾望，因為她覺得唯有自己擁有陰莖才能夠滿足她母親，給她小孩，以彌補她在幻想裡對母親造成的傷害和她從母親身邊奪走的小孩。

因此，莉塔之所以非常難處理自己的反向與正向伊底帕斯情
結，是根源於她的憂鬱心理位置。隨著這些焦慮減輕，她變得比 406
較能夠忍受自己的伊底帕斯慾望，也愈來愈快速地發展出一種女性與母性的態度。她的分析時間因為外在環境因素而被迫縮短，但在分析結束時，她與父母、與弟弟的關係，都有所改善。她對父親的厭惡在之前都還非常明顯，這時終於轉變為愛戀；她對母親的矛盾也減少了，而發展出比較友善穩定的關係。

莉塔對她的泰迪熊與洋娃娃態度的改變，反映出她的原慾發展有相當大的進展，也顯示她的神經質問題及超我的嚴厲特質，減輕了許多。有一次，在分析快結束時，她親吻擁抱泰迪熊，叫它各種暱稱，然後說：「我現在一點都不會不快樂了，因為我有了這麼親愛的小寶寶。」她現在可以容許自己當她想像中小孩的

母親了。這項改變其實不是新的發展，而是在某種程度上回到較早的原慾位置。莉塔在一歲到兩歲之間曾經渴望接受父親的陰莖，擁有他給的小孩，但是這項慾望因為她對母親的焦慮和罪疚感而受到干擾。於是她的正向伊底帕斯發展中斷，也因此她的精神官能症包含明顯的攻擊性。當莉塔堅決地說她不是洋娃娃的母親時，就明白顯示出她想抗拒擁有小孩的慾望。在焦慮和罪疚感的壓力下，她無法保持女性位置，而被迫強化男性位置，於是泰迪熊變成主要代表她渴望的陰莖。直到對父母雙方的焦慮和罪疚感都減輕之後，莉塔才能容許自己想要有來自父親的小孩，並容許自己在伊底帕斯情境裡認同母親。

理論總結綱要

兩性的伊底帕斯情結早期階段

我在本文裡呈現的兩個個案，在許多方面都有大不相同的臨床外貌，但仍有一些重要的共同特徵，例如強烈的口腔施虐衝動、過度的焦慮與罪疚感，以及自我難以忍受任何類型的緊張等。根據我的經驗，這些因素經常會跟外在環境交互作用，阻礙自我逐漸建立起對抗焦慮的適當防衛機制，結果幼兒就可能難以順利化解早期的焦慮情境，也連帶影響到他的情緒、本能跟自我
407 的發展。在焦慮和罪疚感的主宰下，幼兒會過度強烈地固著於原慾組織的早期階段，而這兩者的交互作用則會導致孩子過度傾向於退化到這些早期階段。結果伊底帕斯情結的發展便會受到阻礙，而性器組織也無法安穩建立。在本文討論的這兩個個案，以及其他個案裡，當這些早期的焦慮減輕之後，伊底帕斯情結就開

始順著正常脈絡發展了。

我在這兩則簡短的案例中，顯示了焦慮與罪疚感如何影響伊底帕斯情結發展的路徑。以下我對伊底帕斯發展某些層面所綜合出的理論是根據我到目前為止，對許多兒童和成人個案所做的分析工作，包括一般正常到有嚴重疾病的個案。

要完整描述伊底帕斯情結發展，就必須討論每個階段的外來影響與經驗，以及它們對孩子整個童年的影響。我在此刻意放棄完整描述所有外來因素，以便釐清最重要的議題。[407-1]

我的經驗讓我相信，從人出生開始，原慾就與攻擊性緊密相連，每一個階段的原慾發展都深受攻擊性衍生的焦慮所影響。焦慮、罪疚感跟憂鬱情緒有時會促使原慾前進，找到新的滿足來源，有時候則會加強對早期客體和目標的固著，而阻礙原慾發展。

跟伊底帕斯情結的後期階段比起來，早期階段的樣貌必然比較模糊，因為嬰兒的自我尚未成熟，完全受潛意識幻想左右，而且其本能生活也處於最多變的階段。這些早期階段的特徵是幼兒會在不同客體和目標之間快速變動，同時其防衛機制的本質也會隨之快速變動。我認為，伊底帕斯情結在出生後頭一年內就會開始出現，在兩性身上都依循相似的路線發展。嬰兒與母親乳房的關係是決定情緒與性發展的最重要因素之一。因此我在以下描述
兩性伊底帕斯情結的開端時，都會以嬰兒與母親乳房的關係作為 408
出發點。

407-1　我這篇總結的主要目的在於，清楚呈現我對於伊底帕斯情結某些層面的觀點。我也企圖將我的結論，與佛洛伊德對這些主題的某些論述，加以比較。因此，我不可能同時引用其他作者的研究，或論及處理這項主題的大量著述。但在女孩的伊底帕斯情結方面，我希望特別指出我的著作《兒童精神分析》（1932）的第六章。我在其中討論了多位作者針對該主題的觀點。

尋找新的滿足來源，似乎是原慾向前發展時與生俱來的本能。嬰兒在母親乳房感受到的滿足，使嬰兒能將慾望轉向新的客體，而最早的客體就是父親的陰莖。嬰兒在乳房關係上受到的挫折，則更會激發強化這個新的慾望。必須謹記的一點是，挫折不僅取決於實際經驗，也跟內在因素有關。在乳房關係方面，即使是在最好的情況下，某種程度的挫折仍是無可避免的，因為嬰兒實際上想要的是無限量的滿足。在母親乳房上經驗到的挫折，會驅使男孩跟女孩都放棄乳房，轉而向父親的陰莖尋求口腔的滿足。因此乳房跟陰莖便成為嬰兒口腔慾望的主要客體。[408-1]

挫折與滿足從一開始便決定性地影響嬰兒與乳房的關係，不論是跟他所愛的好乳房，還是他所厭惡的壞乳房。幼兒為了因應這樣的挫折和隨之而來的攻擊性，而將好乳房與好母親理想化，同時更加厭惡和恐懼壞乳房跟壞母親。所以壞乳房和壞母親就成為讓兒童感到迫害與驚恐的人的原型。

對母親乳房的愛恨交織，延續到兒童與父親陰莖的關係上。在先前關係中受到的挫折，使兒童對新的滿足來源有更強烈的需求和期望，也激發出兒童對新客體的愛。但是在新關係中不可避免的失望又會使幼兒想要回頭去愛第一個客體，也因此導致幼兒情緒態度與原慾構成的各階段都會很不安定，不斷出現波動。

除此之外，由挫折激發並強化的攻擊衝動，會促使幼兒將他攻擊幻想中的受害者，轉變成受傷而想報復的人物，認為該人物

408-1 儘管我一再談論嬰兒跟母親乳房及父親陰莖的根本關係，以及隨之而來的焦慮情況和防衛機制，但我所指的不只是嬰兒與身體部位－客體（part-object）的關係。事實上，在嬰兒的心裡，這些身體部位－客體從一開始就跟母親及父親緊密相連。與父母每天生活在一起的經驗，以及他們與內化的父母客體發展的關係，會愈來愈集中在這些原始的身體部位－客體上，進而在孩子的潛意識中愈形重要。

會試圖用他幻想中對父母施加的施虐攻擊，來攻擊他。[408-2]因此嬰兒會愈來愈強烈地需要一個他所愛，也愛他的對象——一個完美理想的對象——才能得到他渴望的幫助與安全感。因此，每一個客體 409
都可能會在某些時候是好的，某些時候是壞的。幼兒會在主要意像的不同層面間來回移動，顯示其正向與反向伊底帕斯情結的各個早期發展階段，會不斷互動。

由於受到口腔原慾主宰，嬰兒從一開始就會內攝各種客體，而在他的內在世界裡建立與原初意像對應的人物。母親乳房跟父親陰莖的意像在他的自我中建立起來，並形成超我的核心。母親被內攝為好乳房與壞乳房，相對地，父親則被內攝為好陰莖與壞陰莖。他們因此成為兒童心裡最初的表徵物，一方面是給予他保護與幫助的內在人物，另一方面也是會施展報復與迫害的內在人物，這樣的內在人物也是自我發展中的最初認同。

兒童與內在人物的關係，以及兒童與外在父母的愛恨交織關係，兩者會以多種方式交互作用。因為將外在客體內攝時，幼兒也會將內在人物投射到外在客體上。這樣的交互作用便會影響到兒童對實際父母的關係，以及兒童超我的發展。這種可能向內，也可能向外的交互作用，會使個人在內在與外在的客體和情境間來回波動。這些波動跟原慾在不同目標與客體間的來回移動，息息相關。因此伊底帕斯情結的演變歷程，跟超我的發展，也是緊密相關的。

性器慾望雖然仍受到口腔、尿道與肛門原慾的影響，但很快就會與兒童的口腔衝動融合在一起。早期的性器慾望及口腔慾

408-2　我們必須承認，很難以成人的語言表達幼兒的感覺與幻想。因此對於早期潛意識幻想——乃至於所有潛意識幻想——的描述，我們都只能討論其內容，而非形式。

望，其對象都是母親和父親。這也符合我的假設，即兩性都有天生的潛意識知識，知道陰莖與陰道的存在。對男性嬰兒而言，性器感官（genital sensation）讓他預期父親擁有陰莖。小男孩會希望擁有陰莖，因為他的潛意識裡有「乳房＝陰莖」的等式。在此同時，他的性器知覺和衝動也會暗示他搜尋一個開口，插入他的陰莖。也就是說，這些慾望的對象會是他的母親。小女嬰的性器知
410 覺相對地讓她希望接受父親的陰莖進入她的陰道。因此對父親陰莖的性器慾望，加上口腔慾望，是女孩正向伊底帕斯情結與男孩反向伊底帕斯情結早期階段的根源。

原慾發展歷程的每個階段都受到焦慮、罪疚感和憂鬱情緒的影響。在早先的兩篇論文中，我已經一再提到嬰兒期憂鬱心理位置是早期發展中的核心位置。現在我希望提出下列論點：嬰兒期憂鬱情緒，也就是兒童害怕因為自己的憎恨與攻擊性，而失去所愛客體的恐懼，從一開始就影響到他的客體關係與伊底帕斯情結。

焦慮、罪疚與憂鬱情緒必然會引發修復的渴望。受到罪疚的驅使，嬰兒會強烈地想藉由原慾工具（libidinal means）修復他因施虐衝動所造成的傷害。因此與攻擊衝動並存的愛的感覺，也會因修復慾望而增強。修復的幻想，經常與施虐幻想是一體兩面。而施虐全能感（sadistic omnipotence）的另一面則是修復全能感（reparative omnipotence）。舉例來說，在兒童覺得憎恨時，尿液與糞便經常代表毀滅的工具，但在兒童感到愛時，它們又代表禮物。當他覺得罪疚而想修復時，在他心裡，「好的」排泄物就變成一種工具，讓他可以彌補他的「危險的」排泄物造成的傷害。同樣地，男孩與女孩雖然有不同的方式，但都覺得在自己的施虐幻想中用來傷害並摧毀母親的陰莖，在修復幻想中可以成為修復

及治療母親的工具。也因此，修復的慾望更增強了給予並接受原慾滿足的慾望。嬰兒藉此覺得受傷害的客體得以重建，他的攻擊衝動也隨之減弱，他的愛的衝動可以自由馳騁，而他的罪疚也獲得抒解。

因此，原慾發展歷程的每個階段，都會受到修補驅力和背後的罪疚感所激發及強化。但反過來說，激發修補驅力的罪疚感，也會抑制原慾慾望。因為當兒童覺得他的攻擊性居於優勢時，就會覺得原慾慾望可能威脅他愛的客體，而必須被潛抑。

男孩的伊底帕斯發展

前面我已經大致列出兩性伊底帕斯情結發展的早期階段，接
下來我將特別討論男孩的發展。深刻影響男孩的兩性態度的女性
位置主要是由口腔、尿道與肛門衝動主宰，跟他與母親乳房的關 411
係密不可分。如果男孩可以將一部分對母親乳房的愛與原慾慾望，轉向父親的陰莖，那麼父親的陰莖在他心裡就會成為好的、有創造力的器官，能夠提供原慾滿足，又能給予他小孩，就像陰莖給他母親小孩一樣。這些女性慾望本來就是男孩發展中天生的特徵，是男孩反向伊底帕斯情結的根源，也構成他最初的同性戀位置。父親的陰莖是好的，有創造力的器官，這個令人安心的想法，也是讓男孩能發展正向伊底帕斯慾望的前提。因為只有當男孩能夠相信男性性器的「好」——包括父親與自己的性器，才能容許自己感受對母親的性器慾望。當他對閹割父親的恐懼，因為對好父親的信任而獲得舒緩時，他才能面對自己的伊底帕斯憎恨與競爭。所以反向與正向的伊底帕斯傾向是同時發展，並且彼此緊密交互作用的。

我們有很好的理由可以推論，當性器知覺被感受到時，閹割恐懼也就被啟動了。根據佛洛伊德的定義，男性的閹割恐懼是害怕自己的性器被攻擊、傷害或移除。在我認為，男孩最初是在出現強大的口腔原慾時，感覺到這種恐懼。男孩會把對母親乳房的口腔施虐衝動，移轉到針對父親的陰莖。除此之外，早期伊底帕斯情境中的競爭與憎恨，也會使男孩產生將父親陰莖咬掉的慾望。這都會讓他恐懼自己的性器也會被父親報復而咬掉。

導致閹割恐懼的原因，包括來自許多不同源頭的早期焦慮。男孩子對母親的性器慾望，從一開始就伴隨著幻想的危險，因為他有攻擊母親身體的口腔、尿道與肛門慾望。男孩會覺得母親的「裡面」受到傷害、被下毒，也具有毒性。而在他的幻想中，她的「裡面」也包含了他父親的陰莖。因為他自己對父親陰莖的施虐攻擊，母親裡面的父親的陰莖被認為是有敵意的，會閹割他，會威脅毀滅他自己的陰莖。

男孩除了想像母親是所有好與滿足的來源，同時也對母親的「裡面」抱著令人恐懼的想像。而由於這種想像，他也會害怕自己身體的裡面。其中最大的恐懼是嬰兒害怕危險的母親、父親，或聯合起來的父母，會為了報復自己的攻擊衝動，而攻擊自己的內在。這樣的被害恐懼決定性地導致男孩對自己陰莖的焦慮。內化的迫害者對他「裡面」加諸的所有傷害，在他心中都暗示對他陰
412 莖的攻擊，讓他恐懼自己的陰莖會從裡面被切斷、下毒或吞噬。然而，他覺得必須保護的不只是他的陰莖，還有他身體裡好的東西，包括好的糞便跟尿液、他在女性位置中希望懷有的嬰兒，以及藉由認同好的和有創造性的父親，而在男性位置中想要製造的嬰兒。他也覺得他必須保護他在內化這些迫害形象時，同時內化

的愛的客體。由此看來，害怕他所愛客體受到內在攻擊的恐懼，是與閹割恐懼密切相關，也增強了閹割恐懼。

另一個導致閹割恐懼的焦慮來自於他會在施虐幻想中，幻想自己的排泄物變得有毒而危險。在他心裡，他自己的陰莖等同於這些危險的排泄物，充滿了不好的尿，因此在他的性交幻想中變成毀滅的器官。另外，他相信他因為認同壞父親，包含有父親的壞陰莖，而更加恐懼。當這種認同增強時，他會覺得自己像與壞的內在父親聯手，攻擊自己的母親。結果他就不再那麼相信自己性器的創造與修復特質，而會覺得自己有更強的攻擊衝動，也因此他與母親的性交會是殘酷而有毀滅性的。

這種性質的焦慮有重要的影響力，可導致他產生實際的閹割恐懼，潛抑性器慾望，以及退化到較早的階段。如果這種恐懼太過度，潛抑性器慾望的驅力太強大，他之後必然會有性能力方面的問題。正常而言，男孩的這種恐懼，會因為他想像母親身體是所有好的事物（好的乳汁與嬰兒）的來源，以及內攝所愛的客體，而被抵消掉。當他的愛的衝動居於上風，身體的產物與內容都會帶有禮物的意義。他的陰莖變成一種工具，可以給予母親滿足和小孩，也能彌補修復。此外，若小男孩感覺自己包含了母親的好乳房與父親的好陰莖，則會更信任自己，較放任自己的衝動與慾望。在與好父親結合並認同時，他會覺得自己的陰莖獲得了修復和創造的特質。這些情緒和幻想都讓他能面對閹割恐懼，更安穩地建立性器位置。這也是他的性能力得以昇華的前提。而性能力的昇華，對孩子的活動與興趣有深遠影響，也是孩子在未來人生中能擁有性能力的基礎。

413 女孩的伊底帕斯發展

我已經描述過女孩的早期伊底帕斯發展，與男孩發展相同的部分，現在我只指出在女孩伊底帕斯情結中一些特有的重要特徵。

當女孩子感受其陰道接受特質的性器知覺增強時，接受陰莖的慾望也隨之增加。[413-1] 在此同時，她也有潛意識的知識，知道她的身體包含了潛在的小孩，也覺得這些小孩是她最重要的財產。她父親的陰莖能夠給予小孩，因此被等同於小孩，成為小女孩最大的慾望和愛慕的客體。將陰莖視為快樂與好的禮物的來源，這種與陰莖的關係，也會因為與好乳房的愛與感激的關係，而更為強化。

小女孩在潛意識中知道自己包含潛在嬰兒的同時，也很懷疑自己未來生育小孩的能力。在許多方面，她都覺得自己比不上母親。在孩子的潛意識裡，母親擁有神奇的力量，因為所有美好事物都來自於她的乳房，何況她還包含了父親的陰莖跟嬰兒。男孩認為擁有可與父親陰莖相較的陰莖，就可望擁有力量，但相對地，小女孩沒有工具可以確保自己未來的生育力。除此之外，她對自己身體的內容感到焦慮，也因此更加懷疑。這些焦慮使她有更強烈的衝動，想剝奪母親身體中的小孩，以及母親所擁有的父親的陰莖，但這又反過來更增強她的恐懼，害怕想報復的外在與內在母親攻擊她自己的裡面，奪走自己裡面「好的」內容。

以上這些因素，其中一部分也會在男孩身上運作，但是事實上，女孩的性器發展核心是接受父親陰莖的女性慾望，而她的主要潛意識是環繞著她想像中的嬰兒，這些都是女孩發展獨有的特

413-1 對年幼兒童的分析毫無疑問地顯示，兒童的潛意識中確實有陰道的意識。童年早期的實際陰道自慰，也比過去以為的更加頻繁，而這點也被許多作者認同證實。

徵。所以女孩的幻想與情緒最主要都與她的內在世界和內在客體有關；她的伊底帕斯競爭主要表現在跟母親搶奪父親的陰莖和嬰兒；此外，在她的焦慮中，恐懼母親報復攻擊她的身體，和傷害或奪走她內在的好客體，扮演了非常重要與持久的角色。我認為 414
這是女孩最主要的焦慮情境。

對男孩而言，對母親的嫉羨（覺得母親包含了父親的陰莖和嬰兒），是他反向伊底帕斯情結中的一個元素；但對女孩子而言，這種嫉羨則是正向伊底帕斯情境的一部分。這將一直是影響她性發展與情感發展的重要因素，也會深遠地影響到她認同母親在與父親的性關係中的角色，和她所扮演的母親角色。

女孩希望擁有陰莖，成為男孩，是雙性戀特質的表現，也是女孩與生俱來的一項特徵，就像男孩子有成為女人的慾望一樣。但她擁有陰莖的希望，次於接受陰莖的慾望，而且會因她的女性位置受挫，以及在正向伊底帕斯情結中感受到的焦慮和罪疚，而大為增強。她想取代母親在父親身邊的位子，並從父親身上接受小孩，但這種慾望注定受挫，而陰莖嫉羨在某種程度上就可加以彌補。

我在這裡只能稍微著墨影響女孩超我形成的特殊因素。女孩的內在世界在她的情感生活中扮演很重要的角色，她會強烈地想以好的客體填滿這個內在世界。這導致她有很強烈的內攝歷程，而她性器的接受特質又更強化內攝歷程。她愛慕的內化父親陰莖也形成她超我的本質上不可或缺的一部分。她在自己的男性位置中認同父親，但是這種認同的基礎是擁有想像的陰莖。她對父親的主要認同，建立在她與內化的父親陰莖的關係，而這項關係的根基包括她的女性與男性位置。在女性位置上，她被性慾和渴望孩子的慾望驅使，而內化她父親的陰莖，並能完全臣服於她愛慕的內化的父親。但在男性位置上，她則會在男性化的志願與昇華層面，與父親競爭。因此她對父親的男性認同，會與她的女性態度混合在一起，這樣的結合便是女性超我的特色。

在女孩超我形成中的被愛慕的好父親，在某種程度上，會對應會閹割人的壞父親。但是她主要的焦慮客體是迫害的母親。如果她能認同內化的好母親的母性態度，而這個內化好母親能夠與來自壞母親的被害恐懼平衡，則她與內化好父親的關係便能因為她自己對父親的母性態度，而受到強化。

415 雖然內在世界在女孩的感情生活中占有重要地位，但小女孩對愛的需求和與人的關係，都顯得相當仰賴外在世界。不過這種對比只是表面上的，她之所以仰賴外在世界，是因為她需要確認內在的世界。

與伊底帕斯情結古典觀的一些比較

現在我想將我的觀點，與佛洛伊德對伊底帕斯情結的某些觀念加以比較，並釐清我的經驗是如何引導我與他的意見產生分歧。在伊底帕斯情結的許多層面上，我的研究工作完全肯定佛洛伊德的發現，也在對伊底帕斯情境的描述中，某種程度地呈現了這點。但是由於這個主題太過龐大，我不得不避免詳盡討論這所有層面，也限制自己只釐清部分的意見分歧。以下的摘要代表了我所認為的，佛洛伊德對於伊底帕斯情結某些重要特徵的結論。

415-1

佛洛伊德認為，性器慾望和確切的客體選擇發生在性蕾期，而該階段大約從三歲到五歲，並與伊底帕斯情結同時發生。在這個階段，「只有一種性器，也就是男性性器，會被注意到。因此出現的不是以性器為首位（primacy of the genitals），而是以陽具為首位（primacy of the phallus）。」（*S.E.* **19**, p.142）

對男孩而言，「可能摧毀兒童陰莖組織（phallic organization）的是閹割的威脅。」（*S.E.* **19**, p.175）此外，他的超我，也就是承繼伊底帕斯情結而來的結果，則是藉由內化父母權威而形成。罪疚感是自我與超我間拉鋸的表現。必須在超我發展出來後，「罪疚」這個詞才適用。佛洛伊德非常強調男孩的超我是內化的父親的權威。他雖然多少肯定對母親的認同也是男孩超我形成中的一個因素，但從來沒有詳盡表達過自己在這方面的觀點。

在女孩方面，佛洛伊德認為女孩對母親的漫長「前伊底帕斯依附」（pre-Oedipal attachment）涵蓋了她進入伊底帕斯情境前的所有階段。佛洛伊德也說這個階段是「排他性依附母親階段，也可稱為「前伊底帕斯期」。（*S.E.* **21**. p.230）因此在女孩子的性蕾期，女孩與母親的關係中最根本的，始終相當強烈的慾望，集中 416
在從她身上接受陰莖。在小女孩的心裡，陰蒂就代表她的陰莖，而陰蒂自慰便是她性器慾望的表現。陰道此時還未被發現，只會在長大成人後才產生影響。當女孩子發現自己沒有陰莖時，她的閹割情結就會浮現出來。在這個關鍵時刻，她就會因為憎恨和厭惡母親沒有給她陰莖，而切斷對母親的依附。她也會發現她母親也沒有陰莖，因此會把依附對象從母親轉為父親。她一開始轉向

415-1　這段摘要主要源自佛洛伊德以下的著作：《自我與本我》（*S.E.* **19**）、〈嬰兒期性器組織〉（The Infantile Genital Organization, *S.E.* **19**）、〈伊底帕斯情結的化解〉（The Dissolution of the Oedipus Complex, *S.E.* **19**）、〈兩性生理結構差異造成的某些精神性結果〉（Some Psychical Consequences of the Anatomical Distinction between the Sexes, *S.E.* **19**）、〈女性性慾〉（Female Sexuality, *S.E.* **21**）及《精神分析引論》（*S.E.* **22**）。

父親時，是希望接受陰莖，接下來則希望從他身上得到小孩，「也就是得到一個嬰兒，取代陰莖的位置，這也符合古老象徵中，嬰兒與陰莖等同的意義。」（*S.E.* **22**, p.128）因此她的伊底帕斯情結便是經由這些方式，由閹割情結引發。

女孩的最主要焦慮情境是失去愛，而佛洛伊德認為這種失去愛的恐懼，與母親死亡的恐懼有關。

女孩的超我發展與男孩的超我發展，在很多方面不盡相同，但是兩者有一個重要的共同特徵，那就是超我與罪疚感都是由伊底帕斯情結引發。

佛洛伊德談到了女孩子在前伊底帕斯期，跟母親的早期關係中，衍生出的母性感覺，也談到女孩由伊底帕斯情結衍生出來的，對母親的認同，但他沒有將兩者連結起來，也沒有說明在伊底帕斯情境中對母親的女性認同如何影響女孩的伊底帕斯情結。他認為，當女孩的性器構成在成形時，她對母親的重視主要是基於陽具層面。

現在我將摘要說明我自己對這些重要議題的觀點。我認為，男孩與女孩的性發展和情感發展，從極早的嬰兒期開始，就已經包括性器知覺和傾向，而這些知覺和傾向構成了反向與正向伊底帕斯情結的最初階段，其中以口腔原慾為主要經驗，混雜了尿道與肛門的慾望和幻想。從生命最初的幾個月開始，這些原慾階段會一直互相重疊。正向與反向伊底帕斯傾向從一開始就密切交互作用。而正向伊底帕斯情境則在以性器為首位的階段達到巔峰。

我認為，嬰兒都會感受到對母親與父親的性器慾望，而且對
417 於陰道和陰莖都有潛意識知識。[416-1] 基於這些理由，我認為佛洛伊德之前使用的「性器期」名稱，比他後來的「性蕾期」概念，更

為恰當。

兩性的超我都是在口腔期出現。在幻想生活與愛恨交織的情感強力影響下，兒童在每一個原慾組織階段都會內攝他的客體——主要是他的父母——並以這些元素建立起他的超我。

因此，雖然超我在很多方面都會對應到幼兒世界裡的真實人物，但仍有許多不同的組成元素和特徵，反應出他心裡幻想的形象。從建立超我的一開始，所有這些會影響他客體關係的元素，都扮演了一定的角色。

最先內攝的客體，也就是母親的乳房，構成了超我的基礎。就像嬰兒與母親乳房的關係是最先發生，並強烈影響嬰兒與父親陰莖的關係，嬰兒與內攝母親的關係，也會在很多方面影響到整體的超我發展。超我的許多重要特徵，不論是關愛保護，或是毀滅吞噬，都是衍生自超我的早期母性元素。

兩性最早的罪疚感都來自於想要吞噬母親，主要是吞噬母親乳房的口腔施虐慾望（亞伯拉罕）。因此這種罪疚感是在嬰兒期就出現。罪疚感並不是在伊底帕斯情結結束時才出現，而是從一開始就存在的元素之一，會塑造伊底帕斯情結的演變歷程，並影響它的結果。

現在我想轉而討論男孩的發展。我認為，當嬰兒產生性器感官時，就會開始有閹割恐懼。男孩希望咬掉父親陰莖的願望，呈現了他早期的閹割父親的衝動，相對應的，男孩子會因為害怕自己的陰莖也被咬下，首先感受到閹割恐懼。這些早期的閹割恐懼，首先會因為來自其他許多源頭的焦慮，而相形失色。在這些

416-1　這項知識與嬰兒潛意識層面，甚至在意識層面上某種程度的知道，對肛門的知識，是同時並存的。在嬰兒期性理論中，肛門存在的知識更常被觀察到。

焦慮當中，內在的威脅情境扮演了主要角色。發展愈接近以性器為首位，閹割恐懼就愈會浮現出來。因此我雖然完全同意佛洛伊德所認為，閹割恐懼是男性最重要的焦慮情境，但我無法同意他說閹割恐懼是決定伊底帕斯情結潛抑的唯一因素。閹割恐懼在伊底帕斯情結的巔峰中扮演最核心的角色，但來自不同源頭的早期焦慮都是導致這項結果的因素。此外，男孩子會因為有閹割和謀
418 殺父親的衝動，而在與父親的關係中感受到哀傷與哀悼。因為就好的層面而言，父親是不可或缺的力量來源，也是一個朋友跟偶像，是男孩尋求保護和指引的對象，也因此他會想要保有。他因為對父親的攻擊衝動而產生的罪疚感，使他更強烈想潛抑自己的性器慾望。在對男孩與男人的分析中，我一再發現對於所愛的父親的罪疚感，是伊底帕斯情結中不可或缺的成分，也會深刻影響伊底帕斯情結的結果。他的母親也因為兒子與父親的競爭而受到威脅，以及父親的死對她而言將是無可挽回的損失，這兩種感覺也都使男孩的罪疚感更強烈，並使他企圖潛抑自己的伊底帕斯慾望。

如我們所知，佛洛伊德得到的理論性結論是，父親及母親，是兒子原慾的客體（請參照他對反向伊底帕斯情結的概念）。此外，在一些著作裡（尤其是〈畏懼症案例的分析〉〔1909〕），佛洛伊德談到了男孩對父親的愛，在他的正向伊底帕斯矛盾中所扮演的角色。但是他並沒有同樣重視這些愛的感覺在伊底帕斯矛盾的發展和結束中，所扮演的關鍵角色。根據我的經驗，伊底帕斯矛盾之所以會漸漸減弱，不僅是因為男孩子害怕復仇的父親會毀滅他的性器，也是因為他被愛和罪疚感驅使，而想要保有父親的內在與外在形象。

接下來我將簡短說明我對女孩的伊底帕斯情結的結論。佛洛伊德所說的，女孩子排他性地依附母親的階段，在我認為，就已經包括了對父親的慾望，並包含反向與正向伊底帕斯情結的早期階段。雖然我因此認為在這個階段，女孩在所有原慾位置上，都來回擺動於對母親和父親的慾望之間，但是，我毫無疑問地相信，女孩與母親關係的每個面向都會深遠而持久地影響她與父親的關係。

陰莖嫉羨和閹割情結在女孩的發展中扮演重要角色。但是這兩者都會因為她的正向伊底帕斯慾望受挫，而被大幅增強。雖然小女孩會在一個階段認定母親擁有男性特徵的陽具，但是這個概念在她的發展中扮演的角色，並不如佛洛伊德所認為的那麼重要。根據我的經驗，佛洛伊德所描述的小女孩與陽具母親關係中的許多現象，都來自於認為小女孩在潛意識中認定母親擁有她所愛慕及慾望的父親的陰莖。

女孩子對父親陰莖的口腔慾望，與她最初接受陰莖的性器慾
望混合在一起。這些性器慾望暗示她希望從父親身上得到小孩， 419
而「陰莖＝小孩」的等式也證實這點。想內化陰莖及想從父親身上獲得小孩的女性慾望，必然先於想擁有自己陰莖的慾望。

雖然我贊同佛洛伊德所說，失去愛及母親死亡的恐懼，是女孩子很重要的焦慮，但我認為自己身體受到攻擊，以及所愛的內在客體被摧毀的恐懼，才是造成她主要焦慮情境的主因。

結語

在描述伊底帕斯情結時，我企圖顯現某些重要發展層面的交

互影響。兒童的性發展絕對與他的客體關係，以及從一開始就形塑他與父母關係的所有情緒，息息相關。焦慮、罪疚與憂鬱感覺，都是兒童情感生活中固有的元素，必然會滲透到兒童的早期客體關係中。這些客體關係包括了他與實際真人的關係，以及他內在世界中之表徵人物的關係。超我就從這些內攝的形象——兒童的認同——中開始發展，並反過來影響他與父母的關係，以及他整體的性發展。因此情感與性發展，和客體關係與超我發展，從一開始就交互作用。

嬰兒的情感生活，嬰兒在愛、憎恨、厭惡的矛盾壓力下建立起來的早期防衛機制，以及兒童認同的不斷變化，這些主題很可能在未來很長的時間裡，占據心理分析的研究領域。在這些方向上的進一步研究應該會帶領我們更徹底瞭解人的性格，也表示我們將對伊底帕斯情結和性發展有更全面的認識。

【附錄一】註解[420-1]

第一章　兒童的發展（1921）

克萊恩1919年於匈牙利精神分析學會發表她的第一篇文章， 420
題為〈兒童的發展〉。兩年後，她在在柏林精神分析學會口頭發表她的第二篇文章〈兒童對啟蒙的阻抗〉（The Child's Resistance to Enlightenment）。這兩篇文章構成了現在〈兒童的發展〉全文的第一部分與第二部分。兩部分互為補充：第一部分指出閉塞（unenlightened）的教養方式可能導致兒童心智出現不適當的潛抑；第二部分指出兒童的心智本身就擁有強大的潛抑傾向。

當然，這兩部分的結論早已為人所知，但此處的新意在於這次是透過對一位兒童的直接研究來進行理論探索，在這篇研究中克萊恩描述的並不是治療，而是一個「具分析特質的教養方式」的案例。然而約三十五年後，她在〈精神分析遊戲技術：其歷史與重要性〉（The Psycho-Analytic Play Technique: Its History and Significance）[420-a]中回顧這篇著作，她認為這個案例才是她採用精神分析遊戲技術的起點，而非1948年時她在《兒童精神分析》的〈序〉裡提到於1922與1932年進行的兒童分析工作。

克萊恩著作的主要特徵在本文中已經顯而易見。她嚴格地信

420-1　參閱本書〈序〉與〈導論〉。

420-a　中譯註：參見《嫉羨和感恩》，158頁。

守佛洛伊德的發現；她相信潛意識與幻想的巨大影響力，也認同精神連續性（psychic continuity）原則，以及發展的體質－環境雙重決定論。另外一項特徵是她認為語言、遊戲、行動和夢都同樣能夠表達出潛意識，彼此之間常可以互相取代，而且她也大量而詳細地在文章中記載兒童的談話與遊戲。

她的這篇文章及其他早期文章，對於兒童分析能夠預防並治療心智疾病都充滿高度的希望。從十年後發表的《兒童精神分析》一書的附錄中可以瞭解，她的樂觀通過了試煉，更後期的著作《嫉羨和感恩》又進一步印證了這樣的想法是正確的。

第二章　青春期的抑制與困難（1922）

在本文發表之後，克萊恩忽略了這篇文章；她並沒有將它翻譯成英文或收錄在她的論文集裡。理由無從得知，不過這篇文章缺乏她一貫的筆觸，也少了她這時期其他文章裡充滿豐富想法的特質。

421 第三章　學校在兒童原慾發展中的角色（1923）

〈兒童的發展〉（1921）、這篇文章及〈早期分析〉三篇文章形成一個系列。第一篇文章是談家中的兒童，這一篇文章是在學校裡進行的研究，而第一篇則是將兒童期與成人生活做連結。三篇文章都強調人類生活的精神連續性，尤其以本文為最。精神連續性也成為克萊恩著作中一貫的主要概念。

在〈兒童的發展〉的第一部分中，她對智力抑制這個主題的看法相當有趣。本文的核心概念是原慾，圍繞在旁的概念則包括：對發展進程的看法，以及閹割焦慮所引起的抑制；攻擊本身並沒有發生，其象徵意義永遠具有性的象徵意涵。這個案例同時顯示，在克萊恩的臨床工作中，她已經開始分析攻擊幻想造成的抑制作用，而1931年她撰寫〈論智力抑制理論〉的時候，施虐性取代了原慾，成為智力抑制核心概念的新解釋。

這篇文章也呈現她嶄新的遊戲技巧是如何為精神分析帶來豐富的資料、深入闡述兒童的幻想，並指出了學校生活點點滴滴所具有的象徵意涵，當然，這使得克萊恩做出一個普遍性的結論，即所有的活動都具有象徵意義。

第四章　早期分析（1923）

這篇文章的性質很複雜，先前本文標題曾經譯為嬰兒分析（Infant Analysis），原因不得而知。或許因為這篇文章是根據三篇未發表的論文而寫就，分別是〈能力的發展與抑制〉（The Development and Inhibition of Abilities）、〈嬰兒期焦慮與其對人格發展的意義〉（Infantile Anxiety and It's Significance for the Development of the Personality）和〈談個人適應能力的抑制與發展〉（On the Inhibition and Development of the Ability to Orient Oneself）。此外，克萊恩提取出幾個基本概念：焦慮、抑制、症狀、符號的形成和昇華作用。她個人認為這篇文章為昇華理論帶來新的貢獻。

然而克萊恩已經在這篇文章中首次為她後來學說的基本原則做出陳述，亦即解除焦慮才能為分析和心智發展帶來進步。在試圖說明造成該名幼童夜驚症狀的焦慮時，她回溯到伊底帕斯情結開始的年齡，也就是在介於二到三歲之間——這是她第一次談論伊底帕斯情結的起始年齡，後來她又不斷將這個時間點提早。然而三年後在〈早期分析的心理學原則〉一文中，她所認為的夜驚起因已然與本文的結論有所不同，本文也標示出她開始探索焦慮與攻擊之間的連結。

她對象徵作用的觀點也迅速地拓展，並在〈象徵形成在自我
422 發展中的重要性〉（1930）一文中臻至頂點。在較早的年代裡，如同〈學校在兒童原慾發展中的角色〉一文所述，她力持所有活動都具有象徵意義。在本文中，克萊恩進一步說明，要瞭解各種活動的象徵意義，就要探討它們為什麼能夠帶來愉悅，並且造成抑制。此外，她假設在形成象徵之前有一個認同的階段，如同費倫齊所述，嬰兒在這個階段中將客體認同為自己的器官與活動。這一種認同作用後來在〈對某些類分裂機制的評論〉（Notes on Some Schizoid Mechanisms, 1946）[422-a]中成為投射認同概念的一部分。

第五章　論抽搐的心理成因（1925）

這篇個案研究是關於一位患有抽搐與相關困擾的十三歲男孩，與前一篇充滿痛苦的文章截然不同。克萊恩以一種新的準確度，鎖定認同作用與自慰幻想，在分析中回溯並解決抽搐的症狀。這是她第一次思考對客體的認同作用，這個案例的核心現象是關於性交中的父母，從此她認為父母的性交關係是所有內在世界的認同作用中最重要的一種。的確，她的下一篇文章描述了所

422-a　中譯註：參見《嫉羨和感恩》，1頁。

有認同作用中最重要的項目之一，超我的新任務。雖然她從來沒有針對自慰幻想的著作，但她明白地指出自慰是基礎且重要的；她在下一篇文章的註釋135-2中表明了這點，這個概念也貫穿在《兒童精神分析》一書中。

在這個階段，克萊恩將佛洛伊德對初級自戀階段的概念奉為圭臬。然而在抽搐這個特殊議題中，她不認同費倫齊的觀點，但她支持亞伯拉罕的看法；費倫齊認為抽搐是一種無法被分析的原初自戀象徵，而亞伯拉罕認為要分析抽搐，必須瞭解症狀底下的客體關係。這首次揭露出自戀現象之下所潛藏的客體關係，也預示了她後續對精神病與原始客體關係的著作方向。後來她在初級自戀階段的概念上反對的原因，可參閱〈移情的根源〉（The Origins of Transference, 1952）。[422-a]

本文描述了克萊恩對兒童分析技巧的實證方法，她干涉並禁止病患生活中的兩段關係，這違反了她的慣例，而她也的確在兩年後的〈兒童分析論文集〉中，將直接介入程序所引發的爭論做了一番整理。

第六章　早期分析的心理學原則（1926）

這篇文章首次記載克萊恩最重要的早期發現之一：她提出超
我存在於兒童的時間比佛洛伊德認為的更早。根據克萊恩這項出 423
人意料的發現，早期超我包含了多重的認同，比後來的超我形式更加殘酷，對於小小孩的脆弱自我而言是非常沉重的負擔。這些發現向佛洛伊德的觀點提出異議，佛氏認為超我是伊底帕斯情結

422-a　中譯註：參見《嫉羨和感恩》中譯本，63頁。

之產物；在這個時期，克萊恩努力符合佛洛伊德的概念。她將伊底帕斯情結的起始點提早到兒童剛滿兩歲的時期（她這樣做有其他的原因），她同時提出：「只要伊底帕斯情結一出現，他們（幼童）隨即展開修通的動作，超我的發展便由此開始。」（p.133）後來她捨棄佛洛伊德，將超我出現的時間與伊底帕斯情結分隔開來；超我確實是克萊恩一再重新審視的主題，讀者可以在本篇附錄裡，針對〈兒童良心的早期發展〉（1933）的註解中，找到關於她主要著作的討論。

克萊恩實施她的精神分析遊戲技巧已經長達六七年之久，在本文中她說明一個重要的概念：進行成人分析時，分析情境與治療的方法仍然維持相同，但為了因應兒童的溝通模式，她使用遊戲進行治療。在下一篇文章〈兒童分析論文集〉中對這個原則有更完整的辯證與討論。

第七章　兒童分析論文集（1927）

在先前的文章中，克萊恩一度只想要報告她的治療工作。在這篇評論安娜・佛洛伊德的論文集裡，她一改先前的看法，直接了當地主張她的看法。除了本文，克萊恩只有在《兒童精神分析》一書的序言中提到她自己與安娜・佛洛伊德的差異。

她們彼此爭論的主題在於兒童分析的本質。它是成人分析的複製品嗎？前一年在〈早期分析的心理學原則〉中，克萊恩堅稱：成人與兒童分析之間有著完美的相似性；兒童會形成移情精神官能症（transference neurosis），就像是成人能使用自由聯想，兒童也會用遊戲向治療師進行表達，而治療師的唯一功能就是盡可能地完整分析小病人所傳達給他的一切訊息。安娜·佛洛伊德對這所有的觀點抱持反對意見，她們的爭論起源於兩人對兒童心智的概念、兒童與父母間連結的本質，均有歧見。

對超我的討論也同樣值得重視。在先前的文章中，克萊恩曾經提出超我的概念，她認為在早年，超我以一種殘酷嚴苛的形式開始浮現，慢慢地發展成較為正常健全的良心。她在這篇文章中解釋了為什麼早期超我會如此嚴厲。她主張超我所具有的極端、懲罰、不符合現實的本質是從兒童自己的食人衝動與施虐衝動中產生，佛洛伊德很少在著作中提到克萊恩，然而他在《文明及其不滿》的附註（*S.E.* **21**, p. 130）中贊同這個看法。克萊恩繼續說明其臨床意涵，她認為兒童分析不能夠像安娜·佛洛伊德的堅持那樣，將主要任務放在強化軟弱的超我，必須放在減弱過度強大 424
的早期超我。整篇文章中，克萊恩不斷強調分析焦慮與罪疚感具有無比的重要性。在本篇中，對〈兒童良心的早期發展〉（1933）的註解裡，對她有關超我的著作有所說明。

這時候克萊恩已經有八年的兒童分析經驗，而在撰寫這篇評論的過程中，她也討論了在治療技巧上的發現，並詳述上一篇文章中的說明。她強調在分析中，不但要分析正向移情，分析負向移情也是必要的，這不只是對分析有益，也可以保護父母免於受到未經分析的負向態度所影響。她探討兒童的溝通模式、兒童豐富的溝通素材，以及分析師與病患父母之間的關係。克萊恩也正式針對她所反對的分析方法發表個人觀點。尤其，她評論對資料分析的不完整會造成的不利影響，也探討使用非分析式的引導技巧，以及教育式或指導式做法的本質與弊病。關於她的遊戲技巧，在《兒童精神分析》一書中有最詳盡的說明。在〈精神分析遊戲技術〉〈1955〉一文，說明這種遊戲技巧的歷史，《兒童分析的故事》(1961)中的逐日臨床記錄描繪出克萊恩的工作樣貌。

此外，這篇文章包含了她在伊底帕斯情結的新發現。在前一篇文章的註釋129-1中，克萊恩說明母親藉由斷奶與如廁訓練，將嬰兒原本對母親的興趣轉向父親。在本文中，她明白而直接地說到伊底帕斯情結與超我的形成是從斷奶時開始。她也重新調整伊底帕斯情結的高峰期時間，因此它不再與兒童早期的結束同時出現，也和佛洛伊德所認為的潛伏期取向有所不同，但是在她的觀點裡，一個三歲的孩子已經完成了他的伊底帕斯發展中最重要的部分。克萊恩關於伊底帕斯情結著作的討論，讀者可以參閱〈從早期焦慮討論伊底帕斯情結〉(1945)的註解。

第八章　正常兒童的犯罪傾向(1927)

這篇文章是由佛洛伊德在〈論罪疚所引發的犯罪〉(Criminals from a Sense of Guilt, *S.E.* **14**)中極富創意的兩頁文字所發展而成，佛洛伊德的論點是，並非犯罪引起罪疚感，而是罪疚感引發了犯罪。克萊恩將佛洛伊德的見解連結到她近來對早期超我的發現上。她與佛洛伊德的論點都與一般人的假設相反，她認為罪犯並非缺乏良心，反而是懷有過於嚴厲的良心——來自未經修飾的早期超我。這種超我的運作方式與正常的超我不同，會透過恐懼與罪疚感造成壓力，驅使他犯罪。

425 本文同時討論恐懼與罪疚感，但並未區別它們在超我中的運作方式。在1932年，於《兒童精神分析》一書中，克萊恩區辨早期超我和發展成熟的超我之間的不同。她的看法是，在心靈中，個體是以一種焦慮或恐懼的形式經驗到早期超我，而發展成熟的超我則會引發個體的罪疚感，她在〈兒童良心的早期發展〉（1933）中對這個看法提供了最詳盡的解釋。她另一篇關於犯罪主題的文章〈論犯罪〉是1934年時接受臨時邀約而在短時間內寫就的，在該篇文章中，她有系統地整理了本文所提到的一些結論，並且將犯罪性與精神病連結在一起。

克萊恩回顧撰寫本文的這一年，她瞭解到攻擊的重要性。1927年她的另一篇文章〈兒童分析論文集〉在兒童的攻擊衝動中找到為何早年超我會如此殘酷的解釋。而本文包含了關於犯罪的進一步重要論述。文中連結正常兒童身上的犯罪行動與犯罪傾向，說明了犯罪一五一十地具體呈現出早期施虐幻想，是屬於正常發展的一部分。的確，克萊恩強調正常兒童有許多口腔與肛門施虐幻想，因此佛洛伊德曾經提到在性器期伊底帕斯情結時，潛意識會鑄下與內在罪疚感有關的兩種犯罪形式——亂倫與弒親（父或母）。撇開創傷經驗，她也主張是施虐幻想使個體產生出性交是扭曲且令人害怕的概念。在她的下一篇文章〈伊底帕斯衝突的早期階段〉中，對於這些施虐幻想有詳盡的記述。

最後，這篇文章是由超我與自我之間的衝突所貫穿，讀者將會看出克萊恩對於另一種衝突——愛與恨之間的衝突——感到興趣，愛恨衝突後來成為她的著作中普遍而主要的想法。在此我們注意到很有趣的一點，即使表面看來並非如此，但她堅信愛存在於每個人身上，包括每個罪犯在內。

第九章　伊底帕斯衝突的早期階段（1928）

這是克萊恩最重要的論文之一。幾年來，她陸續報告了她的看法：伊底帕斯情結的起始點比佛洛伊德設想的要早；在〈早期分析〉（1923）中，她提出伊底帕斯情結是在兒童二至三歲之間開始；在〈早期分析的心理學原則〉（1926）中的註釋中，她指出它開始的時間遠早於先前所述——在生命第一年斷奶的時候就已經開始，而她在〈兒童分析論文集〉（1927）中更明白地說明這點。但她在分析中所獲得的發現，再次超越了先前的時間點；在這篇相對簡短的文章中，她提出了一個被視為是伊底帕斯情結的新概念。

在她的觀點中，始於斷奶的伊底帕斯情結是一種摻雜各種衝
426 動的混淆不定狀態。雖然性器期的感覺正在浮現，但口腔與肛門施虐衝動在此之前佔有主導地位；性器衝動只有到後期，也就是到達傳統上佛洛伊德所述的伊底帕斯情境時才開始主導發展歷程。正向與逆向的伊底帕斯情結有著密切的互動，同時牽動了兒童的內在與外在世界。再者，伊底帕斯情結在早期出現代表著它是從自我幾乎毫無發展的狀況下開始的，根據克萊恩對超我的新研究，它出現的時期也是早期嚴厲超我活躍的時期。這兩個事實都具有非常重大的意義。當嬰兒還一無所知、無法表達的時候，就暴露在一種由矛盾的性衝動、施虐衝動與對性的好奇心所形成的激流中；克萊恩強調這種情況中所包含的痛、恨與焦慮，以及性發展和求知慾發展所導致的結果。此外，超我的存在表示前性器期衝動所產生的罪疚感並不是源於性器期才形成的超我，這不是一種時光倒退現象，這些罪疚感直接來自於早期嚴厲的超我。

她也認為嬰兒早期對母親身體與身體內容的意識，具有特別

的重要性。在她的觀點裡，這就是女性階段。雖然她從未將這點與後來的概念加以連結，但女性階段在她眼中並未失去其重要性；這種與母親關係所具有的嫉妒與獨佔性質，在《嫉羨和感恩》（1957）中有進一步的探討，而後來提出的投射認同概念似乎就是女性階段背後的運作機制。

本文中，她透過一篇記錄追溯在早期伊底帕斯關係中的一系列認同作用，並與佛洛伊德在《超我與自我》中的討論加以連結，唯一的不同點在於時間比佛洛伊德更早。她描述男孩與女孩的性發展，雖然她不認同佛洛伊德所提，不同性別有著不同的主要焦慮的看法，她仍將自己的著作視為佛洛伊德在《抑制、症狀與焦慮》（*S.E.* **20**）中提出的新概念的拓展。隔年，在〈反映在藝術作品及創意衝動中的嬰兒期焦慮情境〉（1929）中，她舉例說明了本文所描述的基本焦慮情境。在她的觀點中，無論男性或女性，最深的焦慮來自攻擊母親身體的意像，兒童會想像一個懷有敵意的母親，體內擁有一根敵意的陰莖，後來她稱之為聯合父母形象。她主張男孩的閹割焦慮是從這個更原始的焦慮中衍生出來的，至於女孩會害怕失去愛，也是因為擔心有敵意的母親會攻擊她的身體內部而產生焦慮的結果；對於閹割焦慮和女孩的陰莖欽羨，她也提出與佛洛伊德不同的解釋，雖然她論及性器期出自外顯的慾望，這點並未背離佛洛伊德的想法，但她仍然強調早期對陰道存在的意識。

這些是克萊恩對伊底帕斯情結的新發現。我們必須記得在這個時期，她所思考的焦慮仍然是一種廣泛的概念，尚未分化成被害焦慮與憂鬱式焦慮，更重要的是，她的主要研究焦點仍然只有恨。在1945 年撰述的〈從早期焦慮討論伊底帕斯情結〉中，她區

427 分出兩種形式的焦慮，將在愛的衝動與恨並列在一起之後，她改變對某些論點的看法。這部分與其他主題在1945年文章的註解中均有所討論。

第十章　兒童遊戲中的擬人化（1929）

克萊恩的目標是指出在兒童遊戲中的角色或擬人化都是來自於內在，是透過分裂與投射作用而產生的意像。在本文記述的過程中，她說明分裂和投射也是一種對抗焦慮的防衛，事實上，隔年在〈象徵形成在自我發展中的重要性〉中，她透過分析這種重要防衛的本質，對其進行探索。本文中也提出新的看法，說明移情是將內在形象分裂並投射到分析師身上。

從1926年開始，克萊恩就認為超我的結構不斷在改變。在此她第一次說明超我的各個連續階段；然而這篇簡短的說明混合了各種不同的概念，直到她在1935年提出憂鬱心理位置的理論之後，才對精神變遷（psychic change）有了清楚的看法。她在本文中也提出最強烈的焦慮來自於非常早期的超我，而精神病就是受到這種早期超我的壓倒性影響而產生——這和她在〈正常兒童的犯罪傾向〉（1927）中，發現早期超我支配了罪犯心智的想法互為補充。

第十一章　反映在藝術作品與創作衝動中的嬰兒期焦慮情境（1929）

這是克萊恩討論文學作品的三篇文章之一，其他兩篇分別是

〈論認同〉（On Identification, 1955）[427-a]與〈《奧瑞斯提亞》的某些省思〉（Some Reflections on *The Oresteia*, 1963）[427-b]。她在此引用克萊特編劇、拉威爾的歌劇「神奇的字眼」，以及卡倫・麥可利斯一篇名為〈空洞〉（The Empty Space）的文章，藉此闡述她前一年在〈伊底帕斯衝突的早期階段〉中所描述的焦慮情境。

克萊恩首次將創意與深層的早期焦慮連結在一起；她認為對創作的急切渴望是來自毀滅性攻擊之後，想要恢復和修復被傷害的客體之衝動。幾年後，這個想法在她的憂鬱心理位置理論中佔有重要的地位，事實上，本文預示了一些日後的理論建構。舉例來說：她談到（p.217），在發展中，對母親會攻擊自己的恐懼，致使個體害怕失去真實而慈愛的母親，這正好預告了克萊恩後來對於焦慮內涵的演變，從偏執－類分裂變成憂鬱心理位置的解釋。

在後期著作《嫉羨和感恩》（1957）中，克萊恩再次著眼於創
造力的問題上，但是透過另一個角度解析。她在該文中推定個體 428
經驗到的第一個具有豐富創造性的客體就是哺育中的乳房，她也
說明過分嫉羨對於創造性所造成的不利影響。

第十二章　象徵形成在自我發展中的重要性（1930）

本文的臨床資料開啟了一個新時代。這是史上第一篇發表的精神病兒童分析記錄，證明了連一個不擅言語或情感表現不明顯，甚至只擁有非常粗淺象徵能力的兒童，都有可能與他進行分析式的接觸，將他的發展導入正軌。克萊恩此時對於精神病會在

427-a　中譯註：參見《嫉羨和感恩》，182頁。
427-b　中譯註：同上，350頁。

兒童期發生的事實已經深信多年。她在先前的文章裡依序描述了出現在兒童身上的精神分裂症形式、精神病兒童的遊戲特質，以及在精神病當中的超我性質。這篇文章討論兒童期精神病的常見問題，她藉著本文首次試著具體說明精神分裂症的起源。她提出自我藉著過度驅逐自身的施虐性來防衛自己，以避免受到強烈焦慮的影響，這也使得焦慮經驗、對世界的探索或是象徵形成作用蕩然無存，正常發展因此停止。克萊恩對精神分裂症想法的演進過程，在〈關於精神分裂症中憂鬱症狀之短論〉（A Note on Depression in the Schizophrenic, 1960）[428-a]中有詳細的描述。

本文把一些概念精緻化。一開始克萊恩認為焦慮主要是抑制了能力，然而過不久，在〈早期分析〉（1923）裡，她認為發展進程取決於焦慮解除的程度。與本文同一年發表的文章〈反映在藝術作品與創作衝動中的嬰兒期焦慮情境〉中，她有著更深入的思考，認為焦慮會激發創造力。從這篇針對兒童病患之精神病歷程分析當中，她證明了焦慮和焦慮的修通是發展的先決條件——這成為她後期理論的核心想法。此外，在偏執－類分裂心理位置理論中奠定地位的重要概念——投射認同，也在本文對象徵形成與自我最初的防衛模式之說明中正式登場。她指出符號形成、符號等同（symbolic equations），以及認同作用的早期形式，是個人與外在世界關係的基礎。她描述了自己的主張，認為自我最初的防衛模式是一種逐出的機制，比潛抑更早出現，兩者有著基本的差異；這種防衛的任務是對抗攻擊及攻擊所引發的焦慮；施虐性會給個體危險的感覺，害怕遭到被攻擊客體的報復，導致自我必須把施虐性驅逐到客體身上，藉此保護自己並摧毀客體。克萊恩後來對這

428-a　中譯註：參見《嫉羨和感恩》，337頁。

些觀念的應用，記載於〈對某些類分裂機制的評論〉（1946）的註解中。

第十三章　對精神病的心理治療（1930）

克萊恩將這篇短文投稿在「心理治療在精神疾病中扮演的角 429
色」研討會。本文重點摘要了她在〈象徵形成在自我發展中的重要性〉的前一年裡，對於兒童精神分裂與精神病根源之焦慮情境的描述，並包含兩處逐字翻譯。

第十四章　論智力抑制理論（1931）

智力抑制是克萊恩一開始就深感興趣的主題。她早期在〈兒童的發展〉（1921）與〈學校在兒童原慾發展中的角色〉（1923）一文的討論中順應佛洛伊德的看法，認為智力功能是一種原慾的昇華，會受到閹割焦慮的抑制。然而1923年文章的臨床資料已經清楚顯示她開始注意攻擊幻想的抑制效果，在〈伊底帕斯衝突的早期階段〉（1928）中，她主張求知本能並不是從原慾而來，而是從施虐性而來，兒童藉著早期施虐性展開攻擊，同時也漸漸認識母親的身體。因此母親的身體成為第一個知識客體。在〈象徵形成在自我發展中的重要性〉（1930）中，她呈現另一項發現。她證明為了對抗施虐性所產生的堅實防衛，會對個體的求知慾造成普遍的抑制，例如早發型癡呆所出現的狀況。

本文是唯一針對智力抑制主題的專文討論。比起1928與1930年所提出的概念有著更完整的解釋，並且包含一些新的發現。克萊恩描述兩套截然不同的畏慮，它們伴隨著施虐攻擊與抑制個體的功能而來。與母親體內的危險狀況有關的焦慮，以及這種焦慮的延伸——對外在現實的焦慮，會妨礙對外在世界的自由探索，並使個體害怕自己體內也會發生危險，特別是早期施虐超我的存在，使得個體過於恐懼，而阻礙了對自我的探索。她也指出，某些特殊形式的智力抑制就和一般性的求知慾抑制一樣，可能是從對抗施虐性的防衛中產生。

至此，克萊恩藉由研究施虐性與施虐的後果，為智力抑制的問題做出了原創性的貢獻。然而隔年，在接受佛洛伊德提出的理論，認同生命與死亡本能的基本法則之後，她不再單獨研究施虐性，轉而探討愛與恨的互相影響。後來她把焦慮分類成被害焦慮和憂鬱式焦慮，至今曾經探討與智力抑制有關的焦慮皆屬於被害焦慮。在〈論躁鬱狀態的心理成因〉（1935）一文中，她關注的焦
430 點放在另一群焦慮——憂鬱式焦慮，並解釋損傷客體所產生的憂鬱與絕望會如何影響學習與工作的能力。

讀者若拿本文與十年多前第一篇討論智力抑制的文章互相比較，將會注意到有很大的改變。對克萊恩而言，這似乎是一個適當的時機可以將她多年累積的想法以書籍方式呈現。而我們也確實在隔年見到《兒童精神分析》一書的發表。

第十五章　兒童良心的早期發展（1933）

佛洛伊德探討超我的經典著作《自我與本我》於1923年問世，不久之後，克萊恩開始貢獻由兒童分析素材而來的進一步發現。在非常小的兒童身上，她偶然發現一個出乎預料的現象——罪

疚感。這使她在〈早期分析的心理學原則〉（1926）中假設超我存在的時期比佛洛伊德認定的更早；她的看法是，超我並不是伊底帕斯情結結束後的產物，而是在伊底帕斯情結一開始就已經浮現，而她也將伊底帕斯情結的起始點提早到斷奶的時候，遠早於佛洛伊德的推斷。她也首次敘述了早期超我：它是內攝早期伊底帕斯形象所形成的，包含了多重的認同，遠比後來的超我更為殘暴而原始。在〈兒童分析論文集〉（1927）一文，以及更詳盡的〈伊底帕斯衝突的早期階段〉（1928）當中，她解釋了為什麼早期超我會如此殘酷，其嚴厲程度遠超過真實父母的原因。她主張，因為兒童的施虐衝動會扭曲那些因為伊底帕斯而內攝的形象，使它們變得比原來更可怕，這些內攝的可怕形象就形成了早期的超我。在〈伊底帕斯衝突的早期階段〉中，她徹頭徹尾地說明了一系列超我的重要觀念，她認為超我在伊底帕斯情結之前就已經存在，而不是結束以後才出現，也就是說，整個性發展的過程，也包括超我發展與性格形成的過程，都是在超我存在的前提下所進行的。她分別在〈正常兒童的犯罪傾向〉（1927）與〈兒童遊戲中的擬人化〉（1929）兩篇文章裡，說明罪犯和精神病患的精神受到早期超我恐怖而扭曲的掌控，並於〈論智力抑制理論〉（1931）一文中說明早期超我對智力抑制造成的嚴重影響。在〈兒童遊戲中的擬人化〉（1929）中，她也堅定地表示，精神最大的焦慮來源就是非常早期的超我。

1927年以來，克萊恩已經把恐懼與罪疚感分開，認為它們是超我發出的兩股不同力量。然而她並沒有持續使用這種區分方式，直到《兒童精神分析》（1932）一書中，她藉著區別早期超我與發展完成的超我，才真正確認並講述這兩種不同力量的重要

431 性，她解釋早期超我引起的焦慮會被發展完成的良心所產生的罪疚感所取代。在同一篇文章中，雖然她仍然認為超我的形成與斷奶造成伊底帕斯情結的開始有關，但她也針對超我的形成做了簡短的說明，這為她日後推翻此看法並認為超我是一種比伊底帕斯情結更早出現的架構埋下伏筆。她假設（p.127）在出生之後，吞併的過程立刻啟動，而被吞併的客體則立即發揮超我的功能。

以上是克萊恩至今對超我的看法的幾個主要階段。在本文中，克萊恩以非常清楚的文字解說呈現出這些看法，強調對社會與個人而言，把早期可怕的超我轉變成良性的道德良心，是非常重要的事。令人好奇的是，雖然從1927年以來，她就堅持早期超我的殘暴性是源於兒童的施虐衝動，但是直到這篇文章中，她才使用「投射」一詞來指涉這個事實；她引用以牙還牙的法則，或使用一般慣用語來描述這個現象，例如兒童的施虐衝動在他的意像中「留下印記」。本文中她的確談到兒童將他的攻擊衝動**投射**到他的客體上，從此刻起，她一直使用這種方式，或是使用後來的「投射認同」一詞來表達這個概念。關於超我，她也愈來愈強調在1932年形成的觀點，說明超我是從本我的一部分所分化出來，被自我拿來作防衛之用，並且在嬰兒第一次進行口腔內攝的時候就已經出現。這明白地表示超我的形成是在伊底帕斯情結之前就展開；然而她矛盾地在註釋251-1重申超我的開始與早期伊底帕斯衝突有著緊密連結，彷彿還不願意在這一個基本原則上與佛洛伊德將超我的起源與伊底帕斯情結緊密連結的理論做出切割。然而兩年後，在〈論躁鬱狀態的心理成因〉（1935）一文中，超我形成的起源終於完全與伊底帕斯情結分開來。

她探討超我的作品相當尖銳地引發有關精神變遷的問題。令個體感到焦慮，並造成人際疏離的早期超我究竟經歷了何種轉變，才成為令個體感到罪疚，並造就具道德觀的成熟良心？她時常論及上述這個問題，在〈兒童遊戲中的擬人化〉裡頭有一則特別有趣的討論，是關於這項發展任務的其中一個觀點，那就是超我是由極端化的認同所合成的。然而這種改變的動力大部分仍未被解釋，直到〈論躁鬱狀態的心理成因〉（1935）一文，當恐懼和罪疚感被區分開來了以後（在此之前只具有描述上的意義，不代表本質有所差異），新的理論才就此誕生。後來憂鬱心理位置的理論提出之後，對於極端分化形象的整合、自我對超我日益增加的同化作用，以及從害怕改變成罪疚感等等現象才能夠清楚地說明與理解。在《嫉羨和感恩》最後的〈短論〉[431-a]中，有一篇針對超我發展的簡短、非技術性的解釋（1942）。後來，在〈關於焦慮與罪惡感的理論〉（A Contribution to the Theory of Anxiety and Guilt,
1948）當中，克萊恩修正了罪疚感只有在憂鬱心理位置中發生的 432
看法；她表示在更早期的時候，罪疚感能夠被短暫地經驗到。在《嫉羨和感恩》（1957）一書中，她敘述嫉妒的超我及嫉羨所引發不成熟的罪疚感。

她對超我的最終看法可以在〈論心智功能的發展〉（The Development of Mental Functioning, 1958）[432-a]一文找到。克萊恩意外地背離了她四十年來的信念，原先她認為超我的基礎是那些最可怕、最極端的形象。在新觀點中，她認為最極端的形象並不是超我的一部分，它們在心智中占據了一塊自己的位置，與心智的其他部分分離開來。對於內在形象的重新分類，在對〈論心智

431-a　中譯註：參見《嫉羨和感恩》，400頁。

432-a　中譯註：同上，303頁。

功能的發展〉的註解[432-b]裡有更徹底與完整的描述。

第十六章　論犯罪（1934）

一場犯罪學術研討會臨時邀請克萊恩在會中發表這篇文章。克萊恩回顧她在這幾年間的工作，把她在〈正常兒童的犯罪傾向〉（1927）中對犯罪性所形成的結論簡短地重述。本文的新意在於她簡短而明確地表示精神病與犯罪具有相同的基礎。

第十七章　論躁鬱狀態的心理成因（1935）

這篇文章開啟了一段重要的工作時期，克萊恩此時開始建立新的理論架構。她的早期著作已經為此預先鋪設了一條道路。過去十五年來，她累積了一系列的發現，不只改變了她對伊底帕斯情結與超我的想法，也帶來了一個漸進且重大的概念轉變。她對於焦慮、內在客體、潛意識幻想、攻擊、內攝和投射的見解開始嶄露頭角，但每個概念的完成時間不盡相同。因此在本文發表前三年所出版的《兒童精神分析》一書中，克萊恩一方面接受了發展是逐步跨越性心理階段的古典看法，另一方面同時使用專有名詞來描述那些需要以不同取向來解釋的現象：即自我會改變它與內化客體和外在客體的關係，以及早期精神病式焦慮的演變。有兩件事為這個新理論開創的過渡時期帶來改變。首先，她的工作完全以生死本能之間的互動作為基礎，並使用愛與恨來表達這種互動關係；這不單是對於她原先比較忽略愛並過度強調攻擊所進

432-b　中譯註：參見《嫉羨和感恩》，422頁。

行的修正，也為她提供了形成理論的基礎。其次，本文具備了所
有新理論的必要條件——新的科學概念。的確，這篇文章包含了豐 433
富而重要的新思想，這是因為它提出兩個密不可分的理論：早期發展的理論，以及躁鬱症起源的理論。

簡言之，此理論假定在出生第一年，大約四到五個月大的時候，嬰兒的客體關係出現了重大的改變，從嬰兒與部分客體的關係轉變為嬰兒與完整客體的關係。這個改變把自我帶到新的位置上，使它能夠認同客體，因此在先前，嬰兒的焦慮原本具有偏執性質，只想要保護自我，但現在嬰兒擁有一套更為複雜的矛盾情感，會因為在乎客體的狀況而產生憂鬱式焦慮。他開始害怕會失去他所愛的好客體，除了被害的焦慮之外，他也會因為攻擊客體而體驗到罪疚感，並且基於愛，產生想要修復客體的強烈慾望。他的防衛也會隨之改變：他動員躁動防衛來消滅迫害者，以處理他此時新經驗到的罪疚感與絕望。克萊恩把這種客體關係、焦慮與防衛的新分類方式命名為憂鬱心理位置。

在這個理論中，克萊恩第一次將兩種形式的焦慮區分開來，一種是偏執的（後來她常稱之為被害焦慮），另一種是憂鬱的。這是一種根本且重要的區分方式，帶來了清晰與秩序，因此相關的概念能夠自然地各得其所。她也首次提出兩種對立的客體關係，也就是部分客體關係與完整客體關係之間的差異。其中最重要的新觀念是她捨棄發展階段的看法，改用心理位置作為發展的單位。

1948年，克萊恩在《兒童精神分析》（p.xiii）第三版的序言解釋她採用「心理位置」一詞的原因，並在〈關於嬰兒情緒生活的

433-a　中譯註：參見《嫉羨和感恩》，118頁。

一些理論性結論〉（Some Theoretical Conclusions Regarding the Emotional Life of the Infant, 1952）一文最後附加的註解四[433-a]裡做出補充說明。讀者會注意到本文中多次使用「心理位置」一詞；包括憂鬱心理位置、躁動心理位置、強迫症心理位置和偏執心理位置。「躁動心理位置」與「強迫症心理位置」在1940年之後就不再使用，〈對某些類分裂機制的評論〉（1946）一文完成了她的早期發展理論，文中她把偏執心理位置正名為偏執－類分裂心理位置。在〈反映在藝術作品與創作衝動中的嬰兒期焦慮情境〉（1929）當中首次出現的「修復」一詞，在本文裡躍升成為關鍵概念。另外，她捨棄使用原慾階段的連續性，改採內在客體關係一詞表示發展的過程與結果。

克萊恩認為在兒童發展中，憂鬱心理位置的正常發展佔了最重要的地位，也就是說，兒童是否能夠安全地內化好客體，將決定個體的心理健康與愛的能力，如果憂鬱心理位置的發展受到阻礙，就會在兒童身上形成病態情境，可能成為憂鬱性疾病的精神基礎。這就是本文所提到的第二個理論。在克萊恩的觀點中，躁鬱症患者所遭受到的痛苦和精神病式焦慮，是因為他重演了嬰兒期憂鬱心理位置時的掙扎所致。

434 更早之前，即1920年代，克萊恩發現嬰兒的焦慮具有偏執的性質；在此她進一步找到新的分類——嬰兒期精神病式焦慮和憂鬱式焦慮。的確，本文為精神病的通論（general theory）做出了最豐富的貢獻。雖然焦點是嬰兒期憂鬱心理位置，但也相對地說明了先前偏執心理位置的普遍本質，她認為這段時期的主要特徵為偏執焦慮、部分客體關係及對客體和情感的分裂作用。她詳細比較偏執與憂鬱，理論中提到嬰兒期憂鬱心理位置是在嬰兒期偏執心理位置之後出現的，這讓她得以利用它們原本在嬰兒期的連續性與互動性來解釋這兩種疾病之間在臨床觀察中的關係。她為躁鬱症提供了新的解釋，說明躁鬱症的起源是因為個體懼怕體內含有瀕死或死去的客體。她說明躁動防衛的概念，強調全能感和否認的作用；她指出躁動防衛與強迫式防衛之間的連結關係；她也指出躁動防衛不只是用來對抗憂鬱，也會被拿來對抗偏執焦慮。當然，並非所有理論的分支與細節在此都有完整的解釋。五年後發表的〈哀悼及其與躁鬱狀態的關係〉持續本文的要旨，更深入探討憂鬱心理位置中的重要過程——哀悼失落的客體。該文也繼續討論本文所探討的躁動防衛、修復與自我的整合歷程，強調憂鬱心理位置中最為重要的過程在於客體的一致化，並非像本文強調的，是重複地在接近現實的層面上進行分裂。關於憂鬱心理位置與伊底帕斯情結之間關聯的敘述，請見〈從早期焦慮討論伊底帕斯情結〉(1945)，在〈關於嬰兒情緒生活的一些理論性結論〉(Some Theoretical Conclusions Regarding the Emotional Life of the Infant, 1952)一文中也有部分補充。克萊恩在1952年這一篇文章裡也提到憂鬱心理位置是關於存活、未受傷的客體與受傷、瀕死的客體之間所進行的分裂，目的在於防衛憂鬱式焦慮。〈關於焦慮與罪疚的理論〉(1948)[434-a]對本文討論的罪疚感進行修正說明，〈關於精神分裂症中憂鬱症狀之短論〉(1960)一文也進一步修訂了本文對憂鬱的解釋。

434-a　中譯註：參見《嫉羨和感恩》，33頁。

第十八章　斷奶（1936）

這是克萊恩在一系列由精神分析師為大眾開設的演講課程中所發表的演說。這一系列的演說稿集結成一本小書《談兒童撫育》（*On the Bringing Up of Children*）。1952年，克萊恩還為該書的第二版撰寫〈序〉與〈跋〉。

早先，例如在〈早期分析的心理學原則〉（1926）中，克萊恩把斷奶視為一種創傷，伊底帕斯情結從此展開：哺乳的母親讓嬰兒感到挫折與打擊，造成嬰兒離開母親，轉而尋求父親。然而後
435 來在〈論躁鬱狀態的心理成因〉（1935）中，她的嬰兒期憂鬱心理位置理論為斷奶提出了不同的解釋。她認為斷奶的重要性在於嬰兒完全失去了第一個外在的好客體，因此將憂鬱心理位置中的情緒與衝突帶到高峰。同時，如果斷奶成功，嬰兒會獲得正向的驅動力，幫助他接受母親的替代對象，找到更多更廣的滿足來源。

克萊恩以寫實、非專業的方式呈現這些新的看法，為了提供聽眾有關撫育兒童的實用指南，她也加入有關嬰兒養育問題的心理學建議。她簡短地比較乳房哺育與奶瓶餵奶食的差異，這個主題在〈嬰兒行為觀察〉（On Observing the Behaviour of Young Infants, 1952）的註解一[435-a]當中有更完整的討論。該篇文章的註解二[435-b]則是再次討論了斷奶的主題。

435-a　中譯註：參見《嫉羨和感恩》，150頁。

435-b　中譯註：同上，153頁。

第十九章　愛、罪疚與修復（1937）

1936年，克萊恩和瓊安・黎偉業以「文明男女的情感生活」（The Emotional Life of Civilized Men and Women）為題進行公開演說，隔年出版的小書《愛、恨與修復》（*Love, Hate and Reparation*）就是以這篇演講稿為基礎。她們分別講述本文的主題：黎偉業談的是「恨、罪疚與攻擊」，克萊恩則是談「愛、罪疚與修復」。克萊恩講述她在兩年之前才形成憂鬱心理位置理論，這在當時仍屬於相當新的觀念。特別有趣的是，除了非專業的解釋方式，本文討論的各種人類情境，廣泛程度甚至比她任何一篇文章提到的還要多。

後來，她的觀點有了一些改變。本文認為嬰兒從出生之後就背負了一個重擔——修復被恨所傷害的客體。然而根據她後來提出的偏執－類分裂心理位置理論，分裂在一個月大的時候居於主導地位，而修復的需求則是要到後來，在憂鬱心理位置這個更加整合的狀態中才會浮現。

第二十章　哀悼及其與躁鬱狀態的關係（1940）

這篇文章承接〈論躁鬱狀態的心理成因〉的內容，實屬一流。本文將哀悼視為憂鬱心理位置的現象之一。這使得克萊恩能夠闡述哀悼的本質，將哀悼與她對躁鬱狀態的著作互相連結。她的主要假設是失去所愛的人會再次引發嬰兒期憂鬱心理位置，至於在後來的生命當中，能否哀悼、能否從哀悼中回復的能力取決於兒童期憂鬱心理位置是否順利解決。

436 她揭開了先前不為人知的一些歷程，它們屬於哀悼的一部分，最主要的是，失去外在好客體的時候，會潛意識地感覺到自己也失去了內在的好客體。這表示哀悼者遭受的痛苦及他（走出哀悼）的任務本質都比過去所認為的更為龐大而艱鉅；哀悼者除了外在的失落，也會受到內在傷痛的折磨，這使他成為壞客體迫害下的獵物，也就是說，在憂鬱心理位置中的早期被害焦慮和憂鬱式焦慮被再度喚起。克萊恩也探討了修復的能力在克服哀悼狀態時所具有的特殊重要性。

本文從頭到尾都可見到她將自己的著作與佛洛伊德加以連結。然而她並不同意佛洛伊德對於哀悼與躁鬱狀態之間關係的想法。她的看法是，正常成人的哀悼會牽涉到躁與鬱的狀態，如同她1935年的文章所述，在憂鬱心理位置中，這是正常的現象。在本文當中，她拓展對躁動防衛的論述，特別是在躁動式勝利這一塊；她也提出躁動防衛中的過度躁動是如何阻礙個體，使其無法安全地重建內在的好客體。

從發展通論的角度來看，本文完成了她從1935年開始對憂鬱心理狀態的解說。她提到憂鬱心理位置包含了哀悼的過程；修復在克服憂鬱心理位置中所扮演的角色，在此有著進一步的描述，並且首次探討兩種自我打擊形式的修復——強迫式修復與躁動修復。如同先前的評論，這篇文章為1935年提出的躁動防衛注入了相當豐富的解說。此外，雖然克萊恩自己並沒有明顯地注意，但她在某方面改變了1935年來所強調的論點；當時她強調（p.288, p.350）在憂鬱心理位置中，整合各種意像的每一個步驟之後，都需要在更接近現實的層面進行重新分裂的重要性。她在本文的註釋349-2中提到，整合對客體的對立看法是「極為重要的歷程」。

在她的後期著作裡，我們清楚地瞭解到，整合的過程仰賴對客體進行更符合現實的分裂。她在本文中也首次提出在憂鬱心理位置中，要透過愛來緩和恨意。

第二十一章　從早期焦慮討論伊底帕斯情結（1945）

這是克萊恩最後一次針對伊底帕斯情結的重要陳述。在這之前的主要討論請參閱〈伊底帕斯衝突的早期階段〉（1928）與《兒童精神分析》（1932）。在上述作品中，有兩個相當重要的進展，其中一個屬於一般性質，另一個屬於較特定性質。一般性質的進展是在《兒童精神分析》中，克萊恩承認愛與恨是心智功能的基礎。然而在那本書中，她才剛開始使用這個法則，因此書中有關伊底帕斯情結的章節仍未受到此法則的影響。更為特定的改變是 437
她在〈論躁鬱狀態的心理成因〉（1935）中所形成的理論，提到憂鬱心理位置是出生第一年的發展轉捩點。本文重新修訂了以上兩者，並擴增對伊底帕斯情結的說明。

她未曾改變在1928年對伊底帕斯情結提出的獨特概念，也就是在佛洛伊德所發現的伊底帕斯情境之外，我們可以在前性器期的早期就看出伊底帕斯情結的存在；對於母親體內包含父親陰莖，以及兒童對自己身體內部的各種早期幻想，都屬於伊底帕斯情境的一部分；罪疚感不只是伊底帕斯情結的產物，它從伊底帕斯情結一開始就已經出現，影響整個發展的過程。她在《兒童精神分析》中對男孩及女孩性發展的說明也始終不變。不過現在她對於伊底帕斯情結的肇始與導致其減弱的原因採取不同的見解，她也為伊底帕斯情結的本質做了一些重要的補充。

在她的新假設中，施虐性在嬰兒期前六個月會逐漸減少而非增加，若我們將她對於客體關係從一出生就存在的觀點納入思考，這表示了她早期（1932）對伊底帕斯情結是在自戀階段或是在施虐性達到頂點時展開的說法是不正確的，她也不再認可這樣的解釋。她不再認為斷奶時的口腔挫折釋放出伊底帕斯衝動，或如同她有時候表達的——伊底帕斯情結是受到恨的衝動影響而展開。相反地，她現在主張伊底帕斯情結的起始點正好與憂鬱心理位置同時開始，也就是在被害焦慮降低，愛的感覺強烈浮現的時候，雖然被剝奪感可能是造成嬰兒背離乳房的原因之一，但也造成一種僅次於愛的推動力，激勵嬰兒邁向發展的下一步，引發出原慾尋求新客體的天生能力。她在1932年時認為罪疚感是緩和伊底帕斯情結的主要因素；現在她主張正面的情緒，包括兒童對父母的愛及想要保護他們的渴望，也同樣是削弱伊底帕斯情結力量的因素之一。

克萊恩在1935年的〈論躁鬱狀態的心理成因〉一文中，把伊底帕斯情結與憂鬱心理位置連結在一起，她的這個陳述並未超出她原來認為在憂鬱心理位置中，最痛苦的伊底帕斯衝突來自於悲傷與擔心失去好客體的懼怕。在本文中，她檢驗了當孩子們掙扎著整合愛與恨的時候，心中交織的伊底帕斯慾望與憂鬱式焦慮，她也指出性衝動會透過修復先前的攻擊結果而產生新的重要意義。這導致修復式性幻想（reparative sexual phantasies）的浮現，對於個體未來的性行為與性能力，有著極大的重要性。這種更為圓滿的伊底帕斯情境的形象在兩個病人的案例中有所描述，有關小男孩理查的分析在《兒童分析的故事》（1961）做了完整的發表，而先前的文章中也敘述了關於小女孩莉塔的許多資料。

本文中，克萊恩為她與佛洛伊德在伊底帕斯情結的分歧意見 438
做出了一個不錯的解釋。有趣的是，除了在伊底帕斯情結與憂鬱心理位置的連結中產生的特定觀點以外，本文列出的所有歧異在1928年的文章中都已經出現；但是當時她似乎不希望強調她與佛洛伊德的差別。

我們可以明顯地在本文中見到她為生命最初幾個月的觀點做出明確澄清。隔年她發表了〈對某些類分裂機制的評論〉，文中提出，嬰兒出生後的頭幾個月都處在偏執－類分裂心理位置當中。然而這並不影響本文所表達的觀點。她自己對於1932年來有關伊底帕斯情結的看法做了簡短的說明，請參閱《兒童精神分析》第三版〈序〉。

克萊恩在後來的兩篇著作裡對伊底帕斯情結提出補充說明。在〈關於嬰兒情緒生活的一些理論性結論〉（1952）[438-a]一文對伊底帕斯情結的重點提要中，她描述伊底帕斯情結與憂鬱心理位置之間有著互惠（reciprocal）而良性的關係。她最後一次討論伊底帕斯情結是在《嫉羨和感恩》一書中，她描述嫉羨對伊底帕斯情境的負面影響。

總而言之，克萊恩將人們對伊底帕斯情結的理解往兩個方向拓展。首先，她發現伊底帕斯情結的早期階段，並將佛洛伊德認為是所有精神官能症核心的伊底帕斯情結，與她認為在兒童發展中居於中心地位的憂鬱心理位置連結在一起。

438-a　中譯註：參見《嫉羨和感恩》，80頁。

【附錄二】參考書目

Abraham, K. (1914). 'A Constitutional Basis of Locomotor Anxiety.' In: *Selected Papers on Psycho-Analysis* (London: Hogarth, 1927).

—— (1920). 'Manifestations of the Female Castration Complex.' *ibid.*

—— (1921). 'A Contribution to a Discussion on Tic.' *ibid.*

—— (1921–25). 'Psycho-Analytical Studies on Character Formation.' *ibid.*

—— (1924). 'A Short Study of the Development of the Libido, Viewed in the Light of Mental Disorders.' *ibid.*

Alexander, F. (1923). 'The Castration Complex and the Formation of Character.' *Int. J. Psycho-Anal.*, **4.**

Boehm, F. (1922). 'Beiträge zur Psychologie der Homosexualität: ein Traum eines Homosexuellen.' *Int. Z. f. Psychoanal.*, **8.**

Chadwick, M. (1925). 'Uber die Wurzel der Wissbegierde.' *Int. Z. f. Psychoanal.*, **11.** Abstract in *Int. J. Psycho-Anal.*, **6.**

Deutsch, H. (1925). 'The Psychology of Women in Relation to the Functions of Reproduction.' *Int. J. Psycho-Anal.*, **6.**

—— (1933). 'Zur Psychologie der manisch-depressiven Zustände.' *Int. Z. f. Psychoanal.*, **19.**

Fenichel, O. (1928). 'Über organlibinöse Begleiterscheinunger der Triebabwehr.' *Int. Z. f. Psychoanal.*, **14.**

Ferenczi, S. (1912a). 'On Transitory Symptom-Constructions during the Analysis.' In: *First Contributions to Psycho-Analysis* (London: Hogarth, 1952).

—— (1912b). 'Symbolic Representation of the Pleasure and Reality Principles in the Oedipus Myth.' *ibid.*

—— (1913). 'Stages in the Development of the Sense of Reality.' *ibid.*

—— (1921a). 'The Symbolism of the Bridge.' *Further Contributions to the Theory and Technique of Psycho-Analysis* (London: Hogarth, 1926).

—— (1921b). 'Psycho-analytic Observations on Tic.' *ibid.*

—— (1924). *Thalassa: a Theory of Genitality* (New York: Psychoanalytic Quarterly, Inc., 1938).

Freud, A. (1927). *The Psychoanalytical Treatment of Children* (London: Imago, 1946).

Freud, S. (1900). *The Interpretation of Dreams. S.E.* **4–5.**

—— (1905). *Three Essays on the Theory of Sexuality. S.E.* **7.**

—— (1908). 'Hysterical Phantasies and their Relation to Bisexuality.' *S.E.* **9.**

—— (1909a). 'Analysis of a Phobia in a Five-Year-Old Boy.' *S.E.* **10.**

—— (1909b). 'Notes upon a Case of Obsessional Neurosis.' *S.E.* **10.**

Freud, S. (1910). *Leonardo da Vinci and a Memory of his Childhood. S.E.* **11**.
—— (1911). 'Formulations on the Two Principles of Mental Functioning.' *S.E.* **12**.
—— (1912). 'On the Universal Tendency to Debasement in the Sphere of Love.' *S.E.* **11**.
—— (1913). *Totem and Taboo. S.E.* **13**.
—— (1914). 'On Narcissism: an Introduction.' *S.E.* **14**.
—— (1915a). 'Repression.' *S.E.* **14**.
—— (1915b). 'The Unconscious.' *S.E.* **14**.
—— (1915c). 'Some Character-Types met with in Psycho-Analytic Work: III Criminals from a Sense of Guilt.' *S.E.* **14**.
—— (1916–17). *Introductory Lectures on Psycho-Analysis. S.E.* **15–16**.
—— (1917). 'Mourning and Melancholia.' *S.E.* **14**.
—— (1918). 'From the History of an Infantile Neurosis.' *S.E.* **17**.
—— (1920). *Beyond the Pleasure Principle. S.E.* **18**.
—— (1923). *The Ego and the Id. S.E.* **19**.
—— (1924). 'The Dissolution of the Oedipus Complex.' *S.E.* **19**.
—— (1925). 'Some Psychical Consequences of the Anatomical Distinction between the Sexes.' *S.E.* **19**.
—— (1926a). *Inhibitions, Symptoms and Anxiety. S.E.* **20**.
—— (1926b). *The Question of Lay Analysis. S.E.* **20**.
—— (1930). *Civilization and its Discontents. S.E.* **21**.
—— (1931). 'Female Sexuality.' *S.E.* **21**.
—— (1933). *New Introductory Lectures on Psycho-Analysis. S.E.* **22**.
Glover, E. (1932). 'A Psycho-Analytic Approach to the Classification of Mental Disorders.' In: *On the Early Development of Mind* (London: Baillière, 1956).
Groddeck, G. (1922). 'Der Symbolisierungszwang.' *Imago*, **8**.
Gross, O. (1902). *Die Cerebrale Sekundaerfunction.*
Hárnik, J. (1928). 'Die ökonomischen Beziehungen zwischen den Schuldgefühl und dem weiblichen Narzissmus.' *Int. Z. f. Psychoanal.*, **14**.
Hollós, I. (1922). 'Über das Zeitgefühl.' *Int. Z. f. Psychoanal.*, **8**.
Isaacs, S. (1934). 'Anxiety in the First Year of Life.' Unpublished paper read to the Brit. Psycho-Anal., Soc.
—— (1936). 'Habit.' In: *On the Bringing up of Children* ed. Rickman (London: Kegan Paul).
Jokl, R. (1922). 'Zur Psychogenese des Schreibkrampfes.' *Int. Z. f. Psychoanal.*, **8**.
Jones, E. (1916). 'The Theory of Symbolism.' In: *Papers on Psycho-Analysis* (London: Baillière, 2nd edn 1918–5th edn 1948).
Klein, M. [details of first publication of each paper/book are given here; the number of the volume in which they appear in *The Writings of Melanie Klein* is indicated in square brackets].

Klein, M. (1921). 'The Development of a Child' *Imago*, **7**. [I]
—— (1922). 'Inhibitions and Difficulties in Puberty.' *Die neue Erziehung*, **4**. [I]
—— (1923a). 'The Role of the School in the Libidinal Development of the Child.' *Int. Z. f. Psychoanal.*, **9**. [I]
—— (1923b). 'Early Analysis.' *Imago*, **9**. [I]
—— (1925). 'A Contribution to the Psychogenesis of Tics.' *Int. Z. f. Psychoanal.*, **11**. [I]
—— (1926). 'The Psychological Principles of Early Analysis.' *Int. J. Psycho-Anal.*, **7**. [I]
—— (1927a). 'Symposium on Child Analysis.' *Int. J. Psycho-Anal.*, **8**. [I]
—— (1927b). 'Criminal Tendencies in Normal Children.' *Brit. J. med. Psychol.*, **7**. [I]
—— (1928). 'Early Stages of the Oedipus Conflict.' *Int. J. Psycho-Anal.*, **9**. [I]
—— (1929a). 'Personification in the Play of Children.' *Int. J. Psycho-Anal*, **10**. [I]
—— (1929b). 'Infantile Anxiety Situations Reflected in a Work of Art and in the Creative Impulse.' *Int. J. Psycho-Anal.*, **10**. [I]
—— (1930a). 'The Importance of Symbol-Formation in the Development of the Ego.' *Int. J. Psycho-Anal.*, **11**. [I]
—— (1930b). 'The Psychotherapy of the Psychoses.' *Brit. J. med. Psychol.*, **10**. [I]
—— (1931). 'A Contribution to the Theory of Intellectual Inhibition.' *Int. J. Psycho-Anal.*, **12**. [I]
—— (1932). *The Psycho-Analysis of Children* (London: Hogarth). [II]
—— (1933). 'The Early Development of Conscience in the Child.' In: *Psychoanalysis Today* ed. Lorand (New York: Covici-Friede). [I]
—— (1934). 'On Criminality.' *Brit. J. med. Psychol.*, **14**. [I]
—— (1935). 'A Contribution to the Psychogenesis of Manic-Depressive States.' *Int. J. Psycho-Anal.*, **16**. [I]
—— (1936). 'Weaning.' In: *On the Bringing Up of Children* ed. Rickman (London: Kegan Paul). [I]
—— (1937). 'Love, Guilt and Reparation.' In: *Love, Hate and Reparation* with Riviere (London: Hogarth). [I]
—— (1940). 'Mourning and its Relation to Manic-Depressive States.' *Int. J. Psycho-Anal.*, **21**. [I]
—— (1945). 'The Oedipus Complex in the Light of Early Anxieties.' *Int. J. Psycho-Anal.*, **26**. [I]
—— (1946). 'Notes on some Schizoid Mechanisms.' *Int. J. Psycho-Anal.*, **27**. [III]
—— (1948a). *Contributions to Psycho-Analysis 1921–1945* (London: Hogarth). [I]
—— (1948b). 'On the Theory of Anxiety and Guilt.' *Int. J. Psycho-Anal.*, **29**. [III]

Klein, M. (1950). 'On the Criteria for the Termination of a Psycho-Analysis.' *Int. J. Psycho-Anal.*, **31**. [III]

—— (1952a). 'The Origins of Transference.' *Int. J. Psycho-Anal.*, **33**. [III]

—— (1952b). 'The Mutual Influences in the Development of Ego and Id.' *Psychoanal. Study Child.* **7**. [III]

—— (1952c). 'Some Theoretical Conclusions regarding the Emotional Life of the Infant.' In: *Developments in Psycho-Analysis* with Heimann, Isaacs and Riviere (London: Hogarth). [III]

—— (1952d). 'On Observing the Behaviour of Young Infants.' *ibid.* [III]

—— (1955a). 'The Psycho-Analytic Play Technique: Its History and Significence.' In: *New Directions in Psycho-Analysis* (London: Tavistock). [III]

—— (1955b). 'On Identification.' *ibid.* [III]

—— (1957). *Envy and Gratitude* (London: Tavistock) [III]

—— (1958). 'On the Development of Mental Functioning.' *Int. J. Psycho-Anal.*, **29**. [III]

—— (1959). 'Our Adult World and its Roots in Infancy.' *Hum. Relations*, **12**. [III]

—— (1960a). 'A note on Depression in the Schizophrenic.' *Int. J. Psycho-Anal.*, **41**. [III]

—— (1960b). 'On Mental Health.' *Brit. J. med. Psychol.*, **33**. [III]

—— (1961). *Narrative of a Child Psycho-Analysis* (London: Hogarth). [IV]

—— (1963a). 'Some Reflections on *The Oresteia*.' In: *Our Adult World and Other Essays* (London: Heinemann Medical). [III]

—— (1963b). 'On the Sense of Loneliness.' *ibid.* [III]

Lewin, B. (1933). 'The Body as Phallus.' *Psychoanal. Quart.*, **2**.

Middlemore, M. P. (1936). 'The Uses of Sensuality.' In: *On the Bringing up of Children* ed. Rickman (London: Kegan Paul).

van Ophuijsen, J. H. W. (1920). 'On the Origin of the Feeling of Persecution.' *Int. J. Psycho-Anal.*, **1**.

Radó, S. (1928). 'The Problem of Melancholia.' *Int. J. Psycho-Anal.*, **9**.

Rank, O. (1912). *Das Inzestmotiv in Dichtung und Sage* (Leïpzig und Vienna: Deutike).

Rank, O. and Sachs, H. (1913). *Die Bedeutung der Psychoanalyse für die Geisteswissenschaften* (Wiesbaden: Bergmann).

Reich, W. (1927). 'Die Funktion des Orgasmus.' In: *The Discovery of the Orgone* (New York: Orgone Inst.).

Reik, T. (1925). *Geständniszwang und Strafbedürfnis* (Vienna: Int. Psychoanal. Vlg).

Riviere, J. (1937). 'Hate, Guilt and Aggression.' In: *Love, Hate and Reparation* with Klein (London: Hogarth).

Sadger, J. (1920). Über Prüfungsangst und Prüfungsträume.' *Int. Z. f. Psychoanal.*, **6**.

Schmideberg, M. (1930). 'The Rôle of Psychotic Mechanisms in Cultural Development.' *Int. J. Psycho-Anal.*, **11**.

—— (1931). 'A Contribution to the Psychology of Persecutory Ideas and Delusions.' *Int. J. Psycho-Anal.*, **12.**

Sharpe, E. (1930). 'Certain Aspects of Sublimation and Delusion.' In: *Collected Papers on Psycho-Analysis* (London: Hogarth, 1950).

—— (1936) Contribution to *On the Bringing up of Children* ed. Rickman (London: Kegan Paul).

Sperber, H. (1915). 'Über den Einfluss sexueller Momente auf Enstehung Entwicklung der Sprache.' *Imago*, **1**.

Spielrein, S. (1922). Die Entstehung der kindlichen Worte Papa und Mama.' *Imago.*, **8**.

Stärcke, A. (1919). 'Die Umkehrung des Libidovorzeichens beim Verfolgungswahn.' *Int. Z. f. Psychoanal.*, **5**.

Stekel, W. (1923). *Conditions of Nervous Anxiety and their Treatment* (London: Kegan Paul).

Strachey, J. (1930). 'Some Unconscious Factors in Reading.' *Int. J. Psycho-Anal.*, **11**.

Symposium on Child Analysis (1927). *Int. J. Psycho-Anal.*, **8.**

【附錄三】個案名單

姓名	原文頁碼
A女士（成人）	355-61
C（成人）	279-84
小犯人（未命名）	181-85
D（成人）	363-68
迪克（Dick）	221-31
厄娜（Erna）	136 & n, 160-61, 199-201, 202, 205-06
恩斯特（Ernst）	62, 63n, 65, 66, 67, 68-69, 72
菲力司（Felix）	60, 63-6, 72, 74, 78n, 82-83, 90-91, 102-03, 106-18, 119, 120
福利斯（Fritz）	2-18, 27-44, 46n, 47, 48, 49, 61, 63, 64-67, 69-70, 78, 82, 91-103
喬治（George）	201-03, 206
吉羅德（Gerald）	（在p.155, 157-58, 203未指出姓名） 171-73, 181, 208
葛莉特（Grete）	62, 66 & n, 71, 101, 102
H女士（成人）	102
約翰（John）	236-46
麗莎（Lisa）	66, 67-68, 70-72

【附錄四】克萊恩生平年表

1882　三月三十日生於維也納。

1886　二姐席多妮（Sidonie）因肺結核病逝。

1897　長兄伊馬努爾（Emanuel）進入醫學院。

1900　父親墨里士・萊齊斯（Moriz Reizes）因肺炎病逝。伊馬努爾轉學成為藝術系學生。

1901　與亞瑟・克萊恩（Arthur Klein）訂婚。

1902　伊馬努爾病逝於熱那瓦（Genoa）。

1903　與亞瑟結婚。

1904　長女梅莉塔（Melitta）出生。

1907　長男漢斯（Hans）出生。

1909　因過度沮喪而住進瑞士一所療養院數月之久。

1910　與丈夫及孩子移居布達佩斯。

1914　次子艾力克（Erich）出生。母親莉布莎（Libussa）去世。首次閱讀佛洛伊德作品《論夢》（*Über den Traum*）。開始接受費倫齊分析。亞瑟受徵召，加入奧匈帝國軍隊。

1918　於布達佩斯舉行的第五屆國際精神分析年會（International Psycho-Analytic Congress），首次與佛洛伊德會面。

1919　於匈牙利布達佩斯精神分析學會（Budapest Society）宣讀第一篇論文〈一名兒童的發展〉（Der Familienroman in statu nascendi），並被遴選為布達佩斯精神分析學會會員。

1920　在海牙舉行的第六屆國際精神分析年會中，首次與胡賀慕斯及亞伯拉罕會面。

1921 與次子艾力克遷居柏林，開始在柏林執業。發表〈兒童的發展〉（The Development of a Child）。

1922 成為柏林精神分析學會（Berlin Psychoanalytic Society）會員。發表〈青春期的抑制與困難〉（Inhibitions and Difficulties at Puberty）。

1923 發表〈學校在兒童原慾發展中的角色〉（The Rôle of the School in the Libidinal Development of the Child）、〈早期分析〉（Early Analysis）。

1924 接受亞伯拉罕分析。在薩爾斯堡（Salzburg）舉行的第八屆國際精神分析年會中，發表論文。

與丈夫亞瑟分居。於九月與艾莉絲・史崔齊（Alix Strachey）會面。

1925 詹姆士・史崔齊（James Strachey）於英國精神分析學會朗讀克萊恩作品的摘要。受鍾斯之邀，七月前往倫敦進行三週的講座。其分析隨著亞伯拉罕的逝世而告終。發表〈論抽搐的心理成因〉（A Contribution to the Psychogenesis of Tics）。

1926 離婚，九月遷居倫敦。隨後次子艾力克遷居倫敦。發表〈早期分析的心理學原則〉（The Psychological Principles of Early Analysis）。

1927 十月二日被遴選為英國精神分析學會（British Psycho-Analytic Society）正式會員。發表〈兒童分析論文集〉（Symposium on Child-Analysis）、〈正常兒童的犯罪傾向〉（Criminal Tendencies in Normal Children）。

1928　長女梅莉塔抵達倫敦。發表〈伊底帕斯衝突的早期階段〉（Early Stages of the Oedipus Conflict）。

1929　發表〈兒童遊戲中的擬人化〉（Personification in the Play of Children）、〈反映在藝術作品與創作衝動中的嬰兒期焦慮情境〉（Infantile Anxiety Situations Reflected in a Work of Art and in the Creative Impulse）。

1930　發表〈象徵形成在自我發展中的重要性〉（The Importance of Symbol-Formation in the Development of the Ego）、〈對精神病的心理治療〉（The Psychotherapy of the Psychoses）。

1931　開始分析第一位受訓分析師史考特（Clifford Scott）。發表〈論智力抑制理論〉（A Contribution to the Theory of Intellectual Inhibition）。

1932　出版《兒童精神分析》（*The Psycho-Analysis of Children*）。

1933　五月二十二日費倫齊逝世。梅莉塔被遴選為英國精神分析學會正式會員。出版〈兒童良心的早期發展〉（The Early Development of Conscience in the Child）。

1934　四月長子漢斯因山難意外去世。發表〈論犯罪〉（On Criminality）。

1935　倫敦—維也納交換講座展開。發表〈論躁鬱狀態的心理成因〉（A Contribution to the Psychogenesis of Manic-Depressive States）。

1936　發表〈斷奶〉（Weaning）。

1937　發表〈愛、罪疚與修復〉（Love, Guilt and Reparation）收入在《愛、恨與修復》（*Love, Hate and Raparation*）。

1938　六月六日佛洛伊德抵達倫敦。

1939　九月三日大戰爆發。與蘇珊·艾薩克斯（Susan Isaacs）一同遷居劍橋。 九月二十三日佛洛伊德辭世。

1940　於七月定居皮特洛可里（Pitlochry）。發表〈哀悼及其與躁鬱狀態的關係〉（Mourning and its Relation to Manic-Depressive States）。

1941　開始分析十歲的案例「理查」。於九月返回倫敦

1942-44　世紀論戰展開。

1945　發表〈從早期焦慮討論伊底帕斯情結〉（The Oedipus Complex in the Light of Early Anxieties〉。

1946　英國精神分析學會形成「A」訓練課程和「B」訓練課程。出版〈對某些類分裂機制的評論〉（Notes on Some Schizoid Mechanisms）。

1948　發表〈關於焦慮與罪惡感的理論〉（On the Theory of Anxiety and Guilt）。

1950　發表〈關於精神一分析結案的標準〉（On the Criteria for the Termination of a Psycho-Analysis〉。

1952　國際精神分析期刊慶祝克萊恩七十大壽出版專刊。發表〈移情的根源〉（The Origins of Transference）、〈自我與本我在發展上的相互影響〉（The Mutual Influences in the Development of Ego and Id）、〈關於嬰兒情緒生活的一些理論性結論〉（Some Theoretical Conclusions Regarding the Emotional Life of the Infant）、〈嬰兒行為觀察〉（On Observing the Behaviour of Young Infants）。

1955　梅蘭妮·克萊恩基金會於二月一日成立。發表〈精神分析遊戲技術：其歷史與重要性〉（The Psycho-Analytic Play

Technique: Its History and Significance）、〈論認同〉（On Identification）。

1957　發表〈嫉羡和感恩〉（Envy and Gratitude）。

1958　發表〈論心智功能的發展〉（On the Development of Mental Functioning）。

1959　發表〈我們成人的世界及其嬰孩期的根源〉（Our Adult World and its Roots in Infancy）。

1960　九月二十二日於倫敦逝世。發表〈關於精神分裂症中憂鬱症狀之短論〉（A Note on Depressive in the Schizophrenic）、〈論心智健康〉（On Mental Health）。

1961　出版《兒童分析的故事》（*Narrative of a Child Analysis*）。

1963　發表〈《奧瑞斯提亞》的某些省思〉（Some Reflections on *The Oresteia*）、〈論孤獨的感受〉（On the Sense of Loneliness）。

【附錄五】中文索引

A

B

C

D

E

P

R

S

【附錄六】英文索引

探訪幽微的心靈，如同僭越曲折逶迤的河流
面對無法預期的彎道或風景，時而煙波浩渺，時而萬壑爭流
留下無數廓清、洗滌或抉擇的痕跡
只爲尋獲眞實自我的洞天福地

Psychotherapy

遊戲與現實

作者—唐諾．溫尼考特　審閱—王浩威
譯者—朱恩伶　定價—320元

溫尼考特長期關注的是：想像力的泉源何在？是什麼使人活得有創造力？本書是他深化「過渡客體與過渡現象」理論之作，以十一個章節來探討這個哲人、詩人向來關注的領域。

拉岡與李維史陀

【1951-1957回歸佛洛伊德】

作者—馬可．薩非洛普洛斯
審閱—楊明敏　譯者—李郁芬　定價—350元

本書作者針對拉岡於1951-1957年間的講座內容，進行地毯式搜索，逐條舉證出結構主義大師李維史陀對當時提出「回歸佛洛伊德」運動的拉岡思路的影響，以及這份貢獻被潛抑的原由。

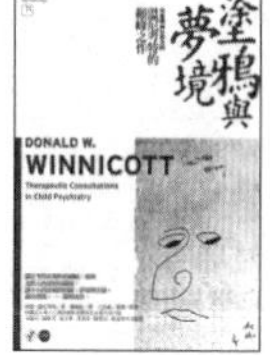

塗鴉與夢境

作者—唐諾．溫尼考特
譯者—廖婉如　定價—520元

從小兒科醫師進入兒童精神醫學領域的溫尼考特，累積了近四十年的兒童諮商經驗，發展出互動式塗鴉來與孩子溝通。透過書中案例分析，可以明白他如何開創性地將溝通的技巧，拓展到圖像與語言並重的層次。

二度崩潰的男人

【一則精神分析的片斷】

作者—唐諾．溫尼考特　審閱—王浩威
譯者—廖婉如　定價—450元

精神分析裡的醫病關係從來都是流動變幻的，是患者接受治療，還是治療師獲得療癒？精神分析大師溫尼考特透過對個案的溫暖扶持以及犀利詮釋，帶我們一窺深奧複雜的人性。

犧牲

【精神分析的指標】

作者—侯碩極　審閱—楊明敏
譯者—卓立、楊明敏、謝隆儀　定價—320元

犧牲無所不在：個人的犧牲，使欲望與衝突得以調解；群體則以犧牲儀式保障當權者，取得團結，將暴力合理化。本書從弒父情結出發，分析以犧牲作爲罪咎感的一種「治療」功能。

榮格學派的歷史

作者—湯瑪士．克許　審閱—申荷永
譯者—古麗丹等　定價—450元

本書爲世人描繪了一株分析心理學家族樹，以榮格爲根，蘇黎世的國際分析心理學協會爲主幹，各國的榮格學會爲大小分枝，榮格門生及傑出分析師、學者們，則化身成片片綠葉高掛枝頭。

艾瑞克森

【天生的催眠大師】

作者—傑弗瑞．薩德　審閱—劉慧卿
譯者—陳厚愷　定價—280元

本書深入介紹艾瑞克森學派突破傳統心理治療框架的取向，並透過實例呈現這位催眠大師如何巧妙地善用軼事、情境及對隱微線索的覺察力來協助個案。

跟大師學催眠

【米爾頓．艾瑞克森治療實錄】

作者—傑弗瑞．薩德　策劃、審閱—王浩威
譯者—朱春林等　定價—450元

這本書展現了艾瑞克森爲期五天研討會的完整實錄，透過此書，讀者可以經驗他的催眠與心理治療方法及技巧，於一個又一個迷人的趣聞軼事中流連忘返。

狼人
【論孩童期精神官能症病史】

作者—佛洛伊德　審閱—蔡榮裕
譯者—陳嘉新　定價—220元

狼人的焦慮之夢，迂迴解開了他精神官能症的迷團，當中有錯綜複雜的閹割恐懼、性別認同、性誘惑等議題。其幼時的原初場景是微不足道的平凡事件，還是心性發展的關鍵時分？

小漢斯
【畏懼症案例的分析】

作者—佛洛伊德　審閱—林玉華
譯者—簡意玲　定價—240元

此案例蘊含的具體臨床經驗，印證了佛洛伊德在《性學三論》中所勾勒的許多結論。

心理治療核心能力系列

★本系列由美國精神醫學會出版社（APPI）出版，葛林．嘉寶醫學博士（Glen O. Gabbard, M.D.）主編，邀請高居領導地位的專家親自執筆。

★這六本書的出版，主要是依據美國醫學繼續教育認證審議委員會（Accreditation Council for Graduate Medical Education, ACGME）的精神科住院醫師甄審委員會（Psychiatry Residency Review Committee, RRC），明確指定所有精神科住院醫師的教育計畫，應致力於推動長期精神動力取向心理治療、支持性心理治療、認知行為治療、簡短心理治療、動力取向精神醫學及藥物與心理治療等領域的核心能力。

★本系列六本既創新又權威的書籍，由華人心理治療研究發展基金會與心靈工坊共同出版，將陸續完整推出。是國內精神醫師、心理衛生專家、精神醫學住院醫師或醫學系學生們的必備專書！

動力取向精神醫學
【臨床應用與實務】

作者—葛林．嘉寶　審閱—張書森
譯者—李宇宙等　定價—1200元

作者是當今美國精神醫學界領袖級人物，他在書中提綱挈領地闡述了動力取向精神醫學的基礎、症狀診斷原則及治療方法，並將生物精神醫學的發現融入對人類心智的臨床理論之中。

支持性心理治療入門

作者—阿諾．溫斯頓、理查．羅森莎
　　　亨利．品斯克
審閱—周立修、蔡東杰
譯者—周立修、蔡東杰等　定價—280元

支持性心理治療是當今最廣泛使用的個別心理治療模式。本書完整詳述此治療法的基本架構，包括適應症、治療之分期、如何開始及結束治療、專業的界限，及移情／反移情等議題。

長期精神動力取向心理治療【基本入門】

作者—葛林．嘉寶
譯者—陳登義　定價—350元

本書介紹長期精神動力取向心理治療的基本原理，聚焦在與成人進行的個別治療工作上，涵蓋了基本精神動力原理、病人的評估、處遇、目標及治療作用等課題。

藥物與心理治療

作者—蜜雪．瑞芭、理察．巴隆
譯者—周佑達　定價—260元

合併藥物與心理治療的治療模式，在許多方面已證實比單純的藥物治療有更好的療效。本書針對整合式治療與分離式治療當中不同階段所需要的基本能力，以漸進而全面的方式，介紹其原則。

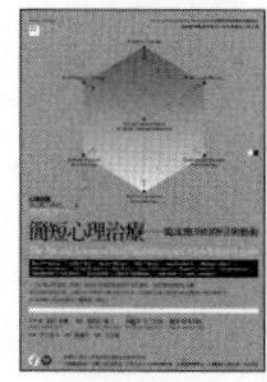

簡短心理治療
【臨床應用的指引與藝術】

作者—曼塔許．戴文、布瑞特．史丁巴格
　　　羅傑．格林伯格
審閱—陳錫中
譯者—李宇宙等　定價—500元

集結全美十八位簡短心理治療教學與訓練的頂尖專家，導引讀者如何進行簡短心理治療，是一本能在診間立即派上用場的實用手冊。

學習認知行為治療
【實例指引】

作者—傑西．萊特、莫妮卡．巴斯可
　　　麥可．泰斯
譯者—陳錫中、張立人等　定價—600元

本書涵蓋了執行認知行為治療（CBT）所需的基本方法與進階技巧，合併認知－行為／生物基礎／人際等治療模式，並藉助DVD影音教學，忠實呈現診間進行CBT時實際發生的狀況及因應方法。

心靈工坊 PsyGarden

對於人類心理現象的描述與詮釋
有著源遠流長的古典主張，有著速簡華麗的現代議題
構築一座探究心靈活動的殿堂，
我們在文字與閱讀中，尋找那奠基的源頭

Master

大地上的受苦者

作者—弗朗茲．法農
譯者—楊碧川　定價—420元

本書是法農的最後一本著作。他強調要看清統治文化所帶來的壓迫效應與奴役現象，因爲這種壓迫的觸角廣及社團、政治與文化，甚至也會影響個體的精神狀態。

厭食家族

【探索心身症的家庭脈絡】

作者—薩爾瓦多．米紐慶、伯妮絲．羅絲曼
萊斯特．貝克
譯者—李淑珺　定價—480元

本書突破精神醫學看待身心症的線性架構觀點，強調治療厭食症須從整體家族脈絡著手，要從家庭失調的糾纏裡努力找出孩子與家人轉化的路徑。

黑皮膚，白面具

作者—弗朗茲．法農
譯者—陳瑞樺　定價—350元

本書是黑人世界反抗帝國主義的第一道呼聲。它推翻殖民時代被視爲理所當然的「白—黑」、「優—劣」刻板觀點，爲宰制關係做了深層的文化與價值觀照，更爲「後殖民論述」燃起第一把火炬。

學習家族治療

作者—薩爾瓦多．米紐慶、李維榕
喬治．賽門
譯者—劉瓊瑛、黃漢耀　定價—420元

米紐慶在家族治療領域有深遠的影響，他的典型面談甚至成爲治療師評斷自己工作優劣的標準。本書提供初學者與執業者少有的機會，在大師的帶領下學習家族治療的藝術與技術。

黑色吶喊

【法農肖像】

作者—艾莉絲．薛爾齊
譯者—彭仁郁　定價—400元

作者薛爾齊是法農的好友兼革命夥伴，她在歷史的脈絡裡重建法農如何轉變爲北非抗法殖民戰爭的一員。本書可說是全面重新理解弗朗茲．法農和其去殖民論述的最佳管道。

薩提爾成長模式的應用

作者—約翰．貝曼等
譯者—江麗美、魯宓　定價—400元

家族治療大師薩提爾發展出許多強而有力的助人技巧。本書中，各地薩提爾訓練機構的頂尖專業者結合理論與實務經驗，將薩提爾的哲學思維輔以研究實證闡釋得更加完善深入。

從故事到療癒

【敘事治療入門】

作者—艾莉絲．摩根
譯者—陳阿月　定價—200元

本書以鮮活的案例詳述敘事治療的概念，提供敘事對話的種種可能性與技巧，這些工具和知識有助於當事人找回力量，從問題故事中出走，並成爲自己生命故事的專家。

家族再生

【逆境中的家庭韌力與療癒】

作者—芙瑪．華許
譯者—李淑珺、江麗美、陳厚愷
定價—600元

華許博士以長年的研究與豐富的臨床經驗，提出促進家庭韌力的關鍵歷程，幫助讀者了解如何汲取家庭的獨特優勢，讓所有成員受益。

說故事的魔力

【兒童與敘事治療】

作者—麥克．懷特、艾莉絲．摩根
譯者—李淑珺　定價—220元

敘事治療大師麥克．懷特，與家族治療師艾莉絲．摩根，在書中記錄生動的敘事治療過程，帶領受創孩童重新敘說自己的故事，透過關係中的互相支持，激發孩子的自信與能力。

愛的功課

【治療師、病人及家屬的故事】

作者—蘇珊．麥克丹尼爾、潔芮．赫渥斯
威廉．竇赫提
譯者—楊淑智、魯宓　定價—600元

一群家族治療師勇敢打破傳統心理專業人士與病人、家屬之間的階級與藩籬，分享自己生病的經驗。讓治療的過程更富人性，醫病關係也更眞誠。

故事．知識．權力

【敘事治療的力量】

作者—麥克．懷特、大衛．艾普斯頓
審閱—吳熙琄　譯者—廖世德
定價—300元

本書針對敘事治療提出多種實例，邀請並鼓勵讀者以反省的立場，在敘述和重說自己的故事當中，寫作與重寫自己的經驗與關係。

變的美學

【一個顚覆傳統的治療視野】

作者—布萊福德．齊尼
譯者—丘羽先　定價—350元

本書以顚覆性的敘述風格，穿插故事、案例討論，詳述認識控制論，希望爲當代治療實務建構出一套基於哲學與生態學的理論架構。

衣櫃裡的親密關係

【台灣同志伴侶關係研究】

作者—謝文宜　定價—320元

本書是針對同志伴侶關係的組合與維繫的經驗性研究，在國內研究中具有開創性的地位，是關心同志議題者及諮商實務工作者不可錯過的精彩好書。

同志伴侶諮商

作者—大衛・圭南、吉爾・騰列
譯者—丁凡　定價—380元

台灣第一本談同志伴侶關係的書，以家族治療技巧和理論配合個案故事，提供多元文化角度的治療架構，兼具理論深度和文化覺察，是婚姻愛情等相關領域的助人工作者必讀的好書。

心理治療入門

作者—安東尼・貝特曼、丹尼斯・布朗
　　　強納森・佩德
譯者—陳登義　定價—450元

本書是心理治療的經典入門作品，詳盡地介紹精神動力的原理與實務概要，對於不同型式心理治療的歷史、理論、實務等方面的脈絡加以討論，是學習正統心理治療最佳的媒介。

道德的重量

【不安年代中的希望與救贖】

作者—凱博文
譯者—劉嘉雯、魯宓　定價—350元

凱博文是世界頂尖的醫學人類學家，對人類的「受苦經驗」有深刻體察，他以富含情感的筆觸，訴說七個眞實故事，描述主角面對巨大衝擊時，透過行動和選擇，重新認識自己。

心理治療的道德責任

【面對個案的專業倫理】

作者—威廉・竇赫提　譯者—李淑珺
審閱—熊秉荃　定價—280元

本書挑起治療者最敏感的神經，我們將無法再逃避面對內心深處的責任感與衝突。它提供給我們一個很特殊的閱讀經驗，是助人者必讀的專業倫理書籍。

現象學十四講

作者—羅伯・索科羅斯基
譯者—李維倫　定價—380元

這本認識現象學的入門書，將現象學的核心議題、基本要素、語彙、概念等做了詳盡的解釋，並也以日常生活爲例，讓讀者從以往的習以爲常，進入從現象學角度思考的哲學生活。

詮釋現象心理學

作者—余德慧　定價—250元

本書探詢語言是何等神聖，詮釋又是怎麼一回事，希望在心理學的基設上做更多的思考，孕育心理學更豐富的知識。

生死學十四講

作者—余德慧、石佳儀
整理—陳冠秀　定價—280元

本書從現代人獨特的生存與死亡處境出發，以海德格、齊克果的哲學精神爲經緯，結合作者多年累積的學養與體驗，引領你我一起探索關於生命與死亡的智慧。

台灣巫宗教的心靈療遇

作者—余德慧　定價—280元

本書包括多個深入民間巫宗教和心靈文化的研究，其中有巫宗教的田野反思、民間宗教虔信者的「啓蒙神學」、俗智的啓蒙到心性倫理以及靈知象徵領域談哀傷的抒解等。

臨終心理與陪伴研究

作者—余德慧等　定價—400元

本書爲余德慧與其他研究者融合臨終照顧實務與本土心理學理論的論文集結，爲本土生死學研究和臨終陪伴提出跨越性的探索和視野。

臨終諮商的藝術

作者—喬治・賴爾
譯者—蔡昌雄　定價—380元

喬治・賴爾博士從1979年起投入臨終陪伴，他認爲免除臨終病人的悔恨、憂鬱、憤怒及恐懼，與免除身體疼痛一樣重要，並強調整進行臨終諮商時，重點是幫助他們邁向平靜的死亡。

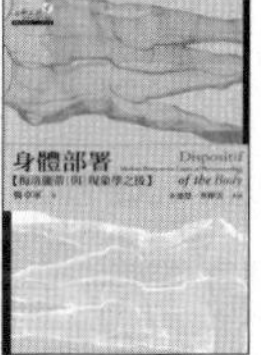

身體部署

【梅洛龐蒂與現象學之後】

作者—龔卓軍　定價—360元

本書以梅洛龐蒂晚期思想爲發展線索，以傅柯對現象學的批評爲收束點，融合多位哲學家的論辯系譜，探討當代身體哲學的思考轉折。

Master

災難與重建

【心理衛生實務手冊】

作者—戴安·梅爾斯　審閱—魯中興
策劃—中華心理衛生協會
譯者—陳錦宏等　定價—300元

災後重建，除了理論依據，還需實際的方法與步驟。本書希望藉由美國的災難經驗及災後重建的實務運作，提供國內實際工作的參考。

榮格解夢書

【夢的理論與解析】

作者—詹姆斯·霍爾
譯者—廖婉如　定價—260元

榮格說，人作夢時，潛意識便甦活了起來。當今所認爲的，夢和夢者個人的心理、態度、行爲模式等關係密切的想法，都得歸功於瑞士精神科醫師榮格首開先河的研究。

心理分析入門

【我的理解與體驗】

作者—申荷永　定價—400元

作者是位博學而勤奮的學者，他在書中除了清楚介紹心理分析的理論精神、歷史脈絡、流派發展，更添加中國文化心理學的經驗和體系，爲東西方心理學展開精采的對話與交流。

母性精神分析

【女性精神分析大師的生命故事】

作者—珍妮特·榭爾絲
譯者—劉慧卿　定價—450元

作者企圖標示出不同於佛洛伊德的古典精神分析之路（注意焦點和研究主題的不同），用極端的二分法「母性和父系」，讓讀者注意到這種焦點的改變。

超越自我之道

【超個人心理學的大趨勢】

作者—羅傑·渥許、法蘭西絲·方恩
譯者—易之新、胡因夢　定價—450元

本書呈現的是超個人學派發展的大趨勢。且看超個人運動能不能引領我們化解全球迫切的危機、使人類徹底覺醒。

超個人心理治療

【心理治療與靈性轉化的整合】

作者—布蘭特·寇特萊特
譯者—易之新　定價—380元

本書深入淺出闡述超個人心理學的各種精華，包括肯恩·威爾伯的光譜模式、榮格學派、阿瑪斯的鑽石途徑、葛羅夫的全方位模式等，是了解這些學派理論的最佳入門。

意義的呼喚

【意義治療大師法蘭可自傳】

作者—維克多·法蘭可　審閱—李天慈
譯者—鄭納無　定價—220元

法蘭可是從納粹集中營裡生還的心理治療師，更是意義治療學派的創始人。在九十歲的高齡，他自述其跨越一世紀的精采人生，向世人展現他追尋意義的心靈旅程。

尼金斯基筆記

作者—尼金斯基
譯者—劉森堯　定價—320元

舞神尼金斯基在被送入療養院治療精神疾病前寫下的筆記，見證這位藝術家對人類的愛、精神和宗教的追尋。這些文字來自一個崩潰的靈魂的吶喊，爲了達到舞蹈極限，他跳向一個無人能及的地方—「上帝的心中」。

崔玖跨世紀

口述—崔玖
執筆—林少雯、龔善美　定價—300元

從國際知名的婦產科權威，到中西醫的整合研究，到花精治療及生物能醫學的倡導，台灣的「另類醫學之父」崔玖七十餘年的人生，不斷突破傳統，開創新局，是一則永遠走在時代尖端的傳奇！

台灣精神醫療的開拓者

【葉英堃傳記】

作者—吳佳璇　定價—380元

葉英堃，生於二〇年代，是台灣精神醫學界備受敬仰的前輩。本書經歷三年餘的採訪、整理與撰寫，爲戰後台灣精神醫學的發展軌跡，留下彌足珍貴的紀錄。

從北京到台北

【精神藥理學家張文和的追尋】

作者—吳佳璇　定價—300元

在時代巨輪的運轉之下，張文和因緣際會從美國來到陌生的台北，也因如此，他的生物精神醫學導向的研究及實務，有機會在台灣深根茁壯，並留下值得後輩學習的典範。

助人專業倫理

作者—牛格正、王智弘　定價—400元

助人工作除要具備專業知能外，專業倫理更是重要關鍵。本書希望幫助專業助人者統整理論、實務、倫理守則與相關法規等層面，以便能在遭遇不同倫理情境時有較佳的辨識、判斷與因應能力。

Caring

醫生

作者—王竹語
定價—250元

本書是描寫旅美放射腫瘤科醫生溫碧謙經歷喪子之痛，卻依舊堅守崗位拯救病患，並逐漸領悟生命眞諦的感人過程。全書所觸及的生死議題，一直都是醫生、心理師、社工師等專業與非專業人士之間最深沉話題，一再撞擊人性深處最細膩微妙的對生死議題的自我檢視。

我的青春，施工中

【台灣少年記事】
作者—王浩威
定價—280元

台灣少年肩頭上的重量，從來就不是父母想的：「把書念好就好」那樣地輕，正如作者王浩威所說的：「許多老問題還是教人憂心忡忡的，許多新問題卻又來不及追趕……」。因此他選擇以散文手法訴說台灣少年青春心事，在有感情的訴說裡，呈現出心理醫師與少年們碰撞的眞實記錄。

時間等候區

【醫生與病人的希望之旅】
作者—傑若・古柏曼
譯者—鄧伯宸　定價—320元

當疾病來襲，我們進入異於日常生活的「時間等候區」，這時，活著既是生命的延續，也是死亡的進行。當生命與死亡兩者互為觀照、刺激與啓發時，讓人以更誠實的態度面對生命。

醫院裡的危機時刻

【醫療與倫理的對話】
作者—李察・詹納
譯者—蔡錚雲、龔卓軍　定價—300元

透過眞實故事，作者細膩生動地描繪了病患、家屬與醫護人員，在面對疾病考驗及醫療決策的倫理難題，藉由不斷的對談與互動，將問題釐清，找出彼此的價值觀與適當的醫療處置。

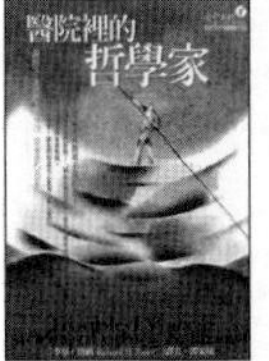

醫院裡的哲學家

作者—李察・詹納
譯者—譚家瑜　定價—260元

作者不僅在書中為哲學、倫理學、醫學做了最佳詮釋，還帶領讀者親臨醫療現場，實地目睹多位病患必須痛苦面對的醫療難題。

今天不寫病歷

作者—李宇宙　定價—280元

本書集結李醫師多年的專欄文章，內容治醫學、政治、社會觀察、教育、健保議題及個人感悟於一爐，犀利中見關懷，蘊含濃郁的社會意識及豐沛的人文精神。

微笑，跟世界說再見

作者—羅倫斯・山姆斯、彼得・巴頓
譯者—詹碧雲　定價—260元

企業家彼得・巴頓，四十五歲退休，預計多陪陪家人、與人分享創業經驗。就在這時，醫生宣佈他罹患癌症。不過他說「幸好我有時間從容準備，好好跟世界道別。」

眼戲

【失去視力，獲得識見的故事】
作者—亨利・格倫沃
譯者—于而彥、楊淑智　定價—180元

慣於掌握全球動脈的資深新聞人，卻發現自己再也無法看清世界樣貌……這突如其來的人生戲碼，徹底改變他對世界的「看」法。

SelfHelp

不要叫我瘋子
【還給精神障礙者人權】
作者—派屈克·柯瑞根、羅伯特·朗丁
譯者—張葦　定價—380元

本書兩位作者都有過精神障礙的問題，由於他們的寶貴經驗，更提高本書的價值。汙名化不僅只影響精障朋友，而會擴及社會。所以找出消除汙名化的方法應是大眾的責任。

他不知道他病了
【協助精神障礙者接受治療】
作者—哈維亞·阿瑪多、安娜麗莎·強那森
譯者—魏嘉瑩　定價—250元

如果你正為有精神障礙的家人該不該接受治療而掙扎，本書是你不可或缺的。作者提供了深刻、同理且實用的原則，足以化解我們在面對生病的人時，產生的挫折與罪惡感。

愛，上了癮
【撫平因愛受傷的心靈】
作者—伊東明　譯者—廣梅芳　定價—280元

日本知名性別心理學專家伊東明，透過十三位男女的眞實故事，探討何謂「愛情上癮症」。他將愛情上癮症分為四種：共依存型、逃避幸福型、性上癮型，以及浪漫上癮型。

孩子，別怕
【關心目睹家暴兒童】
作者—貝慈·葛羅思
譯者—劉小菁　定價—240元

本書讓我們看到目睹家暴的孩子如何理解、回應並且深受暴力的影響。作者基於十多年的實務經驗，分享如何從輔導、法令與政策各方面著手，眞正幫助到目睹家暴的兒童。

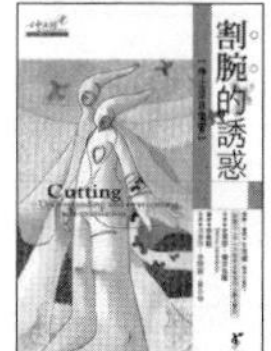

割腕的誘惑
【停止自我傷害】
作者—史蒂芬·雷文克隆
譯者—李俊毅　定價—300元

本書作者深入探究自傷者形成自我傷害性格的成因，如基因遺傳、家庭經驗、童年創傷及雙親的行為等，同時也為自傷者、他們的父母以及治療師提出療癒的方法。

我的孩子得了憂鬱症
【給父母、師長的實用指南】
作者—孟迪爾
譯者—陳信昭、林維君　定價—360元

本書是國內第一本討論青少年憂鬱症的專書，在書中，作者再三強調，憂鬱症要及早診斷、給予恰當的治療，才能確保身心健康，而最好的康復之道，必須有家長的充分了解與支持，一起參與治療計畫。

我和我的四個影子
【邊緣性病例的診斷及治療】
作者—平井孝男
譯者—廣梅芳　定價—350元

邊緣性病例，是介於精神官能症、精神病、憂鬱症、健康等狀態之間，由許多層面融合而成。本書將解開這病症的謎團，讓我們對憂鬱症、人格障礙等症狀有更深的理解。

愛你，想你，恨你
【走進邊緣人格的世界】
作者—傑洛·柯雷斯曼、郝爾·史卓斯
譯者—邱約文　定價—300元

邊緣人格患者的情緒反反覆覆，充滿矛盾。本書是以通俗語言介紹邊緣人格的專書，除了供治療專業者參考，更為患者、家屬、社會大眾打開一扇理解之窗，減輕相處的挫折與艱辛。

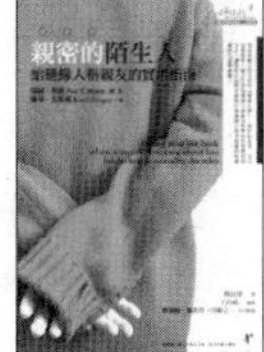

親密的陌生人
【給邊緣人格親友的實用指南】
作者—保羅·梅森、蘭蒂·克雷格
譯者—韓良憶　定價—350元

本書是專為邊緣人格親友所寫的實用指南。作者收集一千多個案例，經過整理統合後，列出實際的做法，教導邊緣人格親友如何有效處理邊緣人格者的種種異常行為，並照顧好自己。

躁鬱症完全手冊
作者—福樂·托利醫師，麥可·克內柏
譯者—丁凡　定價—500元

本書討論了與躁鬱症相關的獨特問題，包括酗酒、用藥、暴力、自殺、性、愛滋病和保密性，是一本針對病患、家屬與醫護人員需要而寫的躁鬱症完全手冊，也是介紹躁鬱症最全面完整的巨著。

老年憂鬱症完全手冊
【給病患家屬及助人者的實用指南】
作者—馬克·米勒，查爾斯·雷諾三世
譯者—李淑珺　定價—320元

高齡化社會已全面到來，要如何成功老化，憂鬱不上身，是知名的老人精神醫學權威米勒博士和雷諾博士的研究重心。本書總結他們二十年的臨床經驗，為讀者提供完整實用的資訊。

愛、罪疚與修復

Love, Guilt and Reparation: And Other Works 1921-1945

作者—梅蘭妮・克萊恩（Melanie Klein）
譯者—李淑珺、呂煦宗、陳維峰、甄家明、龔卓軍
審閱—林玉華

出版者—心靈工坊文化事業股份有限公司
發行人—王浩威　總編輯—徐嘉俊
執行編輯—朱玉立、周旻君　特約編輯—黃素霞
內文排版—辰皓出版製作股份有限公司
通訊地址—10684台北市大安區信義路四段53巷8號2樓
郵政劃撥—119546215　戶名—心靈工坊文化事業股份有限公司
電話—02）2702-9186　傳真—02）2702-9286
Email—service@psygarden.com.tw　網址—www.psygarden.com.tw

製版・印刷—中茂分色製版印刷事業股份有限公司
總經銷—大和書報圖書股份有限公司
電話—02）8990-2588　傳真—02）2290-1658
通訊地址—248台北縣五股工業區五工五路二號
初版一刷—2009年12月　初版四刷—2022年6月
ISBN—978-986-6782-756　定價—800元

國家圖書館出版品預行編目資料

愛、罪疚與修復／梅蘭妮・克萊恩（Melanie Klein）著；呂煦宗、李淑珺、陳維峰、甄家明、龔卓軍譯 --　初版. -- 台北市：心靈工坊文化，2009.12
面；　公分. --（Psychotherapy；028）
譯自Love, Guilt and Reparation: And Other Works 1921-1945
ISBN 978-986-6782-756（平裝）
1. 精神分析　2. 兒童發展　3. 兒童心理學　4. 兒童精神醫學

175.7　　98023795

心靈工坊 PsyGarden 書香家族 讀友卡

感謝您購買心靈工坊的叢書，爲了加強對您的服務，請您詳填本卡，
直接投入郵筒（免貼郵票）或傳眞，我們會珍視您的意見，
並提供您最新的活動訊息，共同以書會友，追求身心靈的創意與成長。

書系編號—PT 28　　書名—愛、罪疚與修復

姓名　　是否已加入書香家族？ □是 □現在加入

電話 (O)　　(H)　　手機

E-mail　　生日　年　月　日

地址 □□□

服務機構（就讀學校）　　職稱（系所）

您的性別—□1.女 □2.男 □3.其他

婚姻狀況—□1.未婚 □2.已婚 □3.離婚 □4.不婚□5.同志 □6.喪偶 □7.分居

請問您如何得知這本書？

□1.書店 □2.報章雜誌 □3.廣播電視 □4.親友推介 □5.心靈工坊書訊
□6.廣告DM □7.心靈工坊網站 □8.其他網路媒體 □9.其他 ______

您購買本書的方式？

□1.書店 □2.劃撥郵購 □3.團體訂購 □4.網路訂購 □5.其他 ______

您對本書的意見？

- 封面設計　□1.須再改進 □2.尚可 □3.滿意 □4.非常滿意
- 版面編排　□1.須再改進 □2.尚可 □3.滿意 □4.非常滿意
- 內容　□1.須再改進 □2.尚可 □3.滿意 □4.非常滿意
- 文筆／翻譯　□1.須再改進 □2.尚可 □3.滿意 □4.非常滿意
- 價格　□1.須再改進 □2.尚可 □3.滿意 □4.非常滿意

您對我們有何建議？

▲您的意見，我們將轉貼在心靈工坊網站上，www.psygarden.com.tw

廣　告　回　信
台北郵局登記證
台北廣字第1143號
免　貼　郵　票

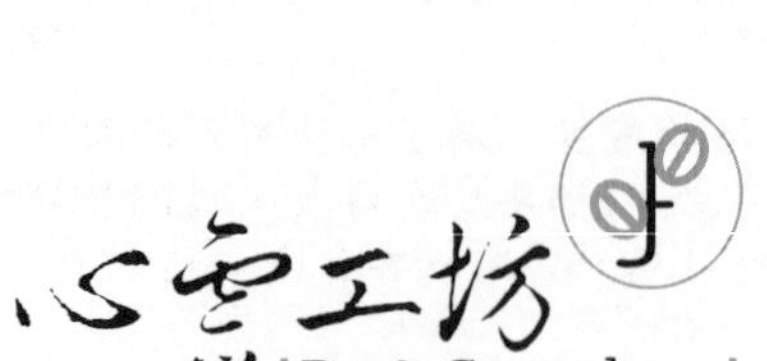

台北市106信義路四段53巷8號2樓

讀者服務組　收

（對折線）

加入心靈工坊書香家族會員
共享知識的盛宴，成長的喜悅

請寄回這張回函卡（免貼郵票），
您就成爲心靈工坊的書香家族會員，您將可以——

⊙隨時收到新書出版和活動訊息

⊙獲得各項回饋和優惠方案